# SOTTEVILLE-LÈS-ROUEN

ET LE

# FAUBOURG SAINT-SEVER

(6ᵉ Canton de la ville de Rouen)

## (ÉMENDREVILLE)

PAR

## P. DUCHEMIN

Officier d'Académie

ROUEN

A. LESTRINGANT

LIBRAIRE DE LA BIBLIOTHÈQUE PUBLIQUE

11, RUE JEANNE-DARC, 11

1893

# SOTTEVILLE-LÈS-ROUEN

ET LE

# FAUBOURG SAINT-SEVER

PONT-AUDEMER. — IMPRIMERIE ADMINISTRATIVE

# SOTTEVILLE-LÈS-ROUEN

ET LE

# FAUBOURG SAINT-SEVER

(6º Canton de la ville de Rouen)

# (ÉMENDREVILLE)

PAR

## P. DUCHEMIN

Officier d'Académie

ROUEN

A. LESTRINGANT

LIBRAIRE DE LA BIBLIOTHÈQUE PUBLIQUE

11, RUE JEANNE-DARC, 11

1893

# SOTTEVILLE

## PREMIÈRE PARTIE

### CHAPITRE PREMIER

Étymologie. — Géologie : Terrain de transport. — Les Fouilles de 1849.

Tout le monde connaît le vieux dicton : « Sotteville, sottes gens ». Quelques historiens ont cru trouver là l'origine du nom de cette ancienne paroisse. Mais, comme le dit d'ailleurs fort bien M. Canel dans son *Blason populaire*, les gens de Sotteville ne sont ni plus ni moins les suppôts de la sottise que partout ailleurs. Il est vrai que ce n'était pas l'opinion de l'auteur de l'*Apologie des Anecdotes ecclésiastiques du diocèse de Rouen* (1761) qui, en parlant de l'abbé Le Monnier, alors curé de cette paroisse, disait que « ce jeune homme était bien digne d'être docteur de l'Université de ce pays, » qu'il veut faire ainsi le pays des ânes comme on faisait alors de Montmartre à Paris. Peut-être au xviii$^e$ siècle, disait-on communément les *ânes de Sotteville*, ce que semblerait indiquer la citation de l'auteur des *Anecdotes*, ou n'y a-t-il là qu'une boutade sans conséquence d'un écrivain qui avait eu peut-être à se plaindre du curé de Sotteville.

Pour donner un caractère étymologique à leur définition, les historiens, comme Adrien de Valois, qui ont voulu voir dans le peu d'intelligence de ses habitants la raison qui a fait donner à ce pays le nom de Sotteville, soutiennent qu'il descend du latin *stulta-villa* ou *astuta-villa*, gens sots, ou gents astucieux ; mais encore faut-il admettre que ces deux mots *stulta* et *astuta* aient eu, dans l'origine, la signification odieuse que nous leur donnons aujourd'hui.

A l'appui de leur opinion, ils invoquent les *Annales* de Houel qui indiquent au nombre des communes existant du temps des Romains, au III siècle, celle de *Stulta-Villa* dont la traduction répondrait exactement à Sotte-Ville, ce qui donnerait raison à la thèse soutenue par Adrien de Valois dans son ouvrage sur la Normandie ; mais Houel ne nous dit pas où était située cette Stulta-Villa, ce qui dans l'espèce aurait son importance.

D'autres étymologistes ont voulu, au contraire, voir dans ce mot latin *stulta*, le nom d'un personnage, Sot, qui aurait vécu à une époque qu'il est impossible de préciser, comme on aurait eu Fol, qui aurait donné son nom au village de Folleville, et dans lequel, au contraire, les premiers étymologistes, poursuivant leur même idée, verraient tout simplement le pays de gens fous.

Nous croyons, avec Toussaint Duplessis, qu'il ne faut rechercher ni dans l'une ni dans l'autre de ces deux hypothèses, la véritable signification du nom de Sotteville, et qu'on doit plutôt la trouver dans ces mots latins *subtus villam*, « sous la ville, le village », qui indiqueraient que, par sa situation, Sotteville se trouvait inférieure à une localité voisine, à Quatre-Mares peut-être où il existait anciennement une sergenterie relevant de Saint-Étienne-du-Rouvray, ou plus probablement à Rouen ; qu'enfin son origine est d'époque latine.

Il existe d'ailleurs, dans la Seine-Inférieure, trois communes portant ce même nom de Sotteville et qui n'ont, pour se distinguer, que le surnom qu'on leur a adjoint afin d'empêcher toute confusion : Sotteville-lès-Rouen qui nous occupe ; Sotteville-sous-le-Val, dans le canton d'Elbeuf, et Sotteville-sur-Mer, canton de Fontaine-le-Dun. Dans la Manche, on trouve encore Sotteville-sur-Divelle ; enfin, un fief de Sotteville existait à Breteuil et un autre du même nom était mentionné, en 1372, en Picardie.

Toussaint Duplessis admet pour tous la même origine latine. La présence des Romains à Sotteville-lès-Rouen est d'ailleurs bien établie par la découverte de nombreuses médailles lors des travaux faits pour la construction du chemin de fer de Paris, en 1842-1843, ainsi qu'on le verra plus loin. De même à Sotteville-sur-Mer, on trouvait, en 1836, une monnaie gauloise en or d'un siècle avant Jésus-Christ, ce qui prouve tout au moins une origine antérieure à l'occupation franque.

A l'appui de notre étymologie de *subtus villam*, nous pouvons encore invoquer la formation d'autres noms de pays composés également de ce mot *sotte* avec une dessinence différente provenant de la situation du pays auquel cette appellation fut donnée. Ainsi, par exemple, Sottevast, dans la Manche, et Sottessard, dans le Jura : *subtus-vast, subtus-essard*.

Nous n'avons pas ici la prétention d'ériger un dogme nouveau en matière étymologique et de vouloir faire admettre par tous cette dernière hypothèse qui est celle que nous croyons être sinon la vraie, du moins la plus près de la vérité. Nous nous contentons de signaler les différentes hypothèses en présence en émettant simplement notre opinion : nous n'irons pas plus loin. Mais nous restons persuadé que le vieux dicton n'est pour rien dans la formation du nom de cette ancienne paroisse ; si l'on a dit « sottes gens » c'est tout simplement parce qu'on disait Sotteville.

D'après une légende qui a pris naissance on ne sait où, mais du moins dont il est facile de démontrer la fausseté, Sotteville, jusqu'à la fin du xviie siècle, se serait appelée Notre-Dame-du-Bas-de-la-Montagne, et ce ne serait qu'en 1592 qu'elle aurait pris le nom de Sotteville. Voici dans quelles circonstances :

Henri IV venant de Pont-de-l'Arche par Oissel et arrivant à Sotteville aurait alors aperçu devant lui les clochers de Rouen. Pris d'un mouvement de mauvaise humeur contre la vieille capitale normande, qui refusait de reconnaître son autorité, il se serait écrié : « Oh ! la sotte ville ! » Et alors on aurait donné le nom de Sotteville au pays où se trouvait Henri IV quand il prononça ces paroles.

Cette légende est du domaine de la pure fantaisie et nous ne comprenons pas que M. Ballin, dans sa *Statistique du Canton de Grand-Couronne*, l'ait prise au sérieux. Les plus anciens titres qui nous sont parvenus et dans lesquels figure le nom de cette paroisse ne laissent aucun doute à cet égard. Dans la charte d'Henri II fondant le prieuré de Grandmont, il est dit *Sottevillam*. Dans une bulle du pape Eugène III, en 1147, il est fait mention de *Sottevillam juxta Sequanam* : Sotteville près la Seine. Il en est ainsi d'ailleurs pour les siècles suivants. *Sottevillam*, dérivé de *subtus villam*, était employé pour désigner Sotteville dès l'époque la plus reculée, et jamais cette commune n'a porté d'autre nom.

La légende de Notre-Dame-du-Bas-de-la-Montagne peut donc aller rejoindre le vieux dicton de « Sotteville, sottes gens » dont la dernière strophe n'est pas de nos jours plus véridique que la première :

> Belles maisons, rien dedans.
> Filles à marier, rien à leur donner.

Si jadis il a pu se trouver à Sotteville de belles maisons dépourvues de mobilier, cela n'a pu être que l'exception, et d'ailleurs le fait s'est produit en tous temps et en tous lieux. Quant aux filles sans dot, Sotteville n'en a pas plus la spécialité que les localités voisines.

De nos jours, Sotteville, comme Saint-Étienne, qui jouissait jadis, à tort ou à raison, d'une grande réputation d'aisance, paie son tribut au confortable et au luxe même ; les belles maisons sont garnies de somptueux mobiliers et si les épouseurs sont certains d'y trouver de jolies filles, ils savent aussi qu'il y a pour les payer de leurs démarches et surexciter leurs amours, outre les beaux yeux de la belle, le prestige... de sa cassette, prestige qui a, à notre époque surtout, une influence à laquelle on ne sait guère résister.

La plus grande partie du territoire de Sotteville, de même que celui de Saint-Étienne et d'Oissel, est formé de terrains que les géologistes désignent sous le nom de *terrain de transport*. Ces sortes de terrain s'observent particulièrement dans les plaines basses qui s'étendent au pied des collines entre lesquelles coule la Seine jusqu'aux rives mêmes de ce fleuve. Il paraît s'être déposé à une époque où cette rivière, peut-être élevée jusqu'au niveau des plateaux voisins, roulait une immense nappe d'eau remplissant les vallées adjacentes. Ce terrain se trouve d'ailleurs partout sur les espaces séparant le lit actuel du fleuve des pentes et des plateaux voisins ; il se compose d'une masse de sable sans parties calcaires et dans laquelle sont dispersés des fragments de silex de toute espèce, mais où les silex propres à la craie ne sont pas les plus remarquables. Les grains de sable ou de quartz y sont de différentes grosseurs ; quelques blocs sont même plus considérables que ceux que le fleuve peut charrier de nos jours. Tout y annonce, dit M. Antoine Passy, une action des eaux à une époque où leur marée était plus puissante que maintenant.

Avec les fragments de meulière on remarque, dans les terrains de Sotteville, de Saint-Étienne et d'Oissel, d'énormes blocs contournés et mamelonnés ainsi que des silex résinités répandus dans un sable grossier de deux à trois mètres d'épaisseur. Ces blocs remarquables sont employés le plus souvent à servir de bornes dans les villages et les champs.

Ce sol de sable, de gravier et de blocs de roche dure est naturellement aride, mais une culture obstinée en est venue à bout. Jadis les plaines de Sotteville, de Saint-Étienne et d'Oissel n'étaient que des bruyères chétives ; les habitants en ayant obtenu la division entre eux à divers titres les ont converties en terre de labour dont la valeur s'accroît de jour en jour. Les plus stériles ont été plantées en bois.

Des sondages entrepris, en 1849, dans la rue des Marettes pour la recherche de la houille, vont nous donner une idée exacte de la composition du sol du territoire de Sotteville.

D'après le rapport de M. Cléry, ingénieur des mines, la sonde n'a commencé à rencontrer la roche qu'à la profondeur de 11 mètres 87 : tout le dessus étant formé par les terrains de transport ou alluvions de la Seine. Elle a traversé ensuite 17 mètres 33 de bancs inférieurs à la craie; puis elle est entrée dans le terrain dit de kimmeridge, qu'elle n'a plus quitté. Ce terrain a présenté une succession de lits de calcaire, de sable, de grès, d'argile, d'une épaisseur variable, quelquefois très petite, d'autrefois très grande, mais qui peuvent être réunis, d'après l'ordre de leur succession, en cinq alternances consécutives, dont le grès ou le sable occupe la base, le calcaire le sommet, et l'argile la partie moyenne. Les bancs, dans la partie supérieure, prennent en général plus d'épaisseur à mesure que l'on s'enfonce.

Peu de fossiles furent rencontrés, et encore étaient-ils peu distincts; de là résulte quelque incertitude dans la détermination rigoureuse des points où finit un système et où commence l'autre. Mais cette difficulté ne se présente qu'à la séparation du terrain crétacé et du terrain jurassique.

Deux nappes d'eau furent traversées, l'une à la profondeur de 282 mètres 50, l'autre à 283 mètres 29. Toutes deux sont salées. La cause de cette salure, qui s'est également présentée — dit M. Cléry — au puits creusé à Saint-Sever, à celui de l'Abattoir et aussi à celui de Meulers, et partout à des profondeurs différentes, sans rapport les unes avec les autres, reste à trouver. M. Girardin l'attribue par simple vraisemblance à des sources qui, dans leur trajet, avant de se réunir au grand courant souterrain, laveraient des dépôts de sel gemme. Il est certain que, bien que le gisement principal du sel gemme soit à la base des marnes irisées, il s'en rencontre dans tous les terrains supérieurs. M. Cléry cite à l'appui de cette thèse, les mines de Wiéliska en Pologne qui sont dans le terrain tertiaire ; la Catalogne en possède dans la craie et le terrain jurassique en montre dans les Carpathes. L'existence des dépôts salins dans le parcours des eaux qui viennent jaillir à Sotteville n'est donc pas impossible, quoiqu'on ne puisse rien affirmer.

D'après les observations faites le 21 février 1853, par MM. Morin, Boutan et Lecerf, l'eau jaillissante à Sotteville avait une température de 24° 49' ; elle possédait une forte saveur salée avec un arrière-goût amer très prononcé. Au moment de son extraction elle répandait une odeur d'hydrogène sulfuré très appréciable qui disparaissait au bout de quelque temps d'exposition à l'air. L'analyse de cette eau a donné les résultats suivants par litre :

Oxygène et azote en quantité indéterminée ; acide carbonique se dégageant par l'ébullition, 0 gramme 108 ; hydrogène sulfuré, en quantité très faible.

Sels anhydres : carbonates de chaux, 0 gramme 136 ; carbonate de magnésie, 0 gramme 038 ; carbonate de fer, 0 gramme 023 ; sulfate de chaux, 1 gramme 816 ; sulfate de magnésie, 0 gramme 290 ; nitrate de chaux, 0 gramme 021 ; chlorure de sodium, 12 grammes 047 ; chlorure de magnésium, 0 gramme 628 ; chlorure de calcium, 0 gramme 035 ; iodure alcalin, 0 gramme 006 ; bromure alcalin, 0 gramme 010 ; silice et alumine, 0 gramme 102, et quelques traces d'oxyde de manganèse, de sulfate de soude, de sel de potasse, de sel d'ammoniaque et de matières organiques.

La quantité relativement notable de sel marin contenue dans cette eau détermina M. Pimont à en proposer l'utilisation comme mine de sel ; mais, en présence des difficultés et surtout des frais qu'occasionnerait cette nouvelle exploitation, on dut y renoncer et se contenter de poursuivre la recherche de la houille.

Le 30 avril 1852, on avait atteint une profondeur de 320 mètres sans qu'on soit parvenu à découvrir la moindre trace de combustible. On renonça alors à poursuivre plus loin l'opération. On avait dépensé ainsi inutilement une somme de 38.200 fr.

Les recherches de Sotteville avaient simplement permis de constater la grande épaisseur du terrain kimmeridgien dans la contrée et ajouté un fait à ceux qu'avaient déjà fournis les forages multipliés entrepris dans l'immense cirque géologique dont Paris est le centre, à savoir : l'augmentation du nombre des terrains et de l'épaisseur de chacun d'eux, à mesure que l'on s'approche de la circonférence du bassin à son centre. Elles fourniraient au besoin une nouvelle démonstration de l'inutilité de toute tentative pour trouver de la houille aux environs de Paris.

Les nombreux sondages entrepris à Rouen, dans les plaines d'Elbeuf et d'Oissel, au Havre, à Forges, à Blangy, avaient déjà montré la nature des terrains sous-jacents dans notre département. On connaissait aussi par la fouille faite à l'abattoir de Rouen, l'existence d'un relèvement jurassique dans la vallée de la Seine, aux environs de Rouen, mais pour arriver au terrain houiller, s'il existe, il faudrait traverser tous les étages du terrain jurassique dont le premier n'a pas encore été dépassé à 320 mètres de profondeur, et à leur suite, peut-être, le trias et le grès rouge qu'on retrouve aux mines du Plessis et de Littry au-dessus des schistes houillers. Dans les départements du Nord et du Pas-de-Calais, au contraire, le terrain houiller se trouve immédiatement au-dessous de la craie.

Non seulement les recherches faites à Sotteville ne donnèrent aucun résultat, mais elles devaient être encore pour ceux qui en avaient conçu l'idée une cause d'ennuis et de difficultés.

Après avoir définitivement renoncé à continuer les fouilles, il fallut combler le puits, mais l'eau des sources sulfureuses continuait à jaillir malgré les précautions prises, et bientôt tous les puits voisins se trouvèrent non seulement contaminés, mais le débit était tel que tous les environs furent envahis. Et l'on ne savait quoi faire pour y remédier.

Les propriétaires, en présence de ce danger, actionnèrent les entrepreneurs des fouilles devant les tribunaux. Alors commença un procès, qui, paraît-il, n'a pas encore obtenu de sanction et n'en obtiendra sans doute jamais. De nos jours encore, à certaines époques, l'action des sources continue à se faire sentir dans le quartier, au grand mécontentement des habitants.

# CHAPITRE II

Sotteville a l'époque romaine. — Les découvertes de Quatre-Mares. — Époque gauloise et franque.

Le territoire de Sotteville semble avoir été habité dès la plus haute antiquité, ce qui paraît résulter d'ailleurs de la découverte de médailles et autres objets trouvés sur différents points. On pourrait peut-être émettre quelques doutes, en ce qui concerne l'époque gauloise, seulement marquée par une petite hachette de pierre trouvée par M. le docteur Dumesnil, directeur de l'asile de Quatre-Mares, vers 1853, dans cet établissement. Il ne saurait en être de même de la présence des Romains qui nous a été révélée d'une manière précise par les découvertes faites en 1842, en 1843 et en 1852.

La première réellement importante eut lieu au mois de novembre 1842 ; les travaux entrepris pour la construction du chemin de fer de Paris firent découvrir dans le voisinage du cimetière de Sotteville, un cercueil de plomb entouré de tuiles à rebords. Il renfermait un squelette possédant sur lui deux bracelets en jais et des anneaux de bronze.

Mais c'est au hameau de Quatre-Mares qu'ont été faites les plus intéressantes trouvailles.

Le vendredi 10 mars 1843, les terrassiers du chemin de fer de Paris à Rouen, occupés à élargir la tranchée du chemin entre Sotteville et Quatre-Mares pour en extraire des terres de remblais, mirent à nu, à cent pas environ de ce dernier hameau, un cercueil en pierre garni de son couvercle, qui se trouvait placé parallèlement à la voie du chemin de fer dans la direction de l'est à l'ouest; il était à 3 mètres 50 environ du sol.

Les ouvriers, qui tout d'abord avaient vu dans cette découverte la présence d'un trésor, dégagèrent le cercueil et en soulevèrent l'épaisse pierre qui le fermait; mais dans leur déception de n'y trouver que des ossements et des débris de vases en verre, regardés par eux comme objets sans valeur, ils dispersèrent le tout promptement. Ils essayèrent ensuite de déplacer le cercueil, et c'est alors qu'un second, également en pierre, apparut; il allait sans doute subir le même sort lorque l'agent comptable de la compagnie, averti par le mouvement que cette découverte avait occasionné sur la ligne, fit suspendre l'opération en même temps qu'il donnait connaissance à Rouen de ce qui venait d'arriver.

M. Déville se rendit immédiatement sur les lieux. Le premier cercueil était en pierre et d'un seul morceau ainsi que son couvercle. Il mesurait en dehors 2 mètres 13 de long, 0 mètre 68 de large et 0 mètre 60 de hauteur. Ses parois avaient 0 mètre 20 d'épaisseur. Il ne présentait aucune trace de sculpture; le couvercle adhérait simplement au sarcophage par son propre poids.

Le second cercueil avait 2 mètres 24 de long, 0 mètre 74 de large et 0 mètre 46 de haut; il était en tout semblable au premier. Comme il se trouvait engagé sous une masse de terrain qu'on n'aurait pu déplacer qu'avec beaucoup de difficulté et de peine, on brisa la pierre latérale. La cavité était occupée par un squelette ayant la tête placée vers le levant, du côté de Quatre-Mares, les pieds au couchant. Les bras étaient étendus le long du corps, les jambes rapprochées l'une contre l'autre. Ce squelette paraissait fort bien conservé et n'offrait rien de particulier, si ce n'est quelques taches violettes qui avaient pénétré la substance même des os. Sa petitesse — environ cinq pieds — ainsi que la délicatesse des os indiquaient suffisamment qu'il était d'une femme. Plus tard, les anatomistes confirmèrent cette opinion et, de l'inspection de la machoire, purent en conclure que le sujet devait avoir une trentaine d'années au moment de sa mort. Les dents étaient petites et parfaitement rangées.

Il s'agissait alors de désigner à quelle époque appartenaient ces sépultures.

Le squelette, beaucoup plus petit que la cavité du cercueil, laissait, à partir des pieds, une place libre de 30 centimètres dans laquelle étaient rangés, couchés sur le côté, six vases, dont cinq en verre et un en terre. Un des vases de verre était brisé, un second était fendu en trois ou quatre morceaux, les autres restés entiers. Le vase de terre était parfaitement conservé.

Un des vases en verre, beaucoup plus petit que les autres et d'une tout autre forme, paraissait être d'une pâte infiniment plus blanche et plus fine; on aurait dit un cristal de roche que le temps seul avait terni; ses parois étaient fort épaisses et son poids extraordinaire. Un fragment fut analysé et on reconnut qu'il contenait du plomb et une trace de cuivre qui entre presque toujours dans la composition du minium dont on se sert dans nos ateliers modernes pour faire le cristal.

Ce fait, dit M. Déville, donne à cette petite fiole un intérêt particulier et vient à l'appui de ce que Pline nous raconte de l'habileté des verriers romains pour imiter le cristal de roche.

Le vase en terre cuite avait pris avec le temps une teinte légèrement argentée. Malgré l'apparente simplicité de sa forme il ne manquait pas d'élégance.

Deux petits anneaux en cuivre étaient placés l'un à côté de l'autre, entre les fémurs du squelette, et ne présentaient rien de remarquable. Peut-être avaient-ils servi de bagues.

Mêlés aux vases se trouvaient une douzaine de clous en fer, longs à peine d'un centimètre. Ils faisaient peut-être partie de quelque coffret en bois que le temps aura réduit en poussière. Si cette conjecture est fondée, ce coffret devait être un meuble à l'usage de la femme dont on venait de découvrir les restes.

Enfin, dernier indice et des plus probants : entre les os des cuisses, à côté des deux anneaux en cuivre, se trouvaient deux médailles en bronze de petit module. Sur l'une, une tête laurée offrait tous les traits de Constantin le Grand.

Aucun doute ne pouvait plus subsister. Ces sépultures étaient bien de l'époque romaine et la présence des médailles venait encore en préciser la date. Il est naturel, en effet, de penser que, plaçant dans le tombeau deux seules médailles, on aura choisi de préférence la monnaie du prince régnant. Or, Constantin fut proclamé empereur, comme on le sait, en Angleterre par les légions, en l'an 306, et il mourut en 337.

Cette découverte si importante devait bientôt être suivie d'une autre non moins curieuse. Le 12 avril 1843, les terrassiers du chemin de fer, travaillant au même endroit, découvraient un troisième sarcophage en pierre de même forme et, à très peu de chose près, de même proportion que les précédents. Il était placé dans la même direction, mais à une moins grande profondeur, la crête de son couvercle n'étant qu'à 1 mètre 70 du sol. Une particularité cependant le distinguait des deux autres : un cercueil en plomb était renfermé dans le sarcophage, mais il ne remplissait pas toute la cavité de l'auge en pierre et laissait libre à l'un des deux bouts, vers l'ouest, un espace de 24 centimètres.

A en juger par ces dimensions, ce cercueil ne pouvait convenir qu'à une personne de petite taille et particulièrement une femme, ce qui fut justifié par l'inspection des objets renfermés dans le tombeau.

Le squelette contenu dans le cercueil en plomb présentait des ossements, bien qu'en place et parfaitement reconnaissables, en partie consumés par le temps. Les jambes étaient droites, les bras étendus, les mains rapprochées l'une contre l'autre vers le haut des cuisses, la tête, comme dans les précédents, placée du côté du levant, les pieds au couchant.

Auprès des débris du crâne se trouvaient trois épingles en ivoire ayant de 6 à 8 centimètres de long ; une quatrième plus courte, mais plus épaisse, en jais du plus beau poli, et la tête ornée avec recherche. Vers les pieds, le long de la jambe droite, un bout de canne ou peut-être un bout de fuseau en ivoire, long de 16 centimètres et s'amincissant vers la pointe, celle-ci se terminant par une petite boule. Cet instrument était destiné à recevoir un manche, lequel devait avoir 1 centimètre et demi de diamètre.

Non loin de ce fuseau, vers les pieds, se trouvait une petite fiole en verre blanc à demi-brisée ; enfin une espèce de tête d'épingle en jais percée de deux petits trous.

Des objets en plus grand nombre avaient été placés en dehors du cercueil en plomb. D'abord un petit vase en verre blanc, simulant le cristal ; il était accompagné de deux petites fioles brisées et devenues méconnaissables. A côté était un bracelet en jais qui paraissait avoir été cassé en deux à dessein. Puis une semelle de soulier en cuir qui n'a pu appartenir qu'à une femme ; celle du pied droit manquait, ce qui est assez singulier. Tout le bord de la semelle était orné d'un dessin frappé se composant de cercles et de chevrons alternés. Cette bordure était dorée. L'intérieur de la semelle présentait un autre dessin formé de bandes transversales au nombre de cinq à petits cercles répétés et également espacés. En sens opposé, se croisant avec elles, des lignes, de petites hachures très rapprochées ; le tout frappé comme la bordure dorée. On n'apercevait aucune trace de couture à cette semelle. C'était une simple sandale retenue au pied par des courroies dont le passage est indiqué à la naissance et au bout de l'orteil ; là sont, en effet, deux échancrures qui n'ont pu servir qu'à cela. D'après M. Déville, on n'avait encore rien découvert de semblable dans une sépulture romaine.

Un autre objet, non moins curieux et qu'à première vue on aurait pu prendre pour un petit bouclier ou rondache, mais qui n'était tout simplement qu'un couvercle de coffret, attira également l'attention.

Ce couvercle, en bois et osier, est recouvert de cuir et orné de garnitures en bronze. Sa plus grande largeur est de 22 centimètres. Au centre se voit une loupe en bronze. Six autres loupes, un peu moins fortes, sont rangées autour ; elles alternent avec des pattes également en bronze et arrondies à leur extrémité. Chacune de ces pattes est retenue au bois du couvercle par deux clous à tête ronde. A la place d'une de ces pattes est une gachette à charnière, qui revenait en équerre sur le côté du coffret et, là, entrait dans la serrure trouvée encore en place armée de sa clef en bronze, comme tout le reste, de l'espèce de celles dites à bague, et très petite.

Sur le côté, on aperçoit, au-dessous de la tablette en bois du couvercle, un tissu en osier qui en formait le bord, l'osier était recouvert de cuir. Quant au corps du coffret, il était en bois dont on n'a plus retrouvé que la poussière. Le couvercle lui-même était fort altéré par le temps.

Malheureusement, aucune inscription, aucune médaille n'accompagnait ces divers objets, ce qui n'a pas permis d'en apprécier l'époque ; mais, suivant M. Déville, ce nouveau tombeau serait comtemporain des deux premiers trouvés.

Quelques jours après cette dernière découverte, le 18 avril, les terrassiers du chemin de fer exhumaient au même endroit, un cercueil en plomb qui n'était enfoui qu'à 1 mètre 50, et placé dans la direction du nord-est au sud-ouest. Des fragments de bois de chêne, une poussière noirâtre et quelques clous en fer fortement oxydés indiquaient que ce cercueil avait été, à l'origine, renfermé dans un coffre de bois. La tablette supérieure du cercueil avait été défoncée par le poids des terres et le squelette qu'il contenait se trouvait dans un état de décomposition tel qu'il fut impossible de tirer aucune induction quelconque de son examen.

Un peu plus long que le précédent du 12 avril, le nouveau cercueil mesurait 1 mètre 85 de longueur, sur 0 mètre 37 de large et 0 mètre 31 de hauteur. Les feuilles de plomb pouvaient avoir de 3 à 4 millimètres d'épaisseur. Il n'offrait d'autres traces d'ornementation que des cercles en relief disposés symétriquement; le couvercle et les côtés n'en ayant point. Au bout, du côté de la tête, une croix, allant d'angle en angle, tracée avec un instrument tranchant ou pointu, et que M. Déville suppose avoir été faite au moment de l'ensevelissement afin de marquer et de pouvoir reconnaître la place de la tête, ce qui pourrait faire supposer que la position du corps n'était pas indifférente soit pour la cérémonie funéraire, soit pour le dépôt dans la terre.

Dans le cercueil, auprès des os du crâne, était une fiole en verre très bien conservée, semblable à celle du précédent tombeau, mais d'une pâte moins blanche et moins fine. Du côté des mains se trouvait un bracelet en jais du plus brillant poli, plat en dessous, arrondi sur le bord et entièrement uni ; il a 6 centimètres et demi de diamètre mesuré intérieurement, 8 extérieurement, et présente la forme elliptique, c'est-à-dire celle du poignet ; enfin, un fragment de médaille en bronze, mêlé à la poussière du squelette, a permis de reconnaître à quelle époque appartenait cette sépulture. Ce fragment qui fait partie d'une médaille de petit module, présente une tête diadémée et au-dessus les lettres suivantes encore lisibles TETRI..... dans lesquelles on retrouve facilement TETRICVS qui usurpa la pourpre dans les Gaules en l'an 267 de J.-C., pour la quitter en 273. Ce tombeau est le second exemple de l'emploi du plomb pour l'inhumation des corps sous cet empereur. Le premier avait été découvert à Rouen en 1831.

Presque tous les objets trouvés dans ces différentes sépultures sont aujourd'hui au Musée départemental d'antiquités.

On peut se demander si ces tombeaux se rattachent à une agglomération de population au temps de la domination romaine sur cette rive de la Seine, ou n'auraient-ils pas été placés là, suivant l'usage antique, par les habitants de Rouen, le long de la voie romaine allant de cette ville à *Lutetia* (Paris) par Uggate (Caudebec-lès-Elbeuf) ? On ne saurait se prononcer. Toutefois, d'autres découvertes faites en 1852 laisseraient à supposer qu'il y avait, à Sotteville ou à Quatre-Mares, dès cette époque, une population agglomérée assez importante.

En 1852, en effet, on rencontrait à Sotteville des constructions romaines, et au centre de l'une des murailles une monnaie de plomb à l'effigie de Flavius Vespasianus, père de Titus et de Domitien.

Au milieu des poteries qui entouraient les ruines on recueillit également des bronzes de Trajan, d'Adrien et d'Antonin le Pieux.

La même année, dans le jardin de l'asile de Quatre-Mares, on a trouvé des débris antiques parmi lesquels une meule à broyer, conservée par le docteur Dumesnil, et un fragment de poterie rouge où M. Thaurin a lu le nom du potier *MOXIVS*.

L'*époque franque* ne nous est signalée à Sotteville que par une seule découverte, celle d'un scramasaxe ou sabre franc recueilli dans des sépultures en pleine terre, en 1846. Le Musée de Rouen en fit l'acquisition.

La *période normande* n'est pas plus féconde. En 1842, on trouvait à Sotteville un denier d'argent de Richard I$^{er}$, duc de Normandie ; cette pièce rare est aussi aujourd'hui au Musée d'antiquités.

## CHAPITRE III

Sotteville du XI$^e$ siècle au XIV$^e$ siècle. — Le moine Gontard. — Fondation du prieuré de Grandmont. — Limites de la paroisse de Sotteville. — Premiers seigneurs. — La banlieue de Rouen. — La léproserie de Sotteville. — Jehan de Sotteville.

Aucun événement concernant particulièrement Sotteville n'est relevé dans l'histoire pendant la période qui a précédé l'invasion normande ; mais à partir de la cession de la Neustrie par Charles le Simple à Rollon (912) on trouve divers faits se rattachant à cette commune.

En 1066, lorsque Guillaume le Conquérant, duc de Normandie, passa en Angleterre, on cite parmi ses compagnons d'armes le sieur de Sotteville. Le *Nobiliaire de Normandie* de Magny n'indique pas le nom de Sotteville, mais celui de Rupierre, ce qui semble établir que le fief principal de Sotteville était alors entre les mains de la famille de ce nom qui le posséda pendant plusieurs siècles.

En 1035 et 1076, Guillaume avait obtenu du pape, en faveur de la collégiale de l'église Saint-Cande-le-Vieux de Rouen, l'attribution du patronage des paroisses de Sotteville-lès-Rouen, Saint-Étienne-du-Rouvray, Petit-Quevilly, Petit-Couronne et Étrépagny, distraites de l'archevêché de Rouen, et comme le doyen de Saint-Cande était l'évêque de Lisieux, c'était à ce prélat que revenait la nomination des curés de Sotteville. Guillaume avait pris cette résolution à la suite du mécontentement par lui éprouvé du peu de condescendance montré à son égard par le Chapitre de Rouen lorsqu'il avait sollicité la nomination de l'un de ses neveux à l'archevêché de cette ville alors vacant. Cette exemption obtenue par Guillaume fut confirmée, en 1078, au profit de Gislebert Maximat qui était le médecin du duc et avait été appelé au siège épiscopal de Lisieux.

Guillaume, du reste, avait un autre motif d'hostilité contre l'archevêque choisi par le Chapitre. N'était-ce pas, en effet, ce même prélat qui s'était opposé au mariage du duc avec la princesse Mathilde à raison de leur degré de parenté, et le menaçait d'excommunication. Ne trouvait-il pas dans cette distraction de sa chapelle et des autres paroisses le moyen de s'affranchir de l'autorité d'un ministre de la religion qu'il avait à sa porte, pour se soumettre à un prélat d'ordre inférieur, il est vrai, mais plus éloigné de lui, en même temps qu'il diminuait la puissance de l'archevêque dans sa ville même.

Dans les mesures prises par le duc à cet égard, on croit trouver la main de Gontard, d'abord moine puis sous-prieur de Fontenelle et enfin abbé de Jumièges, du consentement de Guillaume. Gontard était natif de Sotteville. Si l'on en croit les *Annales des Cauchois*, en 1078, Guillaume, plein de tristesse, semblait ne plus vouloir s'occuper que de religion ; il recherchait particulièrement la société de son cher Gontard que ses connaissances en médecine avaient fait choisir par ce prince comme son premier médecin, mais plus connu comme directeur en matières ecclésiastiques. Ce fut lui qui le soigna pendant sa dernière maladie et pourvut à ses obsèques quand tous les courtisans eurent abandonné le cadavre. Il fut député par les évêques de Normandie au concile de Clermont, en 1095, et après sa mort placé au nombre des saints. On l'honore le 26 novembre.

Sotteville n'était à cette époque qu'une toute petite bourgade s'étendant seulement le long du chemin du Roi (aujourd'hui rue Pierre-Corneille) et tout l'immense faubourg de Saint-Sever était à peu près inhabité, formant cependant déjà un fief connu sous le nom d'Emendreville.

Au milieu du XIIe siècle, l'établissement du prieuré de Grandmont vint donner à Sotteville une certaine importance et en préciser du moins les limites territoriales. Tout le domaine du nouveau couvent, comprenant l'ancien parc royal, fut réputé faire partie de cette paroisse qui se trouvait ainsi comprendre la partie de Saint-Sever limitée aujourd'hui par la rue d'Elbeuf pour une partie, la rue de Sotteville, la rue Pavée, la rue Saint-Sever et la Seine. Aux termes de la charte de Henri II, le fleuve lui-même devait faire partie de son territoire, et nous verrons plus loin un arrêt du Parlement décidant que tous les corps trouvés sur le pont de bateaux, qui se trouvait en face la rue du Bac, devaient être inhumés dans le cimetière de Sotteville. De ce côté, les limites de la paroisse s'étendaient jusqu'aux piles de l'ancien pont de pierre désigné sous le nom de Pont-de-Mathilde — parce que c'était l'impératrice Mathilde, femme d'Henri 1er, roi d'Angleterre et duc de Normandie, qui en avait ordonné la construction — occupant exactement l'emplacement du pont Boieldieu.

En vertu également de la charte de fondation de Grandmont, Sotteville qui, depuis 1066, était soumis, au point de vue religieux, au prieuré de Bonne-Nouvelle, passa sous la dépendance des moines de Grandmont, car il se trouvait placé dans le rayon de quatre lieues fixé par Henri II. Le roi d'Angleterre indemnisa les religieux de Bonne-Nouvelle du préjudice que pouvait leur causer cette diminution de leurs droits réels.

Les moines de Grandmont étaient, comme on le verra plus loin, seigneurs et hauts justiciers de leur domaine. Ce fut une nouvelle cause de difficultés pour l'habitant obligé à tant de servitude. Comment pouvait-il se reconnaître entre les différents maîtres auxquels il était soumis comme pouvoir civil, religieux ou militaire ? Ici le couvent de Grandmont, là l'évêque de Lisieux, ailleurs le duc de Normandie, puis le seigneur; autre part ce sera le couvent des Capucins que nous verrons plus tard posséder une certaine autorité.

\*
\* \*

La seigneurie de Sotteville, qui comprenait tout le territoire que Rollon ne s'était pas réservé, était possédée au temps de Guillaume le Conquérant par Guillaume de Rupierre qui fut un des compagnons du duc à la conquête de l'Angleterre.

En 1080, Guillaume de Sotteville est témoin dans la confirmation faite par Guillaume de Guernaville des biens donnés par son père à l'abbaye de Saint-Évroult. Il faisait partie du cortège de chevaliers qui accompagnaient Robert de Meulan lors de son entrevue, près d'Aizier, avec Roger, abbé de Fécamp, pour y régler leurs droits respectifs sur la Seine.

En 1184, nous voyons un juif de Verneuil, nommé Benoît, obtenir, moyennant 100 sous, la permission de poursuivre en justice Robert de Sotteville qui lui devait de l'argent.

A cette époque, une certaine confusion se produit dans la liste des seigneurs de cette paroisse par le fait que plusieurs autres cités portaient le même nom. Au commencement du xiiie siècle, la seigneurie de Sotteville-lès-Rouen est toujours dans les mains de la famille de Rupierre.

En 1203, le 21 août, on constate le paiement fait par Raoul de Rupierre à Jean, roi d'Angleterre, et alors encore duc de Normandie, en sa chambre des comptes, de 76 l. angevines qui lui seront versées tant par Raoul que par l'évêque de Lisieux.

Nous ne nous étendrons d'ailleurs pas sur cette époque remplie d'incertitudes en ce qui concerne la seigneurie de Sotteville. Il semble nous apparaître cependant que la famille de Rupierre conserva jusqu'au xv⁰ siècle la seigneurie de cette paroisse; toutefois nous nous garderons de toute affirmation à cet égard.

* * *

Par une charte de l'année 1207, Philippe-Auguste accordait aux citoyens de Rouen leurs franchises et coutumes en même temps qu'une « commune et une banlieue » dans les limites que Richard, ci-devant roi d'Angleterre, leur avait accordée, et leur justice en ces limites, sauf le droit des seigneurs qui y auraient leurs terres.

Comme conséquence de cet affranchissement, le roi concédait aux habitants de la ville et de la nouvelle banlieue le droit de faire paître leurs porcs et les animaux à leur usage dans ses forêts et domaines situés en Normandie. Nul demeurant dans la banlieue ne devait payer le fouage, ou impôt par feu ou ménage.

Quelques mois plus tard, le roi, par de nouvelles lettres patentes datées de Pacy-sur-Eure, accordait aux habitants de la ville et de la banlieue la propriété des biens vagues, appelés alors *communes*, enclavés dans la banlieue. Ce fut là l'origine de la propriété des Bruyères Saint-Julien possédées en commun par la ville de Rouen et les paroisses de Sotteville, Grand et Petit-Quevilly, Petit-Couronne, Saint-Étienne, comprises dans les limites de cette banlieue.

En vertu de ces chartes et donations, Sotteville se trouvait alors exempt de l'impôt du fouage, plus tard de la taille, impôt foncier, et jouissait de tous les privilèges de la ville de Rouen. Il en fut ainsi jusqu'à la Révolution.

* * *

Il existait, au xiii⁰ siècle, à Sotteville une léproserie sur laquelle on ne possède d'autres renseignements que ceux fournis par une charte du mois de janvier 1266.

A cette date, les trésoriers de l'église de Sotteville prennent en fief perpétuel du prieur et des religieux de Mont-aux-Malades une pièce de terre située à Sotteville, près du chemin du Roi, moyennant une rente annuelle de 5 sous, payable moitié à la Nativité de saint Jean-Baptiste et moitié à Noël. Ceux-ci reconnaissent aux preneurs le droit d'asseoir cette rente sur un autre bien, afin de pouvoir tenir la pièce de terre ainsi libérée comme une terre de pure et franche aumône, *spécialement affectée à la construction d'une léproserie*, sans préjudice pour les bailleurs du droit de faire assigner les trésoriers ainsi que leurs successeurs pour le paiement de ladite rente.

Cet acte fut passé devant le doyen de Saint-Cande-le-Vieux, qui remplissait à l'égard des paroisses comprises dans l'exemption de Saint-Cande ou de l'évêché de Lisieux, les mêmes pouvoirs qui appartenaient à l'official de l'archevêque à l'égard des paroisses non exemptes.

Le même acte, nous dit M. de Beaurepaire, constate l'antiquité des *fabriques* des églises paroissiales et la participation des trésoriers qui les composaient à la fondation des léproseries, fondation qui était alors regardée comme une charge paroissiale, on pourrait même dire comme une charge communale puisqu'il n'y est pas fait mention du curé.

M. de Beaurepaire fait remarquer également la date peu reculée de cette fondation, ce qui lui permet de conclure que les lépreux étaient encore nombreux à cette époque à Sotteville.

Malgré les recherches que le savant archiviste a faites, il n'a pu préciser l'emplacement qu'occupait cette léproserie qui, suivant lui, n'avait jamais dû être que d'une faible importance et qui certainement n'a pas survécu au xvi° siècle. On voit bien sur la paroisse de Saint-Étienne-du-Rouvray un triège de la Maladrerie : ce nom est probablement emprunté de l'établissement de Sotteville possédant sans doute quelque bien dans cette paroisse, limitrophe de Sotteville, et comme elle comprise dans l'exemption de Saint-Cande.

\*
\* \*

A la fin du xiv° siècle et au commencement du xv° vivait à Sotteville un personnage dont il est maintes fois parlé dans les archives rouennaises, comme maître des œuvres de « charpenterie de la ville de Rouen » et désigné sous le nom de Jehan de Sotteville. En 1389, nous le voyons avec plusieurs autres entrepreneurs déclarer que les fondements du beffroi de Rouen, que l'on commençait à édifier, sont « bons et loyaux » et que l'on pouvait sûrement y construire et « hauchier maçonnerie. » En 1394, il travaille à réparer les fortifications de la ville, et mentionne que le bois employé est ouvré à la Chapelle-Bayvel près Cormeilles. Le 24 février 1395, il cède à la ville les droits qu'il possède, avec Perrinet Odin, sur ce chantier. Le 4 juin 1397, il fait une *cauchée* de terre à Martainville pour le passage des chevaux, charrettes, etc. En 1408, il entreprend des travaux de réparation au pont sur la Seine.

En 1281, les pluies furent si abondantes que vers la mi-janvier la Seine déborda et couvrit de ses eaux toutes les plaines avoisinantes. A Saint-Sever, la chaussée qui menait au couvent de Saint-Mathieu (les Emmurées) était couverte de trois pieds d'eau.

## CHAPITRE IV

Sotteville et Saint-Sever du xiv<sup>e</sup> au xvi<sup>e</sup> siècle. — La guerre de cent-ans. — Le combat de Sotteville. — Deux revues aux Bruyères Saint-Julien. — Les premiers Huguenots a Sotteville. — La Ligue, l'escarmouche de Grandmont. — Un trésor. — Le potier Masseot Abaquesne.

La Guerre de Cent-Ans fut une des époques les plus néfastes pour toute la banlieue de Rouen, comme pour la plus grande partie de la Normandie.

En 1346, la vieille capitale normande est menacée par les Anglais qui s'avancent, pillant et dévastant tout le pays sur leur passage. Au commencement du mois d'août, ils brûlent plusieurs maisons près du monastère de Notre-Dame-du-Pré (Bonne-Nouvelle), mais ils ne tentent pas encore de mettre le siège devant Rouen. La ville, par mesure de précaution, avait fait couper le pont Mathilde.

En 1365, ils reviennent sur Rouen et en projettent le siège. Ils s'emparent du château de Moulineaux et désolent par leurs incursions toute la banlieue rouennaise. Bientôt de tous côtés les communications avec la ville sont interrompues : c'est le siège qui commence.

Grand-Couronne, Sotteville, Saint-Étienne sont au pouvoir de l'ennemi. Les laitiers de ces communes, accablés de vexations, révèlent alors à leurs vainqueurs une embuscade que les bourgeois de Rouen, sous les ordres de Jacques le Lieur, avaient dressée la nuit de la Fête-Dieu, près des Emmurées. Les Anglais, ainsi avertis, imaginent à leur tour une autre embuscade en la forêt du côté de Sotteville. Puis ils font semblant de donner dans le piège tendu par les Rouennais.

En grand nombre et fort bien montés, ils arrivent ainsi devant le monastère des Emmurées. Les Français qui s'y étaient cachés se précipitent sur eux ainsi qu'une autre troupe qui s'était enfermée dans le manoir d'Emendreville. Les Anglais, en les voyant, prennent rapidement la fuite en longeant les murs de Grandmont. Les Rouennais les poursuivent et tombent ainsi dans l'embuscade dressée par les Anglais à Sotteville. Voyant les Français pris au piège, les Anglais reviennent sur leurs pas et un combat acharné s'engage. Mais les Rouennais, tombés dans l'embuscade anglaise, ne peuvent lutter davantage et un grand nombre restent sur le terrain. Parmi les morts se trouvent les sieurs d'Orival, de Moulineaux, de Roulleboise, etc.; d'autres, comme Jean de la Gastine et son frère, furent faits prisonniers.

Pierre Cochon, qui rapporte ce combat, nous dit qu'aussitôt qu'on apprit à Rouen le traquenard dans lequel les Français étaient tombés, on poussa de grands cris. L'alarme fut alors donnée afin d'envoyer des secours, mais il était trop tard.

Cette escarmouche, plutôt qu'un combat, eut lieu à un endroit de Sotteville désigné alors sous le nom de Quesnoy.

En 1372, une inondation survint qui causa de grands dégâts, tant par la hauteur considérable des eaux qui envahirent toute la vallée, que par sa durée. On allait en bateau par derrière les Emmurées jusque vers le monastère de Bonne-Nouvelle, et les murs de Grandmont furent détruits ainsi que la chaussée de Saint-Sever qui ne fut rétablie que vers 1408.

Cependant les Anglais, chassés de France par Charles V, profitaient de la querelle des Armagnacs et des Bourguignons pour reprendre l'offensive et s'emparer de nouveau de la France. Après avoir pris Pont-de-l'Arche, ils menacent Rouen. La ville se met en état de défense. Tout le faubourg Saint-Sever est rasé. Les manoirs de Richebourg et d'Emendreville, ainsi que l'église de Notre-Dame-du-Pré (Bonne-Nouvelle), hors d'état de résister aux Anglais mais qui pouvaient leur offrir un asile, sont détruits et une garnison importante est placée dans la Barbacane sous les ordres du sire de Chauffour.

A la fin de juillet 1418, le roi d'Angleterre arrivait devant Rouen et l'investissait. John Halland, comte de Huntingdon, s'établit au milieu des débris du faubourg Saint-Sever, en face de la Barbacane et du Grand-Pont. Il était chargé, en outre, d'assurer les communications de l'armée avec la Normandie d'outre Seine qu'on pouvait considérer comme soumise, mais où quelques places, comme Honfleur et Quillebeuf, résistaient encore. Le corps d'armée d'Huntingdon, jeté seul sur la rive gauche du fleuve, devait être considérable, à en juger par le nombre des lieutenants de ce chef : John Newyl qui campait à la hauteur du Grand-Cours actuel ; sir Umfreville posté à l'entrée de la rue Saint-Sever ou Chaussée-des-Emmurées ; sir Richard Arundel dont le camp se trouvait quelque peu à l'Ouest du couvent des Emmurées, et lord Edmond Ferrers occupant une position qui semble être aujourd'hui aux environs de la place Bonne-Nouvelle. Le comte de Huntingdon avait sa tente en face des Emmurées de l'autre côté de la chaussée.

Pour barrer le fleuve du côté de la haute Seine, et surtout afin d'établir une communication facile avec le gros de l'armée et le poste de Saint-Sever en même temps que s'assurer, en cas d'insuccès, un moyen de retraite sur la Basse-Normandie, le roi entreprit de jeter un pont d'une rive à l'autre au-dessus de la ville. Ce pont fixe, formé de poutres entrelacées et reposant sur des arches et des piliers de bois enfoncés dans le lit de la Seine, était une œuvre admirable. Il reliait ainsi les deux rives entre Lescure et Sotteville, à cinq kilomètres environ au-dessus de Rouen, et reçut des Anglais le nom de Pont-Saint-Georges.

Durant le siège, la banlieue fut continuellement rançonnée et pillée. C'était d'ailleurs la tactique des Anglais de tout ruiner sur leur passage.

En 1496, une inondation considérable cause de grands dégâts à Saint-Sever et dans les environs. Les couvents de Notre-Dame-du-Pré, Sainte-Catherine-de-Grandmont sont envahis. Depuis le pont jusqu'à l'église Saint-Sever, personne ne pouvait passer qu'en bateau ou charrettes attelées. Dans la ville, l'inondation atteignait l'église Saint-Éloi, la porte de *Crouchefilz*, la Poissonnerie et la rue des Charretiers, l'*Hôtel de Lisieux*, etc. « De mémoire d'homme on n'avait vu à Rouen si grandes eaux. La ville perdit ses greniers à sel ; le bois qui couvrait les quais fut emporté. L'inondation dura de Noël jusqu'à la fin de janvier (1). »

\* \*

En 1516, François Ier confirma la charte normande qui exemptait momentanément les habitants de la ville, faubourg et banlieue de Rouen, de la convocation et service du ban et de l'arrière-ban, en même temps que des droits de francs-fiefs et nouveaux acquêts. Ces exemptions furent de nouveau confirmées par les édits de 1674 et 1693. Toutefois, dans la suite, on y dérogea et il arriva même que cette exemption ne fut plus respectée.

En 1525, à la suite des guerres de François Ier avec Charles-Quint, une bande de brigands infestait la Normandie. La jeunesse

---

(1) *Archives de Rouen*. A. 10.

rouennaise fut alors requise de prendre les armes pour les chasser. Une montre (revue) générale de cette armée improvisée, composée de plusieurs milliers d'hommes, eut lieu sur les Bruyères Saint-Julien.

Dix ans plus tard, en 1535, et au même endroit, une autre montre semblable à la précédente était passée en présence du monarque lui-même. Cette fois l'armée s'élevait à 6.000 hommes, commandés par les sires de Bacqueville, Lasale, Canteleu, Saint-Aubin, etc.

A cette même époque, il est fait mention dans le compte des chapelains du *Collège de la commune,* de Jean de la Haye, maître de la *Truie qui file*, à Sotteville. Ce devait être quelque cabaret ou quelque auberge (1).

\* \*

Dans toute la contrée, l'hérésie fait de nombreux adeptes à tel point qu'on commençait à décrier certains quartiers de la Normandie et surtout les environs de Rouen en les appelant la « petite Allemagne ». Pourtant le clergé se multiplie et l'inquisiteur se montre inexorable.

A Sotteville, en 1531, il vient prêcher contre Marguerite Heurier ou Hermier et Pierre Le Vasseur qui avaient embrassé la foi nouvelle (2). Nous le trouvons ensuite à Basqueville, à Anneville, devant les portes de la Cathédrale, à l'église Saint-Maclou.

Au sein même du clergé, l'hérésie trouve d'ailleurs de nombreux adeptes, et une partie de la noblesse ne s'y montre pas réfractaire. Enfin, nombre de religieux et de religieuses quittent leurs couvents. Les prisons ecclésiastiques regorgent.

C'est ainsi que nous voyons Étienne Lecour, curé de Condé-sur-Sarthe, condamné à la dégradation et brûlé sur la place du marché de Rouen ; Nicolas Boissel, curé d'Épinay, Laurent de Ruel, sieur d'Osmonville, Pierre Dupont, sieur de Serville, Guillot des Groselliers avec une foule de religieux, de religieuses et de gens du

---

(1) *Archives de la Seine-Inférieure.* G. 4.683.
(2) *Archives de la Seine-Inférieure.* G. 232.

peuple traduits devant l'official et condamnés à la rétractation, à la prison et à l'amende.

*
* *

Sotteville, comme toutes les paroisses environnant Rouen, eut grandement à souffrir des guerres de religion. A la nouvelle du massacre de Vassy, la vieille capitale normande s'était soulevée et avait pris parti pour les Huguenots. Le 29 juin 1562, le duc d'Aumale qui commandait alors pour les catholiques vint s'installer devant le fort Sainte-Catherine, mais, le 11 juillet, il levait le siège et se rabattait sur Brionne, alors florissante par ses manufactures de draps et de toiles, qu'il pilla ; puis, il revint de nouveau sur Rouen. Le 20 août, il pille tout le faubourg Saint-Sever, Sotteville, Quevilly et leurs alentours et en enlève tous les bestiaux.

Ruinés par les soldats catholiques, les villages de Sotteville et des environs se virent encore dépouillés de ce qui pouvait leur rester par les soldats de Rouen qui, dans leurs continuelles sorties, enlevèrent tout ce qu'ils purent trouver : c'était dans ces paroisses la ruine complète. Il en fut de même, d'ailleurs, de l'autre côté de la ville : les moulins de Darnétal, Mesnil-Esnard, Clères, furent complètement détruits.

*
* *

En 1566, l'hospice de la Madeleine de Rouen qui projetait la construction d'un nouvel hôpital dans les terrains dits du *Lieu-de-Santé*, vendait, pour se procurer les fonds nécessaires, deux pièces de terre qu'il possédait à Sotteville.

Quatre ans plus tard, par suite de la cherté du blé et de la grande quantité de pauvres malades qu'il avait à soigner, le même hospice se voit de nouveau contraint de vendre quatre autres pièces de terre qu'il possédait encore à Sotteville.

En 1572, la Seine déborde pendant plusieurs mois. Le prieuré de Grandmont et toutes les prairies de Sotteville sont envahies par les eaux. Dans la ville beaucoup de magasins sont remplis d'eau.

La guerre de la Ligue et les troubles occasionnés par les dissensions religieuses du moment furent encore pour Sotteville et le faubourg Saint-Sever une époque des plus malheureuses.

Lors du siège de Rouen par Henri IV, le roi de Navarre qui arrivait de Pont-de-l'Arche par Oissel fit camper une partie de son armée à Sotteville. A différentes reprises, des escarmouches se produisent avec l'armée de la Ligue renfermée dans Rouen et qui cherchait constamment à harceler les troupes du Navarrais. Le 30 mars 1592, une de ces rencontres eut lieu vers Grandmont où les Ligueurs chassèrent, nous dit Valdory, « plusieurs cavaliers qui tâchaient de les coutelasser, » tuèrent deux de leurs chevaux, blessèrent le sieur de Guéry, colonel de la cavalerie ennemie, et mirent en fuite les soldats de pied qui durent se réfugier dans leurs barricades.

Ce passage de Valdory nous porte à croire avec quelque certitude que l'armée de Henri IV avait dû élever dans Sotteville d'assez solides retranchements pour s'y défendre contre les attaques des troupes du duc de Mayenne renfermées dans Rouen et que commandait Villars.

Quelques jours plus tard arriva au secours du roi de Navarre une compagnie anglaise. Une partie fut logée aux Chartreux, une autre à Mesnil-Esnard vers le fort Sainte-Catherine, et le reste à Sotteville.

C'est alors que Villars tenta un nouveau coup de main du côté de Sotteville. A cet effet, il fit passer une douzaine de soldats dans une barque, vers Grandmont, pour amener de ce côté une attaque de l'ennemi. Les soldats de Henri IV tombèrent dans le piège qui leur était tendu ; un combat s'engagea, au cours duquel ils eurent trois hommes tués et quatre blessés. La défaite allait être plus complète lorsque survint une compagnie anglaise passant par là pour aller prendre son logement à Sotteville et qui se jeta sur les Ligueurs et les poursuivit jusque sur le bord de la rivière. Ils purent enfin remonter dans leur barque, contre laquelle les Anglais tirèrent plus de cinq cents coups sans atteindre personne. Toutefois, comme le passage se faisait lentement, les soldats de Villars auraient pu être fort maltraités si l'arrivée de secours, en donnant la crainte à l'ennemi, ne leur eût permis d'effectuer plus rapidement leur rentrée dans la ville.

Pendant tout le temps que dura le siège, Sotteville fut constamment occupé par les troupes de Henri IV et de ses alliés les Anglais et les Espagnols. On sait comment se comportaient les soldats de cette époque, mercenaires pour la plupart, pillards et grands amateurs de bonne chère. Les habitants de Sotteville, qui les redoutaient, avaient, à leur approche, cherché à mettre en lieu sûr leurs petites économies et leurs objets précieux. Est-ce une de ces cachettes qui fut mise à découvert d'une manière si imprévue en 1849?

En se jouant à creuser un trou au pied d'un vieux mur d'une propriété voisine de la place de la mairie, dans une banquette de terre qui, sans doute, n'avait pas été remuée depuis longtemps, un enfant de trois ans et demi mit à jour un petit pot de terre renfermant un assez grand nombre de pièces d'argent du XVIe siècle d'une valeur intrinsèque d'environ 800 francs. Les pièces d'or étaient au nombre de 21, la plupart parfaitement conservées, et différant presque toutes entre elles de pays, de règne et de date de fabrication. Ainsi, l'on en remarquait une de Louis XII. à la couronne, 7 de François Ier, écus d'or au soleil de France et de Dauphiné, 2 de Charles IX, 2 de Charles-Quint, empereur d'Allemagne, 5 de Philippe II et 3 de Sébastien Ier, roi de Portugal. Quant aux monnaies d'argent elles étaient au nombre d'une centaine, de divers poids et modules, généralement couvertes d'une couche épaisse d'oxydation, qui empêchait d'en saisir nettement les détails caractéristiques et les légendes : mais néanmoins, on pouvait facilement constater que la plupart étaient françaises, et à l'effigie de Henri III, hormis quelques-unes seulement de Henri II et de Charles IX. Toutes ces monnaies appartenaient aux diverses catégories, que l'on qualifie de bestons, de francs, demi-francs, quart d'écus, etc. Il y avait en outre, parmi les pièces d'argent, une assez nombreuse série de menues monnaies espagnoles du règne de Philippe II.

L'époque de l'enfouissement de ce petit trésor était facile à déterminer en observant ce mélange de monnaies françaises et espagnoles dont les plus récentes appartiennent aux règnes de Henri III et Philippe II : c'était évidemment l'époque de la Ligue, époque d'agitation et de troubles, pendant laquelle on dut souvent chercher à soustraire au pillage ce qu'on possédait de plus précieux. L'opinion unanime fut que ce dépôt aura été fait lors du séjour des troupes espagnoles autour de la ville de Rouen, en 1592, et ainsi oublié par le fait de la mort ou de la disparition de ses propriétaires (1).

.·.

Au milieu du XVIᵉ siècle, vivait un célèbre potier émailleur, Masseot Abaquesne, auquel on devrait, d'après M. Gosselin, les carreaux émaillés du château d'Ecouen.

Une quittance donnée, devant les notaires de Rouen, le 7 mars 1548, l'indique comme demeurant en la paroisse de « Notre-Dame-de-Sotteville-lès-Rouen. » En voici la partie essentielle :

« Masseot Abaquesne, esmailleur, demeurant en la paroisse de
« Notre-Dame-de-Sotteville-lès-Rouen, confesse avoir eu et receu
« comptant de noble homme maistre André Rageau, notaire et
« secrétaire du roy, et recepveur de ses aides et tailles en ceste
« ville de Rouen, la somme de cent escus d'or soleil tant en
« diminuant que rabattant sur le prix et sommes deubz, en quoi le
« dit Abaquesne disait avoir réduit avec hault et puissant seigneur
« messire le connestable grand maistre de France pour *certain*
« *nombre de carreaux de terre émaillée* que le dit Abaquesne s'était
« submis et obligé faire audict sieur connestable..... »

Etaient présents à cet acte : Marion Durand, femme d'Abaquesne, et leur fils Laurent alors âgé de 21 ans.

D'autre part, nous voyons dans un autre acte du 22 décembre 1543 que Masseot Abaquesne était domicilié à Rouen, paroisse Saint-

---

(1) *Revue de Rouen*, année 1849, t. 31, p. 277.

Laurent; il y est qualifié « bourgeois et marchand ». C'est un contrat par lequel Abaquesne s'engage à prendre pour un an dans sa maison, comme ouvrier potier, un nommé Roullart auquel il donnera « boire, manger, feu, lict et hostel » et lui paiera pour ce temps la somme de 13 l. tournois.

Il est certain d'ailleurs, ainsi que l'attestent plusieurs autres contrats, qu'Abaquesne habita toujours la ville de Rouen. La quittance de 1548 indiquerait seulement qu'Abaquesne avait établi son atelier à Sotteville-lès-Rouen, à proximité d'une terre à potier, à Quatre-Mares, sans doute.

Il n'est guère possible de préciser l'époque à laquelle Abaquesne s'installa à Sotteville. M. Gosselin pense pouvoir lui attribuer les carreaux émaillés qui ont servi à la décoration du magnifique colombier des dames de Saint-Amand, à Boos, construit avant 1531 puisque l'abbesse de Saint-Amand décéda cette même année. L'acte de 1543 nous affirme du moins sa présence à Rouen ou à Sotteville à cette époque.

Le 24 mai 1545, il vendait à Pierre Dubosc, bourgeois apothicaire, demeurant en la paroisse Saint-Martin-du-Pont, à Rouen, 40 douzaines de pots émaillés contenant un pot chaque, et 50 douzaines de pots contenant une pinte..... « le tout de façon de bouettes et de hauteur et largeur compétente, raisonnable comme l'on a coutume d'en user à usage d'apothicairerie..... 36 douzaines de pots à façon de chevrettes ». Abaquesne s'engageait à ne pas en faire pour d'autres tant que la commande de Dubosc ne serait pas livrée, commande qui se montait à 346 douzaines, soit 4.152 pots de terre émaillée.

Ces pots en terre à l'usage des apothicaires, n'étaient rien moins, nous dit M. Gosselin, que de la faïence. Il est vrai que cette espèce de céramique n'était encore désignée que sous le nom de « terre émaillée », celui de faïence étant jusqu'alors inconnu.

Abaquesne, ainsi qu'on l'a vu par l'acte de 1548, avait associé son fils et sa femme à ses travaux. A cette époque, il était déjà en relations d'affaires avec le grand connétable. En 1557, il étend ses relations au dauphin. La même année, il donne quittance à André Rageau, alors secrétaire des finances du roi, d'une somme de 559 l. pour la fourniture d'un certain nombre de carreaux qu'il avait entrepris de faire pour le sieur Durfe, gouverneur du dauphin, selon les « portraits et devises » que Durfe lui avait donnés. Ces carreaux étaient cotés sur le prix de 36 l. le 1.000.

Abaquesne avait donc fourni au dauphin environ 15.000 carreaux. Mais où furent-ils employés ? Est-ce au château de Madrid ou ailleurs ?

Le célèbre potier mourut entre 1560 et 1564. A sa mort, sa veuve et son fils continuèrent le commerce d'Abaquesne. Mais bientôt le fils se sépara de sa mère pour prendre un domicile particulier dans la ville de Rouen. Il n'est pas même certain que la veuve d'Abaquesne et son fils poursuivirent la fabrication des carreaux émaillés. Il est à croire plutôt que la veuve du célèbre potier-émailleur ne fit qu'écouler ceux fabriqués par son mari ; en tout cas, si elle a fabriqué elle-même, ce ne dut être qu'une tentative qui n'eut pas de suite.

En 1564, elle vendait encore, car le 15 décembre elle livrait à l'abbé de Valasse, maître des requêtes du roi, 4.000 carreaux émaillés d'azur blanc, jaune et vert moyennant le même prix de 36 l. le 1.000.

Dans les années qui suivent on ne trouve plus trace ni de la veuve ni du fils, ni même d'aucun autre émailleur avant 1645, date indiquée par Pottier comme étant celle de l'établissement de la fabrique de faïence de Rouen. L'atelier de poterie établi à Sotteville par Abaquesne n'avait donc eu qu'une très courte existence après avoir joui toutefois, grâce à son auteur, d'une certaine célébrité.

## CHAPITRE V

Sotteville aux XVIIe et XVIIIe siècles. — Les troubles des Nu-Pieds. — Difficultés avec le syndic Bazire. — Première assemblée communale. — Situation de Sotteville en 1788. — Premières écoles.

Le XVIIe siècle est la période la moins intéressante de l'histoire de Sotteville. Un seul fait important mérite d'être relevé.

Au commencement de l'année 1639, la misère était extrême dans la ville de Rouen et ses faubourgs, et cependant Louis XIII ne craignit pas encore de lever de nouveaux impôts sur l'aulnage des étoffes et le contrôle des teinturiers. Une sédition éclata, elle est connue dans l'histoire sous le nom de *Révolte des Nu-pieds*, parce que le chef des séditieux, personnage quelque mystérieux, se faisait appeler de ce nom. Le soulèvement s'étendit bientôt à toute la province.

A Sotteville, l'émotion populaire n'était pas beaucoup moins vive qu'à Rouen. Aussi, à la suite de la répression énergique que vint ordonner à Rouen le chancelier Séguier, quelques habitants de Sotteville furent traduits devant le Parlement. Un arrêt de la Haute Cour, en date du 28 janvier 1640, condamnait par contumace : Guillaume Guyot manouvrier, Bertrand Le Carpentier et Jean de la Motte, tavernier et maçon, à être pendus et étranglés sur une potence qui serait élevée sur la place du Vieux-Marché ; — Robert Dubosc, l'aîné, plâtrier, Jean et Isaac Longuemare frères, marchands de chevaux, au bannissement perpétuel.

L'arrêt de condamnation constate l'ajournement et l'appel des condamnés défaillants après que recherche de leurs personnes avait eu lieu à son de trompe et cris publics par trois jours consécutifs aux carrefours et lieux accoutumés de la ville de Rouen, les 17, 18 et 19 janvier 1640.

Deux autres séditieux, un drapier de Rouen et un plâtrier de Sotteville, notamment convaincus de rebellion, de vol et de pillage pendant les troubles, furent pendus le 14 janvier 1640 sur un simple ordre verbal du chancelier Séguier et exécutés ainsi sans jugement. On s'explique que leurs complices, craignant un sort semblable, aient pris la fuite et se soient laissé juger par contumace.

— Au xviie siècle vivait à Sotteville un chirurgien distingué, Michel Dumets (1564-1691).

* * *

A la fin de l'année 1779, d'assez vifs dissentiments vinrent à se produire entre le syndic (1) de Sotteville, Philippe Bazire, et une partie des habitants de la paroisse. Ceux-ci reprochaient à Bazire d'avoir refusé de rechercher les ressources nécessaires pour affranchir la paroisse du logement des dragons du régiment de la Rochefoucauld qui y étaient alors en garnison, ils adressèrent à ce sujet une plainte à l'intendant général.

Bazire, qui exerçait ses fonctions depuis douze ans, protesta contre les reproches dont il était l'objet ; il affirma, au contraire, qu'il avait fait toutes les démarches et avait même obtenu de l'intendant une ordonnance, datée du 18 décembre, déchargeant les habitants de Sotteville non seulement du loyer des maisons affectées au casernement, mais encore de la fourniture de la lumière et du chauffage. Au lieu de lui en être reconnaissant, on demandait sa destitution. Ceux qui agissaient ainsi étaient, d'ailleurs à l'en croire, les moins recommandables de la paroisse, et encore leurs signatures avaient-elles été mendiées dans les rues et les cabarets.

Cette dernière déclaration de Bazire était, du moins, en partie exacte, car dans une lettre collective adressée à l'intendant nous voyons un certain nombre des « plaintifs », comme on disait alors, désavouer leurs signatures qui leur avaient été extorquées par Gueroult et Mullot, les deux chefs de l'opposition, et déclarer qu'ils

---

(1) Fonctions à peu près semblables à celles de nos maires.

n'avaient jamais pensé qu'on leur faisait demander la destitution de Bazire.

L'intendant général prescrivit alors une enquête et, le 26 décembre, les habitants de la paroisse étaient appelés à donner leur avis. Mais, Gueroult et Mullot avaient su prendre leurs précautions, 36 paroissiens seulement se présentèrent, 32 se prononcèrent contre le syndic, et 4 affirmèrent en lui leur confiance.

La décision de l'intendant était toute indiquée, Bazire était condamné ; toutefois, il fut autorisé à continuer ses fonctions jusqu'au 1er octobre 1780.

Au mois de septembre de cette même année, l'assemblée générale des paroissiens de Sotteville était appelée à nommer un nouveau syndic « bon et solvable, sachant lire et écrire et ayant les qualités « prescrites par l'ordonnance du 1er février 1757 ». Son choix se porta sur Michel Guyot (1).

\*
\* \*

Dans le courant de l'année 1787, Martin Vattier, curé de Sotteville, adressait à l'archevêque et aux administrateurs du Collège de Rouen une supplique dans laquelle il leur exposait que la paroisse de Sotteville était très chargée de pauvres dont la plupart étaient sans travail pendant l'hiver et manquaient, durant cette saison, des choses les plus nécessaires à la vie. Pour faire face aux besoins de cette multitude d'indigents il n'avait d'autres ressources que la donation de 10 mines de blé à prendre sur l'Hôtel de Ville de Rouen, qui ne lui étaient payées que 115 l., soit 12 l. 10 sous la mine, tandis qu'il avait payé le blé 22 l. l'hiver précédent, et dans sa paroisse il ne pouvait trouver que fort peu de secours.

L'année dernière, le bailli de la haute justice de Sotteville, touché de ses représentations, avait fait mettre à l'enchère la boucherie (2)

---

(1) *Archives de la Seine-Inférieure*. C. 11.
(2) Droit que payaient les bouchers pour vendre de la viande pendant le Carême.

de Sotteville pour le Carême ; l'enchère s'était élevée à 307 l., qu'il avait promis de remettre au curé pour les pauvres ; mais, en attendant ce secours, l'abbé Vattier avait dû emprunter une somme importante pour venir immédiatement en aide aux malheureux, que la neige et les grosses eaux avaient réduits à la plus affreuse détresse, en faisant chaque jour des distributions de pain. Mais les hôpitaux de Rouen réclamèrent, dans la suite, le prix d'adjudication de la viande, et le curé, n'ayant rien touché, n'avait pu remplir ses engagements.

D'autre part, les espérances que l'on fondait sur la récolte nouvelle ne se sont pas réalisées ; la sécheresse a succédé aux grosses eaux et lui a été fatale ; les gros décimateurs, à qui les deux tiers des dîmes appartiennent, les ont fait vendre à l'enchère et n'en ont retiré que 200 l.

Dans ces difficiles circonstances, le curé de Sotteville demandait au Collège qui avait alors 54.000 l. de rentes de venir au secours de ses pauvres. Sa requête fut-elle admise ? On ne trouve à ce sujet aucune indication dans les comptes des Jésuites.

* * *

Jusqu'en l'année 1787, les affaires intéressant les paroisses avaient été délibérées en réunions plénières des habitants assemblés dans l'église, et le syndic était chargé d'en assurer l'exécution. En 1787, une ordonnance royale vint changer cet ancien mode d'administration en créant dans chaque paroisse un conseil communal composé d'un certain nombre de délégués des habitants, du seigneur et du curé de la paroisse, membres de droit. Le syndic, désigné également par l'élection, restait chargé de l'exécution des décisions de l'assemblée.

Par suite de cette nouvelle organisation administrative, le conseil communal de Sotteville se trouva ainsi composé :

MM. de Guichainville, seigneur de la paroisse, et Vattier, curé, membres de droit ;

MM. Lesueur, syndic de l'assemblée ; Coquerel, Pierre Moulin,

Hétru, Guerard, Morel, Lemire, Marc-Antoine Lemire et Fourquemin, greffier.

Le 29 mars 1788, la nouvelle assemblée municipale adressait au bureau intermédiaire du département un état de situation de la paroisse de Sotteville, qui comptait alors — en y comprenant bien entendu toute la partie de Saint-Sever qui en faisait partie — 4.000 habitants ; mais 3.000 au moins étaient sans propriété et sans fortune et n'avaient d'autre moyen de subsistance que leur travail. Plus de 1.000 avaient recours à la charité et à la bienfaisance.

Pour satisfaire aux besoins les plus urgents de cette foule de malheureux, il fallait chaque année des sommes considérables et bien supérieures aux secours que pouvait fournir la paroisse. Les trois quarts au moins des propriétés étaient entre les mains des communautés religieuses qui possédaient alors à Sotteville plus de 60.000 l. de rente, chiffre énorme pour l'époque et qui représenterait aujourd'hui environ 250.000 francs de rente.

La communauté de Grandmont, tant qu'elle a subsisté, donnait environ 1.000 l. par an pour les pauvres ; en outre, elle fournissait du bouillon pour les malades et faisait, dans les besoins extraordinaires, des distributions de bois et de légumes. Pendant l'hiver extrêmement rigoureux de l'année 1743, elle s'était montrée des plus compatissantes à l'égard des malheureux et avait multiplié ses aumônes. Mais, depuis 1770, époque de sa suppression et de la réunion de ses revenus au séminaire de Lisieux, cette source d'aumônes se trouva pour ainsi dire tarie pour la paroisse ; les aumônes si abondantes du monastère se trouvèrent réduites à la rente de dix mines de blé par an sur l'Hôtel de Ville de Rouen, rente qui pouvait être estimée, année moyenne, à 120 l. Toutefois, après le décès des deux derniers religieux de l'ancienne communauté, dix autres mines viendront s'adjoindre aux premières ; mais, en attendant, la classe nécessiteuse ne pouvait compter que sur celles qu'on était en droit de percevoir.

Le Collège de Rouen, auquel la manse priorale de Grandmont avait été unie au commencement du xviiie siècle et qui percevait pourtant à Sotteville d'assez beaux revenus, ne donnait aucun secours. Lors de l'inondation de 1784, le curé de la paroisse ayant exposé au bureau d'administration du Collège les misères et la souffrance de ses pauvres toujours si nombreux, en avait reçu un seul don de 100 l.

Les autres propriétaires de biens de mainmorte ne se montraient pas plus généreux : l'archevêché de Rouen, l'abbaye de Saint-Ouen, le prieuré de Mont-aux-Malades, l'abbaye de Saint-Amand, les Chartreux, les religieuses Emmurées, l'évêché de Lisieux, gros décimateurs pour les deux tiers des grosses dîmes et propriétaires de terres, les Frères des Écoles Chrétiennes, ne donnaient absolument rien.

Avant 1784, les pauvres trouvaient une ressource dans l'adjudication de la boucherie du Carême dans la paroisse, adjudication qui avait monté jusqu'à 300 l.; mais la dernière faite, en 1784, avait donné lieu à un procès intenté par les administrateurs des hôpitaux de Rouen qui réclamaient le droit de faire cette adjudication à leur bénéfice. A partir de cette époque, on ne fit plus d'adjudication et les malheureux de Sotteville se trouvèrent encore privés de ce secours pourtant si nécessaire.

Les pauvres se trouvaient ainsi réduits aux seules ressources que procurait la quête qui se faisait dans l'église les dimanches et fêtes. Les trésoriers la distribuaient à leur gré ; elle n'a jamais donné plus de 50 l.

M. de Guichainville, seigneur de la paroisse depuis 1782, était le seul propriétaire qui fît quelque bien aux nécessiteux et qui cherchât par tous les moyens à subvenir à leurs besoins.

Sotteville ne comptait encore sur son territoire aucune fabrique ; les ouvriers travaillaient, pour un certain nombre du moins, aux manufactures de toiles établies dans les environs ; mais la crise que traversait alors cette branche de commerce leur était fort préjudiciable, et l'assemblée municipale, pour donner du travail aux nombreux ouvriers inoccupés, demandait à être autorisée à faire ouvrir une carrière sur les bruyères appartenant au domaine, en payant un prix fixe par toise de pierre ou de bloc. L'excédent du produit, s'il en existait, serait versé au profit des infirmes. « Il existe — « ajoutait l'assemblée municipale de Sotteville — dans la paroisse « 500 acres de bruyères accordées aux bouchers de Rouen pour le « pâturage des bestiaux qui arrivent des marchés, lesquelles sont « inutiles ; il serait possible d'en défricher une partie qui serait « affermée au profit des pauvres (1.) »

\*
\* \*

Jusqu'aux dernières années du xviie siècle, Sotteville n'avait pas d'école. Comme dans la plupart des autres paroisses, le vicaire, en faisant apprendre le catéchisme, donnait aux enfants quelques notions de lecture et d'écriture.

Le 20 février 1687, M. Delafosse, chanoine et pénitencier de Notre-Dame de Rouen, donnait au bureau des pauvres valides de cette ville un tènement de maisons, paroisses Saint-André et Saint-Pierre-du-Châtel, à condition de payer tous les ans une somme de 150 l. pour l'entretien d'une maîtresse d'école pour les filles à Sotteville. Cette création fut accueillie dans cette paroisse avec enthousiasme, et bientôt la nouvelle école, la première établie à Sotteville, devint tellement nombreuse qu'une seconde maîtresse fut nécessaire. M. Delafosse y pourvut et, le 17 mai de la même année 1787, il constituait une nouvelle rente de 100 l. envers la communauté des Sœurs-Grises à charge d'envoyer à Sotteville une seconde maîtresse. De leur côté, le curé et les trésoriers s'engagèrent à fournir une maison convenable pour tenir ces écoles (2).

Mais si les filles étaient dotées d'écoles, il n'en était pas de même des garçons qui devaient ainsi rester dans l'ignorance. Heureusement les Frères de la Doctrine Chrétienne, qui s'établirent à Saint-Yon au commencement du xviiie siècle et avaient fondé à Saint-Sever une école gratuite, la transportèrent bientôt après

---

(1) *Archives de la Seine-Inférieure.* C. 2.212.
(2) *Archives de la Seine-Inférieure.* D. 447.

à Sotteville; nous ne croyons pas cependant que cette école ait eu une longue existence, car si, à l'époque de la Révolution, il est fait mention de l'école des Sœurs, il n'est nullement parlé de celle des Frères.

# CHAPITRE VI

## Sotteville sous la Féodalité.

LA SEIGNEURIE DE SOTTEVILLE. — LES FIEFS DE L'AIGLE ET DE GRESTAIN. — LE DOMAINE DES MARETTES. — QUATRE-MARES. — LA HAUTE JUSTICE DE SOTTEVILLE.

Au point de vue féodal, le territoire de Sotteville tel qu'il se comportait avant la Révolution relevait de cinq fiefs différents :

La *seigneurie* proprement dite de la paroisse à laquelle étaient assujetties les propriétés situées aux environs de l'église, placée à peu de distance du manoir seigneurial.

Les fiefs de l'Aigle et Grestain, auxquels étaient soumises l'ancienne rue du Bas, la Haye-Brout, une grande partie des Marettes, d'après un aveu de 1786, ainsi que les prairies au bout de la Seine, comme l'établit la donation du 2 novembre 1533 faite par les époux Morin à la paroisse Saint-Sever.

Le fief d'*Emendreville*, comprenant la plus grande partie de Saint-Sever, et dont relevait l'autre partie du triage des Marettes, suivant un aveu de 1751 rendu à M$^{me}$ de Saint-Étienne, titulaire à cette époque de la seigneurie d'Emendreville.

Les fiefs de *Belbeuf* et *Lescure* appartenant à la famille Godard de Belbeuf, et dont relevait une partie des prairies, entre autres le pré des Martinières, ainsi que l'indique un aveu de 1781.

La *baronnie de Grandmont*, haute justice et seigneurie comprenant la plus grande partie du domaine du prieuré et en particulier les terrains rue de la Grenouillette et les prairies avoisinantes.

## I. — LA SEIGNEURIE DE SOTTEVILLE.

On est loin de posséder des renseignements certains sur les premiers seigneurs de cette paroisse. Toutefois, il semble être généralement admis que la famille de Rupierre fut la première qui l'ait possédée. Mais comme aucun document probant ne nous est parvenu qui viennent appuyer cette conjecture, il y a lieu, croyons-nous, de passer sur cette époque incertaine. D'ailleurs, la connaissance du nom de tel ou tel personnage possédant, du $xi^e$ au $xvi^e$ siècle, la seigneurie de Sotteville n'a que fort peu d'intérêt.

Au commencement du $xvii^e$ siècle, des actes authentiques nous apprennent que la seigneurie de Sotteville était alors dans les mains de Nicolas Le Tellier, conseiller du roi, qui avait épousé Catherine Mare. Il l'avait achetée en 1628, presque en même temps que le fief de Tourneville et celui de Criquebeuf-la-Campagne. Lorsqu'il mourut, en 1642, il plaidait avec les Jésuites de Rouen, propriétaires et hauts justiciers de Grandmont.

Le 30 avril 1648, sa fille unique, Catherine de Tourneville, épousait François d'Harcourt, troisième du nom, chevalier marquis de Beuvron, qui devint ainsi seigneur de Sotteville. Catherine mourut à Paris le 26 mars 1659, laissant deux fils et trois filles, dont Henri duc d'Harcourt-Beuvron, maréchal de France.

Pendant la révolte des Nu-pieds, Le Tellier qui occupait à Rouen les fonctions de receveur des gabelles vit sa maison de la rue de la Prison pillée et complètement saccagée. Il dut se réfugier dans son manoir de Sotteville, et craignant encore pour cette résidence le même sort que pour la première, il obtint qu'elle fut étroitement surveillée, mais les mutins n'essayèrent rien contre elle. D'ailleurs ils savaient sans doute qu'elle ne renfermait aucun objet précieux.

En 1692, l'abbé de Beuvron et non de Beaumont, comme l'indiquent quelques généalogistes, possédait la seigneurie de Sotteville.

Vendue de nouveau, cette seigneurie devint vers 1714 la propriété de Louis Poterat, fils d'Edme Poterat. Le nouveau seigneur de Sotteville avait épousé Marguerite de Laval, dont il eut deux enfants : l'aîné, nommé aussi Louis, eut dans son lot la seigneurie de Sotteville. Son frère puîné fut seigneur de Saint-Étienne.

En 1764, nous voyons la seigneurie de Sotteville appartenant à Henry-Louis Poterat qui avait épousé Louise Boivin. Il portait en même temps les titres de seigneur de Quatre-Mares, d'Emendreville et de Saint-Étienne. En 1776, c'est M$^{me}$ de Saint-Étienne qui exerce à Sotteville le droit de seigneurie et nomme aux offices de la haute justice.

En 1780, Étienne Nicolas Landry, receveur des finances de Rouen, est qualifié seigneur de Saint-Étienne, haut justicier de Sotteville et des fiefs de l'Aigle et Grestain dont il avait fait l'acquisition ; mais il revend bientôt après ses fiefs de Sotteville à Joseph Lambert, notaire à Rouen.

Enfin, à l'époque de la Révolution, la seigneurie de Sotteville était la propriété de M. Baillard de Guichainville qui fut le dernier seigneur de la paroisse.

## II. — Le fief de l'Aigle.

Il est difficile de préciser l'époque à laquelle il faut faire remonter l'origine de ce fief à Sotteville. Au x$^e$ siècle, on trouve bien, il est vrai, une famille seigneuriale portant ce nom, mais venait-il de la terre de Sotteville, ou n'est-il pas là plutôt uniquement question des possesseurs de la seigneurie de l'Aigle, département de l'Orne ? A moins que l'on admette avec quelques historiens que, dans la Normandie, toutes les seigneuries, tous les fiefs portant le même nom ont été à l'origine possédés par le même seigneur.

Quoi qu'il en soit, et tout en conservant un certain doute à cet égard, nous devons mentionner cependant, pour ceux qui admettent cette version, les différents personnages qui, à cette époque incertaine, portèrent le nom de cette terre.

C'est d'abord, en 1066, Edmond de l'Aigle qui accompagnait le duc Guillaume à la conquête de l'Angleterre ; en 1085, Guillaume de l'Aigle qui périt cette année même des blessures par lui reçues dans un combat contre le duc de Bretagne et le vicomte de Beaumont soutenus par le roi de France; Philippe et Gilbert de l'Aigle qui prit part à la même bataille; en 1118, Richer de l'Aigle, fils de Gilbert, qui, avec Hugues de Gournay, Étienne d'Aumale et autres seigneurs normands, soutinrent les prétentions d'Amaury de Montfort au comté d'Évreux, et levèrent l'étendard de la rebellion pour mettre Guillaume, fils du duc Robert, en possession de la Normandie. Aussi lorsque, en 1152, le roi d'Angleterre Henri II, duc de Normandie, vint faire la guerre en France, les domaines de Richer de l'Aigle furent-ils au nombre de ceux que ravagea le monarque anglais pour se venger des Normands ligués contre lui.

Mais il nous faut attendre le commencement du xv<sup>e</sup> siècle pour avoir sur le fief de l'Aigle à Sotteville des documents certains.

Pendant l'occupation anglaise, les fief, terre et seigneurie de l'Aigle furent conférés à Henry, fils de Hugues, et il lui fut accordé un délai pour en rendre aveu, suivant les lettres du roi anglais, du 7 janvier 1448 et du 16 novembre 1419.

Le 16 avril 1447, Jean de l'Aigle et Louise, sa femme, furent autorisés à fonder à Rouen, hors la porte Martainville, un hôpital qui reçut plus tard le nom d'hôpital du Saint-Esprit. Cet établissement ne fut terminé qu'en 1478; mais par suite de difficultés survenues au sujet de sa dédicace une transaction intervint en 1482, entre Jean de l'Aigle, son fondateur, le prieur de Saint-Paul et le curé de la paroisse.

Le fief de l'Aigle de Sotteville devint ensuite la propriété de la famille Leroux d'où sont issus les Leroux, seigneurs de Bourgtheroulde, et les Leroux, seigneurs d'Esneval.

En 1474, Guillaume Leroux, deuxième du nom, vicomte d'Elbeuf était seigneur de l'Aigle, à Sotteville. Lors du partage de sa succession, entre ses enfants, le 28 octobre 1528, ainsi qu'il résulte d'un acte passé devant le notaire de Bourgtheroulde, le quatrième lot de ses immenses biens comprenait : « Le fief de l'Aigle assis paroisse « de Sotteville-lès-Rouen ès environs, à la charge d'en payer 21 l.

« de rente au seigneur de Guise et de conduire et prendre la deffence
« des procès pendants devant le bailli de Rouen contre le seigneur
« de Fontaine pour raison dudit fief. » Cette rente de 21 l. représentait sans doute le prix de l'aliénation de cette seigneurie lorsqu'elle avait été détachée de son chef-moi, le fief de l'Aigle (Orne). Claude de Lorraine, comte de Guise, était, en 1526, baron de Quatre-Mares.

Mais qu'était ce procès alors pendant avec le seigneur de Fontaine. Nous voyons bien qu'en 1493 Guillaume Le Roux disputait à Guillaume de Fontaine, sieur de Criquetot et autres lieux, le patronage de Villette qui fut adjugé à son adversaire ; mais quel rapport avec le fief de l'Aigle pouvait-il avoir et comment ce procès était-il du ressort du bailliage de Rouen, au lieu de faire retour au Parlement ?

Ce fief de l'Aigle, à Sotteville, devait avoir déjà, à cette époque, une étendue assez considérable, car dans un acte du 2 novembre 1533, devant les tabellions de Rouen, nous voyons les époux Morin faire donation à la paroisse de Saint-Sever, de six acres de pré, en plusieurs pièces, sises à Sotteville, au bord des rivages de la Seine, relevant de la sieurie de l'Aigle.

Au milieu du xvi<sup>e</sup> siècle, le fief de l'Aigle était devenu la propriété d'un sieur de Romé qui le donnait, avec la terre de la Crapaudière, à Saint-Étienne-du-Rouvray, à son fils Antoine, à titre de dotation, le 8 mai 1572, à l'occasion de son mariage avec demoiselle Marie Mustel.

En 1577, après l'acquisition qu'Antoine Romé fit, sur le domaine royale, des terres du Madrillet et de la Haye-Brout, les habitants de Sotteville, qui y jouissaient depuis un temps immémorial de droits de pâturage pour leurs bestiaux, voulurent s'opposer à la ratification de la vente de cette dernière terre. Un procès fut intenté à ce sujet ; mais un arrêt du conseil, du 22 mai 1579, débouta les habitants de Sotteville ; toutefois, il fut stipulé qu'Antoine de Romé ne pourrait boucher la sente dite la Voie-aux-Vaches qui servait aux habitants pour conduire leurs bestiaux dans la forêt de Rouvray.

En 1588, Antoine-Louis de Romé, notaire et secrétaire du roi, fils du précédent, était seigneur de l'Aigle ; il laissa ce fief, en 1600, à son fils Jacques, en faveur de qui le roi Henri IV érigea, par lettres patentes de l'année 1610, la terre du Madrillet en un quart de fief de haubert.

A la mort de Jacques de Romé, le fief de l'Aigle échut, par droit de succession, à Catherine Guilbert, épouse de Jacques de Manneville, qui le vendit, le 12 décembre 1633, par le prix de 43.500 l., plus 3.000 l. de pots de vin, à noble homme Nicolas Le Tilleul. Ce fief était désigné, dans le contrat de vente, comme un quart de fief de haubert relevant nuement du roi ; il avait droit de colombier, moulin à vent pour blé, droit de tor et de ver, prison tant pour gens que bestiaux, droit de franc-usager en la forêt de Rouvray, rentes en deniers, seigneuriales et foncières, en volailles, chapons, etc., s'élevant en totalité à 20 l. environ, relief, treizièmes, forfaitures, confiscations, aides, coutumes et autres droits féodaux.

Il consistait en un manoir avec cour et jardin, contenant environ trois acres, clos de murailles y compris celle qui le séparait du jardin des pères Capucins ; ledit manoir bâti d'un petit corps de logis, grange et colombier peuplé de pigeons et de 20 acres de terre labourable en 19 pièces, au nombre desquelles se trouvait un clos entouré de murailles, situé devant le manoir et contenant 3 acres, borné par le chemin des pères Capucins à l'église, le grand chemin du Port Saint-Ouen, le cimetière de Sotteville et la ruelle de la Madeleine (1).

Catherine Guilbert, étant devenue veuve du sieur de Manneville, épousa en secondes noces, le 6 février 1658, Henry Martel, marquis de Basqueville.

En 1683, le fief de l'Aigle était la propriété de l'abbé de Beuvron avec la seigneurie de Sotteville. A partir de cette époque, les deux fiefs vont rester dans les mêmes mains jusqu'à la Révolution.

Dans le cours du XVIII$^e$ siècle, ils vont changer fréquemment de propriétaire. En 1752, ils sont devenus, avec le fief de Grestain, la

---

(1) *Archives de la Seine-Inférieure*. — Émigrés. — Fonds de Manneville.

possession de M^me de Saint-Étienne, née de Gaugy. En 1764, son fils, M. de Saint-Étienne, était en prison, les treizièmes lui revenant de son fief de l'Aigle furent payés aux mains du concierge du Parlement. En 1778, il était encore seigneur de l'Aigle ; mais, l'année suivante, le fief de l'Aigle est indiqué comme appartenant à Nicolas Landry, écuyer, conseiller du roi, qualifié seigneur haut justicier de Sotteville-lès-Rouen et des fiefs de l'Aigle et de Grestain. Les trois seigneuries de la paroisse se trouvaient donc réunies dans les mêmes mains. C'est ainsi qu'au moment de la Révolution, le fief de l'Aigle était la propriété de M. Baillard de Guichainville.

### III. — LE FIEF DE GRESTAIN.

Un fief de ce même nom existait dans le département de l'Eure ; son territoire fait aujourd'hui partie de la commune de Fatouville-Grestain et sur son ancien domaine s'élève ce magnifique phare qui fait l'admiration de tous ceux qui le visitent.

Dans l'Eure, le fief de Grestain était la propriété d'une abbaye qui portait elle-même ce nom. Là encore, comme pour le fief de l'Aigle, les mêmes historiens cherchent à établir que le fief de Grestain, à Sotteville, était lui aussi la propriété de l'abbaye. Les rapprochements à ce sujet ne leur coûtent guère ; mais, ce qui leur semble une preuve suffisamment démonstrative, c'est que l'abbé de Grestain figure parmi les ecclésiastiques appelés à assister à l'Échiquier de Rouen comme appartenant à ce bailliage, ce qu'ils attribuent au fait de la possession du fief de Sotteville. Ils oublient tout simplement que le territoire de Grestain, dans l'Eure, relevait lui-même, comme toute la contrée, du grand bailliage de Rouen.

Ce qu'il y a de certain, c'est qu'en 1550, le fief de Grestain, à Sotteville, était la propriété du sieur de Cordouan ou Cordouen.

Au commencement du XVII^e siècle, Adrien Toustain, seigneur de Hautonne (commune de Bosgouët, Eure), était aussi seigneur de Grestain, à Sotteville. Après avoir été capitaine de Rouen et conseiller au Parlement, il mourut en 1603 ; son quatrième fils,

Robert, hérita de Grestain. Il servit sous Henri IV et Louis XIII et, en 1636, il fut pourvu de la charge de garde des sceaux de Normandie. En 1627, il avait épousé Renée de Fergeol, fille de Jacques, seigneur de Caumont et de la Hestraye, dont il eut sept enfants ; l'un, nommé Robert, conseiller au bailliage et siège présidial de Rouen, hérita du fief de Grestain.

Au xviiie siècle, ce fief se trouve réuni au fief de l'Aigle et bientôt même à la seigneurie de Sotteville.

### IV. — LE DOMAINE DES MARETTES.

Le plus ancien document que nous possédions sur ce domaine remonte à l'année 1545. A cette époque, la terre des Marettes était la propriété du Collège de la commune de Rouen, ou clercs du chœur de la Cathédrale, relevant du Chapitre.

Un siècle plus tard, nous le trouvons appartenant à Raoul Bretel de Gremonville, doyen du Chapitre, grand archidiacre et conseiller au Parlement. Déjà à cette époque, les jardins en étaient magnifiques. En 1686, lors de la mort du doyen, il est fait mention de caisses d'orangers, de jasmins d'Espagne, de grenadiers, d'un yancart qui furent mis en vente (1).

Le domaine des Marettes comprenait une étendue de 28 hectares de notre mesure. Il se composait de maison de maître, jardins, bois et dépendances, dans un site ravissant, entre deux chemins, la rue Voie-aux-Vaches conduisant au Madrillet et le chemin du Camp-aux-Loups.

Avant 1732, le domaine des Marettes était devenu la propriété de Henry de Romé de Vernouillet, chanoine et grand trésorier de la Cathédrale de Lisieux. A son décès, il fut transmis à Louis-Pierre de Romé, son frère, chevalier, marquis de Romé, Vernouillet et autres lieux, demeurant à Rouen, paroisse Saint-Éloi ; il est ainsi

---

(1) *Archives de l'Archevêché.* — G. 3.426-4.644.

défini : « manoir, parc, jardins, ferme, appelé les Marettes, sis
« paroisse de Notre-Dame-de-Sotteville-lès-Rouen. »

Le 1er juillet de cette même année 1732, le marquis Romé de
Vernouillet achetait à titre de « fief et tolérance » du maire et des
échevins de Rouen, « six acres de terre environ sises à Sotteville,
« au hameau des Marettes, lesquelles sont incultes et de nulle
« utilité à la ville ; bornées, d'un côté, le grand chemin de Sotteville
« à la forêt (chemin du Madrillet), d'autre côté, des terres labou-
« rables, d'un bout, ledit seigneur de Vernouillet (par son parc),
« d'autre bout les Bruyères. » Ce terrain était fieffé moyennant
5 l. 8 s. de rentes au capital de 110 l. ; il faisait partie des Bruyères
Saint-Julien concédées par Philippe-Auguste à la ville de Rouen, en
1207, comme provenant de l'ancien domaine ducal.

Lors de la vente de 1732, le manoir des Marettes était d'un seul
tenant formant l'encoignure du chemin des Marettes à Saint-Sever
(ancienne rue des Marettes, aujourd'hui Garibaldi) et de la rue
Voie-aux-Vaches. La ferme comprenait, en outre, des terres situées
de l'autre côté de la Voie-aux-Vaches, en face des murs du parc.

Le 31 décembre 1743, M. de Romé, alors lieutenant des
maréchaux de France, revendait le manoir des Marettes et ses
dépendances à MM. Guillaume Thiphaigne de la Roche, docteur en
médecine à Rouen ; Jacques Louis Dufresne et Jacques François
Dufresne, son frère, tous deux acolytes du diocèse de Rouen. Dans
ce contrat de vente, il est fait mention que le domaine des Marettes
relevait des fiefs de Grestain et de l'Aigle ; le treizième en fut payé,
le 29 août 1744, à M$^{me}$ de Saint-Étienne, alors seigneur de ces fiefs.
Par un autre contrat du 4 juillet 1746, les acquéreurs se partageaient le manoir et ses dépendances. Le premier lot, composé du
château, du parc et des six acres achetées de la ville, échut à M. de
la Roche ; la ferme fut attribuée indivise à MM. Dufresne.

Par acte du 11 février 1751, M. de la Roche rétrocédait le manoir
des Marettes à M. David-Louis Bertout, chevalier, seigneur d'Heudreville, le Favril, Cauverville, conseiller du roi, maître ordinaire
en la Cour des Aides et Finances de Normandie.

M. Bertout de Cauverville le garda très peu de temps et le revendit à M. Guillaume-Étienne Grébauval, conseiller du roi, auditeur à la Cour des Comptes de Normandie. Le domaine ainsi vendu comprenait le manoir, le parc enclos de murs, la garenne et le terrain en pâtis pour accéder à la rue des Marettes.

M. de Grébauval mourut le 25 avril 1758. Sa veuve, Marie-Catherine Druault, autorisée par une sentence de la haute justice de Sotteville, du 7 mai 1759, vendit, le 20 mars 1761, le domaine des Marettes à Michel Lally, chevalier de Saint-Louis, commandant du second bataillon du régiment de Lally, et brigadier des armées du roi, originaire d'Irlande, et naturalisé français en août 1711. Les treizièmes en furent payés à M. de Saint-Étienne, qualifié également dans la quittance de « M. de Saint-Sever » (François-Louis Poterat).

Mais il était dit que le manoir ne pouvait rester que peu de temps dans les mains du même propriétaire, car, le 12 mai 1772, M. de Lally le revendait à J.-B.-Charles de Clieu, chevalier, capitaine des vaisseaux du roi, demeurant à Saint-Germain-en-Laye, par le prix de 9.800 l. et une rente perpétuelle de 350 l. Six ans plus tard, le 12 janvier 1778, la veuve de M. de Clieu et sa fille, épouse de Marie-Auguste comte de Caumont, seigneur de Erchigny, revendaient les Marettes à Louis Loisel, négociant à Londres, par le prix de 20.000 l.

A la mort de M. Loisel, sa veuve et sa fille, M$^{me}$ Lasnon, aliénèrent à leur tour, le 24 juillet 1784, la terre des Marettes à Robert-Romain Souyer par le prix de 32.500 l. Dans l'acte, il est expliqué que l'habitation, la cour d'honneur et le petit clos relevaient des fiefs de l'Aigle et de Grestain ; d'où il suit que la garenne provenait de l'aliénation faite sous Louis XIV par la ville de Rouen, et était en franc-aleu, c'est-à-dire libre de service féodal.

Les Marettes deviennent ensuite la propriété de la fille de M. Souyer qui avait épousé M. Brière. Celui-ci fut maire de Sotteville en 1829. M. Souyer avait également rempli ces fonctions de 1808 à 1812.

A la mort de M$^{me}$ Brière, le manoir des Marettes passa successivement à M. Buddicom, ingénieur des chemins de fer et le véritable créateur des ateliers de construction de Sotteville, puis à M<sup>me</sup> Petit, la propriétaire actuelle.

* *

Le château des Marettes remonte à la fin du règne de Louis XIV, ainsi que l'indique suffisamment son style architectural. Il paraît même que le parc et les jardins, avant qu'ils aient subi les modifications entreprises par M. Brière, avaient été dessinés par Lenôtre, La construction du château est attribuée à l'abbé Romé de Vernouillet.

Le nom de *Marettes* fut donné à ce domaine probablement à cause de plusieurs bassins ou nappes d'eau qui se trouvent situés dans son enceinte et qui ne tarissent jamais. Ces bassins sont alimentés par des sources, vraisemblablement les mêmes que celles de la mare du Parc.

Le domaine des Marettes est l'un des plus beaux qui se trouvent aux environs de Rouen. A l'angle du *Ah! Ah!* qui sépare le parc des jardins, il existe un écho qui répète distinctement six et quelquefois sept syllabes.

Aux frontons du château, se trouvaient avant la Révolution plusieurs sculptures remarquables : d'un côté les attributs du jardinage, de l'autre une couronne avec un écusson soutenu par des levrettes. Ce dernier fronton fut détruit, en 1793, par un des membres du Comité révolutionnaire de Sotteville qui, quoique borgne, ne vit pas d'un bon œil cet emblème aristocratique.

* *

Au parc des Marettes, appartenant à sa femme, M. Brière avait réuni 5 hectares dépendant des Bruyères Saint-Julien à lui adjugés par la ville de Rouen, le 31 janvier 1815, formant le 34<sup>e</sup> article d'un plan de ces terrains dressé en 1777. Le contrat de vente les indique comme bornés, au nord, par divers particuliers et le bois des Marettes, d'un bout le chemin du Camp-aux-Loups.

Cette portion de bruyères donna lieu à diverses difficultés suscitées à M. Brière pour avoir fait enclore son acquisition par un fossé planté d'arbres et d'une haie vive d'épine. On lui imputait « d'avoir « fait avancer son fossé sur la route de manière à intercepter le « passage, tracé par les commissaires du Gouvernement, de la « largeur de 9 mètres 25 allant rejoindre à l'alignement du mur de « Trianon. »

Le Conseil municipal de Sotteville de son côté, par une délibération du 22 juillet 1815, déclarait : « 1° que le chemin dont il s'agit « serait rural ; 2° qu'il aurait une largeur de 10 mètres ; 3° qu'il « est utile ; 4° qu'il doit exister depuis Trianon jusqu'à la Haye-« Brout, passant le long du bois des Marettes. »

Le différend fut porté devant le Conseil de préfecture par M. Brière qui demandait à être déchargé des fins du procès-verbal contre lui rendu le 12 février précédent. A l'appui de sa requête, M. Brière produisait les divers titres pouvant la justifier, entre autres le contrat de fieffe, du 1er juillet 1732, et l'acte d'achat du terrain.

Le 9 juillet 1817, par un arrêt motivé, le Conseil de préfecture donnait gain de cause à M. Brière. Il déclarait constant, d'après les titres produits, « qu'il n'a jamais existé de chemin tendant de la « Haye-Brout à Trianon entre le bois des Marettes et la pièce de « terre acquise. »

Les choses restèrent ainsi en l'état jusqu'au mois d'octobre 1829. C'est alors qu'une pétition de cinquante-deux habitants de Sotteville remit la question sur le tapis en demandant au Conseil municipal de contraindre M. Brière, maire, d'avoir à rendre à la voie publique le chemin qu'ils l'accusaient d'avoir intercepté en 1816. M. Brière y répondit par une protestation dans laquelle il établissait ses droits à la réunion contestée et produisait, à l'appui, l'arrêt du Conseil de préfecture du 9 avril 1817. D'autre part, il exhibait une lettre préfectorale, du 27 novembre 1817, déclarant que la commune n'était nullement fondée à réclamer l'usage du chemin en question, attendu que rien n'annonce ni titres, ni droit de possession en sa faveur, et que c'était aux particuliers qui pouvaient se trouver lésés à faire valoir leurs droits, s'ils en avaient, au rétablissement du chemin.

Mais le Conseil, à l'unanimité, dans sa séance du 7 octobre, se prononçait en faveur des pétitionnaires et demandait au Préfet l'envoi sur les lieux de commissaires pour examiner la situation.

Le 1er décembre, le Conseil revenait de nouveau sur cette question et évoquait à l'appui de son opinion le procès-verbal du 9 messidor an XII, par lequel le maire de Rouen a créé le chemin dont il s'agit avec une largeur de 10 mètres, en stipulant que ce chemin sera public « tant pour la facilité des communications, que pour « l'exploitation des terres » ; des bornes furent même plantées pour limiter les propriétés avoisinantes. Une de ces bornes se trouvait sur le bord du fossé séparant la propriété de M. Souyer (depuis M. Brière) d'avec les Bruyères Saint-Julien.

L'assemblée municipale voyait là un titre suffisant de possession qu'ignorait malheureusement, disait-elle, le Conseil de préfecture lorsqu'il avait rendu son arrêt de 1817. Elle déclarait persister dans sa délibération du 7 octobre et demandait qu'un nouveau procès-verbal fût dressé, constatant le délit de suppression du chemin. Puis, le 30 janvier, elle décidait de poursuivre à nouveau M. Brière, pour l'obliger à la restitution de la voie supprimée.

Mais le Préfet refusa cette autorisation. Dans cette occurence, le Conseil reconnaissant que les frais à faire pour soutenir les intérêts de la commune seraient considérables et dépasseraient de beaucoup la valeur du terrain enclos, abandonna son droit de propriété et demanda alors l'ouverture du chemin de Trianon à la Haye-Brout, passant par le bout de l'ancien bois des Marettes, à travers la propriété de M. Brière jusqu'à la rue Caroline, la valeur des terrains à acquérir ne devant pas dépasser 500 francs. Le Conseil, comme on le voit, ne demandait plus une restitution, mais poursuivant toujours son même but, il tournait la question en demandant l'expropriation pour cause d'utilité publique de la partie de terrain enclose par M. Brière.

Le Préfet, qui jusqu'alors s'était montré favorable à M. Brière, sembla alors l'abandonner ; aussi l'assemblée municipale de Sotteville, revenant à sa première opinion, décidait de faire appel devant le Conseil d'État de la décision du Conseil de préfecture : malheureusement les délais d'appel étaient depuis longtemps passés et son recours ne pouvait être recevable.

D'autre part, le Conseil, sans s'en être aperçu, avait donné à M. Brière un argument qui pouvait être pour lui d'un grand secours. Tantôt, en effet, il soutient que ce chemin lui appartient et veut poursuivre le maire de Sotteville en restitution ; puis, il reconnaît implicitement le droit de propriété de M. Brière et veut l'exproprier. C'est ce que faisait remarquer, dans sa séance du 30 juillet 1830, à l'assemblée municipale, à la suite d'un rapport très étudié sur la question, M. Viallat, adjoint. Suivant lui, le chemin n'avait jamais existé que par tolérance, et n'était d'aucune utilité. La demande qu'on en faisait était injuste et devait être abandonnée, d'autant plus que les finances municipales ne permettaient pas des dépenses aussi considérables que celles qu'entraînerait un procès.

La majorité du Conseil se rangea à cet avis. Mais un certain nombre de conseillers municipaux se proposèrent de poursuivre le litige à leurs risques et périls. L'assemblée municipale les y autorisa.

Le Conseil d'État, après de longs délais, se prononça à son tour contre leur prétention ; mais alors ces grands processifs du Conseil se refusèrent à payer les dépenses qui, en fin de compte, retombèrent sur la commune. La question était définitivement jugée.

* * *

La ferme des Marettes, attribuée à MM. Dufresne lors du partage du 4 juillet 1746, devint ensuite la propriété de M. Christophe Feret, suivant acte du mois de septembre 1785, qui la laissa à sa fille Marie-Anne-Thérèse, veuve de M. Jacques-Claude Lefebvre de Villebrune. A sa mort, en 1834, son fils, Claude-André Lefebvre de

Villebrune, en hérita. Enfin au décès de ce dernier, elle fut morcelée et vendue à MM. Brière, Louvel, Fouquet et autres.

## V. — Quatre-Mares.

L'origine de ce nom ne donne lieu à aucune controverse ; l'antiquité du village est également admise par tous ceux qui ont eu à s'occuper de son histoire. D'ailleurs les découvertes romaines dont il a été parlé au commencement de ce volume suffiraient seules à établir qu'il fut habité à une époque des plus reculées et que peut-être se trouvait là une station romaine. Sa situation aux portes de Rouen, sur la grande voie de *Lutetia* à *Rhotomagus* par *Uggate*, Paris à Rouen par Caudebec-lès-Elbeuf, y aurait été des plus favorables.

Sous le régime féodal, Quatre-Mares ne semble pas avoir eu une grande importance. Confondant ce hameau avec une paroisse du même nom dans le département de l'Eure, quelques-uns ont vu là un fief qui aurait appartenu à la famille d'Harcourt. Nous croyons, au contraire, que le Quatre-Mares qui nous occupe relevait pour une partie de la seigneurie de Saint-Étienne et pour l'autre du fief de l'Aigle à Sotteville, ainsi que l'indiquent les nombreux aveux rendus par les propriétaires des terres de ce village.

Ainsi, vers 1690, dans le partage des biens de Jacques Voisin, écuyer, sieur de Neufbosc, on y voit figurer la ferme de Quatre-Mares, consistant en maison, masure, jardins, terres labourables, etc., et cette ferme qui était le principal domaine du village relevait pour partie de la seigneurie de Saint-Étienne, pour partie du fief de l'Aigle ; elle était alors louée 550 l.

Cette propriété passa ensuite dans la famille de Franqueville. Le 30 septembre 1756, Jean Eustache de Lys, époux de Madeleine-Marie Guenet de Franqueville, rendait aveu à Jean-Marie-Joseph-Claude Rondeaux, écuyer, sieur de Sotteville, pour une partie de la ferme de Quatre-Mares, notamment pour la grande masure avec maison de maître et maison de fermier, contenant sept acres, entourée de murs et de haies vives.

Le 21 novembre 1783, milady Marie-Madeleine-Sophie Talbot de Tyrconnell, dame de Franqueville, épouse de François Gaspard, comte de Vintimille, rendait aveu à Étienne-Nicolas Landry, seigneur de l'Aigle et de Grestain à Sotteville, pour divers héritages qu'elle possédait à Quatre-Mares ; en même temps elle rendait également aveu à M. Coignard de Saint-Étienne pour la ferme et les autres biens qu'elle possédait, situés dans ce village, relevant de sa seigneurie.

Or, à cette époque, M. de Vintimille était propriétaire de la plus grande partie du hameau, et nulle part dans ses titres, il n'est fait mention d'une autre seigneurie que de celles de Saint-Étienne et de l'Aigle à Sotteville. Quatre-Mares n'avait donc aucun titre seigneurial et la famille d'Harcourt y est restée complètement étrangère.

### VI. — La haute justice de Sotteville.

La paroisse de Sotteville, ainsi qu'on l'a déjà vu, relevait de plusieurs seigneuries et par conséquent de plusieurs hautes justices. Ainsi la plus grande partie du quartier de Grandmont relevait des religieux ; les terres situées vers Quatre-Mares, de la haute justice du seigneur de Saint-Étienne ; le centre comprenant la plus grande partie de la paroisse, des seigneurs de l'Aigle et de Sotteville, fief principal, enfin une certaine portion de territoire vers Saint-Sever relevait de la haute justice d'Emendreville.

On se demande comment le paysan, tenancier ou vassal, pouvait se reconnaître au milieu de ces compétitions de seigneuries enchevêtrées les unes dans les autres. Il est vrai que les baux étaient là pour lui rappeler à qui il devait les rentes seigneuriales et les autres servitudes y attachées. Il n'en était pas moins vrai qu'une seule exploitation pouvait relever de trois ou quatre hautes justices ayant chacune coutumes et usages différents, et que le tenancier ou vassal devait se rendre chaque année aux pleds de chaque seigneurie dont il dépendait pour y payer ses rentes féodales.

Les rapports des seigneurs avec leurs vassaux, à Sotteville comme ailleurs, se résumaient ainsi : Reconnaissance par ceux-ci que les terres leur appartenant relevaient de la seigneurie ; paiement de redevances annuelles, dites rentes seigneuriales, consistant en œufs, grains, oiseaux et rentes en argent, aveux à renouveler à chaque fois que les terres changeraient de main par aliénation, décès ou autrement; paiement d'un droit dit de treizième parce qu'il était évalué au treizième du prix de la terre, à chaque mutation ; délai très court pour passer les aveux et acquitter les droits et les redevances ; confiscation des terres au profit du seigneur faute d'exécution dans les délais prescrits; obligation pour les vassaux possédant une masure, c'est-à-dire un terrain bâti, d'abord de choisir périodiquement l'un d'eux pour suivre l'exécution des devoirs à rendre au seigneur, et impossibilité pour l'élu de se soustraire à la charge à lui confiée ; assujettissement à certaines corvées annuelles ou mensuelles pour la coupe et rentrée des bois, foins et autres récoltes du seigneur, et solidarité commune à tous les assujettis pour l'accomplissement de ces corvées ; obligation de faire moudre son blé et autres grains au moulin seigneurial quelquefois situé à plusieurs lieues de distance quand souvent tout près d'eux il en existait d'autres auxquels il leur était défendu de se rendre ; obligation de cuire au four banal.

Le seigneur de Sotteville jouissait, comme haut justicier, de tous les droits attachés à cette prérogative. La haute justice de Sotteville connaissait donc :

1º De tous les crimes ou méfaits pour lesquels il y avait peine de mort, mutilation de membres et autres peines corporelles.

2º Des proclamations publiques, nominations de tutelles, curatelles, etc.

3º Des appels des basses et moyennes justices.

Le haut justicier avait en outre le droit de condamner à la marque et au bannissement ceux qui relevaient de son tribunal.

Les arrêts étaient rendus par le bailli qui était nommé par le seigneur haut justicier et avait seul le droit de le révoquer. Le bailli seul profitait des droits et honoraires résultant des procès, le seigneur ne jouissant à cet égard que des droits honorifiques. Le bailli portait encore le titre de sénéchal. Les appels ressortissaient au bailliage de Rouen.

Le prétoire de la haute justice de Sotteville se tenait au presbytère. Les audiences avaient lieu le samedi de chaque semaine à trois heures.

Le tribunal était ainsi composé : le bailli ou sénéchal, le lieutenant du bailli, le procureur fiscal, le procureur greffier et le sergent. Un certain nombre d'avocats désignés par le haut justicier y exerçaient les droits de la défense.

En 1776, la haute justice de Sotteville avait pour officiers :

Bailli : Lepeu ; — lieutenant : Pigeon ; — procureur fiscal : Raimboult ; — procureur greffier : Guerard ; — sergent : Bellanger. Tous demeuraient à Rouen.

Avocats : Charité, Guillebaut, Vallée, Dieullois, de Biard, Berrubé, Beaudouin, LeRebours, Delacour, Pavie, Gouchon. Tous également habitaient à Rouen.

Lorsque le procureur fiscal était absent ou empêché, un des avocats était chargé de le remplacer.

Ce fut le sergent Bellanger qui, en 1779, rédigea la réclamation des cultivateurs, relative au pâturage des prairies.

\*.\*

Dans l'origine, la seigneurie de Sotteville ne comportait que la basse et moyenne justice. Ce n'est que dans les dernières années du xviie siècle, ou au commencement du xviiie, que les seigneurs de Sotteville obtinrent du roi le droit de haute justice.

Au mois de février 1772, il fut question de supprimer un certain nombre de ces hautes justices créées à une date postérieure à 1695, et de les réunir au bailliage de Rouen. Au nombre de celles-ci se trouvaient celles de *Sotteville*, Saint-Étienne-du-Rouvray, Duclair, Belbeuf et Franqueville.

Les avantages qui devaient en résulter pour les justiciables qui rentreraient alors dans l'ordre général et ne subiraient plus à l'avenir que deux juridictions, étaient des plus importants. D'abord le mélange et la confusion qui régnaient à cet égard dans la plupart des paroisses disparaîtraient. Ainsi, pour n'en citer qu'un exemple, le faubourg Saint-Sever était soumis à *six* juridictions de trois espèces différentes : la justice royale, celles de Grandmont et d'Emendreville, les justices de Sotteville et de Saint-Étienne, de création nouvelle, et celle de Bonne-Nouvelle de création ancienne.

Elles ne pouvaient être d'aucune utilité et causaient toujours d'inextricables difficultés aux justiciables, quand des conflits de juridiction ne venaient pas encore compliquer leur situation et rendre indéfinie la solution de leurs litiges, tout en entraînant des frais considérables. En outre, elles rendaient la police à peu près illusoire. Toutes prétendaient avoir le droit de connaître de toute police, soit générale, soit particulière dans l'étendue de leur territoire, contrairement à ce principe certain que la police générale devait être exercée dans les lieux où il y avait plusieurs justices par le principal officier de police à l'exclusion des autres. C'est ainsi que les tapageurs et les filles de mauvaise vie se trouvant dans les faubourgs à l'abri des recherches des commissaires du roi qui ne pouvaient faire fonction sur ces territoires, se répandaient impunément dans la ville et bravaient les ordonnances du juge qui ne pouvait les faire arrêter ni les punir.

D'autre part, ces hautes justices avaient installé des maîtres des divers métiers, sans statuts et sans lettres patentes, dont elles composèrent des communautés au détriment de celles de la ville qui, par leurs statuts, avaient seules le droit de posséder le titre de maîtres, à l'exclusion de toutes autres dans les faubourgs et la banlieue, droit que ces communautés prétendaient n'avoir acquis et conservé que moyennant finance.

Une autre cause de discrédit dans lequel étaient tombées ces hautes justices était l'état d'impuissance dans lequel elles se trouvaient à l'égard des criminels et des fauteurs de désordre de tout genre. D'abord leurs officiers n'étaient pas en assez grand nombre ; de plus les baillis n'apportaient aucune activité à l'instruction des crimes et délits, parce que les frais devaient en être supportés par les seigneurs et que ceux-ci qui aimaient pourtant à toucher exactement les revenus de leurs domaines et se montraient toujours si soucieux de leurs prérogatives, n'apportaient pas le même empressement lorsqu'il s'agissait des dépenses leur incombant.

Il est vrai que la plupart faisaient retomber toutes ces charges sur leurs fermiers, mais ceux-ci n'avaient pas de raisons pour se montrer plus soucieux d'une bonne justice que leurs maîtres.

Enfin, les prisons que ces seigneurs devaient entretenir étaient pour la plupart dans le plus pitoyable état. A peine enfermés, les malfaiteurs en disparaissaient comme par enchantement, et ni le haut justicier, ni son fermier, ne voulaient y faire les réparations même les plus urgentes. Quelques-unes même, tombées en ruines, n'avaient pas été réédifiées.

Ce fut dans ces conditions qu'on proposa la suppression d'un certain nombre de ces hautes justices. Mais alors les seigneurs menacés dans ce qu'ils regardaient comme une de leurs prérogatives essentielles, se liguèrent et intentèrent un procès dont nous n'apercevons pas la fin et que la Révolution seule a dû, sans doute, trancher d'une manière définitive en supprimant tout le régime féodal.

Parmi les hautes justices antérieures à 1695 et non visées par le projet de réunion, nous voyons figurer celles de Saint-Paul, la Madeleine dont le ressort se limitait aux possessions de cet établissement, et la Fontaine-Jacob.

Les hautes justices de Grandmont, d'Emendreville, de Saint-Gervais qui appartenait aux moines de Fécamp, ressortissaient directement au Parlement. Enfin, celles de l'Archevêché, du Chapitre de la Cathédrale et de Déville relevaient des hauts-jours de l'archevêque.

## CHAPITRE VII

### Les Biens religieux

Il n'est guère de paroisse qui possédât avant la Révolution autant de biens affectés aux communautés religieuses de toutes sortes que celle de Sotteville. On sait qu'à cette époque ces biens jouissaient de toutes les exemptions d'impôts. Point de tailles et surtout pas de *vingtièmes*, cet ancien impôt basé sur le revenu estimé de chaque immeuble et qui, par suite de diverses modifications, était devenu en réalité les *dixièmes* depuis que l'ancienne taxe du vingtième avait été doublée pour satisfaire aux besoins du roi.

Suivant l'état qui fut dressé, en 1790, de ces propriétés non sujettes à l'impôt, il résultait qu'elles formaient alors, pour Sotteville, d'après les divers baux de location, un revenu total de 47.703 l., ce qui ferait près de 200.000 l. de notre monnaie actuelle. Il est vrai que dans ce chiffre se trouvaient comprises les rentes seigneuriales qui, d'ailleurs, n'avaient pas une grande importance.

Nous y voyons en première ligne :

Le collège des Jésuites pour un revenu de 8.860 l.

L'Évêque de Lisieux, pour 2.880 l.

Le séminaire de Lisieux pour 12.904 l.

Ces biens comprenaient l'ancien domaine de Grandmont dont il sera parlé plus loin.

Venaient ensuite :

Les religieux du Mont-aux-Malades, pour 15 acres de terre et 12 acres de pré, loués 1.730 l.

L'archevêque de Rouen, pour 24 acres de prairies, louées 1.900 l.

L'abbé de Saint-Ouen, 21 acres de prairies, louées 2.317 l.

Les Chevaliers de l'Ordre de Malte pour terres et prairies, louées 1.200 l.

Les religieuses Emmurées, pour 11 acres et demie de prairies et 30 acres de terres, louées 1.100 l.

Les Chartreux de Saint-Julien pour 16 acres 1 vergée de prairies, louées 1.400 l. et 60 l. de dîmes inféodées.

Les Capucins, pour leur maison et jardin et le grand Pré, estimés 800 l.

Le Trésor de l'église Saint-Pierre-l'Honoré, pour 3 acres de prairies, 260 l.

Le curé de Sotteville, pour son presbytère, cour, jardin et 3 acres et demie de terre, le tout estimé 1.200 l.

Le Trésor de Saint-Gervais, pour des prairies, 260 l.

Le Trésor de Saint-Martin-sur-Renelle, pour terres et prairies 83 l.

Le Trésor de Saint-Sever, pour prairies 335 l.

Le Trésor de Saint-Cande-le-Vieux, pour 27 l.

Les religieux de Mont-aux-Malades, pour maison et terres, 324 l.

Les religieux de Saint-Antoine, pour terre et jardin, 30 l.

Le titulaire de la chapelle Saint-Martin, en l'église Saint-Martin-du-Pont à Rouen, 150 l.

Les religieuses de Saint-Amand, 370 l.

Les Ursulines d'Evreux, 25 l.

Le Trésor de l'Eglise de Longpaon, 30 l.

L'Hôtel-Dieu, de Rouen, 20 l.

Les religieuses de Saint-Louis de Rouen, 60 l.

Les Frères de Saint-Yon, 45 l.

Le Trésor de Sotteville — y comprenant les terres, rentes, location des chaises, 130 l. ; la maison vicariale, estimée 50 l. — comptait un revenu de 553 l.

La confrérie de Charité de Sotteville avait 15 l. de revenu en terres et rentes ; celle du Saint-Sacrement en avait 32.

Enfin M. de Guichainville, seigneur de la paroisse, ne payait pas d'impôt de *vingtièmes* pour son château, sa cour et ses promenades loués alors à un sieur Heurtel 733 l.

.·.

C'est sans doute à la générosité des premiers ducs de Normandie qu'il faut attribuer la donation faite aux archevêques de Rouen des biens de Sotteville. Il semblerait tout d'abord que, dans les premiers temps, les prélats firent valoir eux-mêmes ces prairies et y édifièrent un manoir avec grange et bâtiments nécessaires. Ainsi, nous voyons, en 1404, que Simon de Roger était garde du « manoir et « des prés de monseigneur à Sotteville ». On lui payait à cet effet 4 l.

En 1412, une partie de ces prairies, d'une contenance de 7 acres, était fieffée à Robert Piépelu, suivant aveu rendu par ce dernier. Elles sont mentionnées comme étant sises au triège de *La Perreuque*.

Dans le compte présenté par Guy Voilat à l'archevêque, en 1436, on lit : dîme des prés de Sotteville, 12 l. ; de l'hôtel de Sotteville, 60 sous.

En 1483, des réparations importantes étaient ordonnées à la grange de l'archevêque à Sotteville.

En 1529, remise de 85 l. était faite au fermier de l'archevêque à Sotteville « à cause de la stérilité advenue ès prés dudit lieu. »

Lorsqu'en 1586, l'archevêque de Rouen se vit cotisé — pour sa part de subsides à payer afin de subvenir aux frais de la guerre soutenue par la Ligue, — à la somme de 3.333 écus, il aliéna, pour se procurer cette somme, la moitié de la prairie de Sotteville, soit 12 acres, avec faculté de rachat.

Un accord intervint à ce sujet, en 1673, avec les représentants des acheteurs. Ceux-ci abandonnaient la moitié des prairies achetées par leurs prédécesseurs à l'archevêque pour conserver l'autre moitié (1).

L'Archevêché de Rouen demeura propriétaire de cette prairie jusqu'à la Révolution, où elle fut vendue comme bien national. Elle continue à porter de nos jours le nom de Pré-de-l'Archevêque.

*
* *

Dès le XIIIe siècle, la Fabrique de la Cathédrale de Rouen possédait des biens à Sotteville. En 1296, en effet, Guillaume Hellouin et Marie, sa femme, reconnaissaient avoir vendu à maître Jean de

---

(1) *Archives de la Seine-Inférieure*. — G. 1.186.

Flavencourt, trésorier de l'église de Rouen, un herbage à Sotteville. En l'année 1300, le jeudi après la Conversion de saint Paul, Philippe de Flavencourt, au nom de la même église, emphytéosait « en « perpétuel héritage », c'est-à-dire à perpétuité, à Guillaume Lambert, de Sotteville, un tènement sis en cette paroisse.

D'autre part, en 1421, nous trouvons encore la Cathédrale emphytéosant pour toujours à Colin Héris une pièce de terre en masure à Sotteville, près du puits de la Montée (1).

### L'île du Jonquai

La portion principale de cette île fut vendue, en 1406, aux Chartreux de la Rose alors établis à Rouen, faubourg Saint-Hilaire, par Guillaume Postel, bourgeois de Nantes, par le prix de 1.000 écus d'or « à la couronne et coing du roy, de bon or et de bon poids, de « la valeur de 22 sols 6 deniers chacun. » D'après le contrat de vente, cette portion d'île était ainsi limitée de trois côtés par la Seine et d'autre côté par Cadet Le Portier à cause de sa femme.

En 1586, l'île du Jonquai est désignée sous le nom d'île aux Chartreux, et elle est indiquée comme bornée par la Seine et plusieurs pointes d'île appartenant au Collège de Navarre. Elle était louée 100 écus d'or par an à un sieur Rivette.

En 1736, elle était affermée 350 l. à une veuve Rault et son fils. En 1774, Daniel Rault et Nicolas Mignot l'exploitaient. En 1779, sa location était portée à 700 l. Elle contenait 8 acres 3 vergées, et faisait partie du domaine des Chartreux de Saint-Julien, depuis le transfert en cet endroit de l'ancienne communauté de la Rose.

Avant de devenir la propriété de Guillaume Postel et des Chartreux, l'île du Jonquai avait fait partie du domaine royal qui l'avait aliénée; mais les acquéreurs restaient soumis à une redevance de 48 sous de rente envers le domaine à titre seigneurial. Les Chartreux, une fois en possession de la portion par eux acquise, obtinrent d'Henry V, roi d'Angleterre, alors maître du pays, par

---

(1) *Archives de la Seine-Inférieure*. — G. 4.413.

lettres patentes du 27 février 1446, l'affranchissement de cette redevance, moyennant une somme de 40 l. une fois payée. Cependant, en 1640, ils se virent réclamer, à ce même sujet, par le domaine, une somme de 1.000 l. Les religieux durent de nouveau s'exécuter et ils obtenaient ainsi du roi de nouvelles lettres patentes datées du mois de juillet 1640, qui furent enregistrées en la Chambre des Comptes de Normandie, le 23 juin 1646. L'île du Jonquai devenait ainsi franche et exempte de tous droits envers le domaine.

Cependant, en 1717, en vertu d'une nouvelle déclaration royale, on leur réclamait encore, à titre d'affranchissement, une somme de 284 l. Cette fois, ils justifièrent de leur paiement de l'année 1640, et le domaine les laissa tranquille (1).

\* \*

En vertu de la loi votée par l'Assemblée nationale, tous les biens du clergé, déclarés biens nationaux, furent mis en vente. Il en fut aliéné ainsi à Sotteville pour la somme totale de 910.000 fr. valeur en argent, comprenant une contenance de 221 hectares 73 ares 95 centiares.

En 1791, on vendit les biens des Chartreux de Saint-Julien et de l'archevêché de Rouen, soit 18 hectares 60 ares 17 centiares, pour 111.000 fr. ou 124.500 en assignats; 12 hectares 48 ares 41 centiares de prairies appartenant à l'abbaye de Saint-Ouen pour 57.000 fr. ou 63.400 en assignats; 21 hectares 84 ares 73 centiares labours et prairies, appartenant aux Emmurées, 38.500 fr. ou 43.000 en assignats; l'église et le couvent des Capucins 33.000 fr. ou 36.900 en assignats, et pour 15.000 fr. de biens appartenant à divers autres établissements religieux.

L'année suivante la ferme et les bâtiments du prieuré de Grandmont furent vendus 176.200 fr. ou 250.000 en assignats; — 20 hectares 13 ares dépendant du prieuré de Mont-aux-Malades, 55.000 fr. ou 78.000 en assignats.

---

(1) *Archives de la Seine-Inférieure*. — Fonds des Chartreux.

En 1793, 43 hectares 45 ares 35 centiares, ancienne propriété de divers établissements religieux, pour 168.000 fr. ou 344.425 en assignats; 8 hectares 51 ares de prairies au Collège de Rouen pour 44.000 fr. ou 90.100 en assignats; 25 hectares 96 ares 85 centiares labours et prairies à l'Ordre de Malte pour 61.800 fr. ou 142.075 en assignats.

Ces ventes se continuèrent les années suivantes.

## CHAPITRE VIII

### Les Capucins

Les religieux Capucins avaient été appelés à Rouen par le cardinal Charles de Bourbon, archevêque de cette ville, le fameux roi de la Ligue, en 1580, et s'étaient tout d'abord établis dans l'ancien hôpital désigné sous le nom de Jéricho, situé près la Fontaine-Jacob, en dehors de l'enceinte de la ville, au pied de la côte Sainte-Catherine, et qui fut restauré à cet effet. Mais, en 1591, en prévision du siège que Henri IV allait mettre devant la ville, les défenseurs de la cité considérèrent que le couvent pourrait facilement servir à l'ennemi de citadelle et de lieu de refuge; il fut rasé par ordre du duc de Villers.

Les Capucins rentrèrent alors dans la ville et après avoir changé plusieurs fois de demeure, allèrent s'installer sur l'emplacement de l'ancien château de Bouvreuil, que leur accorda le duc de Mayenne. Ils y élevèrent une chapelle qui fut bénite la Semaine sainte de l'année 1591. Mais bientôt ils trouvèrent leur nouveau local par trop exigu, ne leur offrant aucune des commodités qu'ils désiraient pour leurs exercices religieux et leurs besoins journaliers.

C'est alors que l'un d'eux, qui possédait à Sotteville une maison avec un terrain qu'ils avaient eu occasion de visiter et qui leur avait paru des plus convenables par la tranquillité surtout qu'elle leur offrait en temps de guerre, proposa de la vendre à la communauté. L'immeuble à acquérir devait rester la propriété de la ville de Rouen en raison des sacrifices que plusieurs habitants se proposaient de faire pour la réalisation de ce projet.

Le duc de Montpensier assembla, à ce sujet, son conseil, le 20 juin 1597. Il y fut ordonné que le contrat d'acquisition de la maison d'un des religieux Capucins, au village de Sotteville, serait passé, au nom des habitants de la ville, en l'hôtel commun, en présence des sieurs de Bouville et de la Pille, capitaines de Rouen.

Plusieurs notables contribuèrent aussi par des dons à l'établissement du couvent de Sotteville. En première ligne se trouvent le duc et la duchesse de Montpensier, le cardinal de Gondi, le trésorier de France en la généralité de Rouen, M. d'Auberville, lieutenant général au bailliage, etc. En mémoire de cet acte de générosité, une des chapelles du couvent fut réservée aux donateurs.

Les religieux commencèrent leur établissement en 1599 ; la première pierre en fut posée par le duc de Montpensier. François Péricard, évêque d'Avranches, dédia l'église du nouveau monastère, le 30 août 1601, sous le titre de l'Annonciation de la Vierge. Enfin le couvent fut bénit lui-même par le pape, le 6 juin 1604, la même année que l'église nouvelle que l'on venait d'édifier à Sotteville, et qui aujourd'hui a disparu pour faire place à celle existante.

Le premier prieur du couvent des Capucins de Sotteville fut Henri de Joyeuse, plus connu sous le nom du père Ange de Joyeuse, de l'une des premières familles de France, comte du Bouchage, gouverneur général de l'Anjou, de la Touraine, du Maine et du Perche. Il s'était engagé dans les ordres, le 4 septembre 1587, par suite du chagrin qu'il éprouva à la mort de sa seconde femme Catherine, survenue dans un incendie qui éclata chez les parents de celle-ci le jour même de son mariage.

En 1592, obligé par la Ligue de soutenir la religion catholique contre les protestants à la tête desquels était Henri IV, il reprit l'habit militaire jusqu'en 1596. A cette époque, il se réconcilia avec

Henri IV, obtint de lui le bâton de maréchal, et fut nommé gouverneur du Languedoc. Mais en 1599, il rentra définitivement dans les ordres ; c'est ainsi qu'il fut nommé prieur des Capucins de Sotteville, et vécut en religion jusqu'à sa mort arrivée en 1608. Il était alors âgé de 46 ans. La duchesse de Montpensier, que nous avons vu figurer comme l'une des fondatrices du couvent, était sa fille.

Les Capucins n'occupèrent le monastère de Sotteville que fort peu de temps. En 1613, ils retournaient s'établir à Rouen, mais n'en conservaient pas moins leur couvent de Sotteville qui devint pour ainsi dire leur maison de campagne.

A l'époque de la Révolution, sept moines y résidaient encore : Jean Bourdon, dit frère Protais, gardien : Louis Gilles de Gonneville Jacques-Philippe Pigache, Louis-Jacques Héroult, François de Fontenay, François-Michel Huet, Laurent-Cyriaque Orange.

Pendant quelque temps, une salle du couvent servit de maison commune. C'est là que se réunissait le Conseil municipal dans les premières années de la Révolution.

Une déclaration de 1764 constate la forme employée pour l'engagement des moines dans le couvent des Capucins. Elle est ainsi conçue :

« Du registre contenant les actes de vêtures, noviciat et profession
« qui se sont faits dans la maison des Religieux Capucins de
« Sotteville-lès-Rouen, année mil sept cent soixante-quatre, a été
« extrait ce qui suit :

« Moy frère Marcien de Sotteville, novice Capucin, dit dans le
« monde Pierre-Jean Combaux, né en la paroisse de Sotteville de
« légitime mariage de Pierre Combaux et de Marie-Elisabeth
« Padeloup, âgé de vingt-huit ans, ai volontairement pris l'habi[t]
« des frères mineurs Capucins au couvent de Sotteville, en présence
« de la communauté des moines, du très vénérable père Godefroy de
« Longwi, vicaire es-maistre des novices, le vingt-huit juillet mil
« sept cent soixante-quatre, enfin de quoy j'ai signé le présent acte
« à Sotteville.

« Signés : frère Marcien, dit dans le monde Pierre-Jean Com-
« baux — Charles-Thomas Bailled, prestre — M. Godefroy, vicaire
« et maistre.

\*\*\*

L'ancien monastère, qui s'élevait sur la rue dite des Capucins et désignée aujourd'hui sous le nom de rue Hoche, devenu bien national, fut vendu en 1791 par le prix de 33.000 l. et transformé, pour partie, en filature exploitée de nos jours par MM. Prévost et Grenier. Le surplus de l'immeuble est occupé par les sœurs d'Ernemont. La plupart des bâtiments furent démolis en 1885 par MM. Prévost et Grenier pour faire place à d'autres plus appropriés à leur destination, mais la maison conventuelle occupée par les sœurs est à peu près restée intacte. Elle renfermait des boiseries d'un grand prix aujourd'hui vendues.

Parmi les matériaux provenant des démolitions, se trouvaient des planches et des poutres sur lesquelles se remarquaient peintes diverses inscriptions relevées par M. Pelay, qui les attribue à la fin du xvii$^e$ ou au commencement du xviii$^e$ siècle, et qui se trouvaient dans la sacristie (1).

Une légende fort répandue à Sotteville veut aussi que ce couvent ait eu des souterrains qui, suivant les uns, communiquaient avec le prieuré de Grandmont, suivant d'autres allaient à Grand-Couronne. Nous croyons qu'il n'y a là qu'un effet d'imagination, aucune découverte n'étant venue donner une apparence de raison à cette légende.

L'ancienne porte d'entrée du couvent de Sotteville a été respectée. Elle est facilement reconnaissable à son fronton décoré du monogramme S. L. dans un triomphe de feuilles de chêne.

L'église des Capucins de Sotteville, détruite il y a quelques années par MM. Prévost et Grenier, possédait plusieurs tableaux de certaine valeur, entre autres une *Assomption de la Vierge*, par

---

(1) *Bulletin de la Commission des Antiquités.*

Dumont, et un superbe tableau de Jean Jouvenet, l'un des plus grands peintres de l'école française, qui a laissé à Rouen ses plus beaux ouvrages, représentant l'Annonciation de la Vierge.

Après la suppression des Capucins de Sotteville, à l'époque de la Révolution, ces tableaux furent remis à l'église Saint-Ouen par l'administration départementale après avoir été restaurés par le peintre rouennais Lemonnier.

Les Capucins possédaient également à Sotteville une bibliothèque renfermant des livres rares. Elle fut pillée pendant la Révolution. Parmi les quelques volumes qui échappèrent au désastre, se trouve un exemplaire de l'*Histoire de Rouen*, par Farin, que possède aujourd'hui la bibliothèque municipale de Rouen.

# DEUXIÈME PARTIE

# SOTTEVILLE SOUS LA RÉVOLUTION ET L'EMPIRE

## CHAPITRE PREMIER

Sotteville de 1789 a 1792. — Première municipalité. — Première émeute. — Différends entre la municipalité et le procureur de la commune. — Nouvelles limites du territoire de Sotteville. — Le curé et le vicaire prêtent serment a la Constitution civile du clergé. — Nouveaux troubles. — Maire et curé.

L'ère de la Liberté vient enfin de s'ouvrir pour le peuple français. Les États-Généraux convoqués à Versailles, le 5 mai 1789, pour fournir au roi les subsides nécessaires à combler le déficit devenu de plus en plus énorme, proclament l'égalité de tous les citoyens devant la loi. Les privilèges du clergé et de la noblesse sont abolis et le vieux régime féodal s'écroule au milieu de l'enthousiasme populaire.

Pour qu'il ne reste plus trace de ce régime oppresseur, l'Assemblée nationale décrète toute une organisation nouvelle. Les provinces font place aux départements, que l'on subdivise en districts ou arrondissements et cantons. Les paroisses prennent le nom de communes.

Dans cette nouvelle division administrative, Sotteville, compris dans le département de la Seine-Inférieure, district de Rouen, fit partie du premier canton de cette ville, avec le faubourg Saint-Sever, Petit-Quevilly, Grand-Quevilly, Mesnil-Esnard, Bonsecours, etc.

En conformité des lois nouvelles votées par l'Assemblée nationale et des lettres patentes du roi du mois de janvier 1790, lues au prône de la messe paroissiale et affichées à la porte de l'église, les électeurs de Sotteville, formés des citoyens actifs âgés de vingt et un ans et payant une contribution égale à la valeur de trois journées de travail, se réunirent, le 7 février de cette même année, dans l'église, pour procéder à l'élection de la première Municipalité. Le curé Joly fut désigné comme président de la réunion électorale, qui élut :

*Maire* : M. J.-B.-Marc Lefebvre.

*Officiers municipaux* : MM. Laurent Coquerel, Pierre Hétru, Philippe Bazire, Toussaint Lesueur, Severin Brunel, Adrien Mésange, Jacques Couturier père, Laurent Delarue.

*Procureur de la commune* (1) : M. le curé Joly.

*Notables* : MM. Nicolas Hébert père, Jacques Baillif, Jean Bourgeois, Pierre Constant, Pierre Moulin fils, Nicolas Duhamel fils de Jacques, Toussaint Mulot, Charles Brunel, Nicolas Gueroult père, Pierre Jean père, Louis Hébert, Louis Arnoult, J. Bazire, Adrien Mésange, François Hérisson, Nicolas Lefebvre, Jean Brunel dit Davarré et Noël Pigerre.

Cette première assemblée se trouvera vers la fin de l'année, par suite de certains différends, quelque peu modifiée. Le 14 novembre, on procédait dans les mêmes formes et de la même manière à l'élection de deux officiers municipaux et de deux notables en remplacement de MM. Coquerel, Baillif, Hébert et Couturier dont le mandat était expiré. Furent élus : MM. Romain Barré, Jacques

---

(1) Fonctionnaire chargé de veiller à l'exécution des lois et des arrêtés départementaux et municipaux.

Couturier, officiers municipaux ; François Mullot et Jean Mullot, notables.

Comme la commune ne possédait aucun immeuble qui pût lui servir de maison commune, la Municipalité obtint des Capucins qu'ils consentissent à mettre à sa disposition une salle de leur couvent. Ce fut la première maison commune ou mairie de Sotteville.

Dans le même temps, on procéda à l'organisation de la garde nationale.

*\*\**

L'Assemblée nationale avait décrété que tous les insignes féodaux devaient immédiatement disparaître des lieux publics où ils étaient exposés. A une extrémité de la propriété de M. de Guichainville, ex-seigneur de Sotteville, se trouvait un poteau sur lequel il avait fait graver ses armes. A peine la décision de l'Assemblée nationale fut-elle connue à Sotteville, qu'une foule énorme se porta vers le poteau pour l'abattre. M. de Guichainville tout d'abord s'y opposa. Des désordres étaient à craindre et la multitude menaçait d'envahir l'ancienne propriété seigneuriale. M. Lefebvre, maire, après avoir vainement exhorté le peuple au calme, se rendit alors auprès de M. de Guichainville et obtint de lui qu'il fit enlever le poteau. La foule ayant obtenu satisfaction se dispersa sans autre incident. Le poteau féodal porté chez un des fermiers de M. de Guichainville y fut détruit.

*\*\**

Au mois de septembre, des dissentiments assez graves se produisent au sein de la Municipalité ; deux camps se forment. Le curé-procureur de la commune, soutenu par quelques officiers municipaux, se livre à l'égard du maire à une suite continuelle de tracasseries et de mauvais procédés qui amènent M. Lefebvre à donner sa démission de maire. Le curé s'empresse alors de faire procéder à une nouvelle élection. Mais les officiers municipaux restés fidèles au maire, les notables et les officiers de la garde nationale protestent contre les agissements du curé et font parvenir au district un mémoire dans lequel ils relatent les nombreux griefs qu'ils articulent contre le procureur de la commune.

Le district ordonne alors qu'une instruction de l'affaire aurait lieu et charge M. Goube d'en faire le rapport. Le curé Joly est alors appelé, le 20 septembre, devant le district. Six chefs de prévention sont portés contre lui :

1° On l'accuse d'avoir *contrarié* le serment civique de son vicaire qui avait déjà le bras levé.

Le curé nie le fait ; il déclare qu'il ignorait que cette cérémonie dût avoir lieu dans son église ce jour-là, et affirme qu'il n'était pas auprès du vicaire David lors de sa prestation de serment qui avait lieu dans la nef, tandis qu'il était dans le chœur.

2° On reproche au curé d'avoir nui au service de la garde nationale et d'avoir provoqué des délibérations d'une partie de la Municipalité contraires aux dispositions antérieures arrêtées par la totalité des membres composant l'assemblée communale.

Le curé répond qu'il n'a fait que s'opposer aux abus : Suivant lui, la garde nationale commettait, les dimanches, toutes sortes de désordres et se refusait à obéir à la Municipalité ; ce qu'il a fait n'avait d'autre but que de lui donner une meilleure organisation.

3° On signale au district les violences du curé qui mettent le désordre au sein de la Municipalité ; il ne craint pas de se livrer à des voies de fait sur ses collègues qui diffèrent d'opinion : le sieur Drumel, officier municipal, aurait été ainsi saisi aux cheveux et fort maltraité par lui.

Le procureur de la commune nie énergiquement le fait et passera condamnation sur tous les autres si l'on peut lui prouver ce dernier ; il demande à connaître ses dénonciateurs.

4° Le conseil général du directoire du district de Rouen avait envoyé, le 14 septembre, plusieurs affiches avec une lettre au premier officier municipal pour qu'il soit différé jusqu'à nouvel ordre à la nomination du maire ; à ces affiches le curé en a substitué d'autres et a refusé de faire parvenir au district une délibération de la Municipalité, du 16 septembre, demandant qu'il fût sursis à la nomination du maire.

Le curé dit que la délibération avait été prise à un moment inopportun ; il ignorait les affiches.

5° Enfin, le curé-procureur de la commune est accusé d'avoir enlevé les papiers de la Municipalité du local des Capucins, lieu des séances, ainsi que les registres des délibérations.

Le curé déclare qu'il n'est pour rien dans ces faits.

Le 27 septembre, les officiers municipaux comparaissent à leur tour devant le district. Coquerel parle le premier. Il lit une délibération portant que : « Vu la connaissance de déplacements faits aux « registres, ils seraient à l'avenir placés chez lui, Coquerel, et « confiés à sa garde, jusqu'à ce que le coffre qui doit les renfermer « soit mis en état de fermeture solide. » Il reconnaît qu'une pétition a circulé contre le procureur ; mais la plupart des signatures en ont été mendiées dans les cabarets ou dans les maisons particulières. La commune, dit-il, ne pouvait manifester son opinion qu'en assemblée légale, et aucune n'a été tenue. On ne peut, suivant lui, ajouter foi à des signatures surprises et dont la presque totalité n'appartient pas à des citoyens actifs.

Coquerel et les six autres officiers municipaux qui l'accompagnent déclarent que la garde nationale ne se conduit pas bien ; qu'étant en partie mal composée, au lieu d'empêcher les désordres, elle les provoque ; qu'au lieu de tenir la main à l'application des règlements qui défendent de donner à boire aux heures indues, les gardes nationaux allaient eux-mêmes dans les cabarets et en sortaient dans un état d'ébriété souvent complet. En présence de cette situation, les officiers municipaux et la Municipalité avaient dû abandonner le lieu de leurs séances, les Capucins, où ils n'étaient plus en sûreté, pour se réunir à Grandmont où, là du moins, ils étaient certains de trouver le secours des Suisses.

Coquerel et ses six compagnons, partisans du curé, le défendent de leur mieux. Le conseil du district leur fait remarquer, toutefois, que les griefs relevés par le maire contre le procureur de la

commune ne sont pas imaginaires comme ils feignent de le croire
Il les engage à la conciliation et à la pacification. « Que Lefebvre
« reprenne sa démission, leur dit-il, et que tous vivent en bonne
« intelligence pour le bien de la chose publique. » Coquerel et le
curé refusent de se rendre à ces bonnes raisons ; ils s'opposent à ce
que Lefebvre reprenne ses fonctions de maire ; ils prétendent que
les troubles n'ont été occasionnés que par lui et que la Municipalité
vivait en bonne intelligence depuis qu'il s'était retiré, ils demandent
même des élections nouvelles pour la Saint-Martin. Mais ils ne
sont pas suivis sur ce terrain par leurs cinq compagnons qui se
déclarent au contraire prêts à toute conciliation.

Deux jours plus tard, le 29 septembre, Lefebvre, maire ;
Toussaint Lesueur, Jacques Couturier et Pierre Constant, notables ;
Chambrelan, greffier ; Longer, major ; Pigerre, capitaine ; Ginard
lieutenant, et l'abbé Heurtaux aumônier de la garde nationale, comparaissent à leur tour devant le directoire du district. Lefebvre est
le premier interrogé. Il s'élève avec indignation contre l'accusation
du curé qui le représente comme ayant été l'instigateur des troubles
survenus à l'occasion du poteau de M. de Guichainville, quand, au
contraire, il a tout fait pour prévenir le désordre. Les griefs
articulés contre lui, dit-il, par le procureur de la commune, ne
sont pas plus fondés et ne servent qu'à cacher les causes vraies du
dissentiment survenu entre eux. Il en est de même des accusations
portées contre la garde nationale et du prétexte invoqué par le
curé Joly que les volontaires enrôlés dans cette compagnie étaient
proscrits par l'Assemblée nationale. Le véritable motif est le
désagrément qu'il avait éprouvé d'avoir été arrêté un certain jour
par elle, avec quelques-uns de ses amis à une heure et dans des
circonstances peu convenables. Depuis ce temps-là, il n'est point de
manœuvres ou de mauvais procédés qu'il n'ait employés contre la
compagnie. Ainsi, lors d'une rixe survenue à une heure avancée de
la nuit entre des buveurs qui maltraitèrent le cabaretier et la garde
qui voulait rétablir l'ordre, vit-on le curé prendre fait et cause
pour les perturbateurs et essayer de faire retomber sur les gardes

nationaux la responsabilité du désordre. Il poussa même son ressentiment jusqu'à vouloir empêcher l'aumônier Heurtaux de célébrer la messe qu'il avait coutume de dire le dimanche pendant l'office paroissial.

Le maire et ses amis défendent également la garde nationale du reproche, adressé par le curé à cette dernière, de vouloir se montrer indépendante de la Municipalité. Les officiers de cette compagnie connaissent très bien leurs devoirs et n'y ont jamais manqué. Malgré les tracasseries que ne cesse de leur susciter le curé-procureur de la commune, ils lui ont toujours fourni le piquet réclamé par lui pour le conduire de son presbytère au lieu des réunions de la Municipalité, à l'effet de le protéger contre la haine du peuple qu'il s'est complètement attirée.

L'ouverture du registre ordonné par l'Assemblée nationale pour l'inscription des citoyens actifs sur les contrôles de la garde nationale donne lieu à de nouvelles accusations contre le curé. Le maire et ses amis lui reprochent d'avoir rendu impossible l'exécution de cette sage disposition de la loi, en refusant de la faire connaître et de la lire au prône. Enfin, comme conclusion, le maire ajoute : « Il est impossible à la Municipalité de faire le bien tant « que le curé continuera à remplir les fonctions de procureur de « la commune, et il n'y a aucune espérance que la majorité se « prête à la conciliation. »

C'était aussi l'opinion du district qui signala, comme conclusion de son enquête, à l'administration du département, la conduite du curé-procureur-syndic, en émettant l'avis qu'il fallait lui réclamer sa démission. M. Lefebvre pourrait reprendre alors ses fonctions de maire.

Cette nouvelle causa à Sotteville une joie très vive chez les uns et une profonde irritation chez les autres ; le parti triomphant ne montra peut-être pas d'ailleurs toute la réserve et toute la sagesse désirables ; c'est ainsi que Chambrelan, le greffier de la Municipalité, qui n'avait été probablement qu'un instrument — peut-être inconscient — dans les mains du curé, fut révoqué, déclaré indigne de la confiance publique et condamné par le conseil général de la commune à trois jours de prison.

Cependant le curé Joly avait refusé de se rendre aux injonctions du district; non seulement, il ne voulut pas donner sa démission mais il prit en mains ouvertement la défense de Chambrelan qui, de son côté, appelait de la sentence qui le condamnait. Le 28 octobre, le procureur de la commune se rendit même à ce sujet à la séance de la Municipalité. Mais celle-ci ne se montra pas disposée à accéder à sa demande et ordonna que la sentence condamnant Chambrelan serait immédiatement exécutée nonobstant appel. Enfin, le 10 novembre, M. Lefebvre déclarait que « pour la tranquillité « publique et par reconnaissance pour le vœu de la majeure partie « de la population », il reprenait ses fonctions de maire.

Jusqu'alors, et sauf pendant les derniers troubles où les réunions, pour les motifs que l'on connaît, avaient eu lieu à Grandmont, la Municipalité tenait ses séances, comme on l'a vu, dans une salle des Pères Capucins. Mais ce local ne présentait pas toutes les commodités désirables; parfois même il n'était pas toujours facile de se faire ouvrir par le portier; en outre la salle mise à la disposition du corps municipal était trop petite. L'assemblée municipale décida alors d'abandonner le couvent et elle fit choix, pour le remplacer, de la maison de la confrérie de Charité devenue vacante par le départ du chapelain.

*
* *

Malgré son échec devant le district, malgré l'impopularité qu'il s'est attirée dans la commune, le curé Joly a refusé de donner sa démission de procureur-syndic. L'administration départementale le suspend de ses fonctions, le 12 novembre; mais d'autre part, elle annule la délibération de la Municipalité de Sotteville concernant Chambrelan et autorise même celui-ci à poursuivre les membres de l'assemblée communale qui ont signé la sentence en vertu de laquelle il a été mis en prison. Enfin, le 15 novembre, le département, pour montrer sans doute son impartialité, annulait encore un arrêté de la Municipalité pris, cette fois, à l'instigation du curé Joly, par lequel, au mépris des décrets de l'Assemblée nationale, elle avait nommé un trésorier des biens nationaux.

Entre temps, l'ancienne confrérie de Charité de Sotteville avait remis au district l'argenterie qu'elle possédait : croix et autres objets. Par contre, elle demandait une somme de 100 fr. pour l'acquisition d'une nouvelle croix et de deux chandeliers pour le service divin, et de 24 fusils pour la garde nationale, « afin que les « membres de cette confrérie puissent passer quand il le faudrait « du service de la religion à celui de la Patrie. » Cette demande fut renvoyée à l'administration départementale.

Cependant le calme était loin d'être rétabli au sein de la municipalité de Sotteville. Le secrétaire Hébert, qui avait remplacé Chambrelan, donne sa démission ; mais au moment où il lui faut rendre les archives qu'il avait en dépôt, la plupart ont disparu ; le registre des délibérations, entre autres, est introuvable ; les rôles d'imposition sont égarés. Hébert est menacé de poursuites s'il ne peut retrouver et restituer les archives disparues.

D'autre part, les trésoriers de la Fabrique de l'église ne se montrent pas disposés à communiquer à la Municipalité leurs comptes de recettes et de dépenses et leurs titres de propriété, malgré les injonctions du nouveau procureur-syndic, M. Jean Mullot. Le maire est alors autorisé à employer à l'égard de Toussaint Lesueur, trésorier en charge, tous les moyens de droit pour obtenir satisfaction.

Au milieu de ces discordes, on ne songeait guère au sort des vieillards, des infirmes et des malheureux. L'ancienne Municipalité et son procureur avaient d'autres préoccupations. « Cet oubli de « leur part, dit le procureur-syndic Mullot, est d'autant plus « surprenant que celui qui faisait les fonctions de procureur était « le curé Joly qui, à ce double titre, devait apporter à cette opéra-« tout le zèle que les vrais pauvres avaient lieu d'attendre de leur « pasteur. » La nouvelle Municipalité se mit en devoir de réparer autant qu'elle le put « le tort qu'une négligence aussi préjudiciable

« pourrait occasionner dans une commune où le nombre des pauvres
« est considérable et où la misère est à son comble. » (2 décembre.)

Le même jour, le curé Joly faisait connaître à la Municipalité qu'il lui refusait toute communication des archives de la Fabrique. Le district en fut immédiatement informé.

L'abandon fait par la confrérie de Charité, à la Nation, de son argenterie avait eu le don d'exaspérer le curé Joly. Le 8 décembre, au moment où les membres de cette association allaient procéder, comme ils le faisaient de temps immémorial, à la levée du corps d'une dame Hébert, le curé, sans considération pour la famille de la défunte, s'emporta contre eux en vifs reproches et donna lieu à une scène qui causa un véritable scandale ; les frères de Charité durent se retirer. La Municipalité, devant qui l'affaire fut portée, prit parti pour la Charité ; mais que pouvait-elle dans la circonstance ? Il n'en résulta pas moins une nouvelle recrudescence de l'animosité qui existait entre les partisans de la Municipalité et les amis du curé. De part et d'autre, la surexcitation devint des plus vives, se faisant sentir jusque dans les rangs de la garde nationale où des « gens mal intentionnés » poussèrent à l'insubordination.

Dans le but de réprimer les « propos incendiaires tenus par les ennemis de la Constitution » et d'arrêter dans son principe tout esprit d'insubordination, la Municipalité prit un arrêté stipulant que « tout individu, quel que soit son rang, sa qualité ou son minis-
« tère, qui tiendrait quelque discours tendant à exciter à l'insubor-
« dination ou quelques propos contraires aux égards dus au corps
« de la garde nationale, serait sur le champ arrêté, pour être
« prononcé ce qu'il appartiendra. » (29 décembre.) (1).

Jacques Chambrelan, rentré en grâce auprès de la Municipalité, reprit alors ses fonctions de greffier.

\*
\* \*

Jusqu'au commencement de l'année 1791, la commune de Sotteville avait conservé les limites de l'ancienne paroisse comprenant,

---

(1) Registre de la Municipalité de Sotteville.

comme on l'a vu dans la première partie de cet ouvrage, toute une partie du faubourg Saint-Sever. Mais la ville de Rouen avait depuis quelque temps déjà revendiqué toute cette partie de territoire. Le 21 février 1791, une loi de l'Assemblée nationale, délimitant les nouvelles paroisses de la ville, fixait ainsi les limites de Sotteville :

Du côté de Saint-Étienne, une ligne partant d'une pièce de terre appartenant à Charles Mullot dit l'Artiste, montait à la terre du citoyen Pouchin et à une autre appartenant à Noël Mullot se dirigeant en ligne droite, adossé au chemin d'Elbeuf, jusqu'à la forêt de Rouvray, en tirant aussi en ligne directe vers le sud-est, cotoyait ladite forêt pour finir au bois de Bernonville appartenant au citoyen Rondeaux, puis descendait par le chemin allant au mur de M$^{me}$ Vieillot et parcourait toujours la même ligne jusque dans la prairie le long du fossé du sieur de Vintimille, y compris les clos Gras et Fraux, jusqu'à la pièce appartenant à la ci-devant Fabrique de l'église de Saint-Étienne-du-Rouvray qui fait les limites de la commune de Sotteville jusqu'à la Seine, y compris les îles *Gadelisle* et *Petite-Ile*. La ligne de démarcation suivait ainsi le fleuve jusqu'au bout nord-est du Grand-Cours, remontait le long des prairies de la Grande-Angle jusqu'à la prairie dite la Noüe-des-Champs, allait rejoindre le chemin de Grandmont au Mail, remontait l'avenue de Grandmont, prenait la rue du Cours, passait devant la Croix-de-Grandmont, rejoignait le clos de M. Havasse pour tomber dans la rue conduisant à la route d'Elbeuf, et remontait cette rue jusqu'au point de départ.

De ce fait Sotteville, perdait près de la moitié de sa population qui, de près de 4.000 habitants, se trouvait réduite à un peu plus de 2.000. Du côté de Saint-Étienne, les pertes étaient moins importantes, 42 acres cédées, et 28 acres reprises, mais une compensation lui venait du côté de la Mi-Voie qui devait lui abandonner 33 acres de prairie (1).

---

(1) *Archives de la Seine-Inférieure.* C. 2194.

Après avoir refusé le serment à la Constitution et avoir empêché son vicaire d'obéir à la loi, le curé Joly revient tout à coup à d'autres sentiments, et avant même que la loi concernant la Constitution civile du clergé soit parvenue aux municipalités, le curé et son vicaire Fourquemin demandent à y adhérer. Malgré son bon vouloir la Municipalité, encore censée ignorer cette loi, ne peut donc recevoir le serment de ces deux ecclésiastiques (8 janvier 1791).

On ne sait pour quelles raisons la Municipalité n'avait pu entrer en possession de la maison vicariale qu'elle avait choisi pour lieu de ses séances ; il lui fallut continuer à siéger aux Capucins. Ceux-ci, d'ailleurs, sont les gens les plus accommodants du monde et se prêtent très volontiers à cette servitude. Ils sont là sept : le gardien, révérend père Protais, de son nom Jean Bourdon ; le revérend père Pierre, dans le monde Gilles de Gonneville, faisant fonctions de vicaire de la maison ; le révérend père Michel, dans le monde Jean-Jacque-Philippe Pigache ; le frère Didale, Louis-Jacques Héroult ; le frère Simplice, François de Fontenay ; le frère Illumine, François-Michel Huet ; le frère Amand, Laurent-Cyriaque Orange, qui demandent tous à continuer le plus paisiblement la vie commune, tant que la loi le leur permettra.

\*\*\*

Cependant le calme n'est pas complètement rétabli dans Sotteville : des bandes d'individus parcourent de temps en temps les rues et commettent de nombreux actes de violence ; des attroupements continuent à se former en divers endroits, et la garde nationale qui veut les disperser est insultée. Celle-ci demande au maire de la protéger contre le retour de semblables actes « suscités par les ennemis du bien public ». Quelques-uns des principaux perturbateurs sont condamnés à l'amende, ce qui provoque une vive irritation parmi les ennemis de la Municipalité, qui bientôt vont mettre tout en œuvre pour exciter la population contre le maire.

— Le 2 février, la commune est divisée en six sections : les Marettes, l'Église, le Buet, la Haie-Broult, la Plaine et Quatre-Mares.

— Le 23 janvier, le curé Joly et l'abbé Fourquemin prêtent, devant la Municipalité réunie dans l'église, serment de fidélité à la Constitution civile du clergé, mais le curé veut agréer l'abbé Fourquemin comme son vicaire ; la Municipalité refuse de le recevoir à ce titre parce qu'il n'a pas de nomination de l'évêque de Rouen et qu'il ne tiendrait ses pouvoirs que de l'évêque de Lisieux, duquel relevait antérieurement la paroisse de Sotteville. Le curé Joly fait alors intervenir deux huissiers qui somment le maire d'avoir à accepter Fourquemin à titre de vicaire. Le maire refuse et ordonne à l'huissier de sortir de l'église ; l'huissier résiste ; l'agitation est vive, les esprits s'échauffent ; une mêlée va se produire. Pour éviter un nouveau scandale et l'expulsion de l'huissier par la garde nationale, la Municipalité se retire dans la sacristie, et laisse l'abbé Fourquemin prêter serment comme il le voudra.

Les adversaires du maire profitent de cet incident et de la faiblesse de la Municipalité pour recommencer contre M. Lefebvre une guerre acharnée. D'autre part, les partisans du maire accusent le curé de n'avoir pas fait les distributions de pain aux pauvres pour une somme de 221 l. 5 s. à lui versées à cet effet par la commune de Rouen, comme tenant lieu de la rente de 10 mines de blé faite d'ancienneté par la ville aux pauvres de Sotteville. Le procureur-syndic se fait l'écho de ces plaintes devant le conseil général de la commune et demande que des mesures sévères soient prises contre le curé. « La Municipalité, dit-il, ne doit pas perdre de vue l'intérêt
« de la partie la plus précieuse de l'humanité, c'est-à-dire le soin
« des pauvres. » L'assemblée décide alors de traduire le curé devant ses supérieurs ou devant les tribunaux compétents et de faire telle demande ou poursuite que de droit. Les citoyens Bunel et Barré, officiers municipaux ; Pigerre et Hérisson, notables, devront prendre à cet effet les informations les plus sérieuses et en faire un rapport à la Municipalité (2 février).

Le curé ne se montra pas disposé à se rendre aux ordres de l'assemblée municipale ; il se contenta de répondre aux délégués qui lui furent envoyés que cette affaire n'était pas de la compétence du conseil, mais de celle de ses supérieurs auxquels seuls il rendra compte de sa conduite. En présence de cette fin de non recevoir, la Municipalité déclare, pour l'avenir, faire opposition à ce que la ville de Rouen paie quoi que ce soit au curé, à moins que ce ne soit sur le consentement écrit de l'administration de Sotteville (10 février).

De son côté, l'abbé Fourquemin poursuit la Municipalité devant le district pour se faire reconnaître son titre de vicaire de la paroisse. Le district demande à la Municipalité les raisons qui ont motivé son refus. Celle-ci répond qu'en vertu de l'article 43 de l'ordonnance royale du 24 août 1790, il n'était permis aux curés de prendre pour vicaires que des prêtres ordonnés ou admis pour le diocèse par l'évêque ; or, l'abbé Fourquemin s'était vu, deux ans auparavant, dépossédé de ses pouvoirs, pour des raisons inconnues, par l'évêque de Lisieux, duquel relevait la paroisse de Sotteville ; qu'en conséquence, il n'était pas permis à l'abbé Fourquemin d'occuper de fonctions publiques tant que l'évêque de Rouen ne lui aurait conféré une nouvelle investiture.

D'autre part, la Municipalité continue ses investigations à l'égard du curé Joly, relativement à l'emploi des 221 l. versées par la ville de Rouen pour les pauvres. Une nouvelle délégation de quatre membres est nommée pour activer les poursuites contre le curé.

\*
\* \*

Au milieu de ces discordes, la situation, à Sotteville, devient de plus en plus difficile ; le curé et ses partisans mettent tout en œuvre pour discréditer la Municipalité ; le maire Lefebvre est, de leur part, en but aux attaques les plus vives. Une question de chasse vient encore surexciter davantage les esprits.

Le 17 mars, plusieurs particuliers de Quatre-Mares, sous prétexte que le droit exclusif de la chasse était aboli, avaient cru pouvoir se livrer à cette fantaisie, et se promenaient, armés de fusils, dans toute l'étendue de la commune. La Municipalité trouva au contraire, dans cette liberté absolue, un danger pour l'ordre public : « Sous prétexte d'une liberté indéfinie, dit-elle, la commune « deviendrait une arène où les citoyens se porteraient à des vio- « lences effrayantes et se disputeraient le fusil à la main. » Aussi se montra-t-elle décidée à poursuivre tous ceux qui seraient rencontrés chassant sans autorisation, et, à titre d'exemple, plusieurs des chasseurs de Quatre-Mares furent condamnés à l'amende. Cette décision allait encore augmenter le nombre des ennemis de la Municipalité et procurer de nouveaux appuis au curé qui ne se fit pas faute de prendre parti contre le maire.

Les habitants de Quatre-Mares, mécontents de la condamnation infligée à leurs concitoyens et obéissant aux conseils qui leur furent donnés, se liguèrent contre le maire. Sous prétexte qu'ils étaient menacés chez eux dans la conservation de leurs propriétés, ils refusèrent d'aller monter la garde à Sotteville et demandèrent l'établissement d'un corps de garde dans leur hameau. Ils adressèrent à ce sujet une pétition au district qui la renvoya à la Municipalité. Celle-ci ne s'y montra pas favorable.

D'autre part, plusieurs habitants de Sotteville, à la tête desquels se trouvaient les citoyens Paul Hébert, Pierre Bailly, Delassaux, etc., demandaient que la garde nationale ne fût, à l'avenir, composée que des citoyens actifs et que les officiers fussent nommés au scrutin secret ; ils accusaient la Municipalité d'avoir frappé d'amende des invalides dans l'impossibilité absolue de faire tout service, et adressaient à ce sujet une pétition au district. Celui-ci, considérant « que c'est aux Municipalités à juger de la nécessité du service de la « garde nationale », renvoya les pétitionnaires devant l'assemblée communale, qui, on le conçoit, rejeta la pétition. Ses auteurs ne se tinrent pas pour battus ; ils s'adressèrent de nouveau au directoire du district qui les fit comparaître devant lui. Dans cette entrevue, les ennemis du maire dévoilèrent enfin le but qu'ils poursuivaient : « Nous consentons à tout ce que vous nous proposez, dit l'un d'eux, « mais débarrassez-nous de Marc Lefebvre, dont nous ne voulons

« plus et que nous ne pouvons souffrir. » Et sans doute pour appuyer leur réclamation, ils accablèrent d'invectives le maire de Sotteville.

Le district ne pouvait se prêter à de semblables démonstrations et fit requérir par son procureur contre ces adversaires acharnés de la Municipalité. Ceux-ci ne s'en montrèrent pas émus; l'un deux même, plus violent encore que les autres, alla jusqu'à déclarer que rien ne pourrait l'arrêter et qu'il ne voulait que « d'honnêtes gens à la tête de la Municipalité » (1).

L'effervescence fut alors à son comble dans Sotteville, les partisans de la Municipalité protestèrent contre les accusations dont le maire était l'objet et pétitionnèrent à leur tour en sa faveur.

Cette situation ne laissa pas que de causer certains embarras au district. Le 14 mars, après une assez longue délibération, il déclarait que les adversaires du maire, les citoyens Coquerel, Mésange, Bailly, Hébert, et autres, ne donnaient aucunes raisons valables pour faire annuler l'ordonnance du 9 novembre précédent qui maintenait Lefebvre dans ses fonctions de maire; « la loi de
« l'Assemblée nationale, du 12 août dernier, disait-il, ne prive des
« droits de citoyen actif que pour condamnation définitive à des
« peines infamantes, d'où il s'ensuit qu'on n'en peut être privé par
« la supposition d'un fait sur lequel on ne rapporte ni plainte ni
« information. Le maire ne peut être accusé d'un délit par des
« personnes étrangères à ce fait; ceux mêmes qui auraient lieu de
« se plaindre ne pourraient encore faire valoir leurs griefs
« puisqu'un laps de trente années se serait écoulé depuis le fait
« incriminé que les adversaires du maire ne peuvent même prouver
« et n'aurait été, somme toute, qu'un égarement de jeunesse que
« vingt ans de bonne conduite et d'honnêteté auraient suffisamment
« racheté. »

Le curé Joly, qui avait mené toute cette intrigue contre le maire, voulut alors profiter de cette décision et des considérants qui

---

(1) Registre de la Municipalité de Sotteville.

l'accompagnaient pour demander l'abrogation de l'ordonnance du département qui le révoquait de ses fonctions de procureur-syndic. Dans une supplique adressée à l'assemblée départementale, il fit une longue analyse de ses prétendues disgrâces qui n'ont, dit-il « d'autre « appui que le mensonge. » Mais le Conseil municipal, consulté, fut loin de se montrer favorable à la demande du curé et exposa au département « la répugnance invincible qu'il aurait à vivre avec un « homme qui, pendant le temps de son exercice, se permettait de « prendre aux cheveux les officiers municipaux quand leurs avis « contrariaient les siens ; qui, dans les délibérations, arrachait les « registres des mains du secrétaire ou du maire, et qui, oubliant « les paisibles et charitables devoirs du pasteur, abusait et du « pouvoir que lui donnait son ministère, et des quelques officiers « municipaux qu'il avait subjugués, pour faire arrêter et empri- « sonner arbitrairement les citoyens et satisfaire ainsi ses vengeances « particulières ; qui, par ses violences et le désordre qu'il « occasionnait, avait forcé plusieurs officiers municipaux à n'as- « sister que très rarement aux séances et même les avait obligés à « donner leur démission. » Enfin, plusieurs membres de l'assemblée municipale déclaraient qu'ils se retireraient immédiatement de l'assemblée municipale si le curé Joly était réintégré dans ses fonctions, ainsi qu'il le demandait.

Le département partagea les vues de l'assemblée municipale de Sotteville, et la demande du curé fut rejetée. Cette décision donnait à la Municipalité, et en particulier au maire, une autorité morale que depuis quelque temps elle avait en partie perdue. Le curé et ses partisans estimèrent que, pour le moment, ils ne pouvaient rien tenter qui pût favoriser leurs desseins. Ils crurent qu'il était préférable d'attendre, pour recommencer leur campagne, un nouvel incident, et le calme se rétablit. Ce ne devait pas être d'ailleurs pour longtemps.

\* \*

— Le 11 avril, la Municipalité procédait à l'inventaire des archives trouvées dans la maison de Bayard de Guichainville, ex-seigneur de la paroisse, qui servait en dernier lieu de prétoire à la haute justice.

— Le 2 mai, la Municipalité demande le renvoi du vicaire. Le 12 mai, un banc spécial, dit *banc de la Charité*, est assigné dans le chœur de l'église à cette confrérie et il est défendu à quiconque n'en faisant pas partie de s'y placer.

— Le nouvel incident attendu avec impatience par le curé Joly et ses partisans ne se fait pas attendre. Le vicaire Fourquemin, malgré la Municipalité, avait continué à exercer ses fonctions; celle-ci le fit alors expulser de la maison qu'il occupait appartenant à la ci-devant Fabrique et ordonna au procureur de la commune de la mettre en location.

Cette décision de la Municipalité aussitôt connue causa une vive irritation parmi les partisans du curé et du vicaire. Aussi lorsque, dans la séance du Conseil municipal du 23 mai, le maire fit la publication d'un décret ordonnant la vente prochaine des biens de la Fabrique, le tumulte éclata parmi l'assistance; le maire et le procureur-syndic, Jean-Charles Mullot, furent apostrophés et invectivés, et il fallut appeler la garde nationale pour rétablir l'ordre et expulser les perturbateurs. Des poursuites furent ordonnées contre eux.

Le 29 mai, le curé Joly refuse de lire en chaire, au prône de la messe paroissiale, la loi concernant le respect dû aux juges et à leurs jugements, ainsi qu'il est prescrit par l'Assemblée nationale.

Dans la séance du Conseil municipal du 23 juin, le procureur-syndic et le citoyen Pierre Lefebvre, notable, se font l'écho de certaines rumeurs répandues dans la commune. A en croire ces bruits, les Capucins de Sotteville recevraient habituellement quantité de « prêtres non assermentés, lesquels y diraient leurs messes et y « tiendraient des conférences particulières, ce qui occasionnerait « dans le public des murmures qui pourraient se changer en « émeute ». Ainsi on parlait d'hommes cachés ou qui pouvaient s'y cacher, d'amas d'armes, etc.

La Municipalité, pour calmer ces appréhensions, voulut approfondir tous ces bruits, « à cause, dit-elle, de la proximité du magasin

« à poudre et pour rassurer les citoyens de la commune », et se rendit immédiatement aux Capucins.

Dans la visite minutieuse qu'elle fit de la maison conventuelle, rien de suspect ne fut découvert. Les cinq religieux qui s'y trouvaient alors étaient en réalité réfractaires ayant refusé de prêter serment, parce que, ont-ils déclaré, « leur conscience le leur « refusait », mais la Municipalité ne trouva pas autre chose à leur reprocher; toutefois, dans une supplique au département, elle lui demandait, pour la tranquilité publique, de faire expulser les religieux.

— L'ancienne maison vicariale a été mise en vente et adjugée à un sieur Annest, mais comme le curé en a gardé les clefs et que le nouveau propriétaire demandait à être mis en possession, la Municipalité fait alors forcer les portes. Le dimanche suivant le curé Joly protesta en chaire contre ce qu'il appelait une violation de domicile et engagea ses paroissiens à se réunir à l'issue des vêpres. La Municipalité vit là un appel à la révolte, défendit la réunion et cita le curé à comparaître à sa barre (20 juillet).

Cette rivalité constante entre la Municipalité et le curé continue à entretenir l'agitation dans la commune. Des attroupements se forment que la garde nationale veut disperser; les patrouilles qui circulent toutes les nuits sont invectivées, des arrestations sont opérées suivies de condamnations. L'insubordination se met même dans les rangs de la garde. Les chefs ne sont plus écoutés et bientôt la Municipalité elle-même est en butte à toutes sortes de vexations et d'outrages. Le maire Lefebvre donne alors sa démission; l'autorité départementale refuse de l'accepter. Plusieurs gardes nationaux rebelles sont punis, un caporal est rayé de son grade, et l'ordre se rétablit.

Mais il semble que ce calme presque inconnu depuis quelque temps à Sotteville ne soit pas pour plaire au curé, car il profite du premier prétexte pour recommencer les hostilités. La Constitution de 1791 venait d'être votée par l'Assemblée nationale et pour en célébrer la promulgation elle avait ordonné qu'un *Te Deum* et un

4.

*Domine Salvum* seraient chantés dans toutes les églises au son des cloches. Mais le curé de Sotteville en avait, lui, décidé autrement. Il défend au bedeau toute sonnerie ; l'assistance s'indigne, une scène scandaleuse se produit au milieu de l'office, la foule se précipite vers les cloches et les sonne malgré le curé qui est invectivé.

Celui-ci d'ailleurs ne s'en émeut guère. Comme le corps municipal, assisté de la garde nationale, doit se rendre vers 5 heures dans les différents quartiers de la commune pour y proclamer la nouvelle Constitution, le maire ordonne, au moment du départ, de faire sonner de nouveau toutes les cloches ; le curé refuse encore sous le prétexte que les vêpres, dont il a retardé l'heure, ne sont pas finis. Alors la scène du matin se reproduit, avec plus de violence encore ; le curé quitte sa stalle, se jette sur les cordes ; mais en vain ; la foule se précipite, l'écarte et met les cloches en branle. Le scandale est à son comble ; la Municipalité le conjure de revenir à de meilleurs sentiments ; il persiste dans son refus, il ne chantera même pas le *Te Deum*, tant, dit-il qu'il n'aura pas reçu un mandement de l'évêque, mandement que la Municipalité déclare lui avoir remis elle-même. La surexcitation populaire est alors à son comble. Puisque le curé alors refuse, on se passera de lui et la foule nombreuse qui remplit l'église chante elle-même le *Te Deum* et le *Domine Salvum*. Le lendemain la Municipalité faisait connaître ces divers incidents au département (8 octobre) (1).

La lutte continue ainsi des plus vives entre la Municipalité et le curé. Le 23 octobre, la Municipalité prescrivait : 1º qu'à l'avenir la distribution du pain bénit devra être faite par portions égales ; le bedeau devra le couper en présence du public et ne rien porter à la sacristie ; ce qui pourrait rester sera distribué aux pauvres ; 2º les sonneries pour les défunts seront les mêmes indistinctement pour les pauvres et pour les riches, et gratis (il y avait alors trois cloches) ; 3º personne ne pourra assister aux offices dans l'enclave des fonts baptismaux ; 4º M. Bayard, ex-seigneur, devra enlever ses

---

(1) Registre municipal.

armoiries du banc ci-devant seigneurial ; 5° tous les bancs de l'église seront enlevés et remplacés par des chaises.

C'était la réponse de la Municipalité aux scènes scandaleuses provoquées par le curé, le 8 octobre. Elle eut le don de mettre le comble à la surexcitation de l'ancien procureur de la commune, surexcitation qui allait lui faire provoquer un nouveau scandale. Le 29 octobre, au moment où, sous la surveillance du procureur-syndic Jean Mullot, on procédait à l'enlèvement des bancs, le curé intervient tout à coup et déclare s'opposer formellement à cette opération : une scène bruyante se produit ; le curé, pour appeler à son aide, fait sonner les cloches ; on accourt de toutes parts, et le maire est insulté par une femme au service du curé.

Ce nouveau scandale acheva d'aliéner au curé une bonne partie des sympathies qu'il pouvait encore avoir conservées dans la commune. Une plainte fut remise à l'évêque par la Municipalité. Le curé se croyant sans doute sur le point d'être arrêté ne trouva rien de mieux à faire que de disparaître pendant quelques jours ; l'évêque donna alors l'ordre à M. Renauld, son secrétaire, d'aller célébrer l'office à Sotteville.

Mais, le 20 novembre, le curé Joly reparaît tout à coup et une nouvelle scène des plus vives se produit entre lui et le délégué de l'évêché. M. Renauld eut beau représenter au curé de Sotteville toute l'inconvenance de sa conduite et le scandale permanent dont il était l'auteur, le curé Joly ne voulut rien entendre, il alla même jusqu'à défendre au secrétaire de l'évêché de célébrer la messe dans son église. La Municipalité dut intervenir et, pour éviter un nouveau scandale, engagea M. Renauld à laisser le curé célébrer la grand'messe, à l'issue de laquelle une messe basse serait dite par le délégué de l'évêque et à laquelle assisterait la Municipalité. Mais le curé ne l'entendait pas ainsi ; il fit défendre à M. Renauld toute espèce de fonction dans son église et ferma les portes de la sacristie où se trouvaient les ornements.

Au dehors, la foule était nombreuse. A la nouvelle du refus du curé, elle veut enfoncer les portes de la sacristie ; une émeute est à craindre ; les membres de la Municipalité, ceints de leur écharpe, somment le curé d'avoir à leur ouvrir les portes ; il refuse ; le tumulte est à son comble et la foule menace de faire un mauvais parti au curé. Devant l'imminence du danger, l'abbé Renauld propose d'aller dire la messe dans l'église Saint-Sever et exhorte la foule au calme. Cette proposition est acclamée, et la Municipalité, ayant à sa tête l'abbé Renauld et suivie d'une multitude de plus en plus nombreuse, se rend à l'église Saint-Sever, où, avec la permission du curé de cette paroisse, l'office est célébré.

A la suite de ce nouveau scandale, la Municipalité signalait à l'évêque du département la conduite du curé, qui cause tant de désordres, en même temps qu'elle le dénonçait à l'accusateur public.

Pour éviter à l'avenir le retour de pareils incidents, la Municipalité et la garde nationale demandèrent et obtinrent l'autorisation de faire dire, les dimanches et fêtes, une messe à l'issue de celle dite par le curé, et il fut enjoint à ce dernier d'avoir à laisser libre la sacristie ; en outre les vases et ornements nécessaires devront être mis à la disposition du prêtre officiant. En cas de refus, la Municipalité était autorisée à employer la force publique (24 novembre).

— Le 15 novembre, les électeurs municipaux payant une contribution égale à la valeur de trois journées de travail avaient été convoqués pour le renouvellement de la Municipalité. 113 électeurs avaient pris part au scrutin et M. Lefebvre avait été réélu maire par 78 voix ; Noël Mullot, Jacques Duhamel, Magloire Leroy, Pierre-Romain Mallet, officiers municipaux. Furent également élus : *procureur de la commune*, Augustin Guyot ; *notables*, Michel Fauquet, J.-B. Quenieux fils, Augustin Langlois, J.-B. Leroy, Jacques Brunel, Ch. Lesueur, J.-B. Mullot dit Dumets, Michel Guyot, J.-B. Mullot de Quatre-Mares et Pierre Lesueur.

Le 4 décembre, défense était faite aux cultivateurs de conduire leurs moutons dans les prairies communales.

Le 26 août 1791, la sœur Fauquet, supérieure de la communauté des Pauvres Filles de Rouen, s'était plainte à la Municipalité de Sotteville que le contrat de fondation des écoles de cette commune n'était pas exécuté par l'Hôpital-Général. D'autre part, M. de Guichainville, ex-seigneur de Sotteville, avait vendu la maison qu'un de ses prédécesseurs semblait avoir consacrée à leur usage. Dans ces conditions les religieuses déclaraient qu'elles se trouvaient dans la nécessité de cesser leurs fonctions.

La Municipalité se montra désireuse de conserver les sœurs qui rendaient de grands services pour l'instruction de l'enfance ; à cet effet, les trésoriers furent convoqués afin qu'ils aient à fournir aux religieuses une maison convenable, semblable à celle que M. Landry, avant dernier seigneur de la paroisse, leur avait donnée ; en cas de refus de la part des trésoriers, la Municipalité prendrait les moyens convenables pour sauvegarder les intérêts de la commune.

## CHAPITRE II

Sotteville en 1792. — Nouvelles difficultés entre la municipalité et le curé Joly. — Réorganisation de la garde nationale. — La disette. — Nouveaux désordres. — La section de l'Église. — Démission de la municipalité. — Les partisans du curé Joly triomphent.

L'année 1792 n'apporte pas de modification dans l'état des esprits à Sotteville. Les hostilités entre la Municipalité et le curé vont continuer et donner lieu à de nombreux incidents.

Dès le 11 janvier, le curé recommence l'attaque sous le prétexte de demander à la Municipalité un certificat de résidence qui lui permît de toucher son traitement. Le maire lui répond qu'il attendra à ce sujet la décision du département après qu'il lui aura fait connaître « ses raisons de refus et ses motifs de plainte ». D'ailleurs pour que le curé puisse toucher son traitement qui est proportionné à la population, il est indispensable que le chiffre exact de cette population soit connu. Or, une erreur a été commise par le syndic municipal de 1788 qui l'avait évaluée à 4.000 âmes, en y comprenant, il est vrai, la partie du faubourg Saint-Sever qui en a été détachée. Ce chiffre, donné par approximation, était exagéré. En ce moment, il est procédé à un nouveau recensement qui est encore loin d'être terminé ; le curé devait donc attendre, tout au moins, quelques jours.

Ce n'était pas, d'ailleurs, la seule raison qui motivât le refus de la Municipalité. « Comment le sieur curé — ajoute-t-elle — « voudrait-il que nous attestassions sa résidence habituelle depuis « six mois quand il sait lui-même qu'il a fait des absences de « quinzaines et qu'il en fait même de journalières. » Le curé répondait à cela que, pendant ces absences, il était remplacé par le sieur Mullot. La Municipalité répliquait que ce remplacement était inconstitutionnel, le curé Mullot, ses bonnes qualités à part, ne pouvant exercer aucune fonction dans l'église de Sotteville ; on se demandait même s'il avait prêté le serment. En outre pendant ces absences continuelles du curé de Sotteville, un autre fait grave s'était produit. A différentes reprises on avait vu les desservants de la Cathédrale et le curé de Saint-Sever venir faire des baptêmes à Sotteville, et comme le curé avait mis sous clef les registres, les enfants baptisés n'avaient pu être inscrits. On y avait suppléé par des feuilles volantes confiées à la garde du bedeau ; mais que sont-elles devenues ? Dans ces conditions, la Municipalité ne croyait pas devoir délivrer au curé Joly le certificat qu'il demandait.

« D'ailleurs — ajoutait-elle — le curé à la suite des scandales « provoqués par lui l'année dernière, avait été frappé d'interdiction ; « un mandat d'arrêt avait même été lancé contre lui. A-t-il été « relevé de cette interdiction par le juge civil et pourrait-on le

« regarder comme rendu à ses fonctions? Le département y
« répondra. »

— Dans une supplique adressée au directoire du district, au commencement de janvier, la Municipalité de Sotteville exposait que d'après l'article 4 du contrat de réunion de la manse conventuelle du prieuré de Grandmont au séminaire de Lisieux, il avait été accordé aux pauvres de Sotteville, en dédommagement des secours qu'ils recevaient des religieux, la quantité de 20 mines de blé à prendre sur les moulins à ban de la ville de Rouen. Mais l'évêché de Lisieux venant d'être supprimé, la Municipalité demandait l'autorisation de toucher la rente directement de la ville de Rouen. Celle-ci, d'ailleurs, avait déclaré n'y voir aucun inconvénient.

Le département n'en trouva pas davantage et les pauvres purent enfin jouir des arrérages dus de cette rente, à peu près leur seule ressource.

Le 27 février, Charles Mullot, trésorier de la Fabrique, rendait ses comptes à la Municipalité pour l'exercice 1790. Les recettes s'étaient élevées à 1.239 l. 4 s. 6 d. En ce qui concernait les dépenses, le trésorier, « à l'instigation du curé », refusa de communiquer le registre des délibérations de la Fabrique en vertu desquelles elles auraient été apurées. La Municipalité ne pouvait donc les approuver et somma le trésorier d'avoir à lui communiquer ce registre. En même temps, elle signalait comme illégale une assemblée présidée par le curé, le dimanche 26 janvier, à l'issue des vêpres, dans le but de « contrarier les opérations du pouvoir cons-
« titué au mépris de l'article 1er de la loi du 9 octobre 1791, qui
« dit que *si une société ou une association cherchent à apporter*
« *obstacle à l'exécution d'un acte de quelque autorité légale, ceux qui*
« *auront présidé aux délibérations seront condamnés par les tribu-*
« *naux à être rayés pendant deux ans du tableau civique et déclarés*
« *inhabiles pendant ce temps à exercer aucune fonction publique.* »

La Municipalité demandait enfin au département « les secours les
« plus efficaces pour metre fin au dégoût que ces tracasseries per-
« pétuelles font éprouver à des officiers qui n'ont d'autre désir que

« d'exécuter ses ordres en remplissant avec exactitude les fonctions
« pénibles dont ils sont chargés. » L'orage devenait menaçant pour
le curé. Cette fois encore, il sut éviter le danger ; aussi pendant
quelque temps la tranquillité se trouva rétablie à Sotteville. Mais
voici qu'une demande de réparations au presbytère faite par le curé
va ranimer les hostilités.

« Si le manoir presbytéral est aujourd'hui en mauvais état,
« répondit la Municipalité, la faute en est au curé Le Cesne qui,
« après avoir touché de l'héritier de son prédécesseur une somme
« de 1.124 l. 16 s. a négligé de faire faire les réparations mention-
« nées au procès-verbal du 17 avril 1781. Quand le curé Vatier a
« accepté la résignation de la cure de Sotteville à lui faite par son
« oncle Le Cesne, il a contracté l'obligation d'exécuter lesdites
« réparations, et sans doute aussi les 1.124 l. ont dû lui être
« remises. Enfin, lors de la permutation de l'abbé Vatier avec le
« curé Joly, il a dû également être fait mention des réparations...
« Il est incontestable que l'un des deux derniers curés est comp-
« table des 1.124 l. et qu'il doit justifier de leur emploi. » La
Municipalité demanda des éclaircissements et se refusa à faire quoi
que ce soit.

Les partisans du curé se montrèrent exaspérés de cette décision.
Le 1er avril, à l'issue de la grand'messe, et dans l'église même, une
scène des plus scandaleuses vint à se produire. Les propos « les
« plus séditieux et les plus offensants » sont tenus contre le maire et
les officiers municipaux ; une bagarre éclate, des coups sont échangés, la garde nationale est impuissante à ramener l'ordre. La Municipalité demande alors au département un châtiment sévère contre
les principaux perturbateurs à la tête desquels se trouvent les
citoyens J.-B. Brunel et Duprai.

Huit jours plus tard, une autre scène scandaleuse venait à se produire, mais cette fois dans la salle des délibérations de la Municipalité, provoquée par deux citoyens actifs, Adrien Brunel et Nicolas
Hébert, qui accusaient le maire et le procureur de la commune
de les avoir rayés sans motif de la liste des citoyens électeurs.

MM. Lefebvre et Guyot, au contraire, justifièrent la mesure prise, et les injures recommencèrent à l'adresse du maire et du procureur.

A la suite de ces divers incidents, l'effervescence reprend de plus belle dans toute la commune : les adversaires de la Municipalité redoublent d'activité. Le maire, qui est le plus attaqué, voit tous ses actes tournés en ridicule, ses décisions et ses ordres méconnus. Le 22 avril, une nouvelle bagarre se produit dans l'église, occasionnée par quelques individus qui, malgré l'arrêté du maire attribuant à la confrérie de Charité l'usage exclusif du banc situé contre la muraille gauche du chœur, veulent quand même y prendre place. Pour éviter un plus grand scandale, les membres de la confrérie abandonnent leurs sièges. Hébert et plusieurs des autres meneurs sont traduits devant le tribunal de police.

Mais la condamnation qui en suivit n'effraya guère les adversaires de la Municipalité. Le 27 mai, les troubles recommencent dans l'église ; toujours à propos du banc de la Charité. Brunel, qui dirige la cabale, est arrêté et traduit devant le tribunal de police correctionnelle. Cette mesure de rigueur porte cette fois immédiatement ses fruits. Brunel reconnait ses torts et fait publiquement des excuses à la Municipalité. Celle-ci, touchée surtout de l'état malheureux auquel se trouve réduite la femme de Brunel, percluse d'une jambe, retire sa plainte et Brunel est remis en liberté.

Mais ce repentir de Brunel était loin d'être sincère et il s'empressa de saisir la première occasion pour recommencer ses insultes. Le 8 juillet, le conseil général de Sotteville était convoqué pour procéder à la réorganisation de deux compagnies de la garde nationale et à en extraire 59 hommes destinés à former une compagnie de grenadiers, composée de moitié avec les communes de Petit-Quevilly et de Grand-Quevilly. Brunel, qu'on désignait ordinairement sous le sobriquet de la *Souris* et qui avait été exclu de la garde nationale après les désordres qu'il avait déjà occasionnés, prétendit devoir y être réintégré ; sur le refus de la Municipalité, les invectives reprirent de plus belle ; d'autres individus l'imitèrent et le désordre fut bientôt à son comble ; la Municipalité dut interrompre

5

sa séance. Brunel et ses amis eurent même l'audace de dénoncer le maire au district.

Le lendemain 9 juillet, le directoire du district refusait de prendre en considération la dénonciation de Brunel et invitait la Municipalité à continuer ses opérations le soir même. Dans le cas où Brunel troublerait de nouveau l'ordre, la Municipalité devait immédiatement le faire arrêter. Comme Brunel avait également insulté le district « celui-ci voulait bien oublier les injures si Brunel « consentait à en marquer son repentir et s'il pouvait en résulter « le maintien de la paix dans la paroisse » (1). C'était vraiment trop de condescendance de la part du district et une humilité peu capable de relever son prestige déjà très amoindri.

Après bien des difficultés et bien des réunions, on parvint enfin à réorganiser la garde nationale qui forma deux compagnies comprenant chacune deux sections. Le citoyen Lemercier fut élu capitaine pour les sections de l'Église et des Marettes avec Denis Guyot pour lieutenant et Jean-François Annest pour sous-lieutenant. Noël Pigerre fut élu capitaine de la compagnie dite du Buet et de la Haye-Broult avec Michel Guyot fils pour lieutenant et Jean-Vincent Delamare, sous-lieutenant.

Le 5 août, les officiers des cinq compagnies composant le bataillon des paroisses de Sotteville, Grand et Petit-Quevilly nommaient comme chef de bataillon M. Pierre Delassuze, ancien officier au régiment de la Sarre, chevalier de Saint-Louis.

— Un jugement du district de Louviers — pourquoi de Louviers ? avait condamné J.-B. Mullot, trésorier, à rendre ses comptes et à restituer le registre des délibérations. Il s'y soumet enfin ; mais ces comptes donnèrent lieu à diverses observations et rectifications. Les recettes s'étaient élevées définitivement à 1.445 l. et la dépense à la même somme.

.*.

Cette hostilité déclarée du maire et du curé, cette guerre sans trêve

---

(1) *Archives de la Seine-Inférieure.* — Registre du district.

ni merci entre deux autorités qui auraient dû contribuer par leur union au bien-être général de la commune l'avait au contraire divisée en deux camps ennemis bien décidés à ne se faire aucune concession.

Cependant des préoccupations d'un ordre autrement grave commençaient à se manifester au sein de la population sottevillaise. La disette se faisait sentir et les boulangers de Rouen, qui approvisionnaient en grande partie la commune, déclaraient qu'il leur était devenu impossible de continuer. Les quelques boulangers existant à Sotteville ne pouvaient suffire et refusaient d'ailleurs de vendre le pain aux conditions qu'on voulait leur imposer. La situation devenait grave, on craignait une émeute qui pouvait avoir des conséquences fâcheuses.

Mais la Municipalité ne sait comment conjurer le péril. Elle fixe d'abord le prix du pain bourgeois à 15 sols les six livres et à 13 sols le pain bis; une indemnité proportionnelle à la quantité produite est accordée aux boulangers de la commune et défense leur est faite d'en vendre en dehors.

Toutefois, il leur faut trouver du blé ou de la farine, Rouen lui-même ne peut que difficilement s'en procurer. Partout on ne voit que convois pillés; des scènes de désordre sont commises par la multitude affamée, et les laboureurs qui, spéculant sur la hausse, ne veulent rien vendre, voient leurs greniers dévastés.

Cependant la Municipalité redouble d'activité, des commissaires sont envoyés dans les campagnes pour acheter du blé. Mais le gouvernement, voulant avant tout assurer l'approvisionnement de Rouen, exige que les cultivateurs apportent leurs grains aux halles de cette ville qui, de son côté, fait défense aux étrangers de venir y acheter. La situation devient de plus en plus grave, la Municipalité de Sotteville proteste contre cette décision de la ville et demande qu'il soit au moins délivré du blé en détail aux habitants des communes voisines; on le leur promet, mais on ne leur donne rien. L'administration départementale leur annonce même que l'indemnité accordée précédemment aux boulangers devra être payée par la commune qui ne doit compter sur aucun secours à cet effet.

A cette nouvelle, le mécontentement devient général à Sotteville; on accuse la Municipalité d'avoir trompé les habitants en leur faisant même espérer une diminution de leurs charges. Le blé promis ne vient pas et une foule nombreuse demande du pain ; cependant le maire, pour apaiser sans doute ceux qui protestent contre l'augmentation probable des impôts, retire aux boulangers l'indemnité accordée précédemment. Ceux-ci protestent à leur tour, le peuple murmure, des attroupements se forment, la Municipalité est insultée, des scènes scandaleuses se préparent, et une émeute terrible est à craindre.

Dans le but sans doute d'exciter encore les esprits, quelques individus font courir le bruit que des gens suspects sont cachés dans le manoir seigneurial et y reçoivent une nombreuse correspondance. Pour donner satisfaction à l'opinion publique, la Municipalité s'y rend immédiatement, mais elle n'y trouve que le locataire, le sieur Lefebvre, et rien de suspect. La Municipalité ne se déclare pas moins en surveillance permanente.

Le 3 septembre, les quatre boulangers existant à Sotteville demandent, pour alimenter la population, chacun un muid de blé, par semaine. Mais où trouver cette quantité indispensable? La Municipalité pourtant n'épargne ni ses peines ni ses recherches. La foule, qui demande du pain, ne veut rien entendre; elle accuse le maire, elle accuse l'assemblée communale et menace de se porter à des excès. Les rassemblements deviennent plus nombreux ; l'un d'eux dans la section de l'Église est présidé, le 23 septembre, par le curé Joly, qui profite de ces malheureuses circonstances pour rentrer en scène. Le citoyen Mercier et lui sont délégués par le rassemblement pour porter à la Municipalité leurs plaintes et leurs doléances accompagnées d'injures : la Municipalité renvoie leur délibération au district.

Deux jours plus tard, le curé Joly renouvelle ses instances auprès de la Municipalité, la section de l'Église demande à envoyer quatre délégués pour assister aux séances de la Municipalité et prendre part à ses délibérations. Le maire n'osa refuser. C'était illégal au premier chef; la Municipalité n'aurait pas dû autoriser ainsi l'existence d'une assemblée sans mandat à côté de celle régulièrement constituée et qui bientôt même allait s'emparer de toute l'autorité, dicter ses ordres et imposer ses conditions. La Municipalité ne montra donc pas en cette circonstance toute l'énergie nécessaire, en acceptant deux délégués du rassemblement présidé par le curé; non seulement elle commettait une illégalité mais encore elle fournissait au curé Joly les armes dont il avait besoin pour recommencer la lutte contre le maire.

Cette regrettable concession ne préserva pas d'ailleurs la Municipalité des insultes et des outrages. Le 30 septembre, une scène scandaleuse se produit en pleine assemblée municipale; les perturbateurs sont traduits devant les Tribunaux.

La Municipalité s'aperçut alors de la faute qu'elle avait commise; dans sa réunion du 9 octobre, elle fit voter, sur la demande du procureur de la commune, Denis Guyot, l'annulation de la délibération du 25 septembre, comme illégale et contraire aux lois. La section de l'Église enverra des pétitions si elle le veut, mais elle ne prendra nulle part aux délibérations de la Municipalité.

Cette nouvelle décision allait soulever de nouveau une véritable tempête contre la Municipalité. La section de l'Église est exaspérée, elle répand dans toute la commune les bruits les plus injurieux à l'adresse du maire, des pamphlets indécents et diffamatoires sont distribués par ses soins contre la Municipalité qui en dénonce les auteurs au procureur-syndic du département, en même temps qu'elle lui signale l'irrégularité de cette « assemblée de vingt
« personnes et souvent moins, se disant composer l'assemblée
« générale de la section de l'Église; » elle lui demande enfin de
« sévir contre les instigateurs de ces troubles » Puis elle ajoute :
« Nous croyons à ce propos devoir observer que les principaux
« membres de cette assemblée sont approchant les mêmes qui,
« depuis trois ans, ont déclaré au corps municipal une guerre
« injuste; vous verrez dans les signatures le nom du curé Joly qui
« ne vous est pas inconnu. »

Mais le mouvement ne s'en accentue pas moins contre la Municipalité; le procureur de la commune est insulté et le poste de la garde nationale en permanence à la maison commune refuse de le protéger. La situation devient ainsi de jour en jour plus grave, et l'opposition conduite par le curé de plus en plus nombreuse et turbulente. La Municipalité, se voyant dans l'impossibilité de rétablir l'ordre, signale au conseil général du département la conduite des principaux meneurs. Celui-ci « reconnaissant qu'il
« est nécessaire de déjouer et de punir les manœuvres des agita-
« teurs dangereux qui n'ont d'autre but que de tromper le peuple,
« dénonce à l'accusateur public les faits signalés par le procureur
« de la commune pour qu'il soit prononcé contre leurs auteurs les
« peines édictées par la loi (29 octobre). »

Mais cette décision n'intimide pas le curé Joly et ses amis qui continuent à se montrer de plus en plus violents à l'égard du maire et du procureur de la commune. Enfin, abreuvée d'injures, voyant ses pouvoirs constamment méconnus, la Municipalité tout entière donne sa démission, et les électeurs sont convoqués pour le 25 décembre, à l'effet de procéder à de nouvelles élections.

Les partisans du curé, qui depuis plusieurs mois avaient semé l'intimidation et la crainte dans toute la commune y triomphent facilement : le citoyen Adrien Brunel dit la Souris, dont il a été parlé précédemment, est élu maire par 40 voix, et le curé Joly rentre dans ses fonctions de procureur de la commune.

Mais ces élections ne furent pas sans soulever d'assez vives protestations, d'abord contre la nomination du curé Joly, comme contraire à la loi sur la Constitution civile du clergé, puis contre celle de deux officiers municipaux, cousins du maire, et d'un troisième, le citoyen Faucher, le fieffataire de l'enclos de Grandmont où il demeurait et qui venait d'être enclavé dans le territoire de la paroisse Saint-Sever de Rouen.

De son côté l'ancienne Municipalité ne reste pas inactive, elle signale les mêmes faits à l'administration départementale et demande qu'une prompte solution interviennne.

Le 27 décembre, le conseil général du département donnait ordre au curé Joly d'avoir à opter entre l'une ou l'autre de ces fonctions de curé ou de procureur de la commune. Il reconnaissait la nomination des deux cousins du maire comme valable, la loi n'établissant l'incompatibilité que pour frères et beaux-frères; enfin le citoyen Faucher, habitant le territoire de Rouen, ne pouvait être officier municipal à Sotteville.

Mais le curé Joly et ses amis, immédiatement avisés de cette décision, refusent d'y obéir. Malgré l'avis du département, la nouvelle Municipalité se prétend légalement constituée et le 28, avec le secours de ses partisans, elle s'empare de vive force, et au milieu du plus grand scandale, du lieu des séances, des registres, des clefs du magasin à blé et des objets du greffe. L'ancienne Municipalité injuriée, conspuée, violentée par les amis de la nouvelle, proteste, avec une énergie que malheureusement elle n'avait pas toujours montrée, devant le département contre la violence qui lui est faite.

Celui-ci, alors dans sa séance du 29 décembre, prononce l'annulation de l'élection du curé Joly, comme procureur de la commune, et du citoyen Faucher officier municipal ; il décide que « l'ancienne
« Municipalité, la seule légalement constituée, continuera ses
« fonctions jusqu'à ce qu'il ait été procédé par l'assemblée des
« électeurs à la nomination d'un autre procureur et d'un autre
« officier municipal. Défense est faite au greffier de ne délivrer
« aucuns papiers à tous autres qu'aux officiers municipaux actuel-
« lement en fonctions, et vu l'incursion faite au greffe par le curé
« Joly et la prétendue nouvelle Municipalité, procès-verbal des
« papiers restants ou égarés sera dressé pour établir les responsa-
« bilités. Les clefs du magasin à blé seront remises immédiatement
« à l'ancienne Municipalité. Enfin il déclare responsable des événe-
« ments qui pourraient résulter du refus de remettre ces clefs, le
« curé Joly et ses amis. » (1)

---

(1) *Archives de la Seine-Inférieure.* — Conseil Général.

Le lendemain 30, l'ancienne Municipalité rentrait en possession du lieu des séances et des archives, mais les amis du curé Joly avaient de leur côté immédiatement protesté contre la décision du département Ils sacrifiaient Faucher, mais soutenaient que l'élection du curé Joly, comme procureur de la commune, était valable et déclaraient que, malgré la décision départementale, « elle aurait « son plein et entier effet. » En même temps, il était procédé à l'élection d'un nouvel officier municipal en remplacement de Faucher.

Le département, dans un esprit de conciliation peut-être, parut accepter cette solution et la Municipalité nouvelle de Sotteville fut enfin légalement constituée.

\*
\* \*

En butte à toutes les attaques, constamment préoccupée du soin de sa défense contre ses implacables adversaires, l'ancienne Municipalité, malgré toutes les entraves qui lui furent suscitées, avait néanmoins fait tous ses efforts pour ne pas laisser en souffrance les intérêts de la commune.

A la suite d'un recensement général de la population dressé au mois de septembre, il fut constaté que Sotteville comptait 2.504 habitants, 749 feux, 321 citoyens seulement payant impôt, 40 vieillards hors d'état de travailler, 60 infirmes, 300 enfants pauvres au-dessous de 14 ans, 45 malades et 20 mendiants et vagabonds. Pour tout secours, la Municipalité n'avait que les 10 mines de blé dues par la ville de Rouen.

Divers travaux utiles avaient été entrepris; le chemin depuis la Croix-de-Grandmont, qui se trouvait à la jonction de la rue du Cours et de la Grande-Rue venant de Saint-Sever, sur l'ancien terrain vague où se tenait jadis le marché aux veaux, jusqu'à Quatre-Mares, fut aligné et ferré. Il était auparavant impraticable aux voitures chargées.

Un inventaire des meubles du trésor de la Fabrique, des confréries de Charité et du Saint-Sacrement avait été dressé ; leur argenterie était estimée au total à 62 l. ; mais lorsque le maire avait voulu en faire remise au département, il avait, là encore, rencontré l'opposition formelle du curé et des trésoriers de ces confréries.

La question des subsistances avait également vivement préoccupé l'ancienne Municipalité, et constamment nous la voyons redoublant d'activité pour parvenir, au milieu de difficultés souvent inextricables, à procurer à la population le pain qui lui était nécessaire.

Le 3 septembre, le vicaire Plaine, qui avait remplacé le vicaire Fourquemin, prêtait serment à la Constitution.

## CHAPITRE III

Sotteville en 1793-1794. — Nouveaux dissentiments. — La disette augmente. — Maire et curé déclarés suspects. — La *Société Populaire*. — La Terreur. — Inauguration du temple de la déesse Raison. — Disette affreuse. — L'émeute des 13, 14 et 15 germinal. — Réaction thermidorienne. — Rétablissement du culte catholique. — Défrichement des Bruyères Saint-Julien. — Les écoles a Sotteville. — Prêtres réfractaires.

La nouvelle Municipalité, parvenue au pouvoir après tant d'intrigues et de cabales, et après avoir semé dans toute la commune la discorde et la haine, semble vouloir faire oublier son origine. Son premier acte est de réclamer au gouvernement les subsistances qui manquent pour la nourriture de ses habitants, et elle supplie l'administration supérieure de venir à son secours.

Mais bientôt de nouvelles difficultés surgissent avec les membres de l'ancienne Municipalité relativement à la reddition des comptes. Le maire Brunel soutient que les états de dépenses ne sont accompagnés d'aucunes pièces justificatives, la Municipalité tout entière refuse de les recevoir et se montre disposée à dénoncer l'ancien maire Lefebvre devant le district. Alors la guerre se rallume et va devenir plus violente que jamais, jusqu'à ce que l'une des deux factions qui se disputent les pouvoirs municipaux et entretiennent parmi la population une effervescence continuelle, ait complètement écrasé l'autre. L'esprit de rebellion aux lois s'y donne d'ailleurs libre carrière. Le citoyen qui tient à Sotteville les petites écoles refuse le serment à la Constitution et déclare qu'il ne le prêtera jamais. La Municipalité ordonne que son école soit fermée et le maître poursuivi.

Bientôt même, des dissentiments éclatent au sein de la nouvelle Municipalité. Un membre reproche au maire d'avoir distribué 300 quintaux de blé, que le gouvernement vient d'accorder à la commune, aux boulangers et non aux citoyens, ce qu'il considère comme injuste ; quelques jours plus tard, il est vrai, ce même membre reconnut son erreur et fit des excuses à la Municipalité. D'autres dissentiments se produisent également avec les maîtres et trésoriers des anciennes confréries : Louis Bocquet, maître de la Charité ; Jacques Fabulet, maître du Saint-Sacrement, et Pierre-Charles Mullot, président du bureau de bienfaisance ; ils refusent de remettre l'argenterie de leur société tant que la Convention ne l'aura pas ordonné ; ils seront poursuivis à la requête du procureur de la commune. Enfin, plusieurs habitants de Sotteville sont accusés d'avoir tenu à différentes reprises des propos suspects. Le citoyen Élie Saint-Pierre aurait fait les louanges de Dumouriez, traître à la Patrie ; Jacques Guyot voudrait « faire rôtir sur le gril le chef de la Convention pour le manger ensuite ». Interrogés, ils déclarent que les faits qui leur sont imputés sont faux.

Dans un but de conciliation et pour ramener la tranquillité dans une commune en si complète effervescence, le département avait gardé le silence sur la situation du curé remplissant en même temps les fonctions de curé et de procureur de la commune ; mais comme les ennemis de celui-ci ne voulaient pas désarmer et continuaient leurs attaques, l'assemblée départementale, pour résoudre définitivement la question, déclara qu'aux termes de la loi existant

« il n'y a pas incompatibilité des fonctions de curé avec celles d'offi-
« cier municipal ; autrement ce serait donner à ce culte un carac-
« tère national et une existence politique que tous nos principes
« lui refusent, et notamment la loi du 4 septembre 1792. » L'assemblée départementale confirmait donc l'élection du curé Joly
comme procureur de la commune.

Cette décision causa une vive surprise parmi les adversaires du
curé qui résolurent alors de porter l'affaire devant le conseil
exécutif provisoire. Le 23 mai, celui-ci se prononçait à son tour. Il
déclarait, contrairement à l'avis du département, que les fonctions
d'évêque, de curé ou de vicaire sont incompatibles avec celles de
maire, d'officier municipal et de membre du directoire du département. Le curé Joly devait opter dans la huitaine.

La colère fut grande parmi les partisans du procureur de la commune lorsque cette décision suprême fut connue ; ses ennemis, au
contraire, exultaient et se montraient bien disposés à poursuivre
jusqu'au bout leur victoire.

Pour obéir aux ordres qui lui furent donnés, le maire convoqua
à diverses reprises le curé afin qu'il ait à déclarer son option ;
mais ce fut en vain ; le département se montra bientôt irrité contre
cette désobéissance aux lois et fit intimer, le 7 juillet, par le maire
de Sotteville, l'ordre au citoyen Joly d'avoir à satisfaire aux décisions du pouvoir exécutif dans les vingt-quatre heures. Le curé ne se
pressa pas davantage. Le 10 août, nouveau rappel du département
qui se montre encore plus irrité ; il accuse la Municipalité de se
prêter à cette intrigue et de manquer à son devoir.

Mais rien n'y fait, le curé persiste plus que jamais dans son refus,
malgré les instances de son ami le maire qui commence à craindre
pour lui-même. Le 24 août, en présence de ce qu'il appelle une
insubordination aux lois, le département déclare vacante la cure de
Sotteville et, sur la demande de l'évêque, décide aux termes de la
loi qu'elle sera confiée au vicaire si la Municipalité y consent. Le
district donne au maire l'ordre d'agir ainsi ; il l'autorise même, si
la commune le désire, à y adjoindre un second vicaire.

.· Le lendemain 25 août, le conseil général de la commune est convoqué pour donner son approbation à cette décision du district. La séance est des plus orageuses ; les amis du curé refusent d'autoriser le vicaire à remplir les fonctions curiales tant que le citoyen Joly ne sera pas officiellement averti de la décision qui le concerne. Le Conseil se range à cet avis et défend au vicaire Plaine de célébrer ce même jour la messe paroissiale. Enfin, le 27 août, le curé se rend à la Municipalité et déclare « qu'instruit pour la première fois « de l'arrêté du district, et pour donner des preuves de sa soumis-« sion aux lois et aux arrêtés des autorités constituées, auxquelles « il se fera toujours un devoir d'obéir lorsqu'ils lui seront légale-« ment connus, » il opte pour sa place de curé et donne sa démission de procureur de la commune.

. — Le 4 septembre le citoyen Chambrelan, secrétaire de la Municipalité, donne sa démission ; il est remplacé par le citoyen Pottier.

\* \*

Au milieu des dissentiments causés par la conduite du curé Joly, on avait quelque peu oublié la situation malheureuse où se trouvait la classe nécessiteuse si nombreuse à Sotteville ; le pain manquait et un certain nombre de laboureurs se refusaient à livrer la quantité de blé qui leur était assignée. Dans l'impossibilité d'en acquérir aux environs, une délégation est envoyée dans les marchés de Routot et de Duclair, et autres si besoin est, pour y faire tous les achats de blé qu'il lui sera possible. Puis comme la commune se trouve dénuée de toutes ressources, un emprunt est décidé et un appel pressant adressé à tous ceux qui pourront y contribuer. En même temps, tous les laboureurs de la commune sont invités et même requis de former un contingent de seigle, orge, pois, petites fèves, pommes de terre et autres légumes qui devront être remis à la maison commune. Défense expresse leur est faite d'en porter aux halles sans le consentement de la Municipalité ; la même prescription s'appliquait également aux œufs et aux fruits tant que la commune ne serait pas complètement approvisionnée. Enfin, il fut également défendu aux habitants de Sotteville de sortir de leur domicile pour aller à la ville avant neuf heures du matin ; ils étaient eux-mêmes autorisés à arrêter les contrevenants et à les faire conduire à la maison commune ; leurs denrées devaient être saisies et confisquées.

Cette décision de la Municipalité, outre le mécontentement qu'elle causa dans une partie de la population qu'elle pouvait mettre à la merci de certains individus qui y trouveraient un prétexte suffisant pour satisfaire leurs rancunes et leurs haines particulières, allait encore rencontrer d'autre part de nombreuses résistances. D'ailleurs elle fut loin de donner le résultat qu'en attendait la Municipalité, et cependant la disette grandissait chaque jour. Le 4 octobre, la Municipalité prescrit alors l'envoi d'une délégation au Havre, auprès des représentants du peuple en mission, pour leur faire connaître les impérieux besoins de la population sottevillaise, en même temps qu'une autre délégation continuait à parcourir les marchés voisins.

Entre temps, sur les réquisitions d'Adrien Dupray, élu procureur de la commune à la place du curé Joly, il était décidé que tous les attributs, *royaliste* et *féodaliste*, existant dans l'église, le cimetière et autres lieux de la commune seraient détruits. Le *drapeau de Mirabeau*, déposé dans l'église, puis remis au curé, serait reporté à la maison commune. Enfin, le 23 juillet, la Municipalité remettait au district deux des cloches pesant 1.805 livres qui furent déposées aux Jacobins de Rouen.

Cependant, malgré les démarches de la Municipalité, les subsistances continuent à manquer, la misère devient chaque jour plus grande ; le mécontentement, soigneusement entretenu par quelques individus et surtout par les partisans de l'ancien maire Lefebvre, va devenir général. La discorde même se met de nouveau au sein de l'assemblée municipale ; le 9 brumaire an II (19 octobre 1793), plusieurs membres du conseil général de la commune se plaignent au district de ce que le maire aurait enfermé sous clef « le registre « sur lequel étaient portées plusieurs sentences rendues contre divers « particuliers, de manière qu'elles n'ont pu être mises à exécution » ;

d'autre part, un grand nombre d'habitants viennent dénoncer « une « intimité coupable qui règne entre les boulangers et le maire » qu'ils accusent d'avoir vendu à une autre commune les grains accordés par l'administration à celle de Sotteville. Ils demandent qu'il soit pris contre Brunel « les voies convenables pour lui faire « rendre compte de sa gestion. » Le district ordonne qu'une enquête à ce sujet sera faite par un de ses membres dans la commune de Sotteville.

Cette décision est accueillie avec enthousiasme par tous les amis de l'ancien maire Lefebvre, tandis que la désorganisation se met de plus en plus dans les rangs de la Municipalité. Les partisans de Brunel l'abandonnent. Adrien Dupray, procureur de la commune, donne sa démission. Denis Guyot, qui est élu à sa place, refuse d'accepter ces fonctions, plusieurs notables suivent le mouvement et se retirent.

Le 3 novembre, il est procédé à de nouvelles élections pour remplacer les démissionnaires. Augustin Guyot est élu procureur de la commune ; Noël Pigerre, Romain Longer et J.-B.-Marc Lefebvre sont élus notables. C'est le triomphe des adversaires du maire.

A partir de ce moment, la lutte entre les deux partis devient de plus en plus vive. L'ancien maire Lefebvre, qui naguères avait fait preuve de modération, et qui était parvenu à différentes reprises à ramener le calme et la tranquillité au sein de cette commune si agitée, abandonne toute mesure, et, se laissant guider par la *Société Populaire* qui venait de s'organiser, entreprend contre la Municipalité et le curé Joly une guerre sans merci.

La misère affreuse dans laquelle se trouvait réduite en ce moment la plus grande partie de la population ouvrière de Sotteville allait devenir d'ailleurs une alliée pour les adversaires du maire. Chaque jour, défile à la maison commune une suite de malheureux pères de famille venant demander du pain, et la Municipalité n'a que peu ou point de blé à leur donner. Des perquisitions sont ordonnées chez tous les cultivateurs ; quelques-uns s'y montrent même rebelles, et il faut agir de rigueur.

Le 8 frimaire an II, la Municipalité ordonne que tous les champs de luzerne existant sur son territoire devront à l'avenir être ensemencés en grains, mais cette mesure qui pourra donner quelque résultat l'année suivante ne peut être d'aucun secours immédiat. Par surcroît, la commune doit encore loger pendant quelques jours un bataillon d'infanterie ; le 23 frimaire, le procureur Guyot réquisitionne des voitures et des chevaux pour transporter ses bagages à Bourgtheroulde ou à Bourg-Achard ; en même temps, des offrandes sont partout sollicitées pour les défenseurs de la Patrie. Tous les objets en cuivre appartenant aux anciennes confréries ou à la ci-devant Fabrique devront être remis à la fonderie de canons de Maromme pour y être utilisés. Tous les fusils existant dans la commune sont mis en réquisition pour en armer les volontaires, et des peines sévères sont prononcées contre ceux qui s'y montreraient rebelles.

La Municipalité, de son côté, met, il faut le reconnaître, tout en œuvre pour se procurer les ressources qui lui manquent. Le 4 nivôse, elle décide que le tilleul, situé sur l'une des places publiques, le vieil if de l'ancien cimetière, tombant tous deux de vétusté, et deux tombes en pierre seront mis en vente.

*\*\**

La *Société Populaire*, qui jusqu'alors ne s'était que fort peu occupée de l'administration municipale, entre, à son tour, définitivement en scène et prend part même aux délibérations de l'assemblée communale. Sous son inspiration, de nouvelles visites domiciliaires sont prescrites chez tous les cultivateurs pour qu'ils aient à livrer ce qu'ils peuvent avoir en grains. Le 13 nivôse, le citoyen Duhamel, qui avait fait de fausses déclarations, se voit confisquer 152 gerbes de blé et deux boisseaux de grain ; quatre hommes de la garde nationale sont préposés au battage aux frais de Duhamel, cinq hommes de garde lui sont en outre imposés ; il les paiera comme les batteurs à raison de 45 sous par jour. Le citoyen Adrien Moulin. de Quatre-Mares, voit sa voiture arrêtée au moment où il allait livrer un chargement de blé à un marchand de Rouen, le grain est reporté chez lui et une garde est préposée à sa surveillance.

Le 25 nivôse, un membre de l'assemblée municipale signale l'existence, sur le territoire de la commune, de deux croix en pierre, « signes extérieurs du culte catholique, quand les décrets « les proscrivent ». Il s'agit de la croix de Grandmont placée à l'encoignure du chemin de Grandmont (aujourd'hui rue du Cours), et de la croix du cimetière ; elles seront vendues et démolies.

Au milieu de ces incidents, les querelles de parti continuaient de plus belle entre la Municipalité et les amis de Marc Lefebvre. Le curé Joly n'était pas un des moins actifs et des moins violents contre l'ancien maire et ses partisans. Ceux-ci, aidés de la *Société Populaire*, dénoncent la Municipalité et le curé au district, qui n'hésite pas à leur donner raison ; « considérant, dit-il, le danger « qu'il peut y avoir pour la cause publique de laisser à la tête d'une « commune aussi populeuse que celle de Sotteville, et où le « fanatisme exerce encore son empire, les partisans et les complices « d'un ministre qui a eu assez peu de pudeur pour consulter « l'administration sur le point de savoir s'il pouvait recommander « dans ses prières *Notre Saint-Père le Pape*, ce scélérat qui a fait « égorger un ambassadeur de la République et bien d'autres « Français ; le pape, cet homme qui est coalisé avec les tyrans de « l'Europe contre la liberté de la France, et qui donne asile aux « parents et amis du dernier monstre qui a régné sur les Français « abusés ; considérant, en outre, qu'il est constant que le maire de « Sotteville, l'un des partisans les plus zélés de ce ministre, n'a « pas accepté l'acte constitutionnel du 14 juillet dernier, *le maire* « *Adrien Brunel et l'agent national de Sotteville-lès-Rouen sont* « *suspendus de leurs fonctions provisoirement jusqu'à ce qu'il en ait* « *été autrement ordonné par le comité de Sûreté Générale*, leurs « fonctions seront remplies par les deux premiers officiers muni- « cipaux (2 pluviôse). Pierre Lefebvre était ainsi désigné pour remplir les fonctions de maire provisoire avec Adrien Bazire pour agent national.

Adrien Brunel dit la Souris n'attendit pas la décision du comité de Sûreté Générale et prit immédiatement la fuite. Le 6 ventôse, il est déclaré suspect par le district révolutionnaire. Le même jour la Municipalité de Sotteville, qui l'avait en vain fait rechercher, annonçait au district qu'elle le croyait passé à l'étranger ; toutefois elle ajoutait : « Comme l'excès patriotique est souvent regardé, sur-
« tout dans nos communes de campagnes, comme des abus d'autorité
« et que quelquefois les opérations les plus justement révolution-
« naires sont considérées comme des vexations, devons-nous le
« comprendre au tableau des émigrés ? » La réponse du district fut affirmative.

Le curé Joly attendit dans son presbytère la décision qui allait être prise à son égard, et qui d'ailleurs n'allait pas se faire beaucoup attendre.

L'agent national, Augustin Guyot, protesta, lui, énergiquement contre la sentence qui le frappait ; il en obtint l'annulation et sa réintégration dans ses fonctions.

Le parti révolutionnaire, à Sotteville, débarrassé maintenant de toute opposition, allait dès lors pouvoir se livrer à toutes ses fantaisies. La *Société Populaire* prenait le premier pas et, comme dans la plupart des autres communes, allait dicter ses volontés et gouverner en maîtresse absolue.

Le jour même où fut prononcée la révocation du maire Brunel, elle demandait à la Municipalité provisoire la suppression de la croix fleurdelisée se trouvant au haut du clocher, et de trois autres existant en différents locaux de la commune, puis la conversion de l'église en temple de la Raison. La Municipalité répondit que « les
« vues de la *Société Populaire* cadraient parfaitement avec les
« siennes » ; les croix furent abattues et l'église fermée au culte catholique. Le vicaire Plaine s'empressa de remettre les deux clefs de l'édifice qu'il avait entre les mains, en même temps qu'il demandait à prêter serment aux lois constitutionnelles.

Cependant, le curé Joly continuait à occuper le presbytère. Le 9 pluviôse, la *Société Populaire* demande à la Municipalité de l'en faire évacuer. Celle-ci s'empresse d'obéir et elle accorde un délai de quinze jours, à cet effet, au curé Joly. Enfin, pour que rien ne rappelle désormais et l'ancien régime et l'ancien culte, le 12 pluviôse, il est décidé qu'une flamme tricolore surmontée d'un bonnet de la liberté remplacera la croix du clocher de l'église.

La *Société Populaire*, poursuivant alors ses succès, constitue dans son sein un comité de surveillance dont le premier acte est de dénoncer le curé Joly au comité de Sûreté Générale de la Convention, qui donna l'ordre immédiat de le faire écrouer, parce qu'il n'avait pas remis ses lettres de prêtrise. Puis, elle demande et obtient de la Municipalité que des visites domiciliaires pour rechercher les gens suspects soient faites dans toute la commune. La crainte et l'effroi se répandent partout. Les plus timorés s'empressent de prêter tous les serments que l'on exige.

Quelques hommes courageux cependant protestent contre ces inquisitions sans droit et sans motifs. Le maire provisoire Pierre Lefebvre, quelque peu honteux de la conduite que la *Société Populaire* lui fait tenir, essaie de secouer le joug. Le 3 ventôse, une scène orageuse se produit au sein de l'assemblée municipale. L'agent national soutient la *Société Populaire*, qui représente, dit-il, toute la commune. Le maire répond qu'en ce cas la Municipalité est devenue un membre complètement inutile. L'agent national accuse alors le maire de porter le trouble au sein de la société.

Quelques jours plus tard, le 4 ventôse, une Municipalité définitive est installée ; l'ancien maire, le citoyen Marc Lefebvre, reprend ses premières fonctions ; Augustin Guyot conserve celles d'agent national ; les officiers municipaux et les notables sont tous des gens dévoués à la Société jacobine.

Celle-ci peut alors donner libre cours à ses caprices et à ses volontés, et jeter l'épouvante dans la commune. Le comité de surveillance de la *Société Populaire* et l'agent national rivalisent de zèle ; ils s'attaquent même à des femmes. Le 11 ventôse, toute une fournée comparait devant la Municipalité pour avoir tenu des propos inciviques ; elles sont renvoyées chez elles, mais elles devront se présenter à première réquisition. Un nommé Lebourg, pour le même fait, est arrêté et écroué dans les prisons de Rouen.

Le 19 ventôse, la femme d'Adrien Brunel, l'ex-maire en fuite, accompagnée des membres de l'ancienne Municipalité, dépose les pièces de comptabilité de la gestion de son mari. Mais le maire Marc Lefebvre déclare que ces comptes ne sont pas justifiés et refuse de les approuver. Pierre Hêtrée et Duchesne, anciens officiers municipaux, veulent alors mettre à l'abri leur responsabilité ; il leur est répondu qu'ils partageront le sort commun.

Les meubles du curé Joly sont toujours dans le presbytère. Sur la demande de la Municipalité, le district décide, le 23 ventôse, qu'ils seront déposés dans un appartement de ce local, après inventaire dressé, et que le presbytère sera remis à la Municipalité pour servir de maison commune ; la ci-devant église sera désormais consacrée aux séances de la *Société Populaire*. Le curé Joly demande alors à ce que cet inventaire soit dressé en sa présence ; il est extrait à cet effet de la maison de détention et emmené au presbytère.

.·.

Pour se conformer aux ordres du gouvernement, des réquisitions de bœufs et de moutons étaient faites chez tous les cultivateurs pour être envoyés aux armées. Mais, en même temps, les dénonciations continuaient contre les personnes ; un certain nombre sont arrêtées ; l'ancien bedeau et un nommé Lefrançois parviennent cependant à faire reconnaître leur innocence et à obtenir leur élargissement. Ce fut alors un véritable déchaînement de haines contre tous ceux qui, à un titre quelconque, avaient eu des attaches avec l'ancien culte ; l'église livrée aux sectaires les plus violents de la Société jacobine est violée, le tabernacle profané de la façon la plus odieuse, les vases souillés ; on vit même un des chefs de ce parti des exaltés, dans un affolement de délire, s'emparer du tabernacle et en faire un réceptacle d'ordures les plus immondes. Il est vrai que douze ans plus tard, nous retrouvons ce même personnage, devenu l'une des principales autorités de la commune, s'agenouillant aux pieds des autels et contribuant de ses deniers personnels à doter de nouveau l'église de ces ornements dont il s'était montré jadis un si implacable destructeur.

Dans cette rage insensée, rien n'est respecté. La bibliothèque de l'ancien couvent des Capucins est livrée au pillage. Chacun emporte ce qu'il veut, le reste est brûlé sur la place du Puits-de-la-Montée. Cette bibliothèque renfermait des ouvrages rares et précieux qui furent ainsi détruits. Parmi les quelques ouvrages qui échappèrent à l'incendie se trouve un exemplaire in-quarto de l'*Histoire de Rouen* par Farin ; il appartient aujourd'hui à la bibliothèque de Rouen.

A côté de la *Société Populaire*, et sans doute pour exciter son zèle, ce qui n'était guère nécessaire d'ailleurs, se fonde un club dit des *Jacobins* ; il tient ses séances dans la rue du Moulin-à-Vent. Les plus exaltés de la *Société Populaire* ne sont là que les plus modérés. Chaque jour, à chaque séance, on y dénonce ; la *Société Populaire* approuve et la Municipalité obéit. Un malheureux jeune homme, presque un enfant, il avait dix-huit ans, Pierre-Félix Duboc, d'une intelligence des plus bornées, est dénoncé comme ayant tenu des propos offensants pour le gouvernement. Il est arrêté sur l'ordre de la Municipalité, traduit devant le tribunal criminel qui le condamne à la déportation et à la confiscation de ses biens, mais ce jugement fut cassé et le jeune Duboc renvoyé dans sa famille. La Terreur régnait à Sotteville en maîtresse absolue.

Rouen avait donné le signal de la substitution du culte de la Raison au culte catholique en célébrant une première fête civique dans la Cathédrale, qui fut appelée le temple de la Raison. On a vu que Sotteville a vite imité son exemple. Les autres communes d'ailleurs vont suivre le mouvement : la Bouille, la Vaupalière, Canteleu, etc.

Le deuxième décadi de ventôse an II, on inaugure, avec grande pompe, à Sotteville, le temple de la nouvelle divinité du jour, temple qui n'était autre, comme dans la plupart des communes, que la ci-devant église. A cette occasion, le maire Lefebvre prononce un grand discours, dont le *Journal de Rouen* nous donne un fragment, et qui peint l'esprit qui régnait à cette époque.

« Le fanatisme dont l'empire s'étendit trop longtemps sur nos consciences aveuglées, vient de disparaître ; les principes de la raison ont pris la place des charlataneries ultramontaines ; les apôtres du mensonge sont dispersés ; ces prêtres qui ne fondaient leur existence parasite que sur l'imbécillité des peuples, qui n'invoquaient l'Être suprême que pour attirer à eux l'argent des dupes, qui en étaient jusqu'à nous persuader que si nous n'avions plus de marchands d'indulgences, Dieu ne serait plus indulgent ; que si nous n'avions plus de prêtres mercenaires, l'Être suprême ne pourrait plus être invoqué, comme si l'homme avait besoin d'interprètes auprès de la divinité qu'il adore !

« Citoyens, ces abus sont détruits ; nous vous annonçons aujourd'hui que ce temple, qui en fut trop longtemps le théâtre, sera désormais consacré à la Raison ; c'est ici que les enfants des bons patriotes, conduits par des mères républicaines, emploieront désormais leurs premiers accents à chanter les hymnes de la Patrie ; c'est ici qu'on leur prêchera la morale de la sagesse, l'amour de la liberté, la honte de l'esclavage ; on ne leur apprendra plus à croire ni aux diables, ni aux sorciers, ni aux prophéties, ni aux révélations, ni aux mystères, ni aux excommunications, ni à l'infaillibilité du pape, mais à croire en l'Être suprême dont l'ordre admirable de la nature annonce si bien l'existence.

« Nous leur apprendrons à lui rendre dans leur cœur l'hommage sincère et vrai, par la pratique des vertus sociales, à être justes et bienfaisants, à respecter leur père, à se rendre utiles aux hommes, et à verser leur sang pour la Patrie.

« ..... Enfin il n'existera plus dans ce temple que l'Être suprême à révérer et la raison à suivre. Nous n'aurons plus qu'une seule prière à y adresser au souverain de la nature et qui est peut-être lui-même la nature.

« Être suprême, lui dirons-nous, toi dont la bienveillance paternelle s'étend sur tout l'univers, toi qui as dispersé les cohortes des despotes coalisés contre notre liberté; toi qui secondes à chaque instant les efforts de nos braves frères d'armes, veille à la destinée de la République; notre plus douce satisfaction sera de sentir que tu existes.

« Nous n'avilirons plus ton image en l'humanisant, en la plaçant sur des gibets; le seul culte que nous t'offrirons sera désormais celui de la vertu et ton autel sera dans notre cœur.

« Reçois aujourd'hui dans ce temple, pour la première fois, le serment de mourir mille fois plutôt que de rentrer dans l'esclavage et de souffrir qu'il soit porté aucune atteinte à l'unité et à l'indivisibilité de la République, dont tu seras le génie tutélaire. »

\*
\* \*

Le 4 germinal an II, toute la commune est en alarme. La garde nationale est sur pied et fait partout des patrouilles. Tout étranger qui veut y pénétrer est immédiatement arrêté. Un marchand de Bourgtheroulde, le citoyen Lefrançois, qui apportait à Sotteville un chargement de marchandises pour un commerçant de la localité est arrêté dans la rue de la Mare-du-Parc. Traduit devant la Municipalité, il est condamné à 150 l. d'amende pour ne pas avoir eu de facture en règle et sa marchandise est confisquée.

Au milieu de cette agitation continuelle où chacun craignait pour sa liberté, nous voyons chaque jour, défiler devant la Municipalité une foule de gens qui viennent prêter ou même renouveler leur serment de fidélité à l'acte constitutionnel. Pendant plusieurs mois, la garde nationale est mise en mouvement toutes les nuits et ne contribue pas peu à entretenir l'effroi et la crainte. Cependant, le 18 floréal, la Municipalité s'aperçoit que les ressources lui manquent pour subvenir aux dépenses qu'occasionnent ces patrouilles quotidiennes, elle déclare alors que « les motifs de « nécessité qui avaient porté à cette vigilance ne sont plus « existants, » et décide que les patrouilles n'auront plus lieu que les jours de décadi pour maintenir le bon ordre. Ce fut un premier soulagement pour la population paisible.

Mais le 25 floréal, l'émoi reprend de plus belle. Sur un ordre du Comité de Salut public de la Convention, à deux heures du matin, la générale est battue dans toute la commune, la garde nationale est bientôt sous les armes, la Municipalité et le Comité de surveillance se joignent à elle et des perquisitions minutieuses sont faites « sans oublier le plus petit coin » et jusque dans les bois. Un nommé Méret, ci-devant greffier du juge de paix de la huitième division de Rouen, est rencontré à Quatre-Mares et arrêté. Il est immédiatement déclaré suspect et écroué. Le citoyen Melfort, de Sotteville, dénoncé par le Comité de surveillance de Rouen, est également arrêté à son domicile et les scellés apposés sur ses meubles.

Le 20 prairial, on célèbre à Sotteville la fête de l'Être suprême. A cette occasion, le tableau du ci-devant maître autel de l'église est peint en noir ainsi que les deux niches latérales, dans lesquelles on met les statuts de la Liberté, de Marat et de Lepelletier qu'on appelle « les premiers martyrs. » Sur le fronton de la grande porte du temple on place cette inscription : *Le peuple français reconnait l'Être suprême et l'immortalité de l'âme,* et les citoyens sont invités à pavoiser leurs maisons aux couleurs nationales.

Mais toutes ces turpitudes, toute cette agitation, ces menaces, cette crainte inspirée, ces haines particulières repues n'avaient fait encore, à côté de la terreur produite, qu'augmenter les misères des pauvres habitants sans pain et sans secours. Les cris de détresse poussés par cette population affamée finirent par détourner enfin, pour un moment du moins, la Municipalité et les Jacobins exaltés qui la dirigeaient de sa préoccupation constante; il fallut songer à trouver du pain ou du blé.

Elle s'adresse au district, et au gouvernement qui ne peuvent lui en délivrer que de faibles quantités bien insuffisantes. Il faut alors songer à parcourir de nouveau les campagnes plus favorisées. Le 22 prairial, un certain nombre de cultivateurs sont réquisitionnés avec leurs chevaux et voitures pour se rendre à Saint-André-sur-Cailly. Le départ se fait place de la Montagne; mais ce que l'on peut recueillir de grains est bien minime. Le 2 messidor, le district autorise la Municipalité à acheter 50 quintaux de blé à Gouville, canton de Cailly, 50 à Claville-Motteville et 20 à Ratiéville. D'autre part, de nouvelles perquisitions fort minutieuses sont faites chez divers cultivateurs de la commune et donnent quelques résultats heureux. Peu à peu, la Municipalité peut satisfaire aux besoins les plus pressants, et la tranquillité renaît. Les Jacobins semblent se lasser d'ailleurs de leurs extravagances, la *Société Populaire* perd chaque jour de son crédit, et la réaction n'est pas loin.

La Municipalité semble deviner le mouvement qui se dessine dans les esprits et porte ses pensées vers les choses plus sérieuses. Paris donnait déjà le signal ; la chute de Robespierre et de ses partisans ne pouvait manquer de calmer les plus agités.

Le 7 messidor, la Municipalité songe à organiser des écoles ; mais comme elle n'a pas d'autre local que l'église, elle en dépossède la *Société Populaire* qui tombe de plus en plus dans le discrédit. L'école de garçons et l'école de filles seront séparées par un refend et une nouvelle porte sera pratiquée dans le mur sud. La sacristie servira de lieu de réunion au Comité de surveillance.

Dans les premiers jours de thermidor, les dénonciations pour « propos inciviques et menaces incendiaires » recommencent. Le citoyen Labbé, membre de la Municipalité, proteste contre l'impunité attribuée à quelques individus arrêtés précédemment pour avoir déclaré que, s'ils tenaient le chef de la Convention, « ils le feraient rôtir et le mangeraient. » La Municipalité renvoie au district la demande de Labbé.

Mais il faut bientôt revenir à la question des subsistances. Un recensement général des grains récoltés dans la commune est envoyé au district ; ce recensement fait connaître la nécessité où l'on va se trouver dès la fin de thermidor, de s'adresser aux communes voisines pour approvisionner Sotteville. Au commencement de fructidor, les tournées sont reprises, principalement dans le canton de Franqueville. Pendant les mois de vendémiaire et de brumaire, cette question des subsistances resta presque l'exclusive préoccupation de la Municipalité.

Dans les premiers jours de ventôse, la situation devient des plus critiques. Dans toutes les rues de la commune on ne rencontre que « des femmes gémissantes et demandant du pain sur le ton du désespoir. » La Municipalité ne sait comment faire pour suppléer à tant de misères ; il n'y a plus ni pommes de terre détruites par la saison rigoureuse, plus de seigle, plus de fèves ; quant au blé il y a de beaux jours qu'il se fait rare. Une nouvelle démarche est alors tentée devant les administrateurs du district et les délégués de la Municipalité leur exposent que la commune « ne peut exister « même deux jours dans cette affreuse position ». Ils leur font observer que la population de Sotteville se compose aux trois quarts de manouvriers qui ne peuvent quitter leur travail pour aller s'approvisionner dans des communes éloignées « au risque d'y « trouver de cruels égoïstes qui ne rougissent pas de refuser des « subsistances à leurs frères s'ils ne leur produisent pas des espèces « sonnantes. » Ils demandent enfin au district de venir au secours de leur population malheureuse et dans la désolation.

Mais la commune de Sotteville n'était pas la seule à éprouver les effets de l'affreuse disette ; de toutes parts, les mêmes plaintes et les mêmes supplications arrivent au district, et la quantité de grains qu'il peut distribuer est presque dérisoire. Il faut donc chercher par soi-même à se pourvoir dans les communes voisines. Puis bientôt, faute d'argent, il devient impossible de rien obtenir, et la situation va chaque jour en s'aggravant.

Dans la nuit du 12 au 13 germinal an III, quelques troubles se produisent, l'arbre de la Liberté de la place d'Armes et celui planté à l'endroit même où se trouvait jadis la croix de Grandmont sont mutilés et jetés bas, le drapeau tricolore est emporté ; des individus à allures suspectes parcourent la commune.

Le lendemain 13 au matin, une foule considérable s'assemble devant l'ancienne maison presbytérale où la Municipalité est réunie, et demande du pain ; quelques individus montent au clocher et sonnent le tocsin. L'alarme est considérable dans toute la commune : cependant la Municipalité est dans le plus complet dénuement, et craint, en faisant connaître son impuissance, de voir se produire des scènes de désordre. Pour calmer cette foule affamée, on lui annonce qu'une délégation va partir immédiatement pour solliciter des administrateurs du district les secours les plus urgents.

Une lueur d'espoir ranime les plus abattus; mais hélas une cruelle déception leur était réservée. Au bout de plusieurs heures d'attente, la délégation revient sans rien apporter, pas même une promesse; pourtant elle n'a pas épargné ses démarches, mais lorsqu'elle s'est présentée, déjà le district et le département n'étaient plus en séance.

Cette nouvelle jette la consternation au milieu de cette foule de malheureux qui refusent de se disperser tant qu'on ne leur aura donné les secours dont ils ont tant besoin, et comme il en est distribué d'ailleurs aux habitants de Rouen. Ils sont là environ 3.000 « criant, menaçant, poussés par la faim, au comble du déses- « poir, » et le tocsin qui a sonné toute la journée continue à répandre l'effroi. La Municipalité ne sait que faire pour obtenir que cette multitude se disperse; il lui faut promettre que dès le lendemain matin de nouvelles démarches seront reprises et que, par n'importe quels moyens, il sera trouvé des subsistances.

Malheureusement le lendemain, la Municipalité se trouve dans l'impuissance de remplir les engagements qu'elle a pris la veille. Dès neuf heures du matin, la foule est déjà considérable devant la maison où doit se réunir la Municipalité et le tocsin recommence à jeter la panique dans toute la commune. La Municipalité, qui n'a pu rien obtenir, n'ose se présenter. La foule, croyant qu'on l'a trompée, devient furieuse et se livre à des scènes de désordre. La guérite du corps de garde est incendiée; certains agitateurs à la tête desquels se trouve J.-B. Leporc, propriétaire, excite les malheureux affamés contre l'assemblée municipale; le maire et les officiers municipaux sont insultés; on menace même de les brûler.

Sur le refus du maire de livrer les clefs de l'église, la foule pénètre de force dans le temple en brisant les fenêtres et y commet « les plus effrayants désastres. » Au milieu d'une tempête de vociférations, le tableau des *Droits de l'homme* est lacéré, les bancs et les chaises emportés ou brisés.

Pendant ce temps, une troupe d'exaltés, à la tête desquels se trouve Pierre Lefebvre, l'ancien maire par intérim et officier municipal révoqué par le représentant du peuple Siblot en mission dans le département, s'était mise à la recherche de la Municipalité et l'avait forcée de marcher avec eux.

Vers neuf heures du soir, le calme paraît se rétablir. L'assemblée municipale se réunit alors au lieu ordinaire de ses séances, mais à peine a-t-elle commencé à délibérer qu'une multitude considérable envahit l'enceinte et le désordre recommence de plus belle. Une bande de furieux, à la tête de laquelle se trouve une femme, Madeleine Caron, épouse du citoyen Thomas Alexandre, déchire, au milieu des vociférations, les archives et le registre des décrets. Madeleine Caron, le couteau à la main, force un officier municipal de jeter à terre sa cocarde tricolore. L'arbre de la Liberté planté devant la maison commune est arraché, et la Municipalité impuissante, menacée dans son existence, est obligée de fuir. Elle se réfugie dans la maison d'un de ses membres, le citoyen Pigerre.

La foule continue alors à se livrer aux pires excès. Des citoyens sont insultés dans leur demeure par les insurgés qui, la hache à la main, les amènent à l'église et les forcent à crier *Vive le roi!* D'autres sont frappés et molestés, et ne parviennent que difficilement à s'échapper des mains de ces forcenés. Un malheureux tailleur d'habits, le citoyen Massif, sur l'ordre de Pierre Lefebvre, est enlevé de son domicile au milieu des injures et des invectives, sans même qu'on lui permette de dire adieu à sa femme malade à toute extrémité et à son fils, brutalisé et conduit en prison à Rouen, aux cris de *Vive le roi!* et enfermé à la conciergerie.

Les insurgés, sur l'ordre de Leporc, se rendent ensuite au domicile d'Adrien Guyot pour procéder également à son arrestation ; n'ayant trouvé que sa femme couchée, quelques-uns veulent mettre le feu à la paille du lit, pendant que d'autres enlèvent des bestiaux renfermés dans les étables.

Toute la soirée, ces scènes de désordre se répètent sur différents points de la commune, pendant que le tocsin continue à sonner. On juge de l'effroi et de l'épouvante qui s'étaient emparés de la population. Et cependant tout n'était pas terminé.

Le lendemain 15, dès le matin, les attroupements se reforment et le désordre recommence. Cette fois, c'est l'ancien curé Joly, qu'on avait rendu à la liberté quelques jours auparavant, qui dirige en personne les agitateurs. C'est donc bien la réaction thermidorienne qui se manifeste à Sotteville dans toute son intensité, et les vaincus de naguère qui se vengent à leur tour des hommes qui les ont jadis dénoncés et des institutions qui les ont proscrits. La foule en délire est encore plus considérable que les jours précédents. Sur les conseils du curé, elle se rend à l'église, y dresse un autel et le curé se dispose à y célébrer la messe.

Cependant la Municipalité, dans la crainte de désordres encore plus grands que ceux des jours précédents, a fait demander du secours au district qui envoie immédiatement un détachement de la garde nationale de Rouen. Il arrive à Sotteville au moment même où le curé allait monter à l'autel. Devant les sommations des officiers, il doit abandonner son projet; les agitateurs prennent la fuite et la foule se disperse.

Toutefois, quelques heures plus tard, de nouveaux groupes se reforment; le détachement de la garde nationale de Rouen n'ose répondre de l'ordre; on parlemente; enfin la Municipalité doit consentir à se rendre auprès du district escortée par la foule qui ne lui ménage pas, tout le long du trajet, ses insultes et ses quolibets.

En présence d'une agitation qui menaçait encore de grandir, le district prit alors les mesures les plus énergiques, en même temps qu'il ordonnait une instruction contre les principaux perturbateurs.

Ces menaces de répression sévère ramènent la tranquillité; mais un certain nombre d'habitants de Sotteville persistent à réclamer le libre exercice du culte, conformément d'ailleurs à la loi du 3 ventôse. Et comme on ne veut leur livrer l'église, ils déclarent qu'il se réuniront dans la maison de l'un d'eux, de 10 heures à midi et de deux heures à six heures du soir, pour y célébrer leur culte. La Municipalité les y autorise.

Ce fait se reproduit d'ailleurs à différentes reprises pendant le cours de l'an III et nous voyons Michel Brunel sollicitant, le 5 messidor, l'autorisation de faire célébrer dans sa maison les cérémonies du culte catholique.

* * *

Les scènes de désordre qui s'étaient produites les 13, 14 et 15 germinal, n'avaient pas apporté de soulagement aux souffrances des nécessiteux privés de pain en si grand nombre; le 28 germinal, plusieurs membres de la Municipalité font un tableau navrant de la situation. Depuis un mois, ces malheureux n'ont touché que deux livres de grains par individu, soit environ une once par jour. Ce ne sont pas cependant les sollicitations de la Municipalité au district qui ont manqué; celui-ci promet toujours des secours, mais n'envoie rien, la ville de Rouen accapare tout.

Ces promesses vaines, ces réquisitions impraticables qu'on leur offre produisent au milieu de ces infortunés la plus pénible impression ; ils accusent la Municipalité de manquer de parole et menacent de se porter de nouveau aux dernières extrémités.

La Municipalité renouvelle ses instances auprès du district. Il lui faut de toute urgence du pain ou du riz pour 3.000 individus, sans quoi elle déclare qu'il lui est impossible de conserver plus longtemps des fonctions devenues si pénibles. Déjà, un certain nombre de Municipalités ont dû ainsi abandonner leur poste devant les fureurs du peuple dont elles allaient être les victimes. Enfin, un envoi de 17 quintaux de grains est fait par la Municipalité de Doudeville. C'était un premier soulagement pour le présent en même temps qu'une espérance pour l'avenir, et la tranquillité de nouveau menacée se rétablit.

Cependant, il fallut à la Municipalité continuer constamment ses réquisitions et veiller aux distributions. C'était ainsi chaque jour une tâche des plus pénibles; aussi voyons-nous peu à peu un certain nombre de membres de l'assemblée communale déserter le lieu des réunions et se mettre ainsi à l'abri du danger.

Le 28 floréal, il n'y a plus que cinq membres présents. Ceux-ci s'élèvent avec vigueur contre l'incurie ou le manque de patriotisme de leurs collègues, et dénoncent même au district la conduite des vingt-trois membres continuellement absents. Ils rappellent en même temps qu'un certain nombre ont refusé le serment; quelques-uns même n'ont jamais paru; et ce n'est pas à cinq qu'ils peuvent délibérer et satisfaire aux exigences de la situation.

Le 1er prairial, un ordre formel enjoint à ces membres de la Municipalité, si peu scrupuleux de leur devoir, d'avoir à se rendre à leur poste. Quelques-uns obéissent; d'autres, comme Charles Mulot, officier municipal, et Jacques Duhamel, notable, persistent dans leur refus. Ils sont de nouveau dénoncés au district.

Cependant, malgré les démarches et les réquisitions, les vivres continuent toujours à manquer. Le 22 prairial, un certain nombre d'habitants, à la tête desquels se trouvent Adrien Brunel, Jean Mulot, Lefebvre, Baillif, Jacques Guyot et l'ancien curé Joly, tous adversaires acharnés de la Municipalité, demandent, conformément à ce qui se pratique dans les communes voisines, à se réunir dans l'église pour y délibérer sur cette question des subsistances. C'est un nouveau pouvoir qui veut s'établir à côté de la Municipalité, et dont les dispositions à son égard ne peuvent être douteuses. Mais que peut faire l'assemblée municipale? Refuser, c'est donner prétexte à tous les commentaires et permettre à ses adversaires de faire croire aux malheureux qu'elle veut les affamer davantage. La Municipalité cède, et décide de remettre les clefs de l'église au curé Joly. Mais le lendemain, elle revient sur cette première résolution et demande au district de se prononcer.

On pouvait craindre que les pétitionnaires profitassent de cette nouvelle décision pour susciter de nouveaux troubles; sans doute qu'ils ne jugèrent pas la situation favorable, car aucun incident ne vint à se produire. Il semble d'ailleurs qu'il en soit fini avec les troubles qui ont marqué cette année à Sotteville. L'assemblée municipale, qui ne se compose plus que de quelques membres, les uns ayant donné leur démission, d'autres n'assistant plus aux séances, ne peut alors s'occuper activement de pourvoir aux subsistances, qui manquent toujours, en même temps que des autres affaires intéressant la commune.

Le 22 fructidor, doit avoir lieu l'acceptation de la Constitution de l'an III. Les citoyens de Sotteville, Petit-Quevilly et Grand-Quevilly sont convoqués à cet effet à Sotteville. 45 seulement se présentent : 31 de Sotteville, 10 de Grand-Quevilly et 4 de Petit-Quevilly ; tous s'en déclarent enthousiastes.

Le même jour, il était procédé à la réorganisation de la garde nationale de Sotteville, comprenant deux compagnies. Le citoyen Michel Jibou fut élu capitaine de la première, avec Michel Langlois pour lieutenant et Louis Hébert fils, sous-lieutenant. La seconde compagnie élut pour capitaine J.-B. Campion, avec Jean-Jacques-Nicolas Mulot pour lieutenant et Michel Brunel, sous-lieutenant.

Le citoyen Noël-Denis Guyot fut ensuite proclamé chef de bataillon par les officiers des compagnies de Sotteville, Petit et Grand-Quevilly.

Une école primaire publique était alors dirigée à Sotteville par la citoyenne Perpétue Leblanc. Elle comptait 156 élèves. La rétribution scolaire, pour les mois de messidor, thermidor et fructidor, s'était élevée à 563 l. 10 s., somme qui lui fut payée par le receveur du district.

Ce chiffre de 156 élèves fréquentant l'école indiquait une tendance bien marquée de la population à comprendre la nécessité de l'instruction. Malheureusement la citoyenne Leblanc, se basant sur ce qu'il n'y avait pas de subsistances dans la commune pour se suffire, donna sa démission, et l'école fut fermée.

Au commencement du mois de frimaire de l'an IV, un certain nombre d'habitants de Sotteville réclament à nouveau le libre exercice du culte catholique, et par ministère d'huissier font sommation au maire de leur remettre les clefs de l'église. Le maire obéit à cette injonction, et le curé Joly reprend, dans l'église, l'exercice de son ministère.

\* \*

Au mois de mars 1793, la commune de Sotteville avait pris part, avec Rouen et les habitants de Petit-Quevilly, Grand-Quevilly, Petit-Couronne, Saint-Étienne-du-Rouvray, au défrichement des Bruyères Saint-Julien. Sotteville fournit à cet effet 27 charrues, et Quatre-Mares 9. 4.000 personnes travaillèrent ainsi à cette œuvre gigantesque, qui eut pour résultat de mettre en culture toute la portion de bruyères s'étendant de la mare du Parc à Quatre-Mares.

A la fin de l'année 1793, il était dressé une liste des prêtres ayant refusé ou rétracté le serment prescrit par la Constitution, et désignés depuis sous le nom de *prêtres réfractaires*. Nous y trouvons, pour les communes qui allaient bientôt former le canton de Mont-aux-Malades :

*Sotteville*. — Le curé Joly, âgé de 56 ans, déporté, comme on vient de le voir, pour avoir rétracté son serment.

— Heursaut, ancien curé de Longpaon, déporté par ordre du Comité de surveillance de Sotteville, pour avoir refusé de rendre ses lettres de prêtrise.

*Mont-Libre* (Mont-aux-Malades). — Charles-Augustin de Lorrain, 41 ans, ci-devant prieur-curé de la commune, déporté le 16 septembre 1792.

— Anne-Louis-François Perchole, 75 ans, arrêté le 8 avril 1793, réputé émigré, ayant obtenu un passe-port pour l'Angleterre le 26 août 1792, mais n'ayant pas quitté la France ou y étant rentré contrairement à la loi.

*Aignan*. — Laurent Etienne, dit Beaumont, 64 ans, s'était réfugié à Rouen dans le cours de l'année 1791.

*Maromme*. — Pierre-François Bucaille, 57 ans, insermenté, parti pour Bernay.

*Blosseville-la-Montagne* (Bonsecours). — Freulard, ex-curé, 27 ans, a refusé le serment et s'est enfui de son presbytère en 1791. Ses meubles ont été vendus au profit de la Nation.

— Satis, ex-curé de cette paroisse; Lenormand, prêtre.

A ces noms, il nous faut encore ajouter celui de l'abbé Mulot, natif de Sotteville et prêtre à Gisors. Après son refus de serment, il revint se cacher chez sa mère, à Sotteville, et y mourut.

Dans le cours de l'année 1793, on avait mis en vente une partie des biens ayant appartenu aux émigrés. Nous voyons, pour Sotteville, ainsi aliénés les biens possédés dans cette commune par M. Gaspard de Vintimille, seigneur de Franqueville, ancien officier de Madame, et une partie de ceux ayant appartenu au ci-devant Baillard de Guichainville, seigneur de la paroisse, entre autres son manoir tenu alors à loyer par le citoyen Lefebvre, marchand, rue Grand-Pont, à Rouen.

Vers la même époque, furent également vendus les biens de Capet, ci-devant d'Orléans, sis au Mont-Fortin, à Boisguillaume, du ci-devant de Prémagny, comprenant, entre autres, une maison de plaisance, dite les *Cinq-Bonnets*, au hameau du Bois-l'Abbé, etc.

— Le 13 vendémiaire an III (5 octobre 1794), un nommé Bocquet veut fonder à Sotteville une fabrique de soufre; mais les habitants protestent contre l'établissement de cette usine qui menace, disent-ils, le sécurité publique, et Bocquet doit, par la suite, renoncer à son projet.

# CHAPITRE IV

Sotteville et le canton de Mont-aux-Malades, de l'an IV a l'an VI. — Disette et misère publique. — Le brigandage dans le canton. — Rétablissement du culte catholique. — Situation générale. — L'emprunt forcé. — Réorganisation de la garde nationale. — La Municipalité a la recherche d'un gite. — La sonnerie de la cloche a Sotteville. — Mouvement royaliste.

La Constitution de l'an III, dont la Convention Nationale venait de doter la France, avait créé tout un système administratif nouveau. Les communes perdent en quelque sorte leur autonomie propre et le droit de s'administrer elles-mêmes. Les conseils généraux sont supprimés, ainsi que les municipalités. Il n'y aura plus dès lors qu'une assemblée municipale par canton, formée de deux délégués de chacune des communes le composant, et chargés de la police et de veiller à l'exécution des lois. Ces deux délégués prennent les noms d'agent municipal et d'adjoint.

L'assemblée municipale cantonale délibère sur toutes les affaires intéressant les communes de sa circonscription, à l'instar des anciens conseils municipaux ; les agents ou leurs adjoints doivent veiller à l'exécution de leurs décisions.

En vertu de cette nouvelle Constitution, le département de la Seine-Inférieure était divisé en cinq districts ou arrondissements, les mêmes qui existent encore aujourd'hui. L'arrondissement de Rouen formait dix cantons : Rouen, Canteleu, Elbeuf, Franqueville, Jacques (Saint-Jacques-sur-Darnétal), Quincampoix, Jean-du-Cardonnay, Monville, Cailly, Mont-aux-Malades.

*Sotteville fit partie du canton de Mont-aux-Malades,* qui comprit en outre les communes de Aignan, Maromme, Déville, Boisguillaume, Martin-du-Vivier, Blosseville-la-Montagne ou Bonsecours, Mesnil-Esnard, Grand-Quevilly et Petit-Quevilly.

A la suite des élections qui eurent lieu dans chacune de ces communes pour l'élection de leurs représentants, l'assemblée municipale du canton de Mont-aux-Malades, — qui avait porté également le nom de Mont-Libre, se — trouva ainsi composée :

*Sotteville* : Bazire, agent ; Severin Brunel, adjoint.
*Mont-aux-Malades* : Legendre, agent ; Duval, adjoint.
*Aignan* : Thierci, adjoint.
*Déville* : Toutain, agent.
*Boisguillaume* : Monnoyé, agent ; Darray, adjoint.
*Martin-du-Vivier* : Lefrançois, agent.
*Mesnil-Esnard* : Jumelin, agent ; Decroizilles, adjoint.
*Grand-Quevilly* : Boutigny, agent.
*Petit-Quevilly* : Delamare, agent ; Philippe, adjoint.
*Maromme* : Moulin, agent ; Berrubé, adjoint.
*Bonsecours* : Louis Hellot, agent ; Palfrène, adjoint.

Le 13 frimaire, la nouvelle Municipalité adressait aux communes de sa circonscription une proclamation dans laquelle elle cherchait à ranimer le zèle et à rendre le courage à leurs populations épuisées par les privations de toutes sortes.

« A la veille de ressentir les heureux effets d'une Constitution
« sage et des mesures énergiques que le gouvernement vient de
« développer, — dit-elle, — vous écarterez loin de vous les per-
« fides conseillers. Entre autres moyens employés par les contre-
« révolutionnaires, ils se flattent que les dispositions les mieux
« combinées échoueront s'ils peuvent parvenir à organiser le
« pillage. Déjà nous venons de voir avec la plus vive douleur les
« premières explosions de cet abominable système : quelques habi-
« tants d'une des communes de notre ressort ont pillé des blés à
« nos braves frères d'armes. Si d'aussi blâmables excès n'étaient
« sévèrement réprimés dès leur origine, n'en résulterait-il pas que
« notre canton qui, depuis la Révolution, s'est distingué par sa
« prudence, serait enfin exposé aux horreurs de la guerre civile

« jointes à celles de la famine? Une telle idée n'est-elle pas faite
« pour vous glacer d'épouvante? »

La Municipalité cantonale terminait en demandant qu'on se hâte partout d'organiser la garde nationale pour qu'elle puisse veiller au maintien de la tranquillité publique.

Cette question des subsistances continuait d'ailleurs à être partout la grande préoccupation du moment. La Municipalité de Mont-aux-Malades, qui avait à répondre aux besoins d'une population nombreuse, en contact immédiat avec les habitants d'une grande ville où l'effervescence était continuelle, s'adressa au département et lui demanda des secours, en même temps qu'elle lui faisait connaître les nombreux abus qui existaient dans les communes où il se tenait des halles, principalement à Bosc-le-Hard, Clères et Pavilly, et où le partage des grains ne se faisait aux citoyens qui n'étaient de l'arrondissement qu'après avoir suffisamment approvisionné ceux qui en dépendaient; il arrivait ainsi souvent qu'après avoir fait neuf ou dix lieues, on était obligé de s'en retourner comme on était venu.

Le département se déclara impuissant et considérait même qu'il n'y avait aucun secours à espérer du gouvernement; c'était, suivant lui, à l'approvisionnement des halles qu'il fallait avoir recours; et il engageait vivement les blatiers à reprendre leur ancien état et à aller partout chercher des grains pour en garnir les halles et marchés.

Mais ces moyens étaient pour le moment absolument illusoires, et les malheureux habitants de ce canton ne pouvaient espérer en retirer aucun avantage. Comme il n'existait point de halles dans le canton, les blatiers seraient donc obligés de porter leurs grains à Rouen ou à Darnétal. Or, l'expérience avait démontré qu'il n'y avait que les habitants de ces deux communes qui puissent avoir part à la distribution et à la vente qui se faisait à ces halles, et que les autres en étaient chassés souvent même avec violence.

En présence de cette situation, la Municipalité cantonale s'adressa au ministre de l'intérieur, et, dans une lettre datée du 6 ventôse an IV (26 février 1795), lui faisait un navrant tableau de l'état auquel se trouvaient réduits les malheureux du canton. « Les « rapports les plus déchirants, — dit-elle, — nous parviennent « tous les jours. Réduits à vivre comme les plus vils animaux, nos « infortunés concitoyens ne soutiennent leur existence qu'en se « nourrissant d'herbes, de jambes de choux, etc.; ils souffrent tout « ce que la faim la plus cruelle a d'horreurs, et il n'y a pas de jour « qui n'éclaire la mort de quelqu'un d'entre eux, causée par la « famine et l'affreux désespoir. » Elle espérait que ce dernier effort auprès du gouvernement ne serait pas sans succès.

Mais chaque jour la situation va s'aggravant, et les secours tant attendus n'arrivent pas ; on commence à craindre des troubles. Le 19 ventôse, le commissaire du district cantonal écrit au département : « Il règne la plus grande tranquillité dans le 3e canton, « mais il est à craindre que cette tranquillité ne dure pas long- « temps, et ce, faute de subsistances. Les communes de Sotteville, « Petit-Quevilly, Grand-Quevilly, Déville et Maromme sont telle- « ment dénuées de ressources, qu'il ne se passe pas de jour où on « n'y trouve des individus morts de faim. »

A Déville, environ 1.800 personnes se voient réduites à la situation la plus affreuse. L'agent national Toutain, ne pouvant se procurer de blé, fait alors acheter 50.000 livres de navets et les distribue à cette population affamée.

Le district, de son côté, ne reste pas inactif ; ne pouvant avoir de grain, il fait distribuer de l'argent. Sotteville reçoit ainsi 740 l. 14 s. 5 d.; Boisguillaume, 457 l.; Mont-Libre, 150 l.; Bon-secours, 189 l.

Le 22 ventôse, on craint quelque désordre à Grand-Quevilly. L'agent municipal est averti que ses concitoyens projetaient de se rendre en masse chez lui pour lui demander du pain. Enfin, on parvient à obtenir quelques subsistances, et le calme se rétablit, du moins pour un moment.

Cependant le brigandage qui, à la faveur de cette malheureuse situation, avait pu se donner libre carrière, continue ses exploits.

Des vols se commettent dans tout le canton. A Déville, une tentative d'assassinat, en plein jour, jette l'effroi dans tous les environs.

Dans le courant de germinal, les vols continuent de plus belle. La ferme de M. Jouenne, à Boisguillaume, est pillée par la fameuse bande de Duramé. Celui-ci est arrêté peu de jours après dans la commune de Déville. Toutefois, les vols sont loin de cesser. A Boisguillaume, à Saint-Martin-du-Vivier, à Sotteville, le brigandage s'exerce presque impunément.

Dans la nuit du 9 au 10 prairial, un assassinat est commis à Bonsecours sur la citoyenne Boumard. Après s'être introduits dans l'habitation de cette dame, lui avoir porté plusieurs coups de sabre sur la tête et l'avoir garrottée dans son lit, ainsi qu'une jeune fille qui l'accompagnait, les brigands se sont emparés de tout ce qui a paru à leur convenance.

A Boisguillaume, dans la nuit du 9 au 10, une autre bande de brigands, — si toutefois ce ne sont les mêmes, — pénètre dans la maison du citoyen Bernard, le garrotte sur une chaise et le force, en lui mettant les pieds dans le feu, à lui dire où était son argent ; ils s'emparent ainsi de 21.000 l. en assignats, un écu de 3 l. et 18 pièces de 6 l.

Ces scènes de brigandage jettent la terreur dans la population ; les gardes nationales sont partout mises sur pied ; des patrouilles sont organisées pour la recherche de ces bandes de chauffeurs.

Une de ces patrouilles arrêta à Mont-aux-Malades, une nuit, une pauvre fille dont la raison était quelque peu affaiblie, et qui se faisait appeler la *Mère de Dieu*. Elle déclara être au service d'un curé réfractaire des environs de Pavilly. On la remit en liberté.

Un dénombrement de la population fait à cette époque nous révèle que, sur 13 à 14.000 individus composant le canton de Mont-aux-Malades, 5.000 ne suivent aucun culte ; 8.500 partagent les idées des prêtres soumis aux lois, c'est-à-dire ayant prêté le serment requis, mais ne veulent point entendre parler de confession ; enfin, 500 s'abstiennent de tout culte et ne reconnaissent que les prêtres réfractaires ou ayant rétracté leur serment.

Ces prêtres n'étaient, d'ailleurs, qu'en petit nombre dans le canton. Parmi ceux qui avaient rétracté, se trouvaient notamment Léonard Demoy, ci-devant curé de Berville-sur-Seine, et Pierre Lefaux, ancien curé de Boos, demeurant tous deux à Bonsecours. Toutefois, un certain doute subsistait ; mais, suivant l'opinion publique, cette rétractation aurait été tenue fort secrète. Demoy n'a exercé cependant aucune fonction depuis que la liberté est rendue au culte. Lefaux, au contraire, a dit la messe à Boos. Deux autres prêtres, les citoyens Vannier et Leblond, sont employés en qualité de commis dans la manufacture des citoyens Pouchet, également à Bonsecours, et sont considérés comme de très bons patriotes.

Il est à noter, d'ailleurs, que dans la plupart des communes du canton, les populations demandent le rétablissement régulier des cérémonies du culte. Quelques municipalités s'y montrent hostiles et veulent, conformément à la loi, empêcher à ce sujet la sonnerie des cloches. A Sotteville, divers incidents se produisent : le curé Joly veut faire sonner les offices, malgré les ordres du département. Le 15 pluviôse, il lui est signifié qu'il ait à obéir à la loi, sinon il sera poursuivi.

A Saint-Aignan, la sonnerie de l'*Angelus* est rétablie malgré la Municipalité. Le 11 ventôse, l'agent municipal Tiercinier veut alors surveiller les rassemblements qui se font dans le temple et y donner lecture des lois ; mais le curé Le Bret, qui a les clefs de l'édifice, s'y oppose, et comme après l'office l'agent veut s'expliquer avec le curé, celui-ci lui répond qu'il fait trop froid pour l'écouter et rentre chez lui.

\* \*

Au mois de nivôse, le commissaire exécutif du canton de Mont-aux-Malades faisait faire une enquête sur la situation tant au point de vue moral qu'économique des communes du canton. Un certain nombre de réponses manquent, entre autres celle relative à la commune de Sotteville. Parmi celles adressées au commissaire cantonal, il en est une des plus curieuses, que nous croyons devoir reproduire : elle concerne Mesnil-Esnard, commune voisine, d'ailleurs, de Sotteville, quoique sur l'autre rive :

« Les malveillants, en général, se cachent ; il n'y a du reste ni vols, ni incendies, ni attroupements ; l'agiotage s'exerce obscurément par quelques individus qui y sont contraints par le malheur des temps ; il en est cependant qu'on ne peut excuser, qui, de pauvres, sont devenus tout à coup riches. La commune compte 1.100 habitants, et la disette se fait vivement sentir. Ils sont obligés d'aller au loin et à grands frais chercher péniblement leurs subsistances. Quelques malheureux sont morts soit de faim, soit des suites de la faim ; nous croyons encore entendre les cris d'un vieillard mourant en demandant du pain. Combien d'autres ne sont-ils pas menacés de même ; on les voit, pâles, affaiblis par leurs longues abstinences ou par de mauvaise nourriture, traîner une vie languissante.

« Cinq manufactures sont en activité à Mesnil-Esnard, toutes dans la partie basse, dite Lescure.

« C'est d'abord une poterie de terre vernie en plomb, exploitée par le citoyen Lambert Gibbou, flamand, venu dans ce pays dans le dessein d'y établir une poterie de grès verni, par la décomposition du sel marin, et connu sous le nom de grès d'Allemagne. Le régime de la gabelle y mit un obstacle invincible. La commission de l'agriculture et des arts lui avait promis quelques encouragements qu'il a jugé trop faibles à cause du grand discrédit des assignats ; toutefois, il n'a pas renoncé à son entreprise et il se propose de la tenter aussitôt que les circonstances le permettront.

« Un peu plus loin, toujours le long de la Seine, se trouve la blanchisserie Bertholienne, tenue sous la raison de Fleuret Descroizilles, frères et fils. La découverte de Bertholet y a reçu un grand degré de perfection. On y blanchit toutes sortes de fils, étoffes et bas en lin et en coton, à tous les degrés de blancheur, selon qu'ils sont destinés à la teinture, à l'impression ou à rester blancs. Ce procédé est maintenant exempt de tous les reproches qu'on a pu lui faire dans le commencement ; les blancs à fleurs qui en résultent ne le cèdent en rien à celui des blanchisseries les plus renommées. Le prix de ce blanchiment est très rapproché de celui du blanchiment ordinaire ; les objets ainsi blanchis conservent la plus grande solidité et sont susceptibles de prendre parfaitement les couleurs unies en teintures et toutes celles de l'impression. Un avantage particulier de ce procédé, et dans lequel il ne peut être remplacé par aucun autre, c'est de servir à faire disparaître, sans altération des fils et de l'étoffe, les couleurs les plus solides. La blanchisserie Bertholienne de Lescure occupe trente ouvriers ; mais on peut dire qu'elle donne du travail à plus de 3.000 autres, tels que fabricants de bas et d'étoffes mélangés de couleurs, teinturiers, indienneurs, apprêteurs, qui tous seraient exposés à manquer de travail pendant l'hiver à cause de l'interruption des autres blanchisseries.

« Au-dessous de la blanchisserie Bertholienne, était établie l'indiennerie nouvellement formée par le citoyen Geoffroy. Au dire de la Municipalité de Mesnil-Esnard, cet établissement mériterait quelque encouragement ; mais on vient de taxer, au grand étonnement de tous, son entrepreneur, qui n'est pas riche, à 100.000 l. dans l'emprunt forcé.

« A quelque distance de là, se voit une entreprise abandonnée après des dépenses énormes : c'était un atelier où le charbon était épuré ; en même temps, la chaleur produite par cette opération était mise à profit pour cuire de la chaux. Le peu de succès de cette entreprise, différente de toutes celles de ce genre, est dû, croit-on, au mauvais choix de l'emplacement, où la pierre à chaux est de mauvaise qualité et d'une extraction coûteuse.

« Lescure possède encore une belle manufacture d'acide sulfurique exploitée par les citoyens Chatel et C$^{ie}$. Cet établissement, établi depuis cinq ans, prospère et s'accroîtra lorsque le commerce aura repris son cours.

« Enfin, la fabrique d'indienne du citoyen Pouchet aîné. C'est la plus ancienne manufacture de la commune, dans un état fort prospère, et qui fait de très beaux ouvrages. »

L'agent municipal de Mesnil-Esnard ajoutait :

« La Révolution a été accueillie avec transport, et l'esprit républicain y était soutenu par une *Société Populaire* qui a fait beaucoup de bien et à laquelle on n'a à reprocher aucun des excès qui ont déshonoré tant d'autres : la pénurie des subsistances a seule opéré un revirement. Le peuple est bon là comme ailleurs, et facile à égarer quand il souffre. C'est ainsi qu'au mois de germinal dernier des malveillants étaient parvenus à faire croire à ces malheureux qu'ils trouveraient à Rouen d'abondantes subsistances. Ils s'y portèrent en grand nombre avec deux de leurs municipaux, dont l'un ne déguisait nullement son opinion contre-révolutionnaire. Il avait même rédigé une pétition en faveur du retour de la royauté, de la féodalité, de la réintégration des prêtres dans tous leurs droits. Personne ne voulut, toutefois, signer cette pétition. Il est à remarquer cependant qu'un grand nombre des habitants, sur son invitation, et la plupart, par crainte des royalistes qui ce jour-là triomphèrent à Rouen, avaient quitté la cocarde tricolore.

« Si les habitants de Mesnil-Esnard sont moins révolutionnaires que dans les premiers temps, ils sont loin d'être contre-révolutionnaires ; le seul moyen de ramener l'esprit public est de lui donner des subsistances.

« L'instruction ne semble pas en progrès. L'instituteur, d'un savoir médiocre, avait, avant la moisson, 60 élèves ; il n'en est pas revenu à la rentrée. Aussi, l'instituteur a quitté la commune pour aller à Rouen. Il occupait l'ancien presbytère. »

Dans la plupart des autres communes du canton, la situation est à peu près la même : le grand mal est le manque de subsistances. Les écoles sont généralement mal suivies ; un certain nombre d'instituteurs, faute d'élèves, abandonnent la commune. Les routes et les chemins sont dans un état fort défectueux, parfois même impraticables. Par contre, la santé publique est partout bonne. Nulle part, dans le canton, on ne signale d'épidémies. Peu de médecins dans les campagnes ; il faut en faire venir de Rouen, « à si gros frais que bien des malheureux sont obligés de s'en passer. »

La loi du 19 thermidor, qui ouvrait un emprunt de 100 millions pour la levée des conscrits et les dépenses de la guerre, ne rencontre pas dans le canton de Mont-aux-Malades plus de sympathies qu'ailleurs ; toutefois, on se contente de maugréer. A Boisguillaume et au Mont-aux-Malades cependant, une certaine effervescence vint à se produire ; plusieurs habitants de ces deux communes essayèrent de fomenter quelques troubles ; ils firent même répandre le bruit que la loi était rapportée, refusèrent de payer et menacèrent les huissiers qui viendraient saisir leurs meubles. Mais ces tentatives isolées restèrent sans effet.

D'ailleurs, le gouvernement avait pris à ce sujet les mesures les plus énergiques. Dans une proclamation adressée à tous les contribuables, il déclarait que « le moindre retard pourrait avoir des « suites funestes et occasionner des désastres. Tous les citoyens « attachés à leurs foyers doivent se hâter de subvenir aux besoins « urgents de leurs défenseurs ; les armées attendent des secours « qui ne peuvent plus se différer ; tout citoyen, soit fonctionnaire « public, soit contribuable, qui négligerait ou différerait de « remplir, selon son pouvoir, les devoirs que la loi lui impose, « deviendrait un ennemi de sa patrie ; le salut public commande « de prompts sacrifices ; la sûreté intérieure et extérieure, la tran- « quillité publique, le maintien de la discipline militaire, le salut « et la conservation de l'armée exigent que l'emprunt soit rempli « sans délai, et que les fonds soient employés à leur destination ».

Aux termes de cette loi, il était stipulé que le paiement de cet emprunt pouvait se faire partie en assignats et partie en numéraire. Un arrêté des 21 et 27 nivôse régla le cours auquel ces assignats seraient reçus. Fixé d'abord à cent pour un, il fallut bien vite le changer, comme on le verra par le tableau ci-après. Ce cours varia même chaque jour, ce qui ne pouvait manquer de donner lieu à de nombreuses difficultés, surtout pour les habitants des campagnes :

Le 1er pluviôse de l'an IV, à raison de 231 capitaux pour un ;

le 2, de 219 pour un ; le 3, de 206 pour un ; le 4, de 216 pour un ; le 5, de 212 pour un ; le 6, de 217 pour un ; le 7, de 220 pour un ; le 8, de 224 pour un ; le 9, de 221 pour un ; le 11, de 221 pour un ; le 12, de 228 pour un ; le 13, de 216 pour un.

Jusqu'au 30 nivôse, il avait déjà été versé par les communes du canton de Mont-aux-Malades, en assignats, une somme de 2 millions 535.252 l.

Mont-aux-Malades avait payé 207.556 l.; *Sotteville*, 152.550 ; Martin-du-Vivier, 17.000 l. ; Mesnil-Esnard, 121.1351. ; Blosseville, 636.557 l.; Petit-Quevilly, 121.000 l. ; Grand-Quevilly, 193.084 l.; Déville, 573.000 l. ; Maromme, 283.000 l. ; Aignan, 47.800 l.

* * *

Le service de la garde nationale, définitivement organisé, fonctionne régulièrement dans toutes les communes du canton de Mont-aux-Malades, à l'exception, toutefois, de celle de Sotteville. Le 25 messidor an IV, le commissaire du directoire exécutif du canton s'en plaint au chef de bataillon Denis Guyant, et lui représente que le service est pourtant indispensable, « principalement dans ce moment où des brigands se répandent dans les campagnes et profitent de la nuit pour piller, voler et se porter à des excès les plus cruels, puisqu'ils s'emparent des individus, leur mettent les pieds dans le feu pour les forcer à déclarer où sont leurs trésors ». Il exige que des patrouilles soient faites la nuit.

Malgré cette recommandation pressante les choses restèrent en l'état. Le 19 thermidor, le commissaire cantonal s'en plaignit vivement au chef de la garde nationale, qu'il accusa d'être la seule cause de cette désorganisation regrettable, et le menaça de destitution et de poursuites.

Cette verte mercuriale produisit enfin son effet, et le chef de bataillon fit tous ses efforts pour réorganiser sa compagnie ; mais alors l'esprit d'indiscipline se mit parmi les hommes, et les officiers se virent en butte aux railleries et aux insultes. Le chef de bataillon en référa au directoire qui ordonna de traduire les insoumis et les réfractaires devant le conseil de discipline.

La grande assemblée de Sotteville, qui se tenait cette année le 4 fructidor, donna lieu à certaines craintes. Chaque année d'ailleurs, il n'était pas rare que des rixes n'eussent lieu. Ces craintes étaient encore augmentées en l'an IV par la présence à Rouen d'un grand nombre de soldats. La conduite par eux tenue depuis quelque temps dans cette commune, faisant du tapage, tirant le sabre quand ils étaient ivres, était, on en conviendra, peu rassurante. Le commandant de la garde nationale demanda alors 24 fusils pour armer ses hommes, qui en étaient dépourvus. Cette demande lui fut accordée, et il ne semble pas qu'on eut, dans cette journée où la foule fut prodigieuse, à réprimer de désordres sérieux.

。。

Le 18 messidor an IV, l'administration centrale du département demandait aux municipalités cantonales un état des églises situées dans leur circonscription. Mais cette circulaire resta lettre morte. Le 23 vendémiaire an VII, le département renouvelait sa demande, et cette fois il put obtenir satisfaction.

De l'état dressé par la Municipalité cantonale du canton de Mont-aux-Malades, il résulte qu'à Aignan, Boisguillaume, Martin-du-Vivier, Sotteville, Petit-Quevilly, Déville et Maromme, l'église, composée d'une nef et d'un chœur, était affectée au culte catholique ; à Sotteville, toutefois, le culte ne s'y exerçait que par intervalle.

Au Mont-aux-Malades, l'église comprenait une nef, un chœur et deux collatéraux ; à Mesnil-Esnard, une nef, un chœur et un collatéral ; à Blosseville-la-Montagne, une nef, un chœur et deux côtés collatéraux ; à Grand-Quevilly, même distribution. Comme les premières, elles servaient à l'exercice du culte catholique, à l'exception toutefois de celle de Mont-aux-Malades, affectée à l'usage d'un culte nouveau, le culte *théophilanthropique*.

Toutes étaient en assez bon état, à l'exception cependant de celles de Martin-du-Vivier, Sotteville, Déville et Maromme. Leur valeur était ainsi estimée : Mont-aux-Malades, 2.000 l.; Sotteville, 2.400 l.; Aignan, 1.500 l.; Boisguillaume, 2.000 l.; Martin-du-Vivier, 1.000 l.; Mesnil-Esnard, 1.000 l.; Blosseville, 1.500 l.; Grand-Quevilly, 1.500; Petit-Quevilly, 1.000 l.; Déville, 1.000 l.; Maromme, 800 l.

* *

Vers la même époque il fut établi, sur la demande du ministre des finances, un état des domaines nationaux non aliénés et servant à des établissements publics. Il n'y avait, dans ce cas, que les ci-devant presbytères et leurs dépendances, accordés aux instituteurs à titre de résidence. Ces immeubles furent ainsi spécifiés :

*Sotteville*. — Le presbytère, un jardin de 30 perches, avec écurie, cave, cellier, etc., le tout contenant 55 perches, estimés 8.000 l., pouvant donner 300 l. de revenu.

En outre, il y avait encore, affecté au même emploi, une autre maison avec petit jardin, contenant ensemble 5 perches, estimés 2.000 l. ou 60 l. de revenu.

*Aignan*. — Le presbytère et son jardin, avec grange, écurie, étable, pressoir, contenant 7 vergées, estimés 12.000 l. ou 400 l. de revenu.

*Maromme*. — Le presbytère, jardin de 20 perches, avec four, grange, le tout contenant 120 perches, valant 3.000 l. ou 80 l. de revenu.

*Déville*. — Presbytère et jardin de 30 perches, pressoir, etc.; valeur : 4.000 l. ou 150 l. de revenu.

*Boisguillaume*. — Maison vicariale et jardin, contenant en tout 20 perches, estimés 2.000 l. ou 80 l. de revenu.

*Grand-Quevilly*. — Presbytère avec tous ses bâtiments accessoires, et un jardin, contenant en tout une demi-acre, valant 7.000 l. ou 200 l. de revenu.

*Blosseville*. — Maison et jardin, contenant 14 perches, et valant 3.000 l. ou 100 l. de revenu.

La loi du 2e jour complémentaire an II avait accordé aux anciens ministres du culte catholique et aux religieux qui avaient prêté les serments requis par la Constitution, une pension qui leur devait être payée chaque trimestre par le Trésor national.

D'après un état qui fut dressé au mois de messidor an IV, les ministres et les religieux habitant le canton de Mont-aux-Malades étaient au nombre de 25 :

*Sotteville.* — Joly (Jean-Jacques), ex-curé, né le 6 mars 1740, une pension de 2.400 l. — Quelques mois plus tard il fut reconnu que le curé Joly avait rétracté son serment, et sa pension lui fut retirée. — Grappe (Jean), ancien capucin. — Marie-Jeanne Voisin, Marie-Anne Fauquet, Marie-Anne Mulot, Marie-Anne Hérisson, toutes quatre religieuses, tenant les écoles, et recevant une pension de 400, 360, 325 et 400 l.

*Mont-aux-Malades.* — Auber (Charles-Jean), ancien curé, une pension de 1.200 l.; Avisse, ex-curé d'Auffay, 1.500 l.; Godquin, ancien vicaire de Saint-Ouen, 1.200 l.

*Aignan.* — Le Bret, ancien curé, 1.200 l.

*Déville.* — Morel, curé de cette ancienne paroisse, 1.500 l.; Delafosse, ancien vicaire de Saint-Gervais, 1.000 l.

*Petit-Quevilly.* — Ouy, ancien curé, 1.500 l.; Troussel et Tesson, anciens religieux, 900 l. et 800 l.; Millet, ex-curé de Thomas-la-Chaussée, 1.200 l.

*Blosseville.* — Bucaille, curé, 1.200 l.; Leblond, ex-curé d'Ivry; Vanier, ex-curé de Saint-Aubin-du-Vieil-Evreux.

*Mesnil-Esnard.* — Boutigny, curé, 1.500 l.

*Maromme.* — Bucaille, curé, 1.500 l.; Mazeline, ex-capucin, 400 l.

*Martin-du-Vivier.* — Venambre, curé, 1.500 l.

*Boiguillaume.* — Mignot, curé, 1.500 l.; Attelais, religieuse d'Ernemont, 400 l.

\*\*\*

Au commencement de l'an V, la question de translation du lieu des séances préoccupe de nouveau la Municipalité du canton de Mont-aux-Malades. Un mémoire lui est présenté à ce sujet par Legendre. La Municipalité l'approuve. Une délégation est élue pour l'aller porter au ministre, à Paris. Cette délégation est composée des citoyens Legendre, Godquin et Lefebvre ; mais le jour où ils doivent partir, on leur donne connaissance d'une lettre du ministre défendant aux administrations d'envoyer des députations pour solliciter la solution d'affaires quelconques, sans avoir, au préalable, obtenu une autorisation expresse du gouvernement. La Municipalité décide alors de demander cette autorisation ; elle désigne en même temps deux commissaires pour procéder à la recherche d'un local convenable dans la commune de Mont-aux-Malades.

— Le 18 frimaire, on apprend que des émissaires anglais parcourent le département pour y acheter du blé au compte de leur gouvernement. Il est recommandé de les surveiller. Les agents municipaux sont chargés de ce soin. La chose est d'ailleurs facile dans le canton de Mont-aux-Malades, puisqu'il n'y existe pas de marché.

D'autre part, les brigands continuent à infester toute la contrée. L'unique moyen de s'en débarrasser est de faire des patrouilles multipliées ; déjà l'administration départementale, par son arrêté du 18 vendémiaire, les avait ordonnées : malheureusement les Municipalités ne s'empressèrent guère de les organiser. Il est vrai qu'elles étaient dépourvues des choses les plus indispensables. Nulle part il n'existait de corps de garde, et les patrouilles, privées d'armes et de munitions, ne pouvaient être bien redoutables pour des brigands toujours en bande nombreuse et armés jusqu'aux dents.

Tout à côté de Sotteville, les habitants d'Eauplet et de Lescure ne vivent pas en bonne intelligence avec leurs concitoyens de

Bonsecours. Aussi ont-ils formé le projet de se détacher de cette dernière commune pour en former une nouvelle qui prendrait le nom de Lescure. Ils adressent, à cet effet, une pétition à la Municipalité cantonale de Mont-aux-Malades. Celle-ci ne paraît pas devoir se rendre à leurs raisons et, s'ils ne peuvent ou ne veulent plus s'entendre avec leurs compatriotes de Bonsecours, la Municipalité croit qu'il serait préférable et plus utile de réunir Lescure à la Mivoie, et la partie d'Eauplet dépendant de Bonsecours, à Rouen. Toutefois, une information sera faite.

Ce n'était certainement pas ce qu'avaient espéré les mécontents; aussi préférèrent-ils encore le *statu quo*, et l'affaire en resta là.

De leur côté, les habitants de Sotteville sont en différend avec le citoyen Magloire Lerat, qu'ils accusent d'avoir fait à son profit certaines entreprises sur la voie publique. On recherche le papier terrier de la paroisse et on apprend qu'il a été, à une certaine époque antérieure, porté à la Cour des Libraires. Depuis, qu'est-il devenu?

.·.

Le 27 frimaire, les délégués de la Municipalité lui font connaître que leurs démarches pour trouver un local pouvant servir de lieu de réunion à l'assemblée, n'ont donné aucun résultat à Mont-aux-Malades. La Municipalité ne sait plus où siéger et où mettre ses archives et ses papiers en sûreté. Le local qu'elle avait jusqu'alors occupé à Mont-aux-Malades a dû être immédiatement remis au principal locataire, sur sommation d'huissier; elle est sur le pavé.

En présence des inextricables difficultés au milieu desquelles se meut cette malheureuse assemblée, qui ne peut trouver un gîte, le département l'autorise, dans le cas où aucun immeuble à Mont-aux-Malades ne lui serait convenable ou qu'aucun propriétaire ne consentirait à la loger, à louer une maison dans le quartier Saint-Gervais. On lui offre alors, pour trois mois seulement, un petit pavillon près du cimetière de cette paroisse. L'assemblée est heureuse de l'accepter, faute de mieux. Pendant ce temps, elle en

7

cherchera un autre plus convenable. Legendre, agent municipal de Mont-aux-Malades, déclare toutefois s'opposer à cette résolution et fait, mais en vain, tous ses efforts pour faire revenir la Municipalité sur sa décision et la ramener dans sa commune chef-lieu.

* * *

Au commencement de ventôse, une décision de la Municipalité cantonale met en émoi les habitants de Sotteville. Un grand nombre d'entre eux s'étaient cotisés pour « faire un sort honnête » au citoyen Durand, afin qu'il sonnât la cloche matin, midi et soir, suivant l'autorisation qu'ils en avaient obtenue de l'administration supérieure ; et un beau jour ils apprennent avec surprise que l'agent municipal de leur commune, Bazire, « avait enlevé Durand à l'exercice de ses fonctions ». Leur étonnement est d'autant plus grand qu'à l'origine Bazire avait lui-même proposé Durand. Ils demandent donc que Durand reprenne son service, ou qu'alors Bazire leur restitue la somme de 243 l., montant de la collecte faite en faveur de Durand.

Comme l'agent municipal refuse de les entendre, les mécontents s'adressent à la Municipalité cantonale et lui exposent que Durand n'a commis aucun abus puisqu'il ne se mêle que de l'appel des ouvriers et de la sonnerie d'incendie ; ils ne font point de difficulté de reconnaître que la cloche est sonnée pour la messe et les vêpres du curé Joly, mais Durand n'en saurait être rendu responsable. Le curé Joly, ami intime de l'agent municipal, possède une clef du temple ; enfin Bazire, qui se montre si difficile et si intolérant en cette circonstance, assiste avec toute sa famille aux offices du curé.

Malgré ces bonnes raisons, la Municipalité rejeta la pétition des habitants de Sotteville, et pendant plusieurs mois nous voyons ceux-ci harceler constamment l'agent municipal de cette commune pour qu'il ait à leur rendre leur argent (1).

Cette décision de la Municipalité donna lieu d'ailleurs, à Sotte-

---

(1) *Archives de la Seine-Inférieure.* — Canton de Mont-aux-Malades.

ville, à une certaine effervescence. La confrérie de Charité qui venait de se reconstituer, et qui était alors composée des citoyens Charles Lesueur, Nicolas Gosse, Louis Hébert, Félix Moulin, Pascal Lesueur, Michel Pasdeloup, Pierre Brunet fils et Louis-Gabriel Bocquet, refuse de s'y soumettre et continue à faire sonner sa messe. Elle est alors dénoncée à la Municipalité ; de plus, on accuse ses membres d'aller, « décorés de leurs chaperons et précédés d'une croix », chercher les morts pour les transporter à l'église. « Cette conduite, disent les dénonciateurs, est une contravention formelle à la loi du 7 ventôse an IV. » L'ancien maire, Marc Lefebvre, est au premier rang parmi les adversaires de la nouvelle confrérie, et exige que la sonnerie soit interdite le dimanche : « Quelques esprits exaspérés, dit-il, pourront murmurer ; les faux dévôts pourront soupirer », mais il veut que la loi soit obéie. Les partisans de la Charité demandent, de leur côté, pourquoi on interdirait la sonnerie à Sotteville quand elle est permise dans les communes voisines, notamment à Saint-Étienne-du-Rouvray.

De part et d'autre les esprits s'échauffent ; des reproches grossiers sont échangés, et l'ancien maire est invectivé « par des gens payés peut-être, dit-il, pour le faire ».

Mais force dut rester à la loi, et les sonneries furent interdites (1).

* * *

Sotteville va enfin avoir son école primaire, et au commencement de ventôse le citoyen Hébert y est nommé instituteur. Il est installé le 29 du même mois.

— L'emprunt forcé continue à donner lieu à de nombreuses difficultés ; la plupart des communes s'y montrent de plus en plus réfractaires, et Sotteville est une de celles où il est le plus mal accueilli. Le gouvernement fait proclamation sur proclamation, affiche sur affiche ; peine perdue. Il menace alors d'user des moyens extrêmes, de saisir le mobilier des contribuables et de le faire vendre sur la place publique.

---

(1) *Archives de la Seine-Inférieure*. — Canton de Mont-aux-Malades.

— Le 1er germinal, a lieu, dans l'église de Sotteville, une réunion des citoyens actifs, — c'est-à-dire âgés de vingt et un ans et payant une contribution égale à la valeur de trois journées de travail, — des communes de Sotteville, Grand et Petit-Quevilly, Bonsecours et Mesnil-Esnard, formant la deuxième assemblée primaire du canton et comprenant en tout 633 membres, pour nommer trois électeurs au collège départemental. Au premier tour de scrutin, un seul est élu : Pierre Delamare, de Petit-Quevilly ; le second tour a lieu le lendemain : les citoyens Langer, de Sotteville, et Bertin, de Bonsecours, complètent la liste. Sotteville comptait 237 électeurs ; 44 seulement prirent part au vote.

— A part quelques incidents locaux qui n'agitent que superficiellement les esprits, quelques rivalités de personnes se disputant les fonctions municipales, tout le canton est signalé comme tranquille pendant le mois de ventôse. A Boisguillaume, toutefois, il s'y forme chaque jour, et à divers endroits de la commune, des rassemblements d'une douzaine de personnes bien connues pour être des ennemis du gouvernement. L'habitation d'un nommé Fribourg, qui occupe la maison de la citoyenne d'Amfreville, est représentée comme suspecte. Un mandat d'arrêt est alors lancé contre Fribourg.

Au commencement de germinal, une effervescence se produit ; les royalistes cherchent à corrompre l'esprit public en usant de tous les moyens possibles pour y parvenir ; les communes de Boisguillaume et de Saint-Martin-du-Vivier sont surtout signalées comme étant le foyer de la réaction. A Boisguillaume, un assez grand nombre de cultivateurs sont subjugués par des meneurs ; à Saint-Martin-du-Vivier, les réactionnaires sont moins écoutés, et la majorité des habitants est signalée comme revenant à de meilleurs sentiments. Le district est persuadé que le parti royaliste dans le canton de Mont-aux-Malades est faible et pas à craindre.

Cette tranquillité générale se maintient pendant les premiers jours de floréal.

— Le 20 prairial, on devait procéder au renouvellement des

officiers de la garde nationale ; mais dans la plupart des communes personne ne répond aux convocations. Le directoire du district constate que « l'apathie et l'indifférence pour les services publics sont à leur comble ». Déjà deux ou trois convocations à ce sujet avaient été faites et la dernière avait été tout aussi infructueuse que la première. D'autre part, un grand nombre d'habitants de Grand-Quevilly refusent de payer leurs impositions.

— L'administration cantonale doit de nouveau abandonner son local attenant au cimetière Saint-Gervais ; mais elle est parvenue enfin à en trouver un autre plus convenable. Le 9 germinal, elle s'installe rue Chasselièvre, 11.

— Le 26 fructidor, des élections ont lieu dans toutes les communes du canton pour le renouvellement partiel des membres composant la Municipalité. Sont élus : Marc Lefebvre, adjoint à Sotteville ; Laurent Duval, adjoint à Mont-aux-Malades ; Bonnare, adjoint à Boisguillaume ; Th. Buré, adjoint à Saint-Martin-du-Vivier ; Monnoyé, agent, et Trinité, adjoint, à Mesnil-Esnard ; Lefebvre, agent à Blosseville ; Delamare, agent, et Millet, adjoint, à Petit-Quevilly ; Osmont, adjoint à Grand-Quevilly ; Ridel, agent, et Edet, adjoint à Déville ; Gremoin, agent, et Michel Henry, adjoint à Saint-Aignan ; Moulin, agent à Maromme.

Deux jours plus tard, les ministres du culte demandent à renouveler leur serment. Nous voyons ainsi comparaître devant la Municipalité cantonale, les curés Boutigny, à Mesnil-Esnard ; Venambre, à Saint-Martin-du-Vivier ; Le Bret, à Saint-Aignan ; Boudin, à Grand-Quevilly ; Ouy, à Petit-Quevilly ; Delafosse, à Bonsecours.

Les curés Bucaille, à Maromme ; Joly, à Sotteville, et son ancien vicaire Fourquemin, qui, sans doute, avaient eu besoin de réfléchir plus longuement, se décident enfin à prêter serment le 3e jour complémentaire.

— Quelques difficultés surgissent entre les communes de Sotteville et de Saint-Etienne, relativement à la nouvelle délimitation territoriale effectuée en 1791. Des commissaires sont nommés pour établir d'une manière définitive la limite de ces deux communes.

Au commencement de floréal, on procéda, dans tout le canton, à un nouveau recensement de la population à la suite duquel fut établi un état de répartition de la somme de 52.290 l. assignée au canton de Mont-aux-Malades, comme contribution personnelle, mobilière et somptuaire.

La population cantonale se composait de 12.406 habitants et 2.370 imposables se répartissant ainsi :

|  | Habitants | Imposables | Contribution totale | |
|---|---|---|---|---|
| Sotteville............... | 2.800 | 400 | 8.375 l. | » |
| Mont-aux-Malades....... | 608 | 110 | 2.812 | 10 s. |
| Saint-Aignan........... | 550 | 120 | 2.437 | 10 |
| Boisguillaume.......... | 1.403 | 313 | 8.375 | » |
| Saint-Martin-du-Vivier... | 500 | 108 | 3.353 | 15 |
| Mesnil-Esnard.......... | 995 | 170 | 3.907 | 10 |
| Blosseville............. | 800 | 170 | 5.032 | 10 |
| Petit-Quevilly........... | 684 | 149 | 2.812 | 10 |
| Grand-Quevilly......... | 1.256 | 260 | 4.187 | 10 |
| Déville................. | 1.500 | 280 | 5.777 | 10 |
| Maromme............... | 1.310 | 190 | 5.218 | 15 |

Cette répartition donna lieu à des plaintes assez vives. Les plus fortunés étaient, disait-on, épargnés, tandis que les plus pauvres se trouvaient surchargés. Le département ordonna une vérification sérieuse des revenus et des rôles.

— A la suite des événements de floréal, une certaine agitation s'était manifestée dans tout le canton, et le département prescrivit aux municipalités de lui fournir mensuellement un état de situation.

Le 24 fructidor, la Municipalité reconnaissait que l'esprit public était mauvais dans certaines communes ; cependant elle avait la certitude que les derniers événements rendront aux vrais amis de la Patrie, trop longtemps comprimés, l'énergie qu'ils n'auraient pas dû perdre.

Cette espérance, toutefois, semble ne s'être point réalisée, car à la fin de thermidor l'assemblée cantonale reconnaissait que l'esprit public dans le canton n'était point satisfaisant. La loi du 7 vendémiaire, sur la police des cultes, y est totalement méconnue ; partout les cérémonies religieuses s'annoncent au son de la cloche. Dans toutes les campagnes des émissaires répandent les bruits les plus faux et annoncent la fin prochaine des lois révolutionnaires. « L'esprit public y est tellement dépravé, ajoute-t-elle, que les « agents municipaux n'osent pas même constater les délits par des « procès-verbaux. La rentrée des impôts ne se fait plus avec la « même célérité : depuis trois mois le receveur n'a pu rien percevoir au Grand-Quevilly. Le département devra prendre une « décision à cet égard et augmenter le nombre des garnisaires. »

Sotteville se montre une des communes les plus réactionnaires. Non seulement les offices religieux sont annoncés au son de la cloche, mais les processions se font maintenant hors le temple. L'agent municipal a voulu dresser des procès-verbaux contre ces infractions ; il a été hué et a dû s'abstenir devant l'impossibilité de se faire écouter.

Maromme est dans la même situation.

— Le 3 thermidor, il est fait mention, à Sotteville, d'un sieur Joseph Le Roy, teinturier en bleu.

L'instituteur Hébert, pour des motifs que nous ignorons, quitte Sotteville à la fin de thermidor et va s'installer à Déville.

— Un jeune volontaire de Sotteville, Adrien Valeux, rentré dans ses foyers après avoir eu la jambe cassée d'une balle de fusil en combattant vaillamment sur la corvette l'*Insolent*, sollicitait, à la fin de thermidor, une pension du gouvernement.

## CHAPITRE V

Sotteville et le canton de Mont-aux-Malades de l'an VI a l'an VIII. — La célébration du culte a Sotteville. — La fête de la Souveraineté du peuple. — La Municipalité cantonale. — Le role des patentes. — Souscription pour les incendiés de la Mi-Voie. — La fête de l'Agriculture. — Mouvement réactionnaire. — Fêtes républicaines. — Coup d'état du 18 brumaire. — L'instruction primaire dans le canton de Mont-aux-Malades en l'an VII.

Peu de faits importants sont à signaler pendant le cours de l'an VI à Sotteville.

Dans la séance de la Municipalité du 8 frimaire, il est donné lecture d'un arrêté du département qui suspend provisoirement de leurs fonctions les agents municipaux de Sotteville, Saint-Martin-du-Vivier, Mont-aux-Malades, Grand-Quevilly et Maromme pour n'avoir pas dénoncé les infractions aux lois sur la police des cultes commises dans leurs communes respectives. Il paraît que, sous ce rapport, l'agent municipal de Sotteville avait complètement manqué à son devoir. D'autre part, le presbytère, resté sans réparations depuis le différend survenu avec les héritiers du curé Vattier et du curé Joly, se trouvait dans le plus pitoyable état ; des placards et des lambris en avaient même été enlevés. Le curé Joly, qui a dû recevoir à son arrivée dans la commune les 1.154 l. versés par le curé Lecesne, devra fournir des explications.

— Dans la nuit du 22 au 23 frimaire, un ouragan d'une violence extrême causa à Sotteville d'importants dégâts ; une maison de l'île du Jonquay, appartenant au citoyen Valclair, fut emportée.

— Le conflit entre l'agent municipal et la majorité des habitants de Sotteville, relativement à la célébration du culte, continue. Ceux-ci font défense au bedeau de remettre à la Municipalité les clefs de l'église, du cimetière et du clocher. L'agent municipal, pour obéir à l'arrêté du département du 22 frimaire, qui interdit de sonner les cloches hors les cas d'incendie, de convocation des assemblées municipales, d'attaque des brigands, lui enjoint d'avoir à les lui remettre dans les vingt-quatre heures. Mais il n'en est rien fait et les sonneries pour les offices continuent comme par le passé. L'agent municipal fait alors donner lecture de la loi du 12 vendémiaire an IV, qui considérait que « la coïncidence de ces sonneries « avec les époques du jour consacrées à des cérémonies périodiques « d'un culte, ne tendait qu'à perpétuer le souvenir d'idées « religieuses dont le fanatisme ne s'est que trop habilement servi « jusqu'à ce jour pour alarmer les consciences, diviser les esprits « et troubler l'ordre public. »

Ce fut peine perdue. Le district en fit retomber toute la responsabilité sur l'adjoint municipal Lefebvre et le suspendit de ses fonctions. L'agent municipal Bazire éprouva bientôt le même sort et, le 1er pluviose, Noël Pigerre et Augustin Guyot étaient élus : le premier, agent, et le second, adjoint; ils étaient installés le 14 du même mois. Mais sans doute mieux instruit de la situation et des difficultés rencontrées par Lefebvre, le district revenait, le 18 germinal, sur sa décision, levait la suspension qui avait frappé l'ancien adjoint et le réintégrait dans ses fonctions.

\*
\* \*

Le 30 ventôse, on célèbre dans tout le canton la fête de la Souveraineté du Peuple, avec programmes variés.

A Sotteville, la garde nationale est convoquée et vingt vieillards, représentant le peuple, choisissent quatre des jeunes gens les plus assidus aux écoles pour se réunir au cortège qui, de la maison d'école, se rend à l'arbre de la Liberté où un autel à la Patrie avait été dressé. Là des hymnes sont chantés, un des vieillards donne lecture de la loi et le cortège se rend au chef-lieu de canton.

Au Grand-Quevilly, le procès-verbal se borne à constater que la fête a été célébrée de la manière la plus solennelle.

Au Petit-Quevilly, douze vieillards, non célibataires, représentent le peuple; ils ont à la main une baguette blanche. Quatre jeunes gens portent chacun une bannière. La première a pour inscription : *La souveraineté réside essentiellement dans l'universalité des citoyens;* la seconde : *L'universalité des citoyens français est le souverain;* la troisième : *Nul ne peut, sans une délégation légale, exercer aucune autorité ni remplir aucune fonction publique;* enfin la quatrième : *Les citoyens se rappelleront sans cesse que c'est de la sagesse dans les assemblées primaires et électorales que dépendent principalement la durée, la conservation et la prospérité de la République,* — tous principes tirés des *Droits de l'homme.* La fête se poursuit conformément au programme, et le cortège se rend également au chef-lieu de canton.

A Aignan, à Déville, à Boisguillaume, à Blosseville, à Martin-du-Vivier, à Mesnil-Esnard, etc., il en est de même.

\*
\* \*

Le 30 germinal, il fut procédé dans toutes les communes du canton au renouvellement par moitié de l'assemblée municipale, qui se trouva dès lors ainsi composée :

*Sotteville.* — Marc Lefebvre, agent; Noël Pigerre, adjoint.
*Mont-aux-Malades.* — Legendre, agent; E. Morant, adjoint.
*Aignan.* — Anquetin, agent; Ferrand, adjoint.
*Maromme.* — Moulin, agent; Berrubé, adjoint.
*Déville.* — Gonfreville, agent; Marc fils, adjoint.
*Boisguillaume.* — Monnoye, agent; Bonnard, adjoint.
*Martin-du-Vivier.* — B. Letellier, agent; G. Blondel, adjoint.
*Blosseville.* — Soudat, agent; Doudeville, adjoint.
*Mesnil-Esnard.* — Jumelin, agent; G. Boutigny, adjoint.
*Petit-Quevilly.* — Delamare, agent; Millet, adjoint.
*Grand-Quevilly.* — André Boutigny, agent; L. Darré, adjoint.

A la suite de cette élection, le commissaire du directoire fait au département un rapport sur la situation morale du canton :

« L'esprit public, dit-il, s'y ravive tous les jours de plus en plus,

« tellement que cette année les *fils légitimes* ont abandonné le
« champ de bataille aux républicains qui ont fait des choix dignes
« d'eux. Des 11 électeurs nommés par les deux assemblées de
« Sotteville et de Mont-aux-Malades, 1 seul est notoirement hostile
« au gouvernement : Germain Delamare, riche propriétaire de
« Grand-Quevilly, et possédant dans cette commune toutes les
« propriétés du ci-devant marquis de Cany, ce qui lui donne
« beaucoup d'influence; toutefois, s'il n'est pas partisan de la
« Constitution de l'an III, il est incapable de conspirer contre elle.

« Le canton a fait choix pour juge de paix d'un homme simple et
« sans passion, le citoyen Lechevallier, de Martin-du-Vivier; c'est
« à lui que l'on doit l'esprit qui règne maintenant dans cette
« commune dont les habitants étaient vendus, avant le 18 fructidor,
« à la faction royaliste.

Le commissaire du directoire entre ensuite dans quelques détails sur l'esprit des officiers municipaux élus dans chaque commune.

A *Sotteville*, l'agent Marc Lefebvre est reconnu « pour un homme
« à passions bien vives et un esprit vindicatif, il n'a exercé les
« fonctions municipales, d'après ses propres déclarations, unique-
« ment que pour satisfaire des vengeances particulières : il le
« surveillera. Pigerre, adjoint, ne lui est pas connu. »

A *Maromme*, Moulin a été réélu après avoir été suspendu provisoirement par le département et réintégré par le Directoire.

A *Grand-Quevilly*, André Boutigny a été destitué quatre mois auparavant pour incapacité. Léonard Darré sait à peine lire et écrire et est reconnu d'ailleurs pour un mauvais citoyen. Il était du nombre des individus qui, l'année précédente, s'étaient coalisés pour empêcher le recouvrement de la cotisation foncière. Il sollicite la destitution de ces deux fonctionnaires, d'autant plus que « l'esprit
« public de cette commune n'étant pas bon, il ne pourra s'améliorer
« qu'autant que les habitants auront à leur tête des hommes
« énergiques. »

A *Mesnil-Esnard*, Jumelin, fermier du citoyen Flambart, se recommande par son incivisme. Le fermier professe les mêmes principes que son maître. L'adjoint est un bon patriote, sage et éclairé.

*Bonsecours*, est bien représenté. L'agent et son adjoint sont deux citoyens qui ont donné beaucoup de preuves de dévouement.

*Martin-du-Vivier* a un bon agent, mais son adjoint est un royaliste forcené; l'année dernière, il était à la tête de la faction qui poursuivait tous les amis du gouvernement avec Venambre, ministre du culte, et un ex-prêtre, Vittecoq.

A *Boisguillaume*, les *fils légitimes* qui n'ont osé se montrer à l'assemblée primaire de Mont-aux-Malades, se sont présentés audacieusement à l'assemblée communale de Boisguillaume. Les républicains, écœurés des moyens employés, se sont retirés au pied de l'arbre de la Liberté; ils demandent un local pour faire leurs réunions.

A *Déville*, les élus de cette commune jouissent d'une grande considération.

A la même époque, il fut dressé un état des patentés du canton. Cet état accuse une augmentation considérable, par rapport à l'année précédente, ainsi d'ailleurs qu'on va le voir :

| Communes | An VI | | An V | |
|---|---|---|---|---|
| | Patentés | Produits | Patentés | Produits |
| Sotteville......... | 177 | 1.037 l. 75 s. | 102 | 663 l. » |
| Mont-aux-Malades .. | 68 | 405 50 | 26 | 234 » |
| Boisguillaume..... | 105 | 742 50 | 62 | 402 » |
| Martin-du-Vivier... | 36 | 239 » | 9 | 82 » |
| Mesnil-Esnard..... | 83 | 679 » | 40 | 271 » |
| Bonsecours........ | 85 | 1.000 » | 56 | 765 » |
| Grand-Quevilly.... | 53 | 422 50 | 50 | 401 » |
| Petit-Quevilly...... | 52 | 334 75 | 26 | 232 10 s. |
| Déville............ | 131 | 1.232 » | 111 | 1.128 10 |
| Maromme......... | 103 | 688 » | 55 | 592 15 |
| Aignan .......... | 60 | 130 » | 22 | 163 » |

Sotteville, qui avait alors 2.200 habitants, comptait 77 ouvriers toiliers travaillant chez eux pour autrui.

\*\*\*

Un événement dont le souvenir affecta longtemps douloureusement ceux qui en furent les victimes, se produisit le 27 germinal dans la commune de la Mi-Voie.

Ce jour, partait de Rouen, pour se rendre à Louviers, un détachement du corps des guides de Bonaparte. Traités à Rouen avec beaucoup de bienveillance, ces soldats quittaient la ville avec regret, et avant leur départ se livrèrent à de nombreux excès ; un très grand nombre étaient donc en état voisin de l'ivresse ; aussi descendirent-ils la rue Grand-Pont et la partie du port qui conduit à la route de Paris, au grand galop de leurs chevaux, traînant après eux leur artillerie et leurs caissons.

Ils continuèrent ainsi, marchant d'un train d'enfer, jusqu'à la Mi-Voie. Là, tout à coup, dans un endroit où la route est de chaque côté bordée de maisons, la poudre, échauffée par le froissement des gargousses, prit feu dans un caisson où se trouvaient des obus. L'explosion fut terrible, avec un fracas épouvantable. Deux malheureux ouvriers, occupés à scier du bois sur la route, furent les premières victimes. Bientôt les obus enflammés, lancés avec force contre les maisons voisines, y mirent le feu. La troupe donna aussitôt l'alarme au son du canon ; mais les progrès rapides des flammes, le temps qu'il fallut aux pompes de Rouen pour arriver permirent à l'incendie de se développer avec rapidité. Une douzaine de maisons où le feu avait pris en même temps le communiquèrent à plusieurs autres.

Trente-deux bâtiments furent ainsi consumés, vingt-six familles réduites à toutes les horreurs de la misère, et perdant en quelques heures le fruit de leurs travaux et de leurs veilles pendant plusieurs années.

La situation affligeante des malheureuses victimes de cet accident excita dans la contrée la compassion d'un grand nombre de citoyens. La ville de Rouen envoya immédiatement les premiers secours ; de son côté, l'administration centrale adressa un pressant appel aux habitants des campagnes. Une souscription fut organisée dans le canton de Mont-aux-Malades ; elle produisit 1.921 l. 12 s. 6 d.

\* \*

Le 3 floréal, l'administration centrale du département renvoyait à la Municipalité de Sotteville une pétition des locataires d'une ferme sise en cette commune et ayant appartenu à l'ordre de Malte, par laquelle ils demandaient qu'il leur soit tenu compte dans leurs fermages d'une somme de 450 l. payée pour imposition en 1792.

— Des déprédations ayant été commises dans l'église de Sotteville, il est ordonné d'en faire changer toutes les serrures.

— Le 28 floréal, la fête des Victoires est célébrée avec pompe à Sotteville et dans tout le canton.

Le même jour, l'agent et l'adjoint municipal de Sotteville protestent contre les vexations de tous genres que fait exercer par des garnisaires envers les contribuables le percepteur de la commune, Toutain, et blâme avec énergie la conduite de ce fonctionnaire.

Par une circulaire du 7 prairial, l'administration centrale du département informe les Municipalités que « des hordes d'émigrés, « de prêtres réfractaires, doivent être incessamment vomis sur nos « côtes par ordre du gouvernement anglais ; que leur mission est « d'incendier, piller, assassiner ; que d'autres bandes d'Anglais, « Maltais, Napolitains, doivent se joindre à eux ». Il est alors recommandé aux Municipalités d'exercer une surveillance des plus actives et de faire procéder à de minutieuses visites domiciliaires. Le département croit qu'il existe dans la contrée des maisons suspectes qui servent de « repaire à ces cannibales ». Les agents municipaux sont chargés de cette surveillance et de ces recherches.

— En vertu de l'arrêté du gouvernement qui défendait les rassemblements sur la voie publique, la Municipalité cantonale de Mont-aux-Malades veut interdire les danses et les réjouissances, et donne à ce sujet à ses agents des ordres formels. Cette résolution de la Municipalité causa à toute la jeunesse une vive irritation, et malgré ses défenses on dansa comme de coutume, au son du violon.

A Sotteville, Petit-Quevilly, Bonsecours, Saint-Aignan, Mont-aux-Malades, ces réunions devinrent même plus nombreuses que jamais. Les jeunes gens en étaient quittes pour se disperser à l'approche de l'autorité et se remettre à la danse aussitôt après son passage. Bientôt la Municipalité, comprenant enfin tout le ridicule de pareilles mesures, n'y prit plus garde, et les jeunes gens purent se divertir à leur gré.

A Boisguillaume, on dansait dans l'auberge de Letellier, dite les *Trois Pipes*.

— Le 8 messidor, des mesures sont prises pour assurer dans le canton l'exécution du calendrier républicain. Il est défendu de donner des bals aux jours fériés de l'ancien calendrier.

— Le 19 thermidor, Lefebvre, agent, et Pigerre, adjoint de Sotteville, sont suspendus de leurs fonctions pour fausses déclarations. Lefebvre avait, en outre, favorisé l'évasion d'un déserteur. Le citoyen Mullot, adjoint de Petit-Quevilly, est chargé des fonctions d'officier public à Sotteville pendant le temps que cette commune sera sans agent et sans adjoint.

— Le 28 thermidor, Pierre-Charles Mullot est élu adjoint municipal à Sotteville.

\* \*

Au milieu des graves préoccupations du moment le gouvernement songe à accélérer par tous les moyens dont il dispose les progrès de l'agriculture; le 28 prairial, des commissions cantonales sont nommées dans le but d'éclairer à ce sujet le pouvoir central. Celle de Mont-aux-Malades se compose des citoyens Adrien Hérisson, de Sotteville; Godefroy, de Saint-Aignan; Thiberville, de Mont-aux-Malades; Deschamps, de Blosseville; Nicolas Bigot, de Boisguillaume; Jumelin, de Mesnil-Esnard; Moulin, de Maromme; Gontier, de Grand-Quevilly; Delamare, de Petit-Quevilly; Thomas Buré, de Saint-Martin.

Le 10 messidor était le jour fixé pour célébrer la fête de l'Agriculture. La Municipalité cantonale, d'après les ordres du gouvernement, devait désigner à l'avance un cultivateur dont l'intelligence, l'activité, la bonne conduite méritaient d'être proposées comme modèles. La Municipalité porta son choix sur le citoyen Godefroy, de Saint-Aignan, et ordonna qu'il serait placé à côté du président pendant tout le temps de la cérémonie ; un prix lui serait décerné consistant en une faucille ornée d'un petit cercle d'argent sur lequel seront gravés ces mots : *Prix d'agriculture donné au citoyen Godefroy, l'an VI de la République.*

\*\*\*

Au commencement de l'an VII, l'esprit public dans le canton de Mont-aux-Malades est considéré comme laissant fort à désirer. Si quelques communes se distinguent par leur obéissance aux lois et leur amour pour le gouvernement, il en est d'autres, au contraire, où les institutions républicaines sont foulées aux pieds et où « le fanatisme exerce une influence dangereuse. » De ce nombre est Saint-Aignan. Le citoyen Gremouin, président de l'assemblée cantonale, a vu son domicile violé, ses fenêtres brisées, et chaque jour des lettres anonymes le menacent de mort. D'autres membres de la Municipalité sont l'objet des mêmes attaques. Les arbres de la Liberté sont coupés et mutilés ; des rassemblements factieux se produisent au grand jour, rien n'arrête plus les ennemis de la République. Deux gendarmes sont assassinés dans la nuit du 24 prairial ; les diligences sont pillées ; partout les royalistes et les Chouans sont en mouvement et combattent ouvertement au nom de Louis XVIII.

Le gouvernement essaie par tous les moyens de ramener l'esprit public à l'exécution des lois républicaines pour la plupart méprisées. Il multiplie les fêtes patriotiques et prescrit de leur donner le plus grand éclat.

La fête de la Reconnaissance donne lieu à une grande manifestation à Mont-aux-Malades. Le 10 prairial, la Municipalité est réunie au local de ses séances, à Saint-Gervais ; les gardes nationales du canton et les fonctionnaires l'assistent. Les défenseurs de la patrie blessés en combattant sont conduits par douze jeunes filles vêtues de blanc et ornées de ceintures tricolores.

Le cortège ainsi formé se rend à Mont-aux-Malades. Au pied de l'arbre de la Liberté, a été dressé un autel à la Patrie, décoré de guirlandes de chêne et de trophées, orné d'inscriptions portant le nom des armées de la République et des principales victoires qu'elles ont remportées. Sur l'autel sont déposées des couronnes et des palmes destinées à ceux que leurs blessures ont mis hors d'état de combattre. Tout autour sont rangés des sièges.

Le programme, toujours à peu près le même pour toutes ces fêtes, est ponctuellement exécuté au milieu des vivats de l'assemblée et des chants patriotiques.

— Le 20 prairial, toutes les communes du canton de Mont-aux-Malades se réunissent au chef-lieu pour la cérémonie funèbre en l'honneur des plénipotentiaires français assassinés à Rastadt par ordre du gouvernement autrichien. Les gardes nationales de tout le canton sont sous les armes et les tambours sont couverts de voiles noirs.

Au milieu de la partie supérieure du temple, s'élève un autel sur lequel est placée une urne funéraire voilée de crêpes, entourée de branches d'if, ornée d'une ceinture tricolore et au bas de laquelle on lit ces mots : « Aux mânes de Bonnier et de Roberjot. »

A l'arrivée du cortège, composé de la Municipalité cantonale, des gardes nationales, des fonctionnaires du canton, l'orgue joue des « airs lugubres ». Tous les assistants se rangent autour de l'urne et tiennent à la main des branches de chêne.

Lecture est alors donnée de la proclamation du Directoire exécutif sur l'assassinat des ambassadeurs français, qui se termine par le mot de : « Vengeance ! » répété par toute l'assemblée. Puis les chants patriotiques alternent avec de nouveaux discours et les airs lugubres de l'orgue. On proclame les noms des enfants du canton qui ont combattu au poste d'honneur. Les noms de ceux qui ont fui sont affichés aux murs du temple. La cérémonie se termine par la célébration des mariages des jeunes gens du canton et le *Chant du Départ*.

Les fêtes se succèdent ainsi, mais ce sont autant de beaux jours sans lendemain. La réaction continue son œuvre, et les bandes de brigands jettent la terreur dans les campagnes. Le 13 thermidor, une troupe de déserteurs osa venir prendre part à une fête champêtre, à Déville, sans que personne n'ait songé à les arrêter.

Cette anarchie, due surtout à la faiblesse du gouvernement, ne pouvait être que favorable aux projets de Bonaparte. Le 18 brumaire an VIII, le Directoire était renversé, les deux Chambres dissoutes, et une nouvelle Constitution proclamée et soumise à l'acceptation des citoyens. Un registre fut ouvert à cet effet dans toutes les communes. Dans le canton de Mont-aux-Malades, 293 votes seulement furent émis en faveur de l'acceptation ; il est vrai qu'aucune *non-acceptation* ne fut constatée. Ces 293 votes se décomposaient ainsi par communes :

Sotteville, 9 ; Mont-aux-Malades, 27 ; Saint-Aignan, 19 ; Boisguillaume, 31 ; Saint-Martin-du-Vivier, 1 ; Mesnil-Esnard, 12 ; Blosseville-Bonsecours, 55 ; Grand-Quevilly, 36 ; Petit-Quevilly, 18 ; Déville, 35 ; Maromme, 28 ; les secrétaires de l'administration, 22.

Il n'est pas inutile de rappeler qu'il y avait dans le canton 1.934 électeurs.

\* \*

Au commencement de l'an VII, le gouvernement avait prescrit une tournée d'inspection dans toutes les écoles existant sur le territoire de la République. Un rapport circonstancié devait lui être adressé.

Le 21 prairial, jour de ci-devant dimanche, le citoyen Caudrot, membre du jury d'instruction du département, et le commissaire du directoire du canton de Mont-aux-Malades commencèrent leur tournée.

A *Sotteville*, par où ils débutent, l'école publique de garçons est tenue par le citoyen Maufras. Une première surprise y attend les deux commissaires : il n'y a pas un seul élève dans l'école qu'ils trouvent dépourvue de tables et de bancs. Ils en témoignent tout leur étonnement à l'instituteur, qui leur répond qu'en ce moment il s'occupe de l'installation d'un nouveau local. D'ailleurs, il n'a que *six* élèves ; le plus âgé a dix ans. En ce qui concerne leur absence, l'instituteur déclare qu'il ne fait pas classe ce jour-là, « parce que les parents ne permettent pas à leurs enfants d'y venir « le jour du ci-devant dimanche ».

L'école des filles est tenue par la veuve Hétru et la veuve Mesange, qui habitent ensemble. Là, non plus, il n'y a pas d'élèves présentes ; mais celles qui fréquent l'école en temps ordinaire sont au nombre d'environ 50. Elles déclarent qu'elles ne font pas l'école le jour de leur culte, qui est le dimanche. Tous les livres dont elles se servent sont établis sur les doctrines de la religion chrétienne.

Les commissaires-inspecteurs leur font alors observer qu'elles ne doivent nullement s'occuper d'enseignement religieux, ceci étant réservé aux parents ; et ils les préviennent que si elles continuaient ces errements et refusaient d'enseigner les principes républicains, leur école serait fermée.

*Grand-Quevilly.* — Les deux commissaires continuent leur tournée par Grand-Quevilly. L'école primaire publique est tenue par le citoyen Havet ; mais pas plus qu'à Sotteville les élèves, d'ordinaire au nombre de 40, ne sont présents à l'école, et il en est donné les mêmes raisons. Le citoyen Havet ne se lasse pourtant pas, dit-il, de recommander aux parents qu'ils doivent faire fréquenter l'école ce jour-là.

Tous les livres employés sont ceux prescrits par le gouvernement et contenant la doctrine républicaine.

Dans cette commune il existe, en outre, une école libre tenue par le citoyen Savaroc. Celle-ci compte 70 élèves. Quelques-uns seulement fréquentent l'école le dimanche ; les autres s'abstiennent, toujours pour les mêmes raisons. Les livres sont ceux réglementaires.

*Petit-Quevilly*. — Deux femmes seules tiennent des écoles. La citoyenne Caron, qui en dirige l'une, est absente à l'arrivée des inspecteurs-commissaires.

L'autre, la citoyenne Vilain, dont la classe compte environ 30 élèves, n'en a pas un seul de présent. Les livres employés par elle sont, les uns réglementaires, les autres consacrés au culte catholique. Elle déclare néanmoins qu'elle observe régulièrement les jours de décadi.

Il lui est fait observer qu'elle n'ait pas à s'occuper des instructions des cultes, mais qu'elle doit, en outre de la lecture et de l'écriture, « inspirer à ses élèves l'attachement à la Patrie ».

*Mesnil-Esnard*. — Le 22 prairial, les commissaires sont à Mesnil-Esnard. L'école est dirigée par la citoyenne Patineau, qui n'a pas d'ailleurs le titre d'institutrice publique. Elle n'a que 8 élèves, tous très jeunes, et les seuls livres qu'elle emploie sont ceux consacrés au culte catholique. Il lui en est défendu l'usage à l'avenir, comme de faire lire les enfants dans le latin.

Une autre institutrice particulière, la citoyenne Dutrel, a régulièrement 12 élèves ; mais elle déclare en avoir 40 qui viennent chez elle à différentes heures. Les livres qu'elle emploie sont de tous genres ; la plus grande partie sont relatifs au culte.

*Blosseville*. — Le citoyen Louis, instituteur primaire, est absent ; il n'a régulièrement que 3 élèves, mais il donne beaucoup de leçons chez les parents. Il existe dans la commune plusieurs autres instituteurs qui vont également à domicile. Les livres employés sont ceux du gouvernement.

Les commissaires recommandent au citoyen Louis de tenir assidûment l'école chez lui, et lui défendent de donner des leçons ailleurs pendant les heures de classe. Ils lui témoignent tout leur mécontentement.

*Saint-Martin-du-Vivier*. — Le citoyen Venambre est instituteur public ; il a 20 élèves et observe régulièrement les principes républicains.

*Boisguillaume*. — L'école primaire est tenue par le citoyen

Duval ; mais sa persévérance à se conformer aux lois républicaines a été cause qu'il a vu tous ses élèves l'abandonner. L'esprit de cette commune est loin d'être favorable aux idées du gouvernement.

Une autre école est tenue par le citoyen Ruault, instituteur particulier. Là, au contraire, tous les livres employés sont consacrés au culte ; aussi cette école compte-t-elle 50 élèves.

Ordre formel est donné à Ruault d'avoir à les supprimer tous et à les remplacer par les livres du gouvernement.

*Déville*. — L'école primaire publique est tenue par le citoyen Morlet ; elle compte 40 élèves. Les commissaires se montrent fort satisfaits.

Une autre école, non moins excellente, est dirigée par le citoyen Greffin ; elle comprend 30 élèves.

*Maromme*. — Debar, instituteur public, a 50 élèves. Ils répondent d'une manière très satisfaisante aux interrogations des commissaires, qui se déclarent satisfaits.

*Saint-Aignan*. — L'instituteur public, Vorillon, a 52 élèves ; mais les livres employés sont de différente nature. Il lui est défendu d'employer ceux consacrés au culte.

L'instituteur est en différend avec Bret, le curé constitutionnel de cette paroisse, qui refuse de lui céder le presbytère comme école et logement.

# CHAPITRE VIII

Sotteville sous le Consulat et l'Empire. — La vaine pature. — Partage définitif des Bruyères Saint-Julien.

Avec la Constitution de l'an VIII, les anciennes municipalités sont rétablies. M. Noël Pigerre est nommé maire de Sotteville par décret du premier Consul, avec M. Pierre-Charles Mulot pour adjoint. Parmi les membres du nouveau Conseil municipal, nous retrouvons des noms bien connus : Adrien Hérisson, Pierre Moulin, F. Lefebvre,

J.-B. Mullot, Joseph Leroy, L. Longer, A. Bocquet, Jacques Langlois.

A la fin de l'an X, on s'occupe des nombreuses réparations à faire à l'église et à la maison presbytérale. Le devis s'élève à 1.247 fr.

— Le presbytère était alors occupé par le citoyen Criquebeuf, instituteur. Il dut en faire remise au ministre du culte et le Conseil s'engagea à lui payer une somme de 150 fr. à titre d'indemnité de logement, à la condition toutefois que l'instituteur fixerait sa résidence au centre de la commune.

\* \*

Par une convention en date du 25 juillet 1779, entre un sieur Nicolas Hébert et le seigneur haut justicier de Sotteville, il était stipulé que les laboureurs, propriétaires et habitants de cette commune pourraient mettre leurs bestiaux dans les prairies à partir du 1$^{er}$ août, au lieu du 14 septembre, sous diverses conditions déterminées. Mais de nombreux inconvénients en résultèrent ; des plaintes furent adressées au préfet qui, le 20 ventôse an XI, rétablissait l'ouverture de la vaine pâture au 13 septembre de chaque année (27 fructidor), ainsi qu'elle avait lieu avant la convention de 1779.

— Le premier budget régulièrement établi à Sotteville est celui de l'an XII. Le total des revenus s'élevait à 740 fr.; les dépenses étaient prévues pour 599 fr. 65. C'était donc un excédent probable de 140 fr. 35.

— Des souscriptions sont organisées sur tout le territoire pour offrir, à titre de don patriotique au gouvernement, un vaisseau de 74 canons. Les préfets, de leur côté, demandent aux conseils municipaux de participer à cette souscription. L'assemblée municipale de Sotteville est animée à ce sujet des meilleures intentions, mais elle n'a pas d'argent. Toutefois, elle espère que le conseil de préfecture règlera promptement la question du partage des Bruyères Saint-Julien, et comme il lui en reviendra une bonne part, elle offrira alors à la souscription 3 fr. par acre.

Mais les choses n'allèrent pas aussi vite que l'espérait l'assemblée sottevillaise, et le vaisseau devait depuis longtemps naviguer lorsque cette question des Bruyères fut enfin résolue (29 ventôse an XI). D'ailleurs, le préfet ne l'entendit pas ainsi ; il fixa la part de la commune, dans cette souscription nationale, à 150 fr., qui fut demandée par un rôle supplémentaire à la contribution mobilière.

— Au commencement de l'an XI, M. Simon Lesueur avait été nommé curé de Sotteville, mais l'église et le presbytère étaient dans le plus triste état. Sur l'ordre du préfet, un devis avait été dressé des réparations urgentes à faire à ces deux édifices. Le 25 ventôse an XIII, le maire faisait savoir au préfet que les réparations venaient d'être terminées à l'aide de corvées volontaires et gratuites. D'autre part le curé, par des quêtes dans toutes les maisons de la commune, avait recueilli une somme importante qui pouvait suffire aux réparations du presbytère. Toutefois, le curé Lesueur s'était permis, sans consulter le Conseil, de démolir plusieurs bâtiments dont les matériaux furent, il est vrai, employés par lui aux réparations, et de dégrader l'église en supprimant les murailles en pierres de deux chapelles qui contribuaient beaucoup à la solidité de l'édifice, mais cette fois d'en conserver pour lui les pierres. Dans ces conditions, l'assemblée municipale estimait qu'il n'y avait pas lieu à l'établissement d'une imposition extraordinaire pour ces réparations.

Les lois organiques ne prévoyant que le traitement des ministres du culte ayant le titre de curés, les communes sont appelées à délibérer sur le traitement qui doit être attribué aux desservants de leurs paroisses. A Sotteville, on est d'avis de voter 500 fr. et de prélever cette somme sur la contribution mobilière ; mais il serait à désirer, dit le Conseil, « dans l'intérêt de M. le desservant, qu'il « se contentât des rétributions, casuels et dons volontaires qui « sont faits à l'église, pouvant s'élever à 2.400 fr. ». Dans sa délibération, l'assemblée municipale ajoutait : « Un traitement exigible « de rigueur pourra indisposer une partie des habitants et porter « préjudice au curé. » (9 fructidor an XIII.)

— Pour subvenir aux besoins des pauvres, indigents et nécessiteux, nombreux dans la commune par le défaut de commerce, il fut décidé qu'il serait établi dans l'église un bureau de bienfaisance présidé par le maire, assisté d'un membre du Conseil renouvelable chaque semaine, et du curé. Des quêtes seront faites à tous les offices et cérémonies qui auront lieu dans l'église les jours de semaine comme les dimanches et fêtes. (4 janvier 1806.)

Le 1$^{er}$ février de cette même année, un octroi municipal est établi à Sotteville sur les viandes de boucherie et les boissons. On payait ainsi : pour un bœuf, 5 fr.; une vache, 4 fr.; un veau, 0.75; un mouton, 0.50 ; un porc, 1 fr.; pour un muid de vin, 5 fr.; un muid de cidre ou de poiré, 1 fr.; un muid d'eau-de-vie, 6 fr.

D'après les prévisions, il entrait dans Sotteville, chaque année : 20 bœufs, 150 vaches, 150 veaux, 250 moutons, 70 porcs, 50 hectolitres de vin, 268 hectolitres de cidre et boisson, 50 hectolitres d'eau-de-vie, et 100 hectolitres de poiré. Les recettes présumées du nouvel octroi étaient portées à 1.406 fr. 86.

A cette époque, Sotteville comptait 3.050 habitants. Les revenus annuels, contributions foncière, mobilière, etc., s'élevaient à 638 fr.; les patentes donnaient 160 fr., et les biens communaux 12 fr. La commune possédait ainsi 810 fr. de ressources annuelles.

Ses dépenses, sur lesquelles figurent 100 fr. pour l'indemnité de logement à l'instituteur et 60 fr. pour le loyer de la maison commune, s'élevaient à 709 fr. 65: mais il fallait compter avec les non-valeurs provenant des contributions, et qui se montaient à environ un tiers des recettes prévues, de sorte qu'il y avait chaque année un déficit d'environ 80 fr.

— Au mois de janvier précédent, un ouragan formidable avait ébranlé la tour du clocher. Le curé informa alors le Conseil que des réparations urgentes étaient à faire. L'assemblée municipale ordonna une visite d'architectes qui reconnurent l'exactitude des faits signalés par le curé. Les réparations nécessaires furent immédiatement entreprises.

— Pour affranchir les cabaretiers et débitants de boissons de la gêne de la perception des droits et éviter, en même temps, à la commune les frais de préposés, la Municipalité imagina un système d'abonnement fixe annuel. Vingt-deux commerçants l'acceptèrent volontairement ; les autres furent taxés d'office. La plupart des chefs de famille souscrivirent le même abonnement. Suivant le calcul établi par ces déclarations, l'octroi devait produire une somme nette de 731 fr. 75 pour les liquides.

Un abonnement semblable, au prix de 166 fr. 67, fut offert aux bouchers, au nombre de trois, qui l'acceptèrent. Le 27 novembre, une réduction d'un quart leur fut accordée. De ce fait, l'octroi donnait à la commune 500 fr. de revenu.

— La proclamation de l'Empire semble passer inaperçue à Sotteville. Au mois de juin 1805, M. Romain Longer est nommé maire, avec M. Léon-Jacques Tinel pour adjoint.

Les années 1806 et 1807 ne présentent rien de remarquable. Au mois de juin 1808, on procède au renouvellement des conseils municipaux. Mais alors il n'y avait nul besoin, à cet effet, de recourir aux élections : les conseillers étaient nommés par le préfet, sur la présentation du maire et de l'adjoint. C'est ainsi que furent désignés, pour faire partie du Conseil municipal de Sotteville : MM. Jacques Brunel, Jacques Duhamel et Adrien Hérisson, anciens cultivateurs ; Abraham Bocquet et Severin Brunel, entrepreneurs ; Pierre Jean père, Michel Guyot et Vincent Delamare, fabricants ; François Lefebvre et Guillaume Deleau, marchands. Toutes les professions s'exerçant dans la commune étaient ainsi représentées.

Dans la même séance le Conseil agrée pour instituteur communal, Michel Guyot, ancien militaire, amputé d'une jambe. Il sera tenu d'instruire gratis *six* enfants indigents.

— Jusqu'à cette époque la Municipalité avait tenu ses séances tantôt chez l'un, tantôt chez l'autre des membres du Conseil. Il y avait là, on le conçoit, de bien grands inconvénients ; et comme la commune ne possède aucun immeuble qui puisse lui servir de salle de réunion, le Conseil est d'avis de recourir à la location. Son choix se porte sur une maison appartenant à M. François Lefebvre, qui peut fournir toutes les commodités nécessaires, avec le logement du secrétaire. Le loyer était fixé à 150 fr.

— Pour mettre fin aux abus concernant le parcours des moutons en grand nombre dans Sotteville, une délibération du Conseil, du 20 octobre, réglemente le nombre de ces animaux que chaque cultivateur pourra faire participer au libre parcours.

— Il existait alors, dans Sotteville, deux mares communales : l'une sise auprès de l'église, l'autre au hameau de Quatre-Mares. Ces deux mares avaient l'avantage, outre celui d'alimenter d'eau les habitants de la commune, d'être des plus poissonneuses. Aussi le Conseil municipal, qui avait grand besoin de ressources, décida, le 15 mars 1809, d'en affermer la pêche par adjudication. On procéda de même pour les herbes des cimetières. La pêche des deux mares fut adjugée à J.-B. Mullot pour 15 fr.

— En 1810, le budget est prévu avec une recette totale de 1.772 fr., dont 1.000 fr. provenant du produit de l'octroi. Les dépenses n'atteignent que 1.309 fr.

— Au mois de janvier 1810, une modification a lieu dans le service de l'octroi, qui ne portera plus que sur les boissons. Le vin paiera 2 centimes par litre; l'eau-de-vie, 5 centimes; le cidre, 30 centimes par hectolitre, et le poiré 20 centimes.

— Le 2 juin 1811, une grande fête est organisée à Sotteville pour célébrer la naissance du roi de Rome. Le matin, cérémonie religieuse; le soir, divertissements de toutes sortes.

— L'église de Sotteville est dans un état de délabrement complet. Le clocher même menace ruine et est un danger permanent. Des réparations urgentes sont à faire. L'assemblée municipale les prend à sa charge; toutefois, elle fait remarquer au Conseil de Fabrique qu'au lieu de se livrer à des dépenses d'achats d'ornements luxueux, il aurait dû réserver une partie de ses ressources pour venir en aide à la commune dans ces diverses réparations, qui furent adjugées à Abraham Bocquet pour 3.400 fr.

— M. Longer, maire, étant décédé, le préfet nomme pour lui

succéder M. Tinel, alors adjoint; M. Adrien Leblanc succède à M. Tinel.

— Le 24 juillet 1812, un nouveau règlement d'octroi est appliqué dans toute la commune de Sotteville. La boucherie, un moment dispensée, rentre dans la catégorie des denrées soumises à l'octroi. Comme précédemment, les bouchers peuvent s'acquitter par abonnement.

— L'instituteur Michel Guyot étant mort, trois candidats se disputent sa succession : Louis Le Painteur, Jacques Guyot et Adrien Valleux, ancien soldat blessé au service de la Patrie. Jacques Guyot est l'élu du Conseil.

— La plupart des chemins vicinaux sont dans le plus triste état; quelques-uns même sont impraticables. On décide d'y faire les réparations les plus urgentes (février 1813).

— Les revers qui s'abattent sur les armées de Napoléon font craindre une invasion. Le gouvernement ordonne une nouvelle organisation des gardes nationales sédentaires. A Sotteville, une somme de 60 fr. est en outre votée pour l'achat de fusils ; cette somme est bientôt portée à 240 fr., avec laquelle on se procure 20 fusils.

— Au budget de 1814, les recettes de l'octroi sont prévues pour 2.500 fr.

— Au mois de janvier de cette année plusieurs incendies éclatèrent dans la commune de Sotteville malheureusement dépourvue de tous moyens de secours. Aussi, en présence de pareils dangers, l'assemblée Municipale décidait-elle l'achat immédiat d'une pompe et de seaux en nombre suffisant. La Municipalité traite avec un sieur Auvray pour une pompe à main, 254 fr.; une grande pompe, 823 fr., et 50 seaux pour 200 fr.

— Le bail de la maison commune est expiré ; mais la Municipalité, constatant que ce local est devenu trop exigu, a décidé de porter ses pénates ailleurs. Son choix s'est fixé sur une maison sise en la Grande-Rue, appartenant à Abraham Bocquet, et qu'elle consent louer au prix de 200 fr. par an.

— L'Empire vient de s'écrouler une première fois et Louis XVIII, avec l'appui des baïonnettes étrangères, prend possession du trône de Louis XVI.

M. Tinel non seulement conserve ses fonctions de maire de Sotteville, mais encore, sur la demande du duc de Berry, l'ancien maire de l'Empire reçoit du roi la décoration de chevalier de Saint-Louis.

En faisant connaître à M. Tinel cette heureuse nouvelle, M. Morin de Graville, sous-préfet de l'arrondissement de Rouen, ajoutait : « Cette faveur est la récompense des services importants que vous avez rendus à l'administration. Cette distinction, que tout bon Français doit être jaloux de mériter, ne peut qu'augmenter votre zèle pour le bien général et votre attachement pour le monarque. Ces deux sentiments, je le sais, sont trop gravés dans votre cœur pour pouvoir s'accroître, mais elle vous procure une jouissance bien douce, celle de voir votre nom inscrit à la suite de ceux de ces hommes estimables que les services qu'ils ont rendus et les sacrifices qu'ils ont faits pour le bien général, signaleront toujours à la reconnaissance publique. »

— Le 22 septembre, les membres du Conseil municipal prêtent serment à Louis XVIII.

— Le 11 octobre, un arrêté du préfet, M. de Girardin, fixe, conformément à une délibération du Conseil du 11 mars, le tarif du transport des corps au lieu de sépulture.

— De nouvelles réparations sont à faire à l'église et au presbytère. Le devis s'élève à 1.732 fr. Le 6 février 1815, ces travaux sont mis en adjudication et alloués, pour le prix de 1.726 fr., à un sieur Adrien Duprai.

— L'empereur Napoléon, après avoir débarqué à Antibes, reprend triomphalement possession de son empire. Louis XVIII s'enfuit à Gand. Le 13 mai, les électeurs de Sotteville sont convoqués pour élire la Municipalité. 368 votants prennent part au scrutin. M. Tinel est élu maire par 290 voix et est proclamé aux cris de : Vive l'empereur ! 166 votants seulement prennent part à l'élection de l'adjoint. M. Pierre-Charles Mullot est élu par 157 suffrages. Il est également proclamé aux mêmes cris de : Vive l'empereur !

Mais l'Europe a repris les armes contre nous, et le désastre de Waterloo fait crouler de nouveau l'Empire à peine rétabli. Les ennemis replacent Louis XVIII sur son trône, et la France est de nouveau occupée. Un détachement prussien est logé à Sotteville, et la commune doit pourvoir à toutes les dépenses des alliés du roi.

\*
\* \*

En vertu de la concession qui leur en avait été faite en 1207 par Philippe-Auguste, les paroisses de Sotteville, Saint-Étienne-du-Rouvray, Petit et Grand-Quevilly, Petit-Couronne et la ville de Rouen jouissaient en commun des droits de pâturage, panage et autres sur les Bruyères dites de Saint-Julien et de Saint-Étienne. D'autre part, les habitants de Sotteville, en particulier, exerçaient dans la forêt de Rouvray certains droits de coutumes, tels que le droit au bois sec et au bois mort, à la mousse, au sablon, à l'argile, etc.

Diverses sentences, de Jean de Garancières, grand-maître des eaux et forêts, du 5 septembre 1402; de Jean de Robessard, du 28 juin 1426; de Guillaume de Harcourt, comte de Tancarville, réformateur des forêts, maintinrent les habitants de Sotteville dans leurs privilèges.

Le 29 mai 1542, Mathieu de Quincarnon, grand-maître au siège de la Table de Marbre du Palais, accordait aux habitants de Sotteville trois places pour leurs bestiaux dans les gardes de Bedannes, Linant et Duhasé.

Le 22 octobre 1584, un arrêt de la Table de Marbre maintenait de nouveau les habitants de Sotteville dans leurs droits de coutumes, paissage et pâturage pour leurs bestiaux. « Seront tenus, dit cet
« arrêt, lesdits habitants coutumiers, comme tous les autres rive-
« rains des forêts ayant héritages contigus à icelles, clore et
« fossoyer leurs dits héritages entre lesdites forêts de fossés de
« cinq pieds d'ouverture et de quatre de profondeur. »

Il spécifiait, en outre, que les habitants de Sotteville avaient le droit de prendre l'argile pour terrer leurs maisons et fours, du sable et de la pierre pour faire leurs murs, et des bruyères et fourrages pour la litière de leurs bêtes. Défense était faite aux habitants, sous peine de confiscation et d'amende, de mettre aucune bête à laine, moutons, brebis et chèvres, dans la forêt, à l'exception toutefois des landes et lieux vagues.

Jusqu'à la Révolution, aucune entrave ne fut portée à l'exercice de ces droits, de même que les communes purent jouir en commun et en toute tranquillité de la totalité des Bruyères Saint-Julien. Mais au mois de mai 1792, la ville de Rouen prétendit qu'elle seule était, aux termes de la concession de 1207, propriétaire des terrains vagues concédés à la banlieue par Philippe-Auguste. Les communes de Sotteville, Saint-Étienne, Petit et Grand-Quevilly protestèrent contre cette nouvelle interprétation de la charte de 1207.

« De quelque nature que soit la concession qui a été faite en
« 1207, dit à ce sujet la Municipalité de Sotteville, nous ne pouvons
« sans les plus justes alarmes voir une Municipalité voisine s'em-
« parer d'une portion si précieuse de notre territoire. Les habitants
« se trouveraient privés, les uns de leur chauffage, les autres du
« pâturage et de la litière de leurs bestiaux dont ils ont joui de
« tout temps. »

Une délégation fut alors nommée, avec mission d'insister particulièrement sur ce que le contrat de concession de 1207, que prétendait avoir la ville de Rouen, n'avait jamais été mis à exécution et notifié à la commune de Sotteville ; que cet abandon de propriété pendant près de six cents ans, durant lesquels les habitants de Sotteville ont toujours et continuellement joui sans trouble de ce terrain et supporté les charges, donnent à la commune de Sotteville un droit bien acquis par une si longue jouissance. Enfin, elle devait faire observer qu'un trésorier en charge de cette paroisse ayant négligé de faire relever les fossés qui entourent la forêt, conformément à l'arrêt de 1584, avait été, il y a quelques années, assigné devant les juges de la maîtrise de Rouen pour y être contraint.

Les autres communes intéressées agirent de même, et devant cette opposition aussi motivée qu'énergique, la ville dut renoncer à ses prétentions. D'un commun accord on rechercha alors un nouveau mode d'emploi de ces bruyères. Le 2 juin 1793, une commission fut nommée à ce sujet. Sotteville y était représenté par Adrien Brunel, maire, et Hétru, officier municipal. La ville, cette fois, parvint à faire reconnaître son droit de propriété sur les bruyères de Saint-Étienne et de Saint-Julien, mais de son côté elle garantissait aux cinq communes un droit indivis de panage et pâturage sur la totalité de ces bruyères. En outre, il fut décidé qu'il était avantageux pour tous de faire un partage de ces bruyères ; la ville de Rouen aurait pour sa part la moitié (559 acres, contenance totale) ; l'autre moitié sera partagée entre les communes, au prorata de leur population. Sur les 279 acres ainsi leur revenant, Sotteville devait avoir pour sa part 80 acres.

Mais cette répartition ne fut pas acceptée par les communes intéressées. Sotteville contesta à la ville de Rouen son droit de propriété et déclara se refuser à tout acte de partage avec la ville, à moins qu'on ne lui accorde les 200 acres auxquelles elle prétendait avoir droit. Les autres communes formulèrent également certaines réserves, et le partage ne put avoir lieu. Dans l'impossibilité de pouvoir s'entendre, et après une tentative de défrichement qui ne donna aucun résultat, on décida que les bruyères seraient affermées à bail, par fractions. Mais alors les mêmes difficultés allaient surgir pour le partage du produit de l'affermage. Cette fois, cependant, on arriva à transiger, et pendant plusieurs années les communes purent ainsi jouir tranquillement de cette source de revenus. Toutefois la ville de Rouen, qui touchait le loyer, sut se faire la part du lion.

Cependant, le projet de partage n'était pas abandonné. Les communes le réclamèrent même au nom de l'agriculture qui y trouverait un grand avantage. Enfin, une nouvelle commission fut nommée, dans laquelle Sotteville fut représenté par MM. Longer, maire, et Adrien Hérisson, membre du Conseil. Après bien des discussions, il fallut en revenir au premier projet. La ville de Rouen obtenait la moitié de la contenance totale ; l'autre moitié était partagée entre les autres communes, suivant le nombre de leurs feux. Sotteville, qui comptait 615 feux, obtint ainsi pour sa part 84 hectares 98 ares 38 centiares. (Avril 1811.)

# TROISIÈME PARTIE

# SOTTEVILLE DE 1815 A NOS JOURS

## CHAPITRE PREMIER

Sotteville de 1815 a 1830. — M. Tinel. — Traitement du desservant. — Le chemin du Camp-au-Loup.

La seconde Restauration ne donne lieu, à Sotteville, à aucun incident. Le maire, M. Tinel, qui avait déjà prêté serment à Louis XVIII et avait reçu de lui la croix de Saint-Louis, — ce qui ne l'avait pas empêché d'accueillir le retour de l'empereur avec enthousiaste et de lui jurer à son tour fidélité, — conserve, pour un moment du moins, ses fonctions de maire; M. Mullot reste adjoint.

— Pour procurer du travail aux nombreux indigents, l'assemblée municipale décidait, au mois de janvier 1816, que des travaux de réparation seraient entrepris sur les chemins et rues de la commune.

Le 20 janvier de cette même année, M. J. Mullot est nommé deuxième adjoint au maire de Sotteville.

— Au mois de mars, quelques membres du Conseil municipal, qui ne se montraient sans doute pas assez enthousiastes pour le gouvernement de Louis XVIII, sont remplacés dans leurs fonctions, par un arrêté préfectoral qui leur donne pour successeurs : MM. Joseph Lapôtre, Noël Pigerre, Michel Guyot fils, Jacques Langlois, Michel Jacquelin, et Jean Mullot, dit Le Gros.

— Les détaillants de boissons de Sotteville ont formé entre eux une corporation, et il s'agit d'élire quatre syndics chargés de défendre leurs intérêts. MM. Chenet, Saussé, Valeux et Renould sont désignés pour ces fonctions.

— Le 4 août, un règlement de police relativement à la tenue de la foire ou assemblée annuelle de Sotteville est affiché. L'assemblée se tiendra sur la place du Puits-de-la-Montée et les rues adjacentes.

— M. Tinel va subir la punition méritée par sa défection au retour de l'île d'Elbe. Le 25 août, une nouvelle Municipalité est installée. Elle se compose de MM. Joachim Guyot, maire ; Leblanc, premier adjoint, et J.-B. Mullot, deuxième adjoint. Ils prêtent serment au roi. Mais l'existence de cette nouvelle Municipalité fut de courte durée. M. Tinel, rentré en grâce auprès du gouvernement, était renommé maire le 19 avril 1819 ; il avait pour premier adjoint M. Ambroise Brunel ; M. Mullot, deuxième adjoint, conservait ses fonctions.

A cette époque, les affaires municipales traitées par le Conseil étaient réduites à leur plus simple expression, et pendant quelques années l'assemblée municipale n'eut guère à s'occuper que de la réparation, de l'entretien ou du classement des chemins.

— Au mois de juin 1823, la monotonie ordinaire qui régnait depuis longtemps à l'assemblée municipale, était rompue pour un instant par une affaire qui passionna quelque peu l'opinion dans la commune. Jusqu'alors le Conseil municipal avait alloué un supplément de traitement de 300 fr. au desservant ; mais, se basant sur l'importance de son casuel, le Conseil avait, lors de la formation du budget de 1824, supprimé l'allocation. M. l'abbé Lesueur, curé de Sotteville, réclama contre la suppression de ce supplément, dont il jouissait depuis dix-huit ans. A l'appui de sa demande, il fit valoir la difficulté de la desserte de la paroisse à cause de son étendue et de sa population, qui comptait alors près de 4.000 habitants, et des nombreux pauvres qu'il était obligé de secourir. L'affaire vint devant le Conseil le 13 juin 1823. Cinq voix se prononcèrent contre l'allocation ; quatre se levèrent en sa faveur, mais le maire réclama la prépondérance de sa voix pour le supplément de traitement, qui fut ainsi rétabli. Le déficit du budget, qui était précédemment de 1.300 fr., se trouva ainsi porté à 1.600 fr. Il fallait trouver de nouvelles ressources pour le combler.

L'opposition revint alors à la charge, et le 11 juillet, par l'adjonction des plus imposés, elle parvint cette fois à l'emporter. L'allocation supplémentaire du curé fut ainsi définitivement supprimée.

— Le 25 octobre suivant, le Conseil signalait le mauvais fonctionnement du service des postes, confié depuis plusieurs années à une femme *qui ne savait pas lire*, et qu'elle faisait faire par le premier venu.

\* \*

La mort de Louis XVIII et l'avènement de son frère Charles X ne semblent avoir donné lieu à aucune manifestation à Sotteville. Du moins, aucun souvenir n'en a été conservé.

— Le 6 juin 1826, une nouvelle Municipalité était installée ; elle se composait de M. François Brière, maire ; MM. Ambroise Brunel et Augustin Vieillot, adjoints.

— Au mois de novembre 1827, les héritiers de M. Remy demandaient au Conseil d'avoir à fixer définitivement la direction et la largeur de la rue du Camp-au-Loup.

L'assemblée municipale invoqua d'abord l'acte du 9 messidor an XII, qui établissait d'une manière incontestable, selon elle, les droits de la commune de Sotteville à la propriété de ce chemin, lequel devait avoir dix mètres de largeur, indépendamment du fossé d'un mètre, et se rendre directement de Trianon au chemin du Camp-au-Loup. Mais M. Remy, devenu acquéreur en 1815 de terrains contigus à ce chemin, vers l'ouest, en avait réduit la largeur par une plantation de peupliers sur l'emplacement de ce fossé. Toutefois, sur la demande de la ville de Rouen, il avait consenti à ouvrir sur sa propriété un chemin pour la régularité de la demi-lune de Trianon ; dans la suite, il s'était cru suffisamment autorisé par cette concession, particulière cependant à la ville de Rouen, pour supprimer la partie du chemin se trouvant sur Sotteville.

Mais l'assemblée municipale de cette dernière commune vit dans ce fait une anticipation illégale, attendu que les droits de Sotteville étaient incontestables. Aussi, en présence des démarches opérées à ce sujet, les héritiers de M. Remy, reconnaissant les droits de la commune, consentirent à ouvrir le chemin sur une largeur de dix mètres dans toute son étendue et à supprimer, par conséquent, les arbres plantés à une distance plus rapprochée. Le Conseil prit acte de cet acquiescement et déclara ne pas exiger que le chemin reprît son ancienne direction, à la condition toutefois que les héritiers Remy payassent à la commune la valeur du terrain supprimé.

— Peu de faits importants marquèrent, à Sotteville, les années qui suivent. L'octroi donna lieu à divers règlements et, au mois d'avril 1830, il était procédé à la classification des chemins vicinaux et des rues, ainsi désignés : Chemin du Grand-Cours, de la Grenouillette, du Grand-Cours à Saint-Étienne, du Parc, du Buet, Grande-Rue, du Moulin-à-Vent, Duboc, de la Chasse, de Quatre-Mares, Caroline, Voie-aux-Vaches, Girardin, Camp-au-Loup, de Trianon aux Marettes, de Trianon au Madrillet, Mare-du-Parc, rue Duboc, du Moulin-à-vent au cimetière, de la Petite-Mare au chemin du Buet, de Rouen à Lessart.

Après avoir décidé de soutenir le procès que voulait intenter à la commune un sieur Périer, pour la servitude qu'on lui faisait supporter par le passage sur sa propriété des eaux de la rue du Puits-de-la-Montée, on reconnut qu'il était préférable de transiger en payant à M. Périer une indemnité de 1.800 fr. Celui-ci devra faire à ses frais le pavage nécessaire devant sa porte pour l'écoulement de ces eaux. (6 juillet.)

# CHAPITRE II

### Sotteville de 1830 à 1848. — Agitation ouvrière.

Organisation de la garde nationale. — Dissentiments avec le curé. — École et Mairie. — Un grand boulevard. — Une passerelle au Pont des Anglais. — Chemin du Parc. — Éclairage au gaz. — Projet de nouvelle église. — Crise municipale. — Ateliers de charité. — Établissement des Frères de la doctrine chrétienne. — Sotteville en 1845. — Premières courses de chevaux.

La Révolution de 1830 fut accueillie à Sotteville, comme dans toute la France, avec enthousiasme, mais ne donna lieu à aucune agitation, à aucun mouvement extraordinaire.

Toutefois, dans les derniers jours du mois d'août, une certaine agitation vint à se produire parmi les ouvriers de Sotteville. Quelques agitateurs essayèrent même de soulever la population industrielle contre le nouveau régime. Des lettres furent adressées aux ouvriers pour les engager à se réunir, le 29 août, aux Grenouillettes. Le but déclaré de la réunion était de délibérer en commun sur les demandes à faire aux chefs d'établissements : 1° augmentation des salaires ; 2° diminution du temps de travail ; 3° renvoi des ouvriers étrangers à la ville ; 4° enfin, doléances sur l'emploi des machines.

Dès le samedi soir 28, des symptômes de désordre se manifestèrent à Sotteville et dans le faubourg Saint-Sever. Des ouvriers fileurs, se portant vers plusieurs établissements, engagèrent leurs camarades à se joindre à eux et parcoururent, en bandes assez nombreuses, les quartiers de la rive gauche de la Seine, sans toutefois qu'aucun excès grave n'ait été commis.

La garde nationale, malgré une pluie assez forte, avait pris immédiatement les armes, et des patrouilles nombreuses circulèrent

dans Saint-Sever et Sotteville sans rencontrer aucun rassemblement.
Cette surveillance se continua toute la nuit.

Le lendemain matin, les rassemblements se formèrent de nouveau dans Saint-Sever et Sotteville sans donner lieu, pas plus que la veille, à aucun incident. Le travail des filatures resta, toutefois, complètement suspendu.

Cependant, en présence des mesures énergiques prises, les fauteurs de désordre renoncèrent à leur projet et la réunion projetée aux Grenouillettes n'eut pas lieu. Plusieurs chefs de cabale n'en furent pas moins arrêtés et déférés aux tribunaux.

\* \*

Au commencement d'août, la Municipalité de Sotteville avait ouvert une liste de souscription en faveur des veuves et orphelins des journées de Juillet; elle produisit 922 fr.

Une des premières préoccupations de la Municipalité, restée encore pour quelque temps en fonctions, fut l'organisation de la garde nationale. A ce sujet, elle ordonna un recensement général de tous les habitants de la commune.

Le 15 septembre, la Municipalité et le Conseil prêtaient serment au nouveau gouvernement. Mais vers le 15 novembre, M. Brière, maire, était suspendu par le préfet, qui confiait l'administration municipale à M. Brunel, adjoint, ce qui donna lieu, quelques jours plus tard, à un incident de séance : le Conseil municipal étant réuni, M. Brière voulut quand même présider la réunion. Mais cette résistance ne pouvait avoir aucun succès, et pendant quelques mois M. Brunel remplit les fonctions de maire.

Toutefois, le 5 janvier, M. Brière reprenait ses fonctions ; mais deux jours plus tard il devait procéder à l'installation de son successeur, M. Vieillot.

— Le budget de l'année 1832 est voté dans la séance du 10 mai ; il comprend 4.368 fr. 70 de recettes, avec 6.686 fr. 11 de dépenses tant ordinaires qu'extraordinaires. Parmi les recettes, figurent : Rentes sur le trésor royal, 1.396 fr.; droit d'octroi, 1.800 fr. La plus forte part des dépenses est attribuée aux indigents malades, aux hôpitaux de Rouen, pour lesquels on prévoit une somme de 2.500 fr.; en outre, 800 fr. sont alloués au bureau de bienfaisance. Un déficit de 2.314 fr. 21 est donc à combler; il faudra avoir recours à l'imposition extraordinaire et à l'octroi par une augmentation des taxes.

En vue des élections municipales qui doivent avoir lieu, la commune de Sotteville est divisée en trois sections électorales. Il y avait alors à Sotteville 247 électeurs de cette catégorie, c'est-à-dire âgés de vingt-cinq ans et payant une contribution égale à la valeur de trois journées de travail. C'était toujours le même système censitaire.

Ces élections eurent lieu du 16 au 20 octobre. Furent élus : MM. Robert Quesney, Michel Guyot, Ambroise Brunel, Adrien Bocquet, F. Salomon, Louis Rivette, J. Annest, P. Delarue, Guillaume Deleau, P. Boumard, J.-B. Mullot, F. Boursier, Pierre-Placide Samson, Pierre Jean, Nicolas Guéroult, J.-B. Bougon, Louis Lemoine, Louis-Augustin Vieillot, Michel Langlois, Nicolas Mullot, Abraham Bocquet, Louis Tretot, P. Damilaville.

— Cependant, la classe indigente est de plus en plus nombreuse à Sotteville. La Municipalité reconnaît la nécessité de venir à son secours en créant du travail pour les valides et en distribuant des secours aux infirmes. Une somme de 600 fr. est, dans ce but, prélevée sur le produit de l'octroi pour être employée, avec une autre somme de 300 fr. allouée par le préfet, à des travaux de charité sur les chemins, qui ont d'ailleurs grand besoin de réparations.

\*
\* \*

Le 3 janvier 1832, une nouvelle Municipalité est installée : M. Vieillot conserve ses fonctions de maire ; M. Samson est nommé premier adjoint, et M. Lemoine, second adjoint.

Il y avait alors à Sotteville deux gardes champêtres, MM. Pierre Jean et Zacharie Delarue. Un arrêté préfectoral les révoque brusquement de leurs fonctions, sans consulter la Municipalité, et décide qu'à l'avenir il n'y aurait plus qu'un seul de ces fonctionnaires à Sotteville.

Mais le Conseil municipal se montra peu satisfait de cette décision préfectorale. Certes, il reconnaissait que Delarue remplissait fort mal ses fonctions et il avait déjà demandé sa révocation ; mais il n'en était pas de même pour Pierre Jean ; et tout en admettant, avec le préfet, qu'un seul garde champêtre était nécessaire, il demanda que ces fonctions fussent confiées à Jean. Le préfet refusa. Dans ces conditions, le Conseil ne voulut proposer aucun candidat.

Cette résistance ne fut pas du goût de l'administration préfectorale, qui nommait, le 1er février 1832, Victor Vincent garde champêtre à Sotteville. Le Conseil n'avait qu'à s'incliner.

— La commune d'Amfreville-la-Mivoie avait sollicité de l'administration supérieure la réunion à son territoire des îles Gad et du Jonquay, qui, jusqu'alors, avaient toujours fait partie de Sotteville. Par une délibération du 7 mars, cette dernière commune déclara s'opposer formellement à la réunion demandée, ces îles ayant de tout temps fait partie du territoire de Sotteville et étant d'ailleurs plus rapprochées de cette commune que de celle d'Amfreville.

— Le choléra a fait son apparition à Paris, où chaque jour ses victimes sont nombreuses. De toutes parts, les précautions les plus minutieuses sont prises pour éviter l'invasion du terrible fléau. Sotteville, aux portes de Rouen, pouvant être sérieusement menacé, la Municipalité prescrit toutes les mesures hygiéniques ordonnées en pareille circonstance ; en outre, elle fait voter par le Conseil une imposition extraordinaire de 1.600 fr. qui serait exclusivement employée au traitement des indigents malades de la commune, dans le cas où le fléau viendrait à l'envahir. (12 avril 1832.)

— Le curé de Sotteville, devenu vieux, estime que le desservice de la paroisse est au-dessus de ses forces ; un vicaire lui serait de grande utilité. A ce sujet, il demande à la commune de lui voter chaque année une indemnité de 300 fr. et de lui fournir une maison pour servir de logement vicarial. Mais le Conseil se montra unanime pour repousser cette demande. En premier lieu, il déclarait que les ressources de la commune ne permettaient pas cette nouvelle charge ; en outre, il estimait que l'établissement d'un vicaire pour l'exercice du culte était inutile, puisqu'un seul prêtre avait pu facilement remplir les fonctions spirituelles pendant trente ans sans aucun aide. Si le curé, vu son âge et ses infirmités, ne le pouvait plus, il devait céder la place à une personne valide, sans grever le budget communal d'une nouvelle charge qu'il lui était impossible de supporter.

D'autre part, le curé, par ses procédés quelque peu violents, s'était suscité beaucoup d'adversaires. Il a fait dissoudre le Conseil de Fabrique, qui avait eu le malheur de ne pas partager toutes ses idées et ne voulait pas se prêter à toutes ses volontés ; depuis lors, le curé administrait seul les revenus de la Fabrique, décidait et faisait les dépenses comme il les jugeait à son gré, et sans aucun contrôle.

Pour remédier à une partie de ces abus, le bureau de bienfaisance avait décidé qu'un de ses membres serait chargé de faire, chaque dimanche, à la messe paroissiale, une quête pour les pauvres, ainsi qu'il y était autorisé par l'arrêté du 5 prairial an XI et l'article 75 du décret du 30 décembre 1809. Mais le curé, se fondant sur une ordonnance de l'archevêque du 28 décembre 1806, ne voulut permettre cette quête que le premier dimanche de chaque mois.

Cette manière d'agir ne pouvait favorablement disposer le Conseil en faveur du curé. C'est alors que celui-ci, se fondant sur ce que la Fabrique avait les fonds nécessaires pour parfaire au traitement d'un second prêtre, obtint, malgré le premier avis du Conseil, la nomination d'un vicaire. Le 30 novembre, l'assemblée municipale y répondait en demandant au préfet la nomination d'un Conseil de Fabrique à Sotteville, son installation dans le plus bref délai, et la révocation du vicaire ou la retraite du curé ; enfin, d'ordonner qu'à l'avenir le bureau de bienfaisance quêterait ou ferait quêter dans l'église pour les pauvres, quand il le jugerait convenable, à l'exclusion de toute autre personne, et sans que le curé pût y apporter aucun obstacle.

*°*

Le 15 juillet 1833, il est décidé l'achat d'une nouvelle pompe à incendie.

— La maison occupée par l'instituteur communal, comme logement et comme classe, est devenue notoirement insuffisante pour contenir 150 à 200 élèves ; mais la commune ne peut en ce moment songer à en construire une nouvelle. En attendant, on se résout à louer une maison sise place du Puits-de-la-Montée (place de la Liberté), appartenant à un sieur Jubaut, par bail de six années, moyennant un loyer de 500 fr. (10 août.)

Au mois de novembre suivant, la commune résilie le bail de la maison de M. Valette, affectée à usage de mairie. A l'avenir, la maison commune se trouvera réunie à l'école communale, place du Puits-de-la-Montée, la maison étant assez vaste pour se prêter à cette double destination. On y ajoutera, à peu de frais, un corps de garde et un magasin pour recevoir les pompes.

— Décidément, les gardes champêtres ne sont pas favorisés à Sotteville ; mais il semble qu'ils ne peuvent s'en prendre qu'à eux-mêmes. Le 17 novembre, le Conseil municipal demande la révocation du garde Vincent, incapable, et surtout peu convenable envers le maire.

— Par testament olographe du 16 novembre 1832, M. le baron de Villequier, premier président à la Cour royale de Rouen, léguait à la commune de Sotteville une somme de 2.000 fr. Le 17 décembre 1833, le Conseil municipal l'accepta avec reconnaissance.

— Le 28 décembre suivant, Joseph Chappedelaine est nommé garde champêtre.

— Au mois de septembre 1834, M$^{me}$ Lenormand, née Thiesselin, et M$^{me}$ Clarisse Taillefesse, épouse de M. Pierre-Alexis Corneille, inspecteur d'académie à Rouen, faisaient don à la commune de Sotteville d'une rue ou passage public traversant leur propriété, et faisant communiquer la rue du Carrefour (rue de la République) à celle du Puits-de-la-Montée (rue Pierre-Corneille), avec certaines réserves. Le Conseil accepte ce don, à la condition toutefois que la commune n'aurait à supporter de ce fait aucune charge pouvant résulter des propriétés voisines.

— Le 16 et le 23 novembre, le Conseil municipal, conformément à la loi, est en partie renouvelé. Sont élus ou réélus : MM. Quesney, Bougon, Boursier, Rivette, Brunel, Hébert, Delassaux, Vieillot, Brière, J.-B. Mullot, Pontif et Manchon. Ils sont installés le 3 janvier suivant.

— Le 9 février 1835, acquisition de 100 seaux pour les pompes.

— Le 19 février, une nouvelle Municipalité est installée. Elle est composée de MM. Lemoine (Louis-Antoine), maire, Guillaume Deleau et Louis Cretot, adjoints. Depuis quelque temps déjà, M. Lemoine, alors adjoint, remplissait par intérim les fonctions de maire.

\*
\* \*

Malgré la demande du précédent Conseil, le vicaire de Sotteville avait été maintenu. Aussi, à peine la nouvelle Municipalité est-elle installée que nous le voyons solliciter à nouveau une subvention de la commune. Les choses, cette fois, ne souffrirent aucune difficulté, et une allocation de 200 fr. lui fut votée. (5 mai 1835.)

Dans cette même séance, un traitement de 50 fr. était alloué au bedeau pour le remontage de l'horloge dont venait d'être dotée l'église. En même temps, on décidait l'achat de trompettes et de clairons pour la garde nationale, et le garde champêtre était commissionné comme employé d'octroi.

— Au mois de juin suivant, les dépenses de l'instruction primaire étaient ainsi fixées : Traitement fixe de l'instituteur, 500 fr.; fournitures pour les indigents, 240 fr.; distribution de prix, 100 fr.;

chauffage des indigents, 70 fr.; loyer de la maison d'école, 250 fr.: totol, 1.160 fr.

— Le 4 août, M. Manchon est installé adjoint en remplacement de M. Cretot, démissionnaire. Le même jour, le Conseil vote la création d'un marché à Sotteville.

— A la suite de la vérification du plan de la commune, une commission, nommée spécialement à cet effet, fixe la largeur et l'alignement qui devaient être donnés aux principales voies de la commune :

Parmi les rues qui ont changé de désignation depuis cette époque et qui se trouvent mentionnées dans ce plan, on remarque : la rue Saint-Michel, partant de la Grenouillette et aboutissant à la place de la Croix ; la rue de la Grenouillette ; la rue des Capucins ; petite rue de l'Église ; rue de l'Église ; rue du Cimetière ; rue Petite-Mare, partant de la mare et aboutissant rue de l'Église ; grande rue de la Mare ; place de la Croix ; rue du Tambour, partant de la rue et place de la Croix et aboutissant rue Méridienne ; rue et place du Puits-de-la-Montée, partant de la place de la Croix ; Grande-Rue ; rue Voie-aux-Vaches ; rue du Moulin-à-Vent ; rue du Bosc ; rue et place du Carrefour, partant de la place de la Croix et aboutissant à la rue Voie-aux-Vaches ; rue des Marettes ; rue Saint-Philippe ; rue Saint-Laurent ; rue du Puits ; rue au Loup ; rue Leroy. Sur la place de la Croix, il est fait mention d'une maison isolée près de la petite rue allant de cette place à la rue Méridienne.

— Malgré l'opposition de la ville de Rouen, le Conseil renouvelle sa demande de création d'un marché à Sotteville. (6 février 1836.)

Le 3 mai suivant, on décide l'achat d'un terrain vaste, situé autant que possible au centre de la commune, à l'effet d'y ouvrir une place publique et d'y construire une école communale avec logement de l'instituteur, mairie et bâtiments accessoires. Le choix du Conseil tombe sur une propriété sise en un point central, ayant accès sur les rues du Carrefour et Grande-Rue, près l'église, contenant 54 ares 10 centiares, appartenant à M. Moutier ; mais celui-ci demande 30.000 fr. de son immeuble ; le Conseil lui en offre 20.000. Des pourparlers sont alors engagés à la suite desquels une entente peut être conclue. C'est encore aujourd'hui la place et la mairie de Sotteville.

* *

A la suite de l'attentat commis contre le roi au mois de décembre 1836, au moment où il se rendait à la Chambre des députés, le Conseil municipal de Sotteville vote au souverain une adresse de félicitations. (31 décembre.)

— Les limites du territoire de Rouen et de Sotteville, si elles étaient bien déterminées, ne présentaient guère de régularité. Au commencement de l'année 1837, la ville de Rouen pensa à leur donner une ligne de démarcation plus apparente. A cet effet, elle songea à établir, pour séparer les deux territoires, un grand boulevard de 40 mètres de large qui partirait de la demi-lune du Grand-Cours et aboutirait à l'extrémité de la rue d'Elbeuf, près de Trianon, où il serait établi une place circulaire de 100 mètres de diamètre dont la moitié du cercle serait pris sur Sotteville. Ce boulevard, dans la pensée de la ville, devait servir de limite aux deux communes et contribuer en même temps à leur embellissement.

D'après le plan qui fut dressé de ce boulevard projeté, un certain nombre de propriétés habitées de Sotteville allaient appartenir au territoire de Rouen. Mais, d'autre part, Rouen abandonnait à Sotteville une quantité de terrain encore plus grande, quoique non bâtie. Le boulevard, partant du rond-point du Grand-Cours, devait passer derrière Grandmont, puis au sud de la rue de la Grenouillette et traverser ensuite quantité de propriétés particulières jusqu'à Trianon.

La Municipalité de Sotteville se montra favorable à ce projet, sauf à obtenir de Rouen une petite modification de tracé, à la condition expresse cependant que Sotteville ne contribuerait pour rien dans les dépenses. (2 février 1837.) Ce fut là un point sur lequel on ne put s'entendre et une des causes qui firent abandonner le projet de boulevard.

— Les 11 et 15 juin, il fut procédé au renouvellement partiel du Conseil municipal. Le 6 juillet, le maire installait les nouveaux élus : MM. J. Deleau, J.-F. Annest, L.-A. Lemoine, Louis Cretot, Charles Vallée, J.-B. Bougon, N. Mullot, Michel Guyot, Pierre Samson, Pierre Mullot.

Au mois de septembre suivant, la Municipalité est en partie renouvelée à son tour : M. Lemoine conservait ses fonctions de maire ; il avait pour adjoints MM. Guillaume Deleau et Charles Vallée. Ils sont installés le 2 octobre.

— Les années 1838 et 1839 ne présentent rien de remarquable. La grande préoccupation de la Municipalité est l'acquisition, non encore terminée à cette date, de l'immeuble sur lequel seront édifiées la nouvelle mairie et la maison d'école. Entre autres affaires de peu d'importance, la Municipalité songe également à assurer l'église et le presbytère contre les risques d'incendie, à donner à la compagnie de pompiers un équipement convenable, et à continuer les réparations commencées aux chemins, toujours en mauvais état. Le 7 novembre 1839, il avait été décidé que la rue Saint-Michel porterait désormais le nom de rue Guyot.

— A différentes reprises, le Conseil s'était prononcé contre la création à Sotteville d'un commissariat de police ; mais dans ces derniers temps, diverses circonstances lui firent reconnaître la nécessité et même l'indispensabilité de cette création ; le 11 février 1840, il émettait enfin un avis favorable. La nomination du nouveau fonctionnaire ne se fit pas attendre ; le 5 mars, M. Bertrand était installé commissaire de police à Sotteville.

\*
\* \*

A la suite des élections partielles du Conseil municipal du mois de juin 1840, la Municipalité de Sotteville est de nouveau en partie renouvelée : M. Lemoine conserve ses fonctions de maire ; MM. Noël Manchon et Noël Hébert sont nommés adjoints ; ils sont installés le 17 septembre.

Pour servir de corps de garde aux troupes qui séjournent à

Sotteville, le Conseil municipal autorise le maire à louer un bâtiment offrant toutes les commodités désirables à cet effet, moyennant un loyer de 10 fr. par mois.

— Le 12 novembre, autorisation est donnée aux sœurs d'Ernemont d'établir une école de filles à Sotteville. Avant cette époque, il n'existait dans la commune qu'une seule école pour les garçons et les filles, tenue par l'instituteur.

— Au commencement de l'année 1841, les habitants de Sotteville se plaignent du trop long séjour que font les militaires en cantonnement dans cette commune, séjour qui dure depuis six mois. La plus grande partie de la population ne pouvant les loger, était obligée de les mettre à l'auberge, où il lui en coûtait de 12 à 14 fr. par mois, ce qui était très dispendieux, surtout pour des ouvriers. D'autre part, la commune fournissait aux soldats qui montaient la garde le local et le chauffage, autre charge fort lourde pour le budget municipal. Dans une supplique à l'autorité militaire, le Conseil demanda le départ des troupes.

— Le 9 mai 1841, la nouvelle mairie et l'école sont enfin inaugurés en présence de M. Dupont-Delporte, préfet de la Seine-Inférieure, et des principales autorités du département.

— Lors de la session d'août, le curé de Sotteville, M. l'abbé Ratiéville, sollicitait du Conseil l'autorisation de déplacer la croix de Grandmont, érigée sur la place de ce nom, par ce fait qu'elle se trouvait alors au milieu de bals et de rassemblements peu respectueux. Le maire partagea cet avis et déclara se charger des frais ; une commission fut alors nommée pour le choix d'un nouvel emplacement. Il est à croire toutefois que des objections durent être, par la suite, soulevées contre ce déplacement, car il n'en est plus question dans les réunions du Conseil.

A différentes reprises l'état fort défectueux dans lequel se trouvait l'église de Sotteville avait été signalé au Conseil. Lors d'une précédente séance, le maire avait même émis l'avis qu'il conviendrait plutôt, au lieu de se lancer dans des réparations continuelles, d'en édifier une nouvelle. Mais le Conseil n'avait pas paru partager cette opinion. Un architecte fut alors commis pour établir un état des réparations qui seraient nécessaires à l'ancien édifice. Le 2 août 1842, celui-ci déposait son rapport. Il reconnaissait que l'église pouvait être réparée sans grands frais en présentant toute la garantie de sécurité désirable. Il était facile même de l'agrandir en ajoutant des bas-côtés à la nef, ou même en prolongeant celle-ci. Une commission de quatre membres fut nommée avec mission de « s'assurer de la nécessité des réparations demandées et faire dresser « un devis de la dépense. »

Le 31 octobre, cette commission déposait à son tour son rapport. Elle reconnaissait que certaines réparations étaient nécessaires et qu'il y avait lieu d'y procéder de suite.

— Le 15 septembre 1843, renouvellement partiel de la Municipalité : MM. Lemoine, maire ; Pierre Samson et Noël Hébert, adjoints ; ils sont installés le 7 octobre.

— Un des propriétaires riverains conteste à la voie publique la possession d'une partie du terrain occupé par le chemin du Parc dont la largeur a été fixée à 6 mètres par l'arrêté de classement de 1833. Une consultation juridique aura lieu à ce sujet.

— Dans sa session de février 1844, le Conseil demande l'établissement d'une passerelle à piétons sur le pont du chemin de fer en projet de construction près l'île Brouilly, et connu depuis sous le nom de pont aux Anglais, du nom de ses constructeurs. Pour se dédommager de ses frais, la Compagnie du chemin de fer aurait été autorisée à établir sur la passerelle un droit de péage. Ce projet, qui n'a pas, à cette époque, reçu d'exécution, a été remis au jour tout dernièrement. Cette passerelle, en faisant communiquer directement entre elles les deux rives de la Seine, rendrait certainement les plus grands services aux populations de Saint-Sever, de Sotteville, de la Mi-Voie et de Bonsecours, cette dernière commune desservie par un chemin de fer funiculaire.

— Le 28 juin, la commission chargée d'étudier la question du chemin du Parc, dépose son rapport. Elle déplore d'abord la situation dans laquelle se trouve l'entrée du chemin près la mare de

Sotteville; les sinuosités que vient de lui faire faire son passage sous le chemin de fer sont des plus dangereuses et en rendent le parcours très difficile. Ces sinuosités, après avoir passé sous un pont dont l'élévation est insuffisante (environ 4 mètres) pour l'exploitation des prairies, viennent s'embrancher dans le chemin du Parc à environ 50 mètres d'où il partait précédemment après avoir traversé le chemin de fer. Puis elle expose que, pour obvier en partie à ces inconvénients, il est nécessaire de rectifier le premier plan de ce chemin en le faisant ouvrir à 6 mètres et enlever un barrage appartenant à M. Rivette. Ce rapport est adopté à l'unanimité par le Conseil. M. Rivette protesta bien quelques jours plus tard contre cette décision en ce qui le concernait ; mais le Conseil passa outre et maintint sa première délibération.

— Le 6 août, MM. Augustin Héliot, Campion et Lhérondel demandent l'autorisation d'ouvrir un chemin à travers leurs propriétés pour communiquer de la rue du Puits-de-la-Montée à la rue de la Grenouillette. Ils donnent, à cet effet, à la commune une ouverture de 6 mètres de largeur de terrain allant d'une rue à l'autre, sur laquelle ils construiront la rue nouvelle qui devra porter le nom de rue Hérisson, nom du propriétaire primitif de ce terrain et ancien adjoint de la commune.

— Sotteville va être éclairé — pour une partie du moins — par le gaz. Ainsi en a décidé le Conseil dans sa séance du 19 septembre. seize becs seront placés aux endroits les plus fréquentés.

— Au mois de mai 1845, Sotteville sollicite la création d'une station pour voyageurs et marchandises à l'embranchement du chemin de fer du Havre avec celui de Paris. Sotteville, hélas, devait longtemps l'attendre.

— A sa session de mai, l'assemblée municipale est saisie par le Conseil de Fabrique d'une demande de construction d'une nouvelle église, demande basée sur l'exiguité de l'ancienne. Mais l'assemblée de l'Hôtel de Ville ne reconnaît pas la nécessité immédiate de cette construction et rejette la demande de la Fabrique.

Cependant, les partisans du nouvel édifice ne se découragent pas ; ils reviennent à la charge à la session de novembre, avec des plans et devis tout préparés. Cette fois ils triomphent, mais à la condition de n'avoir recours à aucune imposition extraordinaire. Le 22 décembre, on désigne l'ancien presbytère et son jardin comme devant servir d'emplacement au nouvel édifice. Le montant du devis s'élève à la somme de 179.850 fr., y compris 15.000 fr. pour l'acquisition du terrain. Pour y faire face, un emprunt de 90.000 fr. serait contracté par la commune. Le surplus devrait être fourni par des subventions de la Fabrique, des souscriptions particulières et un excédent sur le budget ordinaire de la commune.

— A la suite de l'attentat du 16 avril 1846 contre Louis-Philippe à Fontainebleau, le Conseil vote au roi une adresse de félicitations.

— Le décret du 1er novembre renouvelant toutes les Municipalités, n'apporte qu'une seule modification à Sotteville : MM. Lemoine et Samson conservent leurs fonctions de maire et de premier adjoint, et M. Boumard est nommé deuxième adjoint. L'installation de la nouvelle Municipalité donna lieu à un incident des plus vifs. M. Lemoine, maire, dans une allocution blessante pour les membres du Conseil, soutint que les dernières élections municipales avaient été faites d'une manière scandaleuse et que, « malgré l'opposition systématique qui travaille dans l'ombre, il n'en persistera pas moins, avec le concours de ses deux adjoints, à administrer la commune comme il l'a fait jusqu'à ce jour ». Plusieurs membres s'indignent contre les paroles du maire et font remarquer qu'aucune protestation n'a été faite contre les opérations électorales ; ils l'invitent à préciser ses accusations ou à se rétracter. Le maire répond qu'il n'a de comptes à rendre à personne, et M. Samson, premier adjoint, invective le secrétaire du bureau qui demande justice au Conseil. Le maire lève alors la séance. Seize membres sur vingt présents manifestent leur indignation de la conduite de M. Lemoine à l'égard de l'assemblée municipale. Celui-ci reconnaît alors ses torts, et la séance est reprise. Mais bientôt un nouvel incident surgit, plus vif encore, et en fin de compte il faut de nouveau lever la séance. La situation de la Municipalité, ayant devant elle une opposition énergique, se trouvait être alors des plus équivoques.

D'ailleurs, tout va être désormais prétexte à incidents. Le 7 janvier 1847, une pétition est remise au Conseil, protestant contre la construction, décidée en principe, de l'église. « L'opinion publique, dit-elle, s'est hautement manifestée contre cette construction lors des dernières élections. » Elle rappelle que la majorité de l'année précédente est devenue minorité et que l'engagement pris de ne point créer de nouveaux impôts est purement illusoire. Une discussion s'engage au Conseil à ce sujet, et finalement la construction de la nouvelle église est rejetée et la première délibération annulée.

Le maire de Sotteville avait ainsi devant lui une opposition d'autant plus décidée à ne rien céder qu'elle venait d'être élue. M. Lemoine et ses deux adjoints comprirent que, dans cette situation, toute administration était devenue pour eux impossible, et ils donnèrent leur démission. Un décret du 22 mai 1847 leur désignait des successeurs : M. Jacques-Victor Bertel était nommé maire ; MM. Charles Vallée et Noël Hébert, adjoints.

A cette époque, la misère publique était grande ; quantité d'ouvriers étaient sans travail, et chaque jour des bandes nombreuses parcouraient la commune en demandant du pain. Dans le but de venir à leur secours, la Municipalité de Sotteville créa un atelier de charité pour travaux de réparations à faire sur les chemins. Mais bientôt les faibles ressources dont pouvait disposer la Municipalité se trouvèrent épuisées. Le maire proposa alors au Conseil de faire un emprunt de 20.000 fr. Cette proposition fut favorablement accueillie, et la Municipalité put ainsi occuper les nombreux ouvriers sans travail de la commune en même temps que subvenir aux nécessités pressantes du Bureau de bienfaisance.

Pendant l'année 1847, peu d'affaires importantes, outre la question des travaux de charité, furent soumises aux délibérations du Conseil. Parmi celles qui méritent une mention, il faut signaler les difficultés survenues avec la Compagnie Européenne du gaz relativement aux travaux de conduites pour l'éclairage public et particulier, et un nouveau différend avec M. Brière relativement à la clôture de sa propriété des Marettes.

Au mois de novembre, M. Rondeaux annonçait au Conseil municipal de Sotteville son intention de traduire la commune devant les tribunaux pour la contraindre à disposer le sol de la rue de la Grenouillette de manière à ne pas jeter les eaux dans le fossé d'une prairie qui lui appartient et qui longe cette rue. L'assemblée municipale, tout en reconnaissant l'existence des faits signalés par M. Rondeaux, répondit qu'il en avait été ainsi de temps immémorial, que c'était donc une servitude à laquelle se trouvait assujettie la propriété de M. Rondeaux, et qu'il y avait lieu de résister à ses prétentions.

— Au commencement de l'année 1848, les Frères de la doctrine chrétienne fondèrent à Sotteville une école gratuite qui bientôt obtint un si grand nombre d'élèves que l'école communale, que dirigeait M. Paumier, se trouva presque déserte. Toute concurrence, dans ces conditions, était d'ailleurs impossible. M. Paumier allait se trouver dans une situation fort difficile. Il en fit part au Conseil. Celui-ci, dans le but de conserver son instituteur en même temps que pour éviter la fermeture de l'école communale, accorda à M. Paumier une subvention annuelle de 500 fr. en sus de son traitement ordinaire. Désormais l'école sera entièrement gratuite et un cours d'adultes d'une durée de deux heures devra avoir lieu chaque soir. Lorsque le nombre des élèves s'élèvera à plus de 60, l'instituteur recevra une indemnité annuelle de 900 fr., toujours en sus de son traitement; mais alors il serait tenu d'avoir un adjoint. Les fournitures restaient à la charge des familles, à l'exception toutefois des indigents qui les recevraient gratuitement.

*<br>* *

D'après une statistique du canton de Grand-Couronne dressée vers 1845, la population de Sotteville comptait alors 3.971 habitants, logés dans 850 maisons. Comme on le voit, elle n'avait encore fait que des progrès assez lents, puisqu'en 1806 elle se trouvait être de 3.107 habitants; en 1821, 3.710; et en 1832, 3.912. Depuis cette dernière époque, elle était donc restée à peu près stationnaire.

L'industrie cependant commençait à s'y développer. En 1836, on comptait à Sotteville six filatures appartenant à MM. Morin frères, Samson, Quesney, Egasse et Férey, Lemonnier et Moulin, représentant ensemble une force de 76 chevaux-vapeur.

En 1845, il y avait à Sotteville douze filatures et autres manufactures mues par des machines à vapeur et occupant 800 ouvriers; trois fabriques de colle, trois fabriques de savon, deux de noir animal, une de produits chimiques, une d'huile épurée, un établissement de tanneur-corroyeur, occupant ensemble 60 ouvriers; un four à chaux et un four à plâtre. En outre, 150 tisserands travaillaient chez eux. Le nombre des patentables s'élevait à 283.

Pour prendre part aux élections de la Chambre des députés, on sait que, sous le gouvernement de Juillet, il fallait payer au moins 200 fr. d'impôts. Sotteville comptait, en 1845, dix-huit de ces électeurs, dont un payant 2.792 fr. Les électeurs municipaux, c'est-à-dire ceux prenant part aux élections des Conseils municipaux et payant au moins une contribution égale à la valeur de trois journées de travail, étaient, en 1845, au nombre de 250. Sotteville nommait 23 conseillers.

L'école communale dirigée par M. Paumier comptait, en 1845, 124 élèves garçons; l'école des filles était dirigée par les sœurs de Saint-Louis de Gonzague et était fréquentée par 288 élèves. En outre, il est fait mention d'un instituteur libre, M. Chaumont, qui devait être le directeur de l'école des Frères.

Il y avait à cette époque, à Sotteville, un docteur-médecin, M. Fischlin; un officier de santé, M. Boumard, et un pharmacien, M. Gosselin.

Enfin, trois bals publics avaient pour mission de divertir la jeunesse. Ils étaient d'ailleurs très fréquentés.

La comgagnie de pompiers comprenait 15 membres; son matériel se réduisait à 3 pompes et 160 seaux.

\* \*

La récente création d'une société de courses à Caen avait donné l'idée à un certain nombre d'amateurs rouennais de fonder, à l'instar de la seconde capitale normande, une société semblable. Au commencement de juillet 1843, un comité provisoire fut formé et un appel fut adressé à la population rouennaise. Parmi les plus ardents promoteurs du projet de société figurent les noms de MM. Henry Barbet, N. Prevel, Reiset de Guercheville, Join-Lambert père, Buddicom, Auguste Beaudouin et Fouquier.

L'hippodrome choisi par le Comité provisoire avait son siège dans la prairie de Sotteville située en amont de la ligne que devait décrire le tronçon du chemin de fer destiné à relier le chemin de Paris à Rouen à celui de Rouen au Havre. Des arrangements furent pris à cet effet avec le Maire de Sotteville, son Conseil municipal et les fermiers de la prairie.

La première journée de courses, fixée au samedi 26 août, obtint le plus grand succès. Tout le beau monde de la ville et du département, et tout le Jockey-Club de la capitale s'étaient donné rendez-vous dans la prairie de Sotteville.

Partout ce ne fut qu'un concert d'éloges adressés au Comité qui avait présidé aux travaux matériels et à la réunion des souscriptions.

La seconde journée ne fut pas moins belle que la première, favorisée d'ailleurs par un temps splendide. De tous côtés, on vantait la magnificence de l'hippodrome. Jamais, depuis l'inauguration du chemin de fer, on n'avait vu pareille affluence. La première journée la recette s'était élevée à 5.000 fr.; la seconde donna 10.000 fr. Le nombre des piétons était impossible à calculer. On assimilait la longue file de véhicules de tout genre qui se rendaient au nouvel hippodrome à celle qu'on a coutume de voir aux Champs-Élysées de Paris à l'époque de Longchamp. De l'avis de tous, c'était un succès inespéré.

Hélas, la réunion de 1844 ne devait pas donner les mêmes résultats. Les courses avaient été fixées aux dimanche 25 et lundi 26 août. Le premier jour le temps fut affreux ; plusieurs propriétaires effrayés de l'état de l'hippodrome, renoncèrent à suivre leurs engagements ; quelques courses toutefois purent être conduites à bonne fin.

La seconde journée fut meilleure, mais elle était encore loin de ce que tout le monde aurait désiré. Dans ces conditions les recettes furent loin de couvrir les dépenses.

En présence d'un déficit d'une vingtaine de mille francs, on décida de ne pas renouveler l'expérience. L'hippodrome de Sotteville avait vécu, au grand regret de tous, et surtout de la catégorie nombreuse des curieux qui avaient trouvé, sur la côte Sainte-Catherine, un endroit des plus commodes pour bien voir sans bourse délier.

En 1860, une nouvelle Société de Courses s'organisa et établit l'hippodrome, que tout le monde connaît, aux Bruyères Saint-Julien. Sa prospérité va grandissante chaque jour, et l'on sait si ses réunions sont fréquentées.

## CHAPITRE III

Sotteville sous la seconde République. — Première agitation. — Plantation de l'arbre de la Liberté. — Les événements des 27, 28 et 29 avril 1848. — Commission provisoire. — Séances orageuses.

Le trône de Louis-Philippe vient de s'écrouler après deux jours d'agitation. Le refus du monarque de renvoyer des ministres impopulaires et d'accorder les réformes que l'opinion demandait, le précipitait dans l'exil.

La nouvelle de cette révolution, parvenue à Rouen dans la journée, fut connue à Sotteville dans la soirée. Des rassemblements se forment alors sur différents points, notamment place de la Mairie, et dans la nuit plusieurs délits sont commis.

Le lendemain 25, dès le matin, le Conseil municipal est réuni pour aviser aux mesures à prendre. A peine la séance est-elle ouverte que se présente Jean-Pierre Lemoine, qui annonce venir au nom du Comité Démocratique de Rouen, siéger au sein du Conseil municipal et lui donner connaissance de l'installation de ce Comité. Il invite ensuite le maire à faire publier, dans toute la commune, la nouvelle de cette installation. Enfin, il se met à la disposition de l'autorité municipale pour l'aider à rétablir la tranquillité publique et le bon ordre.

Les propositions du citoyen Lemoine sont favorablement accueillies. Le Conseil se déclare en permanence, et le maire ordonne la convocation immédiate de la garde nationale.

Pendant toute la journée, la tranquillité ne fut pas troublée, mais à sept heures du soir, on apprend que les ateliers de M. Buddicom sont menacés d'incendie et que des rassemblements nombreux se forment partout. Un détachement de la garde nationale est alors immédiatement dirigé sur les ateliers et le chemin de fer, des patrouilles circulent dans tous les quartiers.

Ces mesures de précaution n'étaient pas inutiles en présence de l'agitation qui se manifestait à Rouen, où des bandes d'individus, libérés des bagnes pour la plupart, habitués des maisons de débauche, tous de faux ouvriers, avaient formé le projet de détruire le chemin de fer. Le soir du 25 février, ils se portaient en masses aux abords des gares et y commettaient des dégâts ; mais la garde nationale dissipa les émeutiers et rétablit l'ordre. Une autre bande s'était dirigée sur l'île Brouilly et incendiait le pont du chemin de fer. Une lutte sérieuse s'était alors engagée et un certain nombre des dévastateurs avaient dû être arrêtés.

Le 19 mars, une Municipalité provisoire est installée. M. Léon Salva occupe les fonctions de maire ; MM. Lemoine et Houdard, celles d'adjoints. Dans le but de faciliter les réunions publiques en vue des élections, la Municipalité nouvelle est autorisée par le

Conseil à louer deux salles pour servir de lieu de réunion. La sœur d'Ernemont met gracieusement à la disposition de la Municipalité une partie de son établissement pour l'un des clubs en voie de formation ; l'autre club se tiendra dans la salle d'asile. Quatre caisses de secours sont ensuite fondées pour les travailleurs.

\* \*

Le 16 avril avait lieu à Sotteville, avec une grande solennité, la plantation de l'arbre de la Liberté. Un cortège imposant par le nombre des citoyens qui le composaient et l'esprit de dignité qui les animait avait réuni des députations des clubs de Rouen avec leurs drapeaux, des corporations d'ouvriers de diverses industries, chacun marchant sous sa bannière respective ; la garde nationale et les sapeurs-pompiers de Sotteville, nombreux et d'une excellente tenue ; enfin, des détachements de dragons et de hussards, venus là plutôt comme citoyens que comme soldats, dans le but d'augmenter l'éclat de la fête, et non pour y maintenir l'ordre, religieusement respecté par chacun.

Pendant la cérémonie de la plantation de l'arbre de la Liberté, sur la place de la Mairie, la musique de l'artillerie de la garde nationale de Rouen fait entendre des fanfares militaires et des airs nationaux. Le curé de Sotteville bénit l'arbre et prononce un discours qui est écouté avec des marques d'approbation. MM. Salva, maire de Sotteville ; Leballeur, maire de Rouen ; le général Gérard, commandant la brigade, prennent ensuite la parole, et leurs harangues sont saluées aux cris de : Vive la République !

\* \*

Les élections des membres de la Chambre des députés, faites pour la première fois par le suffrage universel, n'ayant pas donné, dans le département, satisfaction à l'opinion avancée, des désordres éclatent à Rouen dès le soir même, et l'émeute, commencée sur la place Saint-Ouen, s'étend bientôt à plusieurs quartiers de la ville.

Les insurgés se divisent en deux fractions : les uns tentent de désarmer les gardes nationaux qui se rendent à leurs places d'armes, les autres défoncent les portes des maisons et s'emparent de tout ce qui peut servir à faire des barricades. Le lendemain, les insurgés reprennent les armes et menacent l'Hôtel de Ville ; mais l'autorité militaire avait pris des mesures énergiques et parvenait, dès le soir même, à vaincre l'insurrection sur la rive droite.

C'était surtout dans le quartier Saint-Sever que l'émeute avait porté le gros de ses forces et où elle avait accumulé ses moyens de défense. Depuis longtemps, des menaces de pillage et d'incendie étaient à chaque instant proférés dans ce faubourg. Pendant la nuit, de fortes barricades avaient pu être construites ; les arbres des boulevards avaient été coupés et les gardes nationaux de Petit-Quevilly et Couronne désarmés. Les insurgés, enfin, avaient de nombreuses munitions ; la journée s'avançait, et il importait pour la sûreté de la ville que l'on en finît à l'instant même, car l'émeute pouvait être secourue par la population ouvrière de Sotteville, que l'on savait fortement agitée.

Cependant, le général Gérard avait reçu l'ordre du général en chef de former une colonne d'attaque composée de 700 hommes de la garde nationale et de troupes de ligne, d'une section d'artillerie de la garde, de 30 hussards et de 25 dragons, placés sous les ordres d'un colonel. Cette colonne fut envoyée pour détruire les barricades des rues Méridienne, d'Elbeuf et de Saint-Julien. Les deux premières furent enlevées rapidement ; celle de la rue Saint-Julien, fortement défendue par de nombreux insurgés, présentait plus de difficultés. Leurs approvisionnements étaient considérables : un baril de poudre, 300 fusils et des munitions en grand nombre.

Un quart d'heure fut accordé aux insurgés pour détruire la barricade ; mais cette sommation n'ayant pas donné de résultat, quinze coups de canon à boulet furent tirés en plein sur la barricade. Au quinzième coup, la brèche était faite. A la faveur de la fumée des pièces, les troupes marchèrent en avant ; les insurgés les reçurent par une décharge de leurs armes, qui n'atteignit personne. Les troupes ripostèrent et parvinrent cette fois à faire lâcher pied aux insurgés, qui s'enfuirent dans la campagne ; ils y furent poursuivis, mais il n'y eut que quelques engagements de tirailleurs. L'émeute était vaincue sur la rive gauche, comme elle l'avait été sur la rive droite.

Pendant que ces événements se passaient rue Saint-Julien, l'agitation, nous l'avons dit, était grande à Sotteville. Dès le 27 au matin, des rassemblements s'étaient formés sur la place de la Mairie ; mais le maire, M. Léon Salva, après bien des pourparlers, était parvenu à obtenir leur dispersion. Durant toute la nuit, la plus grande surveillance fut recommandée aux postes de la garde nationale, toutefois ces prescriptions furent loin d'être exécutées, et des défections faisaient craindre des troubles pour le lendemain.

En effet, le 28, vers neuf heures du matin, une bande tumultueuse, composée d'environ 200 hommes, arrive sur la place de la Mairie, dans l'intention de désarmer le poste. Parmi eux, trois hommes sont armés de fusils ; plusieurs autres portent des sabres. Au même instant, d'autres groupes nombreux, comprenant environ 400 individus, débouchent sur la place de la Mairie et crient : « *Il nous faut des armes !... Allons secourir nos frères de Rouen !... Allons rejoindre les deux mille qui sont à la barrière d'Elbeuf !* »

Le maire essaye de leur faire entendre des paroles de paix. Il ne peut parvenir à se faire écouter. « *A bas !... Pas de discours... des armes pour secourir nos frères, ou la mort !* » Tels sont les cris proférés par la multitude qui ne veut rien entendre.

M. Léon Salva, accompagné de M. Duval, conseiller municipal, et du commissaire de police, renouvelle quand même ses tentatives de conciliation, et monte sur une chaise pour mieux se faire entendre. Peine inutile. Sous le prétexte que ce n'est plus le temps de parler, mais bien celui d'agir, une centaine d'individus pénètrent en masse et de vive force dans le poste, qu'ils désarment, tandis que d'autres montent à la mairie et, malgré la résistance du citoyen Houdard, premier adjoint, s'emparent de quelques fusils, modèles anglais, et de quelques autres hors d'état qui y étaient déposés. Puis ils se font remettre la clef du grenier, où ils croient trouver des armes, et s'emparent du drapeau. Pendant ce temps, une autre bande parcourait les rues et fouillait toutes les maisons, principalement celles habitées par des gardes nationaux, pour y trouver des armes.

C'est alors que le maire, reconnaissant enfin l'inutilité de ses moyens de conciliation, donna ordre de réunir immédiatement la garde nationale, sans toutefois qu'on ait à battre le rappel, dans la crainte de surexciter encore les émeutiers et d'en grossir le nombre. Le commandant lui répond qu'il est trop tard et que cette convocation aurait dû être faite la veille. Mais le maire ne l'entend pas ainsi et fait sommer le commandant d'avoir à prendre les armes ; celui-ci refuse encore, déclarant que les gardes nationaux ne se réuniront pas puisqu'il y en a une grande partie de désarmés ; que d'ailleurs, fût-il avec sa garde nationale, l'autorité militaire n'obéit qu'autant qu'elle le croit possible et suivant le danger. En présence de ce refus, le maire fait convoquer immédiatement le Conseil municipal. A trois heures, le rappel est battu dans toute la commune ; sept à huit gardes nationaux seulement y répondent.

Cependant le Conseil municipal, qui s'est rendu à la convocation du maire, craignant des désordres pendant la nuit, décide qu'une commission restera en permanence à la mairie. Aucun incident, néanmoins, ne se produit.

Le lendemain samedi, le rappel est de nouveau battu ; une trentaine de gardes nationaux se réunissent. Le maire, en l'absence du chef de bataillon, donne le commandement à l'officier le plus élevé en grade, le capitaine Duval, avec ordre de le conserver jusqu'à l'arrivée du commandant. Après trois quarts d'heure d'attente, ce dernier arrive enfin, accompagné de deux autres officiers, mais pour réclamer la remise des armes qui existent à la mairie. Le maire répond que ces armes sont chargées, que plusieurs ont servi à l'émeute de la veille, et qu'il serait bon de les conserver jusqu'à la fin de l'enquête commencée par la justice. Le commandant ne veut entendre aucune observation et exige les armes. Pour éviter un conflit, le maire les lui fait remettre. Cela ne suffit pas encore au commandant et à ses deux acolytes, MM. Samson et Defosse. Ils prétendent assister à la délibération du Conseil municipal, qui vient de se réunir. Une discussion assez vive se produit. Le citoyen Samson menace le Conseil et la Municipalité, à laquelle il réclame des comptes, pour sa mauvaise gestion ; mais tout le Conseil approuve les actes du maire, et dans la crainte de nouveaux désordres, une commission restera en permanence.

Le lendemain, le Conseil est de nouveau réuni et la discussion devient assez vive. Le maire signale l'imprudence d'un chef d'établissement qui a fait distribuer des armes de la garde nationale à certains de ses ouvriers, tandis qu'il en refusait à d'autres venus s'inscrire antérieurement. M. Bertel, ainsi visé, réplique et quitte la salle.

En présence du mauvais vouloir et même de l'hostilité du chef de bataillon, le maire, le citoyen Salva, craignant toujours un retour de l'émeute, avait demandé de la troupe à Rouen. Le général Ordener s'empresse d'envoyer un détachement et vient lui-même s'informer de la situation. Mais aucun incident ne se produit. Le détachement n'en resta pas moins encore quelques jours à Sotteville, aux frais de la commune.

*\*\**

Cependant, tout n'allait pas à merveille au sein de la Commission municipale provisoire de Sotteville. Des dissentiments assez vifs s'étaient produits à la suite desquels MM. Salva, maire provisoire, Lemoine et Houdard, adjoints, et plusieurs autres membres, donnèrent leur démission, qui fut acceptée par le commissaire général du département le 10 mai, en même temps qu'il prononçait la dissolution de la Commission et en nommait une nouvelle. Le citoyen Houdard était chargé des fonctions de maire provisoire, et les citoyens Dal et Vallée de celles d'adjoints. Le lendemain, la nouvelle Commission était installée, et elle inaugurait ses fonctions en votant des remerciements au citoyen Léon Salva.

Quinze jours plus tard, M. Houdard donnait à son tour sa démission. M. Darne, receveur des Domaines, fut alors désigné comme administrateur provisoire de la commune. Il devait être installé le 24 mai, à six heures du soir. Le Conseil, réuni, l'attendit en vain jusqu'à neuf heures et, en désespoir de cause, se sépara.

Le désarroi est alors complet au sein de la Commission provisoire. M. Amédée Vallée, adjoint, et plusieurs membres donnent à leur tour leur démission. Le citoyen Thouret est désigné pour remplacer M. Vallée.

Enfin, le 6 juin, la Commission provisoire, au complet, peut se réunir et voter un secours de 3.000 fr. pour venir en aide aux ouvriers sans travail. Un atelier communal est alors organisé. Il a pour président M. Vieillot.

Au commencement de juillet, 600 ouvriers sont encore sans travail ; la plus grande partie se trouve dans une affreuse misère. Le Conseil et les plus imposés réunis votent, pour venir à leur secours, une imposition extraordinaire de 10 centimes.

Un nouveau Conseil municipal est élu au mois de septembre, non toutefois sans donner lieu à quelques protestations. L'élection du citoyen Léon Salva, entre autres, est contestée ; une autre, celle du citoyen David, est annulée. En attendant que le Conseil soit au complet, le citoyen Jacques Duval, premier élu après le citoyen Salva, est chargé des fonctions de maire par intérim. C'est alors une ère nouvelle qui s'ouvre pour Sotteville ; du moins, ce dut être l'opinion du secrétaire du Conseil, car il date ses délibérations de l'*an premier de la République française*. Il n'existait plus alors sans doute à Sotteville aucun vétéran de la Convention, car il n'aurait probablement pas manqué de protester.

Quoi qu'il en soit, la situation est loin de s'améliorer ; le nombre d'ouvriers inoccupés à Sotteville est toujours grand et leur dénuement augmente encore. Il faut pourvoir à leur secours. Le 2 octobre, le maire provisoire propose, à cet effet, un nouvel impôt additionnel de 3 centimes. Une discussion s'engage, et finalement l'impôt est voté.

Le Conseil de préfecture a enfin statué sur les six élections contestées, et les a validées. Le Conseil est donc au complet, et le 17 novembre il procède à l'élection du maire et des adjoints. Sont élus :

Maire : Amédée Vallée. — Adjoints : les citoyens Vergne et Mallet.

Le président, le citoyen Duval, les proclame maire et adjoints, au cri de : *Vive la République démocratique et sociale !* Mais cette dernière attribution donnée à la République n'était pas du goût de la majorité du Conseil, et, à l'ouverture de la séance suivante, le 2 décembre, elle décidait que le mot « *sociale* » serait rayé et remplacé par « *une et indivisible* ». Le 7 décembre, le maire et les adjoints sont installés, mais cette fois on crie seulement : *Vive la République démocratique !*

Ce n'était peut-être pas sans raison que le citoyen Duval voulait la République démocratique et surtout *sociale*, car le voici accusé, par ses collègues, d'avoir singulièrement abusé de ses fonctions pour servir ses propres intérêts ; on le soupçonne, entre autres, de s'être approprié des terres appartenant à la commune et d'y avoir employé, pendant deux mois, dix ou douze ouvriers chargés des travaux communaux et payés par le budget municipal. Sur la demande de Duval, une commission est nommée pour examiner ses comptes et sa gestion (19 décembre). Le 1$^{er}$ février, cette commission dépose son rapport, qui reconnait l'exactitude des faits articulés contre Duval et le condamne à rembourser à la commune une somme de 100 fr.; mais l'ancien maire provisoire refuse de payer.

— Le 10 février 1849, sur la proposition d'un de ses membres, le Conseil vote la création d'un marché franc, qui se tiendra le dimanche sur la place de la Mairie.

— L'église de Sotteville n'avait été jusqu'alors qu'une succursale, et le curé ne possédait d'autre titre officiel que celui de desservant. Au mois de juillet 1849, le préfet songea à ériger la paroisse en cure de seconde classe ; le desservant aurait alors le titre de curé-doyen, avec l'inamovibilité et le traitement y attaché. Le Conseil, dans sa réunion du 2 juillet, était appelé à donner à ce sujet son avis ; mais, craignant que cette érection ne fût pour la commune une nouvelle aggravation de ses charges, déjà si lourdes avec une population malheureuse aussi nombreuse, il déclara qu'il n'y avait nulle nécessité à cette modification, et la repoussa à l'unanimité moins une voix.

— Par arrêté préfectoral du 14 novembre, M. Amédée Vallée, maire de Sotteville, est suspendu de ses fonctions. M. Jacques Duval, premier conseiller, est de nouveau chargé de remplir les fonctions de maire. Le 19 novembre, cette nouvelle est communiquée au Conseil réuni : « Le préfet, dit M. Duval, a témoigné à M. Vallée le regret qu'il avait éprouvé en prenant une disposition que ses devoirs lui imposaient, et lui a renouvelé l'assurance qu'il serait toujours le bienvenu. » Il est facile de deviner le motif qui avait dicté au préfet ce qu'il appelait son « devoir ». M. Vallée était républicain, et Louis Napoléon était président de la République !

M. Duval, toutefois, ne conserva pas longtemps cette fonction de maire provisoire, car au mois de février 1850, M. Vergne remplissait les fonctions de maire. A cette époque, M. Caron est second adjoint.

— Au commencement de mars de cette année 1850, le Conseil municipal avait décidé d'abonner la commune au *Journal de Rouen*, qui serait mis à la disposition, dans la salle de la mairie, de tous les habitants qui voudraient le lire. Le Conseil se montrait, en cette occasion, bien naïf, et le préfet sut le lui faire voir, car le 5 mars il signifiait au maire « que ce n'est pas le *Journal de Rouen* dont il a jugé l'abonnement utile à la commune, mais une toute autre feuille politique et littéraire ». Le *Mémorial* était suffisamment désigné. Toutefois, le Conseil résista et décida, lui, que ce serait le *Journal de Rouen* qui serait lu à la mairie de Sotteville.

— Le 17 juillet, il est procédé enfin à l'élection d'une Municipalité définitive. M. Vergne est élu maire ; MM. Léon Vastel et Thouret, adjoints.

— Une demande de subvention de 400 fr. en faveur des Frères de la Doctrine chrétienne donne lieu à divers incidents. Le résultat du vote est douteux ; néanmoins, M. Vergne, maire, le proclame en faveur de la subvention. Cette interprétation est vivement combattue dans la séance suivante, du 8 novembre, par MM. Léon Salva et Vallée, qui lui reprochent, en outre, sa négligence dans une autre affaire avec M. Rondeaux, relative à la rue de la Grenouillette, et d'avoir laissé passer les délais d'appel du jugement en cassation. La discussion devient de plus en plus vive, mais la majorité du Conseil maintient le vote de la subvention aux Frères (8 novembre). Entre temps, M. Léon Salva avait demandé comme de toute utilité la création d'une salle d'asile.

A partir de cette époque, les séances du Conseil deviennent fort orageuses. Les attaques de M. Léon Salva contre le maire et la majorité sont incessantes.

Le 13 novembre, M. Salva formule une nouvelle proposition relative à la création de divers impôts devant suppléer à la réduction de celui sur l'alcool. Quelques membres voient là une question politique, et quittent la salle. Deux jours plus tard, la discussion est reprise. M. Salva développe sa proposition. Il est interrompu à chaque instant ; néanmoins il persiste à continuer ses explications. Alors, la même scène recommence ; un certain nombre de conseillers quittent la salle. Le calme se rétablit et la proposition de M. Salva est adoptée.

— Le dimanche 10 novembre, avait lieu à Sotteville une réunion où devait se faire une conférence religieuse. M. Vergne, maire, qui n'avait pas vu, paraît-il, cette réunion d'un bon œil, pénétra brusquement dans la salle et, sous prétexte que les formalité légales n'avaient pas été remplies, voulut empêcher la conférence. Une scène bruyante s'ensuivit ; néanmoins le maire fut obéi, non toutefois sans de vives protestations de la part des assistants contre la conduite de M. Vergne, qu'ils signalèrent au préfet. Celui-ci suspendit le maire de ses fonctions, par arrêté du 12 novembre ; quelque temps après, un décret du président de la République le révoquait. M. Léon Vastel, premier adjoint, fut chargé par intérim des fonctions de maire.

9.

— Le 24 novembre, l'arbre de la Liberté, planté au mois d'avril 1848 sur la place de la Mairie, est abattu par un coup de vent. Singulier présage !

— Le 16 mars 1851, de nouvelles élections municipales ont lieu, et le 3 avril le Conseil procède à l'élection de la Municipalité. M. Jacques Bertel est élu maire ; MM. Charles Vallée et Louis Rivette, adjoints. Ils sont installés le 12 avril.

Plusieurs affaires d'une certaine importance sont, dans le cours de cette année, soumises aux délibérations du Conseil : revision des tarifs de l'octroi, reconstruction de l'église ou agrandissement de l'ancienne, travaux pour l'écoulement des eaux, création d'une salle d'asile et d'une crèche. Toutes sont mises à l'étude.

Le 2 juillet, la création de la salle d'asile est votée. Comme emplacement, on choisit un terrain à acquérir à l'angle de la rue des Capucins et de la rue d'Ernemont, sur lequel se trouve une petite maison à l'angle de la rue de la Mare et de la rue des Capucins.

On s'est arrêté, pour le moment, à l'agrandissement de l'église, et une imposition de 10.000 fr. est votée à ce sujet.

Le 26 septembre, après abandon de l'emplacement primitivement choisi pour l'établissement de la salle d'asile, le Conseil porte ses vues sur une autre propriété, rue du Carrefour, appartenant à M. Lemonnier, dont l'acquisition s'élèverait à 7.600 fr.

— Le 20 novembre, M. Paumier, instituteur communal, donne sa démission. Le Conseil lui vote des remerciements pour les services qu'il a rendus à la commune pendant les *34 années* qu'il y a rempli ses fonctions.

— Le 26 avril 1852, le Conseil et la Municipalité prêtent serment à la nouvelle Constitution, conséquence du coup d'Etat du 2 décembre précédent, et au prince-président.

— La nouvelle salle d'asile est terminée et la direction en est confiée aux religieuses des pauvres. M. Fleury, curé de Sotteville, s'engage, pour une période de vingt ans, à verser annuellement une somme de 500 fr. aux deux religieuses qui en seront chargées.

— Par décret du 7 juillet, MM. Bertel, maire, Vallée et Rivette, adjoints, sont maintenus dans leurs fonctions.

## CHAPITRE IV

Sotteville sous le second Empire. — Souscription pour les ouvriers sans travail. — L'école des Frères. — Toujours la Commission provisoire. — Projet d'orphelinat. — Le nouveau cimetière. — Construction de l'église. — Réseau télégraphique. — Incidents au Conseil municipal. — Le nouveau presbytère. — Le service de l'octroi. — Conflit municipal. — La musique des pompiers. — Le pavillon de l'Aurore. — Projet d'asile de vieillards.

L'Empire est proclamé à Sotteville, comme dans toutes les communes de France, le dimanche 5 décembre 1852, sur la place de la Mairie, en présence de toutes les autorités constituées : Conseil municipal, bureau de bienfaisance, compagnie de sapeurs-pompiers, et suivant le cérémonial prescrit. Le 31 janvier 1853, la Commission municipale, tenant à manifester ses sentiments au nouvel Empereur, lui votait une adresse de félicitations à l'occasion de son mariage.

« Deux fois — dit-elle — vous avez sauvé la France de l'anarchie ; deux fois vous avez fait régner l'ordre où nous ne voyons que désordre et ruine, et vous nous avez rendu à la sécurité et au bonheur. C'est par vous que nous jouissons en paix des joies de la famille ; que ces joies saintes vous récompensent. Puissiez-vous de longues années présider aux destinées de la France à côté de la gracieuse Impératrice que vous nous avez donnée. Puissent les vertus dont le Ciel l'a comblée faire longtemps l'ornement de votre trône et le bonheur de Votre Majesté. »

Le 12 février suivant, la Commission et la Municipalité prêtent serment à la Constitution et fidélité à l'Empereur.

— La question de l'écoulement des eaux est alors la grande

préoccupation de la Commission municipale ; diverses transactions sont passées à ce sujet avec les propriétaires riverains. D'autre part, l'éclairage laisse beaucoup à désirer. Neuf becs nouveaux seront installés place de la Croix, rues Méridienne, du Carrefour, Grande-Rue, rue des Capucins, place de la Petite-Mare. Le nivellement des rues de la Grenouillette et Hérisson est décidé, et un nouveau tarif est voté pour l'octroi.

Au mois de juillet, une caisse de secours pour indemnités annuelles et temporaires est créée en faveur des pompiers.

— A la fin de cette année 1853, la situation de la classe nécessiteuse, toujours si nombreuse à Sotteville, avait contraint la Municipalité à faire un appel à la charité publique. Les plus imposés se réunirent au Conseil et, dans leur séance commune du 31 décembre, une souscription fut immédiatement décidée. Elle produisit : en argent, 2.290 fr. ; en bons de pain, 1.225 kilos ; en bois, 925 fagots ; en outre, une commission fut nommée pour solliciter la charité des habitants qui répondirent avec empressement à l'appel qui leur était fait. Le total de la souscription en argent s'éleva à 3.402 fr. 25.

\* \*

Des affaires nombreuses qui furent soumises au Conseil pendant l'année 1854, la plupart ne présentent que fort peu d'intérêt : questions de chemins, péréquation de la contribution personnelle et mobilière, secours divers, cession de terrains, etc. Quelques-unes cependant appellent une mention spéciale.

Au mois d'avril, un M. Garnier avait demandé à établir à Sotteville une fabrique de cordes à instruments. Une enquête de *commodo* fut ouverte et donna lieu à de nombreuses protestations. Le Conseil fut appelé alors à donner son avis. Une commission, nommée à ce sujet, reconnut que l'établissement projeté répandrait des odeurs fétides et dangereuses pour la salubrité publique et qu'il était dans l'intérêt de la commune et particulièrement du quartier du Nouveau-Monde, où cet établissement était projeté, de s'opposer à la demande de M. Garnier. Cette opinion fut celle du Conseil.

— Le 24 août, l'assemblée communale de Sotteville avait à donner son avis sur les questions suivantes posées par la ville de Rouen :
1º Est-il d'intérêt public que le marché aux bestiaux de Rouen, qui se tient le vendredi de chaque semaine, soit transféré au jeudi ? 2º Est-il d'intérêt public que le marché qui se tient près des abattoirs soit transféré place des Emmurées ? 3º La vente à la criée des animaux non vendus, que les éleveurs voudraient faire abattre, doit-elle avoir lieu le vendredi ? 4º Des primes doivent-elles être accordées aux éleveurs pour les attirer au marché ? 5º Enfin, doit-il être créé une caisse destinée à rendre générales les ventes au comptant?

Le Conseil de Sotteville se montre défavorable aux deux premières questions et favorable aux trois autres.

— Lorsque les Frères de la Doctrine chrétienne s'installèrent dans la commune de Sotteville au mois de février 1848, ils se présentèrent comme instituteurs privés, et déclarèrent à la Municipalité, sur l'avertissement qu'elle leur donna que la commune ne pouvait en quoi que ce soit subvenir à leurs frais et dépenses, qu'ils ne demandaient absolument aucun subside, se contentant du droit que la loi leur accordait et se présentant uniquement pour se conformer aux prescriptions de la loi sur l'enseignement primaire.

Malgré cette déclaration formelle, au mois d'août 1850 une demande d'allocation fut adressée au Conseil. Les Frères se contentèrent, pour le moment, d'une somme de 400 fr., payable par trimestre. Cette première attaque ayant bien réussi, les Frères crurent pouvoir revenir à la charge. Le 13 mai 1852, une demande d'augmentation de l'allocation fut présentée à l'assemblée communale. On n'en fixait pas le chiffre ; mais, dans la séance du 15 mai, un membre du Comité des Frères la formula à 1.000 fr. Le Conseil la rejeta.

C'est alors que le 1er août 1854, le même Comité des Frères qui avait échoué en demandant une allocation de 1.000 fr., réclamait une augmentation de 1.200 fr. à ajouter au 400 fr. annuellement versés ; c'était ainsi une subvention totale de 1.600 fr. qu'il réclamait, avec cette clause comminatoire que faute par le Conseil d'obtempérer à sa requête l'établissement des Frères serait fermé à partir du 1er octobre 1854.

Le Conseil ne s'émut guère de cette menace et rejeta purement et simplement la demande des Frères. Ceux-ci annoncèrent immédiatement que leur résolution serait exécutée, et le 2 octobre leur établissement fut fermé. Un certain nombre d'enfants qui fréquentaient leurs classes se présentèrent alors à l'école communale, et pour les recevoir la commune dut ouvrir un nouveau local et le faire meubler.

C'est alors que les partisans des Frères organisèrent dans la commune une pétition pour protester contre la conduite du Conseil à leur égard et réclamer le vote de la subvention qui venait de leur être refusée.

En présence de cette manifestation, une commission fut nommée pour étudier de nouveau la question. Dans le rapport qu'elle déposa le 4 novembre, il est déclaré que si la commune prenait à sa charge l'entretien d'une école privée, elle devrait faire de même pour les demandes qui pourraient lui être adressées plus tard dans le but de subventionner une autre école venant à s'établir dans la commune pour l'instruction des enfants élevés dans une autre religion.

Cependant tout en blâmant « le système de tracasseries employé depuis quelque temps au nom des Frères, et les menaces consignées soit dans les pétitions, soit même dans les notes plus ou moins confidentielles adressées à l'autorité municipale, le simulacre d'une retraite, qu'en réalité on n'avait jamais eu l'intention d'exécuter, mais que l'on a employée comme un moyen de pression », la commission, à la majorité, était d'avis « que le Conseil devait se montrer indulgent et généreux pour une école privée qui, tout en grévant la commune d'une dépense énorme, rend des services à un certain nombre d'enfants, à la conservation de laquelle il ne veut pas se montrer indifférent, et qu'il devait continuer l'allocation de 400 fr. accordée antérieurement. » Par 15 voix contre 4 cette subvention fut maintenue.

L'année 1855 ne présente guère plus d'intérêt que la précédente. Au mois de mars, un nommé Handermack demande l'autorisation d'établir une fabrique de pipes à fumer, rue du Cours, 5. Le Conseil la lui accorde, à la condition d'élever la cheminée de son usine à une hauteur suffisante, de manière à ne pas gêner les habitations voisines. Cette fabrique, d'ailleurs, n'a jamais été établie.

A la même époque, deux questions importantes sont à résoudre, relativement à des pertes d'eau qui inondent les terrains voisins. La société Léon Salva, propriétaire de terrains rue de la Mare-du-Parc, et M. Félix Bain, sont en instance à ce sujet devant le Conseil.

— Un avis favorable est donné à l'approbation des statuts, sauf quelques modifications, de la Société de secours mutuels l'*Union fraternelle*, établie dans les ateliers de M. Buddicom.

— Par décret de l'Empereur, MM. Bertel, maire, Vallée et Rivette, adjoints, voient leurs pouvoirs renouvelés ; mais il semble que le provisoire est ce qu'il y a de plus définitif à Sotteville, car au lieu d'un Conseil nouveau on n'installe, le 9 septembre, qu'une Commission, dite, bien entendu, provisoire. Naguère, ce provisoire a duré plusieurs années. La commune, d'ailleurs, paraît accepter cette situation avec assez de bonne grâce ; aussi, sans doute pour la récompenser de cette gentillesse, l'autorité départementale lui accorde un secours de 3.000 fr. pour ses pauvres. Toutefois, le préfet désire connaître le mode d'emploi de ces fonds, le nombre d'indigents secourus et l'étendue des sacrifices communaux. Le maire fait alors remarquer à la Commission provisoire qu'il est absolument nécessaire de se conformer aux intentions du préfet, en lui exposant que le grand nombre des familles nécessiteuses oblige à prendre des mesures extraordinaires pour leur apporter des secours. Il espère même que dans ces conditions le préfet, de son côté, pourra leur accorder une nouvelle subvention. La Commission municipale partage les idées de M. Bertel et vote un emprunt de 5.000 fr. qui sera amorti par une prolongation, pendant l'année 1857, des 10 centimes additionnels aux quatre contributions directes.

Cependant cette Commission provisoire, qui fonctionnait si souvent à Sotteville, ne pouvait se maintenir éternellement. Le 6 octobre, un Conseil municipal est nommé, mais il n'a pas l'heur de plaire à l'autorité supérieure, et avant même qu'il soit installé, il est dissous. Et alors on revient au provisoire, qui semble être à Sotteville une institution merveilleuse, avec une nouvelle Commission qui n'est autre, d'ailleurs, que la précédente. Elle est installée le 10 novembre.

\* \*

Pendant toute l'année 1856, Sotteville est administré par la Commission municipale, toujours provisoire, mais de plus en plus définitive. Cependant les affaires importantes sont nombreuses qui demandent une solution.

Tout d'abord, la Commission s'oppose à l'établissement, rue de la Grenouillette, 4, d'une fabrique de savon, sollicité par M. Ernotte, à cause des mauvaises odeurs qui pourraient en résulter. Il en est de même pour une fabrique de soude que voulait établir, rue de Trianon, M. Marius Rampal, et une autre fabrique de savon projetée par un sieur Pelnier.

— La salle d'asile est depuis longtemps trop petite ; il faut lui construire une annexe. Le département accorde à la commune un secours de 3.000 fr. En outre de cette annexe, le maire proposait de construire un logement y attenant, pour les directrices de l'asile ; on pourrait même y ajouter un ouvroir-orphelinat, ce qui offrirait l'avantage de recevoir un plus grand nombre d'élèves et la possibilité d'y admettre des infirmes moyennant une modique pension.

Cette construction ainsi comprise reviendrait à la commune à environ 20.000 fr. La Commission municipale se range à cet avis et adopte les plans et devis qui lui sont soumis. (24 mai.)

Le 27 mai, on décide la continuation des poursuites déjà commencées contre la Compagnie du chemin de fer de Paris au Havre, pour la restitution du chemin latéral du pont du Buet au pont de la Mare.

— A l'occasion du baptême du Prince impérial, une somme de 200 fr. est votée pour distribution extraordinaire aux pauvres et illuminations.

— Le 1er juillet, la question de l'asile revient de la Commission provisoire devant les plus imposés qui ont à statuer sur la question financière. Mais ces derniers ne se montrent pas disposés à entrer dans les vues de la Municipalité et à contracter un emprunt ; par 10 voix contre 9, la proposition est rejetée. Il faut donc trouver une autre combinaison. La Commission demande alors au préfet d'annuler, pour le moment, certaines dépenses prévues au budget et s'élevant à 7.400 fr. ; le surplus sera demandé à la bienveillance du gouvernement.

— Le cimetière, par suite de nouvelles constructions, se trouve alors au centre d'une nombreuse population et notamment de l'immense établissement du chemin de fer, dont les murs ne sont éloignés que de trois à quatre mètres. Il s'en exhale des odeurs fétides, ce qui donne lieu à des réclamations. La commission nommée pour vérifier ces plaintes peut se convaincre qu'elles n'étaient que trop fondées. Faute de place, on était obligé d'inhumer sur des corps non consumés qui, mis à jour, répandaient des gaz méphitiques. Le transfert du cimetière s'imposait. Dans ces conditions une commission est chargée de s'enquérir d'un nouveau terrain remplissant toutes les conditions hygiéniques désirables.

Le 14 août, cette commission déposait son rapport. Deux terrains lui ont paru réunir les conditions demandées : l'un situé le long du chemin Caroline et sur la rue ou chemin Voie-aux-Vaches ; l'autre au-dessus, le long de la voie Girardin, aboutissant sur les chemins Voie-aux-Vaches et Camp-au-Loup. Ce dernier obtient la préférence du Conseil. Sa contenance est d'environ quatre hectares ; il appartenait à Mme Jacques Sevestre et à MM. Victor Sevestre et Lasne.

— En reconnaissance des services rendus par lui à la commune, le Conseil accorde à M. Vallée, adjoint décédé, une concession gratuite et à perpétuité dans le cimetière. (10 novembre.)

— M. Desgrange est nommé deuxième adjoint.

Le service des pompes funèbres donne lieu à quelques difficultés entre la Fabrique de l'église et la Commission municipale provisoire et de plus en plus définitive. Il s'agissait par un nouveau traité avec la compagnie Langlé d'établir un nouveau tarif des inhumations. On parvient enfin à se mettre d'accord et le nouveau traité peut être signé.

— Après divers pourparlers, on décide de contracter un emprunt de 30.000 fr. pour l'acquisition et la construction du cimetière. Les plus imposés réunis à la Commission municipale donnent à ce projet leur approbation ; toutefois, ils observent que la contenance proposée leur paraît exagérée et qu'elle devrait être réduite. Un nouveau plan est dressé sur cet avis qui réduisait la première contenance d'environ 3 hectares. Dans ce cas un emprunt de 25.000 fr. est regardé comme suffisant. Cette dernière proposition est définitivement adoptée dans une nouvelle réunion des plus imposés et du Conseil et un impôt extraordinaire est voté pour couvrir cette dépense. (29 avril 1857.)

\* \*

Pendant l'année 1858, deux questions importantes préoccupent la Municipalité de Sotteville et sa Commission qu'on dit toujours provisoire : celle du cimetière non encore complètement résolue et le projet de reconstruction d'une nouvelle église.

Comme toutes les cités ou communes qui tenaient à rester dans les bonnes grâces gouvernementales, le Conseil vote une adresse à l'Empereur à l'occasion de l'attentat d'Orsini, le 15 janvier 1858.

Le 3 mai, M. Bertel, maire, fait part au Conseil de la mort de M. Rivette, adjoint. Le Conseil s'associe aux regrets exprimés par le maire.

— Cependant quelques dissentiments s'étaient produits au sein de la fameuse Commission provisoire ; plusieurs membres donnent leur démission ; en outre, le maire estime qu'il y a lieu de porter le nombre des membres de cette Commission à 18 ; elle en sera peut-être que plus définitive. Le maire espère, d'ailleurs, que cette augmentation sera accueillie favorablement dans la commune. De nouveaux membres sont ainsi nommés, non par le suffrage universel, mais par un décret impérial. A quoi servait-il d'être électeur à Sotteville ?

— D'après le compte présenté à la réunion de la Commission municipale à la session de mai, il était alors proposé pour 200.000 fr. de travaux neufs, ainsi répartis : part de la commune dans les frais de reconstruction de l'église, 110.000 fr. ; travaux de nivellement, de canalisation, empierrement, établissement de caniveaux et trottoirs, 44.454 fr. ; construction d'aqueduc, 32.545 fr. ; éclairage des rues, 10.000 fr. ; achat d'une pompe à incendie, 3.000 fr. En outre le budget de 1858 et celui prévu de 1859 donnaient un déficit de 42.702 fr. Pour entreprendre les travaux réclamés par les intérêts généraux de la commune, une somme de 240.000 fr., en chiffres ronds, était nécessaire. Le plus difficile était de la trouver.

Le 1$^{er}$ juin, les plus imposés sont réunis à la Commission municipale. Après avoir approuvé le projet de grands travaux, l'assemblée vote, pour y parfaire : 1° 11 centimes 3 dixièmes additionnels sur les quatre contributions directes de 1859 à 1862, et 2° 20 centimes additionnels de 1863 à 1876.

— Le 19 août, la démolition du clocher, qui était une menace constante pour la sécurité des personnes fréquentant l'église, est ordonnée.

Entre temps, la Commission municipale s'oppose à l'établissement projeté, à Sotteville, impasse Bénard, d'une fabrique de dégraissage et de blanchiment des os, par MM. Alfred Leveau et Louis Mauduit.

\*
\* \*

Quelques modifications de détail sont apportées par le gouvernement au commencement de 1859 au mode d'impôt adopté pour assurer le service des grands travaux s'élevant à 240.000 fr. Une certaine partie des ressources nécessaires est alors demandée à un relèvement des tarifs d'octroi.

— Le 4 juin, une nouvelle Municipalité est installée. M. Bertel conserve ses fonctions de maire. MM. Jules-Amand Quesney et Charles Bobée sont nommés adjoints.

— Après la conclusion de la paix terminant une campagne brillante de quelques semaines, illustrée par les victoires de Palestro, Magenta et Solférino, la Municipalité vote une adresse de félicitations à l'Empereur.

« .....Comme la France entière, la commune de Sotteville-lès-Rouen s'enorgueillit du succès de vos armes, de la valeur de ses enfants et acclame la paix qu'elle doit à votre sagesse..... »

— La construction de l'église donne lieu à plusieurs difficultés. N'ayant pu parvenir à acquérir les propriétés Rivette et Lenormand, on pense ensuite à acheter celles de MM. Gallot et Houdard ; puis enfin, on décide de construire le nouvel édifice sur l'emplacement du presbytère et du premier cimetière.

\* \*

La construction de l'église est, pendant l'année 1860, la plus grande préoccupation du Conseil ; les autres affaires qui se sont présentées à ses délibérations n'ont qu'une importance secondaire, nous mentionnerons entre autres : un différend avec la Société des pompes funèbres relatif au renouvellement du traité ; l'élargissement des rues du Carrefour, du Moulin-à-Vent et de la Voie-aux-Vaches ; une réclamation concernant l'établissement à faire par la Compagnie du chemin de fer d'un chemin latéral à la ligne allant du pont du Havre au pont du Buet ; des modifications au tarif de l'octroi ; établissement d'un second adjoint à l'école communale ; diverses améliorations à l'éclairage public, etc.

Parmi les autres affaires qui méritent encore une mention spéciale nous remarquons :

La cession faite par M. Grainville d'une portion de terrain allant de la Mare-du-Parc à la rue Méridienne, en face la rue des Abattoirs, pour y établir une rue qui portera à *perpétuité* le nom du donateur (8 février 1860), et l'organisation en régie simple du service de l'octroi,

A un an de date, la Municipalité de Sotteville est de nouveau renouvelée. M. Bertel reste maire ; mais il a deux nouveaux adjoints : MM. Barthélemy Morize et Pierre Bocquet. Ils sont installés le 9 août.

\* \*

A la session de mai 1861, les Frères de la Doctrine chrétienne exposent au Conseil municipal que le chiffre de leurs élèves s'est considérablement augmenté et qu'ils ont dû accroître le nombre de leurs maîtres devenu insuffisant ; mais leurs ressources n'ont pas suivi le même mouvement ascendant ; elles ont, au contraire, diminué et ils se trouvent avoir en ce moment un arriéré assez notable ; dans ces conditions ils se voient dans l'impossibilité de faire face aux dépenses de l'avenir.

Comme la gratuité existe à l'école communale des garçons et qu'en présence du nombre considérable d'enfants fréquentant l'école des Frères il doit donner satisfaction aux nombreuses familles qui y envoient leurs enfants, le Conseil vote, à partir du 1er janvier 1862, aux Frères une allocation annuelle de 1.500 fr. ; mais à la condition expresse et formelle que cette école privée deviendra école communale, et que ce vote de fonds n'aura d'effet qu'autant que les Frères adhèreront à cette délibération. (15 mai.)

Le supérieur général des Frères accepte la proposition de la Municipalité, mais en y apportant quelques modifications. Il demande, entre autres, qu'une somme de 2.400 fr. soit appliquée au traitement des quatre frères et qu'une autre somme de 1.160 fr. soit affectée aux loyer, distribution de prix, chauffage et entretien de l'école. Ces conditions sont acceptées, et il est voté pour le service de l'école des Frères en 1862, une somme de 3.560 fr. Mais, d'autre part, le Conseil fixait certaines limites à la gratuité et rétablissait la rétribution scolaire au taux de 1 fr. 20 par mois ; les enfants dont les parents ne pourront payer continueront à être admis gratuitement.

\* \*

Au commencement de l'année 1862, un grand nombre d'ouvriers sont sans travail. Une souscription est organisée pour leur venir en aide.

Au cours de la session d'août, le Conseil appuie une pétition demandant à la Compagnie de l'Ouest l'établissement à Sotteville d'une station de voyageurs.

Durant cette année d'ailleurs, ainsi que pendant l'année 1863, aucune affaire importante n'est soumise aux délibérations du Conseil.

\* \*

Il nous faut aller jusqu'au mois de novembre pour trouver, dans l'année 1864, un fait présentant quelque intérêt. A cette date, la sœur supérieure de Saint-Vincent de Paul sollicitait l'autorisation nécessaire pour ouvrir un asile de vieillards dans une maison contiguë à son établissement. L'assemblée municipale de Sotteville ne se montra pas disposée à accéder aux vues de la supérieure. « Une création d'hospice, dit-il, est une chose grave qui ne doit pas être commencée sans qu'un examen approfondi en ait constaté non seulement l'opportunité, mais encore la possibilité de faire face à cette dépense. » Il ne trouvait, dans le projet qui lui était soumis, aucune économie, mais il voyait, au contraire, un motif d'entraînement insensible à de nouvelles dépenses, difficiles en ce moment à apprécier. « D'ailleurs, ajoutait-il, le local proposé a déjà été occupé par l'ouvroir et on a eu à se plaindre du peu d'élévation des pièces, qui en rendait l'habitation insalubre. Cet inconvénient a conduit à bâtir la maison occupée alors par les religieuses. »

Tout en faisant des vœux pour que les ressources de la commune lui permissent d'adopter prochainement un projet élaboré avec maturité, tant pour l'exécution matérielle que pour la question financière, les édiles de Sotteville déclarent avec regret ne pouvoir donner suite à cette affaire. (7 novembre.)

— Au commencement de l'année 1865, la gratuité est rétablie complètement dans les écoles communales des deux sexes. A la même époque, il est décidé l'établissement d'un réseau télégraphique desservant Sotteville et Oissel ; c'est une dépense de 240 fr. pour Sotteville. Enfin, il est insisté de nouveau auprès de la Compagnie de l'Ouest pour obtenir une gare de voyageurs et de marchandises.

Au mois de juin, la Société de secours mutuels l'*Émulation chrétienne de Sotteville* sollicitait une subvention communale ; mais on lui fit observer que s'il avait été alloué à cette Société, en 1852, une subvention extraordinaire de 500 fr., on n'avait nullement l'intention de la rendre permanente ; on avait voulu uniquement lui venir en aide dans un moment de calamité. La situation n'étant plus la même, puisque cette Société a un avoir disponible de 1.266 fr. 57, il n'y avait pas lieu de lui accorder de nouveau secours.

— Le 16 septembre, il est procédé à l'installation d'une nouvelle Municipalité et d'un Conseil municipal régulièrement élu. M. Bertel conserve ses fonctions de maire ; MM. Maréchal et Cécile, adjoints.

Un des premiers actes du nouveau Conseil fut l'approbation des comptes de construction de l'église, dont la dépense totale s'est élevée à 269.689 fr. 74.

— Au mois de février 1866, M. Vergne, un des membres les plus entreprenants du nouveau Conseil, demande qu'à l'avenir le nom de chaque opinant soit inscrit au procès-verbal au lieu de cette formule vague et obscure : *un membre*, ainsi d'ailleurs que cela se pratique dans les villes de Rouen, du Havre, Fécamp, etc. Une discussion s'engage à ce sujet, mais finalement la proposition Vergne est adoptée.

M. Vergne, tout heureux du succès de sa proposition, en exhibe immédiatement une autre : il demande que les noms des votants soient mentionnés au procès-verbal. Un nouveau débat s'engage, mais cette fois M. Vergne était battu par 13 voix contre 9.

L'ancien presbytère ayant été démoli pour la construction de la nouvelle église, il faut maintenant en reconstruire un nouveau. Son emplacement est tout désigné : le terrain de l'ancienne église. Le 7 février, les plans en sont adoptés ; ils comportent une dépense de 18.000 fr.

Dans cette même session, le maire communique au Conseil le rapport de la commission des logements insalubres.

Le 1er mai est la journée des souscriptions. Il est ainsi voté 100 fr. pour le rachat de la tour dite de Jeanne Darc à Rouen, et une somme de 200 fr. pour venir en aide à nos colons de la Guadeloupe, alors si douloureusement éprouvés. Puis un vœu est émis pour voir rétablir le marché du dimanche, tombé en désuétude.

A la même époque, la question de perception des droits d'octroi donne lieu à une discussion assez animée. M. Lemoine demande le rétablissement de la régie. Il s'étonne que, pour un produit brut d'environ 92.000 fr. il y ait une dépense de 15.000 fr. en frais de perception. La régie, suivant M. Lemoine, ne coûterait que 5 % au lieu de 16 et même 17 % que nécessite le régime actuel.

La proposition de M. Lemoine est adoptée par le Conseil et, à partir du 1er janvier 1867, l'octroi sera mis en régie.

— L'école des Frères continue à progresser. Un cinquième maître lui est nécessaire, et le Conseil municipal vote à ce sujet une somme de 600 fr.

— Le directeur des Douanes et des Contributions directes n'est pas favorable au système de régie pour l'octroi, tout dernièrement adopté. Il n'y voit aucun avantage pour la commune. Le Conseil revient alors sur son vote précédent et nomme une commission de quatre membres pour examiner cette affaire avec le directeur des douanes. (14 juin.)

— Le 1er août, un secours de 200 fr. est voté pour les populations de l'Algérie, dont les récoltes ont été dévorées par les sauterelles. La commune de Sotteville se déclare heureuse de pouvoir témoigner, en cette occasion, sa reconnaissance à la colonie algérienne qui s'était empressée d'adresser à la métropole des secours lors des inondations de 1856 et de la crise cotonnière de 1863.

Dans le cours de cette même session, M. Bertel, maire, et ses deux adjoints, soumettent au Conseil une proposition tendant à la suppression de la contribution personnelle et mobilière, que l'on ferait supporter à l'avenir par l'octroi. C'était la substitution de l'impôt indirect, qui ne pèse que sur les consommateurs, à l'impôt direct, qui présente l'inconvénient pour les classes salariées d'être exigible d'une manière absolue.

Cette proposition de la Municipalité fut vivement combattue par M. Vergne, et finalement repoussée par 15 voix contre 5.

Des dissentiments assez vifs se produisent sans cesse entre la Municipalité et la majorité du Conseil. La Municipalité se plaint que ses dires soient inexactement rendus, ses actes systématiquement attaqués, et elle proteste contre la reproduction inexacte des procès-verbaux. Mais le Conseil ne se montre pas disposé à accepter ce blâme ; son hostilité contre la Municipalité va chaque jour s'accentuant. Le 12 novembre, un de ses membres signale toute une série d'abus qui se commettent, selon lui, dans le service de l'octroi, et le Conseil saisit immédiatement cette occasion pour exprimer « son plus vif regret de voir que l'autorité supérieure n'a pu jusqu'alors être mieux renseignée sur les abus de toute nature qui se sont introduits dans ce service ; il appelle toute la sévérité du préfet sur les employés remplissant mal leurs fonctions, habitude contractée par le manque de surveillance du préposé en chef ». Comme conclusion, il refuse de voter le budget de l'octroi en ce qui concerne le traitement des employés.

Le maire proteste contre ce qui peut y avoir, dans cette délibération, de particulier à l'égard de la Municipalité ; il fait remarquer qu'une enquête administrative eut lieu à ce sujet en 1863.

Dans une lettre datée du 13 décembre, le préfet prend la défense de la Municipalité et s'élève à son tour contre « les imputations incidentes, les expressions injustes à l'égard des agents de l'administration supérieure, contenues dans la délibération du 12 », et il invite le Conseil municipal « à se renfermer dorénavant dans les limites légales des questions sur lesquelles il a à délibérer ». Il déclare enfin attendre, sous dix jours, la délibération du Conseil votant pour 1867, sous réserve des décisions à intervenir ultérieurrieurement, l'intégralité des frais de perception de l'octroi de Sotteville.

C'était un ordre formel et une menace. Le Conseil le comprit. Toutefois, il ne voulut pas voter immédiatement les crédits demandés ; une commission de sept membres fut nommée pour obtenir une audience du préfet. Cette commission était en grande majorité hostile au maire. (17 décembre.) Mais que pouvait-elle faire ?

\*\*\*

Le 6 mai 1867, M. Henri Bocquet est installé adjoint en remplacement de M. Maréchal, démissionnaire.

Le 13 mai, la question de l'octroi revient devant le Conseil, qui maintient sa précédente délibération et adopte de nouveau le système de la régie.

— A l'occasion de l'attentat criminel dirigé contre l'empereur de Russie visitant alors l'Exposition universelle de Paris, une adresse est votée à Napoléon III.

— Le petit bâtiment connu sous le nom de *Pavillon de l'Aurore*, à peu près isolé sur la place de la Croix, interceptant la libre circulation des voitures, est frappé d'alignement. La Municipalité est autorisée à l'acheter.

Le 28 décembre, le Conseil est saisi d'une demande d'achat de l'école des Frères. Plusieurs membres font ressortir sa position insalubre, le peu de dépendances qu'elle possède et la mauvaise construction du bâtiment, qui était jadis une savonnerie. Aussi cet achat est-il rejeté par 12 voix contre 3.

\*\*\*

Au commencement de l'année 1868, le maire sollicitait du Conseil une allocation de 1.500 fr. pour organiser un corps de musique

« destiné à grossir les rangs de la compagnie de pompiers ». Depuis quelque temps d'ailleurs, cette compagnie voyait le nombre de ses membres diminuer rapidement; de 50 hommes qu'elle comptait jadis, il n'en restait plus que 36. Cependant, le Conseil ne crut pas que ce serait la musique qui parviendrait à rendre à la compagnie le nombre et l'entrain qui lui faisaient défaut. Déjà chaque année une somme d'environ 2.000 fr. lui était consacrée, et l'assemblée municipale estimait que c'était suffisant. D'ailleurs, d'autres travaux de première utilité vont nécessiter des sommes importantes. Le Conseil, par 14 voix contre 3, rejetait ainsi la demande de la compagnie de pompiers, appuyée par la Municipalité, qui seule avait voté en sa faveur.

Le procès-verbal de cette séance donna lieu à un nouvel incident, Le maire reprocha au secrétaire, M. Vergne, d'avoir tronqué le texte de la proposition municipale en refusant d'ajouter que la musique devrait prendre part aux exercices et aux travaux des incendies. Il en fit rétablir le texte « exact et complet », selon ses propres expressions, à la suite du procès-verbal.

Le secrétaire ainsi visé répondit que l'administration municipale exagérait et interprétait à son idée le sens des mots. Dans la demande de la compagnie, il n'était nullement question que la musique devait prendre part aux travaux des incendies. Il protestait contre les insinuations du maire à son égard.

Ces dissentiments entre le Conseil et la Municipalité se renouvellent à chaque instant. Lors de la formation du budget pour l'année 1868, le Conseil avait refusé le vote de plusieurs crédits, entre autres celui concernant les frais de perception de l'octroi, s'élevant à 14.970 fr., et le traitement des employés de la mairie, soit 4.850 fr. Un arrêté du préfet les inscrivit d'office, en même temps qu'il était porté à la connaissance du Conseil que Sotteville ayant plus de 100.000 fr. de revenu, son budget serait désormais approuvé par décret impérial.

— Le propriétaire du *Pavillon de l'Aurore* persistant dans sa demande de prix estimée exagérée par le Conseil, sera exproprié pour cause d'utilité publique, la situation de ce pavillon étant dangereuse pour la circulation publique et ayant occasionné plusieurs accidents graves, notamment la mort d'un septuagénaire.

Dans le courant de cette année 1868, diverses demandes sont faites au Conseil pour l'église. On a acheté des petits autels, un confessionnal, une chaire. La Fabrique voudrait maintenant un maître-autel et demandait à ce sujet une somme de 10.000 fr.; mais l'assemblée municipale répondit qu'elle avait disposé des fonds de la commune et qu'elle ne pouvait, à son regret, rien voter pour l'église.

— Les deux écoles laïque et congréganiste renferment beaucoup plus d'élèves qu'elles n'en devraient contenir. Il en résulte un encombrement très préjudiciable pour la santé des enfants, et le Conseil municipal est invité par l'autorité supérieure à prendre ses précautions pour la construction de nouveaux bâtiments scolaires.

\*\*\*

L'année 1869 ne nous offre, à Sotteville, aucun fait présentant un grand intérêt. Entre autres affaires, il est donné ordre au maire de vendre à tout prix la part qui lui était revenue dans le partage des Bruyères Saint-Julien, et non encore aliénée; le Conseil vote une augmentation de traitement aux Frères de la Doctrine chrétienne, et fixe le budget pour l'année 1870, prévu à 122.431 fr. 11 en recettes et 121.668 fr. 49 en dépenses.

\*\*\*

Au commencement de 1870, l'assemblée municipale émettait le vœu qu'à l'avenir le maire et les adjoints soient pris dans le sein du Conseil et nommés par lui. La première partie de ce vœu allait bientôt devenir une loi; quant à la seconde, il faut attendre encore une dizaine d'années pour en voir la réalisation.

A la même époque, un questionnaire relatif au service de l'octroi était envoyé à toutes les Municipalités. A Sotteville, une commission fut nommée pour y répondre. Le 8 mars, elle déposait son rapport.

On y voit que depuis son établissement définitif en 1829 jusqu'en 1859, le service de l'octroi avait été géré suivant le système de régie avec abonnement ; depuis 1829, le système de la régie simple était pratiqué. En 1869, la recette totale de l'octroi avait été de 83.785 fr. 19 ; les recettes provenant des divers services de la commune s'étant élevées à 119.689 fr., le taux pour cent du produit de l'octroi par rapport à cette recette était donc de 70. La part contributive par individu, pour une population de 9.976 habitants, se trouvait être de 8 fr. 40. Les frais de perception s'élevaient à 11 fr. 73 pour cent sur le produit des recettes.

La commission reconnaissait que la commune tout entière demandait la suppression de l'octroi, mais en présence des charges qu'elle avait à supporter il ne pouvait lui être donné satisfaction.

— Dans les premiers jours de janvier, la commission administrative du Bureau de bienfaisance avait demandé, par une délibération spéciale, la création d'un asile de refuge pour les vieillards. C'était une dépense annuelle prévue de 5.050 fr. à laquelle on ferait face au moyen de la subvention promise par le préfet (1.000 fr.), et des dons volontaires pour le surplus. On pourrait ainsi recueillir et soigner annuellement 10 malades.

Le Conseil municipal devait donner son approbation, mais, tout en reconnaissant l'utilité du refuge, il crut le moment inopportun, à la veille du renouvellement de son mandat, pour imposer de nouvelles charges à la commune, et refusa, par 11 voix contre 3, l'autorisation demandée. D'autres préoccupations, d'ailleurs, allaient surgir tout à coup.

La guerre avec l'Allemagne venait d'être déclarée. Après les désastres de Reischoffen et de Freschviller, la France est envahie. Le 25 août, jour où il est procédé à l'installation du nouveau Conseil, il est décidé que tous les gardes mobiles de la commune, sans exception, seront habillés gratuitement. En même temps, une commission est nommée pour la réorganisation de la garde nationale sédentaire et une souscription à domicile ouverte en faveur des blessés de l'armée. Elle produit 7.000 fr., dont il est fait deux

parts : l'une de 3.000 fr. envoyée au Comité central, l'autre de
4.000 fr. destinée à l'organisation d'une ambulance dans la commune, pour y recevoir les blessés qui pourraient y être envoyés et
qui serait établie dans les écoles et la salle d'asile. Le curé de
Sotteville mettait dix lits à la disposition du service de l'ambulance.
Tout le monde rivalisait de zèle et d'activité. Mais, hélas! les
désastres succédaient aux désastres, et l'Empire s'effondrait dans
cette journée de Sedan, où nos malheureux soldats, sans chefs et
sans direction, étaient seuls héroïques.

## CHAPITRE V

La guerre de 1870. — La journée des drapeaux noirs. — La
revue prussienne a Sotteville.

La proclamation de la République le 4 septembre ranima quelque
peu les courages abattus, mais malgré tout le patriotisme et le
dévouement des membres composant le nouveau gouvernement,
quelle digue pouvait-il opposer à l'ennemi envahisseur quand nos
armées étaient prisonnières ou bloquées dans les forteresses ?

A Sotteville, par suite de ces malheureux événements, beaucoup
d'ouvriers étaient sans travail ; il fallait immédiatement les secourir.
Comme la commune n'avait pas de ressources on eut recours à un
emprunt de 110.000 fr. dont 75.000 pour procurer de l'ouvrage aux
ouvriers, 7.000 fr. pour l'organisation de la garde nationale et
28.000 pour achat d'armes et de munitions.

L'équipement de la garde nationale mobilisée du département
formant un effectif de 22.711 hommes entraîna une dépense de
1.362.660 fr. à raison de 60 fr. par homme ; la solde pendant
90 jours, sur le pied de 1 fr. 50 par jour, s'éleva à 3.065.985 fr.,
enfin l'armement nécessitait une somme de 454.220 fr., soit une
dépense totale de 4.882.865 fr. Le département y contribua pour

700.000 fr. ; le surplus fut à la charge des communes. Sotteville eut ainsi pour sa part à supporter une charge de 32.780 fr. 50 payable en trois termes : le 30 novembre, le 15 et le 30 décembre. Un emprunt fut contracté à ce sujet par voie de souscription. Le 15 novembre, il avait donné 39.000 fr.

Dans la séance de ce même jour, l'assemblée municipale, sur la proposition de l'un de ses membres, M. Boquet, donnait, à l'unamité, son adhésion au plébiscite de la ville de Paris qui accordait toute sa confiance au gouvernement de la Défense nationale.

Cependant l'ennemi continuait sa marche envahissante. Le 5 décembre, il occupait Rouen ; quelques heures plus tard les Prussiens étaient à Sotteville et alors commença pour cette commune, comme pour toutes celles qu'ils avaient envahies, ce même système de requisitions continuelles, de pillage qui dura jusqu'à la conclusion de l'armistice, sans donner lieu toutefois à aucune scène grave, toute résistance d'ailleurs à leur volonté n'était-elle pas impossible.

\* \*

Le seul fait marquant qui vint à se produire durant cette malheureuse époque fut la fameuse revue du corps d'occupation allemand passée dans la plaine de Sotteville par le prince Fritz, plus tard l'empereur Frédéric III, le légendaire malade de San-Remo.

Le 6 mars, le bruit se répandit à Rouen que les Allemands, enivrés de leurs succès voulaient les célébrer dans cette ville par une fête éclatante que devait présider l'empereur Guillaume en personne. On connaît la réponse énergique faite par M. Nétien, maire de Rouen, au commandant prussien qui demandait à la Municipalité de s'associer à l'allégresse des soldats allemands et de faire au souverain une réception digne de lui : « Votre empereur est un soldat, je lui donnerai un billet de logement. »

La population rouennaise, indignée de l'insulte qu'on voulait lui infliger, prit une résolution héroïque. Partout, d'un commun accord, sans entente préalable, des drapeaux noirs sont à la plupart des fenêtres sur l'itinéraire que pouvait suivre le cortège impérial.

La colère des Allemands devient de la fureur, ils menacent la ville, si elle ne cesse ses démonstrations hostiles, de lui imposer encore 10.000 hommes de troupes qui seront logés partout où il y a des drapeaux noirs. Mais cette menace n'émeut en rien la population rouennaise et n'a d'autre résultat que d'entraîner ceux qui hésitaient encore. Alors les Allemands invectivent la population et brutalisent les particuliers.

Mais la ville résiste avec courage et comme réponse aux insultes allemandes, on voit quelques monuments publics, malgré les efforts des ennemis, se voiler d'un crêpe de deuil.

En présence d'une manifestation aussi hostile, l'empereur Guillaume renonce à son projet. Le kronprinz, accompagné du maréchal de Moltke, entre seul à Rouen, le samedi 10 mars, à 5 heures du soir. Partout les rues sont désertes et les magasins fermés ; quelques-uns portent des inscriptions comme celles-ci : *Fermé pour cause de deuil national*, ou *Fermé pour cause d'arrivée de la peste*, ou *Vous pouvez piller ou voler, la Patrie nous restera*. Les fonctionnaires prussiens atterés cherchent à faire retomber tout le poids de leur colère sur la Municipalité.

La grande revue des troupes allemandes qui avait été si bruyamment annoncée eut lieu le lendemain dimanche, 12 mai, dans la plaine de Sotteville, derrière le pont du chemin de fer. Il ne lui manqua que des spectateurs.

L'infanterie avait été placée le long de la Seine sur une seule ligne ; les dragons bleus et les uhlans faisaient suite à l'infanterie. Venaient enfin l'artillerie, vingt batteries environ, les infirmiers et l'intendance. Le prince arriva à midi. Il fut salué par un hurrah formidable, sauvage même, et par les fifres et les musiques faisant résonner leurs notes stridentes.

Quand le prince royal eut passé devant le front des 40.000 hommes rassemblés dans cette vaste plaine où l'on avait dressé comme ornement des ifs — l'arbre des cimetières — le défilé eut lieu par le Grand-Cours, le pont de Pierre et la rue de la République. Mais les récompenses attendues des officiers et des soldats n'avaient pas été distribuées ; aussi après le départ du prince royal qui avait pu modérer leur fureur sans l'éteindre, la colère de la soldatesque ne connut plus de frein. Des rixes nombreuses éclatèrent et il y eut de nombreux blessés.

\* \* \*

Le 14 février, deux officiers prussiens se présentent à la mairie de Sotteville et réclament, pour contribution de guerre, le versement d'une somme de 265.750 fr., soit 25 fr. par habitant. Un délai de trois jours est accordé. Passé ce délai, la commune sera frappée d'une amende de 5 % de cette somme, par chaque jour de retard, et des troupes en grande quantité seraient envoyées chez les habitants qui auraient à les loger, les nourrir et même les payer. Ils menaçaient, en outre, de s'emparer de toutes les marchandises en magasin ; enfin, le maire serait emmené comme prisonnier de guerre avec les plus riches habitants.

On conçoit le désarroi provoqué par une semblable exigence. Le maire réunit immédiatement le Conseil et les notables pour aviser. L'assemblée proteste contre une pareille demande, faite pendant l'armistice, et refuse, à l'unanimité, d'y satisfaire. Les Prussiens emmenèrent alors le maire comme ôtage à l'hôtel de ville de Rouen, avec tous ses collègues des autres communes qui avaient résolu de résister aux prétentions allemandes injustifiées. On sait que, devant l'énergique protestation du gouvernement français, les Prussiens durent les remettre en liberté, sans avoir rien à exiger des communes.

Forcée d'abandonner son projet de contribution de guerre, l'autorité allemande prétendit alors percevoir un douzième des contributions foncières, avec cent pour cent en sus représentant les droits d'enregistrement. Le Conseil de Sotteville protesta de nouveau, mais cette fois il lui fallut s'exécuter et verser aux Prussiens la somme de 5.864 fr. 45.

Aux termes du traité de paix, Sotteville, se trouvant sur la rive gauche, fut évacué le 12 mars. Il en fut de même pour Saint-Sever.

10.

Le 13 mars, l'armée française reprenait possession du faubourg et un poste français gardait l'entrée des ponts, tandis que sur la rive droite, en face, était l'armée allemande.

\* \*

Le 17 avril 1871, une commission composée de sept membres, MM. Boniface, Defosse, Tiremberg, Botrel, Joly, Sevestre et Dupont, fut constituée à l'effet d'examiner la valeur et l'importance des réclamations qui s'étaient produites, arrêter les dépenses, et faire enfin tout ce qui pourrait être utile dans l'intérêt de la commune. Après de nombreuses réunions, cette commission arrêta le chiffre des réquisitions à 15.950 fr. 80 pour celles dites justifiées par des mémoires ou autres pièces comptables, et à 1.974 fr. 15 pour celles non justifiées, c'est-à-dire provenant de vol, pillage ou autres.

Le 6 septembre 1871, une première allocation de 100 millions fut votée par la Chambre, à répartir entre les départements, au prorata des pertes par eux éprouvées. La part afférente au département de la Seine-Inférieure se trouva fixée à 3.551.600 fr., sur lesquels il revint à la commune de Sotteville 5.125 fr. qui furent répartis par la Commission municipale.

Un mois plus tard la Commission, continant ses travaux, établissait les dépenses occasionnées par le logement et la nourriture des troupes allemandes à Sotteville, avec le montant des autres dommages résultant des frais de guerre. Le total de ces deux chapitres s'éleva à 62.265 fr. 45 pour les faits antérieurs au 3 mars, ce qui élevait les pertes de la commune, en y comprenant les réquisitions jusqu'à cette époque, à 78.112 fr. 15. Pour les faits postérieurs au 3 mars jusqu'au 12, date du départ des Prussiens, la dépense s'élevait à 21.061 fr. 23, se décomposant ainsi : contributions payées, 2.448 fr. 23 ; logement, 1.486 fr. ; nourriture des troupes, 7.127 fr. ; dommages résultant de vols, incendies, 10.000 fr.

Au mois d'octobre 1873, une nouvelle allocation de 5.270 fr. était accordée à la commune pour indemnité des dommages causés par l'invasion.

# CHAPITRE VI

Sotteville de 1871 a 1881. — Le sergent-major Tiremberg.

La paix avec l'Allemagne définitivement signée, les malheurs de la Patrie mutilée sont loin d'être terminés. Lorsque l'ennemi occupe encore pour longtemps son territoire, une insurrection formidable éclate à Paris, qui proclame la Commune. La France entière proteste. A Sotteville, comme dans toutes les autres communes de France, le Conseil municipal déclarait, le 23 mars, qu'il ne reconnaissait « d'autre pouvoir que celui établi par l'Assemblée nationale issue du suffrage universel et qu'il appuiera de toutes ses forces les mesures qui auront pour but la répression de l'anarchie et le salut de la France ».

Le 30 avril, des élections ont lieu dans toute la France pour la nomination de nouveaux Conseils municipaux. Le 13 mai, il était procédé à leur installation et à la nomination, par le Conseil, du maire et des deux adjoints. Au second tour de scrutin, M. Bertel est élu maire par 12 voix contre 10 à M. Maréchal. MM. Sevestre et Boniface sont désignés pour remplir les fonctions d'adjoints, après plusieurs tours de scrutin ; mais M. Boniface déclare ne pouvoir accepter. M. Maréchal, élu ensuite, se refuse également à accepter. La plupart des autres conseillers font des déclarations semblables, et l'on renonce à l'élection du second adjoint.

M. Bertel, se croyant visé par ces refus successifs, donnait sa démission le 15 mai, « dans l'intérêt de la concorde, si nécessaire toujours, mais surtout en ce moment ».

\*
\* \*

L'insurrection, vaincue à Paris, se venge par l'incendie. Un appel est adressé aux compagnies de pompiers de la province.

A Sotteville, un détachement de 24 pompiers part immédiatement pour Paris, sous le commandement de leur capitaine, M. Hagnéré, de leur lieutenant, M. Savoye, d'un sergent-major, M. Tiremberg, d'un sergent-fourrier, M. Jumel. M. Apvrille, chirurgien, accompagnait le détachement, composé presque entièrement d'ouvriers. Afin de subvenir aux besoins de leurs familles pendant cette absence, le Conseil vote l'allocation d'une somme égale à la journée de travail de chacun des pompiers partis à Paris, pendant tout le temps de leur absence, et une somme de 500 fr. pour frais de nourriture.

Parti à cinq heures du soir, le 24 mai, le détachement de Sotteville arrive dès le soir même à Paris, et le lendemain matin il est dirigé sur la Caisse des Dépôts et Consignations, rue de Lille. Le capitaine Hagnéré installe immédiatement ses deux pompes pour combattre l'incendie le plus vigoureusement possible. Vers quatre heures, sur la demande de deux employés supérieurs de la Caisse, le sergent-major Tiremberg, n'écoutant que son courage, se met en avant pour opérer le sauvetage d'une caisse contenant des papiers importants et des valeurs considérables : l'effondrement des étages supérieurs engloutit l'infortuné Tiremberg et deux autres personnes. Malgré tous les efforts tentés il fut impossible de dégager ces trois courageux citoyens qui périssent dans les flammes.

Cependant le 29, au matin, la compagnie avait, dans la circonscription qui lui avait été assignée, accompli sa tâche ; l'incendie était éteint. Le lieutenant Savoye qui commandait depuis le départ du capitaine Hagnéré, retourné à Rouen où l'avaient appelé, disait-il, les affaires de sa maison de commerce, reçoit du commandant des sapeurs-pompiers l'invitation de réunir son matériel et de le conduire aux Batignolles.

Instruits du départ du détachement, les habitants du quartier improvisent une souscription en quelques heures, un beau drapeau est préparé et remis à la compagnie par une députation conduite par M. Gaillardin, après une allocution des plus éloquentes. La députation voulut accompagner le détachement jusqu'aux Batignolles, et l'on partit de la rue de Lille, drapeau en tête porté par le lieutenant Savoye. Partout sur le passage du détachement les acclamations de la population parisienne se font entendre : « Ce sont les pompiers de Sotteville-lès-Rouen qui retournent chez eux avec un drapeau donné par nous ! » criait la députation. « Saluez les courageux pompiers, ils ont perdu un des leurs au feu. » Et la foule criait : « Vivent les courageux pompiers ! Honneur à leur drapeau. » La reconnaissance des parisiens fit ainsi au détachement sottevillais une véritable marche triomphale.

Le lendemain 30, les pompiers de Sotteville reprenaient le train à la gare Saint-Lazare, sous la conduite du sergent Frémont.

Le lieutenant Savoye, le chirurgien Apvrille et le caporal Hauchard restèrent pour recueillir les restes de l'infortuné Tiremberg.

A diverses reprises on avait essayé d'exhumer de dessous les décombres le corps du malheureux sergent-major, mais sur l'avis du commandant du génie, on avait dû suspendre les travaux. Plus tard les pompiers de Paris, munis des instruments nécessaires, parvinrent à dégager le cadavre de l'infortuné, mais la partie supérieure du corps, la tête méconnaissable, put seule être retirée, l'autre partie était réduite en cendres. Un bidon, une plaque, des fragments d'équipement n'avaient laissé aucun doute sur son identité.

Des démarches furent alors faites pour le transport à Sotteville des restes de M. Tiremberg. Les pompes funèbres parisiennes prirent à leur compte tous les frais à l'exception du cercueil. Le 31 mai, le corps, accompagné du lieutenant Savoye, du chirurgien Apvrille et du caporal Hauchard, était placé dans un vagon à destination de Rouen où il arrivait le lendemain à 8 heures 20 du matin et où l'attendait le maire de Sotteville, M. Bertel, le Conseil municipal tout entier et la compagnie de pompiers sous les armes. Le cercueil déposé dans un fourgon des pompes funèbres envoyé par le préfet, le cortège se mit en marche pour Sotteville recevant sur sa route plusieurs couronnes d'immortels. Tiremberg fut ainsi reconduit jusqu'à sa demeure où il reposa au milieu des siens jusqu'au jour fixé pour les obsèques.

La nouvelle de la mort de M. Tiremberg avait causé à Sotteville une profonde émotion. Le 31 mai, M. Bertel, au nom de la Municipalité, exprimait devant le Conseil tous les regrets que sa perte causait à la commune, regrets partagés par toute l'assemblée, dont M. Tiremberg était également l'un des membres les plus actifs, et émettait l'avis qu'on ne saurait trop faire pour honorer la mémoire de ce courageux citoyen. Le Conseil vote, à l'unanimité, une concession à perpétuité, dans le cimetière de Sotteville, pour y déposer les restes de M. Tiremberg et décide que ses obsèques auront lieu avec toute la solennité possible aux frais de la commune. Enfin, M. Bertel demande l'ouverture d'une souscription publique pour élever un monument en mémoire du malheureux sergent-major. Des affiches seront apposées partout, faisant un pressant appel à la population sottevillaise. Une commission est nommée à ce sujet. Des invitations aux obsèques de Tiremberg sont adressées à toutes les compagnies des environs.

C'est alors qu'au milieu de cette séance, où tout d'abord l'on n'avait songé qu'à rendre les honneurs dus au héros qui venait de succomber dans des circonstances aussi glorieuses que malheureuses, M. Bertel dut faire au Conseil le récit d'un regrettable incident survenu le 28 mai entre le capitaine des pompiers et lui, incident dont nous empruntons la narration au registre des délibérations du Conseil :

M. Bertel ayant demandé au capitaine Hagnéré quand il comptait aller rejoindre son détachement à Paris, celui-ci répondit que son retour était subordonné à la décision de son chef d'établissement, mais qu'il avait l'espérance qu'un ou deux hommes de sa compagnie restés à Sotteville iraient rejoindre leurs camarades à Paris. C'était un refus.

Le lendemain, M. Bertel faisait auprès du capitaine Hagnéré de nouvelles instances pour l'engager à rejoindre son poste à Paris. Le capitaine répondit par un nouveau refus. Toutefois après certaines réticences, il déclara consentir à partir s'il était accompagné de deux conseillers municipaux. M. Bertel répondit qu'il n'avait à ce sujet aucun ordre à donner aux conseillers municipaux, mais que c'était à lui, capitaine de la compagnie, à remplir son devoir, qu'il paraissait avoir méconnu, et à aller rejoindre son poste à la tête de ses hommes, poste qu'il n'aurait pas dû quitter. Ce devoir, il lui était tout tracé par les réclamations incessantes des familles des pompiers partis sous sa conduite.

Le capitaine Hagnéré, à ces vives exhortations, répondit encore par un refus. Plusieurs conseillers municipaux joignirent leurs instances à celles du maire et ajoutèrent que s'il refusait formellement de se rendre à Paris ils iraient à sa place, mais qu'alors ils ne voulaient pas qu'il les accompagnât. Rien n'y fit.

Le maire alors, usant de toute son autorité, somme M. Hagnéré de rejoindre son poste. Il refuse encore. Examinant la conduite de M. Hagnéré depuis son départ de Paris, le maire insiste spécialement sur ce qu'elle a de blâmable et de déplorable dans des circonstances pareilles. Il conclut en déclarant que le capitaine des sapeurs-pompiers a complètement manqué à son devoir.

*
* *

Les obsèques de M. Tiremberg eurent lieu le 2 juin, au milieu d'un immense concours de population. Les compagnies de Rouen et de Sotteville étaient là au complet ; plusieurs corps de sapeurs-pompiers des environs y avaient également envoyé des députations ou des représentants.

Parmi les notabilités, on remarquait : MM. Lizot, préfet de la Seine-Inférieure ; Nétien, maire de Rouen ; le Conseil municipal de Sotteville ; M. Dumesnil, médecin de Quatre-Mares.

La Compagnie des Chemins de fer de l'Ouest, dans les ateliers de laquelle travaillait le défunt, était représentée par les principaux chefs de ses ateliers et par un nombreux personnel ouvrier. Plusieurs sociétés de secours mutuels avaient également envoyé des représentants.

Après la cérémonie religieuse, le corps fut conduit au cimetière, toujours escorté par les compagnies de pompiers sous les ordres de M. Besongnet, capitaine de la compagnie de Rouen.

Sur la tombe, plusieurs discours furent prononcés : par le préfet, MM. Bertel, maire de Sotteville, Defosse, doyen du Conseil municipal, et le docteur Apvrille, chirurgien de la compagnie de Sotteville. Tous rappelèrent la brillante conduite de M. Tiremberg comme pompier, en combattant les incendies où il devait trouver la mort, et comme conseiller municipal.

Afin de perpétuer le souvenir des services rendus à la cause de l'humanité et de la Patrie par la compagnie de sapeurs-pompiers de Sotteville, il fut décidé que la relation de cette campagne où vingt-deux hommes dévoués, dont un martyr, avaient défendu la civilisation contre la plus atroce barbarie, serait autographiée aux frais de la commune et qu'un exemplaire en serait remis à chaque membre du Conseil et de la compagnie.

Voici les noms de ces vingt-deux hommes. Ainsi qu'on l'a vu, toutes réserves doivent être faites à l'égard du capitaine Hagnéré qui figure dans cette liste :

Hagnéré, capitaine ; Savoye, lieutenant ; Apvrille, chirurgien ; Tiremberg, sergent-major ; Jumel, fourrier ; Fortuné Fromont et Alfred Fromont, sergents ; Ducretot et Hauchard, caporaux ; Petit, Galeppi fils, Dumontier Félix, Leriche, Julien, Boulard, Bance, Dupré, Duteurtre, Danjou, Ernest Boquet, Gacoin, Morel, sapeurs-pompiers.

Le 1er juin le préfet, au nom du département, remerciait le détachement des pompiers de Sotteville de leur concours énergique en préservant Paris d'un désastre effroyable, et faisait remettre à M$^{me}$ veuve Tiremberg un premier secours de 300 fr. pour parer aux besoins les plus pressants. Une autre somme de 200 fr. lui était remise par le *Nouvelliste de Rouen*, venant d'une souscription faite entre quelques Parisiens émigrés à Rouen.

*.*

A la suite des incidents qui s'étaient produits lors de la nomination du maire, M. Bertel avait donné sa démission ; la commune restait donc sans Municipalité. Le 26 juin, sur les ordres du préfet, le Conseil était appelé à faire cesser cette situation. M. Bertel fut de nouveau réélu maire et M. Apvrille premier adjoint, mais ce dernier déclara ne pouvoir accepter. C'était une seconde édition de la scène du 13 mai. Alors le Conseil, reconnaissant son impuissance à constituer une majorité, décide de donner sa démission après le vote du budget.

Cependant la session de mai se poursuit jusqu'à la fin de juillet, et les choses restent en l'état ; M. Bertel est toujours seul pour administrer la commune. Le préfet lui avait donné ordre de s'adjoindre les deux premiers conseillers municipaux inscrits au tableau. Le maire se montra disposé à accepter cette solution, qui éviterait les dangers que pouvait présenter pour le moment un renouvellement du Conseil. M. Boniface ne refusa pas son concours dans la mesure du possible ; M. Apvrille se montra dans les mêmes dispositions, mais il craignait que la mesure conseillée par le préfet ne fût mal accueillie dans la commune.

Un nouveau conflit se produit bientôt entre l'autorité préfectorale et le Conseil, relativement à une somme de 22.880 fr. 50 que l'Etat réclame de la commune comme étant restée redevable sur son contingent pour les dépenses des corps mobilisés. La commune paiera, puisque le préfet la menace d'une taxe extraordinaire, mais elle ne croit pas devoir cette somme et fait toutes ses réserves.

Cependant, la crise municipale continuait toujours sans qu'aucune solution apparût. Le 14 novembre, MM. Joly et Maréchal donnent leur démission de conseillers municipaux : M. Joly, par ce motif qu'ayant déclaré qu'après le vote du budget il donnerait sa démission, il veut rester fidèle à son dire ; M. Maréchal, parce que ce provisoire compromet les intérêts de la commune et qu'il faut le faire cesser. Une discussion s'engage à ce sujet, au cours de laquelle une tentative de conciliation a lieu, dont toutefois on n'aperçoit pas le résultat.

Dans le cours de cette année 1871, parmi les questions importantes qui furent soumises au Conseil, il en est une qui mérite une mention spéciale. Elle concerne une réclamation de M. Prevel, par laquelle il demandait à la commune le prix des terrains, principal et intérêts, qu'il avait cédés à la voie publique par suite de l'ouverture de chemins vicinaux de Petit-Quevilly à Quatre-Mares et de la Haie-Brout à Sotteville, créés à une époque antérieure pour donner de l'occupation aux ouvriers sans travail. Une commission est nommée pour étudier cette réclamation, et de son rapport il résulte que la commune de Sotteville est restée étrangère à la création de ces deux chemins, exécutés malgré son opposition, ses refus réitérés et ses supplications, et renvoie M. Prevel à se pourvoir devant l'autorité départementale.

La crise municipale va-t-elle enfin avoir une solution ? Après de nombreux pourparlers, MM. Bocquet et Boniface sont élus adjoints (11 décembre 1871). Mais M. Boniface, absent au moment du vote, déclara ne pouvoir accepter. On resta dans cette situation jusqu'au mois de juin 1872. Alors, une nouvelle élection eut lieu et M. Mortreuil fut élu second adjoint. Celui-ci non seulement refusa, mais encore protesta contre son élection. La situation devenait de plus en plus ténébreuse.

Entre temps, l'affaire Prevel revient sur le tapis par une lettre du préfet, et une commission est nommée pour l'examiner à nouveau. Après une étude très minutieuse de la question, le rapport conclut au maintien des délibérations précédentes. Ce fut également l'opinion du Conseil.

Par une délibération du 23 mai, le Conseil municipal avait décidé de remettre à chaque pompier volontaire parti à Paris pour combattre les incendies de la Commune, une médaille commémorative. Le 26 mai, jour anniversaire de la mort de M. Tiremberg, on inaugure le monument élevé à sa mémoire et, en même temps, on remet à chaque pompier la médaille qui lui est destinée.

\* \*

Au commencement de l'année 1873, la sœur Couray, directrice

de la salle d'asile, sollicitait de la commune une allocation de 500 fr. pour la religieuse qui s'occupait de l'ouvroir. Depuis 1852 le curé de Sotteville, M. Fleury, conformément à l'engagement qu'il avait pris alors, avait fourni cette subvention, mais il avait avisé le maire qu'il ne pouvait le renouveler. Le Conseil se demanda tout d'abord si la visite des pauvres que faisait alors la sœur était bien utile ; la réponse ne pouvait être douteuse. Mais au lieu d'une sœur spéciale, ne pourrait-on pas y employer la religieuse qui s'occupe de la pharmacie ? La directrice de l'asile, consultée, déclara qu'elle ne pouvait congédier une sœur sans que le service des pauvres n'en souffrît.

A cette époque, 55 enfants fréquentaient l'ouvroir, où ils apprenaient à lire, à écrire, et surtout à coudre. On se demanda s'il ne serait pas possible d'envoyer les enfants de l'ouvroir chez les sœurs d'Ernemont, institutrices communales ; mais après un examen attentif, on reconnut que la nécessité du maintien de l'ouvroir s'imposait et que, dans cette situation, il y avait lieu de voter l'allocation demandée aux sœurs de Saint-Vincent de Paul, qui s'occupent en outre, dans un intérêt communal, d'autres œuvres de charité. Ces sœurs étaient au nombre de cinq : la directrice, deux sœurs pour la salle d'asile, une sœur pour la pharmacie, dans laquelle étaient préparés les remèdes pour les nombreux indigents secourus par le Bureau de bienfaisance ; enfin, celle qui s'occupe de l'ouvroir externe.

Sur ces cinq sœurs, trois seulement sont payées par la commune à raison de 500 fr. chacune, et d'après un état détaillé de leur situation financière, les sœurs ont pu établir que depuis deux ans elles étaient sans cesse en déficit, malgré les ressources que leur avaient procuré le travail des enfants de l'ouvroir et des loteries.

Le rapport de la commission donna lieu à une discussion assez vive. La proposition de subvention formulée par la commission, défendue par M. Boniface, fut combattue par M. Bocquet, qui reprochait à la cinquième sœur de diriger une institution étrangère à la commune : un orphelinat composé de 35 pensionnaires logées dans les bâtiments communaux. Finalement, l'allocation demandée fut rejetée par 11 voix contre 7.

En 1870, le Conseil municipal avait émis le vœu que le raccordement de la ligne d'Orléans à Rouen avec la Compagnie de l'Ouest se fît à Sotteville, mais par suite des événements cette construction avait été ajournée. En 1873, le projet fut de nouveau repris, et la commune de Sotteville, qui s'était vue constamment refuser l'établissement d'une gare par la Compagnie de l'Ouest, espéra que, le raccordement s'opérant, la gare deviendrait, pour la Compagnie, de toute nécessité. Elle renouvela donc le vœu émis en 1870, en demandant, en outre, que ces travaux soient exécutés simultanément avec ceux de la ligne principale.

\*
\* \*

En 1874, une seule question importante fut soumise au Conseil ; elle était relative à l'établissement de la ligne projetée de tramways de la place de l'Hôtel-de-Ville de Rouen à la place de la Mairie de Sotteville, comme point terminus. La commission nommée pour étudier cette question ne se montra pas des plus enthousiastes, et tout en reconnaissant les services que pourrait rendre le nouveau système de traction, elle se laissa surtout influencer par la crainte « des dangers sans cesse renaissants pour la circulation et les accidents nombreux et inévitables qui en seront la conséquence, aussi bien pour les personnes que pour les voitures ». On serait porté à croire, en parcourant le rapport de la commission d'études, que celle-ci ne s'était guère rendu compte du système de locomotion sur lequel elle était appelée à se prononcer, car on la voit émettre des doutes sur la commodité du nouveau service pour les vieillards, les infirmes, même les femmes et les enfants, qui ne pourraient monter et descendre à leur gré, quand on sait toutes les commodités qu'il offre, au contraire. Le rapporteur se laissait même aller à exprimer un regret aux vieilles pataches qui jusqu'alors desservaient la banlieue.

Puis il trouve le projet peu en rapport avec l'étendue et l'importance des intérêts si multiples d'une population industrielle de plus de 10.000 habitants. « On demande beaucoup, dit-il, en échange de très peu, si peu même que cette concession si exorbitante par ses résultats ne satisferait en quoi que ce soit les besoins commerciaux de la commune et serait complètement illusoire. » Il ajoutait que cette concession était inadmissible par la durée sollicitée de cinquante années à partir du jour où les travaux auraient été achevés. Puis il rappelait une première délibération de 1873, par laquelle l'assemblée communale avait réservé tous les droits de la commune, tout en ne s'opposant pas à l'installation des tramways. Comme conclusion, il demandait l'établissement, dans Sotteville, de deux voies parallèles : l'une par le chemin n° 18 jusqu'à Quatre-Mares, l'autre par la place de la Croix, rue du Carrefour, rue du Moulin-à-Vent, jusqu'aux deux asiles d'aliénés ; un abaissement du tarif des places soumis au Conseil ; l'acquisition par la Compagnie de tous les emplacements nécessaires pour ses haltes ou gares, avec toutes les réserves qui pourront être faites dans l'intérêt de la commune.

Mais il paraît qu'on ne tint guère compte de ces observations, car le 20 août nous voyons l'assemblée municipale protester vivement contre le refus de la Compagnie concessionnaire d'admettre les réserves de Sotteville, comme elle l'avait fait pour Rouen. D'autre part, la Compagnie avait manifesté l'intention d'établir sur la place de la Mairie de Sotteville sa gare terminus. Le Conseil s'y opposait absolument.

\* \* \*

Le commencement de l'année 1875 est marqué par le renouvellement de la Municipalité. Un nouveau Conseil avait été élu le 22 novembre ; il fut installé le 2 janvier. Deux arrêtés du préfet, des 16 et 30 janvier, nommaient maire, M. Gouellain, et adjoints, MM. Vastel et Bocquet. Ils sont installés le 15 février. Plusieurs conseillers municipaux donnent leur démission.

Le même jour, l'attention de la Municipalité était appelée sur l'état où se trouvait la charpente et les accessoires qui supportent et mettent en mouvement la cloche de l'église ; on craignait un danger imminent. Une commission fut alors nommée pour s'assurer de l'état de cette charpente, et il fut reconnu que les craintes exprimées par le conseil de Fabrique étaient exagérées ; quelques réparations peu coûteuses seules étaient à faire.

Au mois de mai, deux pétitions sont remises au Conseil : l'une appelle l'attention de la Municipalité sur le manque d'eau et sollicite l'édification d'écoles laïques pour les garçons et les filles ; l'autre réclame le maintien des Frères.

— Le 5 juin, sur la proposition de MM. Planès et Ménagé, le Conseil diffère de voter le traitement des vicaires jusqu'à ce que la Fabrique ait fait remise à la mairie de ses comptes et budgets.

Depuis longtemps déjà, les écoles de Sotteville sont devenues trop petites, ce qui en rendait l'installation des plus défectueuses, les élèves n'ayant pas l'espace nécessaire pour leurs travaux et l'air se trouvant promptement vicié. Le 19 mai, une commission municipale fut nommée pour visiter ces écoles. Elle put constater leur insuffisance et la nécessité de modifier cet état de choses. Déjà en 1869, on avait songé à acquérir par voie d'expropriation un terrain appartenant à M. Lenormand, situé rues du Carrefour et Saint-Philippe, pour y construire une nouvelle école communale laïque, en même temps qu'on se proposait d'acheter une propriété de M. Boudin pour agrandir l'école des Frères ; mais la guerre étant survenue, on avait dû abandonner ces projets. La commission proposait donc de reprendre la question au point où elle en était en 1870 et d'en poursuivre l'exécution. Le Conseil partagea cette opinion, sauf toutefois à choisir, s'il y a lieu, pour l'école laïque, un autre terrain que celui adopté tout d'abord.

Pour venir au secours des victimes des inondations du Midi, une somme de 1.000 fr. est votée, à prendre sur les fonds libres.

Un arrêté du préfet nomme M. Cretot adjoint au maire de Sotteville. Il est installé le 13 novembre. Le même jour, la commune de Sotteville réclame plus énergiquement que jamais la construction d'une gare pour les voyageurs.

— La commission des écoles s'est activement occupée de la mission que lui avait confiée le Conseil. En ce qui concerne l'école des Frères, elle reconnaît que les bâtiments sont dans un état de délabrement qui ne permet pas d'y installer convenablement les enfants et les maîtres, même en y faisant de grandes dépenses pour les conserver ; d'autre part, l'emplacement est insuffisant pour construire une école et avoir une cour de récréation assez vaste pour 400 élèves. Enfin, la propriété, contenant seulement 1.259 mètres, ne permet pas l'agrandissement sans occasionner de grandes dépenses ; de trois côtés elle est entourée de rues. Enfin, la proximité de la mare communale était encore un inconvénient à ajouter aux autres, et un danger pour les enfants.

Dans ces conditions, la commission porta son choix sur une propriété sise rue de l'Église et appartenant à M$^{me}$ Frémont, où il pourrait être construit des écoles tant laïque que congréganiste. La situation de cette propriété au centre de la commune, près de l'église, à 150 mètres des écoles actuelles, entourée de jardins d'une contenance de 14.000 mètres, était on ne peut plus convenable pour y édifier les écoles. Il ne restait plus qu'à s'enquérir de la possibilité d'achat.

Après avoir demandé une somme fort élevée, M$^{me}$ Frémont sur les instances réitérées faites auprès d'elle par M. Duval, notaire, consentit à céder son immeuble pour le prix de 25.000 fr. Ce prix n'avait rien d'exagéré, et la commission proposait au Conseil de l'accepter, ce qui fut fait.

Le 20 mai 1876, le Conseil, après avoir repoussé le système du concours, adoptait pour les nouvelles écoles les plans et devis présentés par M. Fauquet, architecte à Rouen, et s'élevant pour les deux écoles à 155.000 fr. Mais certaines modifications et diverses augmentations nécessitées par les besoins du service portèrent cette première évaluation à 220.000 fr. Pour couvrir cette dépense, un emprunt fut contracté, remboursable en vingt annuités.

En même temps que la commune songeait à construire une nouvelle école pour les Frères, elle avait pensé à fixer définitivement par un traité l'allocation annuelle accordée à ses maîtres. Elle proposait une somme de 3.750 fr. Mais l'Institut des Frères refusa de prendre cette somme pour base du traité définitif, la trouvant déjà trop faible et prévoyant l'époque où, vu l'augmentation incessante du nombre des élèves, il serait nécessaire de créer un cinquième poste d'adjoint. Dans ces conditions, l'Institut demandait le maintien du *statu quo*, « en attendant qu'une expérience plus ou moins longue, selon les circonstances, permette d'apprécier plus sûrement les besoins tant de l'école que des Frères qui la dirigent ».

A la communauté d'Ernemont, la commune versait annuellement 1.600 fr.; mais la loi sur le traitement des instituteurs, du 19 juillet 1875, portait le traitement de l'institutrice communale à 600 fr. et celui de ses adjointes à 500 fr. C'était donc une somme de 2.000 fr. qui devait lui être versée, et contre laquelle aucune réclamation ne pouvait être soulevée, puisqu'elle était fixée par la loi même. (18 décembre 1875.)

— En 1872, une contestation était survenue entre la ville de Rouen et la commune de Sotteville, relativement aux limites cadastrales de ces deux communes. Par arrêté du 25 décembre 1872, le préfet intervint dans le débat, mais Sotteville ne se montra pas disposé à accepter la décision préfectorale. L'affaire fut portée devant le ministre ; sa décision ne parut pas plus acceptable que celle du préfet. Toutefois, au lieu de se livrer à une nouvelle étude de la question, on sollicitait une mesure gracieuse de l'administration qui annexât à Sotteville la partie de territoire en litige. Cette requête ne fut pas acceptée. On plaida, et la commune ne fut pas plus heureuse.

— Au mois de novembre 1875, une nouvelle Municipalité est installée, avec M. J.-B. Dumont, maire, et MM. Cretot et Sellier, adjoints.

\*
\* \*

Dans la session d'août 1876, le Conseil décidait la création à Sotteville d'une caisse d'épargne scolaire. En vertu de la loi nouvelle du 12 août de cette année, le Conseil municipal est appelé à élire la Municipalité.

M. Dumont est réélu maire ; MM. Cretot et Sellier, adjoints.

Le 20 novembre, l'assemblée municipale fixait ainsi le traitement du personnel enseignant :

*École laïque des garçons.* — Directeur, 1.800 fr.; premier et deuxième adjoints, 1.200 fr.; troisième adjoint, 1.000 fr.

*École congréganiste des garçons.* — Directeur, 1.000 fr.; instituteurs adjoints, au nombre de quatre, chacun 700 fr.

*École congréganiste des filles* (subventionnée). — Subvention pour quatre institutrices, 400 fr. chacune.

— Au mois de décembre, les négociations sont reprises avec la Compagnie de l'Ouest pour l'établissement d'une gare. Dans un but de conciliation, la commune autorisait la Compagnie à substituer au pont de 4 mètres, dit pont du Buet, un pont de 2 m. 50 d'ouverture avec une hauteur minimum de 2 mètres, sous la réserve qu'il sera pratiqué à la voûte un jour suffisant pour éclairer ce passage ; en outre, la commune concédait à la Compagnie la propriété d'un terrain autrefois occupé par le cimetière, ainsi que le sol des parties de la rue du Cimetière et de la rue Lancestre, longeant les murs de l'ancien cimetière et y contiguës, à la charge de remplacer les deux tronçons de rues par un chemin de 8 mètres de large, limitant ce terrain au nord et à l'ouest, en retour d'équerre, pour aboutir et établir communication avec la partie conservée de la rue Lancestre.

— Les sœurs d'Ernemont ayant demandé une nouvelle augmentation de traitement, le Conseil la refuse en se fondant sur la convention tacite qui a fixé la subvention de la commune pour leur école à 1.600 fr. Il profite de cette circonstance pour déclarer que cette école n'a pas le caractère d'école communale. La communauté d'Ernemont ne se montra pas disposée à accepter cette dernière interprétation, et saisit le préfet de la question. Celui-ci invita le Conseil à en délibérer de nouveau ; mais l'assemblée municipale persista dans sa première délibération, l'école congréganiste n'étant en somme qu'une annexe du pensionnat et externat du couvent d'Ernemont. En outre, les adjointes qui y enseignaient n'étaient pas brevetées.

Cette décision va donner lieu à un conflit avec l'autorité départementale. Le préfet, alléguant que l'école congréganiste étant depuis nombre d'années parmi les écoles publiques et qu'antérieurement, notamment par sa délibération du 2 août 1867, le Conseil lui-même lui avait reconnu ce caractère, mit la commune en demeure de voter la somme de 2.225 fr. 60 nécessaire à acquitter, en 1878, les traitements des institutrices qui dirigent l'école *communale* congréganiste de filles. En cas de refus, le crédit serait inscrit d'office.

L'assemblée municipale ne se rangea pas à cet avis et maintint ses précédentes délibérations, refusant de reconnaître à l'école gratuite annexée au pensionnat et à l'externat d'Ernemont le caractère d'école communale publique.

D'autre part, le Conseil faisait activer les formalités d'enquête relatives à la construction de la nouvelle école laïque de filles. Mais, de ce côté encore, une certaine opposition se manifesta. Quelques-uns ne voyaient pas la nécessité de cette construction, l'école des religieuses étant suffisante ; d'autres étaient effrayés par la perspective d'un nouvel emprunt, quand, disaient-ils, il y avait tant d'ouvriers qui attendent chaque jour, quelquefois chaque heure, leur pain quotidien.

Ces différentes objections furent combattues par le Conseil municipal qui persista dans son opinion.

En présence de ces difficultés, le Conseil, pour mettre la commune à l'abri de toute éventualité, décida d'entreprendre immédiatement l'établissement d'une école communale de filles. Une commission fut nommée à cet effet, et le 25 mai 1877 elle déposait son rapport concluant à l'achat d'un terrain sis rue du Carrefour et rue Saint-Philippe, appartenant à M$^{me}$ Hauffroy, née Lenormand. La superficie totale de l'immeuble était de 2.690 mètres. En 1859, la commune avait songé à y construire l'église, et M$^{me}$ Hauffroy avait tout d'abord demandé un prix de 18.000 fr. de sa propriété, qu'elle avait abaissé ensuite à 11.000 fr. Puis, pour éviter que la réalisation de ce projet ne fût pas encore une fois ajournée, la commission municipale demandait que M. Lequeux, architecte à Rouen, fût invité à dresser immédiatement les plans et devis de la nouvelle école.

Ces conclusions furent ratifiées par le Conseil, et le 14 août suivant les plans et devis dressés par l'architecte étaient approuvés. Ils comportaient une dépense de 80.000 fr.

— Le 12 novembre, M. Grebauval est autorisé à ouvrir un cours gratuit de dessin dans les écoles communales.

\* \*

A la suite des opérations électorales du 6 janvier 1878, un nouveau Conseil est installé le 21 du même mois et la Municipalité renouvelée. M. Dumont est réélu maire ; MM. Planès et Cretot, adjoints.

Parmi les affaires d'importance secondaire traitées dans le cours de cette année, il faut citer l'abandon de la mare communale à la Compagnie des chemins de fer de l'Ouest, en compensation d'un aqueduc ; le vote d'une somme de 25 fr. pour concourir à la célébration du centenaire de Voltaire.

A la suite de divers incidents survenus à l'occasion d'une adjudication de travaux communaux, un arrêté du préfet suspend le maire de Sotteville et enjoint à M. Planès, adjoint, de prendre la direction de l'administration municipale.

Le 3 novembre, une nouvelle Municipalité était constituée. M. Planès est élu maire par 18 voix. Le 17 novembre, M. Elie Sevestre était élu deuxième adjoint.

La question du traitement des institutrices congréganistes revient de nouveau devant le Conseil. Celui-ci, tout en maintenant en principe ses précédentes délibérations, vote pour cette année, et dans le but d'éviter une inscription d'office, la somme réclamée à titre de traitement des religieuses.

. — Au mois d'août 1877, une Société ayant à sa tête M. de Coëne avait proposé à la commune de Sotteville un premier projet de distribution d'eau de Seine ; mais les conditions qu'elle y mettait parurent inacceptables au Conseil municipal, qui le rejetait. M. de Coëne demandait : 1º pour 150 mètres cubes d'eau par jour, 6.000 fr.; 2º toute fourniture supplémentaire payée 40 fr. le mètre cube ; 3º l'eau nécessaire en cas d'incendie payée 10 centimes le mètre cube ; 4º les fontaines ne pouvaient dépasser le nombre de quatre ; 5º l'entretien des fontaines restait à la charge de la commune ; 6º la durée de la concession fixée à 90 années ; 7º le concessionnaire était le seul juge des limites à donner à sa canalisation ; 8º après 30 années d'exploitation, rachat facultatif par la commune d'après les dépenses faites.

Sur la demande de l'administration municipale, M. de Coëne présentait, au mois de février 1878, un nouveau projet plus avantageux, sans toutefois qu'il le fût assez pour être accepté. Cette fois, la Société demandait une entente pour les limites à donner à la canalisation ; au début, elle se proposait de canaliser les rues des Capucins, du Puits-de-la-Montée, Grande-Rue, du Carrefour et du Moulin-à-Vent jusqu'à la rue Coullé. La redevance annuelle était de 8.000 fr. pour 300 mètres cubes ; toute fourniture supplémentaire était payée 30 fr. le mètre cube, prix que devaient payer également les établissements municipaux ; la Compagnie établissait à ses frais 4 bornes-fontaines, dont le nombre pouvait être porté à 10 ; la fourniture et l'installation restaient à la charge de la commune ; les abonnements ne pouvaient être moindres de 125 litres.

Quoique ne réalisant pas encore les *desiderata* du Conseil, et comme il était de toute utilité de doter la commune d'une distribution d'eau, une commission fut nommée à l'effet d'examiner cette proposition. Tout d'abord, la commission avait songé à demander à la ville de Rouen un abonnement à ses eaux ; mais, le 27 mai, le maire de cette ville répondait à son collègue, M. Planès, « qu'il avait été reconnu impossible d'accorder à la commune de Sotteville l'abonnement qu'elle sollicitait ». Il n'y avait donc plus de choix et il ne restait plus, après ce refus, à la commission municipale de Sotteville qu'à s'occuper du projet présenté par M. de Coëne pour une fourniture d'eau de Seine. Mais cette eau, dans la situation actuelle, était-elle potable ?

Suivant la consultation donnée par M. Girardin, l'eau de Seine renferme les mêmes composés fixes et gazeux que les autres rivières et fleuves : des bicarbonates de chaux et de magnésie, du sulfate de chaux, du sel marin, des traces de nitrate de soude et de potasse, d'acide silicique, d'ammoniaque, d'iodures alcalins, de matières organiques avec des proportions notables de gaz oxygènes, d'azote et d'acide carbonique libre ; et, de l'analyse faite de cette eau avant son entrée à Rouen et à sa sortie de la ville, sur la rive droite et sur la rive gauche, il résulte que l'eau de Seine à Rouen est sensiblement plus pure que l'eau de Seine à Paris. Et M. Girardin, après avoir comparé l'eau de Seine prise à Rouen avec celle des principaux fleuves et rivières de France et de l'étranger, déclarait que l'eau de Seine à Rouen « est une eau éminemment potable, car elle est bien aérée, d'un goût agréable, inodore, incolore ; elle cuit bien les légumes, dissout le savon sans former de grumeaux, conserve sa transparence quand on l'a fait bouillir, ne laisse qu'un très léger résidu par l'évaporation et n'est troublée que très faiblement par les réactifs qui servent à constater la présence de sels calcaires, des sulfates et des chlorures. »

M. Girardin établissait ensuite que la corruption de la Seine après son passage à Paris s'étend presque jusqu'à Mantes, c'est-à-dire sur un parcours de 100 kilomètres, depuis que les égouts y déversent chaque jour par les deux grands collecteurs d'Asnières et de Saint-Denis 290.000 mètres cubes de liquide et autant de matières infectes à l'état de dissolution. A partir de Vernon il n'y avait plus, — en 1878, bien entendu, — trace de ces impuretés, dont les unes se sont déposées et les autres ont été détruites par l'oxygène de l'air.

Au point de vue industriel, M. Girardin déclarait que l'eau de la Seine, lorsqu'elle a repris sa limpidité par le repos, est bien préférable aux eaux de source, puisqu'elle contient beaucoup moins de sels calcaires, ce qui fait qu'elle ne donne pas lieu à autant d'incrustations dans les générateurs. On reconnaît, disait-il, au moyen de l'hydrotimètre, qu'une eau est d'autant plus propre à la plupart des usages industriels qu'elle marque moins de degrés à cet instrument. Ainsi l'eau distillée, c'est-à-dire l'eau pure, ne marque pas de degrés à cet instrument, tandis que l'eau de Seine prise avant Paris marque 15 à 17° hydrotimétriques ; à Paris même, 23° ; à Rouen, 19°.

« En résumé, disait le savant professeur, malgré que l'eau de Seine ait le défaut de manquer de limpidité en hiver, de fraicheur en été, et de contenir dans cette dernière saison des traces appréciables de matières organiques, ce n'en est pas moins une eau potable, propre à tous les usages de l'industrie et de l'économie domestique. C'est d'ailleurs la plus abondante et la moins coûteuse de toutes celles qu'on pourrait faire servir à l'alimentation publique de la commune de Sotteville. Si l'administration municipale donne suite à son projet d'établir une prise d'eau à la Seine au moyen d'une machine à vapeur, cette prise devra avoir lieu au milieu du fleuve, en plein courant, et, avant la distribution dans les usines et les maisons particulières, elle devra séjourner dans des réservoirs assez grands où elle pourra déposer le limon qu'elle charrie au moment des grandes crues. »

La commission, qui aurait été unanime à repousser le projet de distribution d'eau de Seine si la ville de Rouen eût consenti à céder de l'eau de source, se voyait ainsi réduite, en présence de la consultation de M. Girardin, à accepter l'eau de Seine. « Sotteville qui, par l'importance de sa population et de son industrie, devrait avoir depuis longtemps, — dit M. Robillard, rapporteur de la commission, — une libérale distribution d'eau, des fontaines publiques nombreuses, Sotteville n'a que des eaux crues, insuffisantes pour les besoins des habitants, la propreté de la voie publique, et surtout en cas d'incendie. C'est un principe admis aujourd'hui que l'eau doit laver la surface des rues et couler abondamment dans les ruisseaux avant de s'échapper dans les égouts, et que l'assainissement d'une ville exige de l'eau et des égouts. Le traité soumis au Conseil n'aurait-il pour utilité que de permettre de laver les ruisseaux et de fournir toute l'eau nécessaire en cas d'incendie, qu'il faudrait l'adopter. Mais à cette amélioration il faut ajouter que l'industrie trouverait en abondance une eau excellente pour l'alimentation des machines à vapeur, et qu'elle ne serait plus exposée à un chômage forcé par suite de l'épuisement, en été, des puits servant à l'alimentation de ses machines. Aux objections sérieuses faites contre le projet par les adversaires de l'eau de Seine, M. de Coëne y a répondu. Pour atténuer les inconvénients et le défaut de limpidité, il a consenti à prendre l'eau au bas milieu du fleuve, comme le recommande M. Girardin, et à la faire passer par un filtre avant de la refouler dans les réservoirs placés dans un endroit choisi, d'où elle sera distribuée dans les rues de la commune et suivant les besoins, au moyen de bornes-fontaines filtrantes pour le service public. »

Pour l'exécution de ce projet, la commission, modifiant à nouveau la proposition de M. de Coëne, ne voulait rien payer des frais d'achat de terrain, de machines à vapeur, canalisation, réservoirs, bâtiments, etc., ces dépenses étant à la charge du concessionnaire. La redevance annuelle à payer pour 300 mètres cubes d'eau par jour était fixée par la commission à 6.000 fr. pendant les 50 premières années de la concession, et à 3.000 fr. pour chacune des 49 années qui resteront à courir sur la durée de la concession, à l'expiration de laquelle la commune serait propriétaire et entrerait de suite en possession et jouissance sans aucune indemnité des tuyaux, robinets, réservoirs, terrains, bâtiments, machines à vapeur, et en général de l'établissement créé, en vertu du traité, et appartenant au concessionnaire, ainsi que tout ce qui existera à cet effet sous les voies publiques et ailleurs, le tout franc et libre de dettes, charges et hypothèques.

La canalisation comprendrait les rues des Capucins, du Puits-de-la-Montée, place de la Croix, Grande-Rue jusqu'à la rue Lesueur, du Carrefour, du Moulin-à-Vent jusqu'à la rue Amélie, des Marettes, de la Mare-du-Parc, jusqu'à la rue du Nouveau-Monde. Tous les travaux d'installation étaient à la charge du concessionnaire y compris vingt bornes-fontaines filtrantes avec bouches sous trottoirs et prises d'eau pour incendies. Douze de ces bornes-fontaines seront fournies par le concessionnaire, les huit autres par la commune ; l'eau pour les incendies était fournie gratuitement. Le prix de l'eau pour les habitants demeurait fixé à raison de 100 fr. par an pour 1.000 litres d'eau par 24 heures, et pour tout chef de ménage ayant une habitation d'une valeur locative inférieure à 250 fr. la concession pourra être de 100 litres par 24 heures au prix de 20 fr. par an, suivant un tarif spécial dressé à cet effet. L'eau à livrer à l'industrie avait aussi un tarif spécial : 2.000 à 3.000 litres, 9 fr. ; 3.000 à 4.000 litres, 8 fr. ; 4.000 à 5.000 litres, 7 fr. ; de 5.000 et au-dessus 6 fr. Les établissements municipaux, départementaux et de l'État, ainsi que les établissements de bienfaisance paieront le mètre cube d'eau par 24 heures 50 fr. par an au maximum.

Si, pendant le cours de la concession, le concessionnaire venait à cesser son exploitation, par un fait qui lui fût imputable, il serait déchu du bénéfice du traité. Dans ce cas la commune, si elle le jugeait utile, aurait la faculté d'entrer en possession provisoire du matériel d'exploitation et pourvoirait aux services public et privé par tel moyen qu'elle jugerait convenable.

Ce nouveau projet fut accepté par M. de Coëne et la commission, par l'organe de son rapporteur, M. Robillard, en proposait l'approbation définitive au Conseil municipal dans sa séance du 16 janvier 1879. Celui-ci l'adoptait sans discussion et votait les ressources nécessaires pour faire face à cette dépense.

— A l'occasion de l'élection de M. Grévy à la présidence de la République le Conseil municipal lui vote une adresse de félicitations.

— Après bien des difficultés et bien des délais, on peut enfin procéder à la réception des deux écoles de garçons ; mais des réserves sont faites en ce qui concerne la menuiserie. (24 avril 1879.)

— Le 17 juin, l'ajournement de la création d'un conseil de prud-hommes est voté ; la commune ne pouvant en ce moment supporter aucune charge nouvelle.

— Sotteville va enfin avoir sa gare de chemin de fer. La Compagnie de l'Ouest consent à l'abandon de l'ancien cimetière à titre de subvention ; les plans du projet sont de part et d'autre acceptés, et la commune demande leur prompte réalisation. (11 juillet.) Le même jour, le Conseil refuse la création d'un cinquième adjoint à l'école congréganiste des Frères, les professeurs y attachés n'étant pas munis de leur brevet. M. Menagé insiste pour que, sous toutes réserves de droit, la Municipalité prenne possession des nouvelles écoles de garçons et y installe d'urgence au 1$^{er}$ octobre maîtres et élèves ; enfin il demande pour la même époque la nomination de la directrice de la nouvelle école laïque de filles et de ses adjointes. Ces motions sont appuyées par le Conseil, qui proteste en même temps contre certaines pratiques de favoritisme exercées lors du concours des écoles communales du canton pour l'obtention du certificat d'études ; il demande qu'une enquête ait lieu à ce sujet.

*
* *

A la suite de quelques difficultés, M. Planès a donné sa démission de maire. Après des élections complémentaires qui font entrer au Conseil cinq membres nouveaux, il est procédé à l'élection d'une nouvelle Municipalité, le 14 octobre. M. Cretot est élu maire et M. Revert deuxième adjoint ; mais M. Cretot n'ayant pas accepté, une nouvelle élection a lieu le 9 décembre. M. Robillard est élu maire ; MM. Cretot et Revert conservent leurs fonctions d'adjoints.

— Le 11 novembre, le Conseil a à donner son avis sur deux legs faits à la Fabrique de l'église de Sotteville, par deux anciens curés de la paroisse, MM. Fleury et Gaudin ; il se montre hostile à une partie du legs de M. Fleury, « cette partie étant affectée à une propagande religieuse que le progrès moderne et le Conseil reprouvent énergiquement ». Mais il se montre favorable à la donation de M. Gaudin.

Huit jours plus tard, M. Villery demande le changement de nom d'un certain nombre de rues : Moulin-à-Vent, Grenouillette, Puits-de-la-Montée, Voie-aux-Vaches etc. « Ces dénominations naïves, dit-il, n'ont-elles pas un caractère de barbarie peu en rapport avec le développement industriel, commercial et intellectuel de la commune. » Il fulmine également contre les appellations de Saint-Philippe, Saint-Laurent, Saint-Antoine, des Capucins, d'Ernemont, dont les noms, dit-il, « doivent disparaître comme les aberrations religieuses et les privilèges dont ils sont originaires ». Il propose d'attribuer à ces rues les noms de Raspail, Arago, Flaubert, Papin, Franklin, etc. Cette proposition est prise en considération.

Le même jour, 14 membres du Conseil déposent une pétition demandant à ce que la liberté de conscience soit pratiquée dans les écoles communales.

A son tour M. Robillard, fatigué de ses fonctions, donne sa démission de maire ; le 30 novembre, le Conseil lui donne pour successeur M. Ménagé. MM. Cretot et Revert conservent leurs fonctions d'adjoints.

Le 4 décembre, le Conseil refuse de voter le traitement des congréganistes attachées à l'école annexe du pensionnat d'Ernemont considérée comme école communale. De ce moment que la commune possède une école laïque de filles il ne voit pas pour quel motif il subventionnerait sa concurrente. Cette nouvelle école laïque, dit-il, n'est que le rétablissement de celle qui fut supprimée en 1840 dans l'unique intérêt de la communauté d'Ernemont à son arrivée à Sotteville. Il conclut en demandant énergiquement la suppression immédiate de l'école gratuite d'Ernemont.

*
\* \*

Au commencement de l'année 1880, on apprend à Sotteville que le Conseil municipal de la ville de Rouen, sur la proposition d'un de ses membres, vient de nommer une commission chargée d'élaborer un projet d'annexion au chef-lieu des communes suburbaines, projet visant particulièrement Sotteville et Petit-Quevilly.

La colère est grande au sein de l'édilité Sottevillaise qui malmène terriblement ce projet d'annexion, « projet dû à la seule et malencontreuse initiative de quelque édile rouennais qui, en guise d'exposé de motifs et de défauts d'arguments rationnels et plausibles, donne pour unique et suprême raison le besoin qu'éprouve la ville de Rouen de faire payer ses dettes par nos populations. » On proteste donc énergiquement à Sotteville contre ce projet. (23 février.)

Le même jour, une autre mauvaise nouvelle était réservée à la Municipalité sottevillaise : le préfet l'informait que le Conseil départemental avait ajourné sa décision relative à la suppression de l'école congréganiste. Mais le Conseil municipal maintient sa première délibération et refuse à nouveau de voter aucun fonds pour le traitement des congréganistes.

— La commission chargée d'étudier la proposition de M. Villery a terminé son travail et désigné pour rapporteur l'auteur même de la proposition ; c'est dire qu'il concluait à l'adoption. Après une longue dissertation emphatique, le rapport conclut la substitution des noms suivants :

La place de la Croix portera à l'avenir le nom de *place Voltaire*; la rue du Puits-de-la-Montée, *rue Pierre Corneille*; la rue du Carrefour et la place de ce nom, *rue de la République*; place du Puits-de-la-Montée, *place de la Liberté*, en mémoire de ce que c'est sur cette place que fut planté l'arbre de la Liberté sous la première République ; rue Saint-Antoine, *rue Colombel*, le peintre bien connu, enfant de Sotteville ; rue Saint-Philippe, *rue La Fontaine*; rue Saint-Laurent, *rue Pouchet*, le savant professeur rouennais ; rue des Capucins, *rue Hoche*; la voie ouverte sur la façade Est des écoles, *rue Benjamin-Franklin*; partie de la rue Voie-aux-Vaches, *rue Raspail*; l'autre partie entre la rue du Moulin-à-Vent et le boulevard Girardin, *rue de l'Agriculture*; rue d'Ernemont, *rue d'Eauplet*.

Ce rapport de M. Villery fut combattu par plusieurs membres et particulièrement le maire, M. Ménagé. Néanmoins, les neuf premiers articles furent adoptés sans modification ; quant aux deux derniers, concernant la Voie-aux-Vaches, elle portera dans toute sa longueur le nom de *rue Raspail.*

Il n'est guère de séance où M. Villery, infatigable, n'ait quelque proposition nouvelle à formuler. Après le changement de noms de certaines rues, il s'attaque maintenant aux manifestations extérieures du culte et demande l'interdiction des processions. Cette dernière proposition porte également la signature de M. Dulac.

M. Ménagé répond que s'il existait dans la commune des temples affectés à des cultes différents, il ferait respecter la loi. « Peu s'en est fallu qu'il en soit ainsi, dit-il, un groupe de protestants ayant depuis longtemps réclamé instamment, avec persévérance, l'autorisation d'édifier un temple à Sotteville, auquel il eût annexé une école gratuite. » Mais dans la circonstance actuelle, il déclare qu'il ne compromettra pas bénévolement l'autorité du maire en procurant à ses adversaires le grand plaisir de voir annuler par l'autorité préfectorale, pour abus de pouvoir, un de ses arrêtés insuffisamment motivé. Il ne prendra jamais un prétexte pour raison de ses actes.

Une vive discussion s'engage, à la suite de laquelle la proposition Villery est rejetée.

— Le 7 avril, sur le rapport de la commission d'études des aqueducs, le Conseil vote le réseau à construire pour recevoir toutes les eaux déversées sur la voie publique. Le 15, les édiles sottevillais sont mis en demeure de voter le traitement des sœurs attachées à l'école d'Ernemont ; ils s'y refusent de nouveau. Le préfet inscrit le crédit (1.390 fr.) d'office. Le Conseil municipal proteste contre ce qu'il appelle l'acte autoritaire du préfet, mais ne peut aller plus loin. Cependant le Conseil départemental, qui n'avait qu'ajourné sa décision, se montra à son tour favorable aux prétentions de Sotteville. Aussi un arrêté ministériel du 23 août décidait qu'à l'avenir cette commune n'aurait plus à entretenir qu'une seule école publique de filles. Le Conseil municipal obtenait enfin satisfaction.

En outre, à partir du 1er octobre 1880, l'école congréganiste de garçons dirigée par M. Legros, dit frère Amarin, sera laïcisée et confiée à M. Thioudet.

\*<br>\* \*

Le 23 janvier 1881, il est procédé à l'installation des conseillers élus le 9 janvier précédent et à l'élection du maire et des deux adjoints. MM. Ménagé, Cretot et Revert sont maintenus dans leurs fonctions.

— MM. Faucon et Lancestre, propriétaires de parcelles de terrain nécessaires à l'établissement des machines et réservoirs pour la distribution des eaux, sont disposés à traiter à l'amiable avec l'administration municipale, au prix de 1 fr. le mètre, à la condition que ces parcelles soient prises en entier. La Compagnie des eaux consent à se charger de cet achat, mais conservera la libre disposition des terrains non utilisés ; la commune y contribuera, pour sa part, pour 2.500 fr.

— Par une délibération du 25 mai 1880, il avait été demandé la suppression des deux calvaires existant dans la commune, place Voltaire et à Quatre-Mares. Cette délibération n'ayant pas été suivie d'effet, le Conseil la renouvelle. (23 mai.)

— Le 15 juin, la Compagnie de l'Ouest annonce à la Municipalité de Sotteville qu'elle est disposée à céder à la commune la portion de terrain nécessaire à la construction d'un chemin d'accès à la gare, à la condition que le Conseil accepte dans les conditions où il a été établi et prenne à sa charge le curage du viaduc du Buet, situé sous les voies. Mais cette proposition devra être modifiée ; en outre, la Compagnie sera mise en demeure de procéder de suite au curage du passage du Buet, devenu un foyer d'infection pour tout le quartier, et elle devra, à ses frais, opérer la réfection du pavage du ruisseau établi par elle. Ces travaux une fois terminés, la commune pourra se charger, à l'avenir, de l'entretien du passage.

— Un acte de vandalisme de la part de quelques individus a renversé et démoli le calvaire de la place Voltaire. Le conseil de Fabrique demande à la commune l'autorisation de le rétablir. Le Conseil municipal refuse ; en même temps, il décide que la devise républicaine : *Liberté, Égalité, Fraternité*, sera placée sur la façade de l'église (21 juin). Cette dernière décision donne lieu à un différend avec l'autorité ecclésiastique ; il en est de même pour un projet d'illumination extérieure de l'église le jour de la Fête Nationale.

Au mois de novembre, M. Cretot, adjoint, donne sa démission.

## CHAPITRE VII

Sotteville de 1882 a 1892. — Le Concours de pompes.

Les événements de ces dernières années sont encore présents à toutes les mémoires. Aussi passerons-nous rapidement sur cette époque qui n'est pas encore, à proprement parler, entrée dans le domaine de l'histoire.

Le 22 février 1882, la construction d'aqueducs est décidée. Un emprunt de 250.000 fr. à ce sujet, remboursable en vingt ans, est voté.

— Le 2 avril, M. Félix Hébert est élu adjoint.

— La partie des Bruyères Saint-Julien non aliénée en 1814, et appartenant à la ville de Rouen et aux communes de Sotteville, Saint-Étienne, Petit et Grand-Quevilly, est mise en vente. Treize lots sont établis sur une mise à prix totale de 46.480 fr., pour une contenance de 11 hectares 70 ares 50 centiares. Le maire de Sotteville est autorisé à se rendre acquéreur, au nom de la commune, des 11e, 12e et 13e lots. Le règlement du prix de la vente sera réparti entre les communes co-propriétaires suivant le nombre de feux, d'après le mode adopté en 1813. L'adjudication s'étant élevée à 45.200 fr., il revenait à la commune de Sotteville, comptée pour 615 feux, 11.154 fr. 78 ; à Saint-Étienne, pour 406 feux, 7.363 fr. 97 ; à Grand-Quevilly, pour 360 feux, 6.529 fr. 63 ; à Petit-Quevilly, pour 339 feux, 6.148 fr. 73 ; et à la ville de Rouen, 14.002 fr. 89.

Sotteville ayant racheté les 11e, 12e et 13e lots au prix de 11.250 fr., il lui fallait donc reverser à la masse environ 95 fr.

— Le 13 novembre, le Conseil municipal proteste contre une proposition faite au Conseil municipal de Rouen par M. Guernet, l'un de ses membres, tendant à obtenir l'annexion des communes de Sotteville, Petit-Quevilly, Mont-Saint-Aignan et Boisguillaume, proposition qui avait déjà été faite en 1879 par M. Letellier et qui était restée sans résultat.

— Le 14 décembre, sept membres nouveaux du Conseil sont installés. Le 24 du même mois, M. Alphonse Dubois est élu adjoint.

— Le 4 janvier 1883, sur un rapport de M. Dulac, un certain nombre de rues de Sotteville reçoivent une nouvelle dénomination. Ainsi, la rue Guyot prendra à l'avenir le nom de *Henri-Barbès*, ancien représentant du peuple, colonel de la garde nationale de Paris, victime du coup d'État ; la rue Hérisson deviendra rue du *Quatre-Septembre*, rappelant ainsi le jour où fut proclamée la République ; la rue de la Grenouillette s'appellera rue *Ledru-Rollin*, ministre de l'intérieur sous le Gouvernement provisoire en 1848, ayant pris une part toute spéciale dans l'organisation du suffrage universel ; la rue aux Loups, rue *Léon-Salva*, ancien maire de Sotteville, ancien chef de bataillon des gardes nationales du canton, organisateur de diverses sociétés coopératives, victime des commissions mixtes qui le déportèrent à Cayenne. Débarqué par erreur à Bône, puis interné à Constantine, il parvint à force de travail à se monter une boutique de bijouterie et d'horlogerie, que sa haute probité bientôt connue fit prospérer. Dans l'aisance, Léon Salva renoua une correspondance suivie avec ses amis de France et quelques déportés auxquels il envoyait de l'argent. Le gouvernement le fit enlever brusquement et l'interna à Sétif. Ruiné par cette troisième déportation, c'est avec peine qu'il put subvenir aux besoins de sa femme et de ses enfants. Le 17 janvier 1879, il mourait à Sétif, sans défaillances, et ses dernières paroles furent encore pour sa Patrie.

La rue de l'Église s'appellera rue *Littré;* la rue du Moulin-à-Vent, rue *Victor-Hugo;* tout le monde connaît ces deux grands noms. La rue Cecille deviendra rue *Godefroi-Cavaignac*, républicain ardent qui prit une part active aux journées de Juillet 1830, et fut l'un des plus dangereux adversaires de la monarchie nouvelle; fondateur de plusieurs sociétés démocratiques, il contribua aux troubles de 1834 et fut arrêté. Il s'échappa de Sainte-Pélagie et se réfugia à l'étranger d'où il ne revint qu'en 1840. Il concourut à la fondation du journal *La Réforme* et mourut le 5 mai 1845.

La rue Amélie prendra le nom de rue *Jacquard*, célèbre mécanicien à qui on doit le métier à tisser portant ce nom; la sente du Cimetière, rue *Fulton*, célèbre ingénieur américain qui inventa les torpilles et fut le premier à faire fonctionner les bateaux à vapeur; les expériences eurent lieu à Paris sur la Seine où elles obtinrent une complète réussite; la rue Lancestre, rue *Henri-Giffard*, ingénieur français qui s'est beaucoup occupé de la navigation aérienne; ce fut lui qui, en 1878, installa dans la cour des Tuileries un ballon monstre dont le mode de construction et les accessoires intéressèrent tout le public. On lui doit, en outre, le perfectionnement de divers appareils, principalement celui destiné à l'alimentation des chaudières, connu sous le nom d'injecteur Giffard, et devenu d'un emploi universel.

La rue du Cimetière deviendra rue *Denis-Papin*, physicien français qui reconnut le premier la force élastique de la vapeur d'eau. Né à Blois, en 1647, d'une famille protestante, il se rendit en Angleterre où il fit ses plus grandes expériences. Ayant, contrairement à son frère Isaac, refusé d'abjurer, il mourut en exil; la rue Duboc, rue *Béranger*, le célèbre chansonnier; le boulevard Girardin, l'ancien préfet, prendra le nom de *Avenue du 14 Juillet;* enfin, sur la proposition de M. Robillard, la rue de la Gare s'appellera à l'avenir rue *Léon-Gambetta*.

Le même jour, une députation de trois membres, MM. Dubois, représentant la Municipalité, Dulac et Caron, représentant le Conseil est désignée pour assister aux obsèques de M. Léon Gambetta. Elle portera une couronne avec cette seule inscription : *Sotteville-lès-Rouen* ; enfin, le Conseil vote la mention suivante présentée par MM. Dubois, adjoint, et Robillard :

« La Municipalité et le Conseil municipal de Sotteville-lès-Rouen
« expriment à la famille de M. Léon Gambetta la part qu'ils prennent
« au deuil cruel pour elle, à la perte immense que la République et
« la France viennent d'éprouver dans la personne du grand patriote
« de la Défense nationale, de l'admirable orateur qui trouvait pour
« toutes les causes de la Patrie un si fier langage et des accents si
« enthousiastes. »

Le 30 mars, le Conseil municipal, consulté dans la fameuse question du raccordement des gares de Saint-Sever et Rouen-Orléans, se prononce pour le projet par tunnel métallique ou tracé rouge.

— Le 18 mai 1884, un nouveau Conseil municipal est installé et il est procédé à l'élection de la Municipalité. M. Ménagé est réélu maire ; MM. Flamant et Leveillé sont élus adjoints. C'est le seul fait digne de remarque de l'année.

Le grand fait de l'année 1885, le seul dont le souvenir restera est le grand concours de pompes organisé, les 24 et 25 mai, jour de la Pentecôte, par la Municipalité, habilement secondée par des comités ayant à cœur le succès de l'entreprise. Cinquante-sept sociétés des départements de la Seine-Inférieure, Seine-et-Oise, Seine-et-Marne, Oise et Eure avaient répondu à l'appel de la Municipalité. M. Hendlé, préfet de la Seine-Inférieure, fait à cette occasion sa première visite officielle à Sotteville ; il est accompagné de M. Beverini-Vico, secrétaire général, le commandant Lavant, représentant le général. Ils sont reçus sur la place Voltaire par le maire de Sotteville, entouré de son Conseil.

« C'est la première fois, depuis plus de vingt ans, dit M. Ménagé, que notre commune reçoit officiellement la visite du préfet de notre département. Nous vous remercions de cette preuve de haute sollicitude, et nous en sommes d'autant plus heureux, que jamais préfet ne s'est mieux identifié avec le consciencieux et énergique sentiment républicain de la population de Sotteville-lès-Rouen.

« Soyez donc, M. Hendlé, le bienvenu entre tous, et croyez que si notre réception n'est pas très brillante, elle est du moins des plus cordiales. »

Puis, s'adressant au commandant Lavant, il lui rappelle que le général Gérard est venu le 9 avril 1848 assister à la plantation de l'arbre de la Liberté.

« A trente-sept ans de distance, a-t-il ajouté, vous nous faites le même honneur.

« Au nom de Sotteville, merci. »

Au milieu de l'attention générale, M. Hendlé répond :

« Tous les rangs, a dit l'honorable préfet, sont confondus aujourd'hui pour assister à cette fête éminemment patriotique. Au nom du ministre de l'instruction publique, je vous remets les palmes d'officier d'Académie pour les soins incessants que vous avez constamment donnés à l'instruction dans votre commune ; je suis heureux d'être ici l'interprète du ministre.

« J'ajouterai encore un mot. La fête qui a lieu aujourd'hui répond aux meilleurs sentiments nationaux.

« Un autre sentiment domine tous les cœurs. Je veux parler de la perte que vient d'éprouver la France et l'humanité tout entière, et j'espère que Sotteville enverra des délégués aux obsèques de Victor Hugo. »

Le commandant Lavant, au nom du général commandant le corps d'armée, remercie la Municipalité de Sotteville et le cortège se rend place de la Mairie où doit avoir lieu la remise par M. Salva, au nom d'un comité de souscripteurs, du buste de la République à la commune. Le concours commence aussitôt cette cérémonie terminée, pendant lequel le cortège officiel visite les écoles et la bibliothèque populaire qui compte déjà 1.500 volumes.

Après la distribution des récompenses, la fête se termine par un banquet et des illuminations splendides.

— Pendant le cours de cette année de vifs dissentiments se produisent entre la Municipalité et l'autorité ecclésiastique de la commune.

— Le 7 octobre 1886 mourait M. Alexandre Robillard, chef de section à la Compagnie de l'Ouest, et ancien maire de Sotteville.

M. Robillard avait su conquérir l'estime publique et, dans les élections municipales, son nom a souvent réuni les voix d'hommes d'opinions contraires. Tout le monde avait foi en son honnêteté.

M. Robillard avait été élu la première fois conseiller municipal le 22 novembre 1874, et voyait renouveler son mandat aux élections complémentaires du 28 septembre 1879.

Le 9 novembre 1879, il fut nommé maire par 20 voix sur 22 votants; en cette qualité il présida les séances des 11 et 17 novembre; puis il démissionna, son emploi au chemin de fer l'empêchant de remplir ses fonctions à sa satisfaction. Il fut remplacé le 30 du même mois par M. Ménagé.

Au scrutin du 9 janvier 1881, il fut encore renommé et passa le premier au tableau.

Enfin les dernières élections du 4 mai 1884, lui renouvelèrent le mandat qu'il remplissait si bien.

La commune tout entière lui fit des obsèques dignes des services qu'il lui avait rendus.

Au mois de septembre précédent, M. Ménagé, maire de Sotteville, à la suite de divers incidents, avait donné sa démission. Le 18 novembre, M. Planès est élu maire; Flament et Leveillé, adjoints. Le 3 mars suivant, M. Hely était élu second adjoint en remplacement de M. Leveillé.

Le 19 mai 1887, M. Ménagé, ancien maire de Sotteville, conseiller d'arrondissement pour le canton de Grand-Couronne, mourait après une longue maladie. La commune lui fit des obsèques superbes. Toutes les autorités; tous les corps constitués : pompiers, musique, société de gymnastique et une foule énorme l'accompagnèrent à sa dernière demeure. Plusieurs discours furent prononcés sur la tombe, rappelant les services rendus par le défunt à la commune et à la République. Un monument lui fut érigé par souscription.

— Le 23 mai 1887, un vœu est émis par le Conseil sottevillais demandant au Président de la République le maintien du général Boulanger au poste de ministre de la guerre.

— Le 7 juin, M. Planès ayant donné sa démission, M. Flamant fait fonctions de maire.

Le 28 juin, une nouvelle Municipalité est constituée, avec MM. Flamant, maire, Hely et Cretot, adjoints. Quelque temps après, ce dernier est remplacé par M. Eude.

A la suite des élections municipales, M. Flamant est réélu maire, avec MM. Hely et Lemonnier, adjoints. (21 mai 1888.)

Le 14 juillet a lieu en grande solennité l'inauguration du buste de la République, élevé par souscription sur la place de la Mairie.

Le 20 avril 1890, inauguration de la bibliothèque communale, en présence de M. Hendlé, préfet de la Seine-Inférieure.

Le 13 novembre suivant, M. Leboulanger est élu maire, avec M. Delaunay, deuxième adjoint, M. Lemonnier conservant ses fonctions de premier adjoint.

A la suite des élections des 1er et 8 mai 1892, un Conseil nouveau est nommé, mais avant même leur installation la plupart des élus du premier tour donnent leur démission. Ne pouvant parvenir à constituer dans ces conditions une Municipalité, le Conseil est dissous et de nouvelles élections ordonnées, à la suite desquelles M. Mény fut élu maire, avec MM. Loiselier, premier adjoint, et Thomas, deuxième adjoint. Mais ce dernier étant mort quelque temps après, M. Bonneau recueillit sa succession.

— La seule question importante résolue dans ces dernières années est l'érection de Sotteville en chef-lieu de canton.

Dès le début, Sotteville demandait le simple transfert du chef-lieu. Naturellement, les habitants de Grand-Couronne protestèrent, déclarant que si les Sottevillais trouvaient trop loin d'aller à Grand-Couronne, eux ne convenaient pas que la distance se raccourcirait pour aller de Grand-Couronne à Sotteville.

Petit-Quevilly, Saint-Étienne et d'autres communes du canton répondirent dans le même sens ; la question fut de nouveau soumise au Conseil d'arrondissement, qui se déclara favorable à la création d'un canton composé de Sotteville seulement.

Après bien des difficultés, Sotteville obtenait enfin satisfaction. La commune de Saint-Étienne ayant demandé à faire partie du nouveau canton, sa demande fut agréée, et le 12 mai 1892, le *Journal officiel* publiait la loi constituant le canton de Sotteville, composé des deux communes de Sotteville et de Saint-Étienne-du-Rouvray.

\* \*

### LISTE DES MAIRES ET ADJOINTS DE SOTTEVILLE

MM.

| | |
|---|---|
| 7 février 1790 | J.-B. LEFEBVRE, *maire*. Le curé JOLY, *procureur*. |
| — 1791 | MULLOT, *procureur*. |
| 15 novembre 1791 | J.-B. LEFEBVRE, *maire*. Augustin GUYOT, *procureur*. |
| 1792 | Adrien BRUNEL, *maire*. |
| 1793 à 1794 | Pierre LEFEBVRE, *maire*. |
| 1794 à 1800 | *Municipalité cantonale*. |
| An VIII (1800) | Noël PIGERRE, *maire*. Pierre MULLOT, *adjoint*. |
| 1803 à 1812 | Romain LONGER, *maire*. J. TINEL, *adjoint*. |
| 1812 à 1816 | TINEL, *maire*. LEBLANC, *adjoint*. |
| 25 août 1816 au 19 avril 1819 | Joachim GUYOT, *maire*. LEBLANC, *premier adjoint*. J.-B. MULLOT, *deuxième adjoint*. |
| 19 avril 1819 au 6 juin 1826 | TINEL, *maire*. Ambroise BRUNEL, *premier adjoint*. J.-B. MULLOT, *deuxième adjoint*. |
| 6 juin 1826 au 15 septembre 1830 | François BRIÈRE, *maire*. Ambroise BRUNEL, *premier adjoint*. Augustin VIEILLOT, *deuxième adjoint*. |
| 15 septembre 1830 au 17 janvier 1831 | BRUNEL, *maire par intérim*. |
| 17 janvier 1831 au 3 janvier 1832 | VIEILLOT, *maire par intérim*. |
| 3 janvier 1832 au 19 février 1835 | VIEILLOT, *maire*. SAMSON, *premier adjoint*. LEMOINE, *deuxième adjoint*. |

MM.

19 février 1835 à septembre 1837 ....  LEMOINE, *maire.*
G. DELEAU, *premier adjoint.*
L. CRETOT, *deuxième adjoint.*

4 août 1835........................  MANCHON, *deuxième adjoint.*

Septembre 1837 à septembre 1840....  LEMOINE, *maire.*
G. DELEAU, *premier adjoint.*
Ch. VALLÉE, *deuxième adjoint.*

Septembre 1840 à septembre 1843....  LEMOINE, *maire.*
Noël MANCHON, *premier adjoint.*
Noël HÉBERT, *deuxième adjoint.*

15 septembre 1843 au 1er novemb. 1846.  LEMOINE, *maire.*
P. SAMSON, *premier adjoint.*
Noël HÉBERT, *deuxième adjoint.*

1er novembre 1846 au 22 mai 1847....  LEMOINE, *maire.*
P. SAMSON, *premier adjoint.*
BOUMARD, *deuxième adjoint.*

22 mai 1847 au 19 mars 1848........  BERTEL, *maire.*
Ch. VALLÉE, *premier adjoint.*
Noël HÉBERT, *deuxième adjoint.*

19 mars 1848 au 10 mai 1848 ........  Léon SALVA, *maire provisoire.*
LEMOINE, *premier adjoint.*
HOUDARD, *deuxième adjoint.*

10 mai 1848 au 25 mai 1848 .........  HOUDARD, *maire provisoire.*
DOL, *premier adjoint.*
VALLÉE, *deuxième adjoint.*

25 mai 1848 à septembre 1848........  DARNE, *administrateur.*
DOL, *premier adjoint.*
THOURET, *deuxième adjoint.*

Septembre 1848 au 17 novembre.....  DUVAL, *maire provisoire.*

17 novemb. 1848 au 14 novemb. 1849.  A. VALLÉE, *maire.*
VERGNE, *premier adjoint.*
MALLET, *deuxième adjoint.*

14 novembre 1849 à février 1850.....  DUVAL, *maire provisoire.*

Février 1850 à juillet 1850 .........  VERGNE, *maire par intérim.*
CARON, *adjoint.*

Juillet 1850 au 16 mars 1851........  VERGNE, *maire.*
Léon VASTEL, *premier adjoint.*
THOURET, *deuxième adjoint.*

16 mars 1851 au 4 juin 1859.........  BERTEL, *maire.*
Ch. VALLÉE, *premier adjoint.*
RIVETTE, *deuxième adjoint.*

Novembre 1856 au 4 juin 1859.......  DESGRANGES, *deuxième adjoint.*

4 juin 1859 au 9 août 1860 .........  BERTEL, *maire.*
J. QUESNEY, *premier adjoint.*
Ch. BOBÉE, *deuxième adjoint.*

9 août 1860 à septembre 1865.......  BERTEL, *maire.*
B. MORIZE, *premier adjoint.*
BOUQUET, *deuxième adjoint.*

MM.

| | |
|---|---|
| Septembre 1865 au 13 mai 1871....... | BERTEL, *maire*. |
| 6 mai 1867......................... | BOCQUET, *premier adjoint*. |
| | CECILLE, *deuxième adjoint*. |
| 13 mai 1871 à février 1875.......... | BERTEL, *maire*. |
| | BOCQUET, *adjoint*. |
| Février à novembre 1875............ | M. GOUELLAIN, *maire*. |
| | VASTEL, *premier adjoint*. |
| | BOCQUET, *deuxième adjoint*. |
| Novembre 1875 au 21 janvier 1878... | J.-B. DUMONT, *maire*. |
| | CRETOT, *premier adjoint*. |
| | SELLIER, *deuxième adjoint*. |
| 21 janvier au 3 novembre 1878...... | J.-B. DUMONT, *maire*. |
| | PLANÈS, *premier adjoint*. |
| | CRETOT, *deuxième adjoint*. |
| 3 novembre 1878 au 9 décembre 1878. | PLANÈS, *maire*. |
| | CRETOT, *premier adjoint*. |
| | SEVESTRE, *deuxième adjoint*. |
| 9 décembre 1878 au 30 novembre 1880. | ROBILLARD, *maire*. |
| | CRETOT, *premier adjoint*. |
| | REVERT, *deuxième adjoint*. |
| 30 novembre 1880 au 18 mai 1884.... | MÉNAGÉ, *maire*. |
| | CRETOT, *premier adjoint*. |
| | REVERT, *deuxième adjoint*. |
| 18 mai 1884 au 18 novembre 1886.... | MÉNAGÉ, *maire*. |
| | FLAMANT, *premier adjoint*. |
| | LEVEILLÉ, *deuxième adjoint*. |
| 18 novembre 1886 au 28 juin 1887.... | PLANÈS, *maire*. |
| | FLAMANT, *premier adjoint*. |
| | LEVEILLÉ, *deuxième adjoint*. |
| 3 mars 1887........................ | HÉLY, *deuxième adjoint*. |
| 28 juin 1887 au 21 mai 1888........ | FLAMANT, *maire*. |
| | HÉLY, *premier adjoint*. |
| | CRETOT, *deuxième adjoint*. |
| 21 mai 1888 au 13 novembre 1890.... | FLAMANT, *maire*. |
| | HÉLY, *premier adjoint*. |
| | LEMONNIER, *deuxième adjoint*. |
| 13 novembre 1890 au 15 mai 1892.... | LEBOULENGER, *maire*. |
| | LEMONNIER, *premier adjoint*. |
| | DELAUNAY, *deuxième adjoint*. |
| 15 mai au 30 juillet 1892............ | LEBOULENGER, *président de la délégation*. |
| | SEVESTRE et THOMAS, *membres*. |
| 30 juillet 1892..................... | MÉNY, *maire*. |
| | LOISELIER, *premier adjoint*. |
| | THOMAS, *deuxième adjoint*. |
| 8 novembre 1892................... | BONNEAU, id. |

## CHAPITRE VIII

Les églises et les curés de Sotteville.

De la primitive église de Sotteville, il ne nous en est resté aucun souvenir. Elle dut faire place, au milieu du xviie siècle, à une autre qui, à son tour, disparut en 1863. C'était d'ailleurs une œuvre absolument insignifiante qui ne pouvait laisser, au point de vue artistique, aucun regret. Une date placée sous le sommet de la voûte du chœur indiquait 1649, une autre 1658, ce qui pourrait laisser croire que cette voûte, commencée en 1649, fut achevée en 1658. Il est certain cependant qu'une certaine partie de l'édifice avait été terminée assez longtemps auparavant, car Toussaint Duplessis nous apprend qu'elle avait été bénite par François Péricard, évêque d'Avranches, le 30 avril 1600, en même temps que l'église du couvent des Capucins. Elle était placée sous le patronage de la Vierge Marie et de sainte Catherine, vierge et martyre.

Lors de sa démolition, en 1863, il fut trouvé dans le pignon du chœur deux vases acoustiques en grès. M. Vincent, de l'Institut, a relevé dans l'*Apocalypse* de Moleton, attribuée à un moine de Saint-Léger, un texte qui vient confirmer cet usage d'augmenter la sonorité des voûtes des églises en y enfermant des pots en terre. On en a trouvé dans notre contrée de nombreux exemples, notamment à Perruel.

La nouvelle église que nous connaissons aujourd'hui a été terminée en 1863 ; elle est, comme l'ancienne, dédiée à Notre-Dame. C'est un bel édifice en style ogival primitif, remarquable surtout par la haute flèche de pierre qui le surmonte. La première pierre du nouveau monument fut posée et bénite par le cardinal de Bonnechose le 25 novembre 1860, en présence du baron Ernest Leroy, sénateur-préfet de la Seine-Inférieure, et de M. Bertel, maire de Sotteville, ses adjoints et tous les fonctionnaires de la commune. Il fut consacré au culte par le même prélat le 2 juin 1863, en présence des mêmes autorités. Le 6 novembre suivant, un chemin de la Croix y était érigé.

Quelques jours avant l'érection de l'église, la Société académique de musique sacrée, fondée en 1861 à Paris dans le but de populariser la musique religieuse, était venue, sur la demande d'un comité d'organisation qui avait espéré en tirer profit, donner dans le nouvel édifice une audition restée célèbre, où toutes les écoles furent représentées. Cette fête artistique dura deux jours, les 28 et 29 mai. M. Amédée Méreaux s'exprime ainsi sur la première journée :

« Voici une fête artistique vraiment belle, vraiment touchante et vraiment neuve. Belle : l'affluence d'auditeurs qu'elle avait attirée, les bravos, les *bis* décernés à plusieurs morceaux témoignent de son éclat. Touchante : l'émotion profonde, le recueillement des assistants l'ont assez prouvé. Neuve : elle est bien, en effet, sans antécédents, sans équivalent même dans notre pays. Nous avons reçu les fréquentes visites de toutes nos célébrités musicales ; plusieurs artistes sont venus ensemble donner des concerts à Rouen. Maurin y vint avec son partenaire Vignier ; Allard y est venu avec son quatuor ; mais qu'une société tout entière envoie de Paris à Rouen quatre-vingt-dix de ses membres, chanteurs ou instrumentistes, artistes ou amateurs, et que tout ce monde chantant et exécutant se dérange gratuitement pour venir inaugurer la nouvelle église d'une commune voisine de Rouen, voilà ce qui est, nous le répétons, sans exemple et sans précédent, et voilà pourtant ce qui vient de se passer. »

Après avoir remercié M. Charles Vervoitte, le promoteur et l'organisateur de ce pèlerinage artistique, M. Méreaux analyse le programme.

« C'est d'abord le *Stabat Mater* d'Haydn, arrangé par Marcello, avec accompagnement de violoncelle, chanté par Marochetti et accompagné par M. Jules Vervoitte ; puis le *Tantum ergo*, chœur sans accompagnement, de Bortniansky, le célèbre réformateur du chant de Saint-Pétersbourg, une merveille d'onction et de suavité harmoniques, délicieusement exécuté ; le trio de la *Création*, une des plus belles pages d'Haydn, et le chœur à quatre voix *Domine*, une des plus nobles inspirations de Marcello ; les *Vendanges*, cette chanson française en chœur, sans accompagnement, du célèbre Orlando de Lassus, qui a été bissée ; le fragment de l'oratorio de *Salomon*, de Hændel ; *La seconde parole de Notre Seigneur sur la Croix*, d'Haydn ; un fragment de l'oratorio de *Paulus*, de Mendelssohn ; un duo de Marcello ; *Quemadmodum*, ravissamment chanté par deux jolies voix de femmes ; l'hymne de Palestrina, *Sicut servus*, sans accompagnement ; le *Gaudeamus* de Carissimi ; le *Libera* d'Iomelli, dont les mélodieux soli ont été chantés par deux voix de femmes ; *l'Hiver*, bluette piquante de Lulli ; le quatuor d'Ayblinger ; et pour terminer ce premier concert, un fragment de l'oratorio de *Judas Macchabée*, de Hændel.

« L'orchestre était dirigé par Jules Vervoitte, et l'orgue tenu par Camille Saint-Saëns. »

La seconde journée était consacrée au concert vocal et instrumental. M. Amédée Méreaux ne s'en montre pas moins enthousiaste.

« Depuis deux jours, dit-il, Paris musical est à Rouen. Jeudi, dans la jolie église de Sotteville, il nous a fait entendre ses chœurs religieux, ses beaux ensembles de musique classique, toutes les merveilles des séances de l'école Choron et de la société du prince de la Moskowa ; toutes ces merveilles dont les récits affriandaient si fort les oreilles des dilettantes rouennais, mais auxquelles nous étions forcés de croire sur parole, avec le regret de ne pouvoir nous en assurer *de auditu*. Paris nous les a révélés dans cette belle fête chorale qu'il est venu si gracieusement nous donner. Hier, il nous a fait connaître ses virtuoses, ses solistes qui font le charme de ses salons et de ses concerts.

« Il nous montre ensuite les sommités musicales exécutant, avec tout le talent et la finesse dont ils sont capables, les plus beaux morceaux de leur répertoire.

« C'est d'abord Barthélemy, premier hautbois de l'Académie de musique, ravissant ses auditeurs dans son duo sur des motifs de *Guillaume Tell* et sa fantaisie sur *Lalla Rouck*; Taffanel, première flûte de l'Opéra ; Garrigue, premier cor de l'Opéra, exécutant dans un style élevé les échos qu'il fait si bien en sons bouchés ; Blanvillain, premier hautbois du Théâtre-Lyrique ; Toussard, première clarinette, et Espaignet, premier basson de l'Opéra-Comique, jouant le délicieux quintette de Raicha, un autre quintette de Bœthoven, etc.

« Parmi les chanteurs, une mention spéciale est faite à Marochetti, qui chante les *Rameaux* de Faure et l'*Hosanna* de Michatte ; M. Hayet, dans un *Ave Verum* de Vervoitte ; M. Caron, le *Noël* d'Adam, et le jeune Stroëkler, l'élève de la maîtrise de Saint-Roch, exécutant l'*Ave Maria* de Gounod, qui a produit un immense effet. »

Malheureusement pour le comité d'organisation sottevillais, les frais avaient été grands : ils absorbèrent la plus grande partie des recettes et ne laissèrent qu'un bénéfice insignifiant de 323 fr. ; les dépenses s'étaient élevées à 8.080 fr.

L'église avait coûté 224.521 fr. ; la Fabrique y avait contribué pour 20.000 fr.

En 1875, l'église de Sotteville s'enrichissait d'une chaire à prêcher, très élégante et véritablement artistique, provenant des ateliers Léonidas Fleury, de Rouen, qui avait déjà fourni à l'église les trente-deux stalles et les deux confessionnaux. Les bas-reliefs de cette chaire, représentant le Christ, les quatre évangélistes, saint Jean-Baptiste et l'ange sonnant de la trompette, sont l'œuvre de M. Desvaux, d'après les plans de M. Barthélemy père. Cette chaire remarquable avait été achetée par la Fabrique, aidée de dons volontaires.

La plupart des verrières de l'église ont été données par des paroissiens généreux. Une d'elle attire, par l'inscription qu'elle porte, l'attention du visiteur. En effet, il s'agit là d'un don d'un enfant du pays, Émile Lamache, devenu mandarin du roi de Siam et commandant de ses gardes du corps.

Dans un chapitre précédent, on a vu par suite de quelles circonstances l'église et la paroisse de Sotteville avaient été distraites du diocèse de Rouen pour faire partie de l'exemption de Saint-Cande, hors diocèse, mais néanmoins placée sous la juridiction de l'évêque de Lisieux. La Révolution, en modifiant les circonscriptions diocésaines, mit fin à cette exemption, et Sotteville rentra dans le diocèse de Rouen avec les autres paroisses qui avaient fait partie du doyenné de Saint-Cande : Saint-Étienne-du-Rouvray et Petit-Couronne.

\*
\* \*

D'après les comptes de sa gestion pour l'année 1787-1788, rendus par Nicolas Hébert, alors trésorier de la Fabrique, les recettes s'étaient élevées à 3.010 l. 10 s. 6 d., se décomposant ainsi : reliquat des années précédentes, 1.500 l.; les quêtes et rentes foncières avaient donné 1.695 l.; les rentes hypothèques, 118 l. 15 s.; le loyer des bancs et chaises, 604 l. 5 s.; les droits de sonnerie, 118 l.; sur le restant dû des années antérieures, il avait été payé 2 l. 10 s. Les dépenses s'étaient élevées à 3.648 l. 6 s. 9 d., comprenant, entre autres, 1.500 l. payées à l'entrepreneur du nouveau cimetière; 48 l. pour le christ qui y avait été placé; 100 l. pour réparations au clocher; 536 l. pour la barrière et la croix du cimetière.

L'année suivante, où il n'y a plus de fonds de réserve, les recettes s'élèvent à 1.461 l. 15 s., et les dépenses à 965 l. L'excédent comblait les dépenses de l'année 1788.

Le 2 septembre 1792, il fut procédé à la vente des bancs de l'église. Elle produisit 190 l. 13 s.

Le 18 septembre 1802, le conseil de Fabrique est ainsi reconstitué : Louis Guyot, Noël Pigerre père, Pierre Brunel père, Adrien Hérisson, Pierre Jean, J.-B. Leroy, Jean-Louis Mulot, Charles Talon, Magloire Leroy, Jacques Duhamel, J.-B Mulot et Simon Lesueur, curé. M. le curé Lesueur met tous ses efforts à concilier les diverses opinions en présence et à ramener le calme dans les esprits.

Le 30 vendémiaire an XII (23 octobre 1803), le curé Lesueur

bénissait une chapelle édifiée dans la nef de l'église, du côté nord, sous le vocable de Notre-Dame-de-Liesse, ou de Consolation et Association de la Commisération des Fidèles Trépassés, et le premier pluviôse une autre chapelle, du côté du midi, sous le vocable de Saint-Adrien. Il est fait mention à cette même époque d'une association ou confrérie dite de Notre-Dame-des-Anges.

L'ancienne confrérie de Charité qui s'était un moment reconstituée après la Révolution se trouvant de nouveau dissoute il fut établi, en 1814, un tarif réglant le prix de transport des corps.

Avant la Révolution, il existait en outre dans l'église plusieurs confréries possédant quelques petits revenus, provenant de dons de leurs membres. Ainsi : la confrérie de *Saint-Jean* possédait 11 l. de rentes ; la confrérie du *Saint-Sacrement*, 10 l. de rentes ; la société de *Saint-Adrien*, 20 l. ; la confrérie de *Notre-Dame-de-Liesse*, 10 l.

.•.

Les noms des curés de Sotteville avant le xviiie siècle nous sont à peu près complètement inconnus. Un seul nous est cité au xiiie siècle, le curé Robert ; il est témoin dans une vente en 1278.

Au xviie siècle nous trouvons les mentions des curés Fournier, en 1662, Louvet et Canu. Ce dernier existant encore en 1698.

Au xviiie siècle se succèdent à Sotteville les curés Yard, qui eût de longs démêlés avec les curés de Saint-Sever relativement aux limites de sa paroisse ; Veulle qui lui succéda, en 1746 ; Pageot, en 1752, succédant au curé Veulle mort à Sotteville, en 1751, âgé de 44 ans, et inhumé dans le chœur de l'église ; en 1757 Lemonnier qui resta à Sotteville jusqu'à sa mort, en 1780 ; Le Cesne qui, ennuyé de cette cure, la résigna à son neveu le curé Vattier, lequel permute à son tour, en 1786, avec l'abbé Joly, curé de Cléon.

Après la Révolution, la paroisse de Sotteville eut successivement pour curés : MM.

Lesueur, de 1802 à sa mort, 1840.

Ratiéville, de 1840 à 1849.

Deneuve, mort à Sotteville quelques jours après son installation, 1849.

Fleury, de 1849 à 1878 ; mort à Sotteville.

Lenud, de 1879 à 1881 ; aujourd'hui curé de la Cathédrale.

Cousin, curé actuel.

### Pompes funèbres.

Depuis la disparition de l'ancienne confrérie de Charité, le service du transport des corps avait été fait par des porteurs, mais les inconvénients de ce système, pour une population nombreuse comme Sotteville, étaient grands. Dans le but d'y remédier, la Fabrique traitait, en 1857, avec la Société Langlé et C$^{ie}$, Société générale des Pompes funèbres de France, qui s'engageait à établir à Sotteville un service de pompes funèbres dont elle aurait le monopole. Un bail de 9 ans était conclu à ce sujet. La Compagnie s'engageait à verser à la Fabrique pour prix de cette concession 10 % sur le produit brut des différentes ventes et fournitures faites aux familles et 25 % sur le produit des inhumations par classes. Un tarif dressé de concert avec l'autorité municipale était imposé à la Compagnie, mais qui à différentes reprises, dans la suite, subit d'assez importantes modifications.

En 1866, la Fabrique ne renouvela pas son bail avec la Société des Pompes funèbres de France, dite Société Langlé, et décidait d'exercer par elle-même le droit qui lui est conféré par la loi de l'an XII. C'est encore le système pratiqué aujourd'hui.

### Cimetières.

Jusqu'en l'année 1786, le cimetière de Sotteville était, comme dans la plupart des paroisses, à l'entour de l'église. Mais devenu trop exigu pour une population si nombreuse, les trésoriers acquirent alors d'un sieur Banse une propriété située non loin de là pour en faire une nouvelle nécropole. On y accédait par une sente dite du Buet ; mais par une anomalie qu'on ne s'explique guère, au lieu de faire l'entrée sur cette sente on la fit donnant sur un terrain appartenant à Michel Guyot. Celui-ci se montra peu disposé à accepter cette servitude qu'il taxa de ridicule et, en 1790, il somma le curé et les trésoriers d'avoir à la supprimer.

A la suite des explications qui furent alors échangées, il fut convenu que la barrière serait supprimée et reportée en face la sente, sinon une indemnité serait payée à Michel Guyot. Mais ni l'une ni l'autre de ces deux solutions ne fut exécutée et le 17 octobre 1791, Guyot intentait une action contre le curé et les trésoriers. La suppression des Fabriques en vint interrompre le cours, et la servitude continua.

Pour y mettre fin, Guyot fit alors creuser devant la barrière du cimetière un « long et large fossé capable de casser les jambes et de blesser les porteurs des corps ». Ceux-ci tournèrent la difficulté en y établissant un pont avec des planches. Ce fut alors, de part et d'autre, une suite continuelle de vexations et de tracasseries. Enfin, le 28 frimaire an VI, l'adjoint municipal Lefebvre faisait reporter la barrière sur la sente du Buet et les difficultés cessèrent (1).

Le nouveau cimetière devint lui-même trop restreint par suite de l'accumulation considérable de la population, et en 1858, le Conseil municipal fit l'acquisition d'un terrain appartenant à M$^{me}$ Victor Sevaistre, MM. Jacques Sevaistre et Lasne pour en faire un nouveau champ de repos qui fut bénit par M. l'abbé Caumont, vicaire général, le 5 juin 1859.

En 1891, un comité d'initiative privée, ayant à sa tête M. Boniface fils, érigea dans le cimetière de Sotteville un monument à la mémoire des soldats morts pour la Patrie.

---

(1) *Archives de la Seine-Inférieure.* C. 2206.

# CHAPITRE IX

### L'Asile de Quatre-Mares.

L'Asile d'aliénés fondé en 1820 dans l'ancien Saint-Yon avait remplacé alors un dépôt de mendicité qui n'avait pas donné les résultats qu'on en attendait. Les travaux d'appropriation furent faits à cette époque pour une population de 400 individus.

Tant qu'on put se renfermer dans ces limites, le nouvel établissement fut considéré à juste titre comme l'un des mieux organisés du pays ; mais bientôt l'augmentation du nombre des malades fit naître de tels obstacles qu'on se vit dans l'impossibilité de donner une bonne direction au traitement des aliénés. Il fallut placer un trop grand nombre de lits dans les dortoirs, l'air y circula difficilement et la chaleur en été y était parfois insupportable.

La commission de surveillance de l'établissement ne manqua pas de signaler à l'autorité supérieure ce grave inconvénient; le Conseil général du département s'en émut et, dans sa session de 1846, il demandait que des études fussent faites pour replacer l'établissement dans des conditions normales et propres à assurer convenablement toutes les branches du service.

Après avoir reconnu qu'il était absolument impossible de songer à faire de nouvelles constructions dans l'ancienne enceinte, on dut s'occuper de la construction d'une succursale. Le préfet fut alors autorisé à acquérir à ce sujet, à proximité de la ville de Rouen, environ 15 hectares de terrain pour la construction de cette annexe.

Tout d'abord on avait songé à affecter la succursale nouvelle aux incurables des deux sexes; mais l'administration de l'Asile reconnut bientôt tous les inconvénients qui pourraient résulter de cette répartition des malades et elle proposa de former deux grandes divisions, dont l'une comprendrait l'asile de Saint-Yon, destiné ultérieurement aux femmes seules, et dont l'autre se composerait de la succursale dans laquelle on n'admettrait que des hommes. Le Conseil général adopta cette opinion.

On se mit alors à la recherche d'un emplacement convenable. On examina les communaux de Saint-Aignan, de Bonsecours, on explora les vallées de Darnétal, de Déville, de Monville, la ferme des Longs-Vallons. On crut un instant avoir trouvé, à l'ancienne abbaye de Bondeville, cet emplacement que jusqu'alors on n'avait rencontré nulle part ; mais en raison des chutes d'eau qui existent dans les prairies et de quelques autres considérations locales, le prix de cette propriété se serait élevé à 250.000 fr.; il fallait renoncer à cette acquisition.

La commission porta alors ses vues sur un terrain sis commune de Grand-Quevilly, sur le bord de la route de Rouen à Bordeaux. Une exposition salubre, un abri suffisant contre les vents d'ouest, une vue admirable séduisirent tout d'abord la commission du Conseil général. Mais bientôt elle reconnut que le sol était ingrat et, dans sa partie inférieure, exposé à de fréquentes inondations.

Comme il était constant qu'une exploitation agricole, organisée dans la succursale, offrirait des avantages éminents, et que le terrain désigné était absolument impropre à la culture, on abandonna le nouveau projet, et l'on chercha ailleurs.

Le choix de l'administration se porta alors sur un vaste terrain sis à Quatre-Mares, anciennement défriché de la forêt de Rouvray et appartenant à M. Prevel, et l'on décida d'y édifier des bâtiments disposés à recevoir environ 350 malades du sexe masculin. Ces constructions disposées dans un ordre régulier devaient former un vaste et bel ensemble et offrir à l'œil ce caractère de simplicité qu'on voulait surtout lui donner. D'après le projet présenté par M. Grégoire, les malades étaient classés par quartiers disposés suivant le genre de maladie qu'ils étaient appelés à renfermer. A chacun de ces quartiers, il était adjoint une cour et un jardin.

Le plan de l'architecte comportait un ensemble parfait, mais nécessairement plus dispendieux que ne le permettait l'état présent des finances du département, et dans cette situation on se demanda s'il ne serait pas possible de construire immédiatement les bâtiments utiles, indispensables pour assurer le service de la succursale dans la limite des besoins les plus pressants, en admettant que ce triage pût se faire sans altérer trop sensiblement l'ordonnance architecturale du projet, et léguer à un avenir plus ou moins éloigné la tâche de terminer cette grande entreprise. Le projet, dans son ensemble, n'en serait pas moins adopté et resterait comme type des travaux susceptibles d'être exécutés ultérieurement.

La commission nommée pour étudier cette question reconnut, de concert avec l'auteur du projet, M. Grégoire, le directeur de l'asile, M. Deboutteville, et le médecin en chef de la maison des hommes, M. Smythère, qu'on pouvait retarder la construction de la chapelle, des bâtiments destinés aux pensionnaires de première, deuxième et troisième classes, aux gâteux, et pour une faible partie à quelques malades agités ou épileptiques ; une des salles de la succursale servirait de chapelle.

Le projet complet en y comprenant l'achat du terrain, 173.590 fr., l'intérêt de cette somme à 4 %, les frais de construction, 733.000 fr., les bâtiments et ateliers pour l'exploitation rurale, le mobilier de la succursale et de la ferme, s'élevait à 968.140 fr. L'estimation des constructions, que l'on se proposait de distraire provisoirement, était portée à 166.000 fr. La partie à construire immédiatement allait donc revenir à 802.140 fr.

Mais il fut décidé que toutes les constructions indiquées au plan de l'architecte devraient être exécutées successivement dans le cours de dix années à partir de 1850. (3 septembre 1849.)

Pour donner aux malheureux aliénés une occupation paisible et utile, on songea, en 1850, à joindre un domaine agricole au nouvel Asile. Dans le but de fonder à la Haye-Brout un établissement modèle, on résolut de doter la nouvelle ferme de toutes les constructions réclamées par les progrès de la science. Un devis estimatif des travaux fut dressé ; il s'élevait à la somme de 58.500 fr. en chiffres ronds, et comprenait tous les bâtiments accessoires que comporte une exploitation de ce genre.

L'emplacement de ces nouvelles constructions formait un carré à la suite du préau destiné aux fous travailleurs, entre l'endroit affecté au jardin potager et le terrain le mieux approprié à la création d'un herbage planté, adossé à l'un des chemins entourant le domaine, de manière que le service extérieur pût facilement se faire sans être obligé de traverser l'établissement.

Le plan des bâtiments comprenait une étable pour une douzaine de vaches, avec une infirmerie pour ces animaux, un emplacement pour les veaux. A la suite de l'infirmerie un appartement pour la cuisson des racines ; la porcherie avec un préau. De l'autre côté, une sellerie, une écurie pour quatre chevaux, et la salle commune pour les ouvriers valides ; au-dessus des salles, les chambres. Puis les autres bâtiments nécessaires, tels que granges, poulailler, etc.

Toute cette installation était prévue pour une dépense de 58.500 fr., ce qui portait à 840.640 fr. les frais d'établissement de la succursale.

\*
\* \*

Immédiatement l'on s'était mis à l'œuvre et les travaux furent poussés avec la plus grande célérité. Au mois d'août 1852, à l'exception du corps de bâtiment destiné aux gâteux et aux épileptiques, en cours d'exécution, toutes les autres constructions étaient terminées. D'autre part, un boni assez élevé s'était produit ; aussi, dans la session de 1852, le Conseil général décidait que les constructions dont l'exécution avait été ajournée par la délibération de 1849 seraient immédiatement entreprises. Une somme de 166.000 fr., montant de cette dépense, était votée.

Le rapport soumis lors de la session de 1852 à l'assemblée départementale, sur la situation du nouvel établissement, ne tarit pas d'éloges. A côté de la répugnance que pouvait inspirer l'ancien asile de Saint-Yon aux familles riches ou aisées, il met en regard l'attrait que devra exercer nécessairement l'asile de Quatre-Mares.

« A Saint-Yon, dit-il, toutes les constructions sont anciennes et l'aspect de l'établissement est triste et sombre. A Quatre-Mares, au contraire, tout est riant et confortable. L'asile dissimule, sous les dehors les plus séduisants, toutes les infirmités qu'il renferme. »

Tout d'abord, l'assemblée départementale avait songé à n'établir qu'un seul directeur pour les deux établissements ; mais le ministre de l'intérieur ne crut pas pouvoir adopter cette résolution ; il considérait que l'établissement de Quatre-Mares, quelle que fût sa dénomination, était incontestablement un asile public proprement dit, et qu'à ce titre il devait être organisé conformément aux dispositions de la loi de 1838, impliquant la nécessité d'un directeur dans tout asile de ce genre. Toutefois, le ministre consentait à réunir à Quatre-Mares, dans les mêmes mains, les fonctions de directeur et de médecin. Néanmoins, la nomination d'un directeur spécial à Quatre-Mares ne devait pas avoir pour effet de rompre les liens qui unissaient nécessairement entre eux les deux établissements ; tous deux restaient soumis à la même autorité supérieure, avaient la même commission de surveillance et un seul et même budget.

Au printemps de l'année 1853, la translation des hommes fut opérée dans le nouvel asile, à peu près complètement achevé, à l'exception de la chapelle et de quelques bâtiments destinés à une certaine catégorie de malades. Trois cent quatre aliénés y reçurent ainsi les secours sollicités par leur cruelle infirmité. A la fin de l'année, les quelques malades hommes laissés encore à Saint-Yon purent être transférés à Quatre-Mares, et les dispositions furent prises pour l'aménagement définitif de Saint-Yon au seul service des femmes.

L'année suivante, le département achetait de M. Prevel une petite portion de terrain pour être annexée aux dépendances de la ferme de l'asile de Quatre-Mares, en même temps qu'il renouvelait le vœu qu'il fût créé à Quatre-Mares, comme à Saint-Yon, un quartier spécial pour les idiots et les épileptiques.

Le nouvel Asile fonctionnait dans les meilleures conditions ;

toutefois, certains services, auxquels on n'avait pas tout d'abord songé, donnaient lieu à quelques inconvénients. C'est ainsi qu'en 1855 le préfet appelait l'attention du Conseil général sur la nécessité d'acheter un hectare de terrain pour l'établissement d'un cimetière spécial à Quatre-Mares. Cette question, juste au double point de vue de la décence des inhumations et de la concentration de la surveillance, fit l'objet d'un rapport spécial à la session d'août 1856, par lequel le préfet était autorisé à acquérir à cet effet un terrain appartenant à M$^{me}$ veuve Bréard, sis sur la commune de Saint-Etienne.

En 1857, on achevait la construction des murs extérieurs du nouvel Asile, puis on abandonnait le plan primitif de la chapelle pour en adopter de nouveaux établis sur un devis de 54.080 fr. L'édifice devait être construit sur l'emplacement de l'ancien réservoir, auquel on substituait un appareil d'élévation d'un système encore peu connu. Enfin, on décidait la construction, au même Asile, de deux pavillons isolés destinés à recevoir les malades pouvant payer des pensions exceptionnelles.

Le puits, creusé entièrement par les malades dans de très grandes dimensions, avait rencontré à vingt-cinq mètres de profondeur une nappe d'eau présentant les meilleures conditions d'abondance et de qualité, d'une limpidité parfaite. Au dire du directeur-médecin de l'établissement, il n'en existait pas dans Rouen ni aux environs une plus pure et plus saine.

L'appareil élévatoire employé dans le nouvel Asile consiste en un système de moulin à vent établi sur une tour de onze mètres d'élévation, faisant parvenir l'eau dans des réservoirs pouvant dès lors contenir jusqu'à un million de litres, soit mille mètres cubes. Comme le moulin ne pouvait fonctionner régulièrement, puisqu'il dépendait de la force variable du vent, les réservoirs étaient destinés à emmagasiner des quantités considérables d'eau et à pourvoir ainsi aux lacunes dans le travail du moulin qui pouvait donner 35.000 litres par jour, en moyenne.

Au mois d'août 1860 la nouvelle chapelle, complètement terminée, était bénite. Pendant la solennité, un corps de musique instrumentale, composé de malades, avait fait entendre diverses symphonies exécutées avec un ensemble surprenant.

.*.

Les constructions de l'Asile de Quatre-Mares avaient été élevées en prévision d'une population de 403 malades, mais ce nombre fut vite dépassé ; en 1860, il était de 546, ce qui occasionna un encombrement qu'il importait de faire cesser au plus vite, en portant le nombre des places à 565. Le Conseil général, dans sa session de 1861, prescrivait dans ce but les constructions nouvelles suivantes : surélévation d'un étage sur la partie centrale du bâtiment postérieur fournissant 30 places ; une annexe aux bâtiments de la ferme donnant 120 places ; enfin, un pavillon central et un autre bâtiment destiné au logement d'un certain nombre d'employés.

Malgré cet agrandissement, le nombre des aliénés reçus en traitement dans les asiles augmentant sans cesse, il fallut encore, à différentes reprises, avoir recours à de nouvelles constructions. En 1864, on décidait l'édification d'un pavillon principal de pensionnaires de première classe, se reliant utilement avec deux autres petits pavillons isolés, et de deux pavillons de pensionnaires hors classe. La population totale de l'établissement de Quatre-Mares s'élevait alors à 642 malades ; celle de Saint-Yon atteignait le chiffre de 902, et l'insuffisance des locaux de cet asile faisait pressentir la nécessité d'étudier immédiatement s'il n'y aurait lieu de songer à un nouvel emplacement. A la session d'août 1865, un rapport était présenté à ce sujet.

Malgré la construction d'un asile dans le département de l'Eure et le retrait des 50 malades que ce département entretenait à Quatre-Mares, l'encombrement continuait à s'y manifester. En 1866, le nombre des malades, diminué de ceux envoyés par le département de l'Eure, se trouvait être encore de 610. Il fallait donc élever de nouvelles constructions pour enlever une partie du trop plein.

On décida alors de construire deux quartiers de travailleurs auprès de la ferme de l'Asile, ce qui donnerait la possibilité de créer plus tard à Quatre-Mares un établissement hydrothérapique.

Les constructions projetées comprenaient deux corps de bâtiment de chacun 40 mètres de long et terminés en forme de T ; une cave de la longueur des bâtiments suppléerait à l'insuffisance de celles existantes et servirait à emmagasiner le bois, le cidre, etc. ; au rez-de-chaussée on établirait la laverie, un grand chauffoir avec une salle de bains à l'extrémité. Un puits creusé à peu de distance fournirait l'eau à l'aide d'un mécanisme quelconque. L'étage supérieur serait à usage de dortoirs chauffés ; sur une des ailes du bâtiment, un petit dortoir de sept lits servirait, au besoin, d'infirmerie. C'était une dépense nouvelle de 159.626 fr. 31, que le Conseil général, entrant dans les vues de la commission, vota en même temps qu'il décidait la construction d'une galerie de communication du pensionnat des classes supérieures à l'Asile même.

Dans les années qui suivent, de nombreuses améliorations sont encore apportées à l'Asile de Quatre-Mares. La construction du nouvel asile de femmes, dit *Saint-Yon*, nécessita lors de la translation de ces malheureuses aliénées, en 1879, dans les nouveaux bâtiments qui leur étaient destinés, diverses modifications dans le service intérieur de Quatre-Mares, tout en maintenant une direction particulière pour chaque établissement.

En ce moment même le Conseil général, sur la proposition de M. Hendlé, préfet de la Seine-Inférieure, — dont on connaît la vive sollicitude pour les infortunes de toutes sortes, — songe à construire à l'Asile de Quatre-Mares un nouveau quartier destiné aux malades et aux invalides.

# CHAPITRE X

## Ateliers des Chemins de Fer de l'Ouest

### A Sotteville

Au mois d'août 1841, en prévision de l'ouverture de la ligne de Paris à Rouen, des ateliers de construction de matériel de chemins de fer furent créés, à Petit-Quevilly, par MM. Allcard Buddicom et $C^{ie}$ (établissement dit des Chartreux).

Dans ces ateliers a été construit le premier matériel — locomotives, voitures et wagons — qui a circulé sur la ligne de Paris à Rouen, inaugurée en mai 1843.

Au mois de décembre 1845, voulant se mettre en contact avec la ligne de Rouen, afin d'éviter les transports de matériel au moyen de charriots, MM. Allcard Buddicom et $C^{ie}$ transférèrent à Sotteville leurs établissements qui sont devenus les plus importants ateliers de la Compagnie des Chemins de fer de l'Ouest.

Ces ateliers sont situés à deux kilomètres au sud de Rouen. Ils longent la ligne du chemin de fer dans toute la partie qui s'étend entre la station de Sotteville et l'embranchement qui mène à la gare de Rouen (rive gauche), soit sur une longueur de 850 mètres environ ; leur largeur varie de 150 à 220 mètres et leur superficie est de 12 hectares et demi, dont plus de 4 occupés par des bâtiments couverts.

En 1854, la raison sociale des nouveaux établissements devint « Buddicom et $C^{ie}$ ». En 1860, M. Buddicom les rétrocéda à la Compagnie de l'Ouest.

De 1842 à 1860, ces établissements construisirent et réparèrent le premier matériel des Compagnies de Chemins de fer de Rouen, du Havre et de Caen, plus tard englobées dans le réseau de l'Ouest. Ils exécutèrent aussi, pour d'autres Compagnies, un grand nombre de voitures, wagons et machines dont plusieurs subsistent encore aujourd'hui.

En quittant Sotteville, M. Buddicom se retira en Angleterre dans sa propriété de Pembodw-Hall-Flintskire (pays de Galles) où il est mort le 4 août 1887.

M. Buddicom, dont le nom était fort connu en France, avait été fait chevalier de la Légion d'honneur lors de l'inauguration de la ligne de Rouen au Havre.

Il se fit remarquer par sa courageuse conduite lors des événements de 1848. Il tint tête aux émeutiers qui voulaient incendier le pont en bois dit *des Anglais* et il parvint, à force d'énergie, à préserver son œuvre de la destruction. Ce pont fut ensuite remplacé par un pont en fonte qui va bientôt lui-même céder la place à un ouvrage en fer plus résistant devenu nécessaire par suite du poids croissant des trains et machines.

M. Buddicom fut aussi, en 1859, un des entrepreneurs du premier chemin de fer à rail central (système Fell) au Mont-Cenis. C'est à son imitation que furent construits les chemins du Righi, du Vésuve, de Langres, du Revard, etc.

Pendant son long séjour à Sotteville, M. Buddicom a habité une propriété dite *Château des Marettes* qu'il avait achetée.

Sotteville a tenu à honorer la mémoire du fondateur des Établissements du Chemin de fer en donnant son nom à la rue où se trouve l'entrée principale des ateliers.

Pendant longtemps, Sotteville a paru être une véritable colonie anglaise, car M. Buddicom avait amené avec lui en France un grand nombre de collaborateurs anglais, dont il existe encore dans notre région beaucoup de descendants.

M. John Whaley père qui fut bien connu à Rouen, où il est inhumé, dirigea pendant une trentaine d'années les ateliers de Sotteville.

Il fut remplacé par M. George Whaley, son fils, qui ayant commencé comme simple ouvrier dans les ateliers en 1855, parvint, par son acharnement à l'étude, à acquérir les connaissances pratiques les plus étendues. M. George Whaley eut la direction des ateliers de Sotteville de 1874 à février 1885, époque à laquelle il fut nommé ingénieur principal des ateliers du réseau de l'Ouest, lesquels, en plus de Sotteville, comprennent actuellement les groupes de Batignolles, Rennes et Gisors.

M. Whaley eut la juste récompense de ses travaux lors de l'Exposition de Rouen, en 1884, où il fut fait chevalier de la Légion d'honneur.

Le successeur de M. Whaley a été, à partir du 1er mars 1885, M. Fernand Huillier.

Ancien élève de l'École Polytechnique et de l'École des Mines, M. Huillier a su se servir de ses solides et brillantes connaissances en apportant de grands perfectionnements dans l'outillage et d'utiles modifications dans le matériel des chemins de fer. Quant à la partie administrative, elle a atteint la perfection sous l'habile et intelligente direction de cet ingénieur.

Il a été permis de citer, à maintes reprises, ces importants établissements comme étant des ateliers modèles.

Le mérite de M. Huillier a été reconnu et la Compagnie l'a récompensé par de l'avancement. Elle l'a nommé, à dater du 1er avril 1893, ingénieur principal, adjoint à M. Whaley, à Paris.

Son successeur est M. Hugues, ingénieur des ateliers de Rennes, qui avait déjà occupé les fonctions d'inspecteur principal des ateliers de Sotteville pendant 7 ans, de 1885 à 1891.

\*
\* \*

Ainsi que nous l'avons dit plus haut, la Compagnie de l'Ouest prit, en 1860, l'exploitation des ateliers.

Elle divisa également son réseau en deux sections : Lignes de Normandie et Lignes de Bretagne. La section des lignes de Normandie fut placée sous là direction de M. Alfred Maréchal, ingénieur, qui a habité Sotteville de 1860 à 1874. Cet ingénieur, aujourd'hui en retraite, qui fut adjoint au maire pendant quelque temps, a laissé à Sotteville d'excellents souvenirs de fermeté alliée à une grande bonté.

Les bâtiments et l'outillage des ateliers étaient loin d'avoir, à l'origine, le développement qu'ils ont actuellement et les agrandissements successifs qui furent faits expliquent le peu d'unité qui existe, aussi bien dans les constructions que dans la disposition de l'ensemble (1).

Sans entrer dans le détail des transformations successives, citons seulement les derniers agrandissements :

En 1877, on a construit un atelier de réparation de wagons et on en a reconstruit un autre renversé par l'ouragan du 12 mars 1876.

En 1878, on a construit l'atelier de chaudronnerie de fer.

En 1880 et 1881, un des ateliers de montage et on en a reconstruit un autre renversé par un cyclone, le 17 juillet 1880.

En 1881 et 1882, un des ateliers pour la réparation des voitures.

En 1883, le dépôt des machines en service, enclavé jusqu'alors dans les ateliers, fut désaffecté. Des trois bâtiments principaux le composant, un fut transformé en atelier de grosses forges, les deux autres en chaudronnerie et en montage.

En 1884-1885, un atelier spécial au travail des roues fut construit sur le terrain — convenablement déblayé pour le ramener au niveau général de l'ensemble — de l'ancien cimetière de Sotteville et un magasin à trois étages fut édifié sur l'autre partie de l'enclos provenant de cette acquisition.

### Importance des travaux

Les ateliers de Sotteville doivent actuellement assurer le bon entretien de 625 machines locomotives, 520 tenders, 1.200 voitures de toutes classes et 10.000 wagons divers.

Il entre par an aux ateliers :

100 machines, 100 tenders, 3.000 voitures, 16.000 wagons ; par

---

(1) Voir le plan à la fin du volume.

suite de la durée variable des réparations pour chacune de ces catégories, il résulte qu'il y a en moyenne en cours de réparation 60 machines, 30 tenders, 150 voitures et 450 wagons.

Indépendamment de cet important service, les ateliers sont encore chargés de l'entretien d'un grand nombre de machines d'alimentation et de la construction de chaudières à vapeur et d'appareils divers.

Tous ces travaux donnent lieu à une dépense annuelle de 6.500.000 fr. environ.

### Des ateliers en général

Ils forment trois divisions, celle des machines et tenders, celle des voitures et wagons, et une troisième dite « de la fabrication » comprenant les forges, l'ajustage, le modelage et les fonderies de fer et de cuivre ; cette division travaille naturellement pour les deux premières, auxquelles elle prépare en quelque sorte les pièces à mettre en place.

Indépendamment des voies normales qui sillonnent les ateliers, un réseau de petites voies de 0$^m$ 50 de largeur, dont la longueur totale est d'environ 5 kilomètres, les traverse et les réunit entre eux. Des wagonnets de différents types, appropriés aux divers transports à faire, circulent sur ces voies et permettent d'effectuer facilement et rapidement toutes les manutentions.

Des plaques tournantes, chariots, transbordeurs, grues fixes, et une grue automobile à vapeur, servent à la manutention des véhicules et au chargement des pièces lourdes.

### Division des machines et tenders

Elle comprend des ateliers de chaudronnerie de fer, de chaudronnerie de cuivre et de montage.

L'atelier de chaudronnerie de fer mérite particulièrement de fixer l'attention ; il comporte trois halles, dont deux de construction relativement récente (1878-1880) ; la troisième, plus ancienne, servait autrefois de dépôt. Les deux premières sont établies dans d'excellentes conditions, et rien n'a été épargné pour assurer un travail en même temps parfait et d'une exécution économique. Elles forment deux travées inégales ; dans l'une d'elles, la plus petite, se trouve la majeure partie des machines à percer radiales, des machines à raboter, à cintrer, etc.; l'autre est réservée aux chaudières en chantier, aux fours à emboutir et à dresser les tôles, et aux forges. Des transbordeurs sont établis à la partie supérieure de ces travées. Ils sont commandés par des câbles en chanvre à mouvement rapide. Ces appareils réduisent beaucoup la main-d'œuvre en même temps qu'ils donnent une grande sécurité.

Le rivetage est fait par trois machines à river hydrauliquement ; ce mode de travail, indépendamment de sa grande rapidité, permet d'obtenir pour les joints une sécurité et une étanchéité parfaites.

La lumière électrique est employée pour l'éclairage des grandes travées et l'éclairage d'ensemble de la petite ; l'éclairage local de cette dernière est fait au gaz. On obtient ainsi les meilleurs résultats ; les manutentions s'effectuent aussi bien la nuit que le jour et les machines-outils sont éclairées dans des conditions excellentes pour le travail des pièces.

Dans la plus ancienne des grandes halles est installé l'atelier spécialement réservé à la chaudronnerie dite « de cuivre » (travail des tôles minces, cintrage des tuyaux, etc.).

Enfin, dans une annexe s'exécutent la visite, le décapage et le raboutage des tubes ; ce dernier travail à l'aide d'un chalumeau à gaz et à air forcé.

Les ateliers de montage entourent l'atelier de chaudronnerie ; ils sont divisés en trois sections, l'une de construction ancienne, les deux autres récentes. Des grues roulantes pouvant lever 20 tonnes servent à la mise sur roues des machines et à la manutention des pièces lourdes. Une bascule octuple sert à peser les machines et à établir une juste répartition de leur poids sur les différents essieux.

Il convient encore de mentionner dans l'atelier de montage un câble télodynamique qui commande quelques machines-outils, d'un emploi continuel comme meules, cisailles, perceuses, machines à tarauder, etc.

On remarque aussi deux ponts roulants de 20 tonnes, actionnés par un câble en chanvre et à trois mouvements.

### Division des voitures et wagons

Elle comprend des ateliers de machines à bois, de réparation de voitures, de réparation de wagons, de sellerie, de peinture et de vernissage.

Les machines à bois sont établies dans un ancien bâtiment, mais on y remarque des outils intéressants, tels que toupies tournant à 3.000 et 4.000 tours par minute pour la confection des moulures, machine à raboter, machine à bouveter les planches de wagon et à y faire en même temps une moulure, machine à percer à six outils ; une machine à plusieurs scies parallèles permet de séparer, d'une seule passe, les madriers en trois ou quatre planches ; une machine à deux outils sert à faire les mortaises. Toutes les scies sont affûtées à la meule à émeri.

Il convient de citer encore dans cette division les fosses et les marbres spéciaux pour vérifier et rectifier la position des roues et la suspension des voitures afin d'avoir une stabilité complète aux grandes vitesses pratiquées aujourd'hui.

Quelques-uns de ces ateliers de réparation sont intéressants au point de vue de leur construction et de leur aménagement.

Deux ateliers chauffés par des calorifères sont réservés à la peinture et au vernissage des voitures, machines et tenders.

### Division de la fabrication

Elle comprend deux ateliers de tours et machines-outils, un atelier spécial aux roues, un de précision destiné au travail des freins à air, à la réparation des manomètres et à la confection de l'outillage. Cette division comprend, en outre, des forges et des pilons, l'embattage, — exécuté au gaz, — un atelier pour l'épreuve et la fabrication des ressorts, enfin un groupe de fonderies pour fonte et bronze, et un modelage avec grands magasins à modèles.

On apporte un soin tout particulier à la confection des ressorts. Des machines à couper les lames, faire les fentes et les appendices qui guident les lames les unes sur les autres, et des machines à cintrer les lames assurent une bonne et rapide exécution. Un marbre spécial de vérification et une machine à monter les ressorts sur les boîtes permettent d'en contrôler avec la plus grande exactitude la confection et d'obtenir un bon montage. Tous les ressorts sont d'ailleurs éprouvés avant d'être mis en service.

Parmi les machines de l'atelier des roues, il convient de citer l'appareil à essayer les bandages montés sur roues qui a permis de réduire dans une très grande proportion le nombre des ruptures en service.

Les fonderies méritent une mention spéciale pour le développement considérable qu'on y a donné au moulage mécanique depuis quelques années, et dont les premiers spécimens fort intéressants, exécutés au moyen de machines et de procédés spéciaux étudiés et établis dans ces ateliers, ont été exposés déjà à Paris en 1889.

Les fonderies produisent annuellement chacune environ 400 tonnes de pièces moulées, dont 85 cylindres à vapeur.

### Magasins

Un grand magasin à trois étages, dont il a déjà été parlé, renferme toutes les matières destinées à l'approvisionnement, non seulement des ateliers proprement dits, mais encore des dépôts des lignes de Normandie. Ce magasin a deux annexes, l'une couverte, pour certaines essences de bois, les briques réfractaires, les meules, l'autre découverte où sont déposés les corps de roues, les madriers et les vieilles matières mises en vente.

Ces dernières, dont les ateliers se débarrassent journellement en les plaçant dans des casiers voisins, sont amenées périodiquement au magasin.

La valeur des marchandises en approvisionnement est d'environ 2 millions de francs. On aura une idée de l'importance des opérations du magasin en considérant que le mouvement des entrées et des sorties en 1892 s'est élevé, en argent, à 11.892.000 fr. et que toutes ces marchandises ont été manutentionnées, pour ainsi dire, pièce par pièce.

Le magasin est éclairé électriquement par l'arc et l'incandescence. La dynamo génératrice actionne aussi un monte-charge qui dessert les trois étages. Les bureaux sont chauffés par des poêles à vapeur.

Enfin, de grands réservoirs souterrains pouvant loger 40.000 kilog. d'huiles diverses, et dont la vidange s'opère au moyen de l'air comprimé, assurent l'approvisionnement de cette importante matière.

### Service des incendies

Une distribution d'eau complète, alimentée par trois réservoirs contenant ensemble 450 mètres cubes, sillonne tous les ateliers et dessert de nombreuses bouches à incendie, espacées de 70 à 80 mètres.

Les ateliers possèdent une pompe à vapeur, cinq pompes à bras et tous les accessoires nécessaires, tels que longues conduites en toile, etc. En outre, des raccords spéciaux peuvent se brancher sur les bouches d'eau de la commune, ce qui a permis, à plusieurs reprises, de fournir en cas d'incendie dans le pays, l'appoint important de la pompe à vapeur.

Des ouvriers, choisis parmi ceux habitant dans le voisinage, sont désignés pour la manœuvre de ces pompes; tous les postes sont d'ailleurs doublés afin de ne pas manquer de bras exercés en cas de danger.

Un sifflet à vapeur s'entendant de très loin permet de donner l'alarme si un incendie se déclare, et de réunir tout le monde. Des instructions affichées dans les ateliers et connues de tous indiquent les premières mesures à prendre.

Chaque mois, des manœuvres sont faites pour exercer le personnel chargé du service des incendies. Tous les ateliers sont munis de postes de contrôleurs de ronde et, la nuit, six veilleurs font chaque heure des rondes dans toutes les parties de l'établissement.

### Personnel

Le personnel des ateliers comprend 1.750 agents; il se divise en deux catégories : le personnel classé et le personnel non classé.

La première catégorie comprend le personnel dirigeant, l'inspection, les employés, les dessinateurs et un certain nombre d'ouvriers de choix ayant au moins cinq années de service à la Compagnie.

La seconde catégorie ne comprend que des ouvriers.

Tout le personnel classé participe à une Caisse de retraites, et le personnel non classé à une Société de secours et de prévoyance.

### DÉPOT [1]

*Emplacement et installation du dépôt.* — Pour répondre aux besoins créés par l'augmentation de son effectif de machines-locomotives, la Compagnie de l'Ouest a fait établir sur le territoire de Sotteville-lès-Rouen, entre les gares de Rouen rive gauche, Rouen rive droite et Sotteville, le dépôt de Sotteville, réputé comme un des plus grands dépôts des chemins de fer de l'Europe.

Ce dépôt, qui peut abriter 104 machines avec leurs tenders, a été livré au service du matériel et de la traction au mois de juillet 1883 ; il est placé dans l'immense triangle formé par la réunion des lignes de Paris au Havre et à Rouen G., et le raccordement d'Eauplet qui relie cette dernière gare à celle de Rouen D.

Les terrains consacrés à cette installation représentent une superficie de près de 10 hectares, offrant ainsi une surface considérable qui a permis d'exécuter dans de larges mesures tous les aménagements indispensables à un dépôt de cette importance.

---

[1] Voir plan à la fin du volume.

La remise principale des machines peut recevoir 99 machines-locomotives. Elle est de forme rectangulaire et partagée en trois parties égales dans sa longueur par deux chariots roulants à vapeur.

Ces trois parties ont les dénominations suivantes :

1º « *Côté Paris* », recevant toutes les machines à voyageurs ;

2º « *Dépôt du milieu* », recevant toutes les machines à réparer ;

3º « *Côté Rouen* », recevant toutes les machines à marchandises.

Onze voies parallèles, avec fosses dans toute leur étendue, existent sous cette remise et peuvent recevoir chacune neuf machines par groupes de trois ; elles communiquent toutes entre elles, à l'intérieur par les chariots roulants, et à l'extérieur par les changements de voies.

Par suite de cette disposition, une seule machine sur chaque groupe se trouve prise entre les deux autres ; les manœuvres à faire pour les dégagements sont de peu d'importance et facilitées par un treuil mû par la machine du chariot, permettant d'amener les machines froides sur la plate-forme de ce chariot.

La sortie des machines peut se faire, soit par les deux extrémités du dépôt proprement dit, soit par les chariots amenant ces machines sur une voie d'évitement en dehors du dépôt.

*Halle rectangulaire.* — La halle principale est composée de quatre travées (deux de $15^m,50$, une de $15^m,66$, et l'autre $16^m,40$ de largeur), s'étendant sur une longueur de 182 mètres et donnant une surface totale couverte d'environ 1 hectare 21 ares.

Sur les voies de sortie aux extrémités de remise se trouvent, de chaque côté, quatre groupes de quais à combustibles à deux étages et les grues hydrauliques permettant aux locomotives de s'alimenter d'eau et de combustible avant le départ.

*Ponts tournants, grues d'enlevage.* — Deux ponts tournants de 14 mètres de diamètre assurent le tournage des machines. En cas de réparations ou d'avaries de ces appareils, le changement de direction des locomotives peut se faire par les voies du triangle américain.

Six grues mobiles d'enlevage pour machines et un pont à bascule octuple pour le pesage des locomotives sont montés dans le dépôt.

*Réservoirs d'eau, bouches de lavage et d'incendie.* — Trois réservoirs en tôle, montés sur maçonnerie et d'une contenance de 150$^{m3}$ chacun, emmagasinent l'eau nécessaire aux besoins du dépôt et à l'alimentation des machines. Cette eau est distribuée par des conduites en fonte d'une longueur totale d'environ 2.000 mètres. — Cinquante-quatre bouches de lavage ou prises d'eau diverses existent dans le dépôt et huit grues hydrauliques assurent l'alimentation des locomotives. En outre, des prises d'eau pour pompe à incendie à vapeur existent aux points convenables pour combattre tout sinistre.

L'ensemble des voies ferrées dont la longueur totale, non compris les rails du parc à roues, est d'environ 6.700 mètres, comporte vingt et un changements de voies simples et quatorze changements doubles, assurant les communications sur les différents points de ce réseau.

*Exécution des manœuvres sur les voies et à l'intérieur du dépôt.* — L'entrée des machines au dépôt, leur classement à l'intérieur et leur sortie du dépôt sont réglés par une consigne spéciale affichée dans les guérites des aiguilleurs et dans le cadre des ordres du dépôt.

### Annexes du dépôt

*Atelier de réparations.* — Les annexes du dépôt comprennent un atelier de réparations d'une surface de 536$^{m2}$ et muni des machines-outils nécessaires à l'entretien du matériel. Ces outils sont actionnés par une machine à vapeur horizontale et se composent de forges, machines à percer, à raboter, à poinçonner, tours à charioter et à fileter, étau limeur, meules, ventilateurs, etc., etc.

*Magasin. Bureaux.* — Un bâtiment de 436$^{m2}$ comprend le magasin d'approvisionnement des matières et pièces de rechange des machines et tenders et les bureaux du chef de traction, des inspecteurs, du chef de dépôt principal chargé de la direction du dépôt, des comptables, du garde-magasin, ainsi que le cabinet médical.

Ces bureaux sont reliés par une communication téléphonique avec les gares de Rouen, rive gauche et rive droite, et de Sotteville, pour satisfaire les demandes de secours, pilotage des trains, commandes de trains facultatifs, etc.

*Machines pilotes.* — Les deux machines pilotes destinées à porter secours aux trains de voyageurs ou de marchandises sont abritées sous une remise spéciale placée près de l'une des sorties sur les voies principales. Un timbre avertisseur donne aux agents de ces machines l'avis d'avoir à se présenter immédiatement avec la machine tournée dans un sens indiqué par le nombre de coups. Ce timbre est actionné par les postes télégraphiques des gares ci-dessus, qui donnent en même temps par téléphone au chef de dépôt tous les renseignements utiles sur le train en détresse.

*Dortoirs, chauffoir, réfectoire, salles de bains, lavabos.* — Un bâtiment de 300 mètres de superficie est affecté aux chauffoir, réfectoire, dortoirs, lits de camp, salles de bains et lavabos, et mérite d'être décrit spécialement.

Les dortoirs comprennent : 12 chambres à feu (10 à 2 lits, une à 3 lits et une à 4 lits), d'une surface moyenne d'environ 11 mètres carrés chacune, recevant toutes la lumière de l'extérieur par des fenêtres ordinaires; ces chambres sont réunies par un couloir central éclairé au gaz, et des tableaux indicatifs renseignent les mécaniciens sur les chambres et les lits qu'ils doivent occuper, suivant les trains de leur service.

Le mécanicien et le chauffeur couchent dans la même pièce et, comme ils ont tous les deux le même temps de repos, ils ne sont pas éveillés par les allées et venues de leurs collègues arrivant ou partant avant eux.

Les draps de lits sont donnés gratuitement aux agents, qui n'ont que le lavage à leur charge.

Un chauffoir avec lits de camp permet au personnel ne séjournant que quelques heures au dépôt de prendre un léger repos sans se coucher entièrement.

Un réfectoire de 50 mètres carrés, muni de deux calorifères en fonte avec tringles disposées sur leur pourtour pour le séchage des vêtements, d'une table très vaste recouverte en zinc poli et entourée de bancs et d'escabeaux, assure un confortable au personnel qui peut, à l'aide de deux fourneaux à gaz, faire cuire ou réchauffer ses aliments ou boissons.

Une salle de bains et lavabos complète cette installation, et est située à proximité du réfectoire et des dortoirs.

Dix grandes cuvettes en cuivre émaillé sont montées sur une table d'ardoise polie. — Les mécaniciens peuvent faire leur toilette complète, ayant à discrétion de l'eau chaude et de l'eau froide amenée par deux robinets placés au-dessus de chaque cuvette.

Des glaces sont accrochées aux murs et les porte-manteaux y sont nombreux.

Des baignoires en zinc, au nombre de cinq et logées à raison d'une par cabine, sont à disposition toute la journée avec eau chaude et eau froide à volonté.

Le linge chauffé en étuve est distribué gratuitement et librement.

Les mécaniciens et les chauffeurs ont ainsi toutes facilités pour procéder aux soins de propreté et jouir d'un certain confortable après les fatigues éprouvées dans leur service.

Des agents sont chargés spécialement de la garde et du nettoyage de ces divers aménagements qui sont maintenus, avec un soin tout particulier, dans un grand état de propreté, afin de stimuler la bonne tenue du personnel.

Les nombreux ouvriers travaillant dans les grands ateliers de réparation de la Compagnie, participent le dimanche et en dehors des heures de travail aux avantages des salles de bains et lavabos.

Les agents des services de l'exploitation et de la voie jouissent également des mêmes avantages.

Parmi les dépendances du dépôt de Sotteville se trouve encore un bâtiment spécial, avec appartements particuliers, réservé comme habitation au personnel dirigeant, chef et sous-chefs de dépôt.

Les diverses annexes ci-dessus, avec le bâtiment central, donnent une surface couverte d'environ 1 hectare 39 ares.

La Compagnie de l'Ouest a réuni dans ce nouveau dépôt à machines tout ce que l'expérience de plus de quarante ans de travaux a pu accumuler, et cet établissement peut être considéré à juste titre comme un des meilleurs modèles de ce genre.

## INSTITUTIONS DIVERSES

### Caisse des retraites

La Caisse des retraites de la Compagnie a été fondée en 1869.

Elle est alimentée par des retenues mensuelles de 4 0/0 sur le traitement des agents et ouvriers classés et le premier douzième de toute augmentation. Ces sommes sont versées à la Caisse de la Vieillesse de l'Etat, soit à capital réservé, soit à capital aliéné, à la volonté de l'agent, et elles restent sa propriété s'il quitte la Compagnie.

D'un autre côté, la Compagnie constitue elle-même une caisse, par des dotations à peu près doubles des retenues faites aux agents, et, au moyen de cette caisse, ajoute à la rente faite par l'Etat la somme nécessaire pour atteindre le taux fixé pour la pension de retraite.

Les agents ont droit à la retraite dès qu'ils ont cinquante-cinq ans d'âge et vingt-cinq ans de service. La pension est alors égale à la moitié du traitement moyen des six dernières années ; elle augmente de 1/60 par année de service en plus.

En cas de décès de l'agent, la moitié de sa pension est réversible sur la tête de sa veuve, et au cas de décès de la veuve, la moitié de la pension de cette dernière est encore réversible sur la tête des enfants s'ils ont moins de dix-huit ans.

### Société de secours

Les ouvriers non classés de tous les ateliers et dépôts font partie d'une caisse de secours fondée par la Compagnie en 1860.

Le but de cette Société est :

1° De donner gratuitement les médicaments et les soins du médecin aux sociétaires malades ou blessés ;

2° De leur venir en aide en temps de maladie en leur accordant une indemnité fixée par jour à la moitié du salaire et à 0 fr. 25 pour la femme et chaque enfant au-dessous de quinze ans (1) ;

3° De subvenir aux frais funéraires occasionnés par la mort de l'un de ses sociétaires, et de venir en aide par un secours à leurs veuve et enfants.

La Société est alimentée par une retenue de 1 1/2 0/0 sur les salaires et par une dotation de la Compagnie égale aux retenues. Chacune de ces sommes s'est élevée à 78.000 fr. pour l'année 1891.

La Société est administrée par un président et deux vice-présidents nommés par la Compagnie, et par neuf membres élus par les sociétaires.

### Secours

Un secours annuel de 365 fr. est accordé par la Compagnie aux ouvriers malades ou infirmes non classés qui sont remerciés dans certaines conditions d'âge et de service. La Compagnie alloue également des secours importants aux agents momentanément gênés par suite de leurs charges de famille, etc.

#### Autres institutions en faveur du personnel

La Compagnie a établi un économat qui tient à la disposition des agents et de leur famille vivant avec eux, les denrées d'épicerie, le vin et les ustensiles usuels du ménage à des prix les plus réduits.

L'économat se couvre de ses fournitures au moyen de retenues faites sur les traitements et salaires, ce qui évite tout maniement d'argent.

L'économat n'a aucun bénéfice et ne majore les prix d'achat que de la somme strictement nécessaire pour couvrir ses frais d'admi-

---

(1) En cas de blessure reçue en service, la Compagnie parfait la solde entière.

nistration. Les articles sont de bonne qualité et vendus à meilleur compte que dans le commerce.

Les agents classés, leurs femmes et leurs enfants habitant avec eux et à leur charge, ont droit aux soins et aux médicaments gratuits.

Des permis absolument gratuits sont accordés dans une large mesure aux agents pour les voyages qu'ils peuvent avoir à faire sur le réseau. Des billets de faveur au dixième du tarif sont donnés aux pères, mères, femmes et enfants des agents, et des billets à demi-tarif à leurs autres parents.

Pour les voyages sur les autres lignes, les agents de la Compagnie obtiennent la faveur d'un voyage annuel, gratuit pour eux-mêmes et à quart de place pour leurs femmes et leurs enfants au-dessous d'un certain âge. Les autres voyages s'effectuent à quart de tarif pour l'agent et à demi-tarif pour sa femme.

Des gratifications sont données à la fin de chaque année, à titre d'encouragement, à tous les agents classés méritants.

Des primes stimulent les ouvriers et les habituent au soin et à l'ordre.

Toutes ces institutions constituent une augmentation notable des traitements et salaires, et elles sont d'autant plus avantageuses qu'elles assurent le bien-être du personnel.

Les ateliers des Chemins de fer de l'Ouest, avec le nombreux personnel qu'ils occupent, ont été une source de richesse pour la commune de Sotteville ; ils ont contribué, pour la plus large part, à lui donner l'importance qu'elle a aujourd'hui.

# QUATRIÈME PARTIE

# SOTTEVILLE-LÈS-ROUEN EN 1893

## I. — Statistique

Situé sur la rive gauche de la Seine, Sotteville-lès-Rouen que nous voyons au commencement de cette histoire à peine une petite bourgade, est devenu de nos jours une ville jouissant de tous les avantages et de tous les perfectionnements que la science et le progrès ont mis à la disposition des grandes cités. Si à l'époque de la Révolution son territoire s'est trouvé fort amoindri par l'annexion de toute la partie de Grandmont à la ville de Rouen, sa population a reconquis promptement ce qu'elle avait perdu de ce fait, grâce à diverses industries qui sont venues s'y établir.

Mais c'est surtout à l'établissement des ateliers de M. Buddicom, devenus plus tard ceux des Chemins de fer de l'Ouest, que Sotteville doit la plus grande partie de l'importance que nous lui connaissons aujourd'hui.

Si, dans ces dernières années, certaines divergences de vues se sont produites au sein des Municipalités qui se sont succédé, il est une justice à leur rendre, c'est que toutes, par des moyens différents peut-être, ont eu principalement à cœur de donner à leur pays la plus grande somme de prospérité possible et de le doter de toutes les institutions que réclament l'humanité et la solidarité qui doit unir tous les habitants d'une grande commune.

Sotteville est dans une position topographique généralement bonne, les rues en sont larges et bien aérées ; cependant quelques auteurs, comme MM. Licquet et Ballin, ont voulu y voir le siège de maladies qu'ils attribuaient à la malpropreté des habitants ou au peu de soin de leur santé. « Au printemps, disent-ils, ce sont des fièvres catarrhales ; en été, des fièvres intermittentes qui dégénèrent souvent en quotidiennes et se compliquent avec d'autres affections organiques, et enfin des fièvres bilieuses vers l'automne. »

M. Ballin se montre bien sévère quand il parle de la malpropreté des gens de Sotteville ; il y a là encore une vieille légende basée sur on ne sait quoi et qu'il importe de détruire pour ne pas la voir plus longtemps rééditée et propagée. La dernière épidémie choléri-forme en serait d'ailleurs, s'il était besoin, une démonstration évidente, puisque les cas de maladies n'y ont pas été plus nombreux qu'ailleurs et n'y ont revêtu aucun de ces caractères qui dénotent une ville malsaine.

Pourvu maintenant d'une canalisation d'eau à laquelle la Municipalité actuelle s'efforce de rendre toutes les conditions hygiéniques désirables, Sotteville éclairé au gaz, pourvu d'une gare de chemin de fer, d'une ligne de tramways et de toutes les commodités de communication ; Sotteville, grâce à son industrie et à ce splendide établissement de construction de la Compagnie de l'Ouest, continuera à grandir en importance et en population.

Sotteville, ainsi qu'on l'a vu, est aujourd'hui le chef-lieu d'un canton nouveau formé au détriment du canton de Grand-Couronne, et qui se compose des deux communes de Sotteville et de Saint-Étienne-du-Rouvray.

Le territoire de la commune de Sotteville-lès-Rouen comprenait, en 1822, d'après le cadastre, 699 hectares. Par suite de la distraction, en 1832, de l'île Jonquais et de l'île Gad, contenant 16 hectares, réunies à Amfreville-la-Mivoie, la superficie est réduite à 683 hectares, non compris la *Seine*.

Voici la division du territoire, en 1822 et en 1892. On verra par ce tableau, les fluctuations qu'il a subies.

|  | 1822 | 1892 |
|---|---|---|
| Terres labourables | 327 hect. | 357 hect. |
| Cours, prés, pâtures | 228 — | 184 — |
| Bois, futaies | 77 — | 12 — |
| Carrières | 7 — | 13 — |
| Mares | 1 — | 1 — |
| Jardins, superficie des propriétés bâties | 40 — | 45 — |
| Chemins et places | 18 — | 23 — |
| Église, cimetière | 1 — | 6 — |
| Chemin de fer de l'Ouest | » — | 42 — |

### Population

Avant la Révolution, Sotteville, avec la partie de Saint-Sever qui en fut ensuite distraite, comptait près de 4.000 habitants. Après la délimitation de 1791, la population tomba à environ 2.000. En l'an VI, elle était de 2.800. En 1807, elle était retombée à 1.807 habitants repartis en 426 feux ou habitations.

Peu à peu elle se relève ; en 1832, elle comptait 3.912 habitants ; en 1837, 3.926 ; en 1852, 4.960.

A partir de cette époque, par suite de l'établissement des chemins de fer, elle s'élève rapidement. En 1856, elle est doublée, 8.467 habitants ; en 1866, elle arrive à 9.976 ; en 1876, elle est de 11.763 ; en 1886, 15.304 ; enfin, le dernier recensement de 1891, la porte à 16.384 habitants repartis entre 4.920 ménages.

### Administration municipale

*Maire :* M. Victor Mény.

*Adjoints :* MM. Eugène Loiselier et Théodore Bonneau.

*Conseil municipal :* MM. Raymond Germier, Émile Delaunay, Jean-Baptiste Dulac, Louis Degoy, Henri Benne, Adolphe Langlois,

Gustave Lamain, Léopold Saint-Léger, Louis Bourdais, Élie Sevestre, Prosper Morin, Jean-Baptiste Dupont, Alphonse Paumier, Pascal Hély, Ferdinand Pernel, Alfred Têtu, Léon Flamant, Louis Brunel, Joseph Sanson, Charles Cotel, Léon Ozanne, Adrien Laguerre, Charles Tesson et Edmond Amarger.

*Secrétaire de la mairie* : M. Eugène Antor.

## Cultes

*Curé* : M. Cousin.
*Vicaires* : MM. Aubry, Painturier et Panloup.

## Contributions

En 1862, Sotteville payait 59.014 fr. 08 d'impôts, se répartissant comme suit : à l'État, 36.492 fr. 20 ; au département, 8.306 fr. 71 ; à la commune, 11.884 fr. 58 ; non-valeurs, 2.330 fr. 59. Le produit du centime était de 364 fr. 92.

Trente ans plus tard, en 1892, par suite de la grande extension prise par Sotteville, cette commune payait *286.691 fr. 61* d'impôts se répartissant ainsi : à l'État, 162.079 fr. 71 ; au département, 59.874 fr. 13 ; à la commune 54.700 fr. 41 ; non-valeurs, 9.937 fr. 36. Le produit du centime se trouvait de *1.447 fr. 24*.

## Budgets

Les budgets de Sotteville ont nécessairement suivi le mouvement ascensionel de la population. En 1853, époque où Sotteville commence à prendre une grande importance, les recettes étaient prévues pour 28.779 fr. 40 et les dépenses pour 27.669 fr. 14.

Dix ans plus tard, en 1862, nous trouvons les recettes portées à 125.164 fr. 70 et les dépenses à 117.607 fr. 25.

En 1882, le budget primitif prévoit en recettes 189.060 fr. 40 avec 176.431 fr. 60 de dépenses. Le budget additionel portait 85.855 fr. 31 de recettes avec 86.152 fr. 15 de dépenses.

Enfin, le budget primitif de 1892 donne 214.954 fr. 92 de recettes et prévoit pour 211.822 fr. 25 de dépenses. Le budget additionnel s'élevait à 14.713 fr. 06 pour les recettes et 10.415 fr. 99 pour les dépenses.

### Instruction publique

On a vu dans la première partie de ce volume à quel degré embryonnaire était restée l'instruction publique avant la Révolution. De 1789 à 1800, diverses écoles furent créées par des particuliers ; c'est ainsi qu'on a vu une femme Leblanc organiser, en 1793, une école pour les deux sexes et y obtenir certains succès ; plus tard, en 1799 (an VII), deux écoles étaient établies à Sotteville, dirigées par M$^{me}$ Maufras et M$^{mes}$ V$^{ves}$ Hétru et Mésange. En 1800, M. Criquebeuf est instituteur communal à Sotteville, il a pour successeur, en 1808, M. Michel Guyot. En 1812, M. Jacques Guyot succède à ce dernier.

Après la réorganisation de l'instruction primaire, nous trouvons à Sotteville comme instituteur public M. Paumier.

Le 5 juillet 1843, M. Paumier était autorisé à annexer un pensionnat primaire à l'école publique de cette commune.

Il eut pour successeur, le 1$^{er}$ septembre 1853, M. Lair, nommé officier d'académie, encore existant.

M. Hennegrave (Julien) succédait à M. Lair, le 1$^{er}$ septembre 1855. Il quitta Sotteville pour prendre sa retraite le 1$^{er}$ octobre 1877 ; comme son prédécesseur il était officier d'académie ; il est décédé le 15 novembre 1885.

M. Caille (Louis-Paul) a succédé à M. Hennegrave ; il est resté à Sotteville jusqu'à sa retraite, 30 septembre 1888 ; il avait obtenu la médaille d'argent. Il eut pour successeur M. Boutillier, instituteur en exercice, chevalier du Mérite Agricole.

Cette école porte le nom d'*École Raspail*.

\* \*

En 1847, les Frères de la Doctrine Chrétienne, appelés par le curé Fleury, étaient venus fonder à Sotteville une seconde école, qui, quelque temps après, obtint de la commune une subvention. Dans la suite, la nouvelle école reçut le titre d'école communale.

*\*\**

A la suite de la laïcisation de l'enseignement primaire, votée par le Conseil municipal en 1872, l'école des Frères cessa d'être école communale et un nouvel instituteur, M. Thioudet, fut nommé à leur place. M. Thioudet dirige encore cette école, à laquelle on a donné le nom d'*École Benjamin Franklin*.

Privés de leur subvention communale, les Frères de la Doctrine chrétienne continuèrent leurs écoles jusqu'en 1880, où ils durent fermer leur établissement. Ils revinrent en 1887 comme instituteurs libres. Leur établissement est situé rue Victor-Hugo.

On a vu, dans le cours de ce volume, avec quel désintéressement M. Grébouval avait établi à Sotteville un cours gratuit de dessin. M. Grébouval continue à diriger ce cours, qui rend aux jeunes gens de Sotteville de signalés services.

*\*\**

Au commencement de la Révolution, trois religieuses donnaient l'instruction aux jeunes filles à Sotteville et avaient acquis de nombreuses sympathies dans la commune. Les événements les forcèrent à abandonner leur mission.

Jusqu'en 1840, aucune école de filles régulière ne fut établie à Sotteville. A cette époque, les sœurs d'Ernemont vinrent s'y fixer ; en 1844, elles avaient déjà 288 élèves. Comme l'école des Frères, l'école des Sœurs fut bientôt reconnue école communale. D'autre part, les religieuses y annexèrent un pensionnat.

Les choses restèrent ainsi jusqu'en 1872, époque où l'école des religieuses, comme celle des Frères, fut laïcisée. M$^{lle}$ Liberge — la directrice actuelle — fut alors appelée à la direction de l'école laïque, à laquelle on donna le nom d'*École Michelet*.

Les religieuses, de leur côté, maintinrent leur classe primaire et leur pensionnat à titre d'écoles libres, tels qu'ils existent aujourd'hui. Leur établissement est situé, comme on sait, rue Hoche.

Enfin, en 1882, les sœurs de Saint-Vincent de Paul ouvraient, comme on le verra plus loin, une école enfantine et une école primaire.

En même temps que la commune laïcisait l'école de filles, elle créait une nouvelle école maternelle que dirige aujourd'hui M$^{me}$ Lorgis.

\* \* \*

Au 1$^{er}$ octobre 1892, la population scolaire à Sotteville se répartissait ainsi :

| | |
|---|---|
| École de garçons *Benjamin Franklin*............. | 297 élèves. |
| — *Raspail*..................... | 402 — |
| — *des Frères*.................... | 148 — |
| Écoles de filles *Michelet* ....................... | 434 — |
| — *des Sœurs d'Ernemont*............ | 161 — |
| — *des Sœurs de Saint-Vincent de Paul*.. | 243 — |
| *École Maternelle*............................ | 300 enfants. |

\* \* \*

### Cantines Scolaires.

L'œuvre des cantines scolaires a été créée par le Conseil municipal dans sa séance du 30 novembre 1892 ; l'installation complète a été payée par la commune. La Caisse des écoles donne le repas gratuit à un certain nombre d'élèves indigents.

La cantine scolaire, installée à l'école Raspail, dessert les deux écoles de garçons Raspail et Franklin.

### Caisse des Écoles.

Cette Caisse fut créée à Sotteville au mois de décembre 1883. Elle est alimentée par une subvention communale annuelle de 600 fr. et par les souscriptions volontaires de ses membres. Le minimum de cotisation est de un franc.

Elle distribue chaque année des galoches aux nombreux élèves indigents des écoles communales et fournit gratuitement à un certain nombre d'entre eux des portions à la cantine scolaire. En 1892, elle a dépensé ainsi 821 fr.

Son bureau est actuellement ainsi composé : président légal, M. Mény, maire ; vice-président, M. Guerrier ; secrétaire, M. Dulac ; trésorier, M. Boutillier.

### Bureau de Bienfaisance

Le premier bureau de bienfaisance établi à Sotteville remonte à l'année 1806. Ses seules ressources consistaient dans les quêtes qui étaient faites dans l'église les jours de dimanches et fêtes. Peu à peu, quelques dons volontaires vinrent s'ajouter au produit des quêtes ; enfin la commune, de son côté, y consacra chaque année une certaine somme.

En 1892, le budget du Bureau de bienfaisance était prévu, en recettes, pour 27.010 fr., dont 23.000 étaient fournis par le budget municipal ; les dépenses étaient portées à 29.203 fr. 90 : c'était donc un déficit de 2.193 fr. 90 qui ne pouvait être comblé que par des dons volontaires ou une nouvelle subvention municipale.

Dans ces dernières années, deux donations furent faites au Bureau de bienfaisance : l'une, du 2 août 1890, faite par M$^{me}$ Rosalie-Angélique Hameray, veuve Martin, décédée le 7 mai suivant, léguant 2.000 fr. ; l'autre, du 29 juin 1887, de M. René Enault, décédé le 27 novembre 1892.

Chaque semaine, le jeudi, le Bureau de bienfaisance fait une distribution de secours : pain, bois, viande et argent. Environ 140 indigents y prennent part.

La commission est ainsi composée : MM. Mény, maire, président ; Carlier, vice-président ; Laguerre, ordonnateur ; Pernel ; Germier, Bourdais, Lecomte, membres.

## Bibliothèque Communale

Par arrêté du maire de Sotteville, une bibliothèque communale est fondée le 9 mars 1889 et installée dans la grande salle de la mairie de cette commune.

Le comité d'inspection et d'achats de livres est composé ainsi :

*Président* : M. Mény, maire.

*Vice-Président* : M. Huillier, ingénieur des ateliers du chemin de fer.

*Trésorier* : M. Duval, notaire.

*Secrétaire* : M. Renout, ingénieur civil, délégué cantonal.

*Membres* : MM. Leboulenger, délégué cantonal ; Coulom, docteur en médecine ; Flamant et Saint-Léger, conseillers municipaux.

La bibliothèque, inaugurée le 20 avril 1890, compte 2.802 volumes.

Les prêts se sont élevés, la première année, à 5.318, et la seconde année à 6.356.

Elle est ouverte au public les mardi et jeudi de chaque semaine, de 6 à 8 heures du matin, et les dimanches de 9 à 11 heures.

Les prêts sont gratuits.

## Bibliothèque populaire du Cercle républicain d'instruction et d'éducation populaires de Sotteville-lès-Rouen

Fondée vers 1878 par un groupe de travailleurs dévoués à la cause de l'instruction démocratique, sous le titre : « Bibliothèque populaire de Sotteville et du canton de Grand-Couronne », elle débuta dans la rue Garibaldi, avec une cinquantaine de volumes, parmi lesquels la collection des œuvres d'Erckmann-Chatrian.

Énergiquement conduite, elle se développa rapidement, et avec ses faibles ressources composées des cotisations des lecteurs (un franc par an) et des sociétaires (deux francs), elle organisa quelques bals ou fêtes qui lui permirent, en quelques années, de décupler plusieurs fois le nombre des ouvrages pouvant être mis en circulation.

Là ne se borna pas son action.

Elle adhéra à la Ligue de l'Enseignement et collabora activement à l'œuvre du Sou des écoles laïques ; elle fit venir des conférenciers, J. Vinot et d'autres encore.

La bibliothèque populaire de Petit-Quevilly fut fondée sous ses auspices.

Nos écoles communales furent dotées d'objets d'enseignement : sphères, cartes, tableaux de sciences naturelles, instruments d'arpentage, graphomètres, équerres, etc. Les plans des principales places et carrefours de la commune, levés par les élèves sous la direction de M. Thioudet, à l'aide de ces instruments, prouvent qu'ils n'ont pas été inutiles.

Une salle de lecture fut ouverte gratuitement au public.

Enfin, actuellement, les membres du comité directeur organisent une véritable section de renseignements pratiques pour le commerce et l'industrie.

Ils groupent et classent, pour les tenir à la disposition du public, tous les catalogues et prix-courants provenant des principaux fabricants, industriels et commerçants de la France.

Cette idée aura pour résultat de mettre à la disposition des industriels et commerçants de la localité une sorte d'encyclopédie qui, se joignant aux trois mille volumes de la bibliothèque, en augmentera considérablement la valeur pratique.

### Statistique Agricole

Une commission de statistique agricole du canton de Sotteville a été créée par arrêté préfectoral du 12 janvier 1893 ; elle est ainsi composée :

MM. Mény, maire de Sotteville, président ; Gaudel, maire de Saint-Étienne-du-Rouvray ; Caux, économe de l'asile Saint-Yon ; Lesueur, conseiller municipal et cultivateur à Saint-Étienne ;

Eugène Renoult, cultivateur et membre du Bureau de bienfaisance à Saint-Étienne ; Brunel et J.-B. Dupont, conseillers municipaux et cultivateurs à Sotteville ; Boutillier, instituteur à Sotteville, secrétaire de la commission.

### Notariat

Le notariat de Sotteville fut créé en 1816. Son siège fut fixé d'abord à Saint-Étienne-du-Rouvray ; il fut transféré à Sotteville en 1841.

Cinq notaires se sont ainsi succédé : MM. Racine, en 1816 ; Louvet, en 1835 ; Quesney, en 1847 ; Desbois, en 1860 ; et Duval, notaire actuel, en 1872.

## II. — Sociétés diverses

### Sapeurs-Pompiers

La première compagnie de sapeurs-pompiers fut établie à Sotteville en 1814. La commune acheta alors deux pompes, une grande et une petite, et cinquante seaux. Toutefois, il faut encore attendre un assez grand nombre d'années pour avoir une organisation régulière de la nouvelle compagnie.

A différentes reprises, de profondes modifications sont apportées dans l'organisation de la compagnie. Enfin, aux termes du décret du 29 décembre 1875, réglant les conditions nouvelles d'organisation des corps de sapeurs-pompiers, la compagnie de Sotteville est reconstituée. Elle comprend alors 51 hommes et possède 4 pompes et une pompe à main ; son état-major, calculé sur l'effectif de 60 hommes que devra avoir la compagnie, se composera d'un capitaine, un lieutenant, un sous-lieutenant, un sergent-major, un sergent-fourrier, quatre sergents, huit caporaux, un tambour et un clairon.

La compagnie possède une caisse de retraite qui fut alimentée tout d'abord par la commune, le produit des amendes et les souscriptions volontaires. Elle possède en ce moment 488 fr. de rentes sur l'Etat, et elle a cinq pensionnés : chacun d'eux reçoit 100 fr.; le budget communal parfait la différence. L'honneur de cette création revient au capitaine Trouillet.

Les actes de dévouement ne sont pas rares dans la compagnie de Sotteville. On se rappelle la brillante conduite du détachement envoyé à Paris pour combattre les incendies de la Commune, et la mort du malheureux Tiremberg.

En 1884, une médaille d'honneur était décernée au sous-lieutenant Fromont, et en 1891 au capitaine Trouillet pour leur belle conduite dans divers incendies.

## La Musique a Sotteville

Avant l'année 1855, nous ne trouvons aucune trace de l'existence d'une société de musique, soit vocale, soit instrumentale à Sotteville.

A cette époque, l'art musical n'était pas répandu comme aujourd'hui et la commune ne comptait pas, à beaucoup près, le nombre d'habitants que nous lui voyons actuellement.

Ce fut M. l'abbé Fleury, curé de Sotteville qui, le premier, eut l'idée d'organiser un corps de musique instrumentale. Suivant son désir, et pour imiter ce qui se faisait à Rouen, un cours de solfège fut ouvert dans les classes des Frères des Écoles chrétiennes, en 1855. M. Briens, qui tenait l'emploi de cornet à piston dans la musique de la garde nationale à Rouen, fut choisi comme professeur. Chaque élève payait 3 fr. par mois.

Un certain nombre d'élèves achetèrent alors des instruments et devinrent bientôt assez forts pour pouvoir faire de la musique d'ensemble et exécuter quelques marches, pas redoublés, etc.

Parmi ces élèves, deux font encore partie de la *Société musicale* actuelle. Un autre Achille Couturier, mort il y a quelques années, était devenu un excellent piston.

Aussitôt qu'elle fut en mesure de se produire, la *Musique des*

*Frères* se fit entendre aux processions de la Fête-Dieu qui, à cette époque, parcouraient les rues de Sotteville et quelquefois même celles de Rouen, pour se rendre au reposoir préparé dans la propriété Dougnac, rue de Sotteville, faubourg Saint-Sever. Ajoutons que les élèves musiciens des Écoles des Frères de Saint-Sever et ceux de Sotteville se prêtaient un mutuel appui pour ces cérémonies.

Le jour de la distribution des prix aux élèves des Frères, la musique se faisait entendre et reconduisait chez ses parents l'élève qui remportait le prix d'honneur. Cela dura ainsi quelques années.

A Briens succéda Ribicki, ancien sergent-major de musique sous le premier Empire, clarinettiste et aussi violoniste; il tenait l'emploi de second violon au Théâtre-Français de Rouen.

Vint ensuite M. Chevalier, ex-musicien au 81e de ligne, qui dirigea en maintes occasions les élèves musiciens dont le nombre diminuait, du reste, d'année en année, les uns quittant Sotteville, les autres abandonnant l'instrument.

Sous le titre de *Renaissance-Cécilienne*, on essaya de fonder une véritable société dont la direction fut successivement confiée à MM. Chevalier et Féron. Cette tentative ne réussit point.

En 1864, M. Plantegenest ouvrit un cours de musique qui fut bientôt suivi par un assez grand nombre d'amateurs. Plusieurs messes furent exécutées par eux dans l'église de Sotteville.

Les cours de musique avaient lieu dans les salles du 1er étage de l'ancien restaurant Lecompte, rue du Cours. Bientôt les élèves eurent des instruments et la nouvelle fanfare donna l'aubade à son chef, à l'occasion du 1er janvier 1865.

Cette fanfare ne se fit d'ailleurs entendre que rarement dans Sotteville et ne prit part à aucun concours de musique, ce dont se plaignaient les musiciens eux-mêmes.

Enfin, en 1868, après avoir recruté quelques musiciens jouant des instruments en bois, une véritable société fut fondée sous le titre de *Société musicale*, celle qui existe aujourd'hui. Un bureau d'administration fut constitué avec M. Sailly pour président.

Deux sections furent créées : l'une vocale, dont la direction fut confiée à M. Picrel, et l'autre instrumentale (harmonie), dont M. Legeay devint chef en remplacement de M. Plantegenest.

Ces deux sections se firent entendre assez fréquemment à Sotteville, notamment dans les concerts-bals offerts par la *Société musicale* à ses membres honoraires dont l'appui avait été sollicité par quatre sociétaires dévoués.

Elles prirent part, non sans succès, aux concours de musique organisés à Rouen, 24 mai 1868; Havre, 30 août 1868, et Fécamp, 20 juin 1869.

M. Legeay, chef de musique, fut remplacé par M. Letellier, et M. Morize prit la suite de M. Picrel.

Un magnifique kiosque avait été construit et installé sur la place de l'Hôtel-de-Ville pour les exécutions publiques par l'*Harmonie*. L'achat de ce kiosque avait donné lieu à une dépense exagérée vu les ressources de la Société ; aussi bientôt sa situation était-elle précaire.

La guerre de 1870 vint encore priver la Société d'une partie de ses ressources en faisant diminuer le nombre des membres honoraires. De sorte que, lorsqu'on voulut après la guerre reconstituer la Société, il fallut refaire à peu près tout.

A M. Letellier succéda M. Leconte dans la direction de l'*Harmonie*. La section vocale n'existait plus. Il ne restait que quelques sociétaires.

En 1873, le chef de musique ouvrit un cours gratuit dans l'ancien *Salon de Flore*, place Voltaire, qui était devenu le siège de la Société, puis ensuite dans une maison rue de la République, devenue également le siège de la Société. Trente élèves se firent inscrire et le tiers environ surent profiter des leçons et devinrent assez habiles pour pouvoir prendre part au concours de musique organisé à Rouen, le 13 juin 1875, à l'occasion du centenaire de Boieldieu. Ces élèves étaient d'ailleurs soutenus par plusieurs anciens sociétaires heureusement ralliés.

Le siège de la Société, en 1875, était, comme aujourd'hui, au 1er étage de l'ancien restaurant des *Deux-Colonnes*, place Voltaire.

La situation de la Société au point de vue financier était devenue meilleure. Les habitants de Sotteville, de leur côté, avaient offert par souscription la belle bannière que la Société possède actuellement et qui est aujourd'hui surchargée de médailles, palmes, couronnes, etc.

En 1876, la Société est dans une situation prospère ; elle peut faire construire une scène pour ses concerts sons obérer son budget. L'*Harmonie* de Sotteville marche d'ailleurs de succès en succès : le 14 juillet 1878, au concours de Paris, elle remporte deux médailles ; l'année suivante, à Elbeuf, elle obtient un 1er prix ascendant qui la fait changer de division, et la fait classer en 2e division, 2e section.

En 1880, à Houdan, nouveaux succès ; le chef de musique, M. Vivran, reçoit du Jury une médaille d'argent pour la bonne direction et la bonne exécution de la Société. En 1881, à Montivilliers et à Caudebec-lès-Elbeuf, autres succès. En 1883, à Bernay, elle remporte un nouveau 1er prix ascendant qui la range en 2e division, 1re section.

Depuis cette époque, la musique de Sotteville n'a cessé de poursuivre sa marche ascendante. Elle est aujourd'hui classée en 1re division, 1re section. Elle a pour président M. Leclerc, et pour chef M. Mabire.

Chaque année, elle donne à ses membres honoraires un concert qui est une véritable fête pour toute la ville.

\*
\* \*

En 1880, M. Pelletier fondait à Sotteville une société philharmonique, à laquelle il donna le nom de *Union musicale*. Son existence fut de courte durée. Chaque année elle donnait, comme la *Société musicale*, un concert à ses membres honoraires. Tout d'abord, elle siégea au *Salon de Flore*, puis rue Colombel, enfin à l'*Eldorado* dont M. Pelletier avait pris la direction.

### Société de Gymnastique

La Société de gymnastique, d'escrime et d'instruction militaire *La Sottevillaise* a été autorisée par arrêté préfectoral du 11 novembre 1884. Elle compte 55 membres. Le président actuel est M. Théophile Guerrier, percepteur, et le moniteur-professeur, M. Jules Pauchet.

### Sociétés Colombophiles

#### *L'Hirondelle.*

Cette Société, fondée le 25 mars 1874, a aujourd'hui pour : président, M. Bocquet ; vice-président, M. Boimard ; trésorier, M. Dupont, et secrétaire, M. Caron.

Les succès remportés par cette Société ne se comptent plus. Il n'est guère de concours dans la contrée où elle n'y obtienne une des premières places.

Chaque année elle organise divers concours spéciaux auxquels ses membres prennent part.

#### *Les Messagers Sottevillais.*

Cette Société fut autorisée par arrêté préfectoral du 29 janvier 1887. Son bureau est ainsi composé : Président, M. E. Leroy ; vice-président, M. Jules Delaunay ; trésorier, M. Léclanché ; secrétaire, M. Thioudet.

Elle compte parmi ses membres M. Fromont (Fortuné), amateur depuis trente ans et un des fondateurs de l'*Union de Rouen*.

Comme la précédente, cette Société organise chaque année six ou sept concours particuliers. En 1892, elle a offert à tous les amateurs de Sotteville un grand concours où de nombreux prix ont été décernés.

## III. — Établissements Philanthropiques

#### L'Orphelinat, l'Asile et l'Ouvroir des Sœurs de Saint-Vincent de Paul

Les œuvres des Sœurs de Saint-Vincent de Paul à Sotteville ont commencé en 1850, sous l'impulsion de M. l'abbé Fleury, alors curé de la paroisse. Une sœur résidant chez les religieuses de Saint-Sever, rue d'Elbeuf, venait chaque jour faire des distributions aux pauvres dans le fournil du presbytère.

En 1852, le Conseil municipal de Sotteville, M. Bertel étant maire, vota la construction d'un asile ; cet établissement se trouve rue de la République, ancienne rue du Carrefour. La direction de cet asile fut confiée aux Sœurs de Saint-Vincent de Paul, qui payèrent, au moyen de quêtes et de souscriptions, la moitié de la somme que coûta la maison d'habitation, et qui, en attendant que les travaux fussent achevés, louèrent pour y habiter deux petites maisons voisines.

Quand tous les travaux furent terminés, les Sœurs créèrent dans ce local trois œuvres : un asile, un orphelinat de jeunes filles et un ouvroir.

En 1870, M. Fleury, curé, loua rue Colombel une maison communiquant par le jardin avec l'asile, et y installa un petit hospice qui fut ouvert le 1er février 1871, avec sept vieillards.

Le 15 janvier 1882, les Sœurs de Saint-Vincent de Paul reçurent l'ordre de quitter, le 1er février suivant, cet asile, dont la maison d'habitation avait été construite par moitié à leurs frais. Elles se retirèrent avec leurs orphelines dans leur petit hospice, s'y entassant comme elles purent, et elles y ajoutèrent une maison voisine, qu'elles louèrent. Néanmoins elles furent obligées de diminuer, faute de place, le nombre des orphelines et de limiter celui des vieillards. L'ouvroir disparut entièrement.

L'administration municipale, continua néanmoins à confier aux Sœurs de Saint-Vincent de Paul ses vieillards et ses infirmes, trouvant en cela un avantage pour la commune, le prix de pension chez les Sœurs de Sotteville étant moins élevé qu'à l'Hospice général de Rouen.

En quittant l'asile, les Sœurs, avec le concours du curé de Sotteville et de quelques personnes de la paroisse constitués en comité, ouvrirent le 22 mars 1882, une école enfantine et une école primaire, dans un local situé rue Hoche et ayant autrefois servi de maison d'école aux Frères.

En 1888, une ancienne usine située rue de la République, 408, a pu être acquise. C'est dans ce local, approprié à l'usage d'hospice et d'orphelinat, que les Sœurs de Saint-Vincent de Paul résident depuis le 16 juillet 1889. Elles ont aujourd'hui dans leur hospice plus de 50 vieillards. Leurs classes sont toujours rue Hoche.

## La Solidarité Sottevillaise
### Société coopérative de consommation.

C'est une œuvre éminemment philanthropique, qui a réuni à Sotteville immédiatement un grand nombre d'adhérents. Presque exclusivement ouvrière au début, elle est parvenue à grouper autour d'elle un certain nombre de petits propriétaires et rentiers.

Fondée dans l'espoir d'arriver par une voie pacifique à l'émancipation des travailleurs, elle pourra atteindre son but dans sa sphère, si elle ne subit le sort d'un grand nombre d'associations similaires, c'est-à-dire si elle ne dévie de son chemin.

Au début, elle ne comptait que 47 associés ; les avantages immédiats qu'elle a procurés à ses adhérents ont fait passer ce chiffre de 47 à 1.300, représentant autant de familles et un mouvement d'affaires d'environ 250 à 300.000 fr.

Comme il est facile de s'en rendre compte, cette œuvre a prospéré en peu de temps et un avenir brillant lui est réservé, à la condition qu'elle ne trompe pas l'espoir de ses associés et qu'elle ne devienne exclusivement une œuvre commerciale destinée à faire tort au commerce local, sans se soucier de venir en aide *aux victimes* qu'elle fait parmi les petits commerçants, qui, il faut bien le considérer, ne sont eux aussi que des ouvriers. Il ne suffit pas, en effet, de déplacer la misère, il faut, sinon la supprimer tout à fait, du moins la reculer à ses plus extrêmes limites. C'est assez dire qu'il faut toujours avoir présent à la pensée la formule des coopérateurs : « Tous pour chacun, chacun pour tous. »

### Sociétés de Secours Mutuels

Il existe à Sotteville plusieurs Sociétés de secours mutuels qui rendent les plus grands services au milieu de cette population ouvrière. Nous ne pouvons ici que les énumérer.

L'*Émulation chrétienne de Sotteville*, une des plus anciennes, qui a pour président M. Boniface.

La *Fraternelle Saint-Éloi*, fondée en 1847 ; M. Sax, président.

La *Prévoyante*, fondée en 1865 ; M. Liot, président.

*Société de secours mutuels des mécaniciens et chauffeurs de la Compagnie de l'Ouest ;* M. Germier, président.

*Association fraternelle des Employés de chemins de fer français ;* M. Méret, président.

## IV. — Belles actions

A Sotteville, comme à Saint-Étienne-du-Rouvray, les actes de dévouement ne sont pas rares, et il nous faudrait tout un long chapitre pour les relater. Nous ne pouvons donc qu'énumérer ceux qui ont donné lieu à des récompenses du gouvernement.

En 1866, M. Vallée, ancien maire de Sotteville, membre du Conseil municipal, sollicitait une de ces récompenses, mais il avait le tort, aux yeux du commissaire de police, de professer des idées républicaines et de faire partie de plusieurs sociétés démocratiques.

Sa demande, malgré toute la légitimité qu'elle pût avoir, ne fut pas admise.

En 1868, M. Bradechard, tourneur en fer, rue Méridienne : médaille d'argent.

En 1869, M. Crespin, chauffeur-mécanicien, rue Lancestre : *31 sauvetages*, médaille de première classe en argent. Titulaire, en 1868, de la médaille de deuxième classe.

En 1872, M. Bréant, employé au chemin de fer, rue de la Grenouillette : lettre de félicitations.

En 1878, M. Darry, mécanicien au chemin de fer de l'Ouest, à Sotteville, médaille d'argent de deuxième classe.

En 1881, M. Morel, maître de bains, mention honorable.

En 1883, M. Loisel, médecin à Sotteville, mention honorable.

En 1888, M. Pradier, commissaire de police à Sotteville, médaille d'honneur.

A la suite de l'épidémie cholérique de 1892, les récompenses suivantes ont été décernées :

Par M. le Ministre de l'intérieur : à MM. Tourdot, docteur en médecine, une médaille de vermeil; Pradier, commissaire de police, une médaille d'argent.

Par M. le Préfet, au nom du Conseil général : à MM. Loisel, médecin, une médaille d'argent; Porchet, agent de police, une médaille d'argent; M$^{me}$ Boulanger, garde malade, un diplôme d'honneur.

## V. — Le Théâtre à Sotteville

Vers l'année 1530, la peste qui pendant trop longtemps avait sévi sur la population de Rouen et des environs, fit enfin relâche, et peu à peu on vit réapparaître cette vieille gaîté qui fait le fond du caractère français; les anciens jeux reprirent leur cours habituel et de tous côtés on s'ingénia même à en organiser de nouveaux.

Il existait alors à Sotteville un jeu de paume assez important, connu sous le nom de *Saint-Antoine*, parce que l'image de ce saint y pendait pour enseigne. Ce lieu de *Saint-Antoine* était fréquenté non seulement par les gens de Sotteville, mais encore par bon nombre de Rouennais qui y venaient prendre leurs ébats; il était d'ailleurs installé d'une manière fort convenable, des jardins bien entretenus s'offraient aux promeneurs et des tables bien dressées. conviaient mangeurs et buveurs.

Une société, on ne sait laquelle, profita de ce moment de trêve de la terrible maladie pour organiser à *Saint-Antoine* de Sotteville des jeux qui furent appelés *jeux de Sotteville*; ils commencèrent le dimanche 7 août et l'on y joua la *Vie de Judas*, que M. Petit de Julleville croit extraite de la Passion représentée alors dans la plupart des villes.

Qu'étaient-ce ces jeux de Sotteville dont aucun écrivain de l'époque n'a parlé? Furent-ils organisés seulement pour le jeu de la *Vie de Judas*? M. Gosselin s'est livré à ce sujet à d'actives recherches qui ne lui ont donné aucun résultat; toutefois il semble porté à croire qu'au moins durant quelques mois ce théâtre demeura à la disposition des amateurs et, dans cette idée, il admet volontiers qu'une *moralité*, dont il dit quelques mots, y fut jouée : *la Moralité très singulière et très bonne des blasphémateurs du nom de Dieu*.

Sans rappeler les raisons excellentes qui ont porté M. Ch. Lormier à croire que cette moralité fut jouée à Rouen vers 1530, M. Gosselin déclare adopter complètement ses déductions et ajoute : puisqu'il est certain qu'en cette même année les *jeux de Sotteville* avaient été institués et qu'un théâtre avait été construit après au lieu de *Saint-Antoine*, il est plus que probable que la *Moralité des blasphémateurs* y fut jouée après la *Vie de Judas*.

« Cette moralité, dit encore M. Gosselin, est d'ailleurs très intéressante pour l'histoire du théâtre à Rouen, puisqu'elle est la seule de cette époque que l'on puisse attribuer à un auteur rouennais et que, parmi celles dont le texte a été conservé, aucune mieux qu'elle ne révèle un progrès aussi réel. » La mise en scène y était toujours à peu près la même : *un théâtre à plusieurs estaiges*, car dans le prologue on trouve ces mots : « Vous pouvez voir la sus en ces estaiges; » toutefois elle se rapprochait beaucoup de celle employée à cette époque pour la représentation des mystères. Ainsi on y voyait un *paradis* où se trouvait « la Déité souveraine et divine, les anges pleins d'honneur avec Marie, la vierge très bénigne ». La guerre, la famine, la mort avaient aussi leurs étages ainsi que le blasphémateur, l'église avait également le sien ; enfin l'enfer plein de soufre et de venin y figurait avec les démons et les damnés.

Les *jeux de Sotteville* et le théâtre du lieu de *Saint-Antoine* ne durent avoir qu'une existence bien éphémère : le jeu de paume dut subir le même sort, car à partir de 1550 il n'en est plus fait mention et en 1600 un autre venait s'établir dans les prairies de Grandmont.

Pendant plus de deux siècles, aucune mention ne nous est parvenue relativement au théâtre à Sotteville. Les guerres, les maladies, la disette n'étaient pas d'ailleurs tout ce qui était nécessaire pour porter l'esprit vers les distractions et la gaîté. C'est seulement à partir du commencement du XIXe siècle que l'on constate à Sotteville l'existence de théâtres tels que nous les concevons aujourd'hui.

La première scène de ce genre dont le souvenir soit conservé dans cette ville fut établie sous la Restauration et eut pour directeur un nommé Dorival. Toutefois elle ne dura que fort peu et disparut sans laisser de bien grands regrets.

Le 20 mars 1830, les sieurs Bramerel, dit Gringalet, et Vaudouer sollicitaient du préfet de la Seine-Inférieure l'autorisation de donner des représentations « au théâtre établi à Sotteville, place de la Croix », sous la direction de Vaudouer. Ces représentations devaient être du genre dramatique, « à l'instar de celles des théâtres des boulevards de Paris. »

Le préfet trouva que la demande de Gringalet et de Vaudouer était inadmissible aux termes de l'article 2 de l'ordonnance du 8 octobre 1824; toutefois « si leur établissement pouvait se ranger parmi les spectacles de curiosité, il leur donnerait l'autorisation demandée ». Gringalet et Vaudouer répondirent que leur théâtre devait prendre le titre de *Délassements ou soirées amusantes*. Dans ces conditions l'autorisation leur fut accordée le 30 mars suivant.

Malheureusement la nouvelle exploitation fut loin de donner les résultats qu'en attendaient les deux associés, et au mois de juin de la même année, ils se séparaient. Vaudouer tenta de continuer seul l'exploitation du théâtre de Sotteville, mais bientôt il devait lui-même abandonner l'entreprise et le théâtre fut fermé.

Quant à Gringalet, il vint à Rouen et y acquit une grande réputation comme pitre. Cependant quelques années plus tard il tenta de nouveau la fortune et essaya de reprendre une direction théâtrale à Sotteville. Il installa alors dans la cour des *Deux-Colonnes*, place de la Croix, une nouvelle scène où il joua la comédie et le vaudeville, mais cette nouvelle tentative ne fut pas plus heureuse que la première et Gringalet reprit son métier de pitre.

« Gringalet, nous dit M. Georges Dubosc, était un pitre lettré, daubant avec pleine licence sur les travers, les usages et particulièrement le pouvoir avec une verve grossière mais toujours comique; il confectionnait pour ainsi dire sur les planches le feuilleton satirique de la journée, n'épargnant personne.

« Il était venu à Rouen avec la troupe Cossard qui s'installa au théâtre des *Quatre-Colonnes*, entre la rue de la Tuile et la rue du Bac. En 1827, la troupe était venue s'établir sur la place Saint-Sever d'où elle émigra, au mois de novembre 1828, à un petit théâtre élevé à l'entrée du cours la Reine, construit sous les auspices et sur les plans de Gringalet. Ce théâtre était situé à l'endroit même où se trouve aujourd'hui l'entrée de la gare aux marchandises et où fut plus tard installé le bal de Terpsichore. »

Condamné à la prison pour ses chansons, Gringalet n'en continua pas moins à critiquer le pouvoir. Un arrêté du maire de Rouen ayant enjoint à tous les brouettiers d'avoir une sonnette à leurs brouettes et à leurs camions, Gringalet trouva là un excellent prétexte pour exercer sa verve ; sa nouvelle chanson fut intitulée : *Carillon des brouettes, chanté en grande volée par Gringalet, ex-fondeur de cloches de la rue Beffroy et apprenti sonneur de la cathédrale de Sotteville.*

Il mourut en 1845, âgé de 56 ans.

\* \*

Après le premier échec de Gringalet à Sotteville, un nommé Simon Troissin, qui avait été le régisseur du théâtre sous la direction du célèbre pitre et de Vaudouer, voulut reprendre l'exploitation abandonnée par ce dernier. Tout d'abord, il y obtint quelques succès ; mais alors Vaudouer, jaloux sans doute, suscita à son ancien régisseur une foule de difficultés. En présence de l'opposition qui lui était faite par son ancien directeur, Troissin renonça à son entreprise. Il se proposait de jouer, sur la petite scène de Sotteville, le vaudeville et les petites comédies.

Au mois de février 1836, un nommé Moiseron, fort connu depuis à Rouen, sollicitait et obtenait l'autorisation de construire à Sotteville, sur un terrain appartenant à M. Guyot, une petite salle de spectacle, en bois, où il se proposait de donner des représentations de drames, de vaudevilles et de comédies, et qu'il appela d'abord *Théâtre des jeunes Artistes*, puis *Théâtre des Nouveautés*; plus tard, elle prit le nom de *Salon de Flore*.

Au mois d'août le nouveau théâtre ouvrait ses portes, avec *La Haine aux Femmes* et le *Joueur d'Orgues.*

Parmi les principaux acteurs de la troupe, on trouve, en outre du directeur M. Moiseron et du régisseur Teinturier : Fleury, premier comique ; Challand, père noble ; Léon Valois, gendre du père Lambert, des Variétés de Rouen ; Linof, utilité. M$^{lle}$ Viard remplissait les rôles de jeune première, et M$^{me}$ Moiseron jouait les duègnes. M. Duval dirigeait l'orchestre.

L'affiche était constamment renouvelée sur cette petite scène. Au nombre des pièces qui y furent alors représentées et qui y obtinrent du succès, nous citerons, parmi les drames : *Les Victimes cloîtrées, Le Doigt de Dieu, Attar Gull, La Courte-Paille*, drame mêlé de chant; *La Forêt Noire*. Les vaudevilles les plus en vogue y étaient : *Ketly, Le Dîner de Magdelon, Le Ménage du Savetier, La Tire-Lire, Le Gamin de Paris, La Cocarde tricolore, La Laitière de Montfermeil, Chambre à louer, Le Château de la Poularde, Le Dentiste, Mina ou l'Esclave*, etc. Enfin, parmi les comédies nous voyons : *Une Fête au village, L'Habitant de la Guadeloupe*, etc.

La petite troupe n'était pas aussi largement pensionnée que le sont celles de nos jours. Ainsi, pour ne citer que quelques exemples : le régisseur avait 80 francs d'appointements par mois; le premier comique touchait le même prix ; le chef d'orchestre et M<sup>lle</sup> Viard avaient un traitement de 100 francs, et c'étaient les têtes de colonnes.

Malgré ce renouvellement constant des spectacles et le soin apporté par le directeur aux représentations, le théâtre de Sotteville ne put acquérir la prospérité. L'hiver venant et se montrant même, dès son début, d'une rigueur extrême, Moiseron sollicita du préfet, au mois de novembre, l'autorisation de fermer sa salle, ce qui lui fut accordé.

Au printemps de l'année suivante, un sieur Janety fut autorisé à donner quelques représentations sur le théâtre de Sotteville; mais cette exploitation de la petite scène ne fut pas plus prospère que les précédentes.

*
* *

A la fin de l'année 1837, Houdard, qui devint dans la suite directeur du *Théâtre-Français* de Rouen, sollicitait à son tour, du préfet, l'autorisation d'exploiter la scène de Sotteville. En même temps, il projetait l'ouverture d'un cours dramatique lui permettant ainsi la formation d'un théâtre d'élèves qui, — disait-il dans sa supplique au préfet, — « ne manquerait pas d'être appréciée. Il y
« aurait ainsi un moins grand nombre d'individus qui s'imposeraient
« à la patience du public ; c'était le meilleur des Conservatoires
« possible en province. »

Houdard donna à son théâtre le nom de *Gymnase dramatique* et y joua le drame, le vaudeville et la comédie. Parmi les nombreuses pièces qui furent représentées, nous remarquons :

Drames : *La Première Affaire.* — *Le Couvent de Tunnington.* — *Les Victimes cloîtrées.* — *L'Incendié.* — *L'Honneur de ma Mère.* — *Haïda la Pestiférée.* — *Le Siège de Toulouse.*

Comédies : *Une Journée à sensation,* — *Le Voyage à Dieppe,* — *Les Deux Ménages.* — *Tartufe.* — *Fénélon,* etc.

Vaudevilles : *Jean Moulinais.* — *Faublas.* — *Un Orage au premier étage.* — *Les Amours de Paris,* etc.

Dans le tableau de troupe, on trouve les noms de Thénard, administrateur-professeur; Valois, jeune premier; Vilneuve, premier comique; Mlle Colombel, premier rôle ; François, chef d'orchestre.

Houdard eut un véritable succès pour cette première année d'exploitation, et l'année suivante (1838), il obtenait d'être maintenu dans la direction de la scène de Sotteville ; en même temps, il se faisait autoriser à donner des représentations dans la banlieue et les autres villes du département non pourvues de troupes.

Mais alors les directeurs des théâtres de Rouen se liguèrent contre lui et représentèrent au préfet le préjudice que leur faisait éprouver la présence d'une pareille troupe à Sotteville, exploitant en même temps Déville, Darnétal, Bonsecours. Ils concluaient à ce que défense fût faite à Houdard de jouer dans la banlieue de Rouen.

Mais le maire de Sotteville ne l'entendait pas ainsi, et protesta auprès du préfet contre la prétention des directeurs des théâtres de Rouen. Néanmoins, le 4 juillet, le préfet émettait l'opinion qu'il fallait, en principe, refuser à Houdard l'autorisation de donner des représentations à Sotteville et dans la banlieue. Toutefois, il reconnaissait que l'exploitation d'un théâtre à Sotteville était tolérée depuis quelque temps et estimait qu'il y avait lieu de continuer la même tolérance. C'était tout ce que demandaient Houdard et le maire de Sotteville. Toutefois, Houdard ne continua qu'une année l'exploitation du *Gymnase dramatique*.

Pendant une douzaine d'années, Sotteville se trouva dépourvu de théâtre ; mais en 1850, M. Marc ayant sollicité l'autorisation d'ouvrir, pour la saison d'hiver 1850-1851, un petit théâtre bourgeois, passage de la Nitrière, à Rouen, se vit par le maire de cette ville, sur les conseils du préfet, refuser cette autorisation, sous prétexte de ne pas nuire aux théâtres rouennais.

M. Marc s'adressa alors à la commune de Sotteville. Cette fois il fut plus heureux, et le nouveau théâtre, s'intitulant *Société dramatique de Sotteville-lès-Rouen*, fut installé rue des Marettes. Deux cents personnes environ y trouvaient place.

La nouvelle scène, toutefois, n'était autorisée que pour dix représentations, le dimanche, de quinze jours en quinze jours. Pas d'annonces, pas d'affiches, mais seulement des lettres d'invitation. En outre, le répertoire ne devait se composer uniquement que de vaudevilles soumis à l'approbation préfectorale.

Mais ce nouveau théâtre n'eut encore qu'une courte existence de deux années. M. François Marc en avait été le directeur, avec M. Bérenger pour régisseur et M. Osmont, directeur des abattoirs, pour contrôleur.

Deux sociétaires de cette petite scène sont devenus, par la suite, des artistes de mérite : MM. Villefroy, de Sotteville, qui a tenu avec autorité l'emploi de baryton au *Théâtre des Arts*, et Duriez, de Rouen, qui, en 1881, avait entrepris la direction dramatique de ce même théâtre.

En mai 1852, M. Marc avait donné une représentation au bénéfice des pères de famille restés sans ouvrage à la suite de l'incendie de la filature de M. Gervais.

\*    \*
\*

C'est alors que nous voyons apparaître à Sotteville le « père Legrain ». Il installe sur la place de la Croix un petit théâtre ambulant et y donne des représentations de comédies et de vaudevilles. Il avait avec lui Linof, Gustave Legrain, Elisa Dusaussoy, Dortu, un ancien physicien de foire.

Mais alors, à côté de lui, sur la place de la Croix, vint s'établir un théâtre de marionnettes dirigé par un nommé Bian. De nombreux différends ne manquèrent pas de se produire entre les deux directeurs, et l'année suivante le père Legrain transporta son théâtre quelques pas plus loin, dans une maison en face l'ancienne salle d'Apollon, occupée alors par un charron. Cette maison, sise à l'entrée de la rue Corneille, est facilement reconnaissable à la claire-voie qui borde son jardin sur la rue.

Legrain resta là pendant deux ans. Il faisait en même temps une tournée de banlieue, à Oissel, Darnétal, Maromme, Déville.

Au mois d'octobre 1854, un nommé Rogès de Villeneuve voulut ouvrir à Sotteville un théâtre de drames et de vaudevilles; mais l'autorisation lui fut refusée par le préfet, par cette raison que les théâtres de Rouen étant dans une situation précaire, ce serait encore leur porter un nouveau préjudice que d'autoriser cette nouvelle exploitation.

Vers 1860, Duhamel, gendre de M$^{me}$ Goffard et père de Sarah et de Biana, monta un petit théâtre dans la cour d'un marchand de charbon, rue Victor-Hugo. Il y joua tout particulièrement le vaudeville, entre autres, *La Sœur de Jocrisse*.

\* \*

Après l'échec de différentes tentatives théâtrales, le *Salon de Flore* devint et resta jusqu'à sa destruction une salle de bal. De temps à autre on y donnait des soirées concertantes. Au mois de septembre 1874, Tabur, qui en était directeur, y fit l'ouverture des concerts de la Société chorale *la Renaissance;* le 18 juillet 1875, un grand concert y fut donné au profit des inondés du Midi.

Quelque temps après, le père Legrain prenait la direction de la vieille salle, sans en changer le genre d'exploitation. Il y resta jusqu'en 1883; mais alors, le propriétaire ayant manifesté l'intention de la démolir pour élever à sa place des constructions nouvelles,

M. Dubois, adjoint de Sotteville, proposa au Conseil municipal d'en faire l'achat pour la convertir en salle de fêtes et de réunions, dont la commune était complètement dépourvue. Mais devant la dépense assez onéreuse que nécessiterait la transformation de la vieille salle, on ajourna toute décision. Ce n'était pas la solution prompte que voulait le propriétaire, et sans attendre plus longtemps, il fit démolir le *Salon de Flore*.

Trois ans plus tard, une nouvelle scène s'élevait sur cette même place de la Croix, sous le nom de *Calypso-Théâtre*. La direction en fut confiée à M. Riza Danel, qui avait appartenu à divers théâtres de Rouen et était alors attaché aux *Fantaisies lyriques*, devenues plus tard les *Folies-Bergère*. Les débuts de la nouvelle troupe furent assez heureux, mais le succès ne se maintint pas et le nouveau théâtre dut bientôt fermer.

Dans ces dernières années, une nouvelle tentative fut faite par M. Pelletier, qui apporta à la scène sottevillaise de nombreuses et importantes améliorations, et à laquelle il donna le nom de *Eldorado*. Tous les genres : théâtres, concerts, bals, y furent essayés ; en 1891 une troupe dramatique, à la tête de laquelle était un certain Dolnay, et qui comptait quelques sujets de certaine valeur, y vint donner des représentations tout d'abord très suivies ; mais un théâtre ambulant étant venu se fixer sur la place de la Mairie, lui suscita une vive concurrence, et peu à peu le public déserta l'*Eldorado*, qui n'eut plus, en outre des amateurs de bal, d'autre clientèle que les orateurs des réunions publiques. C'est là que vinrent se faire entendre les Lafargue, les Guesde et les Ferroul, — pour ne citer que les principaux, — et les candidats aux fonctions législatives.

Aujourd'hui l'*Eldorado*, complètement fermé, attend de nouvelles luttes politiques et quelque nouveau directeur assez hardi pour y tenter la fortune.

## Bals

En outre du *Salon de Flore*, il avait existé sur la place de la Croix deux autres salles de bal. La première désignée sous le nom de

*Salon d'Apollon* avait eu pour directeur Bureau. La concurrence du *Salon de Flore* et d'une salle voisine lui porta des coups funestes ; quelque temps après, vers 1835, le directeur dut fermer, et le bal, d'une construction très légère, disparut. Sur son emplacement s'élève aujourd'hui un café connu sous le nom de *Café Houzard*.

L'autre salle de bal, désignée vulgairement sous le nom des *Deux-Colonnes*, à cause de l'espèce de portique qui décore sa façade, telle qu'elle existe encore d'ailleurs, a pendant un certain temps obtenu un certain succès. Elle a aujourd'hui complètement perdu sa destination primitive.

## VI. — L'Assemblée de Sotteville.

### Les Fromages a la crème

Cette fête annuelle qui a lieu chaque année le dimanche qui suit le 15 août est une des plus importantes de la contrée. Jadis elle attirait une foule considérable venue de Rouen et des environs. De nos jours quoique ayant perdu, comme la plupart des fêtes similaires, une partie de son éclat, elle n'en a pas moins conservé sa supériorité sur toutes celles des communes environnantes.

Au siècle dernier, il s'y faisait un grand commerce de fromage et de crème dont la réputation était connue au loin. Les plus hauts personnages ne dédaignaient pas de la servir sur leur table. On la mangeait avec du sucre et de la canelle. Louis XV l'appréciait si fort, qu'il fit venir à Versailles des vaches et une fermière de Sotteville ; mais l'essai ne réussit pas ; de sorte que la bonté de la crème paraît tenir à la qualité des prairies de Sotteville.

Le chansonnier Olivier Ferrant en a fait le sujet d'une pièce intitulée *Les Fromages à la crème ou l'Assemblée de Sotteville*. En voici un extrait :

UN MAITRE MASSON ET L'AUTEUR, DE ROUEN

*Le Masson*

Laissez votre poésie et sortons hors de la ville,
Venez avec moi à la foire de Sotteville ;

Cette assemblée connue dans ce pauvre village
Où se fait un commerce de lait et de fromage,
Un étranger venant du château de Beauvoir
A fait ce qu'il a pu enfin pour en avoir.
La plupart sont déjà en réquisition,
Comme il en est vendu ce jour dans le canton ;
Jamais on n'a vu pareil agiotage
Venir accaparer, à Sotteville, le fromage.

*L'auteur*

Chacun fait ce qu'il peut pour gagner sa vie.

*Le Masson*

Peut-être dans un an serons-nous pas en vie.

*L'auteur*

A Paris, ils voulaient imiter ce village
Pour avoir dans leurs murs ce même fromage,
Ils n'ont pu parvenir au but de leur envie.

*Le Masson*

Pourquoi ne faisaient-ils pas venir la prairie.

*L'auteur*

On n'aura jamais vu du temps de saint Ignace
Un herbage ou prairie pouvoir changer de place.
Ce village, à peu près comme celui de Nanterre,
On peut s'y promener et par mer et par terre.

*Le Masson*

Comment ! est-ce que la mer vient aussi à Sotteville ?
C'est bien un calembourg du poète de notre ville.
Il faut que vous en ayez une bonne cervelle
D'accoucher tous les mois d'une pièce nouvelle.

Tout en conversant, enfin ils arrivent au bastringue. L'envie leur prend d'entrer. Marie Barbe, la marchande de lait et de fromages à la crème, crie dans l'intérieur contre sa bourrique.

Et haie, maudite âne, vas-tu me faire coucher aux Emmurées.
Ah ! tu ne sais donc pas que c'est notre assemblée.
Vas donc plus vite que ça vieux carnage,
Combien que je vais vendre ce jour de fromages.

Ferrant veut la calmer.

> Qu'avez-vous donc la mère ?
> Pour un jour de fête, se met-on en colère.

Mais Marie Barbe n'entend pas qu'on se mêle de ses affaires.

> Passez votre chemin et laissez moi tranquille.
> Ce n'est pas, monsieur, la route de Sotteville,
> Vous vous êtes écarté beaucoup de cette foire.

Dans la scène suivante, l'auteur met en présence deux voisines dont l'une pour amuser l'autre chante une chanson.

> Sotteville, tout près de l'eau
> A deux mille pas de la ville,
> Par terre aussi bien qu'en bateau,
> > Vous arrivez là
> En vous promenant fort tranquille.
>
> Quand on a bien collationné
> L'on s'écarte un peu du village.
> Un petit bois tout à côté.
> > Je n'en dirai pas,
> Mes bons amis, davantage.
>
> A la fin de cette assemblée,
> Si vous voyez quelle débacle,
> Dans le Grand-Cours et la Chaussée.

\* \*

Dans les premières années du XIXe siècle les femmes de Sotteville, comme d'ailleurs celles de Boisguillaume, de Quevilly, de Bonsecours et de Canteleu, apportaient le lait à Rouen dans des cruches de différentes grandeurs closes par de simples bouchons de paille. Il y en avait d'autres pour la *fleurette* et la crème. Ces cruches étaient placées dans des paniers que des ânes portaient et les laitières suivaient leurs montures à pied.

Dans la suite, les ânes furent remplacés par des chevaux que les laitières montaient en croupe ; aux vases de grès on substitua des vases en fer-blanc. De nos jours, les laitières ont toutes des voitures.

Le costume des femmes de Sotteville était le même que celui des paysannes des environs de Rouen ; il consistait en étoffes de laine commune et se composait d'un corsage bleu sur un jupon rouge et *vice-versa*.

Les femmes de Sotteville portaient des cornettes, ailleurs c'étaient des bavolets ; les coiffures différant suivant les localités. On n'a pas encore oublié les bonnets si coquets de Dieppedalle qui rivalisaient de grâce et d'agrément avec les bonnets si vantés du pays de Caux (1).

## VII. — Personnages remarquables.

### Nicolas Colombel

Nicolas Colombel naquit à Sotteville-lès-Rouen vers 1644 suivant les uns, 1646 suivant les autres ; la date exacte de sa naissance étant assez difficile à déterminer par suite d'un désaccord survenu entre ses biographes ; en effet, A. Jal, dans son *Dictionnaire critique de biographie et d'histoire,* prétend qu'au moment de l'enregistrement de l'acte de décès de Colombel une erreur s'étant glissée, l'employé de l'état civil n'aurait donné au peintre que 46 ans. Ce qui paraît certain, c'est que l'Académie, qui fut certainement bien renseignée par sa famille, enregistre sa mort, arrivée le 29 mai 1707, à l'âge de 73 ans.

Colombel avait marqué de bonne heure d'heureuses dispositions. Il fut envoyé à Paris où il suivit les cours de Sevé et du célèbre peintre Eustache Lesueur qu'il aida même dans ses travaux.

Ses études terminées, Colombel partit pour Rome et s'appliqua surtout à imiter Le Dominiquin, tout en restant l'admirateur de Raphaël. Ce fut là qu'il composa ses quatre premiers tableaux d'histoire : *Jésus-Christ chassant les marchands du Temple, Jésus-Christ guérissant deux aveugles de Jéricho, La femme adultère, Jésus-*

---

(1) Laquerrière. — *Revue Retrospective.*

*Christ chez les Pharisiens* qui lui valurent d'être reçu, en 1686, membre de l'Académie de Saint-Luc de Rome.

Colombel revint à Paris au commencement de l'année 1694 et devint l'ami de Mignard qui le présenta à l'Académie Royale de Peinture, où l'artiste sottevillais fut admis le 6 mars de la même année, avec son tableau *Amours de Mars et de Rhéa* qui fit partie, plus tard, du musée Napoléon.

Grâce à son talent, le peintre devint successivement adjoint-professeur le 27 août 1701, et professeur le 30 juin 1705.

Ses principales productions furent :

En 1699, *La Madeleine aux pieds de Notre-Seigneur chez le Pharisien, Psyché et l'Amour, Attalante et Hippomène, Noli me tangere, Retour de Chasse de Diane.*

En 1704, *Deux femmes se disposant à entrer dans le bain, La tolérance de Fabius, L'enlèvement d'Europe, Une Flore*, etc.

Louis XIV le chargea des peintures des châteaux de Versailles et de Meudon, pour lesquels l'artiste se surpassa dans *Orphée jouant de la lyre, Moïse sauvé des eaux, Moïse défendant la fille de Jethro.*

Le Louvre possède de lui *Saint Hyacinthe sauvant la statue de la Vierge* qui était placé précédemment dans l'église des Jacobins de la rue Saint-Honoré.

Le Musée de Rouen n'a qu'une *Sainte-Cécile*, tableau très délicat mais de dimensions assez restreintes. On voit de Colombel dans la galerie du prince Esterhazy à Vienne (Autriche), *Agar dans le désert consolée par l'ange*, et au musée de l'Ermitage, *La Fuite en Egypte.*

Gantrel a gravé, d'après lui, un portrait de l'évêque de Blois. Claude Duflos a gravé *La Femme adultère*, et Michel Dassier *Jésus-Christ chez le Pharisien* et *l'Aveugle de Jéricho.*

Quoique ses tableaux marquent une certaine froideur décelant parfois même le manque d'originalité, il est bon de remarquer qu'ils sont irréprochables comme perspective linéaire et fond d'architecture auxquels se joignent un dessin correct et des tons crus admirables.

Rendu présomptueux par suite de son admiration pour ses maîtres, Colombel se fit beaucoup d'ennemis en voulant trop critiquer ses contemporains qui le jugèrent, en revanche, avec plus de partialité que de justice. Néanmoins, cet artiste fut l'un des plus savants de l'école française et Sotteville peut s'honorer, à juste titre, d'être son berceau.

Colombel, dont la bibliothèque de Rouen possède un portrait, mourut à Paris, rue des Victoires, le 27 mai 1717.

Une rue de Sotteville porte son nom.

### Moulin

Augustin Moulin naquit à Sotteville le 6 janvier 1804, de Pierre Moulin et de Marguerite Bazire. A peine âgé de six semaines la variole le laissa complètement aveugle.

Doué d'une intelligence facile, d'un esprit attentif, d'un toucher délicat et d'une oreille très sensible, il sut gagner de très bonne heure la sympathie de tous ceux qui l'approchaient, et, dès qu'il fut en âge, diverses personnes, se joignant à sa mère restée veuve à la tête d'une nombreuse famille, obtinrent son admission à l'institution des jeunes aveugles de Paris, où il entra le 22 décembre 1817. Là ses rapides progrès le firent remarquer de ses professeurs, et tout particulièrement de MM. Diette, Ryckmans et Gebauer dont il fut le meilleur élève. Possédant une voix agréable, il acquit des connaissances musicales très étendues qui lui valurent l'emploi de répétiteur, le 31 octobre 1825.

Il collabora à l'*Annuaire de l'Organiste* (1828-1830).

Moulin, par son habileté, parvint à faire obtenir à cet établissement les différentes récompenses qui lui furent décernées aux expositions des produits de l'industrie : 1827, 1834 et 1839.

Il modifia le métier Ternant qui servait à la fabrication des couvre-pieds. Il inventa et perfectionna une machine servant à rogner la tranche des livres imprimés tout spécialement pour les aveugles et un rabot pour écrire sur les planches en cuivre de

Braille; il fut également l'inventeur d'une machine particulière à l'établissement pour le filage des cordes métalliques.

Après s'être occupé des travaux manuels, Moulin se tourna vers les instruments de musique et, en 1836, alors chargé de diriger la classe spéciale de l'accord du piano et de l'orgue, il donnait un ouvrage imprimé en relief : *De l'accord de l'orgue, de l'application des principes de l'acoustique à cet accord et du rapport de la vibration des notes fixes tempérées avec les battements de cœur.*

En 1846, Moulin quitta les Quinze-Vingts pour goûter près de sa famille un repos bien mérité.

Il occupa ses loisirs à enseigner le piano et forma plusieurs élèves distingués. Il mourut à Sotteville le 29 mai 1881.

## VIII. — Industrie.

### Établissements industriels existant a ce jour

*Rue Victor-Hugo.* — Filature de coton, 20.624 broches ; tissage de coton, 704 métiers. — MM. Bertel frères.

*Rue de la République.* — Filature de coton, 6.800 broches. MM. Le Carpentier et C$^{ie}$.

*Rue Hoche.* — Filature de coton, 10.224 broches. MM. Prevost-Grenier et C$^{ie}$.

*Rue du Nouveau-Monde.* — Fabrique de boulons. M. Simonin.

*Rue de la Mare-du-Parc.* — Apprêts pour étoffes de fabriques. MM. Larcher et Duverger. — Fabrique d'huile (un moulin). MM. Boniface et C$^{ie}$.

*Rue du Madrillet.* — Fabrique de colle. M. Muller Ferdinand. — Fabrique de savon. M. Villars.

*Rue Armand-Barbès.* — Fabrique de colle végétale. M. Hyde William.

*Rue Léon-Salva.* — Fabrique de chaux (deux fours à feu continu). MM. Jean Albert et Jean Louis. — Vinaigrerie (créée en 1892). M. Debove.

*Rue Garibaldi.* — Fabrique de plâtre. M$^{me}$ V$^{ve}$ Neyrolle.

### ÉTABLISSEMENTS INDUSTRIELS AYANT CESSÉ D'EXISTER

Fabriques de produits chimiques. M. Grenier, cessé en 1892. — M. Bouteiller, cessé en 1890.

Tissage de coton. M. Valentin, cessé en 1890.

# CINQUIÈME PARTIE

# LE PRIEURÉ DE GRANDMONT[(1)]

## CHAPITRE PREMIER

Fondation du prieuré. — Désastres occasionnés par les guerres et la Ligue.

Au XI$^e$ siècle un pieux personnage que l'Église a placé au rang de ses Saints, Étienne de Muret, ainsi nommé à cause du long séjour qu'il fit dans ce bourg au diocèse de Limoges, fondait une communauté de religieux à laquelle il imposa une règle qui conserva son nom. On l'avait surnommé *le Bonhomme*. Après lui ce nom fut également donné aux religieux de la communauté, ce qui explique que, dans divers endroits du royaume, on les trouve ainsi désignés sous cette appellation de *les Bonshommes*.

Quelque temps après la mort d'Étienne de Muret, ses disciples abandonnèrent leur première résidence et vinrent s'établir à Grand-

---

(1) Nous rétablissons ici l'orthographe exacte telle qu'on aurait toujours dû l'écrire. Celle qu'on lui a substituée au XVIII$^e$ siècle est un barbarisme qui aurait dû depuis longtemps avoir été corrigé. Le nom de la famille de Grammont n'a rien de commun avec le prieuré.

mont, bourg du Limousin, et l'ordre prit ainsi le nom de Bonshommes de Grandmont.

En 1154, Henry II, roi d'Angleterre et duc de Normandie, voulut fonder près de Rouen une maison de cet ordre. Dans ce but, il donnait aux religieux de Grandmont un vaste territoire dans la forêt de Rouvray avec la vicomté de l'Eau de la ville de Rouen. Les religieux y bâtirent un cloître ; mais bientôt ils s'aperçurent que ce lieu était peu propice à leurs pieuses méditations. En 1156, ils se plaignirent au roi de ce que les chasseurs allaient souvent troubler leur solitude et empêchaient ainsi leurs pieuses pratiques. En outre pour se faire payer des droits de la vicomté de l'Eau, il leur fallait soutenir des procès continuels, ce qui les détournait encore des fonctions de leur profession. Ils demandaient alors au monarque de modifier cette fondation et de changer le lieu de leur habitation.

Henry II s'empressa d'accéder à leur désir et leur donna pour nouvel emplacement sa maison et son parc de Rouen avec toutes les prairies aux alentours, ainsi qu'il est stipulé dans la charte de fondation donnée par le monarque anglais et dont voici la traduction d'après Farin :

« Henry, par la grâce de Dieu roy d'Angleterre, duc de Normandie et comte d'Anjou, aux archevêques, évêques, abbés, prieurs, comtes, barons, justiciers, vicomtes et autres, nos officiers et sujets qui verront et oiront ces présentes, salut. Sachez qu'ayant par cy devant fondé le monastère des Bonshommes de l'ordre de Grandmont en notre forêt de Rouvray et donné en pure et perpétuelle aumône pour leur mense et entretien la vicomté de l'Eau de notre ville de Rouen avec toutes ses appartenances, domaine, puissance et tous autres droits qui nous appartiennent ou qui peuvent nous appartenir, ils nous ont humblement représenté qu'ils étaient incessamment incommodés par nos chasseurs et qu'ils seraient enfin contraints de quitter le divin service si nous n'avions la bonté d'y mettre ordre. Or, nous, ayant accueilli favorablement leur requête, nous leur avons donné en échange des choses susdites tout notre parc de Rouen, ainsi qu'il s'étend et qu'il est clos depuis le pont de

Seine du côté de la ville jusqu'à l'autre bout en ligne droite (sans toutefois y comprendre ledit pont) avec toutes les dépendances, terres, bois et eaux, prairies et autres choses mobiles et immobiles qui se rencontreront encloses dans les fossés dudit parc qui sont le long de la chaussée et le chemin qui mène à Sotteville et qui se terminent par l'autre côté à la rivière de Seine, y compris aussi ladite rivière et l'île qui se rencontre enclose par la ligne droite à l'aboutissement desdits fossés, afin que les Bonshommes de l'ordre de Grandmont tant présents qu'avenir en jouissent comme de leur bien propre, et, en outre, nous voulons qu'en tous les lieux susdits, ils aient haute, moyenne et basse justice, pleine puissance et juridiction comme en étant les principaux seigneurs, ce que nous leur avons accordé tant pour nous que pour nos successeurs.

« Nous voulons aussi que lesdits Bonshommes aient un plein droit et usage, non seulement dans notre forêt de Rouvray, mais aussi dans toutes les autres forêts qui nous appartiennent, pour bâtir, pour se chauffer et pour faire tout le nécessaire à ladite maison, et ce, sans demander congé à personne. Nous avons aussi donné auxdits Frères 200 livres de rente (parce qu'ils n'en ont pas voulu davantage) à prendre tous les ans tant sur la vicomté de Rouen que sur la recette générale de notre duché, à savoir 100 l. à Pâques et autant à la Saint-Michel, lequel paiement leur sera fait auxdits jours sur peine de 10 l. d'amende que celui qui tiendra ladite vicomté pour nous ou nos successeurs sera contraint de payer en cas de délai.

« Nous avons aussi donné auxdits Bonshommes toutes abeilles qui se rencontreront dans notre dite forêt de Rouvray et un homme de la paroisse d'Oissel qui recueillera lesdites mouches lorsqu'ils lui en donneront la commission, lequel, pour récompense, aura le même droit sur ladite forêt à la volonté néanmoins desdits Frères. Nous donnons aussi auxdits religieux notre vacherie qui est proche de Moulineaux sans nous en rien retenir. Nous avons aussi donné auxdits Frères deux hommes de Rouen pour leur rendre service quand il leur plaira et un homme de tous les villages de quatre lieues à la ronde autour dudit prieuré pour les servir successivement et l'un après l'autre, que tous avec leur famille seront francs et exempts par tout mon duché tant par eau que par terre, d'impôts, de passages, de péages, de taille, de soldats et d'amende pour les crimes dont la connaissance nous pourrait appartenir ou à nos successeurs, et lesdits Frères auront droit d'exercer la même justice que nous aurions pu faire lorsqu'ils étaient en notre puissance.

« Nous donnons aussi pouvoir auxdits Frères d'acquérir tels fonds et héritages qu'ils voudront pour s'agrandir sans qu'ils soient obligés de payer aucun droit d'amortissement ni pour le temps présent, ni pour l'avenir. Nous voulons aussi que la maison desdits Frères avec toutes ses appartenances, en quelque lieu qu'elles se rencontrent, soit tellement libre et exempte de toute justice et domaine, que si quelque coupable y a recours il soit absous de tout crime aussitôt qu'il sera entré dans la clôture des fossés ni plus ni moins que s'il était dans un monastère ou dans une église consacrée.

« Or nous voulons que les présentes et toutes et chacunes les choses y contenues touchant les privilèges et concessions par nous faites aux prieur et Bonshommes sortent leur plein et entier effet, et en tout notre duché et terres qui nous appartiennent. Nous commandons à tous nos sujets de qualité ou condition qu'ils soient de nous obéir inviolablement ; que s'il rencontre quelque opiniâtre, nous voulons qu'il soit dépouillé de tout son bien ; que si c'est quelque personne de condition, il paiera pour amende cent marcs d'argent, sinon il sera contraint de sortir hors de notre duché, comme ennemi de la république.

« En témoin de quoi nous avons fait sceller les présentes de notre grand sceau en la présence de Guillaume fils de Radulphe, sénéchal de Normandie; Roger de Curtenoi, Hugues de Morvic et Marc de Ose. Fait et passé le 3 juillet l'an second de notre règne. »

M. Léopold Delisle met en doute l'authenticité de cette charte et de plusieurs autres confirmant la première. En ce qui concerne celle de 1156, le style, dit-il, n'a aucun rapport avec les nombreux actes d'Henri II qui nous sont parvenus. Elle contient plusieurs clauses fort étranges, entre autres celle qui affranchit entièrement les religieux de la justice du souverain ; une autre déclare que la prescription ne pourra être invoquée contre eux. D'un bout à l'autre, cette charte est remplie de formules insolites et dont plusieurs sont empruntées à la chancellerie des rois de France et n'ont commencé à être en usage qu'à la fin du xiii<sup>e</sup> siècle.

M. Delisle croit que la fondation du couvent de Grandmont est postérieure à 1180, car sur le rôle de l'Echiquier de cette année il n'est fait nulle mention des religieux. S'ils avaient été établis à cette époque, on n'eût pas manqué de les y faire figurer, comme on l'a fait sur les rôles de 1195 et de 1198.

La seconde charte d'Henri II, dont le fond est assez semblable à la première, n'est pas plus authentique, et M. Delisle croit pouvoir la ranger parmi les actes fabriqués ou altérés dans le couvent de l'ordre de Grandmont.

La charte de Richard Cœur-de-Lion de 1192 est également fausse. La date en est d'ailleurs erronée, car au 31 mars de cette année Richard était en Palestine et non à Grandmont, en Auvergne. La clause de la fin suffirait d'ailleurs seule à en prouver la fausseté. « Si l'un de mes héritiers ou successeurs — dit Richard — osait « d'une manière ou d'une autre porter atteinte au privilège des « religieux de Grandmont je le déshérite comme ingrat et j'établis « pour mon successeur et héritier le roi de France, pourvu que « celui-ci se constitue le défenseur et l'auxiliaire des Bonshommes « de l'ordre de Grandmont. »

M. Delisle, qui a fait une étude toute particulière de ces chartes, ne peut préciser l'époque où elles furent établies ou falsifiées, mais il lui paraît certain que dès le milieu du xiii<sup>e</sup> siècle les religieux de Grandmont en avaient fabriqué plusieurs. Le pape Alexandre IV ayant appris, par un rapport de saint Louis, que des prieurs et frères de l'ordre de Grandmont avaient forgé des lettres du roi et de différents barons du royaume et qu'ils en étaient accusés par la renommée publique, ordonna, le 3 janvier 1259, de rechercher et de punir les coupables, d'annuler les actes supposés et les procédures auxquelles ils avaient pu servir de fondement. L'archevêque Eudes Rigaud fut chargé de cette mission; toutefois, le prélat n'en parle pas dans son registre, mais il est certain qu'il s'en occupa et fit même emprisonner le prieur de la maison de Rouen. Mais, comme le couvent était sur Sotteville et faisait ainsi partie de l'exemption de Saint-Cande, l'affaire fut réclamée par l'évêque de Lisieux. Un conflit s'ensuivit, et une réunion de prélats, tenue à Caen, le 13 septembre 1259, l'examina. On en ignore le résultat.

Les religieux, toutefois, ne se montrèrent pas bien sensibles aux remontrances qui purent leur être faites, et qui ne les empêchèrent point de fabriquer des actes ou au moins de faire confirmer des actes faux par plusieurs rois de France. Cependant, il ne faudrait pas induire de ces faits que toutes les archives de Grandmont ont été ainsi fabriquées, car le plus grand nombre des actes qu'elles renferment sont parfaitement authentiques (1).

M. de Beaurepaire, dont tout le monde savant connaît la compétence, ajoute à ces considérations de M. Léopold Delisle sur la fausseté des chartes concernant l'établissement des religieux de Grandmont, quelques preuves qui ne manquent point d'intérêt. « En 1180, dit-il, les religieux de Grandmont ne possédaient point encore tout le parc de Rouen, puisque 20 acres de pré qui en faisaient partie appartenaient alors à Hugues de Cressi, en sa qualité de gardien de la tour de Rouen. Il y a plus. Au mois de février 1192 (v. s.), Robert II confirmait aux moines de Bonne-Nouvelle la dîme du foin de son parc situé près de Rouen, sur la rive de la Seine, dîme qui leur avait été donnée en 1122 par Henri Ier. N'en peut-on point conclure que l'établissement des religieux de Grandmont dans le parc de Sotteville, et vraisemblablement aussi le don de 200 l. angevines sur la vicomté, doit être rapporté entre 1192 et 1195 ? » Quand le parc fut devenu la propriété des moines de Grandmont, les moines du Bec, dont dépendait le prieuré de Bonne-

---

(1) *Société des Antiquaires de Normandie*, tome XX.

Nouvelle, reçurent à titre d'indemnité pour cette dîme du foin qu'ils furent forcés d'abandonner, une rente de 20 l. sur la vicomté.

*<br>* *

Quoi qu'il en soit, la nouvelle maison fut placée sous l'invocation de la Vierge et prit le nom de Notre-Dame du Parc, qui rappelait l'origine du domaine qui y était affecté. Comme souvenir de cette appellation primitive, on représenta sur la porte du prieuré l'image de Notre-Dame au milieu d'un parc. Au siècle dernier on voyait encore sur la porte cette image, « sorte de rébus, dit M. de Beau-« repaire, d'autant mieux imaginé qu'il était permis d'y voir cette « allégorie si fréquemment appliquée à la sainte Vierge du Jardin « clos, *Hortus Conclusus*, mentionné au Cantique des Cantiques ».

A différentes reprises, la fondation de ce monastère et les donations contenues dans ses chartes diverses furent confirmées par les ducs de Normandie et les rois de France après la réunion de cette province à la couronne. C'est ainsi que nous trouvons les chartes de Richard IV, duc de Normandie et roi d'Angleterre, fils du roi Henri II, du 31 mars 1192 ; de Richard Cœur-de-Lion, de Philippe-Auguste, en 1212, après la conquête de la Normandie ; de Philippe III, en 1344 ; de Charles VIII, en 1487, et de Louis XIV, en 1661, pour ne citer que les principales. Edouard III, roi d'Angleterre, qui élevait des prétentions à la couronne de France, vidima à son tour la charte de Richard Cœur-de-Lion.

En 1235, un différend vint à s'élever entre Raoul Amiot, maire de la commune de Rouen, et les religieux du Parc. On plaida, mais saint Louis intervint et trancha le différend. Les deux hommes donnés à ce prieuré par Henry II, roi d'Angleterre, continueront à lui appartenir avec les immunités de taille, coutumes, péage et tonlieu ; les religieux auront toujours sur eux plein droit et pleine justice.

Eudes Rigaud, archevêque de Rouen, visita à plusieurs reprises le prieuré de Grandmont. Il y fit des ordinations en 1248, 1253, 1254 et 1255.

Pendant l'occupation anglaise, le prieuré de Grandmont eut à souffrir toutes les horreurs de la guerre. Les soldats navarrais le mirent au pillage et détruisirent l'église. Le 8 août 1411, le feu s'y déclara et l'église fut réduite en cendres. Le prieur Mathieu de Verne la fit à nouveau rebâtir.

Farin nous apprend que le couvent de Grandmont eut toujours pour prieurs des personnages illustres. A l'appui de cette assertion, il cite les noms du cardinal d'Estouteville, en l'an 1450; de Robert de Croismare, archevêque de Rouen, en 1482; du cardinal de Luxembourg, en 1516; de messire Artus de Larrey, évêque d'Angoulême et précepteur de François I$^{er}$; de messire Etienne Poncher, et non Bonchier, comme dit Farin, évêque de Bayonne, qui fit rétablir le cloître en 1547 et y apposa ses armes avec cette devise : *Qui crediderit potest*.

Mais Farin commet une erreur lorsqu'il dit que ce fut en 1450 que Robert d'Estouteville prit possession du prieuré de Grandmont. Ce fait ne put avoir lieu que quelques années plus tard, ainsi que le prouve M. de Beaurepaire, puisque Pasquier de Vaux était encore administrateur de Grandmont le 10 septembre 1454. Cette prise de possession donna même lieu à certaines difficultés, durant lesquelles Jacques d'Amboise se fit déclarer administrateur de Grandmont; lorsque les officiers de l'archevêque de Rouen se présentèrent pour en prendre possession au nom du prélat, opposition leur fut signifiée, au nom de Jacques d'Amboise, par Philippe Douvrend, écuyer, qui parut en compagnie de gens de guerre armés de haches. Un procès eut lieu, mais Robert d'Estouteville était un personnage fort accrédité à la cour de Charles VII, et il obtint facilement raison de son compétiteur.

Robert de Croismare, devenu archevêque de Rouen à la mort de Robert d'Estouteville, lui succéda également comme administrateur de Grandmont. Il en fit même son séjour de prédilection. Le 23 juin 1481, il était à Grandmont quand il se fit dispenser par le Chapitre de la résidence à la cathédrale pour la fête de Saint-Jean, à cause d'un deuil récent, la mort de son frère utérin Guillaume Picart, sieur d'Etelan. Il y était encore le 4 août 1491, quand il confirma l'accord passé entre l'abbaye de Beaubec et le Chapitre de Rouen au sujet de l'église des ventes d'Eawy (1).

François Picart, protonotaire apostolique, neveu de Robert de Croismare, devint, à la mort de son oncle, administrateur du prieuré. Il mourut en 1503 et fut remplacé, en vertu d'une nomination du cardinal d'Amboise, par son neveu François-Guillaume de Clermont, alors évêque de Saint-Pons-de-Tommières et depuis archevêque de Narbonne.

Mais les religieux ne se montrèrent pas tout d'abord disposés à accepter ce nouveau prieur et ils en élirent un de leur choix, Jean Bourdet. Toutefois, on finit par s'entendre, et un accord fut conclu entre les deux compétiteurs. Jean Bourdet renonçait à ses prétentions sur le prieuré moyennant une rente de 250 l. et était nommé, par l'archevêque de Narbonne, vicaire général pour l'administration du prieuré. Cet accord fut conclu en l'hôtel de Lisieux, à Rouen, en présence d'Ambroise Le Veneur, doyen d'Evreux, archidiacre d'Auge, et Jean Le Veneur, archidiacre de Lisieux (2).

Tous ces grands personnages, prieurs commendataires, ne résidaient que fort peu au prieuré et s'occupaient encore moins de son administration, qu'ils confiaient à un fondé de procuration auquel ils donnaient le nom de vicaire. Ainsi le représentant du cardinal d'Estouteville était Michel de Batencourt, maître des Intestats à la cour d'église. Le registre de l'Echiquier de 1475 lui donne le titre de vicaire de Grandmont.

* * *

Dans un fragment de compte du prieuré de Grandmont pour les années 1471-1472, il est fait mention, à la recette, des *penteurs* du clos Saint-Marc et de Saint-Maclou; de l'auberge du Fardel, d'où

---

(1) De Beaurepaire. — *Bulletin de la Commission des Antiquités.*
(2) *Archives de la Seine-Inférieure.* G. 1262.

est venu le nom de rue du Fardeau ; de maisons à l'enseigne des *Balances*, de la *Couronne*, de *Notre-Dame*, des *Trois-Moutons*, etc. ; du louage des prés de la Maintelle, du Grand et du Petit-Angle, de la Noë, de la Forge, de la Noë-Brunette et de la Tuilerie, à Sotteville ; des dépenses pour les provisions de l'hôtel, pour le labourage des terres, pour les vendanges à Saint-Just, pour la construction de la chapelle réédifiée au monastère en cette année 1471.

Ce dernier compte est des plus curieux en ce qu'il va nous fournir certains détails intéressants. Nous y voyons tout d'abord que l'on fit venir l'ardoise par bateau de cinq lieues au-delà de Caen ; on en acheta 21 milliers pour 35 l. Ainsi dès cette époque l'ardoise avait remplacé la tuile pour la couverture des monuments publics, bien qu'il y eût, à peu de distance de Rouen, à Barneville, à Honguemare, au Landin, des tuileries encore en pleine activité.

L'autel, avec ses marches et la maçonnerie qui l'entourait, fut exécuté par Robert Payen et Michel Lebourgeois. Ils y employèrent six jours et deux demi-jours et furent payés 600 l. Nous voyons que ces mêmes maçons descendirent l'image de sainte Catherine de l'ancienne chapelle qu'on avait démolie et la replacèrent dans la nouvelle.

Un verrier, Michel Trouvé, connu par de nombreux travaux, reçut 237 l. pour la façon et la matière de 792 pieds 10 pouces pour vitrer la chapelle ; il peignit et dora la bannière.

Les sièges de hucherie et dossiers avec les claires-voies et les sièges pour le prêtre, le diacre et le sous-diacre furent faits par Richard de la Place « huchier » pour 30 l.

Les appointements de l'architecte Le Cignerre s'élevèrent à 10 écus d'or. La dépense totale de construction du nouvel édifice s'éleva à 754 l. 4 s. 6 d. en forte monnaie.

La dédicace de la nouvelle chapelle fut peu onéreuse. On n'eut à dépenser le jour qu'elle fut consacrée que 3 s. 5 d. de viande, vin et argent au ministre de l'évêque, pauvre religieux qui avait été choisi comme suffragant par le cardinal (1).

---

(1) *Archives de la Seine-Inférieure.* D. 250, et *Bulletin de la Commission des Antiquités.* Note de M. de Beaurepaire.

Dans les premières années du xvie siècle, un différend vint à se produire entre le cardinal de Luxembourg, prieur commendataire de Grandmont, et Michel Hellard qui prétendait avoir droit au même prieuré. Un arrêt du Parlement, en l'anné 1516, mit fin au procès. Tout en reconnaissant les droits du cardinal, l'arrêt spécifiait que 300 l. seraient affectées chaque année aux réparations de cet établissement ; le service divin y sera fait par les religieux composant alors la communauté, à chacun desquels le cardinal sera tenu de fournir une copie de la règle ; il devra en outre recouvrer le contrat de fondation qu'on n'avait pu produire.

En 1557, une bulle du pape Paul IV nomma René Burin, clerc du diocèse du Mans, au prieuré de Grandmont sur la résignation faite dudit bénéfice par le cardinal de Vendôme.

\*\*\*

En 1560, Jean Cottin, maître d'école anabaptiste, chassé de Genève pour ne pas avoir voulu se soumettre aux règles de la nouvelle église protestante, vint faire des prédications au prieuré de Grandmont, sur les Bruyères Saint-Julien et jusque dans la forêt de Rouvray.

Dans une de ces réunions tenue à Grandmont, sept à huit cents religionnaires s'y donnèrent rendez-vous. Le cardinal de Bourbon, archevêque de Rouen, y fut insulté et vilipendé. Les religionnaires lui donnèrent le surnom d' « âne rouge » et le poursuivirent de leurs sarcasmes. Le prélat effrayé regagna son palais archiépiscopal de toute la vitesse de sa mule.

A la suite de cette scène, Jean Cottin fut arrêté avec ses complices. Le Parlement lui fit son procès et le condamna à mort. Il fut exécuté sur la place du Marché-aux-Veaux (1).

Les guerres de religion furent d'ailleurs pour le monastère de Grandmont une époque de désastre et de ruine. En 1562, les

---

(1) Floquet. — *Histoire du Parlement de Normandie.*

calvinistes, maîtres de Rouen, se ruèrent sur le prieuré qu'ils incendièrent comme ils firent de plusieurs églises de campagne, notamment celles de Sotteville, de la Mi-Voie, de Saint-Paul et de Bonsecours.

Pendant la Ligue et le siège de Rouen en 1592, le prieuré fut de nouveau ruiné de fond en comble, et réparé par les soins de Jehan Dubois, prieur claustral. C'est ce qui explique le peu qui reste des constructions du xiie et du xiiie siècles que l'on aperçoit encore à l'abside et dans le côté nord de la nef de l'église.

En 1591, un catholique exalté, le père Houllé, vint prêcher au couvent de Grandmont.

Ce maître Houllé était d'ailleurs le plus grand brouillon et le plus forcené des ligueurs que l'on pût voir dans toute la Normandie, où pourtant il n'en manquait pas. Chassé de Caen, où il avait failli causer une sédition par ses prédications incendiaires, il avait été accueilli avec enthousiasme à Rouen où la Ligue le traitait comme un grand saint et un martyr. Néanmoins, il ne plaisait pas à tout le monde, et l'on peut croire que la compagnie des arquebusiers qui était chargée de le conduire toutes les fois qu'il allait prêcher aux environs de la ville, était pour lui moins une escorte de sûreté qu'une garde d'honneur.

Le mardi de Pâques, le fougueux prédicateur vint ainsi prêcher au prieuré de Sainte-Catherine de Grandmont escorté par les arquebusiers. Des sentinelles furent placées aux portes de l'église pour « esviter aux survenues et inconvénients qui pourraient advenir « pendant la prédication par les adversaires de la religion catho- « lique. »

A la fin du sermon, quelques arquebusiers allèrent demander au père Houllé s'il allait rester à Grandmont où s'il voulait qu'on le reconduisît à la ville. Le révérend père n'eut garde de laisser partir son escorte sans lui ; il leur répondit « qu'il ne vouloit tarder « auculnement. » — « J'ayme mieux, ajouta-t-il, estre entre vos « mains qu'en celles des raulletz. » On appelait ainsi à Rouen les royalistes, peut-être à cause de du Rollet, gouverneur de Pont-de-l'Arche, très dévoué à Henri IV, et qui souvent envoyait des soldats inquiéter les faubourgs de Rouen.

Maître Houllé fut ainsi reconduit par toute la compagnie jusqu'à l'entrée du bac, où les arquebusiers le quittèrent (1).

## CHAPITRE II

<small>Les Jésuites et les Religieux de Grandmont. — Les de Bernage.</small>

Le prieuré de Grandmont ayant été ruiné et en partie démoli pendant le siège de Rouen, Jacques du Tillet, conseiller au Parlement de Paris, qui en était le prieur commendataire, résolut alors de l'abandonner pour entrer dans l'ordre des Chartreux de Grenoble, et en fit la résignation en faveur des Jésuites qui avaient fondé le collège de Rouen. Cette résignation fut approuvée par une bulle du pape Clément VIII, du 15 mai 1592, et confirmée par le duc de Mayenne, lieutenant général du royaume, le 31 octobre 1592.

Les religieux de Grandmont, qui n'avaient pas été consultés sur cette union de leur prieuré au collège des Jésuites, s'y déclarèrent hostiles et présentèrent à cet effet une requête d'opposition au Parlement; mais ils furent déboutés et leur union au collège de Rouen de nouveau confirmée.

Une information fut alors faite à la requête de Innocent Picquet, vice-recteur du collège, par Nicolas Baron, docteur en droit, banquier à Rouen, notaire apostolique, sur l'état du prieuré. De cette enquête il appert que le monastère était à peu près en complète ruine depuis le siège de Rouen; d'ordinaire, il y avait six religieux, quatre prêtres et deux moines, qui avaient 1.700 l. pour leurs pensions, vivant alors séparément et faisant l'office dans la chapelle de l'Hôpital du Roi, à Rouen; en outre, il y avait au

---

(1) Floquet. — *Histoire du Parlement de Normandie.*

couvent un moine-lai ayant une pension de 100 l. Cet Hôpital du Roi devint, dans la suite, la maison et l'église des prêtres de l'Oratoire, où tout d'abord les Jésuites avaient songé à établir leur collège avant l'acquisition qu'ils firent de l'hôtel de Maulévrier.

Le 3 novembre 1593, Innocent Picquet, vice-recteur, et Jacques Fournier, procureur du collège, prenaient possession du prieuré, sans toutefois entrer dans l'église profanée et en partie ruinée ; une autre petite chapelle que l'on avait disposée et ornée depuis peu, proche le cloître, et où un autel avait été dressé pour y dire la messe, y suppléait. Ils n'y trouvèrent que trois religieux présents : Richard Le Roux, sous-prieur, Nicolas et Guillaume de Le Rue, prêtres profès.

Les Jésuites ayant été ainsi mis en possession du prieuré, le duc de Mayenne écrivit le 26 novembre 1593 à M. de la Porte, procureur général au Parlement, pour l'inviter à requérir l'enregistrement des bulles d'union ; toutefois, dans ces bulles il n'y est pas fait mention de la recommandation du duc.

Sur l'attestation de leur véracité, le duc octroya les lettres-patentes de confirmation de l'union, qu'il fit enregistrer au Parlement de Normandie. Le lieutenant-général du royaume astreignait seulement les Jésuites à faire célébrer le service divin à Grandmont par les religieux, à les nourrir et à les entretenir.

*<br>* *

Pendant que le collège prenait ainsi possession du prieuré, Henry IV, après avoir invité par mandement le bailli de Rouen à mettre sous sa main la maison de Grandmont, vacante par la démission du sieur du Tillet, la donnait à deux personnes différentes : à Olivier, pour en jouir après la profession nouvelle que devait faire le sieur du Tillet, et, par un brevet daté de Dieppe, à Jacques de Bernage, l'un de ses aumôniers, pour le récompenser des services assidus et continuels qu'il lui rendait depuis le commencement des troubles.

Mais comme Rouen tenait alors pour la Ligue, Bernage ne put

entrer immédiatement en possession du prieuré de Grandmont et dut attendre la soumission de la ville au roi. Au mois de septembre 1594, la ville s'étant rendue, un arrêt du Grand-Conseil leva enfin toutes les difficultés ; toutefois il allait avoir à lutter contre les Jésuites, qui prétendaient le conserver, et à s'entendre avec Olivier.

Mais les Jésuites ayant été bannis du royaume par Henri IV, et le frère Olivier étant mort au mois de décembre suivant, Jacques de Bernage se trouva ainsi, sans conteste, seul possesseur du prieuré. Il obtint alors un second brevet du roi et un second arrêt du Grand-Conseil l'autorisant à reprendre possession du monastère ; et comme l'arrêt de bannissement des Jésuites portait que tous leurs biens seraient appliqués en œuvres pies, il obtint, au mois de janvier 1595, de nouvelles lettres patentes du roi par lesquelles il était défendu de comprendre le prieuré de Grandmont parmi les biens des Jésuites et le lui laissaient en entière possession. Le cardinal de Plaisance ayant été envoyé en France comme légat du pape, Bernage obtint de lui de nouvelles bulles l'investissant d'une manière définitive du prieuré de Grandmont. En même temps, Bernage se faisait délivrer par le roi la permission de résigner toutes fois et quantes il voudrait ledit bénéfice en faveur d'un de ses parents.

Une nouvelle visite de la maison de Grandmont fut alors faite par Barthélemy Hallé, conseiller du roi au Grand-Conseil, en présence de Jacques Barjolles et Jacques Dassier, maîtres maçons, Thomas Le Bourcier et Jean Tréheut, charpentiers (1).

Cependant les Jésuites étaient parvenus, en l'année 1603, à obtenir du roi des lettres patentes leur permettant de rentrer en France et les remettant en possession de tous les biens qu'ils possédaient avant leur départ. En 1604, de nouvelles lettres patentes particulières leur rendaient le collège de Rouen avec tous les biens qui en dépendaient dont le roi n'avait pas encore disposé, et les autorisaient à établir dans cette ville une maison de probation

---

(1) *Archives de la Seine-Inférieure.* D. **222**.

ou noviciat et à accepter à cet effet la fondation d'une dame d'Aubigny.

Les Jésuites essayèrent alors de rentrer immédiatement en possession du prieuré de Grandmont; mais Bernage jouissait d'un grand crédit à la cour, et les Jésuites durent se contenter d'un brevet du roi obtenu en l'année 1605, par lequel Henri IV « en « considération du grand profit que leur collège apporte à son « service et au bien du public, » leur accordait la réserve du prieuré à la mort de Jacques Bernage. Ils signifièrent immédiatement ce brevet à Bernage afin qu'il n'eût à se démettre du prieuré en faveur de qui que ce fût. D'autre part, Louis de Lorraine, archevêque de Reims, premier pair de France, légat du Saint-Siège, faisait don aux Jésuites de Rouen d'un bénéfice de la valeur de 3.000 l. dès qu'il viendra à vaquer, pour leur donner moyen d'assurer l'établissement de leur collège et de retirer Grandmont des mains de Bernage.

Les Jésuites attendaient tranquillement la mort de Jacques Bernage pour rentrer en possession de Grandmont lorsqu'en 1624, ils apprirent que ce dernier, devenu aumônier ordinaire de Louis XIII, comme il l'avait été de son père, et chanoine de la cathédrale de Paris, voulait, sur la foi de ses lettres patentes d'investiture, résigner le prieuré en faveur de son neveu Louis de Bernage. Pour l'en empêcher, les Jésuites firent réitérer à l'oncle et au neveu la signification de leur brevet de l'année 1605. Cela n'empêcha pas Jacques Bernage de faire sa résignation en 1626, et d'en obtenir même l'approbation du roi.

Mais cette résignation avait été tenue secrète. Jacques de Bernage étant mort le 13 mai 1627, son neveu voulut immédiatement entrer en possession de Grandmont. Les Jésuites apprirent ainsi l'acte de de Bernage et le consentement donné par le roi. Ils refusèrent de reconnaître cette résignation et sommèrent Bernage de leur abandonner le prieuré. Un procès-verbal de reprise de possession fut même dressé par Honorat Niquet, recteur. Mais Louis de Bernage ne se montra pas disposé à accéder au désir des Jésuites, et un procès fut engagé. On plaida pendant trois ans tant au Parlement de Normandie qu'au Grand-Conseil et, en 1630, les deux parties s'entendirent pour une transaction aux termes de laquelle il fut stipulé que le prieuré de Grandmont restait uni au collège à la charge de servir à Louis de Bernage une pension de 3.000 l. sa vie durant, et aux religieux 2.300 l., de payer 50 l. pour le luminaire, 121 l. de pension à l'abbé de l'ordre général de Grandmont, 60 l. pour son droit de visite, et les frais de voyage des religieux qui seraient envoyés au chapitre général ; en outre les religieux jouiront de tout leur enclos, des 30 mines de blé à prendre sur les moulins de la ville de Rouen et de la moitié du droit de chauffage dans la forêt de Rouvray. Cette transaction fut fidèlement exécutée par les Jésuites à l'égard de Louis de Bernage, jusqu'à sa mort arrivée en 1675.

Mais les religieux qu'on n'avait probablement pas consultés suscitèrent alors aux Jésuites de nouvelles difficultés, et en 1631, ils obtenaient un arrêt du Parlement de Rouen qui ordonnait que, sans avoir égard au concordat de 1630, ils auraient le tiers en essence des biens du prieuré. Les Jésuites firent alors casser cet arrêt par le Grand-Conseil — ce qu'ils reconnurent plus tard avoir été un acte de folie — qui faisait défense au Parlement de Rouen de connaître de ce différend. Cela n'empêcha pas les religieux d'obtenir plusieurs arrêts de ce même Parlement qui leur adjugeaient de fortes pensions, non seulement pour l'équivalent de leur tiers, mais encore pour poursuivre le procès que les Jésuites leur faisaient au Grand-Conseil. Celui-ci annula les uns après les autres tous les arrêts rendus en faveur des religieux par le Parlement de Normandie, mais comme tous ces arrêts de provision obtenus par les religieux à Rouen portaient contrainte par corps contre les fermiers, les provisions étaient toujours payées sur le compte des Jésuites.

Après avoir ainsi plaidé de nouveau pendant trois ans et obtenu de part et d'autre quinze ou seize arrêts, un nouveau concordat fut convenu en 1633. Au lieu de la somme qui leur était allouée à titre de pension par la transaction de 1630, il fut convenu que les religieux auraient la moitié du revenu du prieuré en fonds dont il sera fait deux lots égaux, à l'exception du petit Grandmont, à Aubevoie, près Gaillon, et de ses dépendances que les Jésuites obtenaient par préciput. Les religieux avaient aussi sous la même condition de préciput et hors partage tout l'enclos du prieuré, la terre appelée les *Dix acres*, les 30 mines de blé de rente sur la ville de Rouen et le droit de chauffage en la forêt (1).

Les Jésuites avouèrent, plus tard, que leur conduite dans cette affaire avait été absolument incompréhensible. Après avoir dépensé bien de l'argent à plaider pour enlever aux religieux le tiers en essence qu'ils ne pouvaient pas leur refuser, ils leur accordaient enfin la moitié du revenu du prieuré, et ce, sans obliger les religieux à aucune autre charge que l'entretien de leurs bâtiments et de l'église. Il est vrai que le petit Grandmont avait vu son revenu augmenter de beaucoup : la rente due sur le château de Gaillon était augmentée de moitié et les Jésuites y avaient fait joindre la petite ferme de Saint-Just comme en étant une dépendance; mais ceci n'excusait pas leur maladresse et pendant longtemps ils se la reprochèrent.

Le partage ordonné eut lieu le 18 mai 1635. Deux lots furent formés. Dans le premier se trouvaient, entre autres, le pré de la Tuilerie avec la moitié du fossé le long de la chaussée de Saint-Sever formant une longueur de 15 perches et demie, à prendre du côté de la ville ; le pré nommé la Maintelle, le pré aux Bœufs avec une partie de la Noë-Brunette ; le jeu de mail avec la maison et le pré y attenant, contenant ensemble 3 acres et demie ; le Grand-Parc ; la moitié de la rente de 200 l. sur le domaine de Rouen, avec la moitié des rentes seigneuriales.

Dans le second lot, figuraient la Grande et la Petite-Angle, la Fresnaye, le pré nommé la Noë-du-Vivier ; l'autre moitié du fossé sur la chaussée de Saint-Sever devant les Emmurées ; le Petit-Parc, contenant 18 acres, et séparé du Grand par le chemin allant de

---

(1) *Archives de la Seine-Inférieure*. D. 222-223.

Grandmont à la Croix-de-Grandmont ; la terre du Gibet ; l'autre moitié de la rente sur le domaine de Rouen et également la seconde moitié des rentes seigneuriales.

Les Jésuites choisirent le second lot. Dans la suite, ils échangèrent avec les religieux le jeu de mail contre 40 l. de rente que ceux-ci devaient aux Jésuites pour amendement et réparations de leurs maisons, rue Herbière.

## CHAPITRE III

Dernières années du prieuré. — Extinction. — Union au séminaire de Lisieux. — Caserne. — La poudrière.

Jusqu'en l'année 1719, rien ne vint troubler les Jésuites dans leur paisible possession des biens du prieuré de Grandmont. Mais en cette année un sieur Guyot était parvenu à persuader au régent de France que les Jésuites n'en jouissaient qu'en vertu d'une simple concession à eux accordée dans le temps de la Ligue par le duc de Mayenne, sans aucun titre canonique ni lettres patentes du roi ; que ce bénéfice ne produisait que 1.500 l. de revenus, quoiqu'il rapportât annuellement le double, qui faisaient la principale partie de la fondation du collège et le seul bien qui lui restât, ses dettes acquittées, et avait ainsi obtenu du régent, le 13 février 1719, un brevet d'investiture du prieuré.

Les Jésuites, on le conçoit, ne se montrèrent pas disposés à se dessaisir de leurs biens de Grandmont. Ils firent représenter au régent que Guyot l'avait indignement trompé et obtinrent un autre arrêt du Conseil ordonnant que le brevet obtenu par Guyot « sera « rapporté comme subreptice et demeurera nul et non avenu. » Guyot jugea prudent de garder le silence (1).

---

(1) *Archives de la Seine-Inférieure.* D. 224.

Dans le courant de l'année 1768, l'évêque de Lisieux, qui avait besoin de subsides pour son séminaire, songea à obtenir l'extinction du prieuré de Grandmont et l'union de sa manse conventuelle à sa maison diocésaine. Il s'entendit, à cet effet, avec les religieux qui acceptèrent, et le 24 février 1769, il obtenait des lettres patentes d'union enregistrées au Parlement de Normandie, le 17 novembre suivant.

Aux termes de ces lettres patentes, cette union des biens de la manse conventuelle de Grandmont au séminaire de Lisieux avait pour but « d'assurer tant aux jeunes ecclésiastiques qu'aux anciens « prêtres du diocèse des secours gratuits ». Il était accordé aux religieux alors présents au prieuré une « pension alimentaire pro- « portionnée aux besoins et au rang de chacun. »

En vertu de cette clause, il était alloué au prieur une pension de 1.500 l.; aux frères Salot, Labosthe, de Tourniolles, Rocques, Bocri et Guiger, religieux conventuels, une pension de 1.000 l.; aux frères Daguindeau, Lacroix, Vergniaux et Labosthe, religieux clercs, une pension de 800 l.; à Salmon, religieux de Villers, 500 l.

Les lieux claustraux, cloître, église, regardés comme inutiles ou d'un entretien onéreux pouvaient être détruits ou vendus ainsi que les objets mobiliers à l'exception de ceux servant à l'usage personnel des religieux (1).

\*\*\*

Le 14 décembre 1773, le séminaire de Lisieux affermait par un bail de huit années l'enclos du couvent de Grandmont à Laurent-François Coquerel, cultivateur et marchand, avec la faculté de faire démolir l'église et les bâtiments du couvent qui ne lui seraient pas nécessaires et de disposer des matériaux à son profit.

Coquerel n'usa pas de cette dernière faculté, en ce qui concerne l'église du moins, et lorsqu'en 1780 les habitants de Sotteville se

---

(1) *Archives de la Seine-Inférieure*. — Mémoriaux de la Cour des Comptes.

plaignirent d'avoir à loger les dragons du régiment de La Rochefoucauld, Coquerel offrit le vieil édifice pour en faire une caserne. Cette offre fut acceptée par l'intendant général qui autorisa Coquerel à faire tous les frais nécessaires, à charge de remboursement, pour y loger le détachement. Il y construisit des écuries, une forge, une chambre de discipline et y mit des lits et les autres meubles et ustensiles nécessaires. Il y dépensa une somme de 3.740 l.

Huit mois plus tard, le détachement quitta ce nouveau casernement et Coquerel toucha en outre 1.280 l. pour prix de son loyer (1).

En 1781, Coquerel renouvela son bail emphytéotique avec le séminaire de Lisieux, et, en 1783, il emphytéosait lui-même au roi les bâtiments de l'ancien couvent pour une durée de 90 ans commençant à Pâques 1793 pour finir à pareille époque 1883. L'ancienne église devait servir à l'établissement du magasin à poudre tel qu'il existe encore aujourd'hui. Coquerel devait en outre fournir au roi un emplacement pour établir un chemin de ronde que ce dernier s'engageait à clore pour la sûreté du magasin. Le roi était autorisé à faire démolir à ses frais les bâtiments adossés à l'église et à faire rétablir les pignons pour clore le surplus. Enfin, Coquerel devait fournir un passage pour la grande porte d'entrée de la cour principale permettant d'accéder au magasin et à l'emplacement où allait être établi le chemin de ronde.

Ce bail était fait moyennant une rente de 750 l., remboursable au capital de 15.000 l. exempte de toutes charges. (2 novembre 1783) (2).

*
* *

Plusieurs sépultures de personnages marquants étaient conservées dans l'église de Grandmont. La première était celle de Geoffroy, archevêque d'York, fils naturel d'Henry II, mort en 1212. Ce Geoffroy avait été tout d'abord évêque de Lincoln et chancelier du royaume d'Angleterre. Pour le récompenser de son dévouement,

---

(1) *Archives de la Seine-Inférieure.* C. 210-211.
(2) *Archives de la Seine-Inférieure.* C. 213.

Henry II exprima à son lit de mort, le désir qu'il devînt promptement évêque de Winchester et archevêque d'York.

Parmi les autres sépultures qui se trouvaient dans l'église et le cloître, une relatait une partie de l'histoire de cette maison religieuse.

###### ÉPITAPHE DE MATHIEU DE VERNE, PRIEUR EN 1411

Cy devant gît vénérable personne
Sous cette lame ainsi que Dieu l'ordonne,
Frère Mathieu de Vernils denommé
En son vivant sage et bien renommé
Il fut prieur de l'hôtel de ciens
Comme appartient à sages et sciens
De gouverner le temple déifique
Et y tenir régime pacifique ;
Lequel en prit comme il est mention
Neuvième jour de mars possession
Heure de tierce, et fut mis en ses mains
L'an mil trois cent quatre-vingt-cinq au moins
Lequel prieur, pour le notifier,
Fit cette église deux fois édifier
Laquelle fut pour la première fois
Détruite par les soldats Navarrois
Et depuis fut comburé tout ce lieu
Et démoli par fortune de feu
Et endura ce pestiféré assault
Le dit prieur, le huitième jour d'août
Mil quatre cent onze, priez Dieu
Qu'il ait l'âme du dit frère Mathieu.

Farin, dans son *Histoire de Rouen*, rapporte qu'en 1488 on trouva en fossoyant près la porte du couvent, « un coffre de plomb où « était un géant qui fut vu de plusieurs personnes ; mais aussitôt « il s'en alla en poudre ; les os de ses jambes venaient jusqu'à la « hanche d'un homme de notre temps, et il avait une épée à côté « de lui qui se rompit comme du verre. »

Dans un coin de la cour actuelle de la poudrière, M. André Durand a remarqué une belle dalle de pierre servant de toit à la

loge d'un chien de garde. Elle mesure un mètre de long sur cinquante centimètres de large, et à l'entour est gravée en forme de listel l'inscription suivante, en caractères gothiques : « Cy devant
« gist Jean de Liane estant en son vivant........ de céans qui
« trépassa le XIX jour de septembre l'an M quatre cens quarante. »

* * *

A différentes reprises le prieuré de Grandmont eut à subir, comme le quartier Saint-Sever et Sotteville, des inondations qui lui causèrent de grands dégâts. Nous en avons déjà mentionné quelques-unes.

En 1658 une nouvelle inondation, plus terrible encore que celles de 1496 et de 1571, dévasta le prieuré. Les religieux ne pouvaient sortir qu'en bateau et furent obligés de retirer le Saint-Sacrement du tabernacle, à cause de l'eau qui entra dans l'église et monta jusqu'à l'autel. Au pied du premier contrefort de la nef de l'église, au nord, les religieux prirent soin de faire graver le souvenir de cet événement :

« L'AN MIL SIX CENTZ CINQUANTE HUICT PAR UN DÉBORDEMENT INSIGNE
« LA SEINE SORTANT DE SON LIT ————— 1658
                        « PARUT JUSQUE SUR CETTE LIGNE. »

Cette ligne se trouve à un mètre trente centimètres du sol actuel, c'est-à-dire à dix mètres au-dessus du niveau de la Seine. A vingt centimètres plus bas que la ligne de 1658, on a tracé aussi celle qui indique la hauteur des eaux en 1740 :

« ————— 31 décembre 1740. »

Farin nous apprend qu'il existait au prieuré de Grandmont une confrérie érigée en l'honneur « de la glorieuse Vierge Marie, de saint Estienne, confesseur, et de sainte Catherine, vierge et martyre ». Elle fut érigée en l'année 1365, et le cardinal d'Estouteville, archevêque de Rouen et prieur commendataire du lieu, en confirma les statuts en 1478. Ces statuts furent approuvés par le doyen de Saint-Cande-le-Vieil en 1521.

C'était au bout des murs de Grandmont que les membres des

confréries de Rouen conduisaient processionnellement leurs confrères partant pour quelque pèlerinage lointain, comme saint Jacques en Galice, Rome et Jérusalem.

## CHAPITRE IV

### Le domaine du prieuré.

D'après les déclarations et aveux donnés tant par les religieux que par le recteur du collège des Jésuites de Rouen, le domaine du prieuré comprenait :

Le *parc* dans lequel se trouvaient enclos le cloître, l'église, dortoir, maisons manables, granges, étables, colombier, masure et jardins, le tout contenant tant en prairies que terres labourables 160 acres environ — certains aveux, avant la cession du Grand-Cours, indiquent 200 acres, — « lequel parc en son circuit est limité et
« borné à commencer au premier pillier du pont de pierre (ancien
« pont Mathilde) estant sur la rive et au bord de la rivière de Seine
« du côté de la ville de Rouen à retourner de travers à droite
« ligne à l'autre pillier dudit pont, château et porte d'icelle, ledit
« pont exclus ; et dudit pont et château au pavé du roy et chaussée
« de devant les Emmurées, et de là au chemin le long des murs
« dudit parc tendant à Sotteville et une sente tendant aux derniers
« fossés dudit parc aboutissant à la rivière y compris une île et
« toute la rivière, et de ladite île à droite ligne du travers de
« ladite rivière jusqu'à l'autre bout et rive d'icelle rivière du côté
« d'Eauplet, et en descendant à revenir au premier pillier dudit
« pont du côté de la ville de Rouen ; de laquelle île les advouants
« (Jésuites ou religieux) ne sont possesseurs ni n'en jouissent pour
« leur avoir été usurpée par plusieurs particuliers qui la possèdent
« quoi qu'elle soit comprise de la fondation et dotation du prieuré
« suivant qu'il appert par les chartes. »

En dehors du parc, le domaine comprenait : une pièce de terre labourable, contenant 5 acres, aliénée jadis pour servir au remboursement et rachat du temporel de l'église et depuis rachetée ;

La terre du Gibet, sise à Sotteville, contenant deux acres ;

Une demi-acre de pré tenue en fieffe ;

20 livres de rentes seigneuriales et foncières, paroisses de Sotteville et de Saint-Sever, dont une partie n'était plus payée, les titres ayant été perdus pendant les guerres civiles.

En menues rentes sur la ville de Rouen, 20 l. dont une partie seulement était payée, les titres des autres ayant été perdus.

Une maison, sise à Rouen, paroisse Saint-Eloi, dont partie avait été vendue pour subvenir aux emprunts faits par le roi à un sieur des Hommets, l'autre partie emphytéosée, puis le tout racheté.

30 mines de blé froment à prendre sur les moulins de la ville de Rouen.

200 l. sur le poids de la vicomté de Rouen, par an.

12 l. de rente sur la vicomté de Pont-de-l'Arche.

4 arpents de vignes, paroisse de Saint-Just près Vernon, avec une vergée de terre sur laquelle il y a pressoir, grange pour vendange.

5 acres et demie de terre à Saint-Just et Saint-Pierre-d'Autils avec 50 sols de rentes en argent, 3 barils de vin et 6 chapons par an.

Les privilèges accordés aux religieux étaient alors ainsi énumérés : Les prieurs et religieux de Grandmont sont francs-usagers en la forêt de Rouvray et en toutes forêts de Normandie. Ils ont droit d'y prendre le bois pour leur chauffage, pour bâtir et édifier leurs maisons, pressoirs, navires, bateaux, lesquels, au nombre de deux, ils peuvent toujours bailler à louage à telles personnes que bon leur semblera et les marchandises dont ils seront chargés ne doivent aucuns subsides ni tributs soit en pontage, passage, ou autres impositions quelconques.

Ils ont droit de nourrir et engraisser toutes sortes de bestiaux qu'ils voudront avoir dans lesdites forêts.

Ils ont haute, moyenne et basse justice en leurs terres et seigneuries ressortissant nuement au Parlement de Normandie.

Ils ont droit de franc bateau et pêcherie en la rivière de Seine à l'endroit de leurs terres et seigneuries.

Appartient au pieuré le fief, terre et seigneurie de la Vacherie-sous-Moulineaux tenue en haute justice et faisant ensemble avec le parc de Grandmont ; elle avait été vendue pour subvenir aux emprunts faits par le roi sur le clergé et rachetée par les religieux de Robert Gosselin, écuyer ; cette seigneurie pouvait valoir lors de son aliénation, en domaine fieffé 10 l. et 3 chapons de rente seigneuriale, et en domaine non fieffé, 8 acres de pré en plusieurs pièces. A cause de cette seigneurie de la Vacherie, les religieux avaient droit d'avoir bateau pour passer et repasser la Seine, pour la commodité publique, de Moulineaux à Sahurs, mais duquel ils reconnaissent ne plus être en jouissance.

Comme annexe, le prieuré possédait le petit prieuré de Grandmont-lès-Gaillon, fondé par Simon, comte d'Evreux, et situé en la paroisse de Saint-Aubin. Il consistait en 120 acres de terres labourables et prés, maisons, bois, jardins, granges, enclos, colombier, pourpris, le tout enclos de fossés avec droit de haute justice, moyenne et basse. En dehors de l'enclos, neuf quartiers de vignes et plusieurs rentes seigneuriales et emphytéotiques sur les seigneurs de Gaillon, sur les moulins d'Aubevoie, le chapitre d'Evreux, la seigneurie de Beauchêne, le sieur de Landemare, tant à Saint-Aubin qu'à Ailly, Heudreville, Le Roule etc, avec droit de garde des bois du prieuré et de dîme, 4 acres de vignes en plusieurs pièces et deux acres de terre labourable à Saint-Just; une acre à Saint-Marcel.

A Saint-Pierre de Longueville et environs, 5 acres et demie de terre, 3 barils de vin, 60 sols de rente et 7 chapons, dont les religieux ne jouissaient qu'en partie par suite d'usurpations contre lesquelles ils ne pouvaient que protester.

### Le Jeu de Mail

Dans les dernières années du xvi<sup>e</sup> siècle, un nommé Enguehard, venu de la basse Normandie, avait conçu le projet d'établir un jeu de mail sur les terrains de Saint-Yon, au-delà du faubourg Saint-

Sever, vers les Chartreux. Ce projet, mis à exécution, fut loin de répondre aux espérances de Enguehard. Trop loin de la ville, le jeu de mail fut peu ou point fréquenté.

Enguehard ne se laissa pas décourager par ce premier échec. Il entra alors en pourparlers avec Jacques de Bernage, prieur de Grandmont, et obtint de lui l'autorisation de faire construire un jeu de pail-mail dans les prairies dépendantes de l'enclos du couvent. En l'année 1600, le jeu fut édifié.

Mais de nouvelles difficultés allaient se produire. Tout d'abord, ce fut un conflit entre les moines et leur prieur. Les religieux soutenaient que Jacques de Bernage avait outrepassé ses droits en accordant à Enguehard l'autorisation de construire son jeu ; et comme on ne put s'entendre, on plaida devant le Parlement. Le 19 juin 1602, la Cour rendait un arrêt permettant à Jacques de Bernage de faire, par provision, parachever le jeu de mail et défendant aux religieux de troubler ceux qui y travaillent, de sortir même de leur monastère sans congé du sous-prieur et pour cause raisonnable, sous peine d'être punis comme vagabonds et irréguliers.

Cette première difficulté à peine aplanie, une autre était venue menacer, peut-être d'une manière plus sérieuse, l'existence du nouveau jeu. M$^{me}$ Marguerite Fleury, veuve de Michel Le Boullanger, cornet dessus et hautbois du roi, prétendit avoir seule le droit de faire construire des jeux de pail-mail publics, privativement à tous autres, droit qu'elle avait obtenu pour elle, ses enfants, successeurs ou ayants-cause, en dedans et en dehors des villes de Rouen et de Caen, en prenant de chaque personne 4 sous par jour, sans avoir à fournir autre chose que la place dressée et accommodée comme il convient. Ce privilège lui aurait été accordé afin d'acquitter le roi envers elle de 480 écus dus par lui pour les gages de son mari pendant les années 1599 à 1601, et de 550 écus pour ses accoutrements.

Le nouveau débat fut porté devant le Conseil du roi qui rendit, le 5 octobre 1602, un arrêt maintenant Marguerite Fleury dans son privilège, mais, en considération des services rendus au roi par Jacques de Bernage, faisait exception en faveur du jeu qu'il venait de concéder à Enguehard ; il autorisait ce dernier à achever le pail-mail de Grandmont et à en toucher les profits sa vie durant. Suivant les conventions passées entre de Bernage et Enguehard, le fermier du mail devait laisser jouer à ce jeu, « toutes fois et « quantes il leur plaira, le prieur de Grandmont et ses frères, les « sieurs bailly, procureur général, greffier et receveur de la haute « justice, sans qu'il puisse rien leur faire payer ».

Jusqu'en l'année 1612, Pierre Enguehard s'était contenté de l'exploitation du jeu et de la construction d'une avenue d'ormes pour en faire l'ornement. En cette année il fieffa des religieux une portion de prairie y attenante et y fit construire une maison où il fixa sa résidence. Lors du partage fait, en 1635, entre les religieux de Grandmont et le collège des Jésuites, le jeu de mail échut aux religieux ; mais en 1641 ils le cédèrent au collège, avec le pré y attenant, à titre d'échange pour une portion de l'hôtel de Grandmont, sis rue Herbière, et pour être déchargés d'une rente de 40 l. qu'ils devaient aux Jésuites.

Au mois de mars 1651, Hector Enguehard, fils de Pierre, succédait à son père comme fermier du jeu de mail ; il devait le réparer, l'entretenir et planter des ormes là où il en manquait.

Pendant les dernières années de sa vie, Pierre Enguehard avait vu sa situation financière quelque peu obérée. Le 18 février 1648, la maison qu'il avait fait construire, attenante au jeu de mail, avait été décrétée (saisie) et vendue à Vincent Chéron, avocat au Parlement. Le 16 décembre 1658, celui-ci la cédait aux Jésuites avec la vergée de pré sur laquelle elle était édifiée et une pièce de terre la joignant, par le prix de 500 l. Les Jésuites devinrent ainsi de nouveau propriétaires du jeu de mail et de ses dépendances.

Le 16 février 1659, Hector Enguehard, qui avait toujours continué d'être le fermier du jeu de mail, renouvelait son bail avec le Collège ; le prix en était porté à 250 l. pour le jeu seul et 150 l. pour les bâtiments y attenant. Suivant l'énumération faite en ce contrat, ces bâtiments consistaient alors, outre la maison du jeu, en une autre grande maison et un colombier qu'il devait entretenir bien peuplé de pigeons.

Au mois de mars 1665, Eustache Enguehard, fils d'Hector, succéda à son père dans l'exploitation du jeu de mail ; mais bientôt, par suite du mauvais état de ses affaires, il dut abandonner la maison et le colombier. L'année suivante (1666), les Jésuites exigèrent qu'il leur fournit une caution ; mais, ne parvenant pas à se faire solder des loyers qui leur étaient dus, ils l'assignaient le 2 mai 1668 et obtenaient un jugement l'évinçant de son bail. Le 14 décembre, le jeu de mail était affermé à Gratien Homo, médecin de Rouen, moyennant 320 l. Le nouveau locataire devait faire réparer les planches du mail, faire une porte au bout de la petite ruelle qui donnait sur la grande place, et une autre porte à l'autre bout de la ruelle, du côté du mail ; il devait planter les arbres que les Jésuites lui fourniraient. Pour le dédommager d'une partie de ces frais, les Jésuites lui faisaient remise de 100 l. sur la première année de loyer.

Le nouveau locataire du jeu de mail ne l'exploita pas lui-même ; il en confia le soin à un nommé Leclerc, qui, n'ayant pu faire ses affaires, fut saisi et vendu. Les Jésuites, à l'expiration du bail de Homo, affermèrent leur jeu à Nicolas Langlois pour la somme de 300 l., par bail du 14 mai 1674. Celui-ci ne fut pas plus heureux que ses devanciers ; aussi, menacé d'une saisie, il déménagea un beau jour sans tambour ni trompette, enlevant non seulement tous les meubles qu'il possédait, mais encore tous les mails, boules et autres ustensiles servant au jeu et qui lui avaient été fournis par les Jésuites.

Cependant ces derniers, avant de confier à Langlois l'exploitation du jeu de mail, avaient exigé de celui-ci qu'il leur fournit caution. Pierre Petit, bourgeois de Rouen, avait ainsi répondu pour Langlois. Le 28 mars 1676, il prenait la suite du bail.

En 1688, les commis des Aides voulurent forcer le fermier du jeu de mail à payer le quatrième du prix de la boisson qu'il donnait à ceux qui venaient y jouer. Les commis prétendaient assujettir le jeu aux mêmes droits que les cabarets. Les Jésuites prirent parti pour leur fermier et s'adressèrent au Bureau des Aides. Ils lui exposèrent que « le jeu de mail est pour la décoration et embellissement de la ville » ; les fermiers ont toujours eu, ajoutaient-ils, « la liberté de distribuer à la jeunesse qui joue au mail un coup à boire pour les rafraîchir de la fatigue du jeu ». Nous ne savons ce qu'il advint de cette sollicitude intéressée des Jésuites en faveur des amateurs du jeu de mail.

Le 7 février 1691, Louise Enguehard, femme civilement séparée de René Duguay, prenait à bail le jeu de mail pour 200 l.; mais sans doute qu'elle ne fut pas plus heureuse que ses devanciers, car le 13 janvier 1704 le jeu de mail n'était plus loué que 170 l. à Jacques Bachelet. Il est juste de dire qu'à cette époque, par suite des guerres de la fin du règne de Louis XIV, la misère était devenue si grande qu'il n'était guère permis de songer aux plaisirs. En 1717, Jacques Bachelet renouvelait son bail pour le même prix (1).

Pendant tout le xviii<sup>e</sup> siècle, le jeu de mail continua son existence assez éphémère. En 1780, il en est encore fait mention ; mais il dut disparaître au milieu des événements de la Révolution.

Il y a quelques années, on voyait encore une petite partie de l'avenue qu'avait fait planter Enguehard pour l'embellissement de son jeu. Elle aussi a dû disparaître lors de la création du quartier de Bammeville. A la place même de cette avenue, se trouve aujourd'hui la rue que, pour perpétuer le souvenir de l'ancien jeu, le Conseil municipal de Rouen a, le 14 mars 1884, appelée rue du Mail.

## Le Grand-Cours

A différentes reprises, la duchesse de Longueville, épouse du gouverneur général de la Normandie, et à qui la ville avait fait au mois de juillet 1648 une réception des plus solennelles, avait témoigné toute sa surprise de voir que la vieille capitale normande ne

---

(1) *Archives de la Seine-Inférieure*. D. 242.

possédait pas, à l'encontre de beaucoup d'autres cités, un lieu de promenade et de divertissement. C'était à ses yeux une lacune qu'il était nécessaire de faire disparaître.

M. de Longueville se rendant aux raisons invoquées par la duchesse, fit alors représenter à M. de Guenonville, premier échevin, qu'il désirait donner à la capitale normande un lieu de promenade et faire, à ce sujet, dresser un Cours sur les prairies dépendant de Grandmont. Pour ce, il était nécessaire de dédommager les moines du prieuré des terrains qui seraient employés à la nouvelle promenade et il espérait que la ville ne se refuserait pas aux dépenses occasionnées par cette création. « Le Cours, disait-il, devait servir non seulement d'ornement et de décoration publique, mais il devait encore être un lieu de divertissement salutaire à tous les bourgeois et habitants. Dans toutes les grandes villes du royaume, il existait des lieux semblables, et la ville de Rouen pouvait faire cette dépense d'autant plus facilement qu'elle possédait diverses prairies dont elle ne tirait que peu de revenu, et qui pourraient être échangées avec les moines de Grandmont. Il ne resterait ainsi à la charge de la ville que les frais d'un fossé et l'élargissement des ponts conduisant aux prairies, ce qu'il croyait être de peu de conséquence. »

M. de Guenonville ne se montra pas aussi enthousiaste de ce projet que le duc de Longueville. Il lui représenta les nécessités de la ville qui la mettaient hors d'état de faire aucune dépense, et lui remontra que les prairies qu'il se proposait d'échanger avec le couvent ne dépendaient pas du domaine de la ville, mais lui avaient été données par un de ses anciens échevins pour la fondation d'une messe qui se célébrait chaque jour à l'Hôtel de Ville, et dont les échevins ne pouvaient disposer.

Malgré ces remontrances, le duc n'en persista pas moins dans sa résolution et à diverses reprises insista pour que l'échange avec les religieux fût immédiatement opéré et que les arbitres, pris parmi les membres du Parlement, pour procéder à l'estimation des propriétés échangées, fussent nommés. Les religieux s'étaient montrés d'ailleurs fort empressés à se rendre aux désirs du duc et avaient immédiatement désigné le président Turgot avec un conseiller pour la défense de leurs intérêts.

Dans ces conditions, toute résistance devenait impossible et, le 6 mai 1649, les échevins de la ville reconnaissaient qu'il fallait condescendre aux volontés de M. de Longueville.

Les travaux préparatoires furent commencés. Toutefois, les échevins n'y apportèrent pas toute l'activité que désirait le duc de Longueville, qui leur en manifesta son mécontentement et fit commandement à la ville d'achever ces travaux dans le plus bref délai. Mais les représentations du gouverneur de Normandie furent fort mal reçues au Conseil des échevins. Ceux-ci répondirent au duc que les difficultés provenaient de la part des Jésuites qui ne voulaient plus se contenter des quatre acres et demie de prairie qui leur avaient été retrocédées, mais prétendaient qu'on les dédommageât, en outre, du dommage qui leur était causé. Dans ces conditions la ville demandait, au contraire, à être dispensée des frais de prolongement du Cours. Mais le duc ne l'entendait pas ainsi ; il fit faire de nouvelles remontrances au Conseil des échevins pour qu'ils aient à continuer le Cours sur les prés des Jésuites et à traiter avec eux pour leur dédommagement.

Les échevins résistèrent encore et décidèrent que de très humbles remontrances seraient faites de rechef au duc de Longueville. On lui exposerait les nécessités très pressantes de la ville et on le supplierait de remettre cette dépense à un autre temps lorsque les affaires de la cité pourraient le permettre. Le 7 août, le duc répondait qu'il voulait absolument que le Cours fût établi et ordonnait aux échevins de commencer immédiatement à faire travailler aux ponts qui étaient nécessaires pour la continuation de cette avenue. On pourvoirait après au dédommagement des Jésuites.

Les échevins, tout en se déclarant fort respectueux envers le duc, se montrèrent peu disposés à accepter cette mise en demeure et, en présence de la diversité des vues qui se manifesta au conseil de la ville, il fut décidé de remettre l'affaire à une séance ultérieure.

Nous voyons même, le 30 août, les échevins, après avoir complimenté le duc de Longueville au sujet des lettres de survivance au gouvernement de Normandie accordées par le roi en faveur des comtes de Dunois et de Saint-Pol, ses enfants, lui présenter leurs excuses pour le retard apporté dans la continuation du Cours.

Les échevins avaient d'ailleurs, en ce moment, de plus urgentes préoccupations. La peste était dans le ville, la misère était grande et il leur fallait subvenir aux nécessités publiques. D'autre part, le gouverneur de Normandie réclamait une somme de 300.000 l. pour l'exemption du logement des gens de guerre.

Enfin, le 18 juin 1650, un contrat d'échange était signé entre les religieux de Grandmont et les échevins. Les religieux abandonnaient à la ville trois acres de prairies le long de la Seine, estimées 198 l. de revenu, et les échevins cédaient au prieuré quatre acres de terre en nature de pré que la ville possédait en la paroisse Saint-Gervais, et sises dans la vallée d'Yonville, louées 180 l. Pour parfaire la différence, les échevins s'engageaient à verser annuellement au couvent 18 l. à prendre sur les deniers de la ville. Les religieux étaient, en outre, tenus de faire chaque année le curage des fossés, et la ville leur payait à ce sujet la somme de 4 l. Enfin, les religieux déclaraient que ce contrat n'était point volontaire, mais avait été exigé par le duc de Longueville.

On put enfin se mettre à l'œuvre et commencer les plantations. Mais on s'aperçut bientôt que cette promenade, restreinte à une si petite étendue de terrain, ne pourrait remplir le but que l'on s'était proposé. On résolut alors de l'agrandir et d'établir, comme on disait alors, un Cours nouveau au bout de l'ancien. Le 23 février 1668, les Jésuites cédaient à la ville à titre d'échange environ 5 acres et demie de pré à prendre au bout de l'ancien cours, tout le long de la Seine, dans la prairie la Grande-Angle, pour y continuer l'avenue, à charge par les échevins de faire faire le fossé devant séparer la partie échangée d'avec le surplus de la Grande-Angle ; ce fossé devait être pris tout entier sur la partie cédée à la ville, avoir dix pieds de large et être un pied plus profond que celui faisant séparation entre l'ancien cours et le pré des religieux de Grandmont. Il devait être fait et entretenu par les Jésuites qui auraient la liberté d'ouvrir quatre passages aux lieux qui leur sembleraient les plus commodes pour conduire leurs bestiaux de la prairie à la rivière. Au bout de l'ancien Cours, les échevins construirent un pont en pierre sur le fossé aboutissant à la rivière et établirent une écluse pour laisser couler l'eau librement et arroser les prairies.

En échange la ville cédait aux Jésuites par deux contrats : l'un du jour même de l'échange avec le Collège, une pièce de pré d'environ trois acres et demie, nommé le *pré de la Ville*, sise au bout du nouveau Cours, à l'entrée de la prairie de Sotteville ; une autre demi-acre de pré dans cette prairie et un jardin légumier derrière le Vieux-Palais et nommé le *pré de la Bataille ;* le second, du 8 février 1674, trois maisons, dont deux se joignant, dans la rue Saint-Éloi, et l'autre rue Saint-Vivien, vis-à-vis la rue de l'Épée, appelée la *Terrière*, où il y avait un égout.

Le Grand-Cours, tel que l'avait conçu le P. Pollet, devint alors une promenade des plus agréables et servit pendant longtemps de lieu de divertissement et de récréation à la jeunesse rouennaise. Mais les mauvais jours allaient bientôt survenir. Dans le but de remédier à la disette du bois le Conseil de la ville décidait, le 15 février 1784, que dès le lendemain matin autant d'ouvriers que possible seraient mis à travailler à l'arrachée et à l'exploitation des arbres du Cours-la-Reine pour être transportés au fur et à mesure qu'ils seront réduits en cordes, fagots ou bourrées, au chantier de Rouen ou vendus sur le lieu.

En 1787, le Cours fut élargi aux dépens des prairies qui le bordent, puis replanté de jeunes ormes et de peupliers qui plus tard furent abattus pour favoriser l'accroissement des autres arbres. Le Grand-Cours fut définitivement achevé en 1807. Depuis d'importantes modifications y furent apportées. C'est ainsi que pour faciliter la construction et l'accès de la gare Saint-Sever, tout une partie fut abattue et la grille reculée à l'endroit où nous la voyons aujourd'hui.

Durant les dernières années qui précédèrent la Révolution, avant la suppression des fortifications, qui eut lieu de 1775 à 1780, et l'établissement des boulevards, le Grand-Cours, désigné alors sous le nom de Cours-la-Reine, était avec le Cours-Dauphin, appelé aussi Cours-de-Paris, la promenade préférée de la société élégante rouennaise.

Un peu au-delà de l'église Saint-Paul, à l'extrémité du Cours-Dauphin, était une terrasse d'où l'on jouissait d'une vue admirable. Soigneusement entretenue et sablée, elle était le rendez-vous de la noblesse ou des personnes appartenant au Parlement. C'était là que les grandes dames, parées de leurs plus riches atours, faisaient assaut de grâce et d'élégance tandis que leurs carrosses et leurs laquais stationnaient sur la chaussée pavée. Cette terrasse est aujourd'hui occupée par les écoles dues à la générosité de MM. Marcel Buquet et Givon.

Le jour de l'Ascension, après la cérémonie si célèbre de la Fierte ou Châsse de saint Romain, au cours de laquelle avait lieu la délivrance d'un prisonnier, tout ce beau monde faisait son entrée au Grand-Cours. C'était comme l'inauguration annuelle de cette promenade où le nombre et la beauté des équipages attiraient toute la ville.

Il y a une cinquantaine d'années, cette sorte de prise de possession se faisait encore, mais bien dépourvue de son ancienne splendeur. Il y avait longtemps que la cérémonie de la Fierte, supprimée avec les Parlements, lors de la Révolution, n'était plus là pour lui donner tout son entrain et son éclat.

Le 14 juillet 1794, on célébra au Grand-Cours, appelé alors Cours-de-l'Égalité, la fête de la Bastille. Au milieu de l'avenue, on avait disposé une statue colossale de la Liberté et une espèce de monument. Le 15 août 1813, on y fêta pour la dernière fois la Saint-Napoléon.

Sous la Restauration et le Gouvernement de Juillet, le Grand-Cours qui avait alors repris le nom de Cours-la-Reine, devint le rendez-vous de la classe bourgeoise, qui s'y rendait en foule.

16.

Au commencement de juillet 1843, les clairons du 1er léger, en garnison à Rouen, organisèrent des sérénades au Cours-la-Reine. Installés dans une barque éclairée par des torches et des verres de couleurs, ils exécutèrent des fanfares en naviguant sur la Seine tout le long du Cours.

Ces sortes de sérénades obtinrent un grand succès et eurent lieu tous les mardis et vendredis durant le reste de l'été, continuant d'attirer la foule sur cette belle avenue alors favorite aux Rouennais.

Sous le second Empire, avec d'autres goûts et d'autres mœurs, la vieille promenade se vit bientôt complètement délaissée. Aujourd'hui, ce n'est guère plus qu'un désert.

A certaines époques pourtant elle retrouve encore un regain de l'éclat des temps passés. C'est là, en effet que les concours régionaux tiennent chaque huit ans leurs grandes assises, et l'on sait quelle foule ils y amènent. D'autre part enfin, certains industriels, pendant l'été, y viennent donner des fêtes. On se rappelle les splendides illuminations de Kervella, de Nantes, qui, il y a quelque dix ans, y attirèrent toute la ville.

La dernière manifestation qui eut lieu, aux fêtes de la Pentecôte 1893, est le Lendit qui réunissait plus de 400 élèves des lycées, collèges et institutions des Académies de Caen et de Lille.

### Le Chemin de Halage

Avant l'établissement du Cours par la ville de Rouen, le prieuré de Grandmont et ensuite les Jésuites étaient tenus à l'entretien, le long de la Seine, d'un chemin dit de halage pour le passage des bateliers, marchands et plancagers. De ce fait, ils devaient également tenir en parfait état les ponts qu'ils avaient établis sur les fossés des prairies ayant leur débouché dans la Seine. Mais cela ne fut pas sans donner lieu à certaines difficultés et à différents procès.

Le 23 juillet 1568, les « commis au plancage et cheminage le long de la Seine » se plaignaient au Parlement que les religieux négligeaient d'entretenir et de réparer leurs ponts et le chemin de halage le long de leurs prairies, ce qui rendait la circulation très dangereuse et causait de nombreux accidents. Ainsi, un nommé Guérard, voiturier par la rivière, avait depuis peu perdu deux chevaux qui s'étaient noyés au passage de ces fossés. Guérard avait fait assigner les religieux devant le vicomte de l'Eau pour les faire condamner à réparer le dommage qui lui était causé ; mais les religieux avaient obtenu un mandement du bailli de Rouen défendant au vicomte de passer outre, l'affaire devant être jugée au Parlement.

Il n'y avait pas, d'ailleurs, que le chemin de halage du côté de Grandmont qui fût en si pitoyable état ; du côté d'Eauplet, la situation n'était pas meilleure. Par le fait de la négligence des plancagers, il était devenu absolument impraticable ; ce n'était que trous profonds dans lesquels les chevaux risquaient à chaque instant de tomber, tranchées d'arbres, véritables précipices. Cependant il existait bien des ordonnances et des règlements enjoignant aux propriétaires riverains des deux bords de la Seine « de tenir, pour le transport des marchandises montant et descendant la rivière, un chemin de la largeur de 28 pieds devant servir au passage des chevaux halant les bateaux, sans y laisser aucun arbre ni fossés qui ne soient remplis ou sur eux faits des ponts et fossés ».

En présence du mauvais vouloir des religieux, de l'indifférence du plancager, on peut se faire une idée de l'état dans lequel se trouvaient en tous temps les chemins de halage des deux rives. En 1618, pourtant, Jean-Baptiste Duboc, alors plancager, voulut remédier à un état de choses si préjudiciable à la navigation, et assigna His, fermier des religieux, devant le vicomte de l'Eau pour qu'il ait à procéder à la réparation des ponts et du chemin, en « totale ruine et décadence ».

His voulut bien reconnaître que les ponts étaient complètement détruits, mais ajoutait que c'était le fait de l'inondation des eaux et des chevaux « qui journellement passent en grand nombre halant les bateaux le long de la prairie ». Il se soumettait, toutefois, à faire les réparations, tout en demandant du temps et à être dispensé de l'amende.

Mais le vicomte de l'Eau ne se montra pas disposé à accéder à ce désir. Il condamna His à faire les réparations au chemin et aux ponts dans le délai d'un mois, et lui infligea 50 l. d'amende. Passé ce délai, Duboc était autorisé à les faire au compte de His (21 mars 1618).

L'année suivante, les religieux se voyaient obligés de construire un pont en pierre sur un fossé séparant la prairie de Grandmont de celle de Sotteville. Les échevins de Rouen devaient y contribuer pour leur quote-part.

Lorsque la ville de Rouen eut établi le Grand-Cours, elle entretint elle-même dans un parfait état le chemin de halage, et les difficultés cessèrent de ce côté.

Toutefois, nous voyons encore les Jésuites, qui avaient succédé, comme on sait, aux religieux, dans une supplique adressée au Parlement en 1649 déclarer qu'autrefois « les voitures et bateaux sortant du quai allaient à rames ou avirons jusqu'au fossé ; qu'ils avaient fait jeter récemment sur ce fossé un pont de pierre pour les carrosses et les promeneurs, et que depuis lors leurs prairies étaient endommagées par l'affluence de personnes et de voitures qui passaient par là, venant de la ville et des villages voisins, ce qui causait un grand dommage à leur fermier ». Ils ajoutaient qu'avant l'établissement du Cours il n'en était pas ainsi, parce que leurs prairies étaient gardées par une barrière de défense, et ils concluaient en demandant des dommages-intérêts à la ville pour leur fermier. Ce fossé sur lequel la ville venait de jeter un pont était, paraît-il, si grand et si profond qu'on n'y pouvait passer à pied ni à cheval ; les chevaux conduits par les hommes pour traîner les bateaux étaient placés dans un petit bac pris sur le quai de Rouen.

Comme la ville ne se montra pas empressée à accéder aux désirs des Jésuites, ceux-ci démolirent tout simplement une partie du pont édifié par les échevins, pour empêcher, disaient-ils, la continuation des dégâts qui se faisaient sur leurs prairies; mais leur véritable but était de faire remettre les choses telles qu'elles existaient avant l'établissement du Cours.

Nous ne voyons pas ce qu'il advint de ce différend, mais il est certain que la ville ne se prêta pas aux exigences des Jésuites, puisque le Cours, au lieu d'être détruit, allait au contraire être agrandi (1).

## L'Ile Lacroix

En vertu de leur charte de fondation et de la donation faite par Henry II, roi d'Angleterre et duc de Normandie, les religieux de Grandmont prétendirent de tout temps à la propriété de cette île qui, au commencement du xv<sup>e</sup> siècle, était encore tout entière à l'état de prairie. Cette charte, ainsi qu'on l'a vu précédemment, donnait au couvent toute la propriété de la rivière de Seine, depuis le fossé des prairies de Grandmont jusqu'au pont de pierre ou pont Mathilde, avec les îles qui s'y trouvaient. Dans les nombreuses lettres de confirmation de ces donations, obtenues par les religieux à diverses époques, et dans les déclarations de leurs biens qu'ils rendent au roi, notamment dans celle du 6 février 1584 à la Chambre des Comptes de Normandie par Jacques du Tillet, prieur de Grandmont, on y retrouve la même délimitation du territoire appartenant au couvent.

Cependant, à la faveur des troubles survenus pendant l'occupation anglaise, les rois de France ou d'Angleterre s'étaient approprié le droit de suzeraineté de l'île, qu'on voit alors désignée sous le nom d'île *Bras-de-Fer*, et y avaient perçu diverses rentes seigneuriales.

Au milieu du xv<sup>e</sup> siècle, les chanoines de l'église collégiale de Sainte-Catherine de Charlemesnil s'en déclaraient propriétaires comme l'ayant reçue, disaient-ils, du roi lors de leur fondation, ce qu'ils prétendaient justifier par le paiement de 12 s. 6 d. de rente

---

(1) *Archives de la Seine-Inférieure.* D. 261.

au domaine comme mouvance. Le 13 février 1472, les chanoines la vendaient à Jean de Saintigny.

A partir de cette époque, l'île Bras-de-Fer changea bien souvent de maîtres, comme elle allait d'ailleurs changer de nom. En 1513, Jean de Saintigny la cédait à Jean Trubert, qui lui-même la rétrocédait, par deux contrats des 6 mai 1526 et 17 mars 1527, à un sieur Aubry, dont elle prit le nom. Le 23 août 1565, ce dernier la vendait à son tour à un sieur Lepage. Dans ces divers contrats, mention est constamment faite de la rente de 12 s. 6 d. due au roi.

Le 3 novembre 1569, Lepage rétrocédait l'île Aubry à un sieur Amette, qui lui donnait son nom. Le 15 décembre 1574, Amette achetait également une autre portion d'île appelée l'île du *Valet*, appartenant aux héritiers de Marie du Valet, veuve de Guillaume Durant, sieur de la Rivière-Bourdet, et pour laquelle il devait payer, comme pour l'île Amette, 12 s. 6 d. de rente foncière au roi, avec « droits et devoirs seigneuriaux quand ils écherront et si aucuns en sont dus ». Ce qui forme aujourd'hui l'île Lacroix se trouvait donc alors divisé en deux portions portant les noms d'*Amette* et du *Valet*, devant au roi deux rentes de 12 s. 6 d., et une autre rente de 6 l. aux chanoines de Charlemesnil spécifiée dans leur contrat de vente. L'île tout entière prit le nom d'*Ile Amette*.

A la mort de François Amette, sa veuve, Marie Geoffroy, et son fils nommé aussi François, en rendirent aveu au roi le 10 août 1580.

Le 27 février 1593, un premier partage était fait entre la veuve et les enfants de François Amette. Le 14 novembre 1617, après la mort de leur mère, les enfants de François Amette se partageaient de nouveau l'île acquise par leur père; ils en rendaient aveu au roi le 18 mars 1624.

A partir de cette époque, et par le fait sans doute de ce partage, une certaine confusion se produit entre les divers propriétaires de l'île. C'est alors que les Jésuites, conjointement avec les religieux de Grandmont, revendiquèrent pour la première fois la possession des îles Amette, La Moucque et autres contiguës, sises dans la Seine, entre la prairie de Grandmont et la porte Guillaume-Lion, et tenues par les sieurs Amette, La Moucque, Leloup, Roger, héritiers de Amette, prétendant qu'elles appartenaient au prieuré de Grandmont en vertu de la donation à eux faite par le duc de Normandie. Le 18 juillet 1645, les religieux et les Jésuites s'opposaient, en conséquence, au bail et à la vente judiciaire faits par les héritiers Amette au sieur de Brouilly. Un procès fut engagé.

Les Jésuites, pour soutenir leur possession, représentèrent leurs chartes et leurs actes de dénombrement des années 1584 et 1638. Les propriétaires, de leur côté, prétendirent justifier leur droit de propriété par leurs divers contrats de ventes et d'achats et leurs quittances de rentes envers le roi. Les Jésuites y répondirent en soutenant que les titres des possesseurs ne consistaient qu'en des contrats faits entre particuliers qui ne pouvaient aucunement nuire à leurs droits ; que la possession de ces derniers n'était que le fait d'une usurpation ; qu'ils ne justifiaient d'aucune aliénation qui leur eût été faite par les religieux de Grandmont et que la tenure ou fief du roi énoncée dans quelques-uns de leurs contrats était frauduleuse et n'avait été faite que pour couvrir leur usurpation, vu la somme modique payée au monarque.

Par un premier jugement du 17 juillet 1645, les commissaires du Domaine ordonnèrent par experts la visite et le mesurage des biens contestés. C'est alors que les Jésuites déclarèrent que ce qu'ils contestaient surtout c'était non pas le droit des propriétaires à posséder ces biens, mais surtout la *directe,* c'est-à-dire le droit de suzeraineté de l'île, d'en percevoir les rentes seigneuriales et d'y exercer les droits féodaux. Ils furent renvoyés, de ce chef, à se pourvoir devant les juges ordinaires, et les commissaires maintinrent les propriétaires en possession de leurs héritages composant l'île, les tenant du fief du roi. L'affaire en resta là ; pour peu de temps, il est vrai.

En 1647, les propriétaires de l'île Amette furent taxés, par le Domaine, à lui payer une somme de 400 l. afin d'être maintenus en possession d'une acre 12 perches de terre, usurpées, disait-il, sur le roi. Cette acre de terre provenait des atterrissements produits par l'effet du reflux des eaux au détriment du fleuve, quantité qui avait été constatée comme excédant la contenance portée dans les aveux des anciens propriétaires. Les Jésuites demandèrent alors à être admis à payer cette taxe ; c'était, par une manière détournée, chercher à rentrer dans leur droit de propriété. Mais leur proposition ne fut pas admise, car nous voyons, le 13 juillet de cette même année, François Amette payer 100 l. pour sa part de redevance, et les autres propriétaires contraints par corps à acquitter leur quote-part.

Le 15 juin 1653, Richard Guérard, époux de Catherine Amette, fille de François, rendait aveu au roi pour la portion de l'île lui appartenant.

A différentes reprises, au commencement du xviiie siècle, les Jésuites essayèrent de nouveau de reconquérir la suzeraineté de l'île. Une première sentence du 13 juillet 1712 les évinça, ce qui ne les empêcha pas, l'année suivante, de réclamer les treizièmes — ce que l'on appellerait de nos jours les droits de mutation — sur une portion de l'île vendue par le sieur La Moucque. Ils furent encore déboutés. Cette fois la leçon leur profita, du moins pour quelque temps.

En 1737, ils revinrent à la charge en voulant contraindre les propriétaires de l'île Amette, qu'on appelait alors l'*île La Moucque*, à leur payer les redevances seigneuriales. Ceux-ci s'y refusèrent. Les Jésuites essayèrent alors de s'emparer des propriétés de l'île à l'aide du droit de réunion, droit féodal qui n'était autre que la confiscation des biens sujets à redevance. Les propriétaires protestèrent, et un nouveau procès fut engagé devant le bailli de Grandmont, qui, comme il était facile de le concevoir, donna gain de cause aux Jésuites.

Les propriétaires en appelèrent devant le Parlement ; les Jésuites voulaient porter le débat devant le Grand-Conseil ; un arrêt de la haute Cour de Normandie retint l'affaire sous prétexte qu'il s'agissait d'une question domaniale et, partant, non susceptible d'évocation, conformément à la disposition d'une ordonnance récente. Les

Jésuites se récrièrent et prétendirent plus que jamais récuser le Parlement pour juge. Ils soutenaient que la haute Cour voulait les empêcher de profiter de la grâce que le roi leur avait accordée en évoquant toutes leurs affaires au Grand-Conseil ; ils accusèrent les membres de la Cour de compromission. A les croire, on avait profité, à la rentrée du Parlement, en 1738, du moment où le procureur général état absent pour faire faire par Le Sieur, l'un de ses substituts, un réquisitoire que, suivant eux, il n'aurait pas rédigé lui-même. Ils représentèrent, en un mot, l'arrêt du Parlement comme offensant pour le roi et pour le procureur général, et l'attribuaient à l'envie de servir un collègue intéressé dans l'affaire, M. de Louraille, et à un secret dépit contre la faveur dont le roi les avait gratifiés en leur donnant le Grand-Conseil pour juge suprême.

Les Jésuites mirent un véritable acharnement à la solution de ce différend. On en trouve la preuve dans une lettre du père de Houppeville au père Desparcs. « Dans l'assemblée tenue chez le « premier président, dit-il, au sujet de cette affaire, M. le Procu- « reur général fut très maltraité ; on parla même de le suspendre. »

Quoi qu'il en fût de cette grande colère, il n'en fallait pas moins plaider. Les propriétaires reproduirent les mêmes arguments que lors des premiers procès. Les Jésuites, de leur côté, exhibèrent d'abord leurs chartes qui les instituaient propriétaires et suzerains de toute la rivière de la Seine et des îles y contenues dans les limites indiquées, puis plusieurs déclarations et divers jugements rendus à une époque antérieure, dans lesquels leurs droits étaient constatés ou reconnus.

Parmi ces nombreux documents, il nous faut citer : une déclaration rendue en la Chambre des Comptes de Normandie le 21 juin 1633, où il est fait mention comme appartenant aux religieux d'une île « à droite ligne de travers de la rivière, dont les moines recon- « naissent n'être plus possesseurs pour leur avoir été usurpée par « plusieurs particuliers qui la possèdent quoiqu'elle soit du com- « pris de la fondation » ; et un réquisitoire du procureur fiscal de la seigneurie de Grandmont, du 17 août 1708, demandant à être auto-

17

risé à faire assigner les habitants de l'île pour qu'ils aient à reconnaître la suzeraineté du couvent. Dans ce réquisitoire, l'île est appelée indifféremment île *Lacroix* et île *Amette*.

Dans une autre requête non datée, mais à peu près de la même époque, il est fait mention de l'île Amette et de l'île la Moucque, formant deux îles distinctes ; il en est encore de même dans une ordonnance de M. de Richebourg, du 14 mars 1710, et dans un état des *gages plèges* de la haute justice de Grandmont du 13 juillet 1711, qui mentionne comme propriétaires dans l'île Amette : Jean Dubosc, le sieur Havet, Claude Leloup, François Legrix, Noël Lemire, M. de Fontenelle, François Guérard, Michel Bertaud, etc. ; et dans l'île la Moucque : Hélène du Lux, veuve du sieur de La Moucque, et son fils, le sieur de La Moucque, possédant l'île à eux deux. Jean Dehors y est cité comme propriétaire d'une partie de l'île *Sureau*.

Il y a là, comme on le voit, confusion complète dans les appellations des deux îles faisant partie de l'ancien domaine du prieuré, et ces noms d'Amette et de La Moucque doivent désigner chacun une portion de la grande île connue aujourd'hui sous le nom d'île Lacroix, ainsi qu'il paraît résulter d'une reconnaissance de Hélène du Lux, veuve de Jean de La Moucque, sieur d'Incarville, en date du 5 avril 1714, dans laquelle ladite veuve avoue tenir des Pères Jésuites, du collège et des religieux de Grandmont une portion de terre *faisant partie de la plus grande pièce d'île*, bornée par la rivière et des deux bouts par M. le président de Bernière, et qui lui appartient par la cession que lui en ont faite les héritiers de feu le sieur d'Incarville. Le sieur de La Moucque, en devenant propriétaire d'une portion de l'île Amette, lui avait donné son nom comme auparavant avait fait Amette lui-même. En 1738, elle est appelée *île Amette* ou *île Lacroix*.

En ce qui concerne la seconde île, désignée de tout temps, dit un aveu du 15 décembre 1633, sous le nom d'*île Sureau*, elle était à cette époque la propriété de Françoise de Lientat, veuve de Charles du Bosc, écuyer, sieur du Franc-Manoir. Le 5 juin 1679, M. de Termois, seigneur du Faï, conseiller maître en la Chambre des Comptes de Normandie, en était propriétaire ; il déclare qu'elle contenait six acres environ. Il l'avait acquise de Jacques de Brouilli, écuyer, le 5 juillet 1672, et à cause d'elle il reconnaissait devoir au roi 2 l. 15 s. de rente seigneuriale avec droits seigneuriaux.

Le 18 octobre 1697, Jacques Aveline, propriétaire de l'île Sureau au droit de sa nièce Marie-Marthe de Termois, la vendait à Jean Dehors, bourgeois de Rouen.

En 1726, elle était devenue la propriété du sieur de Croisy et avait pris le nom d'*île Brouilly* (1).

Cette île est actuellement traversée par le pont du chemin de fer.

Au commencement du XIXe siècle, l'île La Moucque était encore peu habitée ; quelques maisons çà et là, toutes assez chétives, entourées de jardins, auxquelles on arrivait par de petites barques semblables à celles qui fonctionnaient encore il y a quelques années entre le quai Saint-Éloi et la rive gauche, et qu'ont remplacées les deux petits bacs à vapeur. Ce nom de Lacroix qu'elle porte actuellement lui fut donné à cause d'une croix qui était placée sur une de ses extrémités, vers l'ancien pont de bateaux, à l'endroit où se trouve aujourd'hui la statue de Pierre Corneille.

L'île Lacroix est aujourd'hui une véritable cité ; elle possède des établissements industriels assez importants : chantiers de construction de navires, établissement de bains ; usine de la Compagnie Européenne du gaz, établie en 1845 ; un Tivoli connu sous le nom de *Château Baubet*, avec des jardins splendides, ouvert en 1848 par un ancien régisseur des théâtres de Rouen, dans le but d'y organiser des fêtes ; un théâtre de genre, les *Folies-Bergère* ; enfin, elle a son temple protestant, et quoique faisant toujours partie de la paroisse Saint-Paul, sa chapelle catholique. Elle est réunie aux deux rives de la ville par le pont Corneille.

### L'Hôtel de Grandmont

Cet édifice, anciennement nommé la *Vieille Romaine*, était au milieu du XVIIIe siècle un grand tènement de maisons sis

---

(1) *Archives de la Seine-Inférieure.* D. 260.

proche la *Monnaie* entre la rue Herbière et la rue Saint-Eloi et ayant face sur les deux rues : ce qui était sur la rue Herbière appartenait aux religieux de Grandmont; la part du collège des Jésuites comprenant deux maisons dont l'une servait de bureau aux officiers du grenier à sel et l'autre louée à M. du Catelier, avait face sur la rue Saint-Eloi.

On ne sait comment cet hôtel devint la propriété du prieuré de Grandmont; il est probable qu'il dut être acquis par les religieux pour leur servir d'asile et de lieu de retraite en temps de guerre, comme en eurent la plupart des maisons religieuses de la campagne; c'est d'ailleurs l'opinion d'un Jésuite auteur d'un inventaire des archives du prieuré. Tout ce que l'on sait, c'est qu'en 1443, il fut cédé par les religieux à Pasquier de Vaulx, évêque et comte de Lisieux, prieur et administrateur du prieuré, pour en jouir sa vie durant. Cette cession était faite par les religieux « en considération
« des grosses sommes de deniers que nous (l'évêque de Lisieux)
« avons mises pour le fait de l'église et prieuré de Notre-Dame-du-
« Parc-lès-Rouen, pour le temps que en estions administrateur, tant
« pour racheter et remettre au nom dudit prieuré aucun de leurs
« héritages vendus ou eschangés et plusieurs de leurs biens, livres
« et joyaux qui étaient engaigés, que pour plusieurs grands et
« somptueux édifices et repparations que avons fait faire sur
« l'éritage dudit prieuré, et en espécial réédifier et remettre sus
« comme de neuf ung hostel appartenant audit prieuré qui est
« auprès de la Monnoie de Rouen, et mesme sur l'ostel, église et
« emparement des fossés dudit prieuré. »

Outre les revenus du monastère pendant son administration, l'évêque de Lisieux déclarait avoir employé à ces divers travaux une somme de 2.300 l. de ses deniers personnels. En compensation de cet abandon, Pasquier de Vaulx cédait aux religieux une portion de son hôtel épiscopal de Saint-Cande-le-Vieux dit *hôtel de Lisieux*, situé rue de la Savonnerie.

A la mort de l'évêque, le prieuré rentra en complète possession de l'hôtel de Grandmont. En 1575, il en vendit une portion à un nommé Hermetz pour la somme de 1.000 l. à l'effet de payer une taxe sur les bénéfices religieux imposée au clergé par le pape sur la demande de Charles IX afin de l'aider à soutenir la guerre contre les calvinistes.

En 1577, le surplus de l'hôtel fut fieffé pour 99 ans à Jacques Bréant, courtier et allotisseur de cuirs salés à Rouen, à charge de payer une somme de 480 écus à laquelle le prieuré avait été de nouveau imposé et de lui faire une rente annuelle de 150 l.

En 1579, Bréant fieffa à son tour une partie dudit hôtel à Jean d'Eudemare, le surplus, saisi sur Bréant et mis en vente, fut adjugé à Jean Bourgoing par 1.381 écus d'or.

L'aliénation de l'hôtel de Grandmont, faite à une époque désastreuse, n'avait été pas avantageuse pour les Jésuites et les religieux. Aussi lorsque la tranquillité fut rétablie, cherchèrent-ils à rentrer en possession de cet immeuble, et ils intentèrent à ce sujet un procès à Jean Bourgoing, en vertu de lettres patentes du roi qui accordaient aux ecclésiastiques du royaume la faculté de réunir au domaine de leurs bénéfices pendant cinq ans, les biens, cens, rentes et héritages aliénés d'iceux en remboursant les possesseurs de leur prix d'acquisition, améliorations et autres dépenses loyales.

A cet effet, le procureur des Jésuites en France, Louis Armand, adressa au roi une supplique dans laquelle il remontra que l'Hôtel de Grandmont avait été aliéné pour 1.400 l. et qu'il se louait actuellement pour 800 l. Un jugement définitif de l'année 1635 fut favorable aux prétentions des Jésuites et des religieux qui rentrèrent ainsi en possession de leur hôtel.

Pendant quelque temps le Collège et le prieuré le possédèrent en commun. Mais en 1638, il en fut fait trois lots; deux revinrent aux Jésuites et un aux religieux qui durent payer une soulte de 120 l. de rente pour établir une parfaite égalité, le lot qui leur avait été attribué se trouvant le plus fort. C'est alors qu'en 1641, les religieux cédèrent aux Jésuites le jeu de mail qui leur appartenait pour affranchir la rente.

A partir de cette époque l'hôtel de Grandmont resta la propriété des Jésuites qui en emphytéosèrent une partie et affermèrent l'autre à divers particuliers (1).

## La rue Saint-Sever. — Le Vert-Buisson

D'après la charte de fondation du prieuré de Grandmont, en 1156, la donation de Henri II était limitée du côté des terres par le chemin royal qui conduit à Sotteville. Ce chemin fut d'abord désigné sous le nom de chaussée des Emmurées, à cause du couvent qui y fut édifié ; et plus tard, après qu'on eût érigé en paroisse une petite chapelle désignée sous le nom de chapelle Saint-Sever pour la facilité des habitants qui commençaient à y être nombreux, elle prit le nom de chaussée de Saint-Sever, pour devenir enfin la rue Saint-Sever. Son emplacement n'a d'ailleurs jamais varié, bien délimité qu'il était par l'ancien pont de pierre, par les bâtiments de la chapelle Saint-Yves et le couvent des Emmurées. De nos jours, nous la voyons telle qu'elle était dans l'origine.

Les religieux de Grandmont aussitôt établis dans le nouveau monastère, mirent les terrains qui joignaient l'ancien chemin royal en prairies et, pour les clore, pratiquèrent tout au long un large fossé.

Pendant plusieurs siècles les choses restèrent ainsi en l'état ; aucune construction n'y était établie, et ce ne fut qu'en 1437 que les religieux de Grandmont fieffèrent la petite portion de terrain à l'angle de la chaussée des Emmurées et du chemin tendant à Sotteville, connu depuis sous le nom de rue Pavée, où fut bâtie l'auberge de l'*Écu d'Alençon*, ainsi qu'on le verra plus loin. Ce terrain était désigné comme faisant partie de la paroisse de Sotteville.

Pendant un assez long espace de temps, aucune autre construction ne vint s'ajouter à la vieille auberge ; des cordiers profitèrent même de cet abandon du terrain longeant la chaussée pour y établir leurs métiers ; mais petit à petit quelques industriels s'installèrent

---

(1) *Archives de la Seine-Inférieure.* D. 26, 238 à 241.

dans le faubourg et d'autres constructions furent édifiées de place en place, principalement sur la partie avoisinant le plus la ville, ce qui fit changer la face extérieure des limites de l'ancien parc donné aux religieux par Henri II. Le fossé construit par le prieuré était, d'autre part, devenu la décharge et l'égout des eaux de Saint-Sever comme des prairies de Grandmont. C'était un véritable cloaque en même temps qu'une barrière insuffisante protégeant les prairies, ce qui força les religieux de séparer leur enclos par une muraille pour empêcher les bestiaux et le public de passer dans les prairies et d'en gâter l'herbe ; ils firent, en outre, remblayer en partie le fossé.

C'est alors que les échevins de la ville tentèrent de s'emparer de l'emplacement du fossé. D'autre part, le sieur de Souvray le demandait aussi au roi, « comme une place abandonnée et sans maître », et en obtint même un brevet de donation ; mais les Jésuites du collège, auquel appartenait alors le prieuré, et les religieux de Grandmont formèrent opposition à ce don. Un arrêt du Conseil annula alors la donation faite au sieur de Souvray.

De leur côté, les échevins de Rouen persistèrent dans leurs réclamations, mais, après bien des procédures contre les Jésuites et les religieux, ils eurent le même sort que le sieur de Souvray. Par trois arrêts consécutifs du Conseil : 5 juillet 1639, 28 janvier et 23 octobre 1640, il fut déclaré que la place étant le long de la chaussée des Emmurées faisait partie du parc de Grandmont, et les Jésuites étaient maintenus en sa possession.

Dans les dernières années du xviie siècle, les Jésuites firent bâtir quelques maisons sur ce terrain disputé par les échevins de Rouen et le sieur de Souvray. Il y eut même à ce sujet une contestation entre les Jésuites et le sieur de Cabeuil, propriétaire d'un tènement joignant à ces maisons, relativement aux abornements respectifs, et qui se termina par une transaction. L'emplacement de ces maisons, dans le contrat de fieffe qui en fut fait, était désigné comme étant de la paroisse de Sotteville. Mais les locataires, trouvant la proximité de l'église Saint-Sever plus commode, y satisfirent à leurs devoirs religieux. C'est alors que commença le différend entre les curés des deux paroisses. Un procès fut même engagé, et une sentence du bailli de Rouen déclara ces maisons faire partie de la paroisse de Sotteville ; mais le curé de Saint-Sever en appela au Parlement, et la haute Cour, infirmant la sentence du bailli, donna gain de cause au curé de Saint-Sever.

Vers 1712, un particulier fieffa des Jésuites ce qui restait du terrain le long de la chaussée des Emmurées et y fit bâtir plusieurs maisons qui se trouvèrent ainsi entre celles construites vingt ans auparavant et l'auberge de l'*Écu d'Alençon*.

On vit alors, pour ces nouvelles maisons, se reproduire le même différend que pour les précédentes : les Jésuites soutenant avec le curé de Sotteville, Denis Yard, qu'elles étaient de cette paroisse ; le curé de Saint-Sever, Dujarrier-Bresnard, les revendiquant pour la sienne. On plaida donc de nouveau.

Devant le Parlement, le curé de Sotteville invoqua d'abord la charte de donation d'Henri II disant que le parc qu'il abandonnait aux religieux était limité par un fossé joignant la chaussée et le chemin royal allant à Sotteville, et les arrêts du Conseil qui l'avaient reconnu ; il pensait qu'il était incontestable que le terrain joignant la chaussée faisait partie du parc ; que, dans ces conditions, il relevait de l'exemption de Saint-Cande et par conséquent du territoire de Sotteville. Suivant lui, les maisons bâties sur ce terrain ne pouvaient être assujetties à la paroisse de Saint-Sever que par usurpation.

A l'appui de sa thèse, il citait comme exemple l'ancienne auberge de l'*Écu d'Alençon*. « Elle était, disait-il, si incontestablement de
« la paroisse de Sotteville, que les premiers qui l'ont habitée y
« ont tous fait action de paroissiens et y ont même rempli les
« fonctions de trésorier sans contestation de la part des curés de
« Saint-Sever. Aussi, pour lors, lesdits terrains étaient-ils bien
« distingués par le fossé qui subsistait encore et sur lequel il y avait
« un pont pour l'accès de l'auberge. »

Le curé de Sotteville expliquait alors que les habitants de l'*Écu*, trouvant fort incommode ce pont pour l'accès de leur maison, firent plus tard remplir le fossé, qui passait ainsi devant leur porte et y répandait, par les eaux croupissantes qu'il contenait, les exhalaisons les plus fétides, et paver son emplacement jusqu'à la chaussée. Pour cela, ils payèrent en plus deux chapons de rente aux religieux ; ce qui indiquait surabondamment, suivant lui, que le fossé jusqu'à la chaussée appartenait bien au prieuré, faisait partie de l'exemption de Saint-Cande et relevait par conséquent de Sotteville.

Le curé de Sotteville reconnaissait que plus tard les locataires de l'*Écu*, trouvant l'église de Sotteville trop éloignée et ayant celle de Saint-Sever à leur porte, fréquentaient cette dernière. Tant qu'elle fut la seule bâtie le long de la chaussée, les curés ses prédécesseurs s'en désintéressèrent ; elle ne pouvait leur être, d'ailleurs, que d'un faible bénéfice ; mais quand d'autres maisons tenant à l'*Écu* vinrent à s'établir, ils crurent devoir ne pas persister dans cette même indifférence, et c'est alors qu'on vit le premier procès apparaître.

De son côté, le curé de Saint-Sever voulait bien reconnaître que tout ce qui était dans l'enceinte du parc limité par la muraille que les religieux firent construire était du domaine de Sotteville, mais ce qui était de l'autre côté devait revenir à Saint-Sever.

Le Parlement se montra de cet avis et donna gain de cause au curé de Saint-Sever (1).

*.*.

Pendant l'instruction de ce procès, un sieur Cabeuil, propriétaire du terrain appelé le *Vert-Buisson*, joignant les maisons nouvellement construites par les religieux et sur lequel il avait fait édifier une habitation à 60 pieds de distance du grand chemin, crut le moment favorable pour susciter de nouvelles difficultés aux religieux.

---

(1) *Archives de la Seine-Inférieure.* D. 247.

Ce terrain du Vert-Buisson, dont on peut voir l'emplacement sur les anciens plans, avait été adjugé par les religieux, en 1598, à un sieur Tiremois de Haute-Noue, premier avocat du roi au bailliage, et revendu par lui à Hector Hys, le 5 novembre suivant; il était ainsi désigné : situé sur le faubourg Saint-Sever, paroisse de Sotteville.

A la mort de Hys, ses héritiers se partagèrent ses biens et le Vert-Buisson échut au sieur Cabeuil, qui en rendit aveu aux religieux de Grandmont, le 19 mars 1630; il était toujours indiqué comme étant sur la paroisse de Sotteville.

Cabeuil y fit alors construire divers bâtiments et mit le reste en jardins et jeux de boule. Dans l'un de ces bâtiments se tenait le prétoire du bailliage de la haute justice de Grandmont, qui toujours a été indiqué comme situé sur Sotteville.

Après lui son fils hérita de cette propriété qu'il embellit encore. Il profita des 60 pieds de distance qui existaient entre sa maison et la chaussée, ce qui formait une place vide sur une largeur de 80 pieds, pour se faire une belle avenue; il y planta des ormes et eut ainsi une entrée superbe conduisant à son ancienne maison et au prétoire.

C'est alors que survint le procès entre les curés de Sotteville et de Saint-Sever. Cabeuil profita de cet incident pour construire de nouvelles maisons en alignement avec celles qui venaient d'être bâties sur le fossé des religieux et qui avaient donné lieu au procès.

A cette époque, le jeu de boule de Cabeuil était des plus fréquentés. Sa maison servait, le dimanche surtout, de lieu de rendez-vous aux nombreux jeunes gens qui venaient s'y divertir.

En 1770, Cabeuil vendit sa propriété à M. Mustel, notaire, secrétaire du roi au Parlement. Celui-ci fit abattre les deux rangées d'arbres plantées par Cabeuil et à leur place fit construire de nouvelles maisons. On vit alors recommencer le procès entre les curés de Sotteville et de Saint-Sever, procès dont l'issue ne pouvait être douteuse vu les précédents, mais au cours duquel les deux curés ne manquèrent pas de s'adresser de nombreuses invectives. Le curé de Saint-Sever, l'abbé Valentin, y est représenté comme

« autant connu par ses procédés peu sociables que pour son
« inclination particulière pour les procès. »

Ainsi qu'il résulte de ces divers documents, ce n'est guère qu'au milieu du xviii° siècle, que la rue Saint-Sever se trouva, du côté de Grandmont, à peu près complètement bâtie. L'autre côté était occupé, pour partie, par le couvent des Emmurées et ses dépendances comprenant de vastes prairies allant jusqu'à la Seine. Une ou deux maisons, par-ci par-là, et c'était tout. Ce n'est qu'au commencement de ce siècle, après la vente des biens du couvent, que ce côté de la rue put être entièrement bâti. A l'extrémité nord de cette ancienne chaussée se trouvait la chapelle Saint-Yves dont nous parlons plus loin.

.*.

Au bout de la chaussée des Emmurées ou rue Saint-Sever et longeant la Barbacane et la Seine, se trouvait une petite place dépendant toujours du domaine de Grandmont, mais appartenant à la ville de Rouen. Le 14 juillet 1685, les échevins en rendaient aveu aux religieux; elle était ainsi spécifiée : « un héritage appliqué
« dans le temps de la ruine du pont de pierre et de l'établissement
« du pont de bateaux et des bacs, à l'usage d'une chaussée ou grand
« chemin qui conduit depuis le pont, les bateaux et le quai y
« joignant, et qui sert à la descente des bacs jusqu'à l'entrée de la
« chaussée dite des Emmurées allant gagner le chemin et pavé du
« pont de pierre, tout le long de l'abreuvoir et le talus de la
« Barbacane, l'abreuvoir compris. »

Cet emplacement qui forme de nos jours une partie de la place Saint-Sever et le quai Saint-Sever, était alors ainsi délimité : « d'un côté le petit château à la ligne des piles du pont de pierre; d'autre côté un héritage appartenant à Romain le Portier que les échevins lui avaient fieffé en 1675, *l'hôtellerie de la Rose* appartenant à un sieur Touret, le chemin du Cours y aboutissant et une place vide devant *l'hôtel de la Croix-Blanche* appartenant aux héritiers de Jacques Marais, enfin la *plâtrerie* (1).

Cette place, mentionnée dans le contrat d'achat comme étant de la paroisse de Notre-Dame-de-Sotteville, avait été acquise par les échevins, le 10 mars 1609, de Richard Le Portier et Guillaume Gomont pour « passer chevaux et charrettes sortissant des bacs; » la ville avait refieffé la partie non utilisée par elle à Romain Le Portier, en 1675.

Pour la part leur restant, les échevins devaient au prieuré de Grandmont 6 s. 7 d. de rente seigneuriale.

Par le même contrat, ils rendaient aveu pour le Cours contenant 15 acres (2).

\*
\* \*

Jusqu'en l'année 1828, la rue Saint-Sever fut la grande artère du faubourg ; mais à la suite de la construction du nouveau pont de pierre (pont Corneille), il fallut songer à lui donner un débouché et l'on créa une grande voie à laquelle on donna, le 5 mai 1831, le nom de l'illustre Lafayette, mort depuis, le 20 mai 1834. La rue Lafayette fut prolongée, en 1845, jusqu'à la rue Saint-Sever.

Dans la suite, quelques autres rues latérales furent ouvertes par les propriétaires des anciennes prairies de Grandmont, au milieu desquelles tout un quartier allait se fonder.

C'est ainsi que furent établies : la *rue de la Ferme*, à cause d'une ancienne ferme qui y avait été créée ; la *rue du Fossé-Saint-Yves*, appelée ainsi en 1834, de la clôture qui entourait autrefois le *Clos-des-Galées* et d'une ancienne chapelle située de l'autre côté de la rue Saint-Sever ; la *rue Danguy*, la *rue de l'Essart*, dont le nom est emprunté à celui d'une forêt voisine, et qui signifie « arracher des broussailles ».

De nos jours un autre quartier nouveau, dans ces mêmes prairies

---

(1) On sait que le pont de pierre dont il est parlé ici est l'ancien pont Mathilde dont il n'existait plus à cette époque que les piles et qui se trouvait juste à l'emplacement occupé aujourd'hui par le pont Boïeldieu.

(2) *Archives de la Seine-Inférieure*. D. 246.

de Grandmont, est en formation. On sait que M. de Bammeville, propriétaire de ces terrains, a cédé à la ville de Rouen toute l'étendue nécessaire pour y construire le nouveau Marché aux bestiaux, à la condition d'y créer un certain nombre de rues. Encore quelques années et tout ce quartier, autrefois si désert, sera totalement habité.

L'ancien enclos du prieuré de Grandmont, morcelé à la suite de la Révolution, forme de nos jours une petite cité qui tend de plus en plus à s'agrandir et qui, au jour proche où la rue de la Ferme pourra être prolongée jusque vers Sotteville, viendra faire sa jonction avec le nouveau quartier de Bammeville et pourra ainsi recevoir le trop plein de la ville.

L'*avenue de Grammont* (comme on a pris l'habitude de l'écrire) s'était appelée, en 1794, *avenue du Magasin à poudre*; en 1795, on lui rendit sa dénomination primitive. Pendant le même laps de temps, la rue de Grammont avait porté le nom de *rue de Metz*.

### Les Corderies de la rue Saint-Sever

La place vide située vis-à-vis des religieuses des Emmurées, le long de la chaussée ou chemin pavé tendant à Sotteville (aujourd'hui rue Saint-Sever), avait environ 30 perches de long. La moitié la plus éloignée de la ville devint, lors du partage de 1635, la propriété du Collège, et l'autre moitié resta aux religieux.

A différentes reprises, les échevins de la ville essayèrent de s'en emparer, sous prétexte qu'ils avaient, de temps à autre, permis à quelques cordiers d'y travailler moyennant la redevance d'un écu par an.

Ainsi, d'après les *Registres des Revenus de la ville de Rouen*, en l'année 1420, il appert qu'un nommé Jean Régnier a payé 30 sols pour une année de louage d'un chemin ou voirie appelé la Cauchée de Saint-Sever, et Jean Richer, cordier, 60 sols pour une année de fermage d'un chemin en voirie. Le 10 septembre 1435, les échevins baillaient à Pierre Richer, cordier, fils de Jean, certaine voirie ou

chemin autrefois tenu par son père, « estant au fossé de la Cauchée
« des Alèges des ravines d'eau du pont de Seine, tout au long des
« murs des prés de Grandmont pour y besongner de son métier de
« cordier moyennant 60 sols par an, laquelle place il ne pourra
« hauchier de terres qui puissent empeschier les eaux et aleiges,
« ne ediffier si ce n'est d'une petite loge pour y mettre son rouet. »

Au mois de février 1440, Jean Dupont, bourgeois de Rouen, se chargeait, du consentement de la ville, de construire à ses dépens un pont de bois traversant le fossé de la chaussée par lequel coulaient les grosses eaux de la Seine ; ce pont devait faire communiquer la voie avec un héritage qu'il venait de fieffer des religieux.

Pendant tout le $xv^e$ siècle, des corderies continuèrent à exister le long de la voie des Emmurées, et les exploitants payaient une redevance annuelle à la ville.

En 1583, certains particuliers essayèrent de faire des entreprises sur les fossés de la ville, hors le pont. Une sentence de Jacques de Croismare, lieutenant général du bailli de Rouen, à la suite d'une visite des lieux, ramena tout dans l'ordre et consacra le droit de la ville à la possession desdits fossés.

Dans le même temps, Jean de Brèvedent, lieutenant général du bailliage de Rouen, faisait constater l'état de ces fossés, qu'il s'agissait « de remettre de laize et profondeur compétente pour
« donner ayde à evacuer les eaues de Seine, afin d'éviter à l'incon-
« venient, dommage et peril qu'ilz pourroient porter au grand pont
« de la ville, mesmes pour plus aisément et commodément beson-
« gnier à la réédification des deux piles qu'il convient de faire en
« icelui pont » (1).

Ce procès-verbal de constat nous fournit, en outre, quelques renseignements sur l'ancien *Clos-aux-Galées*, dont l'emplacement était alors possédé par Robert Le Roux, sieur Tilly, conseiller au Parlement, Étienne de la Garde, capitaine de navire, Guillaume Robelat et Guillaume Puchot, vicomte de Rouen.

---

(1) *Archives de la Seine-Inférieure*. D. 245.

## La Place Grandmont

Aux xvi<sup>e</sup> et xvii<sup>e</sup> siècles, cette place, connue aujourd'hui sous le nom de *place Voltaire,* après s'être appelée *place de la Croix,* n'était encore qu'un terrain vague appartenant aux moines de Grandmont. Peu à peu les religieux aliénèrent, fieffèrent ou emphytéosèrent une partie des terres avoisinant la Croix de Grandmont qui se trouvait, ainsi qu'on l'a déjà vu, à l'angle de la rue du Cours et de la rue de Sotteville.

Sous la Restauration, au mois d'août 1816, le Conseil de Fabrique sollicitait du Conseil municipal l'autorisation d'élever sur une place publique, à l'entrée de la commune de Sotteville, une croix dont elle ferait tous les frais et destinée à rappeler le souvenir de la Croix de Grandmont, enlevée pendant la Révolution.

Comme cet ancien emplacement n'appartenait plus au territoire de Sotteville, le choix du Conseil de Fabrique se porta sur une place sise à côté et connue sous le nom de place de Grandmont. L'endroit choisi était ainsi désigné : « portion de terrain vain et vague, située entre les deux extrémités du mur de M. Magloire Leroy, faisant face au milieu de la rue tendant de Rouen à Sotteville. »

Le Conseil municipal ne fit aucune difficulté ; seul M. Leroy tenta une certaine opposition soutenant que le nouveau monument pourrait être préjudiciable à l'entrée de sa propriété.

Dans ces conditions le préfet autorisait l'érection de la croix par arrêté du 31 mars 1817. Le 14 septembre, fête de l'Exaltation de la Sainte-Croix, le nouveau calvaire fut bénit solennellement, en présence des autorités locales, de la garde nationale sous les armes, par MM. l'abbé Masseux, chanoine de la cathédrale de Rouen. Elle avait coûté à la Fabrique 825 fr.

On sait comment elle fut renversée et brisée au mois de juin 1881 par quelques énergumènes en quête sans doute de célébrité.

Lors de son érection, une petite plaque d'argent enveloppée dans une gaine de zinc avait été placée dans les fondations. Cette plaque, conservée aujourd'hui dans la bibliothèque municipale de Sotteville, porte les inscriptions suivantes :

Sur une face :

*Joachim-Manuel GUYOT, Maire de la Commune de Sotteville-*
*lès-Rouen, l'an 1817*
*La première Pière*
*a Été Posée par Marie GAILLIER*
*Femme L'APOTRE*
*Sous le règne de Louis 18 dit le Désiré Roy*
*de France et de Navarre.*

Sur l'autre face :

*Ce monument religieux a été fondé par Lesueur, curé de cette paroisse*
*Et M$^{rs}$*
*Adrien Le Blanc, M$^{el}$ Fouquet, N$^{as}$ Mullot, J$^{h}$ L'Apôtre, Pascale*
*le Sueur, J$^{es}$ Duhamel et Joseph Bugnot*
*Tous Trésoriers de l'Église de Notre-Dame de Sotteville-lès-Rouen*

# CHAPITRE V

### La Haute Justice de Grandmont

Le droit de haute, moyenne et basse justice fut donné au prieuré lors de sa fondation, en 1156, par Henry II, roi d'Angleterre et duc de Normandie, et confirmé par plusieurs de ses successeurs. D'après ces diverses chartes, les religieux de Grandmont avaient « toute et telle justice sur leur territoire » comme les ducs l'exerçaient eux-mêmes sans aucune réserve.

Elle se tenait un jour chaque semaine et avait comme officiers : un bailli, un lieutenant, un procureur fiscal, un greffier et un sergent fieffé chargé d'exercer ou de faire exercer cet office par un commis agréé par les religieux. Le droit de nomination de ces officiers appartenait au père recteur ; les amendes confiscations et autres émoluments étaient partagés par parts égales entre les religieux.

Une maison, où pendait pour enseigne le *Vert-Buisson* et ainsi nommée, sise dans une prairie de l'enclos, en était le siège. Le propriétaire de cet immeuble était, aux termes de son contrat de fieffe, obligé de fournir un lieu commode pour servir d'auditoire et de cohue, garni de sièges pour le juge et les assistants, ainsi qu'il appert par plusieurs aveux, notamment celui du 13 février 1574, et le propriétaire de la maison appelée l'*Ecu d'Alençon*, à usage d'auberge et formant, comme on le sait, l'encoignure de la chaussée des Emmurées et de la rue Pavée, devait fournir une prison pour les délinquants et un parc pour garder les bêtes prises en dommage sur toute l'étendue de la haute justice.

Le bailli était reçu au Parlement et devait comparaître comme les baillis royaux ; les appellations de ses sentences ressortissaient au Parlement tant au civil qu'au criminel.

Si ce droit de haute justice fut toujours reconnu aux religieux de Grandmont, on ne leur en chercha pas moins de nombreuses querelles relativement à l'étendue du territoire qui y était soumis. Ainsi on contesta au lieutenant criminel du prieuré la connaissance des délits qui se commettaient sur le pont de bateaux et sur le quai du côté de la ville de Rouen ; le vicomte de l'Eau, de son côté, lui disputa la juridiction de ceux commis sur la Seine dans les limites assignées par les chartes. Les religieux, et après eux les Jésuites, durent alors s'adresser au Parlement.

Parmi les nombreux procès portés par les moines devant la Haute Cour pour conflit de juridiction, quelques-uns méritent une mention spéciale.

Le 11 février 1657, une bande de mauvais garnements, voleurs de manteaux, était arrêtée pour vol et mauvais traitements commis sur le pont de bois — le pont de bateaux — entre les deux croix, par les officiers de Grandmont qui commencèrent contre eux une information. Le vicomte de l'Eau voulut revendiquer la connaissance de ces délits ; mais le Parlement n'admit pas ses prétentions et la justice de Grandmont put suivre son cours. L'enquête faite alors mentionne que ces malfaiteurs s'éclairaient à l'aide de torches de paille.

Le 23 juillet 1681, un nommé la Montagne, cocher de M. de la Gentillère, était trouvé *submergé* dans la Seine, près le pont de bois. Le bailli de Grandmont réclama la visite du corps et le droit de faire l'information ; le vicomte de l'Eau intervint aussitôt et par le procureur de la Cour fit interjeter *clameur de haro*. On alla donc devant le Parlement. Un *vidimus* du premier président reconnut le bien fondé de la demande du bailli de Grandmont et ordonna que le corps serait inhumé dans le cimetière de Sotteville et non dans celui de la paroisse Saint-Cande comme le voulait le vicomte de l'Eau. Mais lorsque le bailli de Grandmont voulut exécuter l'arrêt, on lui annonça que le corps était déjà inhumé.

Au mois de juillet 1668, un meurtre avait été commis sur le Cours par trois particuliers qui avaient tué à coups de pistolet un nommé Balthazar. Le bailli de Grandmont réclama la connaissance de l'affaire ; le bailli de Rouen la lui disputa. Une sentence du Parlement, du 6 juillet, admit la réclamation du bailli de Grandmont : le Cours quoique appartenant maintenant à la ville, n'en restait pas moins soumis à la justice de Grandmont, et faisant partie de la paroisse de Sotteville, le curé de cette paroisse avait seul le droit d'inhumer les cadavres qu'on y trouvait ainsi qu'il résulte d'un arrêt du 7 août 1694.

Le 31 août suivant, la justice de Grandmont condamnait les assassins : l'un, Bauchesne, à avoir le col coupé ; le second, le valet du sieur de Bourneville, à être pendu, et le dernier, Leclerc, aux galères.

Dans la nuit du 8 au 9 mars 1745, le nommé Julien, fils de la veuve Julien, aubergiste de la *Rose*, au bout du pont, attendait sur ce même pont les nommés Cuvier et Yard, et voulait les empêcher de passer. Une querelle s'ensuivit dans laquelle Cuvier fut tué d'un coup d'épée et Yard blessé au bras de trois coups de la même arme.

La justice de Grandmont et celle de la ville se disputèrent à nouveau la connaissance de ce crime ; le Parlement fut saisi de ce nouveau différend, et il ne put que maintenir ses précédents arrêts. La justice de Grandmont condamna Julien à avoir les bras, jambes, cuisses et reins rompus sur un échafaud, au bout du pont, à être mis sur une roue, la face tournée vers le ciel, pour y finir ses jours, et, après vingt-quatre heures, son corps mort être porté au lieu patibulaire. Sur ses biens, confisqués au profit du roi, 100 l. seront prises en privilège pour faire prier pour la victime.

Les Jésuites et les religieux de Grandmont, persévérant à soutenir cette prétention, malgré les différents jugements survenus à ce sujet, que l'île La Moucque relevait de leur suzeraineté, voulurent aussi, à diverses reprises, y exercer leur droit de justice. Mais là ils furent moins heureux et un arrêt du Parlement, du 16 août 1759, déchargeait le procureur du roi au bailliage de l'assignation à lui faite par le bailli des Jésuites et défendit aux habitants de l'île de procéder ailleurs qu'à la justice royale.

Il n'y eut pas d'ailleurs qu'au criminel que les religieux de Grandmont et les Jésuites se montrèrent soucieux de la défense de leurs prérogatives. Ainsi, au mois de mars 1755, ils intentaient un procès à plusieurs pêcheurs pour avoir pris des brochets et autres poissons sur la seigneurie de Grandmont et avoir tendu des nases dans les fossés du prieuré ; puis à un marchand périgourdin qui tirait sa loterie sur le quai. D'autre part, une sentence du 20 mai 1743, de Pierre de Tocqueville, bailli de Grandmont, défendait d'entrer dans les prairies et de tirer avec armes à feu sur le pont et autres lieux à peine de 100 l. d'amende.

Un arrêt du Conseil, du 28 mai 1700, avait ordonné que les communautés d'artisans voulant exercer maîtrise dans une autre juridiction que celle du roi procéderaient devant M. de la Bourdonnais, commis à cet effet, et avait défendu aux hautes justices de recevoir aucun maître avant qu'il n'en ait été ordonné. En 1759, les Jésuites, sans tenir compte de cette décision, conférèrent la maîtrise à un nommé Canu, maréchal. Les maîtres maréchaux de Rouen se recrièrent et soutinrent que Canu devait se faire recevoir par leur corporation. L'affaire fut portée devant le Parlement qui mit les maréchaux de Rouen hors de cause et maintint à Canu son privilège à la condition qu'il n'excerait que sur le territoire et la juridiction de Grandmont. Les Jésuites obtenaient ainsi gain de cause.

\*
\* \*

Les archives du prieuré de Grandmont nous fournissent les noms de la plupart des baillis qui exercèrent la justice au nom des religieux et qui, presque tous, étaient des personnages de marque.

En 1593, nous trouvons ainsi la nomination, par Innocent Picquet, de Marin Leblanc, à l'état et office du scel et greffe du bailliage de Grandmont, « pour le récompenser du bon soing qu'il a eu durant
« ces présents troubles à conserver des droits de la seigneurie
« lesquels droits eussent peu estre perduz ou consedez, à raison
« des guerres, troubles et démolitions faites des maisons qui appar-
« tenaient aux sujets de la haute justice... »

Après lui, vint, comme bailli, Jacques du Bosc, écuyer, avocat au Parlement, en 1615 ; puis Robert Marc, en 1618 ; Louis Duparc, en 1639 ; Nicolas de Godefroy, en 1679. Ce dernier, pourvu quelque temps après d'une charge d'avocat au conseil du roi et résidant alors à Paris, prétendit quand même conserver celle de bailli ; l'affaire fut portée au Parlement, à qui il appartenait de ratifier les nominations faites par le recteur du collège des Jésuites en qualité de prieur des Jésuites, et Godefroy dut opter. Il abandonna les Jésuites qui lui donnèrent pour successeur Charles Hottat.

Au xviiie siècle, nous trouvons la nomination de Jean Prevost comme lieutenant de la haute justice en remplacement de Charles d'Angerville-Augier ; de Denis-François Le Queur, comme bailli ; d'Adrien Pepin, comme procureur fiscal ; de Robert Pinchon et de Noël Regnault, comme greffiers (1).

\*
\* \*

L'hôtellerie de l'*Écu d'Alençon*, à laquelle les religieux de

---

(1) *Archives de la Seine-Inférieure.* D. 26, 237, 238.

Grandmont avaient attaché la servitude « de parc et prisons conve-
« nables tant pour les personnes que pour les bestes trouvez en
« dommage sur les terres du prieuré », était située à la jonction de
la chaussée des Emmurées — aujourd'hui rue Saint-Sever — et
de la rue Pavée, devant la porte des Emmurées, ainsi d'ailleurs
qu'on l'a déjà vu. Ce fut la première maison construite dans cette rue.

Le 15 juillet 1437, — sous la domination anglaise, — Guillaume
Le Bas, prieur de Grandmont, fieffait à Raoul Le Machon l'emplacement de cet hôtel, alors « place vuide, non close ni habitée »,
moyennant 20 deniers et 2 chapons par an. Avec l'autorisation de
Jean Le Bouche, prieur qui avait succédé à Guillaume Le Bas,
Raoul Le Machon y fit construire une maison *sur fourques,* couverte
de chaume, qu'il agrémenta d'un petit jardin planté d'arbres et de
vignes. Le prieur y avait mis pour condition la servitude de la
prison. Le Machon installa son immeuble à usage d'hôtel auquel il
donna pour enseigne l'*Écu d'Alençon*. Il ne le garda, toutefois, que
fort peu de temps et le fieffait à son tour, le 8 novembre 1438, à
Simon Delamare.

Dans un aveu rendu aux religieux le 13 avril 1585 par Étienne
Petit, marchand boucher à Rouen, il est fait mention d'un pavillon
et jardin attenant à l'hôtellerie et faisant partie du tènement fieffé
jadis à Le Machon. L'hôtellerie était alors la propriété de Pierre
d'Epinay.

Pendant le siège de Rouen par Henri IV, en 1592, l'*Écu d'Alençon*
est démoli et rasé, il n'y a plus que la place vide; ainsi que le
constate un aveu du 11 novembre 1598 rendu par Pierre Vallenger
aux religieux. Mais le nouveau fieffataire avait cru pouvoir se
dispenser — puisqu'il n'existait plus de maison — de mentionner
la servitude de la prison et du parc pour les bestiaux, les religieux
lui firent réformer son aveu. Comme devant l'ancienne porte de
l'hôtel se trouvait un fossé où séjournaient les eaux d'égout, le
prieuré consentit à remblayer ce fossé, mais Vallenger dut, pour
ce fait, payer en outre deux nouveaux chapons de rente. Il
reconstruisit alors l'ancienne hôtellerie.

Au mois de janvier 1622, elle est devenue la propriété de Charles Lucet, qui la laisse à son fils Adam. Celui-ci la vend à Romain Le Picart en 1643. Elle reste dans cette famille jusqu'en 1695, où elle passe à un sieur Grout de Saussay (1). Depuis cette époque, le nom des propriétaires de l'ancienne auberge nous est inconnu.

Le prétoire de la haute justice de Grandmont se tenait, comme on l'a vu dans un chapitre précédent, au Vert-Buisson. Les fourches patibulaires étaient établies dans une pièce de terre à Sotteville qui a conservé le nom de *terre du Gibet* et située le long du chemin conduisant à Saint-Étienne. Elle faisait alors partie du terrain vague sur lequel ont été édifiées les constructions entourant la place Voltaire. En 1809, elle était encore en luzerne et appartenait à M. Magloire Leroy qui la vendait à M. Nicolas-Romain Leblond. Celui-ci y faisait élever les constructions qu'on y voit aujourd'hui à usage de boucherie et de marchand de charbon et qui sont la propriété de M. Antil.

\* \* \*

Au mois d'avril 1793, on mettait en vente l'emplacement du prieuré, antérieurement emphytéosé, ainsi qu'on l'a vu. Il était spécifié comme comprenant plusieurs corps de bâtiment propres à établir des manufactures, un très beau jardin et un autre petit jardin, le tout enclos de murs, planté d'arbres fruitiers ; une très belle masure plantée d'arbres fruitiers, à côté deux pépinières ; un autre emplacement, à droite de l'avenue, enclos de murs avec espaliers au pourtour (2).

---

(1) *Archives de la Seine-Inférieure*. D. 254.
(2) *Journal de Rouen* du 1er avril 1793.

# SIXIÈME PARTIE

# LE FAUBOURG SAINT-SEVER

## (ÉMENDREVILLE)

### CHAPITRE PREMIER

Histoire générale. — L'Expérience de Pascal.

Tout le territoire qui forme aujourd'hui le faubourg de Rouen, connu sous le nom de Saint-Sever, s'appelait, au xi<sup>e</sup> siècle, Émendreville.

On est loin d'être fixé sur l'étymologie de ce nom *Émendreville*. Quelques historiens en attribuent l'origine à une famille d'Ermentreville, qui vivait encore au xiii<sup>e</sup> siècle; d'autres la font rapporter à une sainte, Ermentrude, qui vivait au x<sup>e</sup> siècle, et dont on aurait fait *Ermentrudis villa* : la villa ou la ville d'Ermentrude, et par corruption *Émendreville*; enfin, d'autres la font venir de *Minor-villa*, moindre ville, d'où l'on aurait fait *Mendreville*. Ce nom de *Minor-villa* fut invoqué au xviii<sup>e</sup> siècle par les religieux de Bonne-Nouvelle, lors de leur procès avec le seigneur d'Émendreville relatif aux droits honorifiques de l'église Saint-Sever; mais ils ne l'attribuaient qu'au fief qu'ils appelaient *Mendre-ville*, et non pas au faubourg tout entier.

Si l'on en juge par les nombreuses découvertes qui y ont été faites, le vieux faubourg d'Émendreville semble avoir existé du temps des Romains et même des Gaulois. En pratiquant des fouilles pour la construction de la nouvelle église Saint-Sever, en 1855, on mit à jour des constructions gallo-romaines, et contemporaines peut-être des fils de Constantin Ier, ainsi que semblerait l'indiquer une petite médaille de bronze d'une belle conservation à l'effigie de Constance II, qui a été recueillie au milieu de débris de tuiles, de vases et de carbonisations antiques. Dans tout le quartier, d'ailleurs, des traces de l'habitation gallo-romaine ont été recueillies. En 1854, en faisant les terrassements de la maison de M. Danguy, rue Saint-Sever, presqu'en face de la place des Emmurées, on mit à jour de nombreux débris appartenant au moyen âge, des tuiles et des vases d'origine romaine. Au mois d'avril 1855, en creusant un puits dans l'intérieur du marché des Emmurées, les terrassiers rencontrèrent, mêlé aux terres d'extraction, un grand bronze frappé à l'effigie de l'empereur Adrien dans les premières années de son règne.

Deux voies romaines, d'ailleurs, traversaient le vieux faubourg : l'une, de Rouen à Paris et Rome, sortait par la rue Grand-Pont, la porte de la Roquette, passait la Seine sur le pont de bois qui avait précédé le pont Mathilde ou pont en pierre du XIIe siècle, suivait la chaussée des Emmurées, aujourd'hui rue Saint-Sever, et se dirigeait par Sotteville, ainsi qu'on l'a vu dans la première partie de cet ouvrage ; la seconde, qu'on appela plus tard route de Basse Normandie, quittait la première vers l'endroit où fut élevé plus tard l'église Saint-Sever, passait par Grand-Couronne, Moulineaux, Bourg-Achard, Pont-Audemer, Lisieux, Bayeux, etc.; elle suivait, à quelques petites différences près, le même itinéraire que la route de Caen actuelle.

Pendant l'époque normande, le faubourg d'Émendreville avait déjà des fabriques de poteries, dont on a trouvé de nombreuses traces en 1856 lors de la construction de l'église, et nous savons que bien avant 990 il y existait une chapelle, puisque le corps de saint Sever y fut déposé lors de l'invasion des Normands, suivant les uns, ou pour le garantir d'une troupe de brigands qui ravageaient le pays, suivant les autres. Farin, dans son *Histoire de Rouen*, rapporte à ce sujet que, pendant la translation du corps de ce saint, partout où il fut déposé pour y passer la nuit on trouva le lendemain une telle résistance qu'il fallut faire le vœu de bâtir autant d'églises à son nom, pour que le corps pût être enlevé ; mais M. Périaux fait remarquer que cette légende est commune à beaucoup d'autres localités avec des interprétations diverses.

Ce qui est certain, toutefois, c'est que le nom de Saint-Sever fut donné, à la suite de cette translation, à l'ancien faubourg d'Émendreville.

* * *

L'histoire de Saint-Sever est intimement liée à celle de la ville de Rouen ; aussi n'entreprendrons-nous ici que le récit des faits qui ont eu, pour le faubourg, des conséquences particulières.

En 1090, les partisans de Guillaume Le Roux, second fils du Conquérant, — qui s'était emparé du royaume d'Angleterre tandis que son frère aîné, Robert Courte-Heuse, se faisait proclamer duc de Normandie, — montèrent une conspiration pour faire reconnaître leur roi duc de Normandie, au détriment de Robert ; ils marchèrent sur Rouen et voulurent s'en emparer. Courte-Heuse, faible de caractère, s'enfuit de la ville et se réfugia à Émendreville. Caché dans l'église de Bonne-Nouvelle, il y attendit la fin du combat. Après la défaite de ses adversaires, il put enfin rentrer dans la ville, qu'il trouva souillée de sang et de cadavres.

A la mort d'Henri I$^{er}$, roi d'Angleterre et duc de Normandie, en 1035, son corps fut embaumé et l'on porta ses intestins à Émendreville, où ils furent enterrés dans l'église de Notre-Dame-du-Pré (Bonne-Nouvelle).

La mort de ce prince avait été le signal de la guerre. Les partisans de la reine Mathilde, fille d'Henri, à qui le roi défunt avait donné les couronnes de Normandie et d'Angleterre, eurent à la défendre contre les revendications d'Étienne de Blois, petit-fils de Guillaume le Conquérant. En 1143, maîtres de la rive gauche, ils attaquèrent le manoir d'Émendreville, y mirent le feu, et l'incendie, gagnant de proche en proche, brûla le monastère de Saint-Sever. Ce désastre coûta la vie à une multitude de personnes de tout âge. L'année suivante, en 1144, Guillaume Plantagenet, second mari de Mathilde, entrait dans Rouen et y était accueilli avec enthousiasme par les habitants.

Après le crime de Jean Sans Terre contre son neveu, Arthur de Bretagne, Philippe-Auguste marche sur Rouen ; il s'empare d'Émendreville et de la Barbacane qui défendait le pont Mathilde. (1204.)

En 1235, l'état du haut clergé appelait une réforme déjà tentée par saint Bernard. L'abbaye de Saint-Ouen semblait laisser beaucoup à désirer. Le pape ordonna qu'elle serait soumise à l'imputation d'un dominicain, prieur des frères Prêcheurs établis au couvent de Saint-Mathieu à Saint-Sever, nommé ensuite couvent des Emmurées, lorsque les frères Prêcheurs, grâce à la générosité du roi et de la ville, purent aller s'établir sur l'autre rive, et que le roi, ayant acquis leur ancien couvent, y établit des religieuses de l'ordre de Saint-Dominique, désignées plus tard sous le nom d'Emmurées.

En 1243, le feu se déclara au prieuré de Bonne-Nouvelle. L'église et les bâtiments claustraux furent détruits, à l'exception du dortoir. Une partie du faubourg d'Emendreville fut brûlée.

La guerre de Cent-Ans fut pour le faubourg d'Emendreville une époque de ruine. Philippe de Valois, roi de France, craignant l'arrivée des ennemis et voulant éviter que les maisons du faubourg devinssent pour les Anglais un lieu de refuge, les fit raser complètement. Les monastères et même l'église, le vieux manoir d'Émendreville et celui du sieur de Richebourg subirent le sort commun.

Pendant l'occupation de 1418 à 1449, les Anglais durent former certains établissements à Saint-Sever dans l'endroit qui fut depuis appelé la *rue aux Anglais*. Cette rue est mentionnée dans divers actes du tabellionnage de Rouen, de 1489 à 1510. Un peu plus bas vers l'église Saint-Sever, se trouvaient encore d'autres établissements d'Anglais; ce dernier quartier était d'ailleurs communément désigné sous le nom de *Prés-aux-Anglais*, ainsi que l'indique les plans de 1655 et de 1724; il forme aujourd'hui la rue de la *Pie-aux-Anglais*, tirant son nom d'une ancienne enseigne.

En 1592, pour empêcher les troupes d'Henri IV de trouver asile dans le faubourg Saint-Sever, les Ligueurs qui tenaient Rouen renouvelèrent alors la manœuvre déjà employée plusieurs fois à l'approche d'un siège. Le vieux faubourg fut complètement rasé : maisons particulières et couvents, rien ne subsista.

Après le siège et le rétablissement de la paix et en attendant que les réparations à l'église Saint-Sever, qui avait été fort maltraitée pendant le siège, fussent terminées, l'office paroissial de Saint-Sever se disait dans l'église des Augustins (1).

Au XVI<sup>e</sup> siècle, le faubourg Saint-Sever était encore peu populeux; une partie de son territoire était rattachée à la paroisse de Saint-Martin-du-Pont, en ville. M. de Beaurepaire ne se l'explique qu'en admettant qu'à une époque ancienne il était plus facile de traverser la Seine que les prairies avoisinant la chaussée et qui interceptaient les communications entre les rives du fleuve et l'église du faubourg.

Henri IV ayant reconnu que la vieille cité était par trop resserrée dans ses limites avait conçu le projet de favoriser l'extension de la ville du côté de Saint-Sever. Il est fait mention de ce projet dans les délibérations des échevins sans qu'on y trouve toutefois une indication quelconque de leur opinion favorable ou défavorable. D'autre part, deux ordonnances du Bureau des Finances de Rouen nous apprennent que, suivant l'ordre du roi et le commandement de M. de Rosny (Sully) plusieurs maîtres maçons de la ville de Rouen avaient passé deux mois à prendre les mesures du faubourg

---

(1) *Archives de la Seine-Inférieure*. — Fonds de Bonne-Nouvelle.

de Saint-Sever pour dresser le plan et les dessins du nouveau quartier à élever. Toutefois en présence de l'indifférence de la ville, Henri IV abandonna son dessein. Il en fut de même d'un autre projet consistant à diminuer la distance entre Paris et Rouen en redressant le lit du fleuve. Mais il n'en est pas moins vrai que ce fut à partir du règne d'Henri IV que Saint-Sever tendit à devenir le quartier manufacturier de Rouen. En 1606, une verrerie royale y fut établie, en même temps qu'une compagnie hollandaise y était appelée pour y inaugurer la fabrication de toiles fines.

Au milieu du xvi<sup>e</sup> siècle, les Hollandais étaient devenus fort nombreux à Saint-Sever et y formaient une véritable colonie. C'étaient des Hollandais qui s'étaient proposés pour la reconstruction du pont Mathilde, et parmi les ouvriers employés à la fabrique de faïence de Louis Poterat on trouve également plus d'un nom hollandais.

On croit même que Hugues Grotius, bien connu comme érudit et comme homme politique, habita le faubourg Saint-Sever. Il n'existe toutefois aucun doute à l'égard de ses enfants qui achetaient, en 1655, une maison au carrefour de Bonne-Nouvelle proche la place de la foire du Pré.

En 1634, une émeute ayant éclaté à Rouen au sujet d'un impôt sur les cartes, dont l'industrie formait dans cette ville une branche importante de commerce plus tard malheureusement affaiblie par les impôts qui y furent établis, un malheureux agent se sauva dans Saint-Sever où il fut poursuivi jusqu'au monastère de Bonne-Nouvelle. Ayant été reçu par les moines, la foule voulut enfoncer les portes du couvent. C'est alors que des conseillers au Parlement parvinrent à le faire sortir et l'emmenèrent au Palais.

\*
\* \*

En l'année 1644, on avait appris à Rouen l'expérience de Torricelli, faite en Italie l'année précédente. Pascal habitait alors depuis quatorze ans, avec son père et sa famille, la vieille capitale normande. Il résolut de la répéter dans cette ville avec un nommé Petit, de ses amis, de la même manière qu'elle avait été faite en Italie ; et Pascal constate lui-même qu'elle produisit absolument le même résultat. Toutefois, après de longues réflexions sur les conséquences de cette expérience, il se confirma dans cette pensée, qu'il avait toujours eue, que le vide n'était pas une chose impossible dans la nature et que celle-ci ne le fuyait pas avec tant d'horreur que beaucoup se l'imaginaient, et en arriva à rejeter bientôt complètement le principe « que la nature ne souffre point le vide ».

Cette conviction faite chez lui, il résolut de la porter chez les adversaires du vide en répétant publiquement l'expérience de Torricelli, qui, de l'aveu de tous, obtint le plus grand succès.

Dans une communication à la Commission des Antiquités, le savant professeur, M. Bouquet, a donné, d'après un manuscrit que possède aujourd'hui la bibliothèque du séminaire de Mont-aux-Malades, une description très complète en même temps que fort curieuse de cette première expérience, qui eut lieu sur le mont Sainte-Catherine.

Cependant Pascal, alors âgé seulement de 23 ans, devait rencontrer non seulement de nombreux contradicteurs, mais surtout des envieux, et entre autres un certain Jacques Piérius, docteur-médecin et curé de Déville ; des polémiques vinrent à se produire. Pascal y répondit par de nouvelles expériences tout aussi concluantes que la première. Toutefois, comme certains doutes semblaient encore persister dans l'esprit de plusieurs, il résolut d'en tenter une dernière en présence de tous les corps savants de la ville. Elle eut lieu, nous dit M. Bouquet, en 1646, non dans les restes du couvent de Saint-Amand ou bien au carrefour de la rue du Petit-Salut, mais à la verrerie de Saint-Sever, située alors au coin des rues du Pré et de la Pie-aux-Anglais, en présence de 500 spectateurs, et elle démontra clairement que les effets attribués jusqu'alors à l'horreur du vide sont causés par la pesanteur de l'air ; découverte de la plus haute importance, puisque de ce jour date la physique moderne.

Le manuscrit du séminaire de Mont-aux-Malades nous explique comment Pascal fit cette fameuse expérience.

Il prit deux tubes longs de 40 pieds, hermétiquement fermés d'un côté et ouverts de l'autre, et les attacha le long d'un mât de navire, de manière à former un appareil mobile lui permettant de tourner à son gré l'ouverture des tubes tantôt vers le ciel, tantôt vers la terre. Ces dispositions prises, il remplit l'un des tubes d'eau, l'autre de vin, et les plongea dans leurs liqueurs respectives. Il observa avec les savants qui l'assistaient que ces liqueurs descendaient, et qu'après plusieurs oscillations, elles restaient suspendues à des hauteurs différentes, savoir : l'eau, à la hauteur de 31 pieds 1 pouce, et le vin à la hauteur de 31 pieds 8 pouces, tandis que, d'après les péripatéticiens, la hauteur du vin aurait dû être moindre que celle de l'eau.

Les liqueurs montaient donc à des hauteurs différentes non parce qu'elles étaient plus ou moins remplies d'esprit, mais parce qu'étant d'une pesanteur spécifique différente, la liqueur la plus légère exigeait dans le tube une colonne plus longue que la liqueur la plus pesante, pour faire équilibre à la colonne d'air.

* * *

Au XVIe siècle, la compagnie des Archers ou tireurs d'arc, fondée à Rouen par une ordonnance de Charles V, venait faire l'exercice à Saint-Sever, sur un pré d'une contenance de deux acres trois vergées, sis au hameau de la Motte et limité par le chemin de Rouen à Grand-Quevilly, appelé aussi chemin de la Motte. Ce pré était la propriété des religieux de Bonne-Nouvelle et désigné alors sous le nom de *Pré-aux-Archers*. Les arquebusiers y vinrent également faire leurs exercices. Il relevait de la seigneurie d'Émendreville, suivant un aveu du capitaine des Archers à André du Bosc, du 5 août 1604.

En 1623, les Archers soutinrent que ce pré était leur propriété ; un procès fut même intenté à ce sujet aux religieux de Bonne-Nouvelle. Mais une sentence du bailli de Rouen, du 5 octobre de cette même année, reconnut que le pré était bel et bien la propriété des religieux.

En 1638, les Archers essayèrent à nouveau de faire accepter leur prétention sur le pré. Ils ne furent pas plus heureux que la première fois (1).

Pendant les mois de novembre et décembre 1648, des troubles éclatent à Rouen par suite de l'exigence des régiments. A Saint-Sever, quarante maisons sont ruinées par les soldats; les unes entièrement démolies, les autres dégradées. M. du Plessis-Besançon, conseiller du roi en son Conseil d'Etat, commissaire général des camps et armées, fut envoyé à Rouen pour châtier les rebelles. Quelques soldats furent arrêtés et trois des plus criminels condamnés par la Cour à être pendus et étranglés (2).

Le 21 février 1658, une inondation considérable se produisit dans le faubourg Saint-Sever. Farin, dans son *Histoire de Rouen*, nous dit que la plus grande partie des maisons d'Émendreville furent détruites par les vagues « qui roulaient dans la rue de la Pie, près l'église Saint-Sever ».

Le XVIIIe siècle, au point de vue de l'histoire générale, ne nous offre aucun événement important à Saint-Sever. A différentes périodes, la ville et le faubourg ont eu à subir des inondations qui causèrent de grands dommages. La plus importante fut celle de 1741, survenues à la suite d'un hiver rigoureux. « Les glaces ont arrêté et détruit le pont de bateaux, emporté et brisé une partie des piles du pont, ce qui causa une interruption au commerce, la ruine entière du faubourg Saint-Sever, et porta un préjudice considérable à la ville. » Les eaux avaient commencé à monter le 10 décembre et s'accrurent jusqu'aux fêtes de Noël. La Seine ne rentra dans son lit que le 20 janvier.

*\**

Le faubourg Saint-Sever comprenait jadis sept hameaux ainsi

---

(1) *Archives de la Seine-Inférieure*. — Fonds de Bonne-Nouvelle.
(2) *Archives de Rouen*. A. 26.

désignés : la Motte, Bonne-Nouvelle, Claquedent, des Juifs, de la Pucelle, des Brouettes et de Grandmont.

D'après l'interprétation donnée par Ménage de ce mot de *Claquedent*, ce hameau aurait été autrefois habité par des vauriens et des fainéants « qui souffrent que leurs dents leur claquent plutôt que de se réchauffer par quelque travail que ce soit. »

Le hameau de Claquedent faisait partie de la baronnie du Pré et relevait conséquemment de Bonne-Nouvelle.

Après avoir porté le nom de quai de la Grande-Chaussée, l'ancien hameau situé le long de la Seine est aujourd'hui le quai Cavelier-de-la-Salle.

Dans l'ancien quartier de Claquedent ou de la Grande-Chaussée, on voit encore l'établissement connu sous le nom de *Forges et Laminoirs rouennais*, créé par feu M. Laubenière et qui avait été inauguré solennellement le 25 août 1859.

Le nom de la *Pucelle* n'a ici aucun rapport avec Jeanne Darc, et peut-être serait-ce les Pucelles qu'il faudrait dire, car il est évident que ce nom de Pucelle donné à ce hameau vient de l'ancienne léproserie de Saint-Julien-du-Parc, fondée en 1183 par Henri II, duc de Normandie et roi d'Angleterre, pour y mettre les filles lépreuses. Comme ces filles devaient se faire religieuses, on donna à l'emplacement le nom de salle des Puelles (des Pucelles).

Un titre, de l'année 1407, fait mention de la sente « ès Pucelles ». En 1794, la rue de la Pucelle s'appelait Champ-de-la-Pucelle.

Tout récemment, pour éviter toute confusion avec la rue de la Pucelle-d'Orléans, on lui a substitué le nom de Louis-Poterat.

Le *hameau des Brouettes* comprenait l'espace limité entre la rue de ce nom et la rue d'Elbeuf. A la fin du xviiie siècle, la rue des Brouettes n'était encore qu'une sente appelée chemin des Brouettes. On ne connaît pas exactement l'origine de ce nom qui est écrit *Brouelles* sur un plan de 1784. Y avait-il là un lieu de dépôt ou de fabrication de brouettes ? On l'ignore.

Le *hameau aux Juifs* était ainsi désigné parce que les Juifs y avaient leur lieu de sépulture. Il comprenait une partie du nouveau quartier Saint-Clément. L'impasse aux Juifs qui y existe encore se prolongeait jusque vers la rue du Terrain.

Les *quartiers de Grandmont et de Bonne-Nouvelle* comprenaient la partie du territoire relevant de ces prieurés.

Le *hameau de la Motte* longeait un ancien manoir qui dépendait de la seigneurie d'Émendreville. Ce manoir que l'on croit avoir été établi sur l'emplacement d'un vieux château et qui comprenait dès cette époque un jardin avec plusieurs bâtiments entourés de murs et la double rangée de tilleuls qui s'étend encore à l'extérieur, fut vendu, en 1746, au célèbre docteur Claude-Nicolas Lecat, alors chirurgien en chef de l'Hôtel-Dieu et directeur de l'Académie de Rouen. Il est aujourd'hui la propriété de M. Paul Baudry, savant archéologue, auquel nous devons tant de curieuses notices sur la ville de Rouen et ses environs.

## CHAPITRE II

### La Seigneurie d'Émendreville

Lors de la constitution des fiefs, après le partage fait par Rollon à ses anciens compagnons, tout le territoire désigné depuis sous le nom d'Émendreville fit partie intégrante de la baronnie de Préaux. A la fin du xii<sup>e</sup> siècle, cette baronnie était la propriété de Jehan de Préaux ou *Johannes de Pratellis*. On le rencontre dans un dénombrement des baronnets que fit Philippe-Auguste, en 1183. Jean de Préaux vivait encore en 1190. Il prit part à la première croisade et fut renvoyé de la Terre-Sainte avec le chancelier de Richard Cœur de Lion pour signer un traité de paix entre ce dernier et le roi de France. Ce fut lui qui fonda le monastère de Beaulieu, en 1200.

En 1316, Pierre de Préaux était seigneur de la baronnie. Les religieux de Bonne-Nouvelle ayant dû quitter leur monastère à la suite d'un incendie s'étaient refugiés au Bec. Le curé de Saint-Sever étant venu alors à mourir, Pierre de Préaux voulut lui nommer un successeur ; mais devant les protestations des religieux, il dut renoncer à son projet et reconnaître devant l'Échiquier qu'il n'avait aucun droit à cette nomination.

A sa mort, Pierre de Préaux laissa deux filles qui se partagèrent sa succession : l'aînée eut la baronnie de Préaux proprement dite ; la seconde eut la partie de cette baronnie comprise dans le faubourg Saint-Sever qui forma dès lors un fief spécial qu'on appela *Minor-Villa*, d'où on a fait Mendreville, et qu'on a confondu plus tard avec Émendreville, nom ancien du faubourg tout entier, et qui, comme on l'a vu, avait une tout autre origine. C'est par suite de cette confusion de nom que les seigneurs d'Émendreville, entre autres la famille Poterat, prétendirent exercer dans l'église Saint-Sever le droit de patronage et de nomination à la cure qui appartenait de toute ancienneté à l'abbaye du Bec, comme suzeraine du fief de Bonne-Nouvelle.

En 1342, la seconde fille de Pierre de Préaux épousait Thomas du Bosc qui fut maire de Rouen.

Nous trouvons ensuite, comme seigneurs d'Emendreville, en 1365, Gautier du Bosc, un des pairs de la ville; en 1361, Martin du Bosc, bourgeois de Rouen qui fut livré aux Anglais comme un des otages pour assurer le paiement de la rençon fixée par le traité de Bretigny, pour le roi Jean le Bon; en 1375, Nicolas du Bosc, évêque de Bayeux, et ancien bailli de Rouen, mort le 19 septembre 1408 ; en 1427, Guéroult du Bosc, l'un des administrateurs de la ville pendant l'occupation anglaise; en 1430, Guillaume du Bosc, qui fut inhumé, selon Duplessis, dans le cloître de Saint-Ouen; en 1440, Geuffin du Bosc, riche échevin de Rouen, réélu en 1451 et en 1467.

En 1486, Robert du Bosc, sieur d'Émendreville, nommé dans la montre du 3 juillet de cette année lieutenant général du bailli de Rouen; en 1493, Louis du Bosc, second fils de Robert, seigneur de Radepont et d'Émendreville, vicomte de l'Eau, échanson de

Louis XI et mari de Jacqueline Le Goupil ; en 1518, Louis du Bosc, député de la noblesse aux États de Normandie, mort le 18 octobre 1552 ; en 1544, Jean du Bosc, conseiller aux requêtes du Parlement de Normandie, président à la Cour des Aides de la même ville en 1552. Chef du parti huguenot qui était maître de Rouen, en 1560, il envoya à Bonne-Nouvelle une troupe de soldats calvinistes qui pillèrent le monastère et emportèrent tous les titres qu'ils remirent au seigneur d'Émendreville et à l'aide desquels il chercha à s'emparer de trois fiefs que possédaient les religieux. Après la défaite du parti huguenot, du Bosc d'Émendreville fut arrêté et périt sur l'échafaud. Sa femme, morte en 1559, avait été enterrée dans l'église de Saint-Sever.

Après l'exécution du président d'Émendreville, tous ses biens furent confisqués ; néanmoins dans la suite on les rendit à sa famille.

Martin du Bosc, le quatrième des fils de Louis, devint ainsi seigneur d'Émendreville. Il était marié à Isabeau Lemoine, et fut aussi ardent ligueur que son frère était fougueux calviniste. En 1590, il fut député aux Etats de Normandie par la noblesse.

Nicolas du Bosc, son fils, lui succéda. Il avait épousé, en 1618, Charlotte du Quesne, dame de Compainville et de la Cour de Bourneville, dont il eut André du Bosc, sieur d'Émendreville, qui épousa Marguerite Deschamps. Ce fut le dernier seigneur d'Émendreville du nom de du Bosc.

André du Bosc contribua de ses deniers à la réédification de l'église Saint-Sever, après le désastre qu'elle eut à subir pendant le siège, et ses armes furent placées à différents endroits de l'édifice. Mais il laissa des affaires fort embrouillées et ses créanciers firent vendre tous ses biens. La seigneurie d'Émendreville fut alors acquise par Trouyn, marquis de Bordes, qui possédait déjà la baronnie de Préaux, mais il la garda peu de temps.

Le fief d'Émendreville devint alors, jusqu'à la Révolution, la propriété de la famille Poterat.

Le premier de ce nom fut le célèbre faïencier Edme Poterat,

seigneur en même temps de Sotteville et de Saint-Étienne. Son fils Louis hérite de la seigneurie d'Émendreville et assiste, à cet effet, aux délibérations du conseil de Fabrique de l'église Saint-Sever. En 1754, Louis-Henry Poterat, fils de Louis, est seigneur d'Émendreville. Il est en difficultés, à diverses reprises, avec les trésoriers de l'église et le curé de Saint-Sever, qui se montraient, à son gré, trop indépendants envers lui. Il fut le dernier seigneur d'Émendreville (1).

## CHAPITRE III

### La Barbacane

On n'est pas complètement fixé sur la signification exacte de ce mot *Barbacane*. Si tous les auteurs de dictionnaire s'accordent à désigner par ce mot un ouvrage militaire ancien, il n'en est plus de même lorsqu'il faut spécifier le genre de construction. D'après le complément de l'Académie publié en 1842, *Barbacane* se serait dit primitivement d'un ouvrage extérieur percé de meurtrières, qui servait à couvrir le pont-levis ou l'entrée d'une poterne. Le *Manuel lexique* en fait un petit fort à l'entrée du pont d'une ville ; le *Glossaire de la langue romaine* y voit un parapet ou la partie la plus élevée d'un mur, une fente dans les murs d'une fortification pour tirer à couvert ; le *Dictionnaire d'architecture du moyen âge* d'Adolphe Berty, en donne cette définition, qui nous paraît la plus exacte et la plus complète : « Ouvrage avancé placé au-devant de la porte principale d'un château ou de tout autre édifice dont on voulait défendre l'entrée. »

Ainsi qu'on a pu s'en rendre compte par les chapitre précédents, l'ouvrage militaire désigné à Rouen sous le nom de *Barbacane* était situé à l'extrémité sud de l'ancien pont de pierre ou pont Mathilde,

---

(1) *Archives de la Seine-Inférieure*. — Fonds de Bonne-Nouvelle.

construit entre les années 1151 et 1167, et qui aurait remplacé lui-même un autre pont en bois édifié sous les fils ou petits-fils de Guillaume le Conquérant.

Il y a tout lieu de croire que la Barbacane aurait été construite peu de temps après le pont Mathilde, puisqu'elle avait pour mission d'en défendre l'entrée. Peut-être même existait-il déjà, du temps du pont de bois, un ouvrage militaire en gardant l'accès.

Quoi qu'il en soit, lorsque Philippe-Auguste marchant à la conquête de la Normandie vint mettre le siège devant Rouen, nous le voyons d'abord s'emparer du faubourg d'Émendreville (Saint-Sever), puis de la Barbacane. D'après Farin, cette petite forteresse n'était alors qu'un retranchement formé de terrasses et de simples palissades, destiné non pas à faire une longue résistance, mais à suspendre pendant quelque temps les efforts des assiégeants.

L'acte de capitulation du 1er juin 1204 contient cette clause : « Les soldats et bourgeois mettront en nos mains la Barbacane qui « est au bout du pont du côté où nous sommes campés, et dix « pieds d'eau de la Seine au-delà de la Barbacane, en long, vers le « pont, pour y faire une forteresse quand bon nous semblera, et « au-delà des dix pieds les bourgeois pourront ruiner quatre arches « du pont et boucher la porte vers la ville quand il leur plaira. »

Au xive siècle, la Barbacane était remplacée par une porte à double pont-levis désignée sous le nom de la *porte du haut du pont*. Pendant la révolte de la Harelle, en 1382, il n'est nullement question de cette forteresse ; mais lorsque Henri V, roi d'Angleterre, vint assiéger la ville, en 1418, la Barbacane était défendue par les troupes royales de France et les bourgeois de Rouen, sous le commandement d'Henri Chauffour. En face était campé le corps d'armée anglais, sous les ordres de John Holland, fils du comte d'Hungtington, et ayant pour principaux lieutenants Neville, Unfreville et Richard Arondel.

L'acte de capitulation de 1418 ne fait aucune mention de la Barbacane ; mais dans une charte du 24 janvier 1424, remettant aux bourgeois la garde de toutes les portes et poternes de la ville, exception était faite de la Barbacane, placée en dehors de l'enceinte murale.

Les Anglais reconstruisirent sur de nouvelles bases la vieille forteresse et lui donnèrent une réelle importance. Elle se trouva occuper alors deux îlots, et les barques purent en faire le tour. En arrivant du faubourg Saint-Sever, on accédait d'abord par un pont à un premier îlot ; puis un second pont conduisait à un second îlot où se trouvaient les bâtiments destinés au logement d'une garnison.

Il semble que la vieille forteresse ainsi construite fût loin de plaire aux bourgeois, car ceux-ci, lors de l'entrée de Charles VII, obtinrent du roi de France la promesse de sa destruction ; mais cette promesse ne se réalisa pas.

A l'approche de Henri IV venant mettre le siège devant Rouen, en 1591, Villars-Brancas, qui commandait la ville pour les Ligueurs, en fit un de ses principaux moyens de défense et un de ses postes les plus importants. Plusieurs compagnies furent désignées pour y tenir garnison sous les ordres du capitaine Marc de la Ferté et d'un lieutenant nommé Langonne. Il la munit de fascines et de terrasses, et de nouvelles redoutes furent édifiées en face du faubourg Saint-Sever, au-delà des fossés remplis par les eaux du fleuve. Dans le voisinage, il fit stationner des embarcations de guerre en même temps qu'il faisait, du consentement de la plupart des habitants qui se prêtèrent d'ailleurs de bonne grâce à ce sacrifice patriotique, occuper un grand nombre des maisons du faubourg qui pouvaient offrir un abri à l'ennemi. Les propriétaires qui avaient refusé leur consentement virent leurs habitations incendiées et complètement rasées, par ordre du sieur de la Ferté. Le monastère des Emmurées ne fût pas épargné ; déjà, en 1562, ses bâtiments avaient été ruinés par les protestants, maîtres de la ville. On donna pour asile aux religieuses l'hôtel de Saint-Wandrille.

Pendant le siège, de nombreuses escarmouches eurent lieu dans le faubourg Saint-Sever, à Grandmont et à Bonne-Nouvelle, mais aucune tentative ne fut faite contre la Barbacane. D'ailleurs, il semble que les troupes du Béarnais, campées à Saint-Sever, n'aient eu pour but que d'empêcher l'arrivée des renforts ou le ravitaillement de la ville ; il ne paraît pas qu'elles fussent munies d'artillerie.

M. Licquet, dans son ouvrage intitulé *Rouen*, nous dit qu'en 1619 le pont de pierre était devenu pour ainsi dire impraticable. Par lettres patentes du 12 janvier de cette année, le roi permit aux échevins de faire démolir la Barbacane ou Petit-Château et fit don à la ville de Rouen de son emplacement et des matériaux du fort, à condition que tout servirait à la réparation du pont. Mais cette mesure ne fut pas exécutée. La ville avait donné pour cette démolition une somme de 6.000 l.; le projet de reconstruction du pont fut également abandonné. Toutefois, il semble que la Barbacane devint alors la propriété de la ville, car en 1764 c'était aux échevins que le gouverneur de la province la réclamait.

Au commencement de 1779, M. de Crosne, intendant général, de concert avec les échevins de la ville, sollicita du gouverneur de la province, le duc d'Harcourt, l'autorisation de démolir la Barbacane. Cette demande leur fut accordée; le 1er avril de la même année, François Thibault se mettait à l'œuvre, et bientôt de la vieille forteresse il ne resta plus trace.

\* \*

M. Léon de Duranville, dans son *Mémoire sur les fortifications de la ville de Rouen*, nous donne une description de la Barbacane au moment où sa destruction fut définitivement résolue, d'après un dessin de Le Carpentier :

Les toits sont élevés, les murailles sont percées de fenêtres, disposition qui n'avait peut-être pas toujours existé. La partie septentrionale est flanquée de tours aux angles, et l'une de ces tours est ruinée dans sa partie inférieure. On remarque auprès du pont-levis de petites constructions qui devaient être moins anciennes que les autres, et qui furent faites probablement lorsque l'accès du pont de pierre eut cessé. La partie méridionale de la Barbacane est irrégulière, elle avait indubitablement deux tours auprès de la porte sud. Le dessin indique clairement que les eaux du fleuve ne baignaient pas immédiatement les murailles, du moins vers l'est, qu'il se trouvait au pied une espèce d'îlot formé peut-être par des atterrissements, et sur lequel des arbres étaient excrus. Le Carpentier, dans son *Histoire de Rouen*, en a donné une eau-forte réduite aux trois huitièmes de son dessin. Une gravure du xvie siècle intitulée le *Triomphe de la Seine* et représentant des réjouissances données à l'arrivée d'un roi de France nous montre la Barbacane avec toutefois des différences notables : Ainsi au lieu de quatre tours aux angles du château du nord, ce ne sont que des espèces d'échanguettes ou des tourelles en encorbellement.

D'après le *Livre des Fontaines*, le pont-levis du premier îlot se trouvait à droite de l'axe de l'entrée des bâtiments construits sur le second îlot en venant de Saint-Sever. M. Gaillabaud nous dit que la porte s'ouvrait à gauche, parce qu'on obligeait ainsi l'assiégeant de présenter son flanc droit qui n'était pas couvert par les grands boucliers nommés pavois qu'on portait dans les sièges. C'était une disposition imitée des fortifications romaines.

En 1787, il ne restait plus trace de la vieille forteresse qui occupait tout le terrain désigné aujourd'hui sous le nom de *place Saint-Sever* s'étendant jusqu'à l'ancienne caserne, également démolie. On en remblaya l'emplacement avec des détritus de toutes sortes, ce qui donna lieu, au mois de juillet de cette même année 1787, à une plainte des habitants des maisons voisines contre les banneliers qui y apportaient des décombres. Au lieu de les répandre sur toute la surface à remblayer à hauteur égale, ils les deversaient çà et là sur le pavé de la rue conduisant à Saint-Sever, ce qui arrêtait l'écoulement des eaux, lesquelles, restées ainsi stagnantes, répandaient une odeur fétide et dangereuse (1).

Rien ne rappelle aujourd'hui l'existence de cette ancienne forteresse, et puisque de nos jours on cherche avec raison à faire revivre tous les souvenirs historiques, qui ont fait la grandeur de la vieille

---

(1) *Archives de la Seine-Inférieure*. C. 208.

capitale normande, ne serait-il pas possible d'ériger une plaque commémorative à l'entrée du pont Boieldieu, ainsi que l'avait déjà demandé M. de Duranville. Elle rappellerait non seulement la Barbacane, mais aussi le pont de pierre qui était une construction stratégique. A l'origine, dit M. de Duranville, il y avait une porte au milieu du pont. Une lithographie insérée dans les *Monuments de la ville de Rouen,* de M. de Jolimont, le représente muni d'une tour placée sur l'une de ses arches.

Espérons que ce vœu trouvera quelque écho au sein de la Municipalité rouennaise.

## CHAPITRE IV

Le Clos-des-Galées. — La Caserne Saint-Sever. — L'Abreuvoir.

Au moyen âge, on désignait sous le nom de *Clos-aux-Galées* un arsenal maritime renfermant des chantiers de construction pour les navires, des magasins d'artillerie et autres engins de guerre, en même temps que d'approvisionnement des galères du roi.

Bien avant l'établissement à Rouen du *Clos-aux-Galées,* il existait à Saint-Sever, au lieu dit Richebourg, des ateliers pour la construction des navires. Ainsi en 1226, nous trouvons un nommé Robert de la Barre cité comme constructeur de navires, près la rue Richebourg. Par un acte daté de cette même année il fait engagement avec le prieuré de Bonne-Nouvelle. En retour de diverses provisions que le prieuré lui assurait sa vie durant, Robert donnait aux religieux, 80 l., les faisait ses successeurs et héritiers après son décès et les vrais et perpétuels possesseurs des maisons qui lui appartenaient en la rue de Richebourg près le pont. En cas de maladie, il devait se faire remplacer par un charpentier capable. On lui reconnaissait une entière participation à tous les biens spirituels qui se faisaient et se feraient au monastère et le droit de sépulture au cimetière des religieux.

18.

Les religieux de Bonne-Nouvelle avaient une nef à leur usage ; elle devait être, paraît-il, de 80 tonneaux environ. Les religieux l'ayant remplacée par une autre de 100 tonneaux, celle-ci fut jugée d'une grandeur excessive et déclarée forfaite au roi. Cependant, par une grâce spéciale, les maîtres de l'Échiquier accordèrent que les religieux de Bonne-Nouvelle pussent avoir une nef portant 100 tonneaux, parce que les frais n'étaient pas plus élevés pour 100 que pour 80 (1).

Robert de la Barre n'était pas le seul constructeur de navires de cette époque établi dans le quartier Richebourg, à Saint-Sever. Nous y trouvons encore un nommé Guillaume, puis Adam de Richebourg, en 1234.

Le tènement de Richebourg est alors indiqué comme faisant partie de la paroisse Saint-Clément, en ville.

Établi d'une manière définitive vers la fin du xiii$^e$ siècle, le *Clos-des-Galées* occupait, dans le quartier connu encore de nos jours sous ce nom de Richebourg, un vaste espace limité par la Seine, le fossé et la chapelle de Saint-Yves, et les biens appartenant aux Emmurées. Il était entouré de murs qui partaient de la Seine, au-dessus du pont, et y revenaient par le hameau de Claquedent, dernièrement encore appelé la Grande-Chaussée, après avoir traversé la chaussée ou rue Saint-Sever, près la chapelle Saint-Yves.

Toutefois, M. Jal cite un acte qui semblerait démontrer qu'au commencement du xv$^e$ siècle le Clos n'était plus dans l'emplacement qu'il avait occupé au xiii$^e$ siècle ; en 1419, il se trouvait à l'endroit où les Anglais commencèrent le Château-Neuf, communément appelé Barbacane. D'ailleurs, diverses autres contradictions se sont produites à ce sujet. Ce que l'on sait de positif, c'est que le Clos contenait l'*estant* (étang ou bassin), les halles et magasins, et était entouré de murs et de fossés.

Le *Glossaire nautique*, qui ne fournit d'ailleurs aucun détail sur l'emplacement du Clos ni sur son importance, donne ce seul rensei-

---

(1) Ch. de Beaurepaire. — *Vicomté de l'Eau.*

gnement : « Autour du bassin où s'abritaient les galères royales, et peut-être aussi les nefs d'un certain tonnage, on avait établi des magasins où étaient enfermés, pour en sortir au besoin, les agrès et objets d'équipement dont les bâtiments armés pour le service du roi devaient se munir. Le gardien du *Clos-aux-Galères* était le garde-magasin de ce dépôt. » Ajoutons qu'une quittance de l'année 1336, donnant décharge au garde du Clos des armes qu'il avait livrées, indique qu'il y avait bien là des chantiers de construction.

De 1365 à 1368, le garde du Clos était un sieur Richard de Brumare ; il est mentionné, dans certains actes, sous ce titre : « Garde du *Clos-des-Galées,* armeures, artillerie et *garnisons* de Rouen. » Ce mot garnisons signifiait surtout, à cette époque : objets et matières de toute nature, approvisionnements, vivres, munitions nécessaires pour garnir une forteresse.

Au moment où Charles V termine ses préparatifs de guerre contre l'Angleterre, il se trouve dans la nécessité de réunir une flotte, et de nombreuses constructions de bâtiments sont faites au *Clos-des-Galées* de Rouen, à Dieppe et à Montivilliers. Malheureusement, l'arsenal de Rouen n'est point constitué sur des bases fixes, le fonctionnement n'en est point réglé, il n'est pas soumis à une direction clairement définie. Pour y obvier, il rend l'ordonnance du 13 janvier 1373, portant nomination d'un nouveau maître du *Clos-des-Galées* et énumérant les charges et attributions de ce fonctionnaire. Étienne de Brandiz est revêtu de cette charge avec le titre de « maître et garde du *Clos-des-Galées* de Rouen et des navires qui s'y trouvent ou qui sont en quelques autres lieux ou ports du royaume ». Il doit recevoir ceux qui sont confiés à toutes autres personnes ; il a mission de les entretenir, d'en acheter et d'en faire construire d'autres. Il achète les biscuit, vin, breuvage, lard, etc.; il a droit de réquisition en ce qui concerne les blés et grains pour la fabrication du biscuit nécessaire à la flotte. Le personnel d'exécution de l'arsenal se compose des commis ou députés du maître du Clos, auquel ils doivent obéissance ponctuelle.

En 1376, le maître du Clos avait dans ses attributions le droit de martelage des bois à prendre, pour les constructions maritimes, dans la forêt de Roumare. Une ordonnance du 3 septembre de la même année affecte à cet usage douze arpents à désigner.

En 1377, Aubert Stancon succède à Étienne de Brandiz comme maître du Clos ; il est chargé de faire réparer les bâtiments.

Charles VI, en 1386, fit construire au *Clos-des-Galées* de Rouen une flotte avec des bois provenant des forêts de Roumare et de Rouvray.

De 1402 à 1404, Guillaume de la Hogue, vice-amiral de France, fut maître du *Clos-aux-Galées*.

En prévision du siège de 1418, l'ancien arsenal fut complètement détruit avec le vieux faubourg. Toutefois, le nom fut conservé à l'ancien Clos. En 1461, il est fait mention d'une maison et jardin sis en la paroisse de Saint-Martin-du-Pont, hameau de Richebourg, bornés d'un bout le fossé du *Clos-aux-Galées*. En 1473, il existait encore une maison où pendait pour enseigne : *La Galère*. Enfin, un acte du 16 mars 1542 relate la vente du *Clos-Richebourg*, nommé le *Clos-aux-Galères*, sis hors le pont (1).

Suivant quelques historiens, il aurait existé un autre *Clos-aux-Galées* au xiiie siècle, entre les rues du Vieux-Palais et de Fontenelle.

## Le Grenier a Sel. — La Caserne Saint-Sever

Cette caserne avait été construite sur une partie du *Clos-des-Galées*. Les fondations en furent jetées sur pilotis, en 1713. Suspendus en 1714, les travaux furent repris en 1723 et terminés en 1729 ; mais la première destination de cette construction n'avait pas été celle d'une caserne. Elle devait d'abord, sous le nom de *grenier à sel* ou *hôtel des gabelles*, recevoir en dépôt une quantité de sel pouvant suffire à la consommation de plusieurs années. Mais le bâtiment était si peu solide qu'il tomba en ruines peu de temps après. Il paraît même que les matériaux qui furent employés pour la cons-

---

(1) De Lafaye. — *Le Clos-des-Galées.*

truction de la caserne conservèrent une grande humidité provenant des substances salines dont ils étaient imprégnés.

En 1773 et 1774, de nouvelles constructions y furent ajoutées, on y fit, entre autres, des bâtiments pour loger les officiers dans les locaux des fermiers généraux. Ces locaux joignaient les casernes et servaient, en outre, à l'exploitation des fermes générales des gabelles et du tabac et de logement aux fermiers généraux en tournée et aux commis aux mesurages des sels.

Ces travaux de 1774 comprirent, en outre, tout l'aménagement nécessaire pour une caserne : on construisit des réservoirs, on combla le ravin vis-à-vis la caserne, on établit des conduites d'eau, etc. C'est sans doute de cette époque que datait la grande porte d'entrée de la caserne, le seul côté de l'édifice présentant un certain intérêt.

Construite en pierre de taille, elle était cintrée à la partie supérieure et accompagnée de deux volutes dont les sculptures avaient été légèrement détériorées. Un très beau mascaron décorait la pierre servant de clef ; au-dessus un fronton triangulaire encadrait un écu ovale timbré d'une couronne et orné à droite et à gauche de feuillages et de fleurs. Les armes qui couvraient l'écu étaient sans doute celles de France, mais elles avaient été tellement mutilées pendant la Révolution qu'il était devenu impossible de rien distinguer.

La caserne Saint-Sever fut démolie en 1888.

Sur les murs du pavillon nord-est du côté du quai, une plaque de marbre blanc rappelait le débordement considérable de la Seine qui eut lieu en 1740 et par suite duquel le faubourg Saint-Sever et une partie de Rouen furent inondés. Cette plaque a été reportée au pied d'un des escaliers d'accès du pont Boieldieu.

En 1890, M. Lormier fut assez heureux pour recueillir à Paris, au moment où elle allait être jetée au creuset, la plaque commémorative, en argent, de la construction de la caserne. Cette plaque, gravée avec un goût exquis, porte une inscription en latin rappelant le nom des hauts fonctionnaires de la ville et de la Normandie à cette époque.

## L'Abreuvoir

A côté de l'ancien *Clos-des-Galées* se trouvait, avant l'établissement de la caserne Saint-Sever, un abreuvoir où se rendaient les animaux du quartier ; mais comme il était devenu gênant et même dangereux après les constructions de 1774, on le remblaya et on en construisit un autre, en 1780, derrière le magasin du pont, le long du quai allant au Cours, entre les piliers servant à diriger les navires et bateaux au passage du pont et le mur du quai. On trouva que cet emplacement, qui ne pouvait être d'aucune utilité au commerce, était commode pour le faubourg, étant à proximité de la Grande-Rue.

Les travaux du nouvel abreuvoir furent adjugés, le 31 juillet 1780, 10.290 l. à François Thibaut, le grand entrepreneur rouennais de l'époque (1).

Beaucoup se souviennent encore de cet abreuvoir qui disparut seulement il y a quelques années lors du resserrement du lit de la Seine, et qui fut remplacé par l'abreuvoir construit au Grand-Cours.

# CHAPITRE V

## ÉTABLISSEMENTS RELIGIEUX

### Le Prieuré de Bonne-Nouvelle.

Vers le milieu du x$^e$ siècle, se trouvait sur la rive gauche de la Seine, au faubourg d'Émendreville, un petit monastère dont l'histoire nous est complètement inconnue, et dont quelques historiens même mettent en doute l'existence. Ceux qui, au contraire, admettent ce prieuré pensent que ce pouvait être un certain monastère dit de Saint-Sever dont parlent quelques anciens titres, et qui,

---

(1) *Archives de la Seine-Inférieure.* C. 207.

situé tout d'abord près de la Seine, aurait reçu, vers 967, le corps du saint évêque d'Avranches que Richard, duc de Normandie, faisait transporter à la Cathédrale. Ce qui est certain c'est que, au milieu du xi$^e$ siècle, il n'en existait plus nulle trace et que l'endroit où il devait être situé faisait partie du domaine d'un chevalier nommé Herluin ou Hellouin qui, après avoir fondé, en 1034, l'abbaye dont il devint le premier abbé, le donna à ce nouveau monastère. Si l'on en croit la *Chronique de Normandie*, l'ancien couvent de Saint-Sever aurait été abattu pendant la minorité de Richard sans Peur.

Cependant, Guillaume le Bâtard, plus connu dans la suite sous le nom de Guillaume le Conquérant, venait d'être excommunié, en 1050, pour avoir épousé Mathilde malgré les liens de parenté qu'il avait avec elle. Il n'obtint son pardon de la Cour de Rome qu'à la condition expresse de créer deux monastères et plusieurs hôpitaux. Dans le but de remplir les engagements de son mari, Mathilde fondait en 1060, à la sollicitation de saint Anselme, abbé du Bec, un premier couvent sur l'emplacement même qu'aurait occupé le premier monastère de Saint-Sever ; elle y installa quelques religieux Bénédictins et plaça la communauté nouvelle sous l'invocation de la Reine des Cieux. Dans la suite, le couvent fondé par Mathilde reçut diverses autres dénominations : c'est ainsi qu'on le trouve désigné sous le nom de Notre-Dame-du-Pré ou des Prés, à cause d'une prairie voisine dite Pré-de-la-Guerre, dans laquelle on croit, — dit M. Paul Baudry, — que le duc Richard battit Théobald, comte de Blois ; puis sous celui de Sainte-Marie-d'Émendreville, plus tard enfin dénommé Sainte-Marie-de-la-Victoire, en mémoire peut-être de la victoire de Richard, à moins que ce ne soit à la suite de la bataille d'Hastings.

Le nouveau couvent se composait d'une chapelle de modique grandeur, de quelques bâtiments et d'une vaste prairie. Mathilde aimait à y faire ses dévotions et c'est là que, vers la fin d'octobre 1066, elle apprit la nouvelle de la victoire d'Hastings, qui allait donner à son mari la couronne d'Angleterre. Transportée de joie, elle se serait alors écriée : « Bonne nouvelle ! » et en mémoire de ce grand événement elle voulut que l'humble chapelle devînt un temple magnifique, consacré désormais à l'Annonciation de la Vierge sous le vocable de *Notre-Dame-de-Bonnes-Nouvelles*. Mais Mathilde mourut avant d'avoir achevé son œuvre.

A la mort de Guillaume le Conquérant, les querelles de ses fils les empêchèrent de songer à achever l'accomplissement du vœu formulé par leur mère. En 1090, Rouen se souleva contre Robert Courte-Heuse. Le duc, obligé de fuir avec son jeune frère Henri Beau-Clerc, se réfugia à Émendreville et demanda l'hospitalité à Guillaume d'Arques, moine de Molènes, qui le cacha dans l'église de Bonne-Nouvelle où il put attendre en sûreté la fin de la révolte.

Robert se rappela alors les volontés de sa mère et, pour témoigner lui-même sa propre reconnaissance aux religieux qui l'avaient sauvé de la mort, il leur donna la dîme de son parc sur les bords de la Seine, lequel plus tard devint la propriété du couvent de Grandmont. Puis, cédant à diverses sollicitations, il érigeait le monastère en maison régulière, sous la dépendance de l'abbaye du Bec, et voulut que les religieux Bénédictins y servissent Dieu à perpétuité, parce qu'il avait été fondé à cette intention pour le salut des âmes de ses parents, de ses frères et sœurs et de ses successeurs. Toutefois, il se réservait le droit, à lui et à son frère Guillaume, d'en faire par la suite une abbaye indépendante sans que les religieux du Bec eussent alors autre chose à prétendre que la valeur des biens qui leur seraient enlevés.

En 1212, Henri Beau-Clerc, duc de Normandie, confirmait les donations de son frère et de ses ancêtres et achevait entièrement l'église commencée par sa mère, y ajoutait quelques bâtiments devenus indispensables, les entourait d'une vaste enceinte de murailles, donnait au monastère des biens considérables tant en France qu'en Angleterre, lui accordait des droits et privilèges importants, entre autres la concession de cette foire si célèbre dans la suite sous le nom de Bonne-Nouvelle, et des autres foires du faubourg d'Émendreville avec toutes leurs franchises.

Henri meurt en 1135, au cours d'une chasse à Lyons-la-Forêt. Son corps fut ramené d'abord à Rouen, puis transporté en Angleterre ; mais son cœur restait dans la cathédrale et ses intestins, après avoir été embaumés, étaient ensevelis dans un vase et enterrés à Émendreville, devant l'autel de Notre-Dame du Pré.

La fille de Henri Beau-Clerc, Mathilde, comme sa grand'mère, avait épousé Henri V, empereur d'Allemagne. Elle continua au prieuré de Bonne-Nouvelle les largesses dont son père lui avait donné l'exemple. Comme sa grand'mère, elle avait fait de son église son lieu de prédilection pour ses dévotions. Devenue veuve, elle épousa en secondes noces Geoffroy, comte d'Anjou, dont elle eut Henri II de Plantagenest. Elle mourut le 10 septembre 1167, âgée de 63 ans, et fut inhumée dans l'église de Bonne-Nouvelle ; on grava sur sa tombe une inscription latine dont M. Baudry nous donne la traduction :

« Grande par sa naissance, plus grande par son mariage, et plus grande encore par sa maternité, ici repose la fille, l'épouse et la mère des Henri. »

Perdus de vue pendant la Révolution, ses restes furent découverts le 10 décembre 1846, puis transférés à Rouen, le 5 février 1847, et déposés dans la chapelle de l'archevêché, jusqu'à leur translation définitive dans la Cathédrale.

On sait que c'est l'impératrice Mathilde qui fit construire le premier pont de pierre, — connu d'ailleurs sous le nom de pont Mathilde, — reliant Rouen avec Saint-Sever, et dont les piles se voyaient encore il y a une cinquantaine d'années. Il était situé à l'emplacement même du pont Boieldieu.

* * *

Lorsque les ducs de Normandie, devenus rois d'Angleterre, transportèrent dans ce dernier pays le lieu de leur résidence, les maisons de plaisance qu'ils possédaient en Normandie, ainsi que leurs parcs et les provisions de leurs celliers leur devinrent peu nécessaires ; aussi les abandonnèrent-ils pour la plupart aux couvents et aux églises. C'est ainsi qu'en 1122 Henri 1er faisait don aux religieux de Bonne-Nouvelle de 40 muids de vin sur son cellier de Rouen ; cinquante ans plus tard, en 1170, son fils Henri II cédait aux mêmes religieux la propriété de trois masures de terre avec les habitations qui étaient dessus et que tenait Anfrède, de Pont-Audemer ; le roi les déclare exemptes de tout cens, de toute coutume et toute autre redevance, à l'exception de la mueson (1) du vin. La même exception est formulée dans deux autres chartes par lesquelles il donnait aux religieux du Pré les quatre masures d'Anfrède la blanchisseuse, et celle d'Alberède la guimplière, et d'Étienne son fils, situées à l'intérieur de la ville (2).

En 1280, le même Henri II donnait ou confirmait en perpétuelles aumônes « pour le salut de son âme et de celles de ses héritiers, de son père et de l'impératrice Mathilde, sa mère », à l'église Sainte-Marie du Pré de Rouen et aux moines du Bec qui y servaient Dieu : le Mesnil, Becdanne et le moulin de Carville, qu'on appelait le Moulin-de-la-Reine, avec toutes ses franchises ; l'église d'Ambourville et la dîme, données par l'impératrice Mathilde ; le manoir de Bures et toutes ses appartenances, avec tout le domaine et les franchises royales, coutumes qui lui appartenaient ; dans les forêts d'Eawy et d'Aliermont, tout ce qui serait nécessaire audit manoir de Bures, tant pour brûler et que pour édifier, avec tous droits de pâturage et panage libre, tant pour les religieux que pour leurs hommes dans ces mêmes forêts ; toutes les dîmes en foin du parc de Rouen (prairies de Grandmont), de la forêt de Roumare et des prés du Val ; en la forêt de Rouvray, tout ce qui leur sera besoin pour leur chauffage, pour édifier et autres nécessités, avec le plein droit de pâturage libre et franc par toute la forêt ainsi que le panage pour leurs porcs et ceux de leurs hommes et domestiques dans toutes les forêts de Normandie, pourvu qu'ils n'en fassent point marchandise ; en Angleterre, le manoir qu'on appelle *Esti-*

---

(1) Prélèvement qui variait suivant la provenance des vins.
(2) Ch. de Beaurepaire. — *Vicomté de l'Eau.*

*menton*, avec toutes ses appartenances; en la forêt de Fécamp, tant du don de l'impératrice que du sien, tout le champ de Villerville, depuis le plus bas de la vallée de Bernonville jusqu'au plus haut, selon la division des terres qui appartiennent à Nicolas Estouteville et de celle de Robert de Gournay dans le fief d'Etretat; deux chapelles avec les aumônes qui leur appartiennent; du don de Mathilde, 4 livres au Pont-de-l'Arche à prendre sur les pêcheurs, laquelle rente ces derniers avaient coutume de payer chacun an pour la liberté de leurs pêches.

Le roi d'Angleterre confirmait aux religieux tous leurs autres biens antérieurement aumônés, exempts de tous péages, passages et autres coutumes; la justice en cas de meurtre, mort d'hommes, plaie, effusion de sang, duel, larron, rapt et submersion; il leur accordait et confirmait enfin en aumône perpétuelle plusieurs autres terres avec les maisons qui étaient dessus, sises à Rouen, et que tenait Anfrède, de Pont-Audemer, ainsi que toutes les franchises et exemptions (1).

Ces donations furent confirmées par les successeurs d'Henri IV, et par des bulles des papes Clément, en 1266, et Grégoire X, en 1271. De leur côté les autres archevêques de Rouen cédèrent aux religieux de Bonne-Nouvelle, moyennant certaines redevances, plusieurs églises, entre autres celle de Saint-Sever qui avait été pendant de longues années desservie par des religieux du Bec. Enfin les rois de France, après la réunion de la Normandie à la couronne, leur avaient octroyé de nouveaux privilèges.

En 1347, Philippe de Valois affranchit complètement les religieux du Bec, pour leur fief de Bonne-Nouvelle, de l'impôt général exigé au sujet des fortifications de la ville.

En 1317, l'archevêque de Rouen et le Chapitre réclamèrent la préférence de l'aumône de 300 muids faite aux religieux par Richard, duc de Normandie. On plaida à l'Echiquier, et l'archevêque fut débouté, le droit des religieux étant reconnu plus ancien.

---

(1) *Archives de la Seine-Inférieure*. — Fonds de Bonne-Nouvelle.

* * *

A différentes reprises le prieuré de Bonne-Nouvelle eut à subir de cruelles épreuves. En 1243, tous les bâtiments, à l'exception de l'infirmerie, furent consumés par un de ces incendies si communs alors dans la ville de Rouen. Le 1er juin 1351, le tonnerre tomba sur la tour de l'église, la brûla entièrement et en fondit les cloches Le feu se communiqua bientôt au cloître et aux constructions contigües qui furent ainsi totalement détruits.

Afin de subvenir aux dépenses nécessitées pour mettre la ville en état de défense contre l'armée d'Henri V, roi d'Angleterre, qui menaçait Rouen, on mit à contribution les maisons religieuses. Le 22 juillet 1411, les charrettes du prieuré de Bonne-Nouvelle sont mises en réquisition pour transporter les matériaux nécessaires à l'achèvement des murs et des remparts. Le 30 janvier 1417, la reine Isabelle, régente, ordonne d'abattre toutes les églises, châteaux, maisons, forts des faubourgs afin qu'ils ne puissent servir d'asile aux ennemis. L'église de Bonne-Nouvelle fut ainsi détruite et ses pierres servirent aux fortifications de la ville.

Forcés de fuir, les religieux se dispersèrent. Le prieur, Robert du Bec, se retira à Pontoise ; les religieux, emportant ce qu'ils avaient de plus précieux, se réfugièrent dans les villes voisines; quelques-uns s'enfermèrent dans Rouen. Lors de la capitulation de 1419, ceux-ci se retirèrent dans l'hôtel des Fontaines, qui, réédifié en 1420, prit le nom d'hôtel du Bec, auquel il appartenait. Cet hôtel existe encore rue du Bec.

Pendant l'occupation anglaise, l'existence des religieux fut des plus précaires, ils songèrent même à se retirer en abandonnant leurs titres à l'archevêque de Rouen. Lorsque les Anglais furent chassés de la ville, en 1449, ils retournèrent à leur prieuré qu'ils trouvèrent en ruines; toutes les constructions avaient été détruites, les arbres renversés ; ce n'était plus qu'un désert. Ils rebâtirent les bâtiments claustraux et réédifièrent une église plus vaste et plus magnifique. Un dessin nous en a été conservé dans le *livre des*

*Fontaines* de Le Lieur. Elle était en forme de croix, et entourée d'arbres et de quelques bâtiments. Une croix la surmontait.

Au siècle suivant, François Ier, pendant son voyage à Rouen, s'y arrêta quelques jours avec les gens de sa suite.

\*.\*

Les guerres de religion allaient être pour le prieuré de Bonne-Nouvelle une nouvelle époque de malheurs et de désastres. Le 25 mars 1560, pendant qu'une foule nombreuse y assistait aux fêtes de l'Annonciation qui y était célébrée chaque année avec grande solennité, les calvinistes se rendent dans la forêt de Rouvray et y établissent un prêche. Deux ans plus tard, un jour qu'ils se rendaient à leur prêche de Grand-Quevilly, ils se précipitent dans la basilique de Bonne-Nouvelle, brisent les statues, brûlent les reliques, enlèvent les vases sacrés, les chartes et les titres et ruinent de fond en comble l'église et les bâtiments claustraux. Tout fut perdu dans ce désastre dont on sauva seulement l'image de la Vierge, quatre anges en cuivre, deux colonnes du grand autel, la contre-étable à petites figures de bois doré et quelques tableaux qui furent déposés chez les Cordeliers et rendus par ceux-ci en 1604, lorsque l'église de Bonne-Nouvelle fut réédifiée.

En 1579, Guillaume Turgis qui venait d'être élu prieur, fit réédifier le monastère. Déjà l'église et les bâtiments claustraux étaient en partie reconstruits et les titres reconstitués à l'aide du cartulaire de l'abbaye du Bec, lorsque Henri IV vint mettre le siège devant Rouen. Pour se défendre, la ville ordonna de brûler de nouveau le faubourg qui eût pu servir de retraite. Bonne-Nouvelle fut encore une fois détruit : il n'en resta pas pierre sur pierre.

Contraints d'abandonner leur monastère les religieux s'étaient retirés dans une maison qu'ils prirent à louage près l'église Saint-Godard (1).

Après, le siège les moines de Bonne-Nouvelle songèrent à relever

---

(1) *Archives de la Seine-Inférieure.* — Fonds de Bonne-Nouvelle.

encore leur couvent. Malheureusement plusieurs de leurs prieurs ne les secondèrent guère et songèrent plutôt à jouir des revenus du monastère qu'à réparer les désastres causés par la guerre. Les choses devinrent même telles que le Parlement dut intervenir et un arrêt du 22 octobre 1598 ordonnait que les revenus du prieuré seraient saisis et mis dans la main du roi pour être employés à la réédification de l'église et des lieux réguliers.

D'autre part, les habitants des campagnes environnantes vinrent aider les religieux dans leur œuvre de réédification ; l'administrateur des biens du prieuré, Nicolas Mulot, avança les fonds nécessaires et, en 1604, on jetait les premiers fondements de la nouvelle église. On releva les hautes murailles et les clôtures des jardins ; les premiers bâtiments furent construits en bois tiré de la forêt de Vernon et, grâce à l'économie des prieurs Gallard de Cornac et de son frère Cicard de Gachis qui lui succéda, les travaux furent poussés rapidement.

En 1624, Cicard résigna son titre de prieur à Davanne, alors à la tête du couvent de Meulan. Mais l'indiscipline se mit parmi les religieux. Malgré toutes les tentatives qu'il fit pour la réprimer, et ne pouvant y parvenir, Davanne, du consentement de l'archevêque François de Harlay, appela à Bonne-Nouvelle les pères de la Congrégation de Saint-Maur, qui prirent possession du monastère le 11 août 1626.

En 1635, la dévotion à Notre-Dame-de-Bonne-Nouvelle s'étendait jusque dans les paroisses voisines et le monastère était devenu un lieu de pèlerinage fort suivi. Souvent le samedi et les jours de fête, on voyait un grand nombre d'hommes et de femmes de tout âge et de toute condition se rendant processionnellement à la basilique de la Reine du ciel, et les mille ex-voto appendus aux murailles ou déposés sur l'autel prouvaient bien, dit M. Baudry, que l'intervention de la Vierge n'était pas pour eux restée sans effet.

Le 6 février 1650, Anne d'Autriche, régente pendant la minorité de Louis XIV, voulant s'assurer de l'obéissance du peuple que les Frondeurs poussaient à la révolte, vint à Rouen. Elle se rendit tout d'abord à Bonne-Nouvelle et là, nouvelle Mathilde, elle y apprend que la plupart des rebelles étaient rentrés dans l'ordre et que la Normandie était prête à reconnaître son autorité. La reine crut voir dans ce fait l'intercession de la Vierge et par deux fois, accompagnée du jeune souverain, du cardinal Mazarin et d'une cour nombreuse, elle se rendit en pèlerinage au prieuré.

\*
\* \*

Pendant que Davanne activait les travaux de réparation et d'embellissement de l'église, le prieuré, voyait son domaine s'accroître de nouveaux biens ; les bâtiments conventuels avaient été réédifiés contre la partie méridionale de la basilique.

En 1640, l'église se trouvant trop petite pour l'immense concours de peuple venant de toutes parts y honorer la Vierge, on y ajouta deux chapelles du côté septentrional en même temps qu'on augmenta sa longueur d'un tiers. Plus tard, deux autres chapelles furent ajoutées autour du chœur; puis on éleva, sur le milieu du faîte, un clocher de forme ordinaire. Le 16 février 1655, Davanne posait la première pierre du riche portail que l'on voyait encore naguère et qui fut terminé l'année suivante.

« Ce portail, dit M. Paul Baudry, était accolé à la partie occidentale de l'église, et couvert d'une ornementation trop prétentieuse; il était malgré ses défauts une des plus remarquables œuvres de la lourde architecture du xviie siècle. L'entrée, au-dessus de laquelle on voyait la date de 1656, était surmontée d'un fronton triangulaire, percé d'une niche et reposant sur quatre colonnes corinthiennes dont les fûts cylindriques encadraient les statues de Jésus et de Marie. Plus haut se trouvaient quatre pilastres alternant avec de gracieux bouquets de fruits et de feuilles, accompagnés eux-mêmes de deux cartouches sur l'un desquels le mot *Pax* était sculpté. Au milieu paraît comme dernier souvenir de l'art gothique, une longue fenêtre ogivale dont la pointe supporte un acrotère chargé d'un vase et dont les morceaux émoussés se terminent par une grande fleur de lis, motifs que l'on trouve dès le xve siècle au sommet de la tour Saint-Ouen et qui se reproduit fréquemment dans les siècles postérieurs. Enfin, toute la surface prédominante est occupée par un sujet représentant l'Annonciation de la Vierge ; au-dessus se trouvait le Saint-Esprit, et les côtés de l'amortissement, contournés en ailerons, formaient autrefois un fronton circulaire que dominait le signe de la Rédemption. » (1).

A l'exception du portail, l'église de Bonne-Nouvelle ne présentait aucun caractère important au point de vue de l'art ; la richesse de ses ornements et la magnificence de sa décoration intérieure étaient réputés au loin.

Près de la porte se trouvait une inscription ancienne placée par Davanne et qui relatait en peu de mots l'histoire du couvent. Elle débutait par ces mots alors presque toujours employés : AD MAJOREM DEI GLORIAM.

Au xviiie siècle, les tombeaux d'Henri Ier et de l'impératrice Mathilde, d'Arthur de Bretagne assassiné par Jean Sans Terre, en 1203, et de plusieurs seigneurs de la maison de Varennes avaient depuis longtemps disparu sous les ruines du monastère. Quelques pierres sépulcrales seules existaient dans l'église portant une épitaphe fort simple.

En 1754, dom Picard, prieur de Bonne-Nouvelle, fit réparer la plupart des constructions qui menaçaient ruine, et construire le grand bâtiment en pierre que tout le monde a connu à l'état de caserne, avec le cloître cintré.

A l'entour des bâtiments du monastère, les religieux de Bonne-Nouvelle avaient créé un jardin splendide avec un bosquet y attenant.

Le prieuré de Bonne-Nouvelle fut fermé en 1791, lors de la suppression des ordres monastiques, et ses biens déclarés biens nationaux. Cinq moines seulement y résidaient encore, Robert Delenable, J.-B. Billard, Jacques de la Rue, Thomas Beautier et Joseph Aubin (2).

---

(1) Paul Baudry. — *Le Prieuré de Bonne-Nouvelle.* — *Revue de Rouen,* 1847.
(2) *Archives de la Ville de Rouen.*

Au commencement de l'an III, un dépôt des voitures et chariots militaires d'artillerie fut établi dans l'ancien prieuré. On y utilisa, à cet effet, les cours, écuries, hangars, et halles spacieuses établis par les religieux, et comme le jardin ne pouvait être conservé, on songea à le démolir et à en vendre tous les arbres et arbustes ainsi que ceux du verger et des bois contigus (1).

*<br>* *

Peu de sépultures curieuses ont été trouvées à Bonne-Nouvelle. Quelques ossements humains dans des cercueils en plâtre ont été rencontrés dans le bâtiment en retour d'équerre à l'ouest du plus grand ; d'autres en dehors de l'église ; les uns dans des cercueils en pierre où ils paraissaient avoir été rapportés ; d'autres de date relativement récente et qui auraient été recouverts de chaux. A trois mètres environ de l'église, un cercueil en pierre, paraissant avoir été scié aux deux tiers de sa longueur, ne contenait à peu près rien. Sa forme et sa matière ont pu le faire attribuer à l'époque mérovingienne.

Dans le chœur de l'église, à 1 mètre 80 du sol extérieur, des ossements accompagnés de sandales en liège et cuir ont été trouvés dans des cercueils en bois tombant en pourriture. Une grande pierre tumulaire du XIII$^e$ siècle et d'une certaine valeur fut rencontrée dans un endroit qui a dû être autrefois une chapelle de l'église. On y voit une figure de femme richement habillée de fourrures.

A Bonne-Nouvelle, comme à Grandmont, comme d'ailleurs dans la plupart des couvents et des châteaux, la légende raconte qu'un souterrain aurait existé dans le but d'en soustraire les habitants aux dangers d'une invasion ennemie. Mais là encore la légende ne peut rien établir, rien prouver. M. Baudry n'a pu découvrir dans le monastère, en fait d'excavation, qu'une sorte de puits ayant 7 mètres 30 de profondeur, abandonné à l'angle sud-ouest de l'enceinte ; un autre à quelque distance au sud-est du grand bâti-

---

(1) *Archives de la Seine-Inférieure.* — District.

ment; un troisième voûté en pierre sous la partie ouest du même bâtiment et la naissance d'un escalier sous le mur nord de l'église.

Trois conciles provinciaux se tinrent à Bonne-Nouvelle : le premier, en 1299, sous l'épiscopat de Flavacourt ; le second, en 1313, sous Gilles Aicelin ; le troisième, en 1335, sous Pierre Roger, devenu plus tard le pape Clément IV.

## L'École de Bonne-Nouvelle

Après l'introduction de la réforme de saint Maur au prieuré de Bonne-Nouvelle, ce monastère fut désigné pour être le siège d'une des six chaires spéciales de langues grecque et hébraïque fondées dans chacune des six provinces de la congrégation, et dans lesquelles les novices devaient spécialement s'appliquer à l'étude de l'histoire ecclésiastique, du grec et de l'hébreu. L'école de Bonne-Nouvelle fut choisie pour recevoir les étudiants de la province de Normandie.

Les travaux successifs de quatre professeurs de cette école amenèrent la publication d'un lexique hébreu en 2 volumes in-4°. Quatre ou cinq de ses anciens religieux reçurent des médailles du pape Clément XI (1706) en récompense de leurs travaux. Parmi eux était D. Martène, qui y écrivit en grande partie son Traité des Antiquités ecclésiastiques *(De Antiquis Ecclesiæ ritibus)*.

Nous devons encore citer, au nombre des savants professeurs de Bonne-Nouvelle, dom Guarin, né au Tronquay, près de Lyons, et qui conçut le plan d'une *grammaire* hébraïque et chaldaïque plus complète que celles parues jusqu'alors (1).

## Le Domaine de Bonne-Nouvelle

Après l'introduction des religieux Bénédictins de la congrégation de Saint-Maur dans le monastère de Bonne-Nouvelle, dépendant de l'abbaye du Bec, il fut procédé, en 1628, aux partages de tous les

---

(1) Abbé Sauvage. — *École de Bonne-Nouvelle.*

biens de ce prieuré entre le prieur commendataire et les nouveaux religieux. Ces derniers reçurent, pour leur part, un tiers du domaine, le prieur eut les deux autres, à la charge de payer les dîmes ordinaires et extraordinaires, les subventions au roi pour taxes, de fournir la sacristie de livres, linges, luminaires, décorations, etc., et de faire les réparations de l'église et des lieux réguliers.

Pour éviter à l'avenir toute contestation entre le prieur et les religieux, à ces divers sujets, ces charges furent évaluées à l'amiable à 300 l. par an, et le prieur céda aux religieux, sur sa part, des biens d'égale valeur ; il se trouvait donc entièrement déchargé de toutes réparations ou entretien.

D'après le partage de 1628, les religieux jouissaient, outre leur demeure et leur enclos, de la basse-cour du prieuré où il y avait grange, colombier à pied, puits et plans d'arbres, le tout enclavé et faisant encoignure. Le prieur se réservait le surplus du lieu, fermé de murs et appelé la garenne.

En 1636, M. Davanne, prieur commendataire, résigna ses fonctions à un religieux de la congrégation nouvellement établie à Bonne-Nouvelle ; la mense priorale se trouva ainsi réunie à celle des religieux. Cet état dura jusqu'en 1710, où l'abbé de La Rochefoucauld fut nommé prieur commendataire. Deux ans plus tard, de nouveaux partages furent alors faits. Les trois lots ainsi rétablis se composaient :

*Premier lot.* — Le domaine de Bures, affermé 1.450 l. ; les moulins de cette baronnie et l'église de Saint-Valery, loués 1.000 l. ; les bois de Bures, loués 250 l. ; le manoir seigneurial de Bédanne, à Tourville-la-Rivière, et les rentes seigneuriales de ce fief estimées 334 l. ; les rentes seigneuriales de la baronnie du Pré, celles sur les vassaux des paroisses de Saint-Sever, de Canteleu et de Bouquetot, soit 160 l. ; les droits de la foire du Pré, affermés 15 l. ; les droits de la Semaine de la Vicomté de Rouen, loués 10 l. ; enfin, le tiers des dîmes de la forêt de Roumare.

*Second lot*. — Il comprenait 2.000 l. à prendre, par an, sur le domaine de la Vicomté de Rouen ; les rentes seigneuriales de la baronnie de Bures, montant à 960 l. ; les prairies du Grand-Quevilly, 120 l. ; les terres près du prieuré, 62 l. ; les terres de Montigny, 20 l. ; la dîme des bois de M$^{me}$ de Marmault, 80 l. ; l'essart du sieur de Cretot, à Maromme, 10 l., et divers autres petits bois, affermés 27 l. ; enfin, le second tiers de la forêt de Roumare.

*Troisième lot*. — Il était formé de la seigneurie et baronnie de Bordeaux avec la ferme, louée 1.500 l. ; les rentes seigneuriales de cette baronnie, 120 l., les dîmes, 240 l. ; les dîmes de Fultot, Louvetot, Berville, Ambourville, estimées 475 l. ; les prairies de Petit-Couronne, 230 l. ; les terres et prairies près le prieuré, 150 l. ; la prairie de Claquedent, 150 l. ; les terres labourables sises près le prieuré, 44 l. ; les terres près le Petit-Quevilly, 17 l. ; quelques petites rentes foncières, 112 l. ; enfin, le dernier tiers des dîmes de la forêt de Roumare.

Ce partage, accepté tout d'abord de part et d'autre par les religieux et le prieur, donna lieu, dans la suite, à de nombreuses contestations ; et comme on ne put s'entendre, on plaida.

Les religieux demandaient au prieur qu'il leur allouât, pour l'entretien de l'église, une somme annuelle de 700 l. Le prieur répondait que la grande dévotion qu'il y avait dans l'église de Bonne-Nouvelle et le grand concours de peuple, les messes qui s'y disent produisaient aux religieux un revenu d'environ 6.000 l., ce qui doit leur suffire. En outre de ce revenu et du produit de leur lot, les religieux, qui étaient alors au nombre de 10, jouissaient encore de près de 8.000 l. de rente provenant des prieurés de Sigy, Bézu-le-Long, et des moulins de Sainte-Catherine-du-Mont.

En ce qui concernait l'entretien de la bibliothèque, les gages du médecin, du chirurgien et de l'apothicaire, le prieur se refusait à prendre quoi que ce soit à sa charge.

D'autre part, le prieur demandait aux religieux qu'ils aient à lui bâtir une maison priorale en remplacement de celle qu'ils ont abattue. Après avoir longuement discouru et commencé un procès qui menaçait de s'éterniser, on décida d'en finir par une transaction (1722) (1).

* * *

La baronnie du Pré avait pour principal domaine le territoire circonscrit par l'enceinte des murailles. Là, au milieu des jardins, s'élevaient l'église conventuelle avec le cloître et les autres bâtiments. A l'extérieur, de longues avenues plantées d'arbres magnifiques se prolongeaient dans la direction de la rivière et offraient de belles promenades aux habitants d'alentour.

La baronnie du Pré comprenait, outre les droits de colombier et de moulin à vent, 30 acres de terre labourable, 8 acres de pré aux environs du monastère, avec la propriété de deux chaussées allant à la Seine, et presque tout le terrain qui les séparait; enfin, la grande mare qui avait été donnée en 1641 au couvent par le sieur d'Émendreville.

On voyait encore, vers 1850, à la partie nord du terrain borné par la Grande-Chaussée et la chaussée des Curandiers, vers la Seine, une petite chapelle de forme hexagone, longtemps conservée par le propriétaire actuel d'une partie de ce terrain. Elle était placée au fond de la cour portant le n° 31 du quai de la Petite-Chaussée, entre la rue de ce nom et la rue Benoît. On la trouve désignée sous le nom de Notre-Dame-des-Prés, ou encore chapelle du Bord-de-l'Eau. Elle a été détruite dans ces derniers temps, lors de la démolition du quartier.

Au-dessous d'une image de Marie, était l'inscription suivante :

« A *Notre-Dame de l'Annonciation et de l'Incarnation*, dite des *Prés-de-Bonne-Nouvelle*, fondée l'an 1066 par Mathilde, épouse de Guillaume le Conquérant, duc de Normandie et roi d'Angleterre, sous l'invocation de l'Incarnation de N. S. »

Cette image est aujourd'hui la propriété de **M. Paul Baudry.**

---

(1) *Archives de la Seine-Inférieure*. — Fonds de Bonne-Nouvelle.

En 1791, la basilique de Bonne-Nouvelle fut comprise, sous l'invocation de saint Benoît, parmi les églises succursales de Rouen. Deux ans plus tard, elle fut supprimée. En 1794, on voulut effacer jusqu'au nom de l'ancien monastère ; la rue Bonne-Nouvelle, qui longeait les murs du couvent, prit le nom de rue Chaslier et le hameau voisin s'appela hameau de l'Égalité ; le clocher de l'église et les chapelles qui l'entouraient furent détruits. L'église servit de magasin ; quelques autres constructions sans importance, un côté du cloître avec ses lourdes arcades du xviii° siècle, et un grand bâtiment en pierre, furent transformés en caserne de cavalerie.

En 1884, le quartier de cavalerie quitta Bonne-Nouvelle pour aller s'intaller dans une magnifique caserne que l'on venait de construire aux Chartreux. Tous les anciens bâtiments restant du prieuré furent rasés, et sur leur emplacement s'élève aujourd'hui la caserne d'infanterie Pélissier.

La grande mare de Bonne-Nouvelle, qui était en réalité un véritable étang, a donné son nom à une rue qui, en 1819, portait le nom de Grande-Mare. Plus tard, elle prit le nom de la *Mare-aux-Planches*, à cause des planches qu'on plaçait sur un fossé pour communiquer avec la Grande-Chaussée.

En 1641, le seigneur d'Émendreville avait voulu s'emparer de la propriété de cette mare et avait intenté, à ce sujet, aux religieux de Bonne-Nouvelle un procès qu'il perdit.

\*\*\*

### La Foire de Bonne-Nouvelle ou du Pré

En 1122, Henri Beau-Clerc confirmait déjà aux moines de Bonne-Nouvelle, entre autres privilèges, le droit de foire à Émendreville. Il est donc probable que la foire du Pré avait été concédée aux religieux par Guillaume le Conquérant.

Quelques historiens la font remonter à 1048 ; dom Pommerais croit qu'elle a été fondée en 1107. Pendant huit jours entiers, du mardi des Rogations, à trois heures d'après-midi, jusqu'au mardi suivant à pareille heure, les religieux étaient substitués à tous les droits du roi. Avant de prendre possession de cette foire, le prieur devait faire insinuer son privilège à la Vicomté de l'Eau. Une fois muni de ces lettres d'insinuation, qui lui accordaient prise de possession de la foire de Bonne-Nouvelle, il parcourait à cheval les rues de Rouen, escorté de ses religieux, des officiers de sa haute justice et des vassaux de la baronnie du Pré, et proclamait la suspension des droits tant royaux que municipaux. Le sergent royal de la Vicomté de l'Eau le précédait, portant masse en main.

Se rendant alors au bailliage royal, le prieur substituait au bailli royal son propre bailli, avec d'autres de ses officiers qui, pendant huit jours consécutifs, exerçaient une juridiction absolue dans toute la ville. Le même cérémonial était pratiqué à l'égard des officiers municipaux.

L'ouverture de la foire était proclamée à son de trompe. A partir de ce moment, toutes les marchandises étalées dans la ville étaient confisquées au profit du roi et du prieuré; toutes les boutiques devaient être fermées. Étaient exempts d'aller à Bonne-Nouvelle, les marchands de vivres et de victuailles, et certaines corporations comme celles des plombiers et des étamiers, qui s'en étaient fait dispenser au moyen de transactions, ainsi qu'il résulte d'un accord avec les religieux du Pré, le 8 mai 1475.

Une sentence du vicomte de l'Eau du 20 mai 1577 rappelle l'obligation, pour le receveur de Bonne-Nouvelle, de faire poser un chapeau à la Vicomté, afin que tous les manants et habitants de la banlieue de Rouen sussent, à n'en point douter, que pendant la semaine de l'Ascension, appelée aussi Semaine du Pré, leur privilège de franchise cessait, et qu'ils devaient payer coutumes au couvent. Ces coutumes n'avaient d'ailleurs qu'une faible importance, puisqu'en 1540 elles n'étaient affermées que 25 l. (1).

La foire du Pré se tenait devant le monastère. Le prieur avait seul la vérification des poids et mesures; certaines confiscations

---

(1) *Archives de la Seine-Inférieure.* — Bonne-Nouvelle.

lui revenaient également. Ainsi, en 1281, l'Échiquier lui adjugea un cheval échappé qui avait été cause de la mort d'une personne.

Ces nombreuses prérogatives, attribuées aux religieux pendant la Semaine du Pré, donnèrent lieu à diverses contestations avec la ville de Rouen. En 1354, le maire assignait devant l'Échiquier l'abbé du Bec, seigneur de Bonne-Nouvelle, et lui reprochait d'avoir voulu forcer les marchands de Rouen de porter leurs denrées à la foire. Mais le principal grief du maire contre l'abbé était l'arrestation d'un de ses officiers, Jean de la Pierre, chargé de vérifier les mesures. Le maire soutenait qu'à lui seul appartenait le droit de vérification et de jauge dans toute l'étendue de la ville et de la banlieue de Rouen, avec le droit de punir les fraudeurs. Jean de la Pierre avait voulu exercer son office à Saint-Sever au moment de la foire, dans un lieu soumis à la haute justice du maire, et avait demandé à un tavernier de lui soumettre ses mesures ; sur son refus, il l'avait menacé. Les vassaux des moines prirent alors la défense du tavernier et saisirent l'officier, qu'ils ne mirent en liberté que sur l'intervention du maire (1).

Durant le siège de Rouen par les Anglais, la foire de Bonne-Nouvelle fut transférée dans la ville où elle perdit presque toute son importance. En 1500, elle fut rétablie à Bonne-Nouvelle, mais elle alla toujours en déclinant jusqu'à la fin du siècle dernier.

Le 20 mai 1508, intervint une délibération de l'Hôtel de Ville « pour faire cesser la foire séante sur le territoire de la haute justice du Pré, jour de la feste et solennité de l'Ascension, Notre Sauveur le Rédempteur J.-C., laquelle chose était une grande irrévérence et en transgressant les dyvins commandements ». Il ne semble pas toutefois que cette décision fut exécutée.

En 1630, il fut publié dans un style échevelé, chez Maurry, libraire sur le quai, un dialogue burlesque en vers, intitulé : *Les Tracas de la foire du Pré*, où se voient « les amourettes, les tours

---

(1) Ch. de Beaurepaire. — *Vicomté de l'Eau*.

de passe-passe, la banque, l'intrigue des charlatans, le procès de l'homme de paille et son retour après sa mort, etc. ».

Au commencement du XIXe siècle, Olivier Ferrand, qu'il ne faut pas confondre avec David Ferrand, l'auteur de la *Muse normande* qui vivait en 1630, chantait en termes non moins burlesques la vieille assemblée de Bonne-Nouvelle qui venait d'être rétablie après avoir été supprimée pendant la Révolution.

De nos jours, il existe encore un simulacre de foire de Bonne-Nouvelle qui se tient la veille de l'Ascension. La fête champêtre du lendemain a seule conservé une certaine importance qui est loin, toutefois, de donner une idée du mouvement qui se produisait au moyen âge, pendant cette Semaine du Pré, sur cet ancien carrefour de Bonne-Nouvelle qui ne se trouvait pas alors à l'emplacement connu aujourd'hui sous ce nom, mais était limité par la rue aux Anglais et une petite rue dite du Petit-Puits dont le souvenir a disparu.

## La Confrérie des Conards ou Cornards

Au XVe siècle, il n'existait pour le peuple aucun des moyens de critique que nous possédons de nos jours ; pas de livres, pas de théâtre, pas de journaux pour signaler les abus et les vexations de toutes sortes dont le peuple était la victime. Il ne restait d'autre ressource que de se faire bouffon pour obtenir justice. C'est ainsi que se formèrent dans les grandes villes certaines sociétés burlesques qui obtinrent pendant un certain temps un succès énorme. D'ailleurs les couvents eux-mêmes ne s'étaient pas montrés rebelles à ces sortes de bouffonneries, et tous les ans, pendant le Carnaval, les portes de leurs monastères s'ouvraient pour donner lieu à des scènes non moins scandaleuses que ridicules.

A l'exemple de Paris qui avait ses *Badins*, ses *Turlupins*, Rouen eut entre autres sociétés bouffonnes ses *Conards* ayant seuls le droit de se masquer aux Jours-Gras, de parcourir les rues de la ville et de quêter l'argent qui devait servir à payer la fête.

Cette dénomination de *Conards* a donné lieu à diverses interprétations ; tandis que les uns la croient tirée de la forme des mitres des évêques et des abbés, dont les *Conards* s'affublaient, d'autres attribuent l'origine de ce nom à l'usage des cornes employées par un des orchestres de la confrérie qu'on appelait les *souffleurs de cornes*.

On n'est pas fixé sur l'origine de cette fameuse société ; toutefois, il est certain qu'elle existait en 1509. Tout d'abord ce ne sont que quelques jeunes et joyeux compères s'amusant d'un malheur conjugal, d'une indélicatesse ou d'un ridicule quelconque. Enhardis par le laisser-faire dont ils sont l'objet de la part du Parlement, ils s'émancipent, et en 1509, ils raillent les chanoines, les magistrats, les archevêques et les grands seigneurs ; quelques années plus tard ils se forment en communauté qui a son siège au prieuré de Bonne-Nouvelle. Ils choisissent un chef auquel ils donnent le titre d'abbé, et de la Chandeleur au mercredi des Cendres, ils font leurs *chevauchées*.

En 1536, ils formaient déjà une corporation nombreuse qui veut organiser en dehors du temps du Carnaval une grande *monstre* (revue) ; mais le Parlement l'interdit. L'année suivante, ils impriment une *responce à l'abbé des Conards*, puis ils publient *la première lecon des matines ordinaires du grand abbé des Conards de Rouen, souverain monarque de l'ordre contre la responce faite par un corneu à l'apologie dudit abbé*.

Leurs excentricités, leurs attaques finissent par attirer sur eux la rigueur du Parlement qui ne leur accorde plus, pour leurs bouffonneries, que les trois derniers Jours-Gras ; ils s'en vengent en attaquant, l'année suivante, les échevins qu'ils accusent de cupidité, d'injustice et de trahison. Le Parlement les fait poursuivre ; mais l'abbé seul a pu être arrêté avec douze de ses *suppots*. Ils sont rendus toutefois à la liberté après avoir produit l'autorisation qui leur avait été accordée par le Parlement.

En juillet 1547, un des membres de l'association, pour se venger d'un conseiller, publie une satire *l'Asne et l'asnon*.

Les troubles de la Ligue amènent la suspension des *Conards*. En

1570, malgré le Parlement, ils parviennent à se reconstituer ; la haute Cour les laisse faire, mais ils devront être rentrés à dix heures du soir : les fêtes de nuit, les danses, les spectacles au palais de l'abbé sont ainsi supprimés. La confrérie y répond par une nouvelle publication, *le Triomphe des Conards,* qui excite la colère des vicaires généraux et du Chapitre, sans pouvoir toutefois obtenir du Parlement, satisfait au fond de voir le Chapitre qui lui suscitait des embarras tourné en ridicule, la punition exemplaire qu'ils avaient rêvée. Néanmoins, il est défendu aux *Conards* d'avoir un abbé, une abbaye. La mitre, la crosse et les vêtements religieux leur sont interdits et ils ne pourront rien écrire contre la religion et ses ministres.

Avec la Ligue, les *Conards* doivent rester muets ; mais avec Henri IV ils reprennent une nouvelle existence, sous le nom de *Vrays suppots du feu abbé des Conards.* En 1598, leur abbaye prend le nom de *Maison conarde.*

Après la mort du Béarnais, le Parlement, fort de l'appui du cardinal de Richelieu, parvint enfin à son but et rendit un arrêt supprimant définitivement la fameuse confrérie.

\*\*

Notre désir n'est pas ici de passer en revue toutes les facéties auxquelles se livrait pendant le Carnaval la société des *Conards.* Nous nous contenterons de décrire en quelques lignes la cérémonie principale qui marquait chaque nouvelle chevauchée à travers les rues de la ville.

Chaque année, un peu avant les Gras-Jours, une députation de la gaie frérie apportait au Parlement, au Palais de Justice, une requête presque toujours écrite en vers. Les magistrats abandonnant immédiatement l'affaire en cours, y répondaient en vers aussi le plus souvent et autorisaient les *Conards* à parcourir la ville travestis et masqués. Aux Jours-Gras, le cortège se mettait en marche. En tête, après les fifres, les hautbois, les tambours, les trompettes, sur un char attelé de quatre chevaux était l'abbé des *Conards,* crossé, mitré, entouré des neuf vices de son couvent, de ses cardinaux, de ses patriarches, tous montés sur des chars pareils au sien. Puis venaient à pied, à cheval ou montés sur des chariots les autres membres de la Société au nombre d'environ 2.500, partagés en diverses bandes dont chacune représentait un vice, une sottise ou un abus. Des milliers de papiers étaient lancés de tous côtés, portant *rébus, pasquils, satyres* de toutes sortes, sous forme de quatrains, huitains, dixains ; les quolibets se croisaient en tous sens. L'Hôtel de Ville, le Chapitre, la Cour des Comptes, la Cour des Aides, les bailliages, les prêtres, les nobles, les bourgeois, les marchands, les avocats, les médecins, les hommes, les femmes, le Parlement lui-même, rien n'était épargné. Un jour deux chapelains sont aperçus dans la cour d'Albane montrant leurs mains à des bohémiens pour se faire dire la bonne aventure : le fait est représenté dans la procession des *Conards*. Une dame est prise en aventure : les *Conards* la reproduisent d'une façon parfaite avec son lutin. Un lièvre est offert à chacun des dix juges du bailliage par un plaideur inquiet : ceux-ci font entendre qu'ils préfèrent des espèces sonnantes ; le lièvre est acheté par les *Conards* et porté dans la plus prochaine fête.

A la fin de chaque jour de cérémonie, la confrérie se rend à la Haute Vieille Tour où a lieu un banquet splendide. L'abbé avec ses cardinaux, ses patriarches est assis à une table élevée au bout de laquelle se trouve un huissier la verge d'argent à la main ; à l'autre bout un sergent armé de toutes pièces ; les autres convives occupent de longues tables un peu plus basses. Pendant le festin, un membre vêtu en moine lit à haute voix la chronique de Pantagruel. Après le repas commencent les danses et le spectacle. La cérémonie se termine par la remise d'un prix en séance solennelle à celui des bourgeois de la ville qui avait commis la plus grosse sottise de l'année.

Les *Conards* étaient redoutés de tout le monde dans la ville ; le Chapitre les craignait tant, qu'il n'osait parler d'eux que tout bas dans sa salle des délibérations. Le Parlement redoutait leurs railleries, et pendant longtemps, malgré son envie, n'osa les interdire ; à plusieurs reprises l'archevêque voulut refréner leur licence : ils menacèrent de transporter leur procession dans le faubourg Saint-Gervais, indépendant de l'archevêque et où toute la ville les aurait suivis.

Nous ne suivrons pas la fameuse confrérie sur son théâtre où elle représenta, en 1550, devant Henri II, la *Farce aux Vaux*, satire sur la dîme des veaux payée aux seigneurs et aux monastères et que réclamait l'abbaye des *Conards*, contentons-nous d'ajouter que tous les vices, tous les défauts, tous les ridicules y furent censurés, le plus souvent avec esprit. Henri II avait été charmé de la courtoisie des *Conards* et leur avait accordé sa protection.

On a vu comment la confrérie finit sous les coups de Richelieu et du Parlement.

Deux autres fêtes du même genre existaient également à Rouen au xv$^e$ siècle : celle des *Fous* et des *Coqueluchiers* qui donnaient lieu à des scènes non moins burlesques (1).

## Le Monastère des Emmurées.

Toussaint-Duplessis rapporte, d'après d'anciens pouillés, qu'un couvent de Saint-Mathieu, près Rouen, dépendait au x$^e$ siècle de la célèbre abbaye de Marmoutiers. On ne possède que fort peu de renseignements sur cet ancien monastère. Si l'on en croit la *Chronique de Normandie*, il aurait été détruit sous la minorité de Richard Sans Peur.

« Avant de partir pour Rouen, dit cette chronique, le (roy, Louis
« d'Outre-mer), donna toute la charge de Normandie à un nommé
« Raoul Tourte, lequel ayant commission de lever tous les deniers
« provenant de l'imposition et domaine de la duché et remparer la
« ville de Rouen, fit meschament desmolir et abbattre tous les
« monastères et abbayes qui estoient à dix lieues environ de Rouen,
« comme de Sainct-Gervais, Bonnes-Nouvelles, Sainct-Mathieu,
« Saincte-Katherine des Prez et autres, et en faisant porter la pierre

---

(1) Fouquet. — *Histoire de Rouen*.

« dedans la ville de Rouen, pour y bastir forteresses et logis à son
« plaisir, suivant le commandement du roy. »

Mais ce qui est certain, c'est qu'en 962, il n'y avait plus trace de l'ancien couvent, soit que les bâtiments ne fussent pas encore réédifiés, soit qu'ils aient été de nouveau détruits; la *Chronique de Normandie* rapporte en effet que, à cette époque, le comte de Chartres, Thibaut, apprenant que Richard avait quitté la ville, vint mettre le feu aux faubourgs de Rouen, et alla camper « au lieu où « est de présent le couvent des *Amurez*, de Bonne-Nouvelle, « Claquedent et le Clos-des-Galées joignant la rivière de Sayne. »

Enfin Farin, dans son *Histoire de la ville de Rouen*, raconte qu'en 1222, il y avait en cette place une chapelle dédiée à saint Mathieu, ce qui aurait fait donner au manoir le nom de ce saint. A cette époque, dit-il, M$^{gr}$ l'archevêque en était le propriétaire. Le *Journal des Visites d'Eudes Rigaud*, archevêque de Rouen, dit que cette chapelle aurait été fondée par un bourgeois de Rouen, Pierre, fils de Michel, et par Élicie sa femme, qui se seraient réservé à eux et à leur fils Guillaume le droit de présentation. Mais Duplessis soutient, au contraire, que certains registres de l'archevêché, de l'an 1439, lui donnent le titre de Saint-Michel et ceux de 1546 l'appellent même Saint-Michel de Crébillon.

Quoi qu'il en soit de l'origine de cette antique chapelle, ce qui est certain c'est qu'en 1222 ou 1223, les Jacobins ou frères Prêcheurs de l'ordre de Saint-Dominique vinrent s'établir dans une partie de ce manoir archiépiscopal, appelés par Thibaut Damiens, archevêque de Rouen, en attendant qu'ils eussent un autre asile plus commode.

Les Jacobins introduisirent dans leur nouvelle maison une discipline très sévère et furent bientôt cités comme modèles. « Rome, nous dit M. Paul Baudry, fonda sur eux ses plus belles espérances de régénération morale, et ce fut l'un d'entre eux, le père Alexandre de Mohim, qui reçut, le 7 mai 1230, l'ordre de réformer l'abbaye de Saint-Ouen qui se relâchait de ses anciens principes par *l'indévotion* de quelques religieux. »

Saint Louis, instruit bientôt des pieuses pratiques des Jacobins de Rouen, voulut leur donner un asile plus convenable et les établir dans l'intérieur de la ville. Il leur fit construire un monastère à l'extrémité occidentale de la ville, leur accorda des privilèges fort étendus, ainsi que la propriété du terrain compris entre la porte Cauchoise et la Seine le long des remparts. En 1247, les constructions étaient achevées et Jean des Rivières, prieur des Jacobins, remettait à Eudes Rigaud, archevêque de Rouen, le manoir qu'ils venaient d'occuper au faubourg d'Émendreville pour prendre possession de leur nouveau monastère (1).

C'est sur l'emplacement de cet ancien couvent que s'élève aujourd'hui l'hôtel de la préfecture.

\* \*

L'ancien manoir des archevêques, de nouveau abandonné, allait bientôt changer de maître. En 1259, saint Louis donnait à Eudes Rigaud, le vivier de Martainville et toutes ses dépendances, moyennant 45 l. de rente que l'archevêque ou ses successeurs devaient lui faire. Deux ans après, le roi cédait à l'archevêque les 45 l. de rente et 5 autres livres dues à cause du manoir de Pinterville et sa haute justice, et le prélat lui abandonnait le manoir de Saint-Mathieu.

Devenu alors propriétaire de cet ancien manoir, saint Louis y appela, en 1263, des religieuses de l'ordre de saint Benoît au nombre de 50 environ, et leur donna des revenus suffisants pour leur entretien, avec les bâtiments tant anciens que nouveaux, le pré, les jardins et toutes leurs dépendances. Il leur accorda en outre, dit un manuscrit « quantité de beaux privilèges qui furent non
« seulement confirmez, mais même augmentez par les libéralités
« de Philippe III le Hardy, son fils, au mois de mai 1276, et con-
« firmez dans la suite du temps par François I$^{er}$ et par Louis XIV. »

Les nouvelles religieuses venaient du monastère de Saint-Domi-

---

(1) *Revue de Rouen,* année 1847.

nique de Montargis, elle furent placées sous la conduite des Frères Prêcheurs. Le 15 novembre 1269, l'archevêque Eudes Rigaud visitait le nouveau couvent.

Les religieuses de Saint-Dominique donnèrent, à Rouen, le premier exemple d'une exacte clôture, et elles firent entourer leur couvent de hautes murailles. Le peuple les appela les Emmurées.

Le couvent des Emmurées, comme son voisin de Bonne-Nouvelle, eut à subir les funestes effets des guerres. En 1365 ou 1366, les Emmurées servaient de but aux chevauchées des Français et des ennemis. L'année 1387, leur fut également fatale; en 1411, les religieuses quittèrent leur couvent pour se retirer en ville. L'année suivante l'église contiguë à celle des religieuses et dans laquelle les Jacobins, leurs directeurs, faisaient l'office, fut démolie en prévision du siège qu'allait avoir à subir la ville contre Henry V, roi d'Angleterre. En 1418, le monastère fut pillé, brûlé, détruit par les Anglais.

Le 1er juin 1446, Henri VI d'Angleterre, voulant sans doute se faire pardonner la ruine du couvent des Emmurées, ordonna à Guillaume Oudalle, grand réformateur des forêts de Normandie, « eu égard à la pauvreté des religieuses Emmurées et aux pertes qu'elles firent à l'occasion de la guerre », de leur permettre de couper dans la forêt de Rouvray le bois nécessaire pour leur chauffage et pour leurs réparations pendant l'espace de deux ans. Déjà en 1438, elles avaient obtenu des lettres du roi d'Angleterre leur permettant de reconstruire au plus tôt leur monastère. Mais il y a tout lieu de supposer, en présence de la charte de 1446, que les religieuses n'en avaient rien fait et que ce n'est qu'après le départ des Anglais, en 1449, qu'elles firent reconstruire leur couvent.

Un ancien manuscrit, publié par M. l'abbé Sauvage, nous apprend que la nouvelle église des Emmurées fut consacrée par l'évêque d'Hippone, Robert Clervet, en présence d'une infinité de peuple de tous les états, le 11 juillet 1479. Le manuscrit ajoute que c'était la quatrième fois depuis leur fondation.

Les querelles religieuses vinrent de nouveau ruiner le couvent.

Au mois de juillet 1562, durant le siège de Rouen par les huguenots, le monastère des Emmurées fut envahi, entièrement ruiné et réduit en cendres par les calvinistes ; les religieuses avaient dû fuir et se trouvèrent sans asile régulier ; on leur donna pour refuge le lieu appelé vulgairement les Bons-Enfants. Lorsque la ville fut rentrée à l'obéissance du roi, elles rétablirent leur monastère, pour ainsi dire de leurs propres mains, réduites qu'elles étaient à la dernière misère, en ce même lieu où elles avaient auparavant un superbe bâtiment dont les dortoirs étaient éclairés par six lampes, comme il était marqué dans un de leurs anciens livres de comptes, aujourd'hui malheureusement disparu.

Le même manuscrit que nous avons déjà cité, pour donner une idée de la grandeur et de l'étendue de l'église et des anciens bâtiments brûlés par les hérétiques, rapporte que le jour de la Trinité 1553, un des suffragants de l'archevêque de Rouen y avait bénit jusqu'à six autels.

En 1591, nouveau désastre pour le couvent. A l'approche de l'armée d'Henri IV, le 19 novembre, les religieuses se voient obligées de fuir leur monastère en emportant avec elles tout ce qu'elles purent. Le capitaine Marc et ses soldats vinrent mettre le feu à l'église et aux bâtiments claustraux, suivant l'ordre qu'ils avaient reçu de Villars, qui commandait la ville pour la Ligue, de crainte que les troupes d'Henri IV ne s'en saisissent.

Les religieuses Emmurées se retirèrent dans la ville et occupèrent l'hôtel de Saint-Wandrille, rue Ganterie, proche la rue de l'Écureuil, que leur accorda le gouverneur. Elles y restèrent sept ans, occupées au service divin et à l'instruction des jeunes filles.

Si l'on en croit Périaux, les religieuses, en quittant leur monastère, se seraient retirées tout d'abord dans une maison située paroisse Saint-Laurent et appartenant à un sieur Tourmente, alors absent. Celui-ci, étant revenu deux ans après, les aurait expulsées et aurait voulu saisir leur mobilier ; mais le Parlement s'y opposa, en l'autorisant toutefois à réclamer ses deux années de loyer. Mais cette maison de la paroisse Saint-Laurent ne serait-elle pas cet hôtel de Saint-Wandrille dont parle le manuscrit de M. l'abbé Sauvage.

Le 20 août 1594, le Parlement désignait quatre bourgeois pour quêter dans les maisons dans le but de rétablir le couvent des Emmurées. Mettant de côté tout sentiment d'orgueil, les pieuses femmes eurent le courage de se placer auprès des ruines de leur couvent et de solliciter l'aumône des passants. Quelque temps après, elles aliénaient une partie de leurs biens et parvenaient ainsi au rétablissement de leur monastère. Dans la suite, elles obtinrent de nouvelles quêtes pour la réédification de leur église, qui ne put être achevée que fort longtemps plus tard, en 1669, et consacrée de nouveau sous le vocable de Saint-Mathieu. Elles obtinrent aussi du pape quantité de bulles pour parvenir à la restitution des biens qui leur avaient été usurpés.

Un grand nombre de religieuses des Emmurées appartinrent à des familles de marque. Ainsi, Marie de Lorges, la sœur du cardinal de Bouillon, fut religieuse aux Emmurées et en sortit en 1577 pour être prieure principale de l'hôpital de Vaudreville, fondé par son frère. Henri IV assista, en 1590, à la prise d'habit de Marie Puchot ; M$^{me}$ de Laval sortit en 1600 pour être prieure de l'hôpital de Vestel ; M$^{me}$ Charlotte de Martainville devint abbesse des Bernardines de Gournay ; M$^{mes}$ Marguerite et Marie de Pillon fondèrent, en 1644, un monastère à Pont-l'Évêque ; M$^{me}$ Marc de la Ferté avait fondé, en 1642, un monastère au Mans ; M$^{me}$ Madeleine de Brinon devint, en 1689, prieure des Dominicaines de Dijon, etc. (1).

\* \*

L'inondation de 1740 fut particulièrement désastreuse pour le couvent des Emmurées ; les prairies, les jardins et les caves furent envahies ; on fut obligé d'en transporter les boissons dans le chapitre, le cloître, et même, sur la fin, dans la sacristie. Le 26 décembre l'un des confesseurs du monastère fut obligé de passer dans

---

(1) *Mémoire sur le couvent des Emmurées,* par M. l'Abbé Sauvage.

l'eau, d'un pied de haut dans l'église, pour célébrer la messe. On dut enlever le Saint Sacrement du sanctuaire et le porter dans une chambre. Pendant le dîner, l'eau envahit le réfectoire avec une telle rapidité que les religieuses furent obligées de monter sur les tables pour gagner la porte et le dortoir.

Le 27, les eaux montèrent encore de deux pieds. M. de Nainville, lieutenant de police, se fit transporter en bateau dans l'église des Emmurées et parvint jusqu'à la grille du chœur en marchant sur des chaises. Il annonça aux religieuses que, suivant les ordres de M$^{gr}$ de Tavannes, archevêque, et de M. de Pontcarré, premier président du Parlement, elles devaient sortir de leur couvent.

La communauté comprenait alors 28 religieuses de chœur, une postulante et 10 converses, dont une novice. M$^{me}$ de Vandœuvre en était prieure ; M$^{me}$ de la Hautteville, sous-prieure ; M$^{me}$ de Beaulieu, procureuse ; M$^{me}$ de Sacy, maîtresse des novices. Les religieuses quittèrent ainsi le monastère et se réfugièrent les unes dans d'autres couvents, les autres dans leur famille. Il n'en resta que trois, dont M$^{me}$ de Radepont, dans la maison avec les domestiques. Les vaches furent mises à l'infirmerie dite d'en bas, et les volailles au grenier.

Le 28, à cinq heures du matin, le confluent de l'eau des fossés avec celle de la Grande-Chaussée fit tomber 21 pieds de mur de clôture dans le pré *du côté du faïencier Flandrin* et 9 pieds du côté du jardin potager. Les 30 et 31, les eaux continuèrent de monter ; elles atteignaient, dans l'église, cinq pouces au-dessus de la marche d'entrée.

Le 1$^{er}$ janvier 1741, au soir, les eaux commencèrent à baisser. Le 4, M$^{me}$ de Vandœuvre et M$^{me}$ de Beaulieu rentrèrent dans leur couvent ; les autres religieuses les imitèrent les jours suivants ; mais la communauté ne se trouva complète qu'au commencement de mars.

Le 16 janvier, les eaux étaient considérablement diminuées. Le premier président vint au couvent dans une charrette ; il ne fallait pas songer à trouver d'autre voiture pour marcher dans la fange, l'eau et la boue.

Les brèches que l'inondation avait faites dans la clôture des Emmurées leur fut une cause de désagréments et d'ennuis. Tout le monde voulait, sans permission, visiter le couvent, et on profita de ces ouvertures pour entrer dans le monastère et importuner les religieuses. Pendant trois mois, elles furent ainsi constamment inquiétées, et rencontraient même dans leurs dortoirs jusqu'à des aveugles.

A l'époque de la Révolution, les religieuses Emmurées étaient au nombre de 19 et 3 sœurs converses ; M$^{me}$ de Limoges était prieure. En présence des événements qui se précipitaient, la plupart n'attendirent pas le décret de dissolution des ordres monastiques et renoncèrent à la vie commune ; deux seulement restèrent au couvent, les sœurs Catherine et Angélique de La Rue d'Iclon, sous-prieure et première dépositaire.

D'après un inventaire qui fut fait à cette époque, l'emplacement occupé par le prieuré contenait 3 acres et demie, demi-vergée et 12 perches, consistant en maisons, cours et jardins.

Le mobilier du monastère était assez simple. La bibliothèque comprenait 800 volumes, dont aucun livre de valeur ou rare (1).

### Le Domaine des Emmurées

D'après une déclaration donnée au roi en 1750, par Marie de Tiremois de Sacy, prieure ; Marie Hotot, sous-prieure ; Marie Chefd'hostel-Beaulieu, procureuse, les revenus du couvent des Emmurées s'élevaient alors à 23.572 l., ainsi réparties : domaine non fieffé de Franquevillette, 5.790 l.; baux emphytéotiques et rentes féodales de cette seigneurie, 60 l.; terres égrenées en diverses paroisses, 3.858 l.; baux emphytéotiques à Canteleu, 100 l.; maisons dans la ville et les faubourgs de Rouen, 5.542 l.; à Dieppe, 850 l.; rentes foncières, 677 l. 3 s. 7 d.; rentes sur les tailles, 1.066 l. 10 s.; rentes hypothèques, 223 l. 7 s. 4 d.; pensions viagères, 2.800 l.; biens en différents diocèses, 2.605 l.

---

(1) *Archives de la Seine-Inférieure.* — Fonds des Emmurées.

Les religieuses estimaient leurs charges à 9.512 l.; il leur restait donc pour leur entretien environ 14.050 l.

La communauté comprenait alors 28 religieuses de chœur, 9 converses, 2 religieux confesseurs, 1 porteur de procuration. Elles avaient en outre, comme attachés au monastère : 1 sacristain, 1 commissionnaire, 2 jardiniers, 2 tourières et 5 servantes.

Le fief de Franquevillette (commune de Boos), dont les religieuses étaient seigneurs, était un quart de haubert, relevant du roi, avec droit de patronage et de colombier, basse justice.

Elles possédaient, entre autres, 42 acres de prairie sises à Saint-Sever, Sotteville, Saint-Étienne et Petit-Couronne, dont la majeure partie provenait de la donation de saint Louis; une ferme de 8 acres à Saint-Sever, acquise en 1664 du sieur du Bosc de Bourneville; d'autres maisons et jardins également à Saint-Sever, provenant de leur fondation ou achetées depuis.

Lors de la dissolution, le revenu des Emmurées s'élevait à 41.365 l. et leurs charges à 29.894 l. (1).

### L'Église et le Cloitre des Emmurées

L'église des Emmurées était un monument remarquable qui méritait d'être conservé. M. Paul Baudry nous en a donné une intéressante description :

« Elle était en pierre, d'un style ogival sévère et sans ornements extérieurs. Sa forme était une longue croix latine très régulière, quoique trop étroite et privée de collatéraux. De magnifiques fenêtres partageaient à égale distance le côté méridional de la nef et montraient quelques écussons sur leurs meneaux prismatiques contournés en lignes *flamboyantes*. Les poutres de la nef présentaient encore naguère quelques armoiries. La voûte, que surmontait un clocher pyramidal couvert d'ardoises, était en bois, ornée de culs-de-lampes dorés, dont un surtout, fort remarquable, était chargé de nombreux cartouches, peints sur un fond d'azur semé de

---

(1) *Archives de la Seine-Inférieure*. — Fonds des Emmurés.

fleurs de lis d'or, qu'on avait voulu faire disparaître pendant la Révolution. Partout on voyait représentés les chiffres S. L., les clous de la Passion et la couronne d'épines, qui rappelaient à la fois le royal fondateur et les dons qu'il avait faits à ses filles bien aimées. »

A l'intérieur se trouvait une belle peinture à fresque représentant une femme parée de riches vêtements et dont la tête était fort bien dessinée. Plus bas était une autre tête de femme, dont le corps avait complètement disparu. Une inscription tumulaire portant le nom de « noble et vertueuse religieuse sœur Françoise le Mars », et la date 1693, avec le mot *ruines* au milieu de plusieurs autres effacés, semblait indiquer que cette religieuse fut une de celles qui contribuèrent à la reconstruction de l'église. Une autre pierre tombale représentait, dans la partie supérieure, Jésus-Christ sur la Croix au milieu des deux Anges recueillant le sang de ses plaies ; plus bas, d'un côté, saint Pierre et la Vierge ; de l'autre, saint Jean et saint Michel ; puis, à genoux, six religieuses proférant des invocations inscrites sur deux philactères. Enfin, le bas de la pierre portait cette inscription : « S. J. Osmont ; S. M. Durant ; S. M. Ango ; S. J. Ango ; S. P. Ango. »

Plus bas se trouvait la mention de Perronelle Ango, prieure du monastère pendant dix-sept ans, et morte en 1480.

Au milieu du xviie siècle, on voyait à l'entrée de l'église une inscription gravée sur une pierre, rappelant la fondation du monastère :

    L'an mil deux cent soixante et neuf
    Ce monastère fut foit neuf
    Que l'on dit les sœurs emmurées
    Ordre des Prescheurs cy murées
    Et lequel au temps ancien
    Saint Louis roy très chrétien
    Des François, fonda en ce lieu
    Au titre de Saint Mathieu
    De son règne l'an troisième
    Avecques le quarantième.

Un document tiré des Extraordinaires de la *Gazette de France* et publié par la Société des Bibliophiles, confirme l'opinion de M. Baudry, d'après laquelle les Emmurées auraient, à l'occasion de la béatification de sainte Rose de Lima, en 1669, fait rebâtir leur église avec un superbe dôme.

A cette époque se rapporterait tout au moins la partie supérieure du chœur avec les élégants culs-de-lampes, les chiffres et les cartels peints et dorés de la voûte (1).

La nef de l'église des Emmurées était desservie par les Jacobins, leur directeur. Cette partie de l'église était encore désignée sous le nom d'église des Jacobins.

D'après certains auteurs, Farin entre autres, le chœur de l'église des Emmurées, tel qu'on le voyait encore il y a quelques années, était le même qui subsistait du temps de saint Louis et n'aurait jamais été abattu ni ruiné pendant les guerres et les troubles. M. Baudry a démontré le contraire : « Il suffisait, dit-il, du plus léger examen, des plus simples notions archéologiques pour se convaincre que le chœur de l'édifice dernier ne pouvait remonter jusqu'à saint Louis, c'est-à-dire au XIIIe siècle. Les deux nervures prismatiques qui accompagnaient les ogives et les meneaux des fenêtres rappelaient, au contraire, le style du XVe siècle et devaient appartenir, selon toute apparence, à l'année 1479, que nous savons être celle de la réédification totale et de la quatrième dédicace du monument. Les deux côtés du transept, ainsi que les trois premières travées de la nef, étaient de la même construction que le chœur. Quant à la nef, elle offrait, du moins dans la plus grande partie, les marques évidentes d'une époque encore postérieure, et bien qu'elle fût parfaitement en rapport avec le reste de l'édifice, il était aisé cependant de reconnaître, à la séparation même des pierres, à la différence des contreforts extérieurs, à l'absence de poutres dans le haut de l'église seulement, et plus encore aux

---

(1) Voir à ce sujet les articles publiés par M. Paul Baudry dans le *Bulletin de la Commission des Antiquités*, années 1888 et 1890.

lignes ondulées, prismatiques et *flamboyantes* qui remplissaient le tympan des fenêtres de la nef, que celle-ci n'est qu'un dernier souvenir de la période ogivale la plus rapprochée de nous.

« Située au centre du faubourg d'Émendreville, sur le bord du chemin qui conduisait au pont Mathilde, l'église des Emmurées servit parfois de station à d'illustres défunts, dit M. Paul Baudry. Souvent de hauts personnages y furent déposés comme dans une sainte hôtellerie, au moment où ils allaient gagner leur dernière demeure. » Ce fut ce qui arriva en l'an 1510, à la mort du cardinal-archevêque Georges d'Amboise Ier. Louis XII fit transporter les restes du prélat depuis Lyon jusqu'à Rouen avec des honneurs magnifiques.

« En tous lieux, dit l'historien Taillepied, où l'on logeoit au soir, le corps estoit mis en l'église ; et le lendemain avant que de partir estoit fait un service. En cette manière fut apporté le corps à Rouen où il arriva le 27 de juin à six heures du matin aux Emmurées auquel lieu ledit jour après midy, vindrent le requérir les quatre religieux des Mendians, les gens d'église de toutes les paroisses, trois cents hommes revestus en deuil, et les serviteurs domestiques du deffunt. »

En 1550, le corps du cardinal d'Amboise, deuxième du nom, neveu du ministre de Louis XII et son successeur à l'archevêché de Rouen, fut porté aux Emmurées de Rouen pour être conduit dans la chapelle de la cathédrale qu'il avait fait édifier derrière le chœur. Il fut inhumé avec son oncle dans le tombeau des d'Amboise.

Louis de Brézé, grand sénéchal de Normandie, s'est également reposé aux Emmurées en 1531, avant d'aller prendre possession du tombeau préparé pour lui en la même chapelle de la Vierge, où sa veuve, Diane de Poitiers, fit élever plus tard le magnifique mausolée que tout le monde connaît.

*
* *

Le cloître n'était pas moins curieux que l'édifice. « Les arcades en ogives, nous dit M. Baudry, accompagnées de niches, étaient pleines de grâce et d'harmonie, et cet enclos si peu spacieux, si resserré avait un calme que les changements survenus à la royale abbaye n'avaient pu lui enlever entièrement. » Dans les murs de la galerie se trouvaient plusieurs petites pierres commémoratives, de date peu ancienne, portant le nom, l'âge et le nombre d'années de profession des religieuses enterrées sous les dalles du cloître. Parmi ces inscriptions, M. Baudry cite celle-ci de forme si gracieuse.

#### EPITAPHE DE SOEUR LOUYSE

Je ne fus que cinq ans hostesse de ces lieux ;
Le Ciel me prit à soy dez l'avril de mon âge.
Et, puisque l'on y vient que pour gagner les cieux,
Je n'avais pas besoin d'y rester davantage.

Elle était morte le 11 août 1645, âgée de 19 ans.

Plusieurs autres pierres tombales se trouvant dans le cloître ont encore été relevées ; par leur belle conservation elles ont mérité d'être placées au Musée d'Antiquités.

Dans le côté septentrional du cloître des Emmurées était un lavabo de pierre surmonté d'un cintre avec accolade et orné de toutes les richesses du style ogival tertiaire. La base de cette fontaine se composait d'un petit bassin dans lequel un robinet versait autrefois une eau limpide qui avait, disait-on, la vertu miraculeuse de guérir de certaine maladie. Cette fontaine était alimentée par une source qui coulait dans la prairie voisine et avait, d'après la légende, pris naissance au moment où on exhumait de cette place les reliques du moine saint Marcou, en grande vénération jadis dans le faubourg et les environs.

Longtemps même après la disparition du couvent, de nombreux pèlerins venaient encore de loin prier devant une statue du saint conservée dans l'église Saint-Sever et emportaient de l'eau de la source que fournissait la pompe placée dans la cour du monastère.

Au bas d'un escalier qui conduisait près du cloître se trouvait une petite sculpture en bois représentant saint Louis, le fondateur de la maison, le sceptre à la main, la couronne en tête et revêtu du manteau royal fleurdelisé.

Après la Révolution, on songea un moment à établir dans l'église des Emmurées une succursale de l'église Saint-Sever, trop resserrée pour un faubourg devenu si populeux ; mais ce projet fut abandonné. L'ancienne église fut alors convertie en magasin à fourrages, puis d'écuries pour la cavalerie. Le cloître fut aménagé en caserne.

En 1876, un incendie détruisit de fond en comble l'ancienne chapelle et n'en laissa que des ruines. Dans ces dernières années, une partie de ces ruines fut aliénée et convertie en immeubles de rapport ; il ne reste plus aujourd'hui de l'ancien édifice que quelques portions de murs qui vont chaque jour s'effritant davantage.

Pendant quelques années, avant la transformation en caserne, une partie des bâtiments conventuels et du cloître, qui n'offraient rien de remarquable, servirent d'écoles publiques et gratuites pour les jeune filles tenues par les sœurs de la communauté d'Ernemont. Vers 1848, les sœurs de Saint-Vincent-de-Paul occupèrent la maison du chapelain des religieuses, située de l'autre côté de la rue actuelle des Emmurées.

\* \* \*

Le premier établissement pour l'éclairage par le gaz fut créé dans une partie de l'emplacement de l'ancien couvent, en 1834. L'inauguration de l'usine eut lieu le 20 octobre de cette même année. Ce fut alors qu'on substitua d'une manière générale, mais encore dans quelques quartiers de la ville seulement, l'éclairage au gaz à l'ancien éclairage à l'huile.

En 1853, l'administration municipale établit à côté de l'usine et sur une partie également de l'ancien couvent un marché aux bestiaux qui devint bientôt l'un des plus importants de Normandie. Il fut inauguré le 20 mars 1856.

Depuis 1889 ce marché est transféré dans le quartier de Bammeville.

### Les religieuses Crépines.

En 1659, deux religieuses de l'abbaye de Saint-Amand, Madeleine des Hommets, sœur du sieur de Guichainville, maître des

Comptes, et Marie Crépin, fille de Jacques Crépin, notaire de Rouen, formèrent le projet de fonder dans la ville de Rouen, un monastère de leur ordre et de s'y retirer. Leurs familles entrèrent dans ces vues, et Philippe Crépin, frère de Marie, auditeur des Comptes, faisait à sa sœur cette même année une rente viagère de 500 l. pour lui faciliter les moyens de pourvoir à la nouvelle fondation. D'autre part, deux frères de Madeleine des Hommets vinrent également à son aide et lui donnèrent, le 17 février 1660, une maison et un jardin qui leur appartenaient sur la paroisse Saint-Hilaire et où fut fondé le nouveau couvent. Le 31 janvier 1662, la ville donnait son acquiescement à l'établissement du nouveau monastère, établissement qui fut approuvé par l'archevêque le 10 décembre suivant.

D'après le règlement qui fut donné à ce monastère qui devait porter le nom de *Saint-Hilaire*, la prieure était élective à la pluralité des voix de la communauté ; il ne devait jamais y avoir plus de 20 religieuses dans le chœur et 4 converses, et on ne devait point y recevoir de religieuse qu'elle n'eût au moins 50 écus de rente viagère.

D'autre part, pour conserver le souvenir de la fondatrice, il fut convenu que l'élection de la prieure n'aurait lieu seulement qu'après la mort de Madeleine des Hommets qui devait en garder le titre pendant toute sa vie, et qu'après sa mort, s'il se trouvait dans la communauté quelque religieuse de sa famille et de son nom qui eût l'âge, la capacité et les qualités requises, elle serait préférée à toute les autres (1).

En juillet 1663, les religieuses obtinrent des lettres patentes enregistrées au Parlement le 5 février 1664, à condition qu'elles ne seraient que dix pour le service du chœur et quatre sœurs converses.

Au mois de septembre précédent, Madeleine des Hommets, Marie

---

(1) Toussaint-Duplessis. — *Description de la Haute-Normandie.*

Crépin et deux novices, conduites par l'abbesse de Saint-Amand, étaient venues s'établir dans le nouveau monastère. Mais bientôt des difficultés surgirent; la famille des Hommets réclama au couvent une somme de 3.000 l. qu'elle prétendait devoir lui revenir sur la valeur de la maison donnée aux religieuses. C'était la ruine. Heureusement, Elisabeth Boissel, fille du sieur de Tocqueville, qui voulait entrer dans la maison, cautionna la somme réclamée et le couvent fut sauvé d'un désastre.

Toutefois, pendant un certain temps la communauté vécut encore dans la gêne par suite du refus de l'abbesse de Saint-Amand de rendre la dot des deux fondatrices du couvent des Crépines.

Madeleine des Hommets étant morte en 1666. Marie Crépin lui succéda comme prieure; elle acheta au prix de 20.000 l. une maison au faubourg Saint-Sever, rue d'Elbeuf, et au mois de juillet 1681, y transféra la communauté. Une transaction de 1696, termina tous les différends avec la famille des Hommets, Marie Crépin se contentait de 50 l. de rente et se désistait de ses prétentions sur l'ancien emplacement du monastère. Néanmoins, Marie Crépin dut encore, pour assurer la tranquillité à sa maison, donner sa démission de prieure en faveur d'Elisabeth des Hommets.

L'église du prieuré avait été bénite le 21 mars 1684, sous le vocable de Saint-Hilaire, par Étienne Lefieux, vicaire général.

En 1742, les religieuses bénédictines n'étaient plus qu'au nombre de dix : Louise d'Heiss, prieure; Marie-Anne Garnier, de la Cour du Bois; Catherine Fremin; Marie-Anne Le Sueur; Marie-Anne Bellepaume; Françoise Renault; Marthe Lenormand; Marguerite Crépin de Vimont; Jeanne Deu; Thérèse Leseron; Louise Quimbel et Marie-Madeleine Bunel, toutes très âgées, infirmes et incapables de remplir les exercices que leur imposait leurs statuts. Leur revenu était médiocre et elles ne pouvaient subsister que par le secours de leurs pensionnaires; privées de ce secours, elles se seraient trouvées réduites à la plus profonde misère ou être à la charge de leur famille.

Dans ces conditions, elles demandèrent à l'archevêque de

dissoudre leur communauté pour la réunir au couvent des dames de Saint-Louis de Rouen.

Les formalités nécessaires furent immédiatement commencées et, en 1743, une ordonnance de l'archevêque prononçait définitivement la suppression du petit couvent dont il ne reste aujourd'hui que quelques bâtiments et une inscription en partie effacée (1).

## Saint-Yon.

Premières Écoles de Saint-Sever. — Les Frères de la Doctrine chrétienne. — La Maison de force. — L'Asile d'aliénés. — L'École normale d'instituteurs.

Deux siècles avant la Révolution, il existait à Rouen, pour l'instruction élémentaire, deux sortes d'écoles : celles des maîtres écrivains à l'usage de la classe aisée et celles dites de charité exclusivement consacrées à la classe indigente. C'est vers le milieu du xv<sup>e</sup> siècle que ces dernières écoles furent instituées à l'usage des enfants du peuple.

La première dont on trouve la mention à Saint-Sever date de la fin du xv<sup>e</sup> siècle ; elle était sous la direction des religieux de Bonne-Nouvelle. Le 17 juin 1493, nous les voyons faire comparaître en leur justice du Pré un nommé Nicolas Pépin et plusieurs autres personnes qui voulaient fonder dans le faubourg de nouvelles écoles. Les religieux basaient leur prétention sur ce que de tout temps, et de si loin qu'il n'était mémoire du contraire, ils avaient droit, du fait de leur fondation, de présenter et de faire tenir les écoles par quelque personne que bon leur semblait.

Pépin se désista d'ailleurs de ses prétentions et laissa les religieux seuls maîtres des écoles du faubourg.

En 1555, le Bureau des Pauvres valides de Rouen achetait quatre maisons dans les différents quartiers de la ville qu'il transformait

---

(1) *Archives de la Seine-Inférieure*. — Fonds des dames de Saint-Louis.

à usage d'écoles. Un ecclésiastique était placé à la tête de chacune, et le Bureau lui fournissait le logement avec 40 l. de traitement. Il devait apprendre aux écoliers « à craindre et louer Dieu, leur « créance et commandemens de la loy, leur petit livre, la lecture, « l'écriture et principalement les bonnes mœurs. »

Vers Pâques de l'année suivante, deux autres écoles furent instituées pour 160 filles de l'*aumône*. Malheureusement, ce système d'éducation charitable dura peu et, en 1650, il n'existait plus guère que l'école du quartier Beauvoisine, tenue par Alabarbe, qui disparut avec lui.

Cependant des hommes dévoués à la cause de l'instruction populaire essayèrent par des dons généreux de rétablir les écoles de quartier de la ville. L'école de Saint-Maclou fut la première ouverte, en 1661 ; bientôt après une autre était fondée dans le cimetière de Saint-Vivien, grâce à la charité de M. Laurent de Bimorel ; celle de Beauvoisine fut établie dans une tour de l'ancien château de Philippe-Auguste, une quatrième fut créée près la porte du Vieux-Palais.

M. Laurent de Bimorel, après avoir achevé la fondation des écoles de quartier de Rouen, porta ses vues bienfaitrices sur les paroisses de Carville et de Longpaon, à Darnétal, et grâce à de généreux secours, il parvint à fonder dans ce bourg une nouvelle école où bientôt allaient être appelés les Frères de la Doctrine chrétienne.

A côté de lui, Mme Marie Houdemare imitait sa généreuse initiative dans un autre quartier de la ville.

En 1687, Saint-Sever allait aussi avoir son école. Le 4 janvier, Alphonse de Chalon, chanoine de la Cathédrale, donnait à l'Hôpital-Général 10.000 l., à charge de lui en faire 600 l. de rente sa vie durant et d'entretenir après son décès deux maîtres ou maîtresses d'école aux gages de 100 l. par an à Darnétal et à Saint-Sever. Mais l'année suivante, il augmenta les gages des maîtres de 50 l. et transférait l'école de Saint-Sever à Sotteville. Enfin, le 20 mai 1695, il fondait définitivement une école de filles à Longpaon et une école de garçons à Saint-Sever. Cette dernière « devait être conduite par

« un homme ni marié, ni engagé dans les ordres sacrés, qui fût
« capable et suffisant pour faire des catéchismes conformes au
« diocèse, eût de la voix et sut son chant afin d'aider à chanter
« dans l'église en habit ecclésiastique. Il devait apprendre à ses
« écoliers à lire, à écrire, à chanter tous les jours à la messe » (1).

Les curés de Saint-Sever et de Longpaon prirent l'engagement de veiller à l'entretien de ces écoles ; ils déterminèrent les heures de classe, l'époque et la durée des vacances (mai 1695).

Mais l'école de Saint-Sever qui fonctionnait régulièrement dès 1696, n'eut malheureusement pas une longue durée. Elle devait cesser lorsque les Frères des Écoles chrétiennes ouvrirent celle de Saint-Yon, quelques années plus tard.

En 1704, le maître de l'école de Darnétal étant mort, le curé de Saint-Sauveur de Rouen profita de cette occasion pour faire appeler dans cette paroisse les Frères de la Doctrine chrétienne que venait d'instituer à Reims M. J.-B. de la Salle. Ce dernier accepta l'offre qui lui était faite avec d'autant plus d'attrait que déjà il avait projeté de s'établir à Rouen. La nouvelle école réussit aussi bien qu'on pouvait l'espérer et ce succès détermina à confier les écoles de Rouen à la direction des Frères.

De son côté, Mgr Colbert, archevêque de Rouen, fils du grand ministre, qui s'était appliqué d'une manière toute particulière à propager l'instruction dans son vaste diocèse, et qui venait de fonder la communauté d'Ernemont et les petits séminaires, résolut, de concert avec M. Camus de Pontcarré, premier président du Parlement, de mettre l'Institut de M. de la Salle à la tête de la direction des écoles de charité qu'entretenait le Bureau des Pauvres valides de la ville. Mais leur projet ne fut pas sans rencontrer quelques difficultés. Tout ce qu'ils purent obtenir, c'est qu'on admit dans l'hôpital deux Frères pour y tenir les écoles.

---

(1) De Beaurepaire. — *Recherches sur l'instruction publique dans le diocèse de Rouen avant 1789.*

Le 31 mars 1705, les administrateurs de l'hôpital prenaient à ce sujet la délibération suivante :

« Comme le Bureau est informé que les écoles publiques qui
« sont fondées dans les quatre quartiers de la ville pour l'instruc-
« tion des enfants des pauvres d'icelle, ne sont pas dirigées ni
« conduites avec tout le soin possible par les maistres que ledit
« hôpital y a préposés, il a été arresté qu'on fera incessamment
« venir deux Frères des écoles de charité de Paris qui sont per-
« sonnes consommées dans l'instruction de la jeunesse pour estre
« mis à deux des dittes escolles, qui auront leur nourriture et
« logement dans le dit hospital, à chacun 36 l. par an pour leur
« entretien, sauf à remplacer les deux qui sortiront des dites écoles
« à quelque autre employ dans le dit hôpital ou les y laisser vivre
« conjointement avec les autres maistres pour reconnaissance de
« leurs services, sauf aussy à appeler dans le dit hôpital deux filles
« de la maison de la Providence pour les enfants du sexe féminin,
« si le Bureau le juge à propos. »

Ces conditions furent acceptées par M. de la Salle qui envoya immédiatement deux Frères, dont l'un fut chargé de l'école Saint-Godard, l'autre de la petite école Saint-Maclou. Bientôt le premier fut déplacé et mis à la tête de la grande école Saint-Maclou.

Suivant le système d'instruction usité par M. de la Salle, on commençait par apprendre à lire dans le français et non dans le latin, comme il avait été jusqu'alors pratiqué ; en outre, l'enseignement simultané était substitué à l'enseignement individuel, suivant la méthode adoptée par Fourier pour l'éducation des filles.

Cette méthode, qui était une innovation complète sur celles jusqu'alors suivies et qui n'avait pas été acceptée sans quelques contestations, donna de bons résultats. Le 11 août 1705, un troisième Frère fut admis, puis bientôt après un quatrième. Enfin, le 2 août 1707, toutes les écoles de la ville étaient confiées aux Frères de la Doctrine chrétienne. On les déchargea alors de l'obligation de venir deux fois par jour à l'hôpital distribuer les repas aux vieillards, et ils purent se loger en communauté dans une maison de leur choix.

M. de la Salle s'engagea, de son côté, à fournir dix Frères, dont huit prendraient les écoles de Saint-Godard, Saint-Éloi, Saint-Maclou et Saint-Vivien ; les deux autres dirigeraient les écoles attachées à l'hôpital et y résideraient. Les classes se tenaient de huit heures à onze heures et de deux heures à cinq heures. Les bancs et les tables étaient fournis par le Bureau, qui payait en outre 600 l. pour les gages des Frères.

Si certains mouvements d'hostilité de la part de quelques-uns se manifestèrent dans la ville à l'égard des Frères, leurs écoles s'emplirent vite, et grâce aux aumônes qu'ils reçurent, ils louèrent une maison près de Saint-Maclou et y vécurent en commun.

\* \* \*

Cependant, M. de la Salle avait projeté de fonder à Rouen un pensionnat pour y recevoir des élèves, en même temps qu'un noviciat pour son ordre. A cet effet, il louait le 11 juillet 1705, pour dix ans, moyennant 400 l. par an, une propriété située à Saint-Sever et connue sous le nom de Saint-Yon, du nom d'un de ses anciens possesseurs, Eustache de Saint-Yon, maître des Comptes de Normandie, et appartenant alors à Anne de Souvré, marquise de Louvois.

A peine le nouvel Institut était-il installé que de nouvelles difficultés vinrent à se produire, suscitées par le curé de Saint-Sever, M. Hecquet, qui craignait de voir les Frères de M. de la Salle empiéter sur les droits de sa cure. D'autre part, l'Institut n'avait pas d'existence légale. Pour faire cesser le différend, M. de la Salle dut accepter les conditions imposées par le curé et qui se trouvaient mentionnées dans un accord portant la date de 1706 et approuvé par M. Couët, vicaire général.

Grâce à l'appui de M. Camus de Pontcarré, le pensionnat de Saint-Yon obtint bientôt de très grands succès. On songea alors à confier aux Frères la direction des enfants dont le caractère et la conduite prédisposaient au libertinage et qui nécessitaient une discipline rigoureuse. Tout d'abord, on les interna au noviciat, quelquefois sur la demande même des parents, le plus souvent par ordonnances du premier président. Mais bientôt ce pouvoir fut enlevé à ce dernier, et le roi déclara se réserver la connaissance et l'appréciation des motifs qui dictaient ces ordonnances, et qui le plus souvent étaient la dépravation des mœurs et l'aliénation mentale.

L'adjonction de cette nouvelle catégorie de pensionnaires au noviciat de Saint-Yon qui, d'après l'accord conclu entre M. de la Salle et M. Hecquet, devaient être conduits aux offices de l'église Saint-Sever, déplut au curé de cette paroisse. De nouvelles contestations surgirent, et l'archevêque de Rouen, M. d'Aubigné, ou l'un de ses vicaires généraux, fut appelé à se prononcer. Si l'on en croit M. Blain, l'historien de M. de la Salle, ce dernier aurait vu prononcer à ce sujet, contre lui, l'interdit.

On a le droit de croire cette peine imméritée, — si tant est qu'elle fût réellement prononcée, — alors surtout que M. de la Salle était gravement malade. Quoi qu'il en soit, le fondateur de l'Institut des Frères mourait peu de temps après, le Vendredi-Saint 7 avril 1719, en sa maison de Saint-Yon, et était inhumé le lendemain dans la chapelle de Sainte-Suzanne, en l'église Saint-Sever. Une épitaphe fut placée sur son tombeau.

Une foule considérable avait assisté aux obsèques du fondateur de l'Institut des frères de Saint-Yon, et le curé de Saint-Sever, M. Dujarrier-Bresnard, déclarait que M. de la Salle était mort en sainteté, ce qui paraît en complète contradiction avec l'interdit qui aurait pesé encore sur lui, au moment de sa mort. Aussi M. de Beaurepaire se demande-t-il, avec raison, si M. Blain n'a pas été induit en erreur sur la nature et les causes de cet interdit. Les honneurs rendus à notre époque à M. de la Salle, par l'église catholique, semblent suffisamment démonstratifs à ce sujet.

D'ailleurs, quelques années plus tard, lors de la translation des restes du fondateur de l'Institut dans la chapelle de Saint-Yon, le même curé de Saint-Sever faisait son éloge en des termes qui ne permettaient guère de doute.

En 1718, l'année qui précéda sa mort, M. de la Salle avait acheté, de ses deniers personnels, la maison de Saint-Yon. Cette acquisition fut confirmée au mois de septembre 1724, par lettres patentes, du roi enregistrées au Parlement de Normandie en 1725.

\* \*

Cependant l'Institut continuait son existence sans avoir été reconnu par le pape ni approuvé par le roi. Ce fut pour lui la cause de nouvelles difficultés. M. Poterat de Saint-Étienne, en sa qualité de seigneur du fief d'Émendreville dont relevait Saint-Yon, revendiqua la moitié de cette propriété. Sur le conseil de M. Camus de Pontcarré, les Frères firent déclarer, par les échevins de l'Hôtel de Ville, l'utilité de leur maison et exprimer le vœu que la communauté fut déclarée d'utilité publique et autorisée par le roi. Grâce à l'influence de M$^{gr}$ de Tressan, archevêque de Rouen et à la protection du premier président, des lettres de confirmation leur furent accordées au mois de septembre 1724, et enregistrées au Parlement le 2 mars 1727. D'autre part, une bulle du pape Benoît XIII, du mois de février 1724, approuvée par de nouvelles lettres patentes du 26 avril, enregistrées au Parlement le 12 mai suivant, approuva la constitution de l'Institut.

Mais cette fois encore, les Frères allaient avoir à compter avec l'opposition du curé de Saint-Sever qui demanda que les Frères de Saint-Yon continuassent à être assujettis à tous leurs devoirs de paroissiens et à lui payer la dîme des biens possédés par eux. Un arrêt de la cour du Parlement du 2 juillet accorda au curé ce qu'il demandait, décidant entre autres que les Frères n'auraient d'autre cimetière que celui de la paroisse et devraient faire le pain bénit à l'église Saint-Sever; en outre, l'école de Saint-Sever, confiée depuis quelque temps à leur direction, devait être remise au clerc de la paroisse, suivant les termes de la donation d'Alphonse Chalon; enfin, les Frères devaient contribuer, comme les autres paroissiens, aux réparations de l'église Saint-Sever. Mais le 28 juillet, le Conseil d'État cassa cet arrêt, et à partir de ce jour les Frères de Saint-Yon jouirent paisiblement de tous les privilèges des réguliers.

\* \* \*

D'après les lettres patentes de 1724, dit M. de Beaurepaire, Saint-Yon fut, en même temps qu'un noviciat, une maison de correction pour retirer du libertinage les jeunes gens qu'on voulait confier aux Frères; une maison de force où l'on était enfermé en vertu d'ordres du roi; une école de charité pour les enfants pauvres envoyés de la ville; un pensionnat où l'on enseignait la tenue des livres, les mathématiques et le dessin; enfin, une maison de retraite pour les membres de l'Institut âgés ou infirmes. Pendant de longues années, il fut dirigé avec éclat par le frère Irénée, de son nom Claude-François Dulac de Montisambert.

On a vu précédemment que les quatre écoles de la ville dirigées par les Frères dépendaient, non de Saint-Yon, mais de l'Hôpital-Général. Les maîtres de ces écoles, sous la direction d'un supérieur, continuèrent à habiter leur maison de la rue Saint-Romain. Ils relevaient directement du supérieur général et de ses assistants, dont la résidence fut fixée à Saint-Yon et à Melun. A différentes reprises, des différends vinrent à se produire entre les Frères, l'Hôpital-Général et la Ville, qui eurent pour cause la confusion qu'on faisait entre la communauté de Saint-Yon et les Frères des écoles de Rouen, et le traitement qu'on leur avait accordé.

En vertu de l'accord du 2 août 1707, les Frères devaient recevoir un traitement de 600 l.; mais en 1744, par suite du renchérissement des vivres et de l'affluence des élèves qui forcèrent à augmenter le nombre des Frères, le supérieur de la maison de Rouen réclama une augmentation de pension. Le 19 juin 1744, un nouvel accord fut conclu entre le directeur de l'Institut, le frère Zacharie, le frère Irénée, représentant le supérieur général, d'une part, et l'Hôpital-Général d'autre part; aux termes de cet accord, une augmentation de 400 l. était accordée aux Frères à titre de gratification, tant qu'ils continueraient à tenir les écoles comme par le passé.

Vingt-huit ans plus tard, une nouvelle augmentation de 200 l. leur était encore allouée, ce qui n'empêcha pas, parait-il, la maison de se trouver dans la gêne. C'est alors que les Frères admirent à leurs leçons plusieurs enfants de familles aisées dont ils reçurent quelques aumônes. Mais on vit les maîtres écrivains de Rouen se récrier, et les Frères durent abandonner leurs nouveaux élèves, à qui on fit défense de fréquenter les écoles des quartiers. En même temps, les quarteniers furent chargés d'inspecter les écoles au moins quatre fois par an et de veiller à l'exécution de la délibération du 2 août 1707.

Les enfants devaient être conduits, fêtes et dimanches, à la grand'messe et aux vêpres ; le catéchisme devait leur être régulièrement fait ; les livres, le papier et les plumes devaient leur être vendus au meilleur compte ; enfin, — dernière satisfaction accordée aux maîtres écrivains, — sur les portes des écoles des Frères l'inscription suivante devait être placée : *Écoles de charité pour les pauvres de la ville et des faubourgs.*

Les Frères, privés des secours que leur apportaient leurs élèves de familles aisées, réclamèrent alors au Bureau une nouvelle augmentation de traitement. Le Bureau s'en montra froissé et proposa aux maîtres écrivains la direction des écoles de quartiers. Ceux-ci acceptèrent, mais à la condition que les classes ne dureraient plus que quatre heures, deux heures le matin et deux heures le soir, trouvant qu'il était inutile de consacrer tant de temps à l'instruction des pauvres (12 juillet 1772) ; puis bientôt ils ne purent s'entendre avec le Bureau. Celui-ci rappela alors les Frères et leur accorda les 200 l. qu'ils avaient demandées. De son côté, l'archevêque de Rouen leur donnait, à titre de subside, une somme de 600 l. ; puis, sur la sollicitation de M. de Crosne, intendant général, les échevins, sans vouloir créer un précédent, leur accordèrent un autre subside de 600 l. ; mais en même temps, dans un mémoire qu'ils adressaient à l'autorité supérieure, ils déclaraient qu'il ne fallait pas traiter avec eux comme s'ils n'avaient aucun établissement dans la ville ou les faubourgs et qu'on les eût appelés d'une ville étrangère. Dans ce cas, il aurait été juste de leur fournir 300 l. par personne pour leur entretien en outre de leur logement. Suivant l'opinion émise par les échevins, si les Frères cessaient de tenir les écoles à Rouen on pourrait les y contraindre ; on pourrait même les faire sortir de la ville et des faubourgs et les dépouiller de toutes les aumônes qui leur ont été faites. C'était sans doute pousser la rigueur à l'extrême, surtout quand le but poursuivi était l'enseignement gratuit pour les pauvres.

Du fait de ces diverses donations, les Frères de Saint-Yon se trouvaient avoir un revenu de 2.400 l., soumis toutefois à bien des aléas. En effet, trois ans plus tard l'archevêque, qui avait d'autres œuvres à soutenir, leur retira sa subvention. Les échevins, de leur côté, privés d'une partie de leurs revenus par la suppression de la banalité de leurs moulins, se refusèrent à continuer leur subside. C'était la moitié des ressources des Frères qui allait disparaître. Ceux-ci annoncèrent alors leur intention d'abandonner les écoles.

En présence de cette situation, qui allait être si préjudiciable aux enfants pauvres, M. de Montholon, premier président du Parlement et en même temps président du bureau d'administration du Collège, prit à la charge de ce dernier établissement, et pour le temps seulement où ses revenus le lui permettraient, les 1.200 l. dont les Frères allaient être privés. Ceux-ci rentraient donc dans leurs 2.400 l. de ressources annuelles, soit environ 200 l. par personne.

Bientôt les Frères jugèrent cette somme insuffisante et, après avoir essuyé un nouveau refus d'augmentation, le supérieur déclarait, le 18 juillet 1783, vouloir rappeler les Frères. La ville déféra au Parlement la lettre du supérieur. Un arrêt du 29 août suivant prescrivit aux Frères de continuer la direction des écoles comme par le passé et obligeait la communauté de Saint-Yon à fournir à ce sujet le nombres de maîtres nécessaires ; mais cet arrêt fut cassé par le Conseil d'État, le 14 juillet 1787. Toutefois, les Frères devaient encore tenir les écoles pendant trois mois, au bout desquels ils pourraient se retirer. Un tableau des sommes données pour l'institution des petites écoles devait être remis au roi, qui statuerait.

D'après ce tableau, il résulte que les biens des Frères pouvaient êtres estimés à environ 40.000 l., donnant 2.000 l. de revenu. L'archevêque promit alors de donner 1.200 l.; le collège s'engagea pour pareille somme; les échevins firent de même. Les Frères se trouvaient ainsi avoir 5.600 l. de ressources annuelles, y compris leur revenu; mais en 1790 la ville, dont les finances étaient en déficit, supprima sa subvention. L'Institut des Frères, d'ailleurs, allait bientôt disparaître, pour un moment, du moins.

\*
\* \*

Vers 1787, la communauté de Saint-Yon comptait 80 Frères, les uns occupés au pensionnat de force, les autres au pensionnat libre entièrement séparé. On y admettait les enfants depuis l'âge de sept ans jusqu'à dix-sept ans exclusivement. On y enseignait « tout ce que peut concerner le commerce, la finance, le militaire, l'architecture, les mathématiques; en un mot, tout ce qu'un jeune homme peut apprendre, à l'exception du latin ».

Leurs revenus s'élevaient à 6.643 l. et ils estimaient leurs charges à 6.712 l. Les bâtiments, quoique considérables, avaient — d'après leur propre témoignage — peu coûté; la chapelle avait été construite par eux-mêmes.

En 1790, la maison de Saint-Yon comptait 53 Frères. Elle avait de 180 à 200 pensionnaires libres payant 400 l. de pension par an; 40 pensionnaires de force ou insensés. Elle servait au supérieur général et à ses assistants une pension de 3.000 l.; aux Frères de Darnétal, 375 l.; à ceux de Coutances, 600 l.; à ceux de Cherbourg, 300 l.

Au mois d'octobre 1792, époque de la dispersion, il y avait à Saint-Yon 75 Frères, dont 29 étaient occupés à l'instruction et 25 aux travaux manuels; le frère Aventin était supérieur. Les recettes excédaient les dépenses de 9.519 l. 19 s. 4 d.

D'après l'inventaire qui fut dressé à cette époque, les Frères possédaient une bibliothèque composée de 480 volumes, comprenant entre autres : une *Histoire universelle*, en 25 volumes ; les *Hommes illustres de France;* les *Hommes illustres*, de Plutarque ; un journal militaire, en 92 volumes ; les *Causes célèbres*, en 3 volumes ; une *Histoire du Bas Empire,* etc.

Il y avait dans la maison 4 caves bien garnies en cidre et en vin, un four pour la boulangerie, un autre pour la pâtisserie et un ameublement des plus confortables (1).

\* \*

En 1766, il y avait à Saint-Yon, en vertu de lettres de cachet ou ordre du roi, 125 détenus. Dans cette liste on y trouve un grand nombre de prêtres des diocèses de Chartres, du Mans, de Paris, dont la pension était payée par l'évêque de leur diocèse ou par leur famille ; des nobles, des bourgeois. La plupart des lettres de cachet sont contresignées par le ministre Philippeau ; quelques-unes par le ministre Bertin. Un certain nombre de ces pensionnaires avaient l'esprit dérangé ; d'autres étaient, comme l'abbé Dutheil, accablés d'infirmités et retombés presque en enfance. Leur famille, pour s'éviter tout embarras, les avait fait mettre à Saint-Yon. C'est ainsi que les parents de Dutheil avaient même escompté une augmentation fort sensible de sa succession. D'autres avaient été enfermés à Saint-Yon, sur la demande de leur famille, pour inconduite, libertinage etc. Il est à remarquer toutefois que ce dernier motif était loin d'être toujours l'expression de la vérité. Voulait-on se débarrasser d'un parent gênant ou dont on briguait la succession, on l'accusait de libertinage, ou on le représentait en état de démence ; on obtenait alors une lettre de cachet pour l'enfermer à Saint-Yon, d'où il ne sortait souvent qu'à sa mort.

---

(1) *Archives de la Seine-Inférieure.* — District.

Parmi les nombreuses personnes enfermées à Saint-Yon par ordre du roi, nous remarquons encore un gentilhomme du régiment des Pyrénées, condamné à mort pour avoir quitté son poste et frappé son caporal, et dont le roi commua la peine en une prison perpétuelle, à la charge par la famille de payer la pension ; mais cette somme (500 l.) étant trop lourde pour la famille, on le transféra dans la maison des Bons-Fils-de-Saint-Venant; un jeune homme de grande fortune qui dissipa tout son avoir et que sa famille fit enfermer; un lieutenant du régiment de Limousin, sur la demande de ses oncles, capitaines au même régiment, ses tuteurs qui avaient grand intérêt à perpétuer sa détention et à s'opposer à son mariage avec une demoiselle peu riche mais d'une famille égale à la sienne à qui il avait promis le mariage. Il est juste de dire que le roi le fit mettre en liberté à sa majorité (1).

Le 5 octobre 1766, une révolte vint à se produire à Saint-Yon parmi les détenus par ordre du roi. Le premier maître de la maison de force, le frère Menin, était d'ailleurs loin d'être recommandable et de mener une existence exemplaire. Il s'adonnait continuellement à l'ivresse et se faisait remettre des petits cadeaux par les détenus en vertu de lettres de cachet, pour favoriser leur évasion. Chaque jour le désordre allait grandissant ; les mécontents devenaient de plus en plus nombreux et menaçaient le maître de la prison. C'est alors que la révolte éclata. Les détenus brisèrent les bancs, enfoncèrent les portes et déclarèrent en vouloir à la vie de Menin.

Une brigade de la maréchaussée et des troupes des autres régiments de Rouen furent immédiatement appelés et rétablirent l'ordre. Six des chefs de l'émeute furent mis au secret (2).

*\*\**

A la suite du refus de serment par les Frères de la Doctrine chrétienne, l'ancienne maison de Saint-Yon fut fermée. Le départe-

---

(1) *Archives de la Seine-Inférieure.* — Police administrative. C. 13.
(2) *Archives de la Seine-Inférieure.* C. 13.

ment, en fit une prison où furent incarcérés tous ceux qui étaient alors considérés comme suspects. Elle prit ainsi le nom de Sûreté-Générale.

M. de Lerue, dans une étude sur les *Prisons de Rouen pendant la Révolution*, publiée dans le *Nouvelliste de Rouen*, au commencement de février 1884, nous donnait le nom de quelques-uns des principaux personnages qui furent enfermés à « Yon », ainsi qu'on disait alors, comme suspects.

Nous y voyons arriver d'abord Lefebvre, capitaine des canonniers au 5e bataillon, arrêté dans la cour de la maison commune (la Cour des Canons) et transféré, le 22 décembre 1793, à Saint-Yon. Le 15 septembre, on y amène « un écrivain d'Ingouville », le sieur Carpentier, accusé d'un délit public contre le respect dû à la République; puis un nommé Goslin, sujet anglais, auquel on reproche son incivisme. Le 18, c'est le tour de Pochon, avoué à Pont-Audemer, arrêté à Rouen sous la même inculpation, dans l'auberge de la Croix-Blanche, rue de l'Hôpital; puis de Edouard-Bernard Canel, ex-avoué à Pont-Audemer, arrêté chez son hôte, le citoyen A. Carrel.

Le 20 septembre, c'est Demoy, ci-devant conseiller au Parlement, envoyé d'abord à la prison de l'ancien couvent de Saint-Lô, puis à Saint-Yon.

Le 7 novembre, M. Rondeaux de Montbray, ancien maire de Rouen, arrêté et conduit à Saint-Lô, était ensuite transféré à Saint-Yon; il ne fut rendu à la liberté que le 24 août 1794.

Le 10 frimaire an III, le nommé Cartier, deuxième chapelain de l'Hospice d'humanité, ci-devant Hôtel-Dieu, était arrêté sur le réquisitoire de Jacques Darcel et transféré quelque temps après à Saint-Yon.

Le 24 germinal, nous y trouvons le citoyen Lavandier arrêté d'après un ordre de la Convention, puis Jacques Ferrand, l'imprimeur bien connu, pour contravention à une loi sur les effets au porteur.

En terminant cette première étude, M. de Lerue annonçait qu'il venait d'être mis en possession d'un curieux manuscrit contenant les noms de tous ceux qui furent enfermés à Saint-Yon pendant la période révolutionnaire.

Ce manuscrit — dont l'auteur, d'après M. de Lerue, serait un élève de procureur de Rouen, nommé J.-B.-Prosper Thouret qui figure au registre des incarcérations le 17 décembre 1793, et où mention est faite de sa mise en liberté, le 25 août 1794, — avait été découvert quelques années auparavant chez un brocanteur de Paris et acquis par M. de Girancourt. Il porte le titre suivant :

*1793 jusqu'à 1794*

*Maison d'arrêt de Saint-Yon*

*Liste des détenus*

*Cette maison ou couvent (appartenant avant la Révolution aux Frères Lazaristes) destinée pour servir de maison d'arrêt n'a été ouverte que le 15 octobre 1793. Jusqu'à cette époque et l'instant où plusieurs des détenus y ont été transférés, ils ont été déposés dans la maison du ci-devant prieuré de Saint-Lô.*

491 détenus y furent enfermés ; nous y trouvons en outre de ceux déjà cités :

Le susbtitut du procureur général, M. de Gressent, entré à Saint-Yon le 18 octobre 1793. M. de Moy, conseiller au Parlement ; M. de Limoge, ex-noble ; Godard de Belbeuf, ex-procureur général ; d'Herbouville, membre de l'Académie ; le marquis d'Estampes, à Mauny ; Lendormi, de Rouen ; Bigot de Sommesnil, président au Parlement ; Barbier ou Le Barbier, directeur de la poste aux lettres ; Turgis jeune, conseiller au bailliage ; Paul des Héberts ; Godard de Belbeuf fils, chevalier de Malte ; Dubosc-Theroulde, conseiller au Parlement, enfermés d'abord à Saint-Lô.

Parmi ceux qui paraissent avoir été incarcérés directement à Saint-Yon, on y voit un grand nombre de magistrats du régime précédent : Robert de Saint-Victor, ex-président et municipal ; Jean Betille, juge de paix à la Neuville ; de Beaumetz, conseiller ; de Guichainville ; de Bourville ; de Combon ; Levasseur, conseillers. ou présidents ; Bezuel d'Esneval ; Hély de Saint-Saens ; Asselin de Villequier ; Arnois de Captot ; Sacquepée ; de Masseron, etc., en tout

55 magistrats. Au nombre des avocats, nous voyons MM. Tiphaigne, Gatine, du Neubourg; Duval, d'Imberville; Vimar, Boieldieu, l'oncle, croit M. de Lerue, du célèbre compositeur rouennais; Beaudouin; Letendre de Tourville; Duval du Hazé; Tuvache; Néel, d'Isneauville, etc.

Les administrateurs publics n'y furent pas moins nombreux; nous y trouvons Lezurier de la Martel qui devint plus tard maire de Rouen; Goubes, ancien administrateur du district; Mabille, ex-maire de Quincampoix; Allard père, receveur des consignations; six employés de la mairie, etc., en tout 36.

Parmi les autres citoyens de diverses conditions, nous relevons les noms de Valentin, curé de Saint-Sever; Lepecq, docteur en médecine; de Glanville, membre de l'Académie; de Socquence et de Trémauville, ex-nobles de Sahurs; Toussaint de Limési; Hély d'Oissel fils; Ricard, curé de Canteleu; Lainé, curé de Roumare; Aubert, curé de Mont-aux-Malades; le frère Gaillard, ex-concierge de Saint-Yon; Lallemand et Leboullanger, imprimeurs; Leroux, curé d'Hénouville; Joly, curé de Sotteville, enfermé d'abord à Saint-Lô; Autour, oratorien; Carpentier de Flancourt; Deschamps de Boishébert; Mésanger de Martel; Maurice de Melfort, à Sotteville; d'Houdemare; Letellier de Brotonne; Corniquet, ex-vicaire épiscopal, puis un des noms les plus célèbres d'alors, l'évêque constitutionnel Gratien, incarcéré le 8 novembre 1793, et qui mourut à Rouen dans une solitude profonde en 1799, âgé de 52 ans, etc.

Sur les 491 détenus de Saint-Yon, il se trouvait environ une centaine de négociants, cultivateurs et petits boutiquiers : des Anglais, des Irlandais, des Espagnols, des Portugais, des marchands juifs de Rouen, joailliers pour la plupart, des gens de la campagne, des domestiques.

Les officiers incarcérés à Saint-Yon n'étaient pas moins nombreux nous y voyons entre autres, MM. de Boniface, chevalier de Malte, de Bosc-le-Hard; d'Osmont, commandant du Vieux-Palais; Larchier de Courcelles, lieutenant des marchands de France; trois capitaines de volontaires, Carpentier, Gallet et Goblet de Rouen; de Villemont, grand prévost; de Saint-Pierre, officier des Invalides ; des gendarmes, de simples cavaliers, etc. (1).

* * *

A la chute de Robespierre, la prison de Saint-Yon fut évacuée, puis fut utilisée comme arsenal, dépôt de prisonniers de guerre et casernes. En 1810, on y enferma des prisonniers de guerre espagnols. En 1812, un dépôt de mendicité pour le département y fut établi, converti en 1814 en un hôpital militaire. Peu de temps après, le dépôt de mendicité y est réinstallé pour faire place de nouveau, en juin 1815, à l'hôpital militaire.

Au rétablissement définitif de la paix, le dépôt de mendicité reprit sa place à Saint-Yon, le 1er août 1815. En 1819, il comptait 368 individus qu'on employait à tisser, à bouter des cardes, à filer du coton au jenny-mull.

Le dépôt, supprimé en 1820, fut remplacé en 1825 par l'asile d'aliénées. Mais le vieux manoir devint bientôt insuffisant pour les nombreux malades qui y furent envoyés, et en 1879 l'asile des femmes fut transféré à Quatre-Mares. Sur l'emplacement du manoir de M. de la Salle, le département fit alors édifier l'école normale de garçons, à laquelle sont venues s'adjoindre l'école communale de filles *Pape-Carpantier* et une école maternelle.

* * *

Quelque temps après la guerre, un Comité s'était formé à Rouen sous le patronage du cardinal de Bonnechose, pour élever sur la place Saint-Sever un monument au fondateur de l'Institut des Frères ; la ville concéda le terrain. Le 2 juin 1875, eut lieu l'inauguration de ce monument considéré comme un véritable chef-d'œuvre, dû pour la partie sculpturale au ciseau de Falguière, lequel eut pour collaborateur l'architecte de Perthes. Cette inauguration se fit avec la plus grande solennité, en présence d'un grand

---

(1) *Nouvelliste de Rouen,* février 1884.

nombre de prélats, de toutes les autorités civiles, militaires et religieuses.

Treize ans après, en 1888, il fut transféré place Saint-Clément, à l'extrémité même du terrain occupé autrefois par l'Institut de l'abbé de la Salle. Ce déplacement, qui donna lieu à de vives polémiques, était motivé par la nécessité de faire raccorder les axes du pont Boieldieu, alors en voie d'achèvement, et de la rue Saint-Sever au moyen d'une chaussée en ligne droite, et aussi pour obtenir un nivellement et un aménagement de la place plus conforme aux besoins de la circulation. Il fut à plusieurs reprises voté par le Conseil municipal, et définitivement dans la séance du 30 décembre 1887, à la suite d'un rapport concluant à la réédification du monument sur la place de la Madeleine, lequel fut repoussé, la majorité ayant, avant toute autre solution, décidé son maintien sur la rive gauche.

« Peut-on contester qu'il y ait avantage à maintenir le monument sur la rive gauche ? dit à ce propos un membre de l'assemblée municipale. C'est le seul qui soit placé dans cette partie de la ville, et il y aurait injustice à ne pas l'y laisser. La rive droite renferme seule tous les monuments remarquables de la cité rouennaise et elle mérite à juste titre la désignation qui lui a souvent été donnée de ville-musée. L'ancienne ville a donc lieu d'être satisfaite. Sur la rive gauche, une nouvelle ville est en voie de formation ; sans changer en rien les délimitations communales actuelles, les habitations de Sotteville et de Petit-Quevilly se rapprochent de Rouen et, dans un avenir peu éloigné sans doute, il existera une agglomération importante dont la place Saint-Clément est appelée à devenir le point central. Une occasion unique, et qui ne se représentera pas de longtemps, permet de doter ce quartier d'une œuvre d'art remarquable ; il ne faut pas la laisser échapper. Le maintien du monument dans cette partie de la ville contribuera à l'embellir et à y attirer les étrangers. N'oublions pas non plus que Saint-Sever a été en quelque sorte le berceau de l'Institut fondé par l'abbé de la Salle ; c'est dans ce quartier qu'il créa son principal établissement ;

c'est là qu'il est mort et que, pendant plus d'un siècle, ses restes reposèrent. Enfin, la rive gauche est déjà en possession du monument ; ce serait un déni de justice de le lui enlever. »

Le monument, réédifié sur la place Saint-Clément, est facilement accessible aux visiteurs étrangers, de nombreuses voies importantes ou appelées à le devenir convergeant vers cette place.

*
* *

L'ancienne chapelle de Saint-Yon, le seul bâtiment qui reste de l'ancienne communauté du P. de la Salle, forme une façade se composant de deux colonnes supportées par un entablement à triglyphes et encadrant une porte cintrée à deux vantaux décorés de médaillons entourés de palmes et portant une étoile. Le second ordre est composé de deux colonnes ioniques avec deux niches surmontées de cadres portant des guirlandes avec les monogrammes P.X. I.H.S. Un fronton cintré couronne ce portail qu'accostent deux ailerons à consoles ornées de vases.

La grille porte au centre un écusson sur le champ duquel on voit une étoile.

L'église de Saint-Yon avait été, en l'an III, prêtée par le département au citoyen Levavasseur, capitaine d'artillerie, pour y établir un atelier d'ouvriers en bois, jusqu'à ce qu'il ait construit un hangar à cet effet.

### Le Domaine de Saint-Yon

D'après un état dressé quelques années avant la Révolution, le domaine de l'Institut des Frères de la Doctrine chrétienne comprenait :

Le manoir tel qu'on le verra spécifié ci-après, acquis en 1718 par le prix de 15.000 l. ;

Une maison, sise rue Saint-Julien, acquise en 1748 pour 4.000 l. et louée 100 l. ; une autre maison, même rue, achetée en 1744 pour servir de maison au chapelain de l'Institut par le prix de 1.500 l. ;

Deux maisons rue des Brouettes ; l'une achetée en 1721 par 3.000 l., louée 180 l. ; l'autre acquise en 1748 et louée 450 l. ;

La maison de la rue Saint-Romain achetée en 1722 de M. Chalon de Cretot, 22.000 l., où étaient logés les Frères chargés des quatre écoles de la ville. Une partie de cette maison était louée 1.550 l. ;

Une petite ferme, au Grand-Quevilly, achetée, en 1732, 4.000 l. et louée 120 l. ;

La ferme du Gord, à Petit-Quevilly, acquise en 1747 par 6.300 l., louée 450 l. ;

Plusieurs maisons et terres dans la même paroisse donnant un revenu de 390 l. ;

50 acres de terre et une maison, à Petit-Couronne, formant la ferme de l'Essart, louée 1.610 l. ;

Deux prés, à Sotteville, acquis en 1739, loués 45 l. ;

Deux autres prés, à Saint-Pierre-de-Manneville, loués 110 l.

A cette époque, le revenu de la maison de Saint-Yon s'élevait à 5.405 l., représentant un capital de 98.597 l. D'autre part, ses charges étaient estimées à 3.818 l.

*
* *

La première mention de ce qu'on a appelé plus tard le manoir de Saint-Yon remonte à l'année 1546. Il était désigné, pour une cause que nous n'avons pu connaître, sous le nom singulier de *maison des Trois-Cochons* ou des *Trois-Cornus*. Par un acte daté du 15 mars, Roger Lemarchand, qui en était alors propriétaire par l'acquisition qu'il en avait faite de Jehan Préaux et de Robert Asselin, le 7 octobre 1545, le revendait à Jean Mouchart, voiturier par eau. L'immeuble est ainsi spécifié : « maison et jardin, situé à Saint-Sever, borné d'un côté Jean de la Motte, d'autre côté Thierry, d'un bout le chemin tendant à la forêt de Rouvray, d'autre bout Nicolas Cormier. » Il était déclaré relevant de la seigneurie d'Émendreville à laquelle il devait les droits seigneuriaux ; en outre, il était assujetti à une rente de 12 sous à l'église Saint-Sever.

L'ancien manoir des Trois-Cornus devint ensuite la propriété de

François Le Lieur, sieur de Fresquennes, qui le laissa, à sa mort, à sa nièce Françoise Le Lieur, fille d'Antoine, son frère.

Le fils de celle-ci, Centurion de Pardieu, seigneur et patron de Bondeville, Ecotigny et Ballingault, en hérita et le vendit, le 31 mars 1595, au célèbre poëte Philippe Desportes, abbé de Thirion et de Bonport ; mais à cette époque, il était désigné sous le nom de manoir de Hauteville.

Le vieux domaine était ainsi spécifié : « manoir, maison, enclos et pourpris de Hauteville, avec volière à pignon sur la porte du jardin. » Il comprenait la partie enclose de murailles contenant deux acres et demie et ainsi limitée : d'un côté le grand chemin du roi tendant de Saint-Sever à Saint-Julien, d'autre côté la sente de Notre-Dame-de-Bonne-Nouvelle au grand chemin. Par un côté, un écachon en pointe, par l'autre une pièce de terre contenant six acres, sur laquelle se trouvaient quelques plants et une allée le long du chemin de Saint-Julien. Cette allée avait été plantée pour l'installation du premier jeu de mail par Enguehard.

L'acte de 1595 fait également mention d'une chapelle existant à cette époque au manoir de Hauteville, avec tous les ornements et vases, tables de marbre, vitres, jaspes y servant. Ces objets précieux auraient été donnés à cette chapelle par M. Péricard, conseiller du roi, abbé de Saint-Taurin d'Evreux, durant les troubles survenus pendant les guerres de religion. Peut-être provenaient-ils de la chapelle du couvent ébroïcien.

Au mois de janvier 1604, M. Eustache de Saint-Yon devenait propriétaire du manoir de Hauteville auquel il substituait son nom ; mais il le gardait que peu d'années et le revendait à Georges Langlois, sieur de Plaimbosc, conseiller du roi, trésorier général de France en la généralité de Rouen. Le manoir est désigné : « pavillon couvert en ardoises avec plusieurs autres corps et étages, jardins, chapelle volière, closage, terres labourables, le tout enclos de murs de bloc, contenant 8 à 9 acres, borné comme précédemment. En dehors de l'enclos, du côté nord, se trouvait alors une corderie avec le maison servant à icelle, et faisant partie du même domaine.

Le 8 février 1657, le sieur de Plaimbosc vendait le manoir de Saint-Yon à Guillaume Boyvin, abbé de Montmorel et de Fontenay. L'ancienne allée du jeu de mail existait toujours dans l'enclos qui est mentionné comme contenant alors dix acres.

On a vu précédemment que le vieux manoir des Trois-Cornus était sujet à une rente envers la Fabrique de l'église Saint-Sever. L'abbé de Montmorel eut à ce sujet avec les trésoriers de l'église, quelques difficultés qui se terminèrent par une transaction. Guillaume Boyvin donnait à la Fabrique une somme de 100 l. pour être employée à acheter et doter l'église d'une horloge qui sera placée dans le clocher (17 juillet 1661). Ce fut la première horloge que posséda l'église Saint-Sever.

Par droit de succession, le manoir de Saint-Yon devint ensuite la propriété de Marguerite de Barentin, veuve de messire Urbain de Laval, marquis du Bois-Dauphin; elle était la nièce de l'abbé de Montmorel. A sa mort sa fille unique, Anne de Souvré, marquise de Courtanceau et de Louvois, veuve de François-Michel Le Tellier, marquis de Louvois, le célèbre ministre de Louis XIV, en hérita et le vendit en 1718, aux Frères de la Doctrine chrétienne (1).

### La Chapelle Saint-Yves.

Construite à l'entrée de l'ancienne chaussée des Emmurées, aujourd'hui rue Saint-Sever, à l'ouest, non loin de la Barbacane, cette chapelle était un des plus anciens oratoires de la ville. Les Carmes vinrent s'y établir lorsque saint Louis les ramena lors de son premier voyage en Terre-Sainte, vers 1260. Mais s'y trouvant incommodés par de fréquentes inondations, ils obtinrent en 1336, de l'archevêque Pierre Roger, la concession d'un emplacement près de la chapelle Sainte-Appoline, située à l'extrémité de la rue Grand-Pont qui prit, à cause d'eux le nom de rue des Carmes.

Le 8 août 1623, sur les réclamations des habitants du quartier du

---

(1) *Archives de la Seine-Inférieure.* D. 539.

Clos-aux-Glalées, le Parlement défendit d'inhumer les pestiférés dans la chapelle Saint-Yves, attendu qu'elle se trouvait sur le grand chemin et entourée de maisons habitées. Elle était comprise dans le territoire de la paroisse Saint-Martin-du-Pont.

Le 29 janvier 1793, le district de Rouen mettait en adjudication l'emplacement sur lequel était bâtie la chapelle Saint-Yves, contenant, dit l'affiche, 30 pieds sur 18 pieds 6 ponches, ou environ, de dehors en dehors, une maison, une autre maison et jardin derrière la chapelle, consistant en rez-de-chaussée, cellier, etc. L'estimation totale était portée à 10.200 l. (1).

Près de la chapelle Saint-Yves, les Recollets, religieux réformés de l'ordre de Saint-François, étaient venus s'établir en 1621, mais ils n'y restèrent que jusqu'en 1630, époque ou ils s'installaient dans le quartier Bouvreuil.

# CHAPITRE IV

## Le Jardin des Plantes.

Jardins et Promenades publics de Saint-Sever au xviie siècle. — Le Jardin de Mme Planterose. — Le Parc de Trianon. — Fêtes splendides organisées par Thilliard. — Le Chef-Lieu de la Sénatorerie. — Acquisition par la ville. — Historique du Jardin des Plantes. — Sa translation a Trianon. — Derniers agrandissements. — Le *Jardin des Plantes*, en 1893. — La Mare-du-Parc.

Au milieu du xviie siècle, en outre des différents jeux de paume ou de mail, les distractions étaient assez rares pendant l'été pour les Rouennais.

Un certain nombre partaient pour la campagne quand il faisait beau. Quelques-uns allaient visiter les jardins de MM. de la

---

(1) *Journal de Rouen* du 25 janvier 1793.

Chapelle et de Tilli, à Saint-Sever, jardins fort renommés, situés à peu de distance l'un de l'autre derrière l'ancienne gabelle ou grenier à sel dans le quartier Richebourg, ainsi que nous l'indique le plan de Gomboust.

D'autres rendaient visite aux cerisiers nombreux dans les îles de la Seine, telles que l'île La Moucque-Lacroix, Brouilly, du Jonquay, Gad, la Crapaudière, en face Lescure, La Mi-Voie, Belbeuf, Saint-Adrien, etc. Comme les branches de ces cerisiers touchaient à terre on se couchait sur le dos pour en cueillir les fruits, soit avec la main, soit avec la bouche, et il n'en coûtait qu'un sou pour en manger autant qu'on en voulait.

D'autres se rendaient en société à Sotteville avec du pain, du sucre et du vin; ils y mangeaient une terrine de mattes recouvertes d'une crème appétissante où l'on mettait du sucre et du pain, puis on terminait ce champêtre repas par plusieurs verres de vin.

Croisset et Eauplet, bordées de maisons de campagne, étaient également fort visitées par les Rouennais.

Quant à la noblesse, elle se rendait sur les collines voisines où s'élevaient ses châteaux.

Hercule Grisel rapporte dans ses *Fastes*, publiés et annotés par le savant professeur M. Bouquet, qu'un des jeux les plus suivis par la jeunesse d'alors était connu sous le nom de jeu de l'anguille Il consistait à tendre un câble d'une rive à l'autre de la Seine, de façon à ce qu'une barque montée par douze gens jeunes vêtus de casaques rouges avec un chef et des musiciens, pût passer dessous. Au passage de la barque, un des concurrents saisissait le cable en s'aidant des pieds et des mains et tâchait de prendre l'anguille. solidement attachée au milieu.

A cette époque, il n'existait sur la rive gauche d'ailleurs que fort peu d'habitations, mais seulement des prés.

Le plan de Gomboust, publié en 1655, nous indique comme les seules rues alors existantes: la chaussée des Emmurées, aujourd'hui rue Saint-Sever, où se trouvaient seulement quelques constructions à l'entrée, et du côté de la chapelle Saint-Yves, à droite; la rue

Pavée avec également quelques habitations, la rue de Grandmont à peu près complètement inhabitée, la rue aux Chiens, la rue d'Elbeuf, la rue du Pré ou Bonne-Nouvelle, la rue Tous-Vents, la rue Saint-Julien, où se trouvait la partie principale du faubourg ; la Grande-Chaussée avec le hameau de Claquedent, la Petite-Chaussée, partant de la rue du Pré et se dirigeant vers la Seine, et la rue de la Pie-aux-Anglais.

Ce même plan nous fait connaître l'emplacement de la verrerie et du Pré désigné sous le nom du Pré-aux-Anglais.

\*
\* \*

Au commencement du XVIII<sup>e</sup> siècle, quelques nouvelles constructions importantes vinrent donner au vieux faubourg un certain éclat. Ce dut être vers cette époque que fut édifiée la charmante propriété devenue de nos jours le *Jardin des Plantes*.

Le premier propriétaire dont le nom nous soit conservé est Charles Dernière, marchand de Rouen. Il la vendait, le 1<sup>er</sup> février 1726, à Joseph Ducornet, commissaire administrateur des guerres. Celui-ci ne la conserva que peu de temps et la cédait, le 7 février 1739, à Gilles-Thomas Vastel, marchand à Rouen. Deux ans plus tard, le 14 août 1741, elle devenait la propriété de M<sup>me</sup> Catherine Marye, veuve de Thomas Planterose.

M<sup>me</sup> Planterose embellit considérablement sa propriété. C'est elle qui fit construire la grande serre que l'on voit encore au fond du jardin ; c'est elle également qui fit placer la grande grille d'entrée qui vient d'être réédifiée en arrière de son alignement primitif et qui porte encore, entrelacées, les lettres *M* et *P*, initiales de M<sup>me</sup> Planterose, née Marye.

Après avoir complété ces divers embellissements par la création d'un bassin, de belles allées et de nombreux massifs, elle ouvrit son jardin au public qui s'y rendit en foule. Tout le monde voulait visiter le jardin de M<sup>me</sup> Planterose, qui devint vite populaire et dont le nom, malgré les divers changements de propriétaire, fut conservé à ce splendide domaine jusqu'au commencement du xixe siècle.

A la mort de Mme Planterose, la propriété de la rue d'Elbeuf échut en héritage à : Marie-Anne Planterose, veuve de Nicolas Judde, conseiller et lieutenant général de l'Amirauté de France, et à Françoise Planterose, veuve de M. Ch.-E. Duhamel, conseiller au Parlement de Rouen, ses filles et uniques héritières. Celles-ci le vendirent, le 17 mars 1777, à P.-J. Delessert, négociant à Rouen, qui mourut le 7 floréal an IX.

C'est alors que la veuve Delessert vendit à son tour l'ancienne propriété de Mme Planterose à M. Thilliard, limonadier à Rouen, rue des Charrettes, 149. Elle était ainsi désignée à l'acte de vente :

1° Grand emplacement enclos, contenant environ 7 hectares, comprenant grande cour d'entrée, maison en face et deux pavillons, jardin en parterre, légumier et fruitier, bois, avenues, moulin et autres bâtiments.

2° Pièce de terre y attenant, contenant environ 1 hectare, et faisant partie d'une plus grande pièce de terre qui fut fieffée par le couvent des dames Emmurées, le surplus de cette pièce de terre ayant été incorporé dans ledit enclos acquis de dame Marie Planterose. (Cette pièce de terre, *annexée au jardin*, limite actuellement la rue de Trianon) (1).

A peine a-t-il pris possession de l'ancien jardin de Mme Planterose, auquel il donne le nom de *Parc de Trianon*, que le citoyen Thilliard y organise des fêtes publiques. L'ouverture devait en avoir lieu le 4 prairial an IX (juillet 1801); mais le mauvais temps le contraint à remettre la fête au lendemain. Rien ne fut négligé, d'ailleurs, pour la rendre attrayante et agréable : un bon orchestre pour la danse, une musique d'harmonie ambulante, de grandes illuminations en verres de couleur dans toute l'étendue du parc, les bassins remplis et les jets d'eau en activité ; un restaurant était placé dans la grande allée. Le prix d'entrée était fixé à 24 sous.

Les fêtes se continuent ainsi chaque dimanche, au nouveau parc de Trianon, avec des programmes toujours plus variés les uns que les autres. Le 11 prairial, on annonce des jeux de balançoires et

---

(1) *Archives de la Ville de Rouen.*

d'escarpolettes. A partir du 26 prairial, le parc est ouvert tous les jours et les divertissements se renouvellent sans cesse.

C'est qu'alors il fallait soutenir la concurrence avec un autre parc à divertissements, connu sous le nom de *Jardin de Franconville*, sis rue de l'Avalasse, 8, formé d'un jardin splendide dont on avait su tirer parti avec un art extraordinaire. Une vaste allée de tilleuls garnis de verres de couleur conduisait au portique d'un temple magnifiquement décoré, portant pour inscription : *Temple de Rome*; plus loin se trouvait celui de Diane, décoré de la même manière ; ici de superbes pyramides, là des urnes du meilleur goût ; dans divers bosquets, les artistes les plus distingués de la ville y exécutaient une musique mélodieuse ; arbres, arbustes, espaliers même, tout était garni de verres de couleur dont les feux variés enchantaient l'œil du spectateur ; enfin, des danses animées au milieu des fleurs les plus odorantes, achevaient d'attirer chaque dimanche une affluence considérable.

Pour soutenir une pareille rivalité, M. Thilliard ne recula devant aucun sacrifice. Au commencement de messidor (août 1804), il annonce que de nouvelles dispositions sont prises pour donner aux fêtes du Trianon rouennais le même éclat qu'à Paris : les balançoires et les escarpolettes seront montées sur un nouveau mode, des quilles, des boules, des ballons, des volants et autres jeux varieront les amusements ; toutes les grandes allées seront illuminées en verres de couleur et en guirlandes, les extrémités seront ornées d'un temple en feu : des chapeaux, des globes, des triangles, le tout en feu, présenteront aux spectateurs un coup d'œil charmant ; un cordon de fleurs tout illuminé occupera la circonférence entière des bassins ; un splendide feu d'artifice clôturera chaque fête ; enfin toute la rue d'Elbeuf, depuis l'église jusqu'au parc sera illuminée. Le prix d'entrée est fixé à 1 fr. 80.

Chaque dimanche la foule est immense au parc de Trianon.

A *Franconville*, le citoyen Duval, l'entrepreneur des fêtes de ce parc, redouble, de son côté, d'activité. Il annonce, pour le 25 messidor, l'ascension d'une escadre de cinq ballons dorés enlevant l'Autel de l'Amour, expérience nouvelle qui n'avait jamais été faite en mongolfière ; les illuminations devaient être plus belles que jamais : des vases de fleurs terminant les grandes allées, les temples décorés de différentes couleurs, les arbres garnis de verres en forme de fruits ; concerts dans les bosquets.

Cependant, la foule avait pris chaque dimanche l'habitude de se rendre nombreuse au parc de Trianon. Malheureusement, le temps affreux qu'il fit pendant la plus grande partie de l'été contraria les projets de M. Thilliard et l'empêcha d'obtenir tous les résultats qu'il désirait.

Pour le 8 thermidor (27 juillet), il annonce une fête sans exemple dans les annales rouennaises. Les illuminations comprendront 20.000 verres de couleur, le feu d'artifice sera orné d'une décoration de 36 pieds (12 mètres) de largeur ; il y aura, en outre, une ascension de trois ballons.

Le même jour, devait avoir lieu, au jardin de Franconville, une fête non moins gigantesque. A neuf heures du soir, ascension d'un ballon de 1.800 pieds (600 mètres cubes), enlevant l'Étoile de Jupiter ; l'incendie de l'Étoile par une pluie d'or ; après l'incendie, le ballon faisait explosion et jetait une pluie d'étoiles.

Mais un tel programme n'avait rien qui pût effrayer M. Thilliard. Il y répond par un programme encore plus attrayant ; ce ne sont partout que guirlandes de feux diamantés, de grandes musiques symphoniques, des fanfares au milieu des bosquets odorants, la joûte du mât de cocagne. Le feu d'artifice est placé sur un amphithéâtre ; l'embrasement du parc par Jupiter et les Dragons ; puis les Forges de Vulcain, une pantomime donnée à Paris chez Thoré ; enfin, une ascension de ballons, dont un avec son parachute.

L'engouement du public est alors des plus grands pour le parc de Trianon, et le poète Ferrand lui consacre quelques vers :

> Si vous voulez voir Trianon,
> Ce parc qui fait les délices ;
> On vous sert la collation,
>     A la fin du jour
> On met le feu aux artifices.

Les années suivantes, les fêtes se continuent ainsi, de plus en attrayantes et variées, aux jardins de Trianon. Toutes les célébrités parisiennes de la danse y défilent aux acclamations d'un public nombreux ; les inventions les plus nouvelles de la pyrotechnie et de la science aérostatique y font leur apparition. C'est au parc de Trianon qu'eut lieu, le 14 août 1803, la 54ᵉ ascension de l'aéronaute Blanchard, en compagnie de Masment. Le célèbre aéronaute, qui devait périr victime de ses tentatives hardies dans la nuit du 6 juillet 1819, avait déjà offert ce spectacle à Rouen les 23 mai et 18 juillet 1784 et 12 août 1798.

Il est à croire que cette concurrence du jardin de Trianon avait été funeste au jardin de Franconville, car dès l'année 1802 il n'en est plus question.

Malheureusement, les grandes journées de gloire passèrent vite pour le jardin de Planterose ; les guerres de l'Empire portaient d'ailleurs les esprits vers tout autre chose que les plaisirs et la gaîté. La décadence arrivait à grands pas. Thilliard, néanmoins, veut résister quand même.

Pendant une partie de l'été de 1811, les fêtes se succèdent sans interruption chaque dimanche dans le parc de Trianon, avec des programmes des plus attrayants : ascension de Mᵐᵉ Saqui, la célèbre acrobate parisienne ; illuminations splendides où l'on compte des milliers de verres de couleur ; chaque journée de fête est clôturée par un brillant feu d'artifice de la composition de Ruggieri, « artificier du Sénat conservateur », disent les affiches.

La soirée du dimanche 28 juillet fut tout particulièrement magnifique. La beauté du temps y avait attiré un nombre considérable de promeneurs, qui tous furent enthousiasmés des agréments réunis dans ce joli jardin. L'ascension de Mᵐᵉ Saqui sur la corde raide, au milieu d'un feu d'artifice, produisit surtout un grand effet. C'était réellement un spectacle grandiose que celui de cette intrépide funambule traversant les flammes et la fumée avec une sécurité dissipant toute crainte. Aussi le public ne se lassait pas d'applaudir ce nouvel acte de témérité et de talent de cette femme qui, dans son genre, ne laissait rien à désirer.

Cette soirée avait obtenu un tel succès que l'entrepreneur dut la renouveler le dimanche suivant.

La série des représentations se poursuivit jusqu'au dimanche 18 août. M^me Saqui, sur la corde et sans balancier, y obtint un succès encore plus considérable. Un immense bouquet de la composition de Ruggieri clôtura le feu d'artifice.

Cette fête splendide semble être la dernière qui fut donnée dans le parc de Trianon, et le 28 septembre suivant, Thilliard vendait l'ancien domaine de M^me Planterose, « pour ledit héritage, faire et disposer par M. le *général Rampon*, et le Sénat conservateur, en toute propriété, du jour auquel S. M. l'Empereur des Français, roi d'Italie et protecteur de la Confédération du Rhin, aura agréé, ratifié et sanctionné la présente, par le prix de 90.000 fr. »

Dans un autre acte complétant le précédent, il est dit que le jardin de Trianon est acquis par l'État pour « faire partie des biens affectés à la Sénatorerie de Rouen, et *pour devenir chef-lieu de ladite Sénatorerie*, ce accepté par le Sénat pour M. Guillaume-Antoine *Rampon*, sénateur titulaire de la Sénatorerie de Rouen, général de division, comte de l'Empire, grand officier de la Légion d'honneur et commandeur de la Couronne de fer, demeurant à Paris, en son hôtel, rue de Varennes, 12 ».

Le siège de la Sénatorerie devait être, précédemment, au château d'Eu.

A la chute de l'Empire, le parc de Trianon resta la propriété de l'État, qui le louait le 1^er décembre 1822, par un bail de neuf années et moyennant un loyer annuel de 1.600 fr., à un sieur Calvert, jardinier-fleuriste anglais. A l'expiration de ce bail, Calvert, en considération des sommes considérables qu'il y avait dépensées pour la construction de serres, bassins, etc., fut autorisé à en continuer l'exploitation.

Cependant, l'État avait déjà projeté la mise en vente de l'ancien jardin de M^me Planterose. Le 31 mars 1831, le maire de Rouen avait informé le Conseil municipal de cette décision gouvernementale en l'invitant à examiner s'il n'y aurait pas lieu, pour la ville, d'en faire l'acquisition pour y transférer le jardin botanique, trop à l'étroit sur son emplacement, qui devait d'ailleurs être coupé pour l'ouverture des voies projetées en vue de l'assainissement du quartier Martainville. Le 7 novembre suivant, le maire était autorisé à faire cette acquisition.

Mais l'affaire traîna quelque temps en longueur. La ville n'en continuait pas moins ses négociations avec l'État. Au mois de février 1832, elle organisait, dans le jardin de Trianon et à Sainte-Marie, deux chambres de chacune six lits pour le traitement des cholériques, en cas d'apparition à Rouen du terrible fléau. Enfin, le 16 octobre, le Conseil municipal, après examen des propositions de cession à la ville de la propriété Burel, située quartier de Grandmont, — où se trouvent aujourd'hui les abattoirs, — et du domaine de Trianon, considérant que ce dernier était plus vaste (15 acres) que la propriété Burel et qu'il y existait des bâtiments et des serres qui pourraient être utilement aménagés, autorisait définitivement le maire à traiter avec l'État de l'acquisition du domaine de Trianon moyennant 64.000 fr. L'ancien jardin serait vendu et le prix servirait à couvrir la nouvelle acquisition ; la ville parferait le surplus.

Mais lorsque celle-ci voulut prendre possession de sa nouvelle acquisition, Calvert refusa de quitter les lieux : il fallut s'adresser aux tribunaux. Enfin, au mois de juin 1835, Calvert abandonnait la place et le maire de Rouen invitait le Conseil municipal à prendre les mesures utiles pour l'organisation du nouveau jardin botanique. « Ce domaine, disait-il, est d'une vaste étendue, et indépendamment du jardin de botanique proprement dit, des pépinières et autres parties purement scientifiques, il offre toutes ressources nécessaires pour créer un jardin de plaisance digne de la ville. A ce moyen, le nouvel établissement joignant l'attrait d'une promenade agréable aux motifs plus graves qui y conduiront la jeunesse studieuse, sera en même temps fréquenté par un grand nombre de personnes, et ainsi disparaîtra, avec l'habitude, l'inconvénient de l'éloignement qui fut mis en avant lors de l'acquisition de cette propriété. » Le maire proposait de faire appel aux architectes décorateurs de jardins, pour que ceux qui voudraient dessiner Trianon puissent se faire connaître à la mairie ; ce qui fut adopté.

Les premiers travaux d'aménagement furent aussitôt commencés, un gardien fut préposé à la surveillance du domaine. Mais ceux qui avaient combattu le projet de translation du Jardin des Plantes à Trianon, à cause de son éloignement de la ville, n'avaient pas encore désarmé et continuaient à susciter difficulté sur difficulté La mise en vente, au mois de janvier 1836, de la propriété de M$^{lle}$ de Campulley, rue Saint-Maur, leur fournit une nouvelle occasion de faire échouer le projet relatif à Trianon. Mais le conseil reconnaissant l'incertitude qui régnait sur la situation légale de la propriété de M$^{lle}$ de Campulley, décidait que les travaux de terrassement et de plantations seraient poursuivis à Trianon. « Toutefois il ne sera statué définitivement sur les plans du jardin botanique qu'après qu'on aura été renseigné à cet égard. »

La ville d'ailleurs se montra fort difficile. Dix projets lui furent présentés. Le 13 avril 1836, elle adoptait celui portant pour devise : *A mes concitoyens*, de M. Lejeune architecte, sauf les modifications suivantes : La serre sera diminuée d'un tiers dans sa longueur ; provisoirement il ne sera construit que le pavillon du milieu ainsi que les travées nécessaires. La dépense était évaluée à 144.000 fr.

Enfin le 15 juin suivant, on se mettait définitivement d'accord sur les plans et dessins du nouveau jardin botanique, ainsi que la restauration du grand bassin, murs de clôture, conduite d'eau, établissement d'une pompe, etc., et les travaux étaient poussés avec la plus grande activité. L'année suivante 1839, le Jardin des Plantes était transféré à Trianon.

*
* *

C'est en 1736, que le premier jardin botanique fut établi par une association de neuf personnes appartenant pour la plupart au collège des médecins de Rouen. Ils pouvaient s'adjoindre cinq élèves. M. Tiphaigne de la Roche en était le président, et M. de Moyencourt, lieutenant du chirurgien du roi, dissertateur. Ce dernier s'adjoignit, dans ces fonctions, son ami M. Dufay, qui venait d'être reçu maître en chirurgie à la suite de brillants examens et qui allait se faire, en peu de d'années dans cet art, une si brillante réputation (1), et le chanoine de la Cathédrale, Bertault.

M. de la Roche, loua à la nouvelle association botanique une partie de son jardin, sis faubourg Bouvreuil, à l'endroit même où se trouvait encore naguère la rue qu'on avait ainsi appelée *rue du Jardin des Plantes*, et à laquelle, pour éviter toute confusion, on a donné récemment le nom de Lepecq-de-la-Clôture. Une serre y fut construite en 1739, M. d'Angerville l'enrichit de plantes rares et curieuses ; MM. de Moyencourt et Dufay y donnèrent des leçons sur la partie physique de la botanique, et Lecat en fit le premier théâtre de sa célébrité.

Le nouveau *Jardin des Plantes* prit bientôt une certaine extension et, dès 1742, il attirait l'attention des savants, ainsi que l'atteste Jussieu. Bientôt le nombre des associés augmentant, ceux-ci y joignirent l'étude des sciences, des lettres et des arts, mais la botanique y fut toujours la plus cultivée, c'est à la suite de cette adjonction que prit naissance : *l'Académie des Sciences, Belles-lettres et Arts de Rouen.*

Les premiers statuts de l'Académie, en 1744, portaient qu'il y aurait un intendant du Jardin des Plantes élu pour un an ; M. de Moyencourt fut le premier qui eut ce titre. M. de Beaurepaire croit qu'il y fut en même temps chargé de l'enseignement et de ce qui regardait la culture et l'entretien des plantes. En 1752, ces fonctions furent séparées, et M. Pinard fut nommé professeur de l'Académie. Quatre ans plus tard, le 20 janvier 1756, un arrêt du

---

(1) C'est en reconnaissance des services rendus au premier Jardin des Plantes que la ville a donné à la rue nouvelle qui longe le jardin actuel le nom de *rue Dufay*.

Conseil d'État, sur le rapport de l'intendant, M. de Brou, assura l'établissement de l'école botanique et celui du Jardin des Plantes. Un traitement de 1.000 fr. était accordé au professeur, et à l'Académie il lui était payé annuellement 600 fr. Le cours de botanique devait être fait tous les ans dans la saison convenable tant dans le Jardin qu'aux environs de Rouen. L'Académie devait faire tous les frais nécessaires pour l'entretien du Jardin et la culture des plantes.

En 1751, l'Académie avait projeté de transférer ailleurs le Jardin des Plantes : à Eauplet ou dans le jardin de l'abbatiale de Saint-Ouen ; puis elle obtint des échevins au bout du cours Dauphin, aujourd'hui avenue Saint-Paul, un terrain nouvellement enclos de murs dans le dessein d'en faire l'entrepôt des cidres avant qu'il fût question de le transférer avenue de la Madeleine.

En 1757, le nouveau Jardin fut installé et l'Académie y fit des dépenses considérables. Il fallut le clore du côté du quai par une grille en fer, déblayer le terrain et le rendre propre à la culture. Une serre chaude et deux orangeries y furent construites sur les plans de Le Carpentier. L'Académie tout entière assista à la pose de la première pierre de la serre, le 12 juillet 1758 : une inscription latine destinée à en conserver le souvenir, fut placée dans les fondations de la façade de la serre : en voici la traduction :

« Sous le règne de Louis XV, sous le protectorat et les auspices de D. D. Frédéric Montmorency duc de Luxembourg, pair de France, gouverneur, ce jardin, destiné à la culture et à la démonstration de toutes les plantes, de tous les arbres que produit la nature dans toutes les parties du monde et concédé par la munificence du maire et des adjoints, a été orné et consacré par l'Académie royale des Sciences, des Lettres et des Arts à la santé, à l'étude et à l'embellissement de cette bonne ville, l'an 1757. »

Plus tard, cette façade fut ornée de bustes de célébrités normandes donnés par des sculpteurs associés de l'Académie. Le fronton fut couronné d'une sphère armillaire en fer doré, donnée par M. Le Carpentier. La porte d'entrée du jardin portait cette inscription :

### Jardin de l'Académie
#### M.DCC.LVIII

Le nouveau Jardin des Plantes devint bientôt l'un des plus agréables et vraisemblablement le plus riche de France en plantes étrangères après ceux de Paris et de Saint-Germain. Auprès du Champ-de-Mars, le Jardin des Plantes renfermait 800 à 900 genres la plupart exotiques, plantes d'orangerie et de serre chaude, nombre qui augmenta rapidement; en 1771, il en comptait 2.000, et en 1795, il pouvait passer pour le plus beau de France après celui de Paris, toutefois son exiguité — environ une acre — avait fait quelque peu négliger la flore. Il contenait alors 3.000 espèces avec leurs variétés. Il n'en conserva pas moins son emplacement jusqu'en 1839, ainsi qu'on l'a vu plus haut.

Quelques années avant la Révolution, un savant botaniste né à Roumare, Varin, qui venait d'être placé à la tête du jardin botanique, s'employa à en augmenter les collections dont il doubla l'importance en établissant par ses relations entre le jardin de Rouen et celui de Paris des échanges profitables aux deux établissements. Pendant le grand hiver de 1788-1789, il parvint par ses soins et ses veilles à préserver la plupart des plantes du jardin de Rouen d'une destruction complète. C'est à lui que l'on doit la variété de Lilas connue sous le nom de *Lilas Varin*. Grâce à son zèle et à sa fermeté, Varin put, pendant la période de la Révolution, préserver notre jardin public de la ruine dont il était menacé, cet établissement ayant été sur le point d'être mis en vente.

En 1889, la ville de Rouen a donné son nom à une des rues avoisinant le nouveau Jardin des Plantes.

\* \*

A peine les plans du nouveau Jardin étaient-ils mis à exécution qu'on s'aperçut, comme toujours, des imperfections qu'ils pouvaient avoir, des lacunes qu'ils présentaient et qu'il fallait combler. C'est ainsi que dans le cours même de l'année 1838, on décidait l'établissement d'un amphithéâtre, d'une galerie botanique. Des écoles de botanique et d'arboriculture entretenues par la ville furent ainsi fondées quelques années plus tard, dans le domaine de Trianon, et succédèrent aux cours qui avaient été institués par l'Académie des Sciences dans l'ancien Jardin des Plantes.

Pouchet fut le premier directeur du nouveau Jardin, qu'il améliora et embellit sans cesse. Ses successeurs continuèrent d'ailleurs les traditions qu'il avait si bien inaugurées et, sous l'habile inspiration du directeur actuel, M. Varennes, le *Jardin des Plantes* est devenu l'un des plus beaux et des plus riches de France.

Le 14 octobre 1881, la ville achetait pour l'ouverture de rues et l'agrandissement du Jardin des Plantes, un vaste terrain y attenant et qui comprend toute la partie que l'on aménage en ce moment et que l'on a enclos de murs neufs, en même temps que de nouvelles voies d'accès y étaient établies. Dix ans plus tard, le 27 juillet 1891, on complétait cet agrandissement par l'acquisition de la propriété Lapetite, qui servait en même temps à la création de la rue Dufay, prolongement de la rue de la Mare-du-Parc. L'ensemble du Jardin des Plantes comprend aujourd'hui une contenance d'environ 10 hectares, et forme un ensemble des plus parfaits.

Du perron de la grande serre, autrefois orné de statues, où la foule, entre autres circonstances, s'était massée le 15 août 1817, pour assister à l'ascension d'Elisa Garnerin, le coup d'œil est vraiment splendide. Un ancien plan du domaine de Trianon, sur lequel une ligne est tracée perpendiculairement à la porte d'entrée et passant au milieu de la maison de face, porte la mention que *cette ligne est dirigée en ligne droite sur le clocher de Canteleu.*

* * *

Le jardin de Trianon, aussi remarquable par sa belle exposition et son étendue que par le nombre de ses serres et des richesses qu'elles renferment, contient 7.000 plantes. Il est dessiné partie à la française et partie dite à l'anglaise, dans des dispositions les plus agréables à l'œil et pouvant donner toute satisfaction aux promeneurs.

Jusqu'en 1862, le Jardin des Plantes de Rouen ne contenait que trois serres servant à abriter les collections botaniques ; depuis, une nouvelle serre fut ajoutée pour conserver les plantes d'ornement servant à la décoration des autres jardins de la ville ; mais bientôt devenue insuffisante, une serre hollandaise, fut établie en 1870 ; enfin, en 1883, un autre groupe de 7 fut construit, portant le nombre à 12. Ces serres renferment des cyras, des dattiers, des dracenas, des palmiers, des fougères, des bromeliacées, des orchidées de serre chaude et de serre froide, une collection de cactées, etc.

Le *carré botanique* ou *école de botanique* a la forme d'un carré long, entouré d'une grille en fer ; placé devant la grande serre, il contient 95 ares et est divisé en 92 planches ou plates-bandes rectangulaires portant chacune deux rangs de plantes et toutes bordées de briques spéciales. Les plantes sont rangées d'après la méthode Brongniart, modifiée par le docteur Emmanuel Blanche ; des étiquettes sont placées méthodiquement pour indiquer la classe, la famille, le genre, l'espèce et même le nom français vulgaire.

L'*école d'arboriculture* fut créée, en 1840, par l'éminent professeur Alphonse Dubreuil. Elle comprend 1.050 arbres de raretés différentes. En 1886, après sa translation dans la partie nord du jardin, elle fut réorganisée par M. Emile Varenne, le directeur actuel

## La Mare du Parc

La Mare du Parc, sise de l'autre côté de la rue d'Elbeuf, faisait partie de l'ancien parc des ducs de Normandie d'où elle tire son nom. A différentes reprises, au XIIIe siècle, elle fut un lieu de rendez-vous où se rendait le peuple pour y entendre les prédications évangéliques, ainsi que le rapporte le registre d'Eudes Rigaud.

Ainsi, le 22 juin 1253, le peuple étant rassemblé avec le clergé de Rouen à la Mare du Parc, l'archevêque Eudes Rigaud fit un sermon à la suite duquel il condamna pour hérésie un nommé Jean Morel, déjà détenu dans les prisons ecclésiastiques.

On ne sait de quelle hérésie Morel s'était rendu coupable, ce qui est certain c'est qu'il fut exécuté immédiatement en cette place de la Mare du Parc, c'est-à-dire brûlé vif.

Treize ans plus tard, le 18 avril 1266, le peuple est de nouveau rassemblé dans ce même endroit ; le clergé de Rouen y vient processionnellement, et Eudes Rigaud y condamne comme relaps, apostat et hérétique, un individu converti du judaïsme à la foi catholique et retourné au judaïsme après avoir reçu le baptême. Il est également brûlé vif par le bailli.

Dans les temps qui suivent, on ne trouve aucune mention de cette mare qui resta ainsi déserte jusqu'au moment où, à la suite des défrichements qui eurent lieu à la fin du siècle dernier, elle se vit entourée de constructions. Dans ces dernières années, la ville l'a fait enclore afin d'obvier à différents abus qui s'y commettaient, en temps de sécheresse principalement.

## CHAPITRE VII

### INDUSTRIE DE SAINT-SEVER AVANT LA RÉVOLUTION

#### I. — Poteries.

L'art de la poterie était certainement connu à Rouen dès la plus haute antiquité. Sous les Romains et peut-être même avant leur arrivée, le terrain où se trouve maintenant la place de l'Hôtel-de-Ville devait être le quartier céramique de l'antique Rhotomagus. Les fouilles pratiquées sur cette place au printemps de 1853 pour la construction de l'aqueduc qui passe devant l'édifice municipal en fournirent les preuves les plus démonstratives. On y recueillit, en effet, outre une quantité considérable de belles poteries rouges portant l'estampille d'une vingtaine de potiers romains, de quelques fragments de poteries gallo-romaines à pâte noire, délicieuse et peu consistante, des masses de terre préparée pour pratiquer la poterie samienne, ainsi que plusieurs des instruments servant à la façonner. Les verriers romains de Rouen avaient aussi leurs fours établis dans le même endroit; l'un de ces fours, malheureusement resté sous terre, fut trouvé à l'encoignure nord-ouest du grand portail de l'église. Il était encore chargé de belles pièces de verrerie émaillée qui y avaient été cuites et que le verrier abandonna, surpris sans doute par quelque invasion barbare.

A l'époque normande, les preuves écrites nous arrivent en même temps que les preuves matérielles. La charte de fondation de l'abbaye de Saint-Amand, en 1035, contient, en effet, ce passage : «... Nous concédons, en outre, un cellier placé auprès du pont de Seine dans le lieu dit la Poterie. » D'après M. Déville, ce lieu ne serait autre que la rue Potard, qui aurait ainsi conservé la mémoire traditionnelle de l'endroit où se trouvait cette poterie de l'époque normande.

Comme preuves matérielles, n'avons nous pas les découvertes, lors de la construction de l'église Saint-Sever, de poteries qui sont bien certainement de l'époque de Guillaume le Conquérant. Ces précieux spécimens de l'art de la céramique à Rouen, au $xi^e$ siècle, furent trouvés à 5 mètres 50 environ de profondeur auprès des ruines d'un très ancien puits rencontré à peu de distance de la rue d'Elbeuf, à l'est du terrain fouillé. Ces débris nombreux de poteries donnèrent lieu à de très intéressantes études historiques sur les arts de la céramique à Rouen, pendant et depuis le $xi^e$ siècle jusqu'au $xiii^e$. Ils parurent appartenir à une quinzaine de vases différents entre eux de formes aussi bien que de capacité. On y reconnaît des urnes au galbe presque sphérique, puis de grands vases à large ouverture et à panse évasée ; quelques-uns sont munis d'une anse plus ou moins ornée commençant toujours au-dessous de deux feuilles ou écailles imitées des végétaux.

A côté de ces spécimens attribués à l'époque normande, les fouilles de l'église Saint-Sever produisirent encore quelques genres de poteries fabriquées à Rouen dans les xiv$^e$, xv$^e$ et xvi$^e$ siècles. Ceux-là étaient accompagnés d'un tors ou alliance et de quelques petites monnaies d'argent ou de bronze allant du xiii$^e$ au xvi$^e$ siècle.

A cette époque, l'industrie céramique était toujours établie dans le même quartier de la ville, vers la Basse-Vieille-Tour, ainsi qu'il est mentionné dans le procès-verbal d'adjudication d'une place assise en la *Grand-Vieu-Tour*, le 2 septembre 1455 ; mais bientôt, elle dût tomber en complète décadence, pour enfin cesser complètement.

Dans la seconde moitié du xvi$^e$ siècle, Abaquesne, dont nous avons parlé dans un chapitre précédent, ressuscite, à Rouen, l'art de la poterie. On sait que ses ateliers étaient établis à Sotteville à proximité de la grande route d'Elbeuf, sur l'emplacement actuel d'une propriété appartenant en ces dernières années à M. Deschamps, filateur, et non à Quatre-Mares comme on l'avait d'abord supposé. Mais il n'eut pas de continuateur et il nous faut alors franchir l'espace d'un siècle, pendant lequel on ne trouve nulle mention de fabrique de faïence à Rouen.

* * *

Le 29 août 1644, la reine régente accordait à Nicolas Poirel, sieur de Grandval, huissier de son cabinet, des lettres patentes l'autorisant à établir une fabrique de faïence à Rouen, avec le privilège d'une concession de monopole pendant trente années. Le 25 novembre 1645, de nouvelles lettres patentes portaient cette concession à cinquante ans en considération des services rendus par Poirel et des frais nécessités par la création de son établissement. Le Parlement, devant qui ces lettres royales furent renvoyées pour enregistrement, trouva cette concession trop longue et la réduisit de vingt ans, en même temps qu'il maintenait aux marchands forains le droit de transporter et de vendre des vaisselles de faïence et autres objets émaillés sans que Poirel puisse en quoi que ce soit les en empêcher.

Mais le roi ne l'entendit pas ainsi, et le 6 février 1646, il ordonnait au Parlement d'avoir purement et simplement à enregistrer les lettres patentes pour cinquante années. La Cour maintint son refus ; toutefois elle ajouta dix années à la concession portée dans son premier arrêt ; le gouvernement, de son côté, se refusa à toute diminution de durée, et le Parlement, après avoir encore essayé de résister, dut enfin consentir à l'enregistrement pour cinquante ans (29 février 1648).

Toutes ces difficultés avaient-elles découragé le sieur de Grandval ? On ne sait. Toujours est-il que cette concession si laborieusement obtenue était bientôt par lui rétrocédée. On peut même se demander, avec M. Fouquet, s'il ne l'avait pas sollicitée que dans ce but. Quoi qu'il en soit, le 22 mars 1647, Edme Poterat, seigneur de Saint-Étienne et d'Émendreville (Saint-Sever), louait à Pierre Fermanel, sieur de Mesnil-Godefroy, un tènement de maisons avec cour et jardin, sis à Saint-Sever, pour neuf années et « dont les deux premières sont échues au 7 septembre précédent au prix de six-vingts livres tournois (120 l.) et *une douzaine de plats de faïence* au choix du bailleur et par chacune des neuf années ». Ainsi, dès cette époque, Poirel ne fabriquait plus de faïence, son privilège était passé au sieur d'Émendreville. Un procès intenté par Edme Poterat, en 1650, au nom de Poirel, à un contrefacteur, nommé Boutin, qui se faisait appeler « maître peintre, sculpteur faïencier », vient encore confirmer cette rétrocession.

Le 27 décembre 1656, Poterat achetait de Lucas Fermanel, fils sans doute de Pierre, la maison et le jardin qu'il avait loués, en 1647, et qui devait être, suivant M. Gaston Le Breton, l'endroit même qu'avait occupé l'atelier d'Abaquesne. Cette maison se composait de deux corps de logis avec un jardin « et tout autant qu'il en tient et occupe » à la charge de continuer le bail par lui fait pour le temps restant. Cette propriété est ainsi désignée dans le contrat d'achat : « bornée d'un bout le grand chemin d'Elbeuf ». Cette acquisition était faite par le prix de 7.500 l. de prix principal.

Malgré le privilège concédé à Edme Poterat par Poirel et son premier échec, Etienne Boutin tenta de nouveau, en 1657, d'établir à Saint-Sever une nouvelle fabrique de faïence. A ce sujet, il s'associait, le 5 décembre, par un contrat sous seing privé, passé devant les tabellions de Déville, avec un sieur Louis Gravé, seigneur des Rochettes. Mais, en 1658, une contestation survint entre les deux associés pour faute d'accomplissement des engagements réciproques. Ces difficultés n'empêchèrent pas néanmoins la profession de faïencier de prendre de l'extension dans la ville de Rouen. En 1663, elle avait sû attirer l'attention de Colbert ainsi qu'il résulte d'un mémoire autographe du grand ministre dans lequel il laisse deviner son peu de sympathie pour les privilèges en fait d'industrie.

Le 20 décembre 1665, des lettres patentes de Louis XIII accordées aux maîtres des métiers de pannetiers, verriers et faïenciers de la ville et banlieue de Rouen, confirmaient de nouveau les statuts revisés par eux sous l'autorité du vicomte de Rouen, tout en maintenant les premiers accordés par le roi Charles VIII au mois de décembre 1492. L'ordonnance du vicomte de Rouen, convoquant les maîtres des métiers en assemblée générale pour entendre leurs observations, nous apprend qu'ils étaient alors au nombre de 42.

En 1673, Edme Poterat fondait pour son fils Louis un second établissement à Saint-Sever, rue du Pré, carrefour Bonne-Nouvelle, et le roi Louis XIII lui accordait, le 31 décembre de cette même année, le droit d'établir à Saint-Sever de grands fourneaux, moulins et ateliers pour y faire la *véritable porcelaine de la Chine conjointement avec la faïence de Hollande*, nonobstant les défenses portées par les lettres accordées au sieur de Grandval, auxquelles le roi prétendait déroger.

Louis Poterat fut l'inventeur de ce qu'on a appelé, dans l'art de la porcelaine, le style rayonnant, et le véritable créateur de la porcelaine française, ainsi que l'atteste un acte enregistré au Parlement de Normandie, le 19 décembre 1673.

Au milieu du xvi⁰ siècle, c'est-à-dire au temps d'Abaquesne, la faïence rouennaise subissait l'influence italienne. Au milieu du xvii⁰, c'est l'influence nivernaise qui domine ; les formes et les décors rappellent les faïences du temps des Conrade. Cette influence, d'ailleurs, est suffisamment expliquée par la présence à Rouen de nombreux ouvriers nivernais. Un plat, possédé par le musée de Rouen, aux armes de Bigot de Monville, permet de constater cette analogie entre les fabriques de Rouen et de Nevers. Le musée de Rouen possède également un plat sur lequel se trouve l'armoirie d'Edme Poterat : « d'azur au chevron d'or accompagné de trois étoiles du même, deux en chef et une en pointe, avec cette inscription : « Fait à Rouen en 1647 ».

A la fin du xvii⁰ siècle, l'influence hollandaise, inspirée des décors japonais et chinois, semble vouloir succéder à l'influence nivernaise. Cependant, peu à peu, le goût rouennais va s'affranchir de ces influences étrangères pour s'inspirer des principes d'ornementation des dessins de marqueterie de Boulle. Ici ce sont de fines guirlandes ou d'élégantes arabesques ; là, le décor à réserves se détache en blanc sur un fond de couleur. Les motifs de bordures rappellent les fines dentelles des collerettes et des nappes du xvii⁰ siècle. Un plat avec bordure de lambrequins à réserves, que possède le musée de Rouen, est un modèle du genre.

Malheureusement, les querelles religieuses vinrent jeter le trouble dans la fabrication de la porcelaine et arrêtèrent pour un moment l'essor qu'elle venait de prendre.

En l'année 1698, date d'expiration du privilège concédé à Nicolas Poirel, quatre nouvelles fabriques de faïence se fondèrent à Saint-Sever, entre autres celle de Guillibaud, rue Tous-Vents. C'est de cette époque que date les premiers essais de polychromie. Le bleu, le vert, le jaune, furent les couleurs les plus ordinairement employées ; ce nouveau genre obtint un vif succès et prit rapidement une grande extension. Le musée de Rouen possède un saladier de ce genre portant cette inscription : « Brument, 1699. » Brument était un ouvrier peintre, à Rouen depuis 1671.

Environ dix ans plus tard, en 1707, un sieur Caussy faisait construire deux nouveaux fours qu'il exploita avec son fils. L'année suivante, Dubois et Blandin fondaient deux autres fabriques. C'est alors qu'un ouvrier nommé Denis Dorio fit la découverte d'un nouveau rouge pour le décor de la porcelaine. Le musée de Rouen possède, en ce genre, une potiche dont le sujet est *Jésus et la Samaritaine*.

L'abolition des privilèges et les besoins d'argent auxquels se trouvait aux prises le roi, et qui le déterminèrent à envoyer à la fonte sa vaisselle d'argent, furent pour la céramique une cause de grande extension. Toute la noblesse, ayant imité l'exemple du roi, remplaça sa vaisselle d'argent par de la faïence. De nouvelles fabriques se fondèrent. En 1712, Cauchois établit sa manufacture qui passa ensuite aux mains d'André Pottier. L'année suivante, Louis XIV accordait à la fabrique de Rouen le privilège d'employer comme marque la fleur de lis, et, afin de perpétuer le souvenir de cette faveur, il lui commanda un service de faïence pour son usage personnel ; quelques-unes de ces pièces sont encore au musée de Sèvres.

Ces nouvelles fabriques qui, depuis quelques années étaient venues s'établir à Saint-Sever, avaient fini par porter ombrage à Poterat de Saint-Étienne. Il essaya alors de faire revivre son ancien privilège et demanda au roi la suppression de six manufactures de porcelaine. Sa prétention ne fut pas admise, et bientôt même de nouvelles fabriques vinrent encore s'ajouter aux précédentes. C'est ainsi que se fondèrent, en 1717, celles de M. de la Mettairie et de Dubois et, en 1720, celle de Flandrin. Le 16 mai de cette même année, Poterat de Saint-Étienne vendait à Nicolas Fouquay une maison, sise à Saint-Sever, à usage de faïencerie.

D'après un état des manufactures dressé à cette époque, il existait alors à Saint-Sever 8 fabriques de faïence, exploitées par MM. Caussy, Guillibaud, Bertin, Fouquay, Heugue, Briard, Cauchois et M$^{me}$ Poterat de Saint-Étienne. D'autre part, un état de capitation de la paroisse Saint-Sever, en 1722, les porte au nombre de 11, ainsi mentionnées :

Carré et Cauchois, manufacturiers en terre brune, rue Saint-Sever ; Caussy père et fils, Faupoint, rue Saint-Sever ; Heugue et Villeray, rue d'Elbeuf ; Pinon, rue Saint-Julien ; Bertin et Fouquay, rue du Pré ; Guillibaud, rue Tous-Vents, et M$^{me}$ de Saint-Étienne.

Les deux sphères monumentales qui figuraient à l'Exposition universelle de 1867 et dont la décoration est due à Pierre Chapelle, alors employé dans la fabrique de M$^{me}$ Lecoq de Villeray, sont de cette époque. Les piédestaux représentent les quatre éléments ainsi que les quatre saisons. Ces sujets sont enrichis de guirlandes de fleurs avec attributs savamment agencés. Ce fut l'apogée de l'art. Elles portent pour marques un cartouche ovale avec cette inscription : *A Rouen, 1725, peint par P. Chapelle.* Sur le globe céleste se trouve une inscription latine qui signifie : Globe céleste peint par la méthode astronomique de Hacquet, de Rouen.

En 1723, la disette était partout, même sur le bois ; aussi un arrêt du Conseil d'État, de cette même année, fit défense à toutes personnes et communautés d'ouvrir aucuns fourneaux, sans en avoir obtenu l'autorisation par lettres patentes. Cet arrêt fut fort mal accueilli par les intéressés. Macarel et Leclerc, peintres en faïence, y répondirent même par l'ouverture d'un nouveau fourneau à Saint-Sever ; mais le maître des Eaux et Forêts en ordonna la fermeture. Macarel et Leclerc suscitèrent alors un conflit dans le seul but de gagner du temps. D'ailleurs, il ne paraît pas que cet arrêt fut longtemps exécuté, car en 1729 et 1730 nous voyons de nouvelles manufactures de faïence s'établir à Saint-Sever, entre autres celle de Poitevin, qui la céda peu après à Heugue.

Guillibaud, de son côté, apportait de notables améliorations à sa fabrication. C'est à lui que l'on doit l'imitation chinoise. Cette décoration se composait de paysages avec fabriques, le tout garni d'arbres, de rochers, de barrières et même de personnages grotesques. La fabrication de la faïence prit entre les mains de

Guillibaud une tournure presque toute française. Les bordures furent formées de fleurs japonaises avec des quadrillés verts, le tout parsemé de petites croix d'un rouge vif.

En 1731, des commissaires furent envoyés à Rouen, par ordre du Conseil d'État, pour visiter toutes les fabriques de porcelaine et prélever des échantillons des produits fabriqués. Ces commissaires dressèrent un état des manufactures de faïence existant à Saint-Sever et qui servit depuis à établir le nombre et la grandeur fixe des fours que chaque maître avait le droit d'avoir et la nature de la fabrication qui devait y être faite sans pouvoir innover. L'arrêt du Conseil d'État qui intervint après cette visite réservait aux fabriques de faïence de Rouen le droit exclusif d'employer le bois blanc au chauffage de leurs fours. Elles conservèrent ce privilège jusqu'en 1796.

Vers 1736, un ouvrier de grand mérite, C. Borne, vint à Rouen exécuter des travaux de peinture sur faïence. M. Alfred Baudry possède deux échantillons du travail de Borne. Ce sont deux plats d'une exécution admirable. Sous l'un, qui représente *Diane et Actéon,* on lit : *Penxit, 1736. C. B.;* sous l'autre, qui figure *les Quatre Saisons,* se trouve : *Borne, prinxit anno 1738.*

Malgré l'arrêt du Conseil d'État, Guillaume Heugue veut, en 1739, se livrer à la fabrication de la faïence brune; mais comme son four est porté comme devant fabriquer de la faïence blanche, il lui est ordonné de se contenter de celle-ci.

En 1740, un nouvel état des fabriques de faïence de Saint-Sever est dressé. Elles sont encore au nombre de 11, exploitées par Fouquay, la veuve Bertin, Louis Guillibaud, Fossé, Nicolas Malétra, Le Sulmont, Flandrin, Guil. Heugue, Pierre Caussy, François Heugue et Macarel. Un état de police de la même époque, les porte au nombre de 14, dont une de poterie.

Cette même année 1740, René Dionis commençait sa fabrication. Il succédait à M$^{me}$ de Villeray, dont la manufacture ne figure pas, nous ne savons pour quelle cause, dans l'état précédent. De Villeray avait lui-même succédé à Poterat, ce qui indique que le célèbre faïencier rouennais avait deux fabriques : l'une cédée à de Villeray, l'autre à Fouquay.

Celui-ci mourait deux ans plus tard, en 1742. Sa manufacture, d'après Potier, était située près la Croix de Bonne-Nouvelle ; dans l'état de 1722, elle est indiquée rue du Pré, et celle de Guillibaud, rue Tous-Vents.

A la mort de Fouquay, sa manufacture resta vacante, mais des lettres patentes du 11 juillet 1742 accordèrent à Girard de Reincourt, ou Reinecourt, le privilège d'y continuer la fabrication de la porcelaine. D'après ces lettres patentes, cette manufacture était une des deux premières établies à Saint-Sever, et elle avait été toujours bien entretenue ; il s'y trouvait trois fours. Girard de Reincourt ne la conservait que quelques mois et, en 1743, il la cédait à Desportes. La même année, Levavasseur fondait une nouvelle manufacture, rue Tous-Vents.

En 1749, un nouvel état des manufactures de faïence fut dressé. Elles étaient alors au nombre de 13, composées de 23 fours, ainsi spécifiés :

Desportes, 3 fours ; Dionis, 3 fours ; veuve Malétra, 2 fours ; veuve Bertin, 2 fours ; Levavasseur, 2 fours ; dame Bertin, 2 fours ; G. Heugue, 1 four ; Caussy, 3 fours ; Mouchard (peut-être Mongais ou Mongrard), 1 four ; Fossé, 1 four ; La Mettairie, 2 fours ; Flandrin ou Flandain, 1 four ; Macarel, 1 four ; François Heugue, 1 four.

En outre, d'après le papier terrier de Grandmont, on voit J.-B. Dupray, maître de faïencerie, en face l'enclos des Emmurées, rue Saint-Sever.

Une ordonnance de M. de la Bourdonnaye, intendant général de la généralité de Rouen, causa, en 1753, une véritable émotion en fixant le tarif des prix des ouvrages des ouvriers peintres et tourneurs en faïence, dont elle réduisait les salaires. Aussi, cette année est-elle connue dans l'histoire de la faïence sous le nom d'*année de la réduction.*

Pendant les années qui suivent, peu de faits intéressants sont à relever. En 1754, Thomas Pavie fondait une nouvelle fabrique. En 1757, les manufactures de faïence de Saint-Sever étaient au nombre de 12. Cette même année, une ordonnance de M. de Brou, intendant général, portant règlement pour les manufactures de faïence, accordait liberté entière — jusqu'alors refusée — aux entrepreneurs d'employer des ouvriers de leur choix, d'occuper des femmes, de faire des apprentis, de fixer les salaires de gré à gré, d'établir de nouveaux fours, de fonder de nouveaux établissements, à la condition expresse, toutefois, de n'employer comme combustible que le charbon de terre ou la houille au lieu du charbon de bois. Cette clause était une des conséquences de la grande disette de bois qui existait alors.

Cette ordonnance était des plus favorables à l'industrie de la faïence ; aussi, dès cette année, une association était formée entre Mouchard et Debrac de la Croisille pour l'exploitation d'une nouvelle manufacture à Saint-Sever. Deux ans plus tard, en 1759, un peintre sur faïence, Dieul, introduisait à Rouen le genre dit au *carquois*, qui n'est qu'un composé d'attributs chinois, ainsi que le dessin à la *corne*. Ce dernier genre obtint un grand succès dans le monde entier ; aussi voyons-nous le czar Pierre III commander tout un service composé de 200 couverts.

Pendant quelques années, l'industrie de la faïence rouennaise continua à obtenir de vifs succès ; en 1770, Sturgeon et Dumont fondaient une nouvelle manufacture à Saint-Sever, et Thomas Levavasseur, qui avait succédé à son père établi dans la manufacture de Fouquay, inaugurait un nouveau genre de faïence peinte sur émail cuit au feu de moufle. Malheureusement, l'engouement dont avait joui la faïence rouennaise ne tarda pas à se ralentir. La pénurie d'artistes qu'il fallut subir, jointe à la difficulté de les remplacer, motiva alors une ordonnance royale exemptant de la conscription les ouvriers décorateurs.

En 1779, Mouchard cédait sa manufacture à un sieur Cousin ; celui-ci ne la garda que fort peu de temps et l'abandonnait à Lemire.

Vers la même époque, Pierre Heugue fondait à Saint-Sever un établissement pour la fabrication des poêles en faïence, qu'il cédait bientôt à Wallet ou Valette ; mais celui-ci abandonnait la fabrication des poêles pour se livrer à celle de la faïence en tous genres.

Les fabriques de Saint-Sever occupaient alors 570 ouvriers, dont 95 peintres ; 25 fours étaient en activité.

En 1781, plusieurs particuliers : Macanemaro, William Sturgeon et Simon de Suzay, obtinrent du roi le privilège d'établir à Saint-Sever, rue d'Elbeuf, une manufacture royale, à la condition de n'employer que du charbon de terre et d'y placer sur les murs les armes du roi avec inscription ; en outre, une gratification annuelle de 2.000 l. leur était accordée.

Cette dernière faveur souleva un vif mécontentement parmi les autres fabricants. Une pétition revêtue de quinze signatures fut envoyée au roi, protestant contre la concurrence que leur faisait la nouvelle manufacture royale ; mais Sturgeon sut se faire maintenir son privilège. Cette rivalité ne fut pas d'ailleurs inutile à la fabrication rouennaise, qui prit alors une activité toute nouvelle. En 1786, elle comptait 17 manufactures de faïence à Saint-Sever, occupant 1.200 ouvriers et donnait pour 11 à 1.200.000 fr. de produits, dont les deux tiers s'exportaient dans nos îles d'Amérique.

L'année suivante, André Pottier était mis en possession, par une sentence de la haute justice d'Émendreville, de la manufacture tenue par le sieur et la dame Saas, et en continua l'exploitation.

Tout en conservant leurs débouchés dans nos colonies, les faïences eurent, à cette époque, à lutter contre la rivalité étrangère et surtout contre les faïences d'Angleterre pour certains ouvrages ; il en fut expédié même à Rouen des quantités considérables, la marchandise anglaise n'étant tarifée qu'à 12 % de sa valeur. Les faïences de Rouen se trouvèrent ainsi privées d'un débit qui leur était nécessaire pour assurer leur prospérité. C'était la ruine de la fabrique rouennaise. Aussi dès lors un malaise général se produit dans toute les manufactures de Saint-Sever ; bientôt même quelques-unes sont obligées de fermer. C'est ainsi qu'en cette même année 1788, la fabrique royale de Sturgeon dut cesser tout travail. En 1789, les manufactures de Saint-Sever n'occupent plus que 380 ouvriers, au lieu de 1.200 comme quelques années auparavant : 24 fours ne travaillaient que fort peu. La peinture sur faïence avait, de son côté, subi également un grand échec.

Cette décadence de la faïence rouennaise n'empêcha pas cependant Lesage d'ouvrir, dans le courant de cette même année, une nouvelle manufacture à Saint-Sever. Ce fut la dernière créée avant l'abolition des privilèges ; mais son existence ne fut pas des plus brillantes : en 1794, elle ferma ; quelques années plus tard elle devint la propriété d'un sieur Lecerf. En 1796, la fabrique royale de Sturgeon avait été vendue pour être destinée à un autre usage. La décadence allait chaque jour grandissant.

En 1793, on avait saisi chez Pottier et les autres fabricants de faïence toutes les marchandises anglaises qu'ils avaient en magasin. Elles leur furent restituées deux ans plus tard, et vendues à vil prix payable en assignats. L'année suivante un traité de commerce était conclu avec l'Angleterre, qui allait porter un coup terrible à l'industrie des fabriques rouennaises de faïence. Tout le monde voulut alors avoir des produits étrangers, ce fut un engouement qui ruina de fond en comble l'industrie du pays. En 1796, 9 fours seulement étaient en activité, avec un personnel de 150 ouvriers et encore faiblement occupés. Pottier lui-même dut cesser sa fabrication en 1799. Sa manufacture était située rue Saint-Sever, *en face la rue Pavée*. Lui-même était venu habiter quelque temps auparavant cette même rue, au numéro 42 bis. En 1801, il loua sa fabrique, par un bail de 18 ans, et moyennant 1.050 fr. par an, à Esnault et Legrix fils ; mais bientôt ceux-ci ne pouvant payer le loyer, résilièrent le bail (1804).

D'après un état des manufactures de faïence, dressé en 1802, celles de Saint-Sever, en activité, n'étaient plus qu'au nombre de 7 : De la Mettairie, rue Saint-Sever, 89 ; Dumont, rue d'Elbeuf, 101 ; Heugue, rue Tous-Vents, 19 ; Jourdain, rue Saint-Julien, 23 ; Legrip ou Legrix, rue Saint-Sever, 54, ancienne fabrique Pottier ; Legrix père, rue du Pré, 71, Thorel, rue Saint-Julien. Bientôt, à leur tour, elles se virent obligées de congédier le peu d'ouvriers qu'elles occupaient encore. Peu à peu ces industriels abandonnèrent ainsi une profession qui ne pouvait se suffire.

Les fabricants de poteries étaient à cette même époque au nombre de trois : Gibon, rue du Pré, 44 ; Lefebure, rue Petite-Chaussée, 41 ; Mallet, rue Tous-Vents, 3 ; ils occupaient 30 ouvriers (1).

Il y a une cinquantaine d'années, Amédée Lambert voulut ressusciter, à Rouen, l'industrie de la faïence. Mais, malgré ses efforts, il ne put réussir ; il est mort à l'hôpital en 1851.

\* \*

La céramique rouennaise peut se classer par trois époques d'après ses produits : 1° *Faïence décorée en camaïeu bleu ;* c'est l'influence nivernaise et de l'époque des types hollando-japonais dont Louis Poterat a fourni les plus beaux spécimens. On y trouve également des produits du style dit *rayonnant* parce que les dessins, partant du centre, allaient en s'élargissant jusqu'aux bords ; 2° *Décor bleu rehaussé de rouge ou de jaune.* C'est l'époque des chefs-d'œuvre les plus délicats et les plus parfaits de la fabrique rouennaise ; 3° *Ornements polychromes* permettant de dissimuler les insuffisances du dessin sous la couleur des émaux.

Avec Guillibaud apparait le genre multicolore avec bordures en ornements quadrillés ou en treillis ; puis on essaie les faïences dites persanes en bleu, lapis et fonds laqués. Mais déjà la décadence a commencé, les peintres, s'inspirant du goût à la mode, font de la faïence en rocaille, et alors apparaissent les genres dits à la *corne* et au *carquois*.

Comptant sur sa vogue, la céramique rouennaise abandonne ses anciens procédés et veut créer un nouveau produit : la faïence-porcelaine, contrefaçon des faïences de Strasbourg et de Marseille ;

---

(1) A. Pottier. — *Histoire de la céramique.*

mais elle ne peut, dans ce genre, obtenir les succès qu'elle espérait. En 1789, elle essaya le genre dit de la Révolution, et on eut des assiettes de la République représentant : la fable, les travaux de la charrue, la pêche, la natation, la musique, l'horticulture, etc. La fabrique rouennaise semble avoir dédaigné les emblêmes de la *Terreur*.

Des découvertes archéologiques intéressantes ont été faites en 1885, à peu de distance de la caserne Bonne-Nouvelle, au coin de la rue du Pré. En cet endroit des ouvriers occupés à creuser le sol pour procéder à la construction d'un égout ont mis au jour des débris de faïences, de poteries et des ossements humains. Le sol disparait littéralement sous des restes de toutes sortes. On dirait qu'après avoir fait une tranchée profonde, on eut l'idée de la remplir de morceaux de faïences.

L'explication en est que jadis, en cet endroit, se trouvaient des fours et la fabrique de Lambert de la Mettairie, le successeur de Louis Poterat, de Nicolas Fouquay et des Levavasseur.

Différentes inscriptions, qui ont été retrouvées dans ces fouilles, ne permettent plus de douter de l'origine de ces goulots de vases, de ces fragments de pots ornés de fleurs de lis en relief et portant quelques vers, les dates « 10 juillet 1773 » et « 18 septembre 1773 ».

L'argile employée par les fabrique rouennaises de faïence était de l'argile plastique, tirée principalement de la Londe, de Saint-Aubin-la-Campagne, de Bosc-Roger, de Thuit-Hébert et de Forges-les-Eaux. On les utilisait dans diverses proportions suivant l'espèce de poterie que l'on voulait obtenir, mais on y ajoutait pour la faïence commune soit du sable de Décize, soit un sable d'un broyage très jaune des environs de Pithiviers.

Dans un mémoire sur la fabrication de la porcelaine par un manufacturier rouennais, on lit : « Il y a sur les bords de la Seine, depuis Oissel jusqu'à Rouen, des terres propres à faire de la porcelaine. Il ne s'agit que de trouver des ouvriers pour les préparer. »

Au XVIIe siècle, il existait à Saint-Sever une fabrique de pipes à fumer en terre cuite. Diverses fouilles faites dans ce faubourg, vers 1840, pour ouvrir des tranchées, en ont mis à découvert un certain nombre de vestiges. De l'examen minutieux auquel ils ont donné lieu, on peut affirmer que leur fabrication remonte au dernier quart du XVIe siècle ainsi que le prouvent les écussons fleurdelisés et armoriés qui se trouvent sur quelques-uns de ces petits appareils remarquables surtout par la diversité de leur ornementation. Un certain nombre ont leurs tubes et leur fourneaux recouverts de branches de lauriers ou d'autres arbustes portant des fruits, des feuilles ou des fleurs se détachant élégamment en relief sur le fond; quelques-uns sont diversement fleurdelisés et losangés ; d'autres sont recouverts d'étoiles, d'oiseaux, de figures ressemblant un peu aux caractères chinois. L'aspect de ces pipes fait reconnaître immédiatement leur ancienneté ; elles sont plus petites que celles de nos jours. Le talon de la plupart porte la marque de fabrique : chiffres, rosettes, fleurs de lis ou autres figures.

Au milieu du XVIIIe siècle, la fabrique de pipes occupait une cinquantaine d'ouvriers.

## II. — La Verrerie de Saint-Sever.

Deux gentilshommes verriers, Vincent Buisson et Thomas Bartholus, originaires de Mantoue, obtinrent du roi Henri IV par lettres patentes du 24 janvier 1598, l'autorisation de construire dans la ville de Rouen ou ses faubourgs une verrerie pour y fabriquer « du verre de cristal, verres dorés, émaux et autres ouvrages qui se font à Venise et autres lieux », avec défense à tous autres verriers d'établir dorénavant aucune autre verrerie à vingt lieues à l'entour, excepté pour les verres communs dits verres de fougère.

Ce privilège fut-il mis à exécution? On pourrait en douter, car le 8 mars 1605, François de Garsonnet, gentilhomme de Provence, obtenait à son tour des lettres patentes lui permettant d'établir à Rouen, au lieu le plus commode, une verrerie de cristal pour y faire travailler toutes sortes d'ouvriers étrangers devant jouir comme lui-même de tous les privilèges des verriers. Afin que Garsonnet pût profiter de cette autorisation, il était défendu d'établir aucune fabrique de cristal dans la ville de Rouen et le ressort du Parlement de Normandie avant le délai de dix ans. Les contrevenants étaient menacés de 1.000 écus d'amende envers le roi et 200 écus envers Garsonnet; en outre leurs fourneaux seraient brisés. Le Parlement, en enregistrant ces lettres, y mit pour seule condition que Garsonnet achèterait son bois des marchands adjudicataires ou des particuliers propriétaires.

Le 20 août suivant, Garsonnet s'installait dans une maison sise au faubourg Saint-Sever, *en la rue tendant à Bonne-Nouvelle*, aujourd'hui rue du Pré, ayant pour enseigne l'*Image Saint-Eustache*, et appartenant à Jean Bocadœuvre, qu'il loua 180 l. par an. A cette maison était jointe une cour et des bâtiments spacieux dans lesquels Garsonnet put installer son four avec ses accessoires

La fabrication, commencée en 1606, se vit bientôt suspendue par un incendie qui détruisit le principal bâtiment de la verrerie ainsi que les fourneaux, le matériel et le combustible. Elle ne put être reprise que deux ans plus tard. Mais alors les ouvriers verriers à la façon de Venise étaient très rares, et les premiers occupés n'ayant pu supporter une interruption aussi longue étaient retournés dans leur pays. Garsonnet éprouva de nombreuses difficultés pour s'en procurer de nouveaux et ce contre temps, joint à une disette de vins et de boissons qui se produisit, fit qu'il ne put profiter du privilège obtenu du roi en 1605.

En présence de cette situation malheureuse et en considération de ses capacités et de son intelligence, Louis XIII, par de nouvelles lettres patentes du 4 mai 1613, accordait à Garsonnet une prolongation de son privilège pour dix années; mais le Parlement, dans le but d'empêcher le renchérissement du bois, lui imposa la condition de n'en user annuellement dans sa verrerie que l'étendue de deux acres, ce qui était insuffisant et l'empêcha de donner à sa fabrique toute l'importance qu'il désirait.

Entre temps, Mathieu Delamare, maître du métier des patenôtriers-verriers, avait établi au faubourg Cauchoise un petit four pour fondre le verre à son usage. Garsonnet, en vertu de son privilège, en demanda la démolition. Delamare invoqua alors le privilège concédé en 1593 et confirmé en 1595 aux patenôtriers-verriers l'autorisant à faire patenôtres et boutons d'émail, et des verres, chaînes, colliers et bracelets passant par le feu et le fourneau. Les corporations de Rouen et de Paris prirent fait et cause pour Delamare, et la Cour rendit un arrêt conciliant les deux parties. Delamare conservait son fourneau, mais ne pouvait y fabriquer que des émaux pour servir aux ouvrages de son métier, sans pouvoir en vendre qu'aux patenôtriers.

Garsonnet continua l'exploitation de son four jusqu'au 17 janvier 1619 et le vendit, avec l'autorisation du roi, à Jean et Pierre d'Azémar, gentilshommes verriers, moyennant 7.500 l. et 22.307 l. 17 s. 8 d. pour prix des verres à boire, émaux et tout le matériel servant à la fabrication.

Quoique descendant d'une ancienne famille du Languedoc, Jean et Pierre d'Azémar avaient dû s'associer avec un bourgeois de Saint-Sever, Antoine Girard, qui avança les fonds et fut pour moitié dans l'exploitation de la verrerie. Les d'Azémar fabriquaient et Girard vendait. La verrerie fut alors transférée dans une maison que possédait Girard, rue du Pré et voisine de celle de Bocadœuvre. Plus tard, par suite d'acquisitions, Girard l'étendit jusqu'à la rue aux Anglais. Gomboust, dans son plan de la ville de Rouen de 1655, l'indique ainsi à l'encoignure de la rue de la Pie-aux-Anglais. Dans la suite, la rue du Pré prit même le nom de rue de la Verrerie, qu'on a écrit par erreur rue de la Vénerie ainsi que l'a démontré M. Bouquet.

Le Parlement, en homologuant la vente de Garsonnet, imposa à ses successeurs l'obligation de diminuer le prix des verres et de n'user que du charbon de terre pour leurs fourneaux.

Antoine Girard mourut le 18 novembre 1624. Jean et Pierre d'Azémar continuèrent seuls l'exploitation de la verrerie. A l'expiration du privilège de Garsonnet, en 1626, ils le firent renouveler, en 1627, pour une nouvelle période de douze ans, avec défense à toutes autres personnes d'apporter en la ville et ressort du Parlement aucun verre, émaux et glaces et d'y établir aucune verrerie. Les deux associés étaient ainsi maîtres du commerce de toute la province.

Une opposition à l'homologation de ce privilège vint à se produire devant le Parlement, suscitée par Antoine Girard fils, se disant sieur de Saint-Amant, le poète de *Moyse sauvé,* que Boileau a si vivement critiqué. Le sieur de Saint-Amant soutenait avoir obtenu du roi, par lettres patentes du 10 juin 1627, le privilège de la verrerie et la révocation des lettres des frères d'Azémar.

Le Vaillant de la Fieffe rapporte que ce poëte-verrier — beau-frère de Pierre d'Azémar — avait adressé pour obtenir son privilège, au chancelier Séguier, le curieux placet suivant :

> Esprit grave, noble et charmant
> Il n'est plus de justice en terre
> Si pour une affaire de verre
> Tu refuses un Saint-Amant.
> Je ne crois pas que tu le puisses
> Considérant, lorsque je boy,
> Que ton gendre parle pour moy
> Et qu'il est général des Suisses.
> Depesche toi, je suis hasté,
> Et mon impatience gronde ;
> Ce n'est que pour fournir au monde
> Dans quoy trinquer à ta santé.
> Il ne faut qu'un cercle empreint de nostre Sire.
> Et je te le jure par le ciel
> Qu'à l'honneur de ton nom cent vers je feray lire
> Plus coulants que ta propre cire
> Et plus doux même que le miel.

Ajoutons que la prétention de Antoine Girard à la noblesse lui a valu de nombreux épigrammes, entre autres celui-ci.

> Votre noblesse est mince
> Car ce n'est pas d'un prince,
> Daphnis, que vous sortez ;
> Gentilhomme de verre.
> Si vous tombez à terre
> Adieu vos qualités !

Le Parlement ne se laissa pas fléchir par les verres du poète verrier. Par deux arrêts, des 6 et 23 septembre, il rejetait son opporition et le condamnait aux dépens. Les frères d'Azémar étaient maintenus dans leur privilège.

En 1635, Jean et Pierre d'Azémar obtenaient de Louis XIII le renouvellement de leur privilège, à *perpétuité*, pour eux et leurs successeurs.

A cette époque, la verrerie rouennaise était fort réputée. Les frères d'Azémar avaient obtenu de tels produits que la fabrication de Venise n'avait plus sur eux aucun avantage. Le 4 août 1630, ils avaient agrandi leur verrerie par l'acquisition d'un jardin y attenant, appartenant à la veuve d'Antoine Girard qui, en outre du prix d'achat, se réservait une rente annuelle de six beaux verres de cristal.

L'arrêt du Parlement du 24 novembre 1635, enregistra les lettres patentes obtenues par les frères Azémar, déclarant qu'ils pourraient « jouir de leurs privilèges eux et leurs successeurs descendants de leur famille et non autres avec privilège qu'aucune autre verrerie ne serait établie dans la province, mais qu'ils ne pourraient empêcher l'apport et la distribution des verres et autres ouvrages de cristal en la ville de Rouen, ni employer en leur verrerie que du charbon de terre. » Toutefois à défaut de ce combustible, il continuerait à ne leur être alloué que deux arpents de bois dans les forêts désignées pour en fournir à cette ville.

Les frères Azémar ne profitèrent guère de ce privilège. Ils moururent l'un et l'autre quelques années plus tard, Jean sans enfants, et Pierre laissant sa veuve, Anne Girard, chargée de dix enfants mineurs et de nombreuses dettes. Ses créanciers saisirent tous ses biens. La verrerie elle-même, était engagée à Nicolas Depaulle, épicier à Rouen.

Le roi vint au secours d'Anne Girard par de nouvelle lettres patentes du mois de juin 1642, lui confirmant, au nom de ses enfants, non seulement le privilège perpétuel accordé à son mari, mais encore en mettant la verrerie à l'abri des poursuites de ses créanciers, la déclarant insaisissable et incessible. Ces lettres patentes furent enregistrées sans opposition par le Parlement, le 19 juillet suivant.

Anne Girard se trouvait alors posséder un monopole qualifié à juste titre d'exorbitant. Il est à remarquer toutefois que si les lettres patentes de 1642 conféraient à Anne Girard le droit d'interdire la fabrication du cristal dans toutes les verreries de Normandie, elles ne lui permettaient pas d'étendre cette fabrication ailleurs que dans ses fourneaux de Saint-Sever. D'ailleurs ce privilège, concédé tout d'abord pour un temps limité, dans le but de permettre à une industrie naissante, exigeant de grandes mises de fonds, de pouvoir prospérer, ne devait pas manquer de tomber un jour en désuétude devant les progrès et les besoins de la consommation. Il n'en est pas moins vrai, qu'armée de ce privilège, Anne Girard voulut empêcher l'établissement d'une verrerie à Beaubray et cita devant le Parlement tous les verriers qui fabriquaient du verre blanc dans la province, entre autres Thomas Brossard, sieur de l'Air du Bois, Olivier de Brossard, Pierre de Belleville et Jacques de Mesenge qui exploitaient les verreries de Beauds, de la Petite-Verrerie, etc.

Par un arrêt du 21 août 1648, le Parlement lui donna gain de cause et défendit, sous peine de démolition des fourneaux, de faire travailler à aucun verre ou à aucun ouvrage en verre ailleurs qu'en la verrerie de la veuve de Pierre Azémar. C'était la ruine de toutes les verreries existant dans le ressort du Parlement.

Entre temps, Anne Girard avait fait, en 1642, suspendre la construction, par les sieurs Nicolas Petit et Delamare, d'une verrerie à Petit-Couronne, et empêché l'établissement d'une autre fabrique à Vieilles, près Beaumont-le-Roger.

Quelque temps avant sa mort, le 15 juillet 1641, Pierre d'Azémar avait loué du consentement de ses trois associés : Virgille, Barniolles, et de Péras, pour trois ans, à Samuel Thorel, la jouissance et l'administration de sa verrerie. Sa veuve ratifia ce même bail.

Cependant les petits verriers, contraints à ne fabriquer que du verre commun, se liguèrent contre Anne Girard et parvinrent à obtenir du roi des lettres patentes du mois d'avril 1650, leur permettant de faire du cristal et confirmant en leur faveur les privilèges accordés aux gentilshommes verriers. Quelques années plus tard, en 1664, Charles de la Porte, conseiller au Parlement, était autorisé à établir une fabrique de cristal dans sa terre de La Ferté, près de Breteuil. Trois des fils de Pierre Azémar : Pierre, Philippe et Jean, essayèrent alors de s'opposer à la construction de ce nouvel établissement, mais le Parlement rejeta leur opposition.

Dès lors l'industrie du cristal put librement s'étendre. La verrerie de Saint-Sever dut subir le contre-coup de cette liberté nouvelle pour, sans doute, bientôt tomber en décadence, car au xviii$^e$ siècle, on ne trouve plus, à Saint-Sever, la famille d'Azémar, dont la présence est constatée alors au Caule dans l'ancien comté d'Eu. Toutefois, la verrerie de Saint-Sever n'en a pas moins subsisté pendant la plus grande partie du xviii$^e$ siècle, car il en est fait mention dans l'*Histoire de Rouen,* d'Oursel, en 1759. D'autre part, les registres de la paroisse Saint-Sever nous apprennent qu'en 1738, elle était désignée sous le nom de *Manufacture royale de cristaux*, et qu'elle était exploitée par J.-B. Cardon, apothicaire ordinaire du roi, qui mourut en 1739. En 1753, ces mêmes registres mentionnent Antoine-François Hubert, *maître de la verrerie royale de Saint-Sever*. C'est probablement le dernier qui l'ait exploitée. Il en était encore directeur en 1768. M. Le Vaillant de la Fieffe croit que c'est vers cette époque qu'elle a cessé d'exister (1).

\*\*

En même temps que du verre de cristal et des émaux, la verrerie

---

(1) *Les verreries de la Normandie,* par Le Vaillant de la Fieffe.

de Rouen a fabriqué des glaces à miroir soufflées telles qu'elles se faisaient à Venise. Le procédé de couler les glaces ne fut trouvé que vers la fin du xviie siècle par un verrier normand, Louis Lucas, écuyer, sieur de Néhou, maître de la verrerie de Tourlaville, près Cherbourg.

Au nombre des principaux ouvriers occupés dans ses derniers temps à la verrerie de Saint-Sever, il convient de citer Louis de Bourniole, écuyer, sieur de Fourchambault.

La verrerie de Rouen tirait la terre qu'elle employait de la paroisse de Bellières, canton de Forges-les-Eaux. Elle lui était vendue, de 1711 à 1730, par un sieur Clément qui en livra également à la verrerie établie près de l'église Saint-Paul, à Rouen, en 1737.

La fabrique de Rouen avait tenu le premier rang parmi les verreries françaises. Malheureusement, nous dit M. de Girancourt, « ses fragiles ouvrages ne sont guère arrivés jusqu'à nous et ceux que le temps a épargnés sont aujourd'hui confondus au nombre des verres anciens de toute origine et ne peuvent révéler à notre examen les qualités et les défauts de leur fabrication. Nous croyons pouvoir cependant classer, parmi les produits de Rouen, deux coupes à jambe soufflée parfaitement appareillée et dont la forme assez lourde paraît remonter à la première moitié du xvii[o] siècle. Elles furent trouvées par un terrassier en 1857, rue du Rempart-Martainville, et recueillies par M. Thaurin. Quoique très épais le verre est d'une blancheur remarquable, mais de nombreuses gerçures et de continuelles efflorescences alcalines accusent un trop grand excès d'alcali dans sa composition. Ce défaut qui donne au verre une excessive fragilité et l'expose à une lente mais inévitable décomposition, très rare dans les verres de Bohême, se rencontre quelquefois dans ceux de Venise et a dû être fréquent à Rouen à cause de l'emploi du charbon de terre. »

### III. — Industrie du coton. — La Fabrique de velours. — Les Curanderies. — La Fonderie de canons.

C'est à l'époque de François I$^{er}$ qu'il faut faire remonter d'une manière authentique l'emploi du coton dans la fabrication. Il est vrai que dès le xII$^e$ siècle, les Rouennais le connurent à l'état de coton cardé et filé, ainsi que le constate certains documents sur le trafic de Rouen, mais il ne paraît guère avoir servi qu'à la confection des mèches de chandelles. Toutefois, en 1260, il existait à Paris une corporation des *chapeliers en coton*.

En 1534, les passementiers de Rouen, descendants ou successeurs des ouvriers que Louis XI avait appelés d'Italie et installés à Tours, obtenaient des lettres patentes leur conférant le privilège de l'emploi du coton. En 1600, un arrêt du Conseil confirmait les statuts des passementiers et les maintenait dans le privilège d'employer le coton dans leurs tissus.

Les origines du tissage du coton à Rouen sont donc bien connues ; il n'en est pas de même pour celles du filage. Certaines personnes croient pouvoir les reporter également en 1532, se basant sur l'emploi des cotons et prétendant que cet emploi impliquait le filage par les passementiers. Mais ce n'est là qu'une hypothèse d'autant plus douteuse que, dans les actes comme dans les ouvrages qui traitent de ces questions, on ne trouve, jusqu'en 1700, aucune trace de filature de coton.

Si l'on en croit un inspecteur des manufactures du nom de Morel, dans un mémoire qu'il rédigeait pour le gouvernement, en 1750, ce serait Delarue qui aurait introduit à Rouen, en 1701, la filature de coton. Delarue ne trouvant pas à écouler quarante balles de coton qu'il avait achetées des banquiers Legendre et Lecoulteux, imagina de les faire filer. Sur le refus des passementiers, il s'adressa aux fabricants de toiles et obtint un plein succès.

Nicetas Périaux, tout en reconnaissant à Étienne Delarue la première idée du tissage, affirme qu'il fit venir de son propre mouvement les balles de coton afin de les soumettre volontairement et spécialement au tissage. Quoi qu'il en soit de ces deux versions, il est certain que c'est à Étienne Delarue, qui fut maire de Rouen en 1728, qu'on doit l'introduction dans cette ville de ce nouveau genre d'industrie. Rouen peut donc être considéré comme la patrie de l'industrie cotonnière en France, aussi bien pour le tissage que pour la filature.

Les efforts de Delarue firent une petite révolution dans la manufacture rouennaise; bientôt de nouveaux essais furent tentés et, en 1703, un produit nouveau, la toile de coton, faisait son apparition : la rouennerie proprement dite était créée et une rivale venait de surgir en concurrence aux toiles fortes, toiles de chanvre et de fil, dans les ateliers même des toiliers.

Notre intention n'est pas de suivre ici l'industrie du coton dans ses diverses tentatives et ses alternatives de succès et de revers ; constatons seulement que l'emploi du coton augmenta rapidement et peu à peu la rouennerie prenait la place de la toile forte dont l'emploi diminua proportionnellement.

En 1730, on essaya d'employer le coton dans le velours. Les frères Havard en firent la première tentative, rue Orbe, mais ils ne paraissent pas avoir réussi. C'est alors qu'en 1731, une nouvelle manufacture fut installée à Saint-Sever, au Petit-Château ou Barbacane, dans le but de créer un genre nouveau d'étoffes à fleurs brochées dans lesquelles le fil était remplacé par du coton. Les débuts de cette affaire furent lents, mais bientôt elle entra dans une voie prospère ; en 1738, elle comptait 28 métiers et en 1740 elle occupait 40 ouvriers. Ces étoffes obtinrent vite un grand succès et donnèrent naissance à une foule de dispositions où l'on mélangea de toutes façons le lin, le coton, la laine et la soie. Les genres en varièrent à l'infini.

En même temps que s'établissaient ces nouvelles étoffes, l'industrie du velours prenait naissance. Véron, négociant de la rue Malpalu, en créait une fabrique à Vernon. Plus tard, en 1753, Holker, gentilhomme anglais, en fondait une maufacture à Saint-Sever et constituait à ce sujet, avec les frères Payel, Guillibaud et Dharistoy, une société au capital de 100.000 l. Mais les résultats brillants obtenus d'abord ne se continuèrent pas, et il fallut y joindre d'autres genres, de telle sorte qu'en 1801 elle ne faisait plus que fort peu de velours. Cette manufacture avait eu dès son origine divers avantages spéciaux ; elle portait le titre de manufacture royale et les ouvriers qui y étaient occupés étaient exempts de la milice.

En 1763, une manufacture de mousseline s'était fondée également à Saint-Sever par les soins de Hullot et Massac, qui y confectionnèrent les genres unis et brochés. Elle prit vite de grands développements; en 1758, elle comptait 120 métiers ; les produits s'en vendaient de 20 à 50 l. l'aune ; mais un arrêt du Conseil, du 17 juillet 1760, en assujettissant les mousselines aux mêmes droits que les toiles blanches de coton venant de l'étranger, c'est-à-dire à 75 l. par quintal brut, ruina cette manufacture.

* * *

Au hameau de Claquedent et dans les prairies bordant la Seine, se trouvaient au siècle dernier de nombreux établissements pour le blanchiment des toiles de lin et de chanvre, connus sous le nom de *curanderies*, ce qui fit donner au quai avoisinant le nom de *quai des Curandiers*. Le plus ancien de ces établissements remontait à l'année 1575.

* * *

Les registres du district mentionnent à Saint-Sever, en l'an II (1794), une fonderie de canons, à la tête de laquelle était le citoyen Oxford, et à laquelle se serait particulièrement intéressé M. Rondeaux, maire de Rouen.

Pendant plusieurs années Oxford est en concurrence avec la fonderie de canons de Maromme, exploitée alors par Lefrançois père et fils. C'est une guerre acharnée entre les deux fonderies rivales et Oxford n'épargne aucune calomnie pour ruiner la fonderie des

Lefrançois. Il ne semble pas toutefois que les moyens déloyaux employés par Oxford l'aient conduit au résultat qu'il en espérait, et pendant que la fonderie de Maromme continuait à jouir d'une grande vogue, le silence se faisait sur celle de Saint-Sever, qui sans doute avait dû disparaître (1).

## CHAPITRE VIII

### Les Églises et Cimetières de Saint-Sever.

Les historiens de la ville de Rouen nous apprennent que la première église construite dans le faubourg d'Émendreville remonte à l'année 990 où le corps de Saint-Sever, évêque d'Avranches, fut transporté à Rouen par les ordres et aux frais de Richard I$^{er}$, duc de Normandie, qui voulait soustraire les restes du prélat aux ravages des Normands. Arrivé sur le soir au faubourg, le corps fut déposé dans une petite chapelle qui se trouvait au lieu même où fut construite plus tard l'église qui prit alors le nom du prélat dont elle avait servi de tombeau pendant quelques heures seulement, car le lendemain le corps du saint était porté processionnellement à la Cathédrale, où il fut reçu par l'archevêque Robert I$^{er}$ et déposé dans une châsse d'or que l'on suppose avoir été détruite avec son contenu, comme toutes celles que renfermait le trésor de la Cathédrale, pendant les guerres du moyen âge.

On ne sait rien sur l'église qui remplaça l'antique chapelle du faubourg d'Émendreville, ni sur celles qui ont pu lui succéder avant l'édifice qui fut démoli en 1856 et dont la construction remontait à la première moitié du xvi$^e$ siècle, ainsi que l'indique une table de pierre sur laquelle on avait gravé sa dédicace en ces termes :

---

(1) Voir à ce sujet notre volume sur *Maromme et les communaux de la Muette*.

« L'an de grâce 1538, le 27 janvier, le révérend père en Dieu messire Jean Machonnaye par la permission divine évêque d'Hyppone, suffragant de monseigneur Georges d'Amboise, archevêque de Rouen, dédia cette présente église en l'honneur et révérence de Dieu et de Monsieur Saint-Sever, hors le pont de Rouen. Étant pour lors curé M. Richard Trinité, prêtre chapelain de Lisieux ; Guillaume Gosset, Georges Artus, Zacharie Abida paroissiens, trésoriers de la même église, etc. »

Nous devons toutefois faire remarquer que ce fragment d'inscription se rapportait exclusivement à la partie la plus ancienne de cette église ; la tour, comme on la voyait dans ses derniers temps, avait été bâtie en 1617 pour remplacer une autre, plus ancienne probablement que l'église du xvi<sup>e</sup> siècle, qui tombait en ruines. Lors du siège de de Rouen par Henri IV, l'église avait été à peu près complètement détruite, et pendant quelque temps on célébra l'office paroissial de Saint-Sever dans l'église des Augustins à Rouen (1).

Le premier curé de Saint-Sever dont le nom nous ait été conservé est Richard Trinité, en 1538, ainsi que l'indique l'inscription de la pierre rappelant la dédicace de l'église. On trouve ensuite Nicolas Guillot, en 1594 ; Raynaud-Bense, 1603-1631 ; Nicolas Pellefresne, 1631-1636 ; puis le chanoine de la Cathédrale, Aubourg, 1536-1658 ; il porte, dans les registres de la Fabrique, le titre de fondateur. De nombreux travaux furent exécutés à l'église sous son ministère, entre autres : les peintures de la voûte en bois, et des médaillons peints à fresque, assez grossièrement du reste, sur les trois dernières travées de cette voûte au-dessous du sanctuaire. Avant certains travaux de nettoyage exécutés en 1848, on lisait encore à la voûte deux fois la date de 1647 avec les noms de Louis Mouchard et Hector Boncandeuvre ; au bas des peintures se trouvait la date de 1656. Ces peintures représentaient : à droite, la Vierge, saint Jean, saint Luc, saint Grégoire, saint Jérôme et saint Paul ; à gauche, Jésus-Christ, saint Marc, saint Mathieu, saint Pierre, saint Augustin,

---

(1) *Archives de la Seine-Inférieure.* — Fonds de Bonne-Nouvelle.

saint Ambroise et quelques anges ; au-dessous, un prêtre, le curé, sans doute.

Le curé Aubourg eut pour successeur Jacques Lemonnier, 1658 à 1682, qui fut inhumé dans le chœur de l'église, au pied du lutrin. Du Souillet mentionne, à cet effet, deux épitaphes se trouvant sur le caveau des curés, l'une de Jacques Monnier ou Lemonnier et l'autre du curé Hecquet, mort en 1716.

Lors de la démolition de la vieille église, on mit à jour un long caveau allant du chœur à la nef, en forme d'aqueduc, et au bout duquel, sous le chœur, ont été recueillis deux têtes, quelques ossements et différents fragments d'étoffes de damas de soie rouge à dessins du XVII$^e$ ou XVIII$^e$ siècle : ce ne pouvait être que ce caveau des curés dont parle Du Souillet, caveau qui avait dû déjà être ouvert, probablement sous la Révolution, car on n'y a trouvé aucun vestige de cercueil (1).

Les successeurs du curé Lemonnier furent : de 1683 à 1693, Jacques Desfossés ; 1693 à 1694, Nicolas Thomas ; de 1694 à 1701, J.-B Le Peuffier ; 1701 à 1716, Jacques Hecquet ; 1716, le curé Lelong, qui n'y resta que quelques mois ; de 1716 à 1740, Louis de Jarrier-Bresnard, qui contribua beaucoup à l'embellissement de l'église, mais qui, d'un caractère difficile, eut de nombreux démêlés avec les trésoriers ; 1740 à 1749, François Lenormand ; de 1770 à 1795, Valentin, incarcéré sous la Terreur à Saint-Yon.

Pendant la Révolution, l'église Saint-Sever fut employée à divers usages. Au mois de juin 1794, on y transporta pour les purifier les habits et les couches des prisonniers renfermés dans la prison du Palais de Justice, encombrée de captifs de toutes sortes et devenue si infecte que les médecins la déclarèrent inhabitable.

A la réouverture des églises, en 1798, Nicolas-Augustin Golquin fut nommé curé de Saint-Sever ; il mourut en 1843, chevalier de la Légion d'honneur. Il eut pour successeur Jacques-Adolphe Grouet, qui fut ensuite curé de la Madeleine. Sous son ministère de nom-

---

(1) *Journal de Rouen* du 20 juin 1860.

breux travaux de restauration furent entrepris à la vieille église. En 1849, le ministre lui accordait un tableau de l'*Assomption*, copie du peintre Lesueur. Le curé Grouet rétablit la procession qui se faisait chaque année le jour de l'Assomption à la chapelle dite du Bord-de-l'Eau, anciennement connue sous le nom de Notre-Dame-des-Prés, son vocable.

Le 30 novembre 1851, Charles-Honoré Lefebvre succédait au curé Grouet. C'est sous son ministère que commencèrent, en août 1856, les travaux de la nouvelle église dont la première pierre fut posée le 13 avril 1857, et qui fut bénite le 26 mai 1860.

M. Alfred Darcel a donné du nouvel édifice une très curieuse description, à la suite de laquelle il conclut ainsi :

« Cette église n'est qu'une église gothique habillée à la mode de la Renaissance, mélange de luxe inutile et d'économies mal entendues; quelque chose de timide et d'osé tout ensemble et en somme d'assez mesquin pour une grande cité. On n'a point voulu faire un postiche du moyen âge, mais on a suivi les errements de celui-ci aux parties où la Renaissance ou l'antique ne donnaient point de modèles, et partout ailleurs on a plus ou moins malheureusement plaqué les éléments classiques, en leur enlevant toute raison d'être et en produisant une œuvre sans unité » (1).

La nouvelle église Saint-Sever a été édifiée en arrière de l'ancienne qui occupait l'emplacement connu aujourd'hui sous le nom de place de l'Église-Saint-Sever, et contre laquelle se trouvait adossé le corps de garde reporté de l'autre côté de la place, à l'encoignure de la rue Périaux.

Aussitôt après la prise de possession par le clergé du nouveau temple, les travaux de démolition de la vieille église commencèrent et furent poussés avec activité. Le curé recueillit avec soin toutes les inscriptions commémoratives, pierres tombales, fragments de sculptures qui furent transportés dans l'église nouvelle où ils formèrent le lien traditionnel entre le vieux temple et le temple nou-

---

(1) *Journal de Rouen*, 19 décembre 1859.

veau. Certaines pierres tombales, comme celle de saint François de Sales, avaient leur place marquée dans la nouvelle église ; d'autres, comme celles de Berneval et de son élève à Saint-Ouen ; la magnifique tombe de Jehanne Calenge, morte en 1531, femme de Claude Leroux, seigneur de Bourgtheroulde, — à qui on doit le splendide hôtel du Bourgtheroulde, place de la Pucelle à Rouen, — transportée de l'église Saint-Étienne-des-Tonneliers à l'église Saint-Sever au commencement de ce siècle, devaient être placées en la sacristie ; de cette même église provenait également la pierre tombale de Jacques des Hommets, seigneur de Guichainville, mort le 30 décembre 1622.

En 1864, M. Frédéric-Victor Morin succédait au curé Lefebvre. Il eut pour successeur, en 1867, M. Marcel-Georges Toureille. Enfin, M. Emile-Florent Billard, curé actuel, succédait, en 1878, à M. l'abbé Toureille.

Par suite de l'augmentation croissante de la population du vieux faubourg Saint-Sever, il fut reconnu que la création d'une succursale était de toute nécessité. On décida alors de construire une nouvelle église sur l'emplacement de l'ancien cimetière ; elle fut placée sous le vocable de saint Clément, rappelant ainsi une ancienne paroisse de la ville disparue au xiiie siècle.

L'église Saint-Clément fut bénite en 1868, et la nouvelle paroisse érigée en succursale par décret du 24 juin 1869.

Le premier curé de Saint-Clément fut M. Louis-Auguste Billard, nommé le 15 juillet 1868 ; il eut pour successeur M. Hippolyte Barbier, décédé le 24 mai 1893. Son successeur, désigné et non encore installé, est M. Hyacinthe Ducrocq.

*
* *

Les archives de l'ancienne paroisse Saint-Sever, qui ne remontent pas au-delà des vingt dernières années du xviie siècle, ne contiennent que fort peu de renseignements intéressants. Elles nous apprennent toutefois qu'il existait dans l'église Saint-Sever, avant la Révolution, un certain nombre de confréries, possédant certaines ressources.

Nous y trouvons en première ligne, la *confrérie de Charité*, chargée, comme dans toutes les autres paroisses, du transport et de l'enterrement des morts; puis, en second ordre, les confréries du *Saint-Sacrement*, du *Saint-Esprit*; la *Société des Agonisants*, la *Société de Sainte-Clotilde*.

Il y est fait mention d'un baptême de cloches, en 1713, où le duc de Montmorency, la duchesse de Luxembourg, le commandant de Saint-Vaubourg, et la présidente Carrel firent à l'église de magnifiques présents. On y voit les doléances des paroissiens relatifs aux logements des gens de guerre qu'ils ont à supporter depuis huit mois, vexés en outre d'une capitation exorbitante (24 septembre 1724). Mention est faite également de la refonte de la grosse cloche qui eut lieu à l'archevêché (1726).

En 1726, il y eut 21 inhumations, ce qui indique que la population de la paroisse Saint-Sever ne devait guère dépasser 1.000 habitants; si même elle les atteignait (1).

\* \*

On sait quelle rivalité de préséance et d'honneurs existait et parfois même existe encore entre les diverses confréries établies dans une même paroisse et dans les paroisses voisines, surtout en ce qui concerne les cérémonies des obsèques de leurs membres. Les Frères de Charité s'y montraient particulièrement intraitables.

C'est à la suite d'une de ces rivalités que deux scandales vinrent à se produire à Saint-Sever aux mois de juillet et août 1760, entre deux de ces confréries lors de l'enterrement de deux de leurs membres, chacune prétendant seule avoir le droit de porter le corps de leurs associés.

Lors du premier scandale, au mois de juillet, on se chamailla, on s'injuria et finalement on se battit; puis après la tempête, la paix revint et l'on put procéder à l'inhumation.

Le second fut bien plus violent; on commença par s'injurier, le

---

(1) *Archives de la Seine-Inférieure*. G. 7585-7603.

curé voulut intervenir ainsi que la famille : peine inutile, et le clergé dut se retirer. Alors les cris et le tapage arrivèrent à leur paroxisme, la mêlée devint générale et prit même de telles proportions qu'il fallut appeler la garde et recourir à l'autorité du commandant.

Ces deux scènes s'étaient produites à la porte même du défunt où le corps était exposé ; on juge de l'émotion produite au milieu de l'assistance et de la famille. Il est vrai qu'à cette époque on était un peu habitué à ces sortes de scandales qui se répétaient fort souvent.

A la suite de ces faits une enquête fut prescrite par l'archevêché qui, comme conclusion, interdit la confrérie de Charité. Toutefois celle-ci obtint son rétablissement quelques années plus tard.

### Les Cimetières de Saint-Sever

Jusqu'en l'année 1780, à Saint-Sever comme dans la plupart des paroisses de la ville, le cimetière entourait l'église ; mais ce qui était dans l'origine sans graves inconvénients à Saint-Sever devait présenter, par suite des constructions nouvelles aux alentours, un danger permanent bien plus grand encore dans l'intérieur de la ville que dans les faubourgs. Aussi un arrêt du Parlement du 7 août 1780, en exécution d'une ordonnance royale du 19 novembre 1776, prescrivit l'établissement de cinq cimetières en dehors de la ville pour les catholiques : cimetière Saint-Gervais, Beauvoisine ou de Lille, de la Jatte, du Mont-Gargan et Saint-Sever.

Ce dernier fut édifié sur un terrain sis le long de la route des Chartreux en face l'encoignure du manoir de Saint-Yon, il contenait deux acres et était alors isolé de toute habitation. La croix de l'ancien cimetière de Saint-Martin-du-Pont fut transportée dans le nouveau cimetière Saint-Sever.

Au mois de septembre 1781, une visite en fut faite par un délégué de l'archevêque, le cardinal de Larochefaucauld, en présence de Jacques-François Boieldieu, bourgeois de Rouen, domicilié en la paroisse Saint-Martin-du-Pont (1), représentant cette paroisse, à laquelle le nouveau cimetière était également affecté. Nous avons eu déjà l'occasion de faire connaître que la partie du faubourg Saint-Sever longeant le fleuve et où se trouvaient les casernes et le quartier Richebourg, aujourd'hui quartier des docks, était compris dans cette dernière paroisse.

Le nouveau cimetière fut entouré d'un mur en blocs, d'une hauteur de 7 pieds. D'après un relevé fait à cette époque on inhumait environ 146 corps par an : 120 de la paroisse Saint-Sever, et 26 de la paroisse Saint-Martin, dont 14 provenant du faubourg.

Après la Révolution, le faubourg Saint-Sever fut tout entier compris dans la paroisse de ce nom et utilisa seul son cimetière ; ce qui ne l'empêcha de devenir bientôt trop petit. Il fut remplacé par celui actuel, rue d'Elbeuf, inauguré le 1ᵉʳ juillet 1856.

. .

Au mois de juin 1861, en creusant les fondations d'une grande filature de coton que M. Julien allait construire sur le côté nord-ouest de la rue d'Elbeuf, les ouvriers mirent à jour, à 5 mètres de profondeur, les restes très étendus d'un cimetière barbare. Malheureusement la plupart des sarcophages trouvés furent détruits. Toutefois, il fut permis à M. Thaurin de reconnaître là des sépultures mérovingiennes ou saxonnes.

Ces sarcophages en pierre de vergelé renfermaient une multitude d'objets en bronze, des sabres, des pinces et autres objets de toilette, des fermoirs ou agrafes de ceinturons, les uns gravés, étamés ou argentés, les autres en cuivre poli.

Plusieurs sarcophages non déterrés sont demeurés en entier sous les fondations et sous la fosse commune de l'usine (2).

---

(1) On sait que cette ancienne église se trouvait sur l'emplacement occupé aujourd'hui par la cour Martin, rue Grand-Pont.
(2) *Journal de Rouen* du 2 mai 1865.

# CHAPITRE IX

# LE FAUBOURG SAINT-SEVER AU XIXe SIÈCLE

Par suite de la loi du mois de février 1791, déterminant les nouvelles limites des paroisses de la ville de Rouen, tout le quartier de Grandmont cessa de faire partie de Sotteville et fut incorporé à Rouen, comme dépendance de la paroisse Saint-Sever. Ce fut pour l'antique faubourg le commencement d'une ère nouvelle.

On a vu, dans un chapitre précédent, ce qu'était l'industrie de Saint-Sever à l'époque de la Révolution. Pendant assez longtemps, elle devait rester stationnaire après avoir eu, au début de ce siècle, à la faveur du blocus continental contre l'Angleterre, quelques années d'activité.

En outre de quelques fabriques et tissage, il existait à Saint-Sever, en 1810, plusieurs fabriques de soude artificielle.

D'abord celle d'un sieur Lebertre, établie sur le bord de la grande route de Rouen à Alençon; puis, près la barrière d'octroi de cette même route, celle de M. Haag, enfin la plus importante des trois, celle de M. Holker, rue de Sotteville, 40. Sur les Bruyères Saint-Julien, une dernière était exploitée par un sieur Lefrançois.

Ces diverses fabriques, non encore pourvues — et pour cause — des appareils perfectionnés en usage actuellement, occasionnaient des émanations dangereuses pour la santé publique et donnèrent lieu à une visite préfectorale à la suite de laquelle des modifications durent être apportées dans les divers genres de fabrication employés (1).

---

(1) *Journal de Rouen* du 28 janvier 1810.

En 1817, trois Anglais, MM. Hall, Powell et Scott, vinrent se fixer à Saint-Sever et commencèrent à se livrer à la fabrication des marchines à vapeur verticales. Ils y fixèrent ainsi cette admirable industrie, que les traités de commerce avec l'Angleterre, en 1860, sont venus si fatalement compromettre. Comme complément de ces nouveaux établissements une fonderie fut établie par MM. Rowelife et Barker, qui fournit aux premiers les pièces de fonte dont ils avaient besoin.

Bientôt de nouveaux établissements se fondèrent, et le faubourg Saint-Sever eut ainsi des ateliers de construction comprenant diverses branches : ateliers de construction de machine à vapeur, moteurs hydrauliques et transmissions de mouvement; de machines pour la filature, le tissage, les fabriques d'impression sur étoffe, les teintureries, etc.; de machines-outil, pilons, grues à vapeur et appareils divers.

Ses fonderies de fonte de fer alimentent les ateliers de construction de la région et les industriels de Paris. Les pièces dites *moulage en terre* sont particulièrement renommées. Ses fonderies de cuivre ne sont pas moins bien réputées.

D'autre part, diverses filatures et plusieurs tissages s'étaient établis dans le faubourg y occupant ensemble un nombre considérable d'ouvriers. Le plus important et le plus renommé est incontestablement la fabrique de bretelles Rivière et C$^{ie}$.

\*\*\*

« La fabrication de la bretelle tissée, dit M. Avenelle — dont la compétence en cette matière est reconnue de tous — est une industrie toute rouennaise, industrie encore jeune puisqu'elle n'a guère plus de soixante ans ! »

Avant 1830, la bretelle ouvrière était formée de deux bouts de lisières de drap sans boucles et sans pattes : les boutonnières étaient tout simplement deux fentes pratiquées aux extrémités. La bretelle bourgeoise était formée de trois étoffes superposées, ou d'un cuir et d'une étoffe dont le dessus était brodé à la main, et les extrémités rendues élastiques par de petits ressorts à boudin se terminaient par une patte en cuir avec boutonnière; celle de derrière cousue au corps principal, celle de devant reliée par une boucle permettant d'en varier la longueur. La bretelle riche, fabriquée par la peausserie ou la passementerie parisienne, était comme la précédente rendue élastique par de petits ressorts. Une seule de ces trois sortes de bretelles, celle de l'ouvrier, n'avait pas la qualité essentielle; il fallait songer à la lui donner.

Diverses tentatives furent faites à ce sujet par un gendarme nommé Duval, tisserand à ses heures de loisir, et par un fabricant de la rue Damiette nommé Gosse; mais c'était à Antheaume qu'il était réservé de résoudre le problème.

Etabli, vers 1826, dans la rue Beauvoisine, il parvint, après bien des recherches, à faire un tissu creux pouvant recevoir des élastiques semblables à ceux employés entre deux cuirs souples, et imagina de construire un métier à six bandes. Ce succès fit d'Antheaume le fondateur de l'industrie des bretelles.

Après quelques années d'un travail actif, il céda son industrie à un marchand de cotons filés, M. Goupil, déjà lui-même propriétaire de quelques métiers à bretelles. Celui-ci vendait sa fabrique, en 1836, à son employé, M. Sauvage, qui l'augmenta grandement. Il s'installa d'abord rue Beauvoisine et vint s'établir ensuite rue de Grammont.

En 1846, M. Sauvage mettait sa fabrique en société en commandite sous la raison sociale *Sauvage et C*$^{ie}$. Nous la trouvons aujourd'hui sous la même forme mais plus agrandie encore, ayant, depuis 1858, M. Rivière pour gérant et *Rivière et C*$^{ie}$ pour raison sociale.

Quelques années avant la guerre, la société Rivière avait ajouté à son premier établissement une filature et une retorderie de coton de 25,000 broches pour servir à l'alimentation de ses tissages de bretelles. En 1876, à son établissement déjà si important, couvrant près de quatre hectares du faubourg Saint-Sever, elle ajoutait un splendide atelier de tissage à rez-de-chaussée et des dépendances à étage.

La construction du chemin de fer reliant Paris à Rouen, concédée, en 1840, à la compagnie des Vallées, avait, de son côté, favorisé considérablement le développement du faubourg Saint-Sever. La cérémonie d'inauguration, présidée par le duc de Nemours, fils du roi, le mercredi 3 mai 1843, avait revêtu une grande solennité.

Le programme officiel, qui ne comptait pas moins de vingt-quatre pages, indiquait deux jours de fête :

*Mercredi 3 mai.* — Inauguration du chemin de fer ; marche des corporations ; banquet à l'Hôtel de Ville ; feu d'artifice sur le Champ-de-Mars.

*Jeudi 4 mai.* — Carrousel sur le Champ-de-Mars ; courses à ânes ; courses à pied ; jeux divers.

Le cortège qui s'était formé au Champ-de-Mars comprenait toutes les notabilités normandes : le cardinal prince de Croy, accompagné de son clergé, les corporations de la ville avec bannières et étendards des corps d'état, les troupes de la garnison et la garde nationale.

Il parcourut les principales voies de la ville avant de se rendre au « débarcadère » pour y attendre l'arrivée du fils du roi et assister à la bénédiction du chemin de fer.

Les wagons mis alors en circulation étaient de deux sortes : les *berlines de transport* ou 1re classe, assez confortables pour l'époque, et les voitures de dernière classe, qui étaient découvertes et dans lesquelles les voyageurs étaient exposés à toutes les intempéries. La mode était alors, pour les femmes, de porter une sorte de petit camail en indienne avec capuchon. Pendant le voyage, elles se couvraient la tête et étaient à l'abri du froid et de la fumée sous les tunnels.

Sous ce rapport, de grands progrès ont été réalisés, et les compagnies de chemins de fer nous promettent encore de nombreuses améliorations dans le confortable de leurs moyens de transport.

Depuis, la construction de la ligne de Serquigny et celle de Rouen à Orléans, inaugurée en 1883, mirent le faubourg Saint-Sever, comme d'ailleurs la ville de Rouen, en communication directe avec le centre et le midi de la France.

*\*.*

Le faubourg Saint-Sever eut aussi ses théâtres, que malheureusement la fortune d'ailleurs n'a guère favorisés.

Vers 1827, une troupe Cossard était venue s'établir pour quelque temps sur la place Saint-Sever, d'où elle émigra ensuite, le mercredi 5 novembre 1828, à l'entrée du Cours-la-Reine, à un petit théâtre construit sous les auspices et sur les plans de Gringalet, et qui prit successivement le nom de *Théâtre des variétés amusantes* et *Théâtre des jeux comiques*. Il était situé à peu près à l'entrée de la gare des marchandises de l'Ouest, à l'endroit où fut ensuite installé le *Bal de Terpsichore*.

Mais après divers succès, vinrent les revers, et la nouvelle salle dut fermer ses portes. Quelques années plus tard, Gringalet essaya encore de tenter la fortune dans le vieux faubourg, et, en 1843, il ouvrait sur la place Lafayette une nouvelle loge. Un balcon peint en décor, sur lequel se promenait un singe, servait à Gringalet pour faire la parade et attirer les badauds (1).

Mais ce nouveau théâtre ne fut pas plus heureux que le premier, et d'ailleurs il avait à compter, en outre des théâtres de la ville, avec la concurrence d'une salle voisine.

En 1833, une dame Tournaire et un sieur Fournaux établissaient sur la place Lafayette une sorte de manège dans lequel ils donnèrent des représentations. Vers la fin de cette même année, une famille Lalanne construisait, rue Lafayette, un nouveau manège plus vaste et mieux approprié, sur un terrain appartenant à M. Lemire. C'était l'ancienne salle du Cirque, en dernier lieu théâtre Lafayette. Elle ouvrit ses portes le 27 juillet 1834. La sœur de Lalanne, M$^{me}$ Saqui,

---

(1) *Rouen-Bizarre*. — Préface de M. Georges Dubosc.

la célèbre danseuse que l'on a déjà vue à Trianon au commencement du siècle, y obtint de nouveaux succès.

Le 14 février 1835, un grand bal y fut donné par les cadets d'artillerie de la garde nationale de Rouen au profit de la *Société maternelle*, et le 4 avril suivant, on inaugurait la série de ces fameuses *Redoutes* ou *Bals-Tombola* qui eurent pendant quelque temps une grande vogue.

Mais Lalanne n'avait pas su ou pu mener à prospérité son théâtre, et M$^{me}$ Saqui prit alors la direction du Cirque. Elle y renouvela ses fameuses ascensions sur la corde raide au milieu de feux d'artifice, qu'elle varia par la représentation de pantomimes, telles que *Mazeppa dans le désert*, etc. Elle y joua même une *Passion*. Ce fut en vain, rien ne put donner au Cirque la vogue qui lui était si nécessaire.

A partir de cette époque, il change souvent de nom : en 1837, il s'appelle *Cirque de Rouen ;* en 1838, l'*Ambigu dramatique ;* en 1848, *Cirque olympique ;* en 1855, le *Cirque impérial* et passe sous la dépendance du *Théâtre des Arts ;* en 1873, *Théâtre du Cirque.* Avec M. Dupoux-Hilaire, il devient le *Théâtre Lafayette.* Pendant quelques années, le *Théâtre des Arts* ayant été détruit par l'incendie du 25 avril 1876, il obtint un certain succès avec *Les Cloches de Corneville,* quelques féeries et plusieurs drames à grand spectacle, tel que *Michel Strogoff ;* une année même, M. Dupoux-Hilaire, subventionné par la ville, y représenta de l'opéra. Mais la réouverture du *Théâtre des Arts* porta à la vieille scène un coup dont elle ne put se relever. Quelques directeurs essayèrent, toutefois, d'y ramener la vogue ; ce fut en vain.

Le 28 juin 1887, à la suite d'une représentation donnée par une troupe de passage, un incendie y éclatait et détruisait complètement la vieille salle qui n'a pu encore se relever.

\* \*

Pendant les vingt-cinq premières années du xix$^e$ siècle, rien n'était venu modifier l'aspect du faubourg Saint-Sever : mais le percement de la rue Lafayette, pour donner accès au nouveau pont de pierre livré à la circulation en 1829, allait favoriser son développement. Bientôt d'autres voies s'ouvrirent, d'importants quartiers se créèrent ; ce fut le commencement de ce mouvement d'expansion qui a eu son apogée à la suite de la démolition du vieux quartier Saint-Marc et qui se continue encore de nos jours avec moins d'entrain peut-être, mais non moins sûrement. L'on se rendra compte d'ailleurs de l'importance de cet extension du faubourg quand on saura que, depuis 1870 seulement, 30 rues nouvelles y ont été créées, et que sa population qui atteignait à peine 2.000 habitants à l'époque de la Révolution, s'élève aujourd'hui à 24.000.

Pour répondre aux besoins de l'enfance devenue si nombreuse, il fallut créer de nouvelles écoles ; c'est ainsi que furent édifiés les groupes scolaires de la rue Marie-Duboccage, comprenant les écoles Louis-Vauquelin et Marie-Duboccage ; les écoles Mullot, Pape-Carpantier et une école maternelle. D'autre part, plusieurs établissements privés, écoles et pensionnats, s'établirent dans le faubourg devenu, dans cette seconde moitié du xixe siècle, un centre industriel des plus importants.

La ville de Rouen, d'ailleurs, ne négligeait rien pour favoriser cet essor et apporter au faubourg tous les embellissements que pouvait réclamer son importance nouvelle. En outre des larges voies qui y furent ouvertes, on y vit s'édifier le magnifique quartier de cavalerie Richepanse, la caserne Pélissier, l'École Normale d'instituteurs, l'École d'apprentissage, la Station agronomique, le monument de J.-B. de la Salle, le Marché aux bestiaux de Grandmont, devenu le centre d'un nouveau quartier. Enfin, privé totalement d'une canalisation qui lui apportât, comme au centre de la ville, l'eau potable nécessaire, le faubourg Saint-Sever a largement profité, depuis une vingtaine d'années, de la dérivation des sources de Robec par l'installation d'un grand nombre de bornes-fontaines et de bouches d'arrosage.

En 1860, le département faisait édifier, sur la place Bonne-

Nouvelle, la prison départementale, tenant lieu de maison d'arrêt, de justice et de correction.

D'autre part, le port de Rouen avait acquis dans ces dernières années une importance qui le plaçait au premier rang des ports maritimes de France, et la ligne des quais telle qu'elle existait alors, était devenue d'une insuffisance notoire. Pour lui donner toute l'étendue que comportait son trafic, la ville de Rouen obtint par une loi du 10 avril 1888 l'annexion d'une certaine portion du territoire du Petit-Quevilly sur la rive gauche, ce qui lui donna, sur cette rive, 3.000 mètres de quais sans compter les môles formés des anciennes îles qui ferment les bassins aux bois et aux pétroles. Le faubourg Saint-Sever trouvait ainsi de ce côté en même temps qu'une nouvelle extension une activité commerciale qui fait déjà bien augurer pour l'avenir.

Tout est loin d'être dit d'ailleurs dans les conseils de la ville en faveur du vieux faubourg d'Émendreville ; bien des projets sont encore à réaliser qui donneront un jour au sixième canton de Rouen toute l'importance commerciale, industrielle et maritime à laquelle il a le droit de prétendre.

FIN

1er juin 1893.

---

Nota. — Voir pour la partie du faubourg comprise dans l'ancien domaine du prieuré de Grandmont p. 343 et suivantes.

# ADDITION

### Le Concours musical de Sotteville.

Nous ne pouvons clore ce volume sans une mention toute spéciale pour les magnifiques fêtes qui viennent de se terminer à Sotteville.

Sur l'initiative de la Municipalité et du Conseil municipal, un comité s'était formé pour l'organisation d'un grand coucours musical devant avoir lieu les 21 et 22 mai 1893. A la tête de ce comité, se trouvait M. Meny, maire, président d'honneur, M. Huillier, ingénieur principal adjoint aux ateliers des Batignolles, ancien ingénieur des ateliers de Sotteville, président; MM. Loiselier, adjoint; Leboulenger, ancien maire, vice-président; Duval et Adam, trésoriers; Mabire, directeur de la Société musicale et Saint-Léger, secrétaire général.

Sans entrer dans tous les détails de ce magnifique concours, auquel ont pris part 63 sociétés représentant plus de 2,000 exécutants, nous devons constater qu'il a obtenu de toutes parts le plus légitime succès, et que si le comité d'organisation, dans sa tâche difficile, a été au-dessus de tout éloge, il a été aussi admirablement secondé par l'élan de la population; rarement on a vu un empressement aussi général; rarement la musique a été aussi bien reçue et aussi bien fêtée.

Les comités de quartier avaient rivalisé de zèle pour ajouter à l'éclat de la solennité, en créant partout, à grand renfort de décorations ingénieuses, de jeux et divertissements, des centres d'animation; de leur côté les habitants, en pavoisant leurs maisons et en prodiguant les guirlandes de fleurs, les lanternes vénitiennes, les verres de couleur, avaient fait de toutes les rues où se portait la foule une ravissante promenade.

Le programme de la première journée comprenait les concours à vue et d'exécution, le défilé et l'exécution du morceau d'ensemble.

La journée du lundi était consacrée au concours d'honneur et à la distribution des prix, sous la présidence de M. Hendlé, préfet de la Seine-Inférieure.

Un banquet, présidé également par M. le Préfet, un feu d'artifice et de splendides illuminations ont clôturé ces deux belles journées, pendant lesquelles la foule n'a cessé d'être considérable et dont on se souviendra longtemps à Sotteville.

# TABLE DES MATIÈRES

## Sotteville

### PREMIÈRE PARTIE

#### CHAPITRE PREMIER

Étymologie. — Géologie : Terrain de transport. — Les fouilles de 1849.. **1**

#### CHAPITRE II

Sotteville à l'époque romaine. — Les découvertes de Quatre-Mares. — Époques gauloise et franque. . . . . . . . . . . . . . . . . . **9**

#### CHAPITRE III

Sotteville du XI$^e$ siècle au XIV$^e$ siècle. — Le moine Gontard. — Fondation du prieuré de Grandmont. — Limite de la paroisse de Sotteville. — Premiers seigneurs. — La banlieue de Rouen. — La léproserie de Sotteville. — Jehan de Sotteville . . . . . . . . . . . . . . . **16**

#### CHAPITRE IV

Sotteville et Saint-Sever du XIV$^e$ au XVI$^e$ siècle. — La guerre de Cent-Ans. — Le combat de Sotteville. — Deux revues aux Bruyères Saint-Julien. — Les premiers Huguenots à Sotteville. — La Ligue, l'escarmouche de Grandmont. — Un trésor. — Le potier Masseot Abaquesne. **22**

#### CHAPITRE V

Sotteville aux XVII$^e$ et XVIII$^e$ siècles. — Les troubles des Nu-pieds. — Difficultés avec le syndic Bazire. — Première assemblée communale. — Situation de Sotteville en 1788. — Premières écoles. . . . . . . . . **33**

#### CHAPITRE VI

**Sotteville sous la Féodalité**

La seigneurie de Sotteville. — Les fiefs de l'Aigle et de Grestin. — Le domaine des Marettes. — Quatre-Mares. — La haute justice de Sotteville . . . . . . . . . . . . . . . . . . . . . . . **40**

#### CHAPITRE VII

Les biens religieux . . . . . . . . . . . . . . . . . . . . . **60**

#### CHAPITRE VIII

Les Capucins. . . . . . . . . . . . . . . . . . . . . . . . **65**

## DEUXIÈME PARTIE

## Sotteville sous la Révolution et l'Empire

### CHAPITRE PREMIER

Sotteville de 1789 à 1792. — Première Municipalité. — Première émeute. — Différends entre la Municipalité et le procureur de la commune. — Nouvelles limites du territoire de Sotteville. — Le curé et le vicaire prêtent serment à la Constitution civile du clergé. — Nouveaux troubles. — Maire et curé . . . . . . . . . . . . . . . . . . . . . . . . . . 71

### CHAPITRE II

Sotteville en 1792. — Nouvelles difficultés entre la Municipalité et le curé Joly. — Réorganisation de la garde nationale. — La disette. — Nouveaux désordres. — La section de l'Eglise. — Démission de la Municipalité. — Les partisans du curé Joly triomphent . . . . . . . . 93

### CHAPITRE III

Sotteville en 1793-1794. — Nouveaux dissentiments. — La disette augmente. — Maire et curé déclarés suspects. — La *Société populaire*. — La Terreur. — Inauguration du temple de la déesse Raison. — Disette affreuse. — L'émeute des 13, 14 et 15 germinal. — Réaction thermidorienne. — Rétablissement du culte catholique. — Défrichement des Bruyères Saint-Julien. — Les écoles à Sotteville. — Prêtres réfractaires . . . . . . . . . . . . . . . . . . . . . . . . . . . . . . . . . . . . . . . . 105

### CHAPITRE IV

Sotteville et le canton de Mont-aux-Malades, de l'an IV à l'an VI. — Disette et misère publique. — Le brigandage dans le canton. — Rétablissement du culte catholique. — Situation générale. — L'emprunt forcé. — Réorganisation de la garde nationale. — La Municipalité à la recherche d'un gîte. — La sonnerie de la cloche à Sotteville. — Mouvement royaliste. . . . . . . . . . . . . . . . . . . . . . . . . . . . . . . . . . . 130

### CHAPITRE V

Sotteville et le canton de Mont-aux-Malades de l'an VI à l'an VIII. — La célébration du culte à Sotteville. — La fête de la souveraineté du peuple. — La Municipalité cantonale. — Le rôle des patentes. — Souscription pour les incendiés de la Mi-Voie. — La Fête de l'agriculture. — Mouvement réactionnaire. — Fêtes républicaines. — Coup d'Etat du 18 brumaire. — L'instruction primaire dans le canton de Mont-aux-Malades en l'an VII. . . . . . . . . . . . . . . . . . . . . . . . . . . . . . . 152

### CHAPITRE V

Sotteville sous le Consulat et l'Empire. — La vaine pâture. — Partage définitif des Bruyères Saint-Julien. . . . . . . . . . . . . . . . . . . . 165

## TROISIÈME PARTIE

# Sotteville de 1815 à nos jours

### CHAPITRE PREMIER
Sotteville de 1815 à 1830. — M. Tinel. — Traitement du desservant. — Le chemin du Camp-au-Loup. . . . . . . . . . . . . . . . . 177

### CHAPITRE II
Sotteville de 1830 à 1848. — Agitation ouvrière. — Organisation de la garde nationale. — Dissentiments avec le curé. — Ecole et mairie. — Un grand boulevard. — Une passerelle au pont des Anglais. — Chemin du Parc. — Eclairage au gaz. — Projet de nouvelle église. — Crise municipale. — Ateliers de charité. — Etablissement des Frères de la doctrine chrétienne. — Sotteville en 1845. — Premières courses de chevaux . . . . . . . . . . . . . . . . . . . . . . . . . . . . . . 181

### CHAPITRE III
Sotteville sous la seconde République. — Première agitation. — Plantation de l'arbre de la Liberté. — Les événements des 27, 28 et 29 avril 1848. — Commission provisoire. — Séances orageuses. . . . . . 199

### CHAPITRE IV
Sotteville sous le second Empire. — Souscription pour les ouvriers sans travail. — L'école des Frères. — Toujours la commission provisoire. — Projet d'orphelinat. — Le nouveau cimetière. — Construction de l'église. — Réseau télégraphique. — Incidents au Conseil municipal. — Le nouveau presbytère. — Le service de l'octroi. — Conflit municipal. — La musique des pompiers. — Le pavillon de l'Aurore. — Projet d'asile de vieillards. . . . . . . . . . . . . . . . . . . . . . . . . . . . . 211

### CHAPITRE V
La guerre de 1870. — La journée des drapeaux noirs. — La revue prussienne à Sotteville . . . . . . . . . . . . . . . . . . . . . . . 230

### CHAPITRE VI
Sotteville de 1871 à 1881. — Le sergent-major Tiremberg . . . . . . . . 235

### CHAPITRE VII
Sotteville de 1882 à 1892. — Le concours de pompes . . . . . . . . . 262
Liste des maires et adjoints de Sotteville . . . . . . . . . . . . . . . 269

### CHAPITRE VIII
Les églises et les curés de Sotteville. . . . . . . . . . . . . . . . . . 272
Pompes funèbres . . . . . . . . . . . . . . . . . . . . . . . . . 278
Cimetières . . . . . . . . . . . . . . . . . . . . . . . . . . . . . 278

### CHAPITRE IX
L'asile de Quatre-Mares . . . . . . . . . . . . . . . . . . . . 280
### CHAPITRE X
Ateliers des Chemins de fer de l'Ouest à Sotteville . . . . . . . . . . . 288

## QUATRIÈME PARTIE

# Sotteville-lès-Rouen en 1893

    I. — Statistique. . . . . . . . . . . . . . . . . . . . . . . . 305
   II. — Sociétés diverses . . . . . . . . . . . . . . . . . . . . 315
 III. — Etablissements philanthropiques. . . . . . . . . . . . . . 321
 IV. — Belles actions . . . . . . . . . . . . . . . . . . . . . . 323
  V. — Le Théâtre à Sotteville . . . . . . . . . . . . . . . . . . 324
 VI. — L'assemblée de Sotteville. — Les fromages à la crème. . . . . 334
VII. — Personnages remarquables. . . . . . . . . . . . . . . . . 337
VII. — Industrie . . . . . . . . . . . . . . . . . . . . . . . . 340

## CINQUIÈME PARTIE

# Le Prieuré de Grandmont

### CHAPITRE PREMIER
Fondation du prieuré. — Désastres occasionnés par les guerres de la Ligue . . . . . . . . . . . . . . . . . . . . . . . . . . . . . 343

### CHAPITRE II
Les Jésuites et les religieux de Grandmont. — Les de Bernage. . . . . . 355

### CHAPITRE III
Dernières années du prieuré. — Extinction. — Union au séminaire de Lisieux. — Caserne. — La poudrière. . . . . . . . . . . . . . . . 361

### CHAPITRE IV
**Le domaine du prieuré**

Le jeu de Mail. . . . . . . . . . . . . . . . . . . . . . . . . . 368
Le Grand-Cours . . . . . . . . . . . . . . . . . . . . . . . . . 372
Le chemin de halage. . . . . . . . . . . . . . . . . . . . . . . 378
L'île Lacroix. . . . . . . . . . . . . . . . . . . . . . . . . . 381
L'Hôtel de Grandmont . . . . . . . . . . . . . . . . . . . . . . 387
La rue Saint-Sever. — Le Vert-Buisson . . . . . . . . . . . . . . . 390

Les corderies de la rue Saint-Sever. . . . . . . . . . . . . . . 397
La haute justice de Grandmont. . . . . . . . . . . . . . . . . 400

## SIXIÈME PARTIE

# Le Faubourg Saint-Sever

### (ÉMENDREVILLE)

### CHAPITRE PREMIER
Histoire générale. — L'expérience de Pascal. . . . . . . . . . . . . 407

### CHAPITRE II
La seigneurie d'Émendreville . . . . . . . . . . . . . . . . . . . 417

### CHAPITRE III
La Barbacane . . . . . . . . . . . . . . . . . . . . . . . . . . 420

### CHAPITRE IV
Le Clos-des-Galées. . . . . . . . . . . . . . . . . . . . . . . . 425
Le grenier à sel. — La caserne Saint-Sever . . . . . . . . . . . . 428
L'abreuvoir. . . . . . . . . . . . . . . . . . . . . . . . . . . . 430

### CHAPITRES V
#### Établissements religieux

LE PRIEURÉ DE BONNE-NOUVELLE . . . . . . . . . . . . . . . 430
L'école de Bonne-Nouvelle. . . . . . . . . . . . . . . . . . . . 442
Le domaine de Bonne-Nouvelle. . . . . . . . . . . . . . . . . 442
La foire de Bonne-Nouvelle ou du Pré . . . . . . . . . . . . . 446
La confrérie des Conards ou Cornards. . . . . . . . . . . . . . 449
LE MONASTÈRE DES EMMURÉES . . . . . . . . . . . . . . . . 453
Le domaine des Emmurées . . . . . . . . . . . . . . . . . . . 460
L'église et le cloître des Emmurées. . . . . . . . . . . . . . . 461
LES CRÉPINES . . . . . . . . . . . . . . . . . . . . . . . . . . 466

#### SAINT-YON
Premières écoles de Saint-Sever. — Les Frères de la doctrine chrétienne
— La maison de force. — L'Asile d'aliénés. — L'école normale
d'instituteurs. . . . . . . . . . . . . . . . . . . . . . . . . . . 469
La chapelle Saint-Yves . . . . . . . . . . . . . . . . . . . . . . 490

### CHAPITRE VI
LE JARDIN DES PLANTES. — Jardins et Promenades publics de Saint-Sever
au XVII$^e$ siècle. — Le Jardin de M$^{me}$ Planterose. — Le Parc de Trianon.
— Fêtes splendides organisées par Thilliard. — Le chef-lieu de la
sénatorerie. — Acquisition par la ville. — Historique du Jardin des
Plantes. — Sa translation à Trianon. — Derniers agrandissements. —
Le *Jardin des Plantes*, en 1893. — La Mare du Parc. . . . . . . . . 491

## CHAPITRE VII
### Industrie de Saint-Sever avant la Révolution
I. — Poteries . . . . . . . . . . . . . . . . . . . . . . . . . . . . . 506
II. — La Verrerie de Saint-Sever. . . . . . . . . . . . . . . . . . 521
III. — Industrie du coton. — La Fabrique de velours.—Les Curanderies.
— La Fonderie de canons . . . . . . . . . . . . . . . . . . . . . 529

### CHAPITRE VIII
Les Eglises et Cimetières de Saint-Sever . . . . . . . . . . . . . . 532

### CHAPITRE IX
Le Faubourg Saint-Sever au XIXe siècle. . . . . . . . . . . . . . . 540

### ADDITION
Le Concours musical de Sotteville . . . . . . . . . . . . . . . . . 549

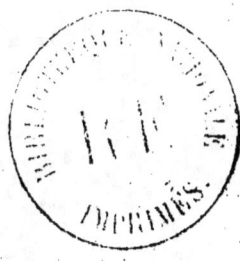

**FIN DE LA TABLE DES MATIÈRES**

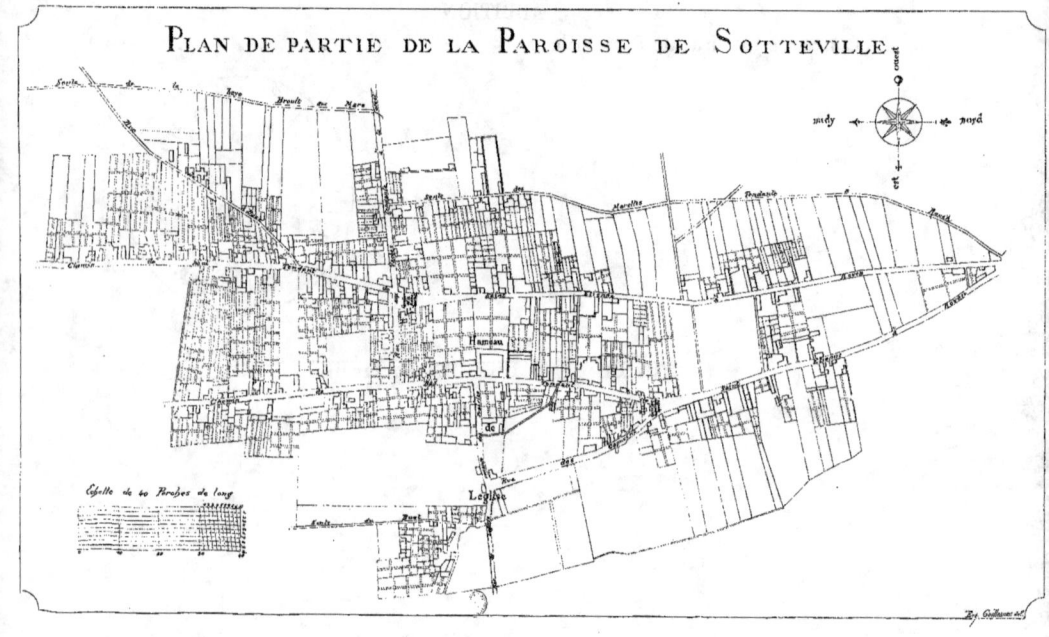

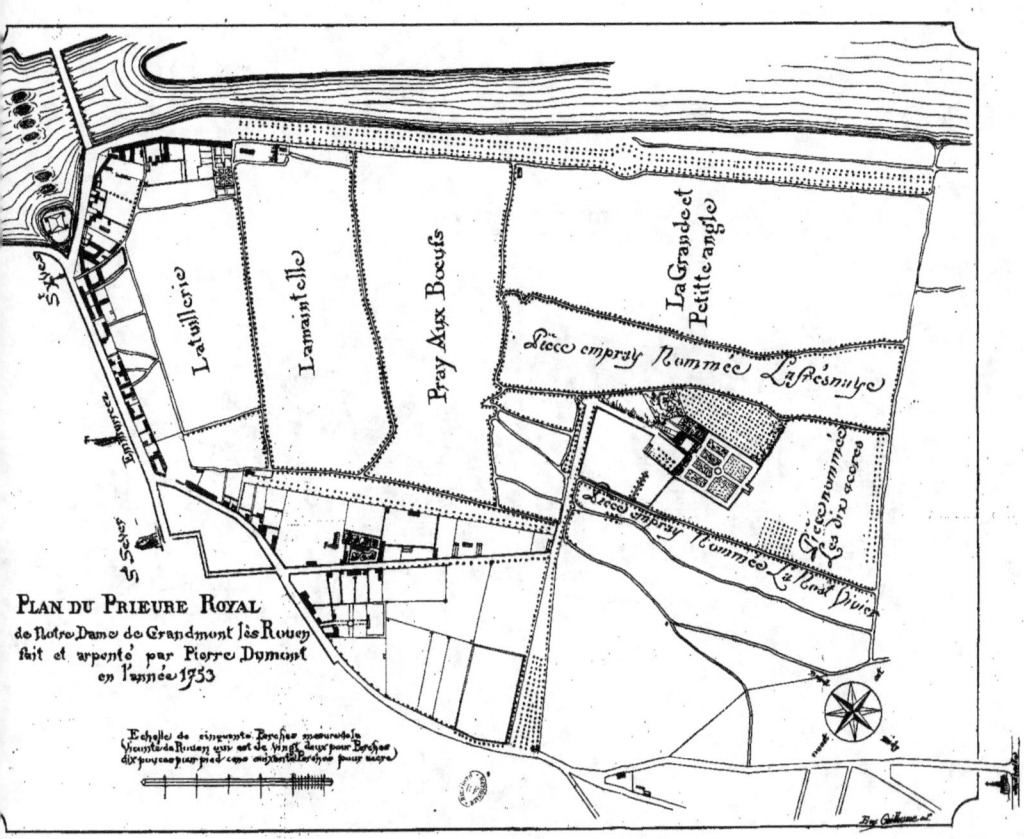

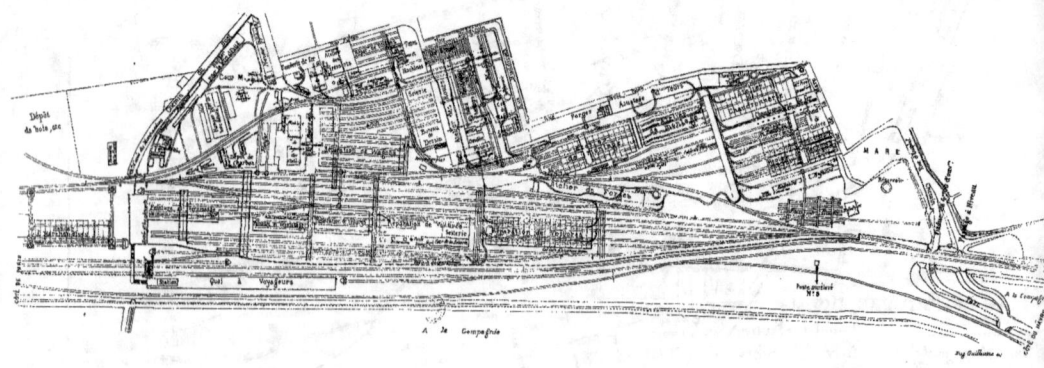

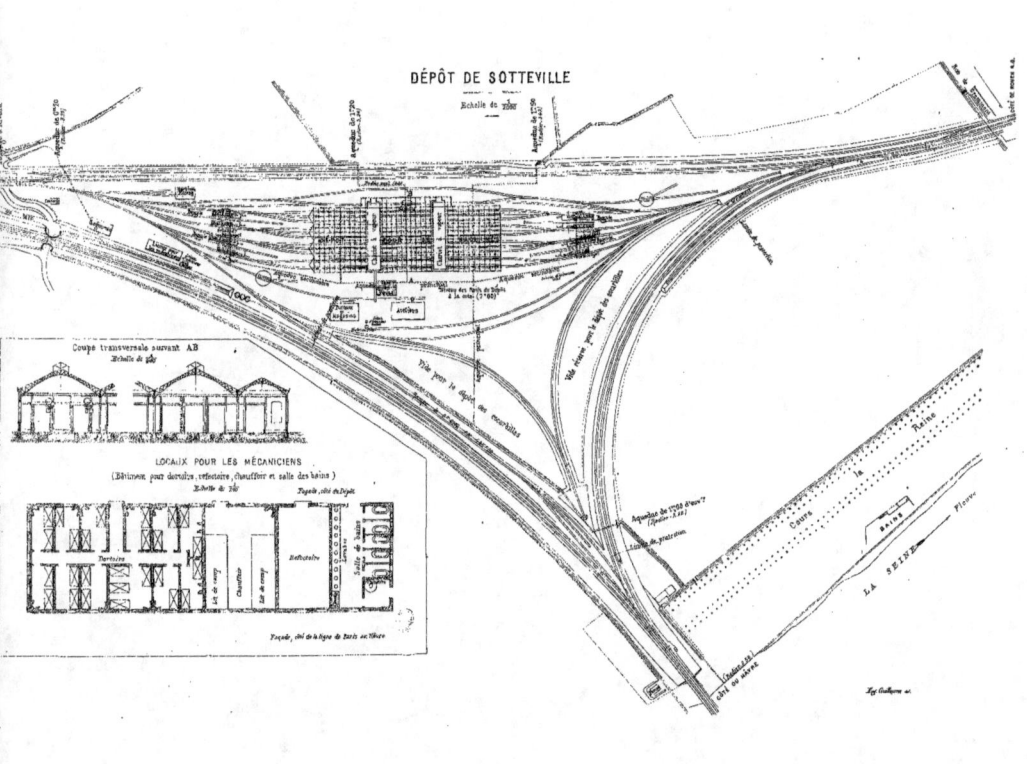

www.ingramcontent.com/pod-product-compliance
Lightning Source LLC
Chambersburg PA
CBHW060801230426
43667CB00010B/1659